本书为国家社会科学基金重大项目"粤港澳大湾区构建具有国际竞争力的现代产业体系研究"（项目编号：20&ZD086）阶段性成果

编委会

名誉主编　胡　军

主　　编　陶　锋

副 主 编　陈　林　燕志雄

编　　委　（按姓氏音序排列）

方　娴　顾乃华　李　杰　潘　珊　祁湘涵

苏启林　向训勇　杨本建　杨亚平　余壮雄

张　红　郑英隆　周　浩　周永文　朱卫平

暨南大学产业经济研究院

暨南大学"一带一路"与粤港澳大湾区研究院

粤港澳大湾区产业发展研究报告（2020—2021）

面向"十四五"时期的新兴产业

陶 锋◎主编

暨南大学出版社

JINAN UNIVERSITY PRESS

中国·广州

图书在版编目（CIP）数据

粤港澳大湾区产业发展研究报告 . 2020—2021：面向"十四五"时期的新兴产业/陶锋主编 . —广州：暨南大学出版社，2021.6
ISBN 978 - 7 - 5668 - 3177 - 4

Ⅰ.①粤…　Ⅱ.①陶…　Ⅲ.①产业发展—研究报告—广东、香港、澳门—2020 - 2021　Ⅳ.①F269.276.5

中国版本图书馆 CIP 数据核字(2021)第 101403 号

粤港澳大湾区产业发展研究报告（2020—2021）
——面向"十四五"时期的新兴产业
YUEGANG'AO DAWANQU CHANYE FAZHAN YANJIU BAOGAO（2020—2021）
——MIANXIANG "SHISIWU" SHIQI DE XINXING CHANYE
主　编：陶　锋

出 版 人：张晋升
责任编辑：冯　琳　冯月盈　江肖莹
责任校对：林　琼　孙劭贤　陈皓琳
责任印制：周一丹　郑玉婷

出版发行：暨南大学出版社（510630）
电　　话：总编室（8620）85221601
　　　　　营销部（8620）85225284　85228291　85228292　85226712
传　　真：（8620）85221583（办公室）　85223774（营销部）
网　　址：http：//www.jnupress.com
排　　版：广州市天河星辰文化发展部照排中心
印　　刷：佛山市浩文彩色印刷有限公司
开　　本：787mm×1092mm　1/16
印　　张：30.5
字　　数：750 千
版　　次：2021 年 6 月第 1 版
印　　次：2021 年 6 月第 1 次
定　　价：120.00 元

（暨大版图书如有印装质量问题，请与出版社总编室联系调换）

前　言

　　加快构建以国内大循环为主体、国内国际双循环相互促进的新发展格局，这是党中央应对当前复杂严峻经济形势和着眼解决我国经济中长期问题的重大战略部署。长期以来，我国经济出现国内循环欠畅通、内外循环相脱节问题的关键原因在于供给体系对国内需求的适配性不足。因此，落实中央"双循环"新发展格局战略要把提高供给体系质量作为主攻方向，其核心在于加快构建高质量现代产业体系。

　　《粤港澳大湾区发展规划纲要》明确指出，要将构建具有国际竞争力的现代产业体系作为主要任务。改革开放四十多年来，通过深化区域分工合作，港澳地区实现持续繁荣，珠三角地区亦实现快速崛起，粤港澳大湾区已跃升为全球第三大湾区。当前粤港澳大湾区已具备打造"双循环"新发展格局示范区的产业条件和制度优势。一方面，粤港澳大湾区经济发展水平全国领先，产业体系完备，产业链集群优势明显，消费市场规模庞大；另一方面，香港、澳门是自由开放的市场经济体，广东是我国改革开放排头兵，具备加快制度创新和先行先试的发展优势。

　　然而，对标世界一流湾区，粤港澳大湾区现行产业体系仍然面临发展不平衡不充分的问题，其国际竞争力明显不足。整体而言，粤港澳大湾区新兴产业发展不足，而传统产业转型滞后，仍面临着由传统产业体系向现代产业体系转变的艰巨任务。尽管传统产业占主导但增长不断下滑，新兴产业虽然在成长但缺乏核心技术和高端人才、发展阻力巨大，这使得粤港澳大湾区现行产业体系在相当大的程度上被锁定在一种低水平循环状态，面临滑入"结构性陷阱"的风险，特别是难以抵御当前全球产业链深度重构和国际技术封锁的冲击。

　　新一轮科技革命正在加速推动生产生活方式调整，加速重构全球创新版图、重塑全球经济结构，使得支撑粤港澳大湾区高速增长的传统比较优势进一步弱化，迫切要求大湾区推动要素驱动向创新驱动转变，加快培育新兴产业形成增长新动能，加速应用新技术、新业态、新模式改造提升传统产业。当今世界正迈入新一轮科技革命和产业革命的"机会窗口"，信息、生命、能源、空间、制造、材料、海洋等领域的原创突破为前沿技术、颠覆性技术提供了丰富的创新源泉，科学技术对产业发展和民生福祉的影响空前爆发。

为应对新一轮全球竞争，抢占科技创新制高点，世界各国纷纷将战略性新兴产业作为经济增长新动能、国家竞争力新支撑。全球科技多点突破、交叉融合，新兴产业快速崛起、风起云涌，科技与产业大变革势必引发国际经济格局大调整，进而为赶超型经济体"弯道超车"创造重大战略机遇。当前，粤港澳大湾区建设正处于这个历史机遇期，只有敏锐把握科技创新和新兴产业发展大趋势，顺势而为推动科技和产业发展战略重点，加快调整政策取向和优化营商环境，才能在国际竞争中化被动为主动，建构以我为主兼具包容性的全球产业链治理模式与国际产业共生体系。通过加快形成以创新为主要动力和支撑的战略性新兴产业发展体系，建设全球科技创新高地和新兴产业重要策源地，才能推动粤港澳大湾区构建具有国际竞争力的现代产业体系，形成对粤港澳大湾区高质量发展的动能支撑，成为中国经济实现"弯道超车"的主阵地。

本书面向"十四五"时期及更长远的未来，以粤港澳大湾区战略性新兴产业为研究对象，以国家社科基金重大项目"粤港澳大湾区构建具有国际竞争力的现代产业体系研究"为理论依托，组织暨南大学产业经济研究院教师和研究生团队开展研究。总体来看，本书主要特点如下：

第一，本书首次利用基于产业链结构的SCP分析范式对战略性新兴产业的产业组织开展研究，这是对当前业界流行的产业分析范式的创新和拓展。当前新技术、新业态、新模式推动新兴产业的产业链结构日趋复杂，对传统产业组织理论中的产业分析范式造成明显挑战。以哈佛学派的SCP范式为基础，我们提出了基于产业链结构的SCP分析范式。先是解构新兴产业的产业链结构，包括上下游环节的纵向市场和同一环节的横向市场，接着分别讨论产业链纵向市场和横向市场的市场结构、行为与绩效及其相互之间的联系。

第二，本书筛选出广东省尤其是粤港澳大湾区具有良好发展前景的11个新兴产业，有利于为"十四五"时期粤港澳大湾区培育经济增长新动能和转型发展新引擎提供有益参考。我们筛选出动力电池、面板、智能手机、工业机器人、智能家居、风电、集成电路、生物医药、5G、智能家电、无人机11个产业。这些新兴产业符合当前全球科技革命发展趋势和我国"十四五"时期产业发展战略导向，符合粤港澳大湾区产业发展实际情况，也符合广东省"双十"产业集群发展政策方向。

第三，本书从新兴产业的产业链结构、产业发展环境、产业链组织动态、产业集群发展等多维度展开分析，有利于为粤港澳大湾区新兴产业发展提供相对全面的透视和解析。在产业链结构方面，通过深入解剖产业链结构，科学判断产业链关键环节，识别粤港澳大湾区的优势环节和短板不足；在产业发展环境方面，着重梳理国内外产业政策形势、国内外市场需求趋势、国内外生产供给趋势、产业技术变革与发展趋势；在产业链组织动态方面，分别从产业链上游、中游、下游分析市场结构，研究产业链市场行为（如价格竞争、产能扩张、纵向或横向一体化等），讨论产业链上的利润、技术创新、国际竞争力等方面市场绩效；在产业集群发展方面，探讨粤港澳大湾区重点城市及重点园区新兴产业发展情况，以及城市群协同推进新兴产业链建设方向。

加快推动粤港澳大湾区战略性新兴产业发展，是我国进入新发展阶段，贯彻新发展理念，形成新发展格局的迫切需要，编者期待此书能够为读者提供有价值的参考，并引发深层次的思考。由于编者的能力与时间所限，本书仍然存在诸多不足之处，恳请读者给予批评指正！

陶　锋

2021 年 4 月于暨南园

CONTENTS 目录

第一章　粤港澳大湾区动力电池产业分析*

第一节　动力电池产业链发展概况

一、动力电池产业链结构

本章动力电池是指为电动车等工具提供动力的蓄电池，主要区别于启动汽车发动机所使用的启动电池。动力电池按照蓄电物质的不同可分为锂电池、镍镉电池、铅酸电池、燃料电池等不同类型。其中，在新能源汽车方面，锂电池具有放电电压平稳、寿命长、不含有毒物质的优点，显示出非常优越的性能。目前市场上的新能源汽车主要采用锂电池作为动力电池，本章所讨论的动力电池也特指动力锂电池。在新能源汽车的成本中，电池驱动系统占据40%左右，同时动力电池的性能直接影响新能源汽车的续航能力以及使用安全性，因此动力电池是新能源汽车上最重要的部件之一。近年来，新能源汽车特别是电动汽车的发展潜力逐渐显露，新能源汽车产业承载着我国产业升级弯道超车的重要使命，为此相关部门出台了大量的配套扶持政策，新能源汽车产业的重要性不言而喻，而动力电池产业作为新能源汽车产业链的关键一环，有着重要的战略意义。

在具体分析动力电池产业链之前，本章会先从动力电池在新能源汽车产业链的位置入手，厘清动力电池产业链的具体范围。新能源汽车的产业链如图 1-1 所示，动力电池与电机、电控等同处于新能源汽车产业链中游，上游为各种矿产资源，下游则为整车制造，后期市场包括充电换电设备、动力电池回收等产业。为了使分析研究更加聚焦，同时也为了避免与新能源汽车产业链混淆，虽然动力电池的生产不可避免地涉及锂、钴等矿产资源的开采加工，但本章的动力电池产业链将不会包含相关矿产资源的开采和初步处理。同理，虽然新能源汽车的整车生产是动力电池的下游产业，但本章也不会重点分析。

---

* 本章由暨南大学产业经济研究院杨秉霖、陶锋执笔。

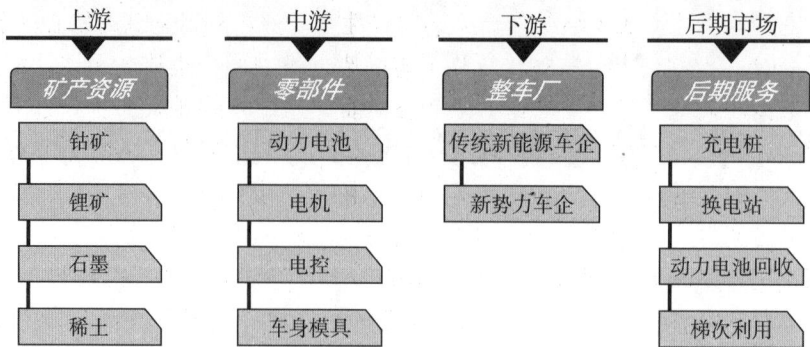

图 1 - 1　新能源汽车产业链

资料来源：艾瑞咨询。

　　具体到动力电池产业链的结构，我们可以根据动力电池的生产流程来进行梳理。当前市场主流动力电池的生产流程包括以下步骤：①电池材料的选择和生产，根据能量密度、循环寿命和安全性能等指标，生产合适的正极材料、负极材料、隔膜、电解液；②电芯制造，通过正负极匀浆、涂布、碾压、分切、烘烤、卷绕、装配、注液、焊接封口等一系列步骤生产出电池单体；③电池模块和电池组组装，把大量经过筛选的电芯连接起来组成电池模块，再把若干电池模块与热失控预警和阻断装置、热管理系统及电池组安装管理系统（BMS）等辅助装置一起装配组成电池组。基于上述的生产流程及市场上的企业分工形式，动力电池的产业链呈现出图 1 - 2 的形式，主要分为上游的电池材料生产、中游的电池制造及 pack 以及下游的整车生产及电池回收。

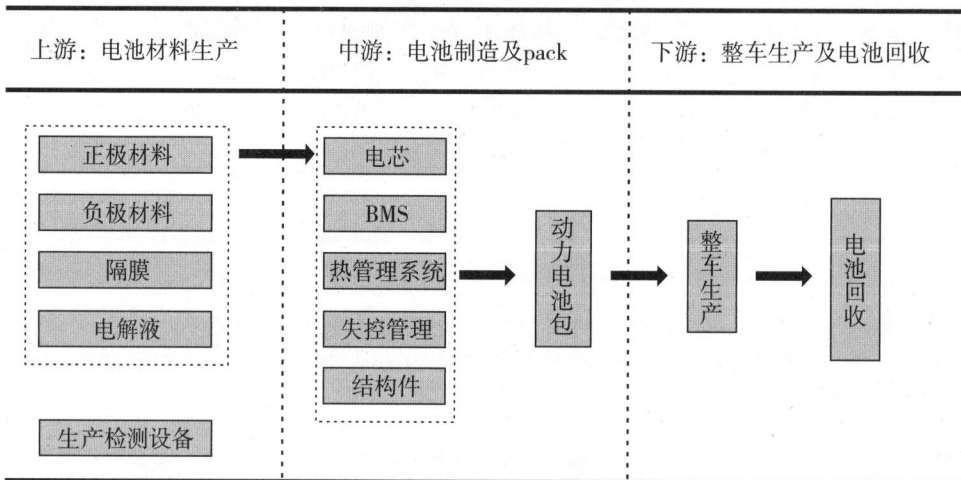

图 1 - 2　动力电池产业链

资料来源：根据网络公开资料整理。

综合考虑产值占比、成本结构和产业链完整性，动力电池产业链的核心环节是中游的电池制造及 pack，上游的电池材料生产和下游的废旧电池回收也比较重要。如图 1 - 3 所示，在动力电池产业链的各环节产值所占比重方面，中游的电池制造及 pack 是所占比重最高的细分行业，近年来所占比重均在 50% 以上，2018 年占产业链总产值的比重为 57.9%；四大关键材料（正极材料、负极材料、隔膜、电解液）的产值所占比重排名第二，2018 年占产业链总产值的比重为 24.1%，占比逐年上升。从成本的角度衡量，以磷酸铁锂电池为例，如图 1 - 4 所示，动力电池系统成本中直接材料占比为 85% 左右，直接材料中包含了制造电芯需要的正负极材料、隔膜、电解液、铜箔等物料，也包括制造模组和 pack 需要的各种硬件；工厂土建支出、土建折旧以及设备折旧等制造费用占比约 11%，直接人工占比约 4%。通过分析产业产值和生产成本结构，我们可以发现动力电池产业链的核心环节是电池制造及 pack，这个环节创造了最多的产值，同时大部分的生产成本也都发生在这一环节。上游的四大关键材料生产也比较重要，有相当大一部分的成本产生在此环节。此外，虽然电池回收环节占产业总产值比例极低，但是废旧电池的回收是动力电池产业链形成闭环的关键一环，因此，我们认为电池回收也是动力电池产业链的重要环节之一。综上，我们认为动力电池产业链的核心环节是中游的电池制造及 pack，同时上游的电池材料生产和下游的电池回收对整个产业链的意义也比较重要。

单位：亿元

	2014年	2015年	2016年	2017年	2018年
上游矿产及原材料	25	32	65	148	160
四大关键材料	180	240	415	660	750
辅料及配件	55	75	105	155	200
生产设备	65	85	120	155	140
检测设备	12	18	32	40	35
电池制造及pack	640	920	1 350	1 580	1 800
电池回收	5	8	12	20	25
合计	982	1 378	2 099	2 758	3 110

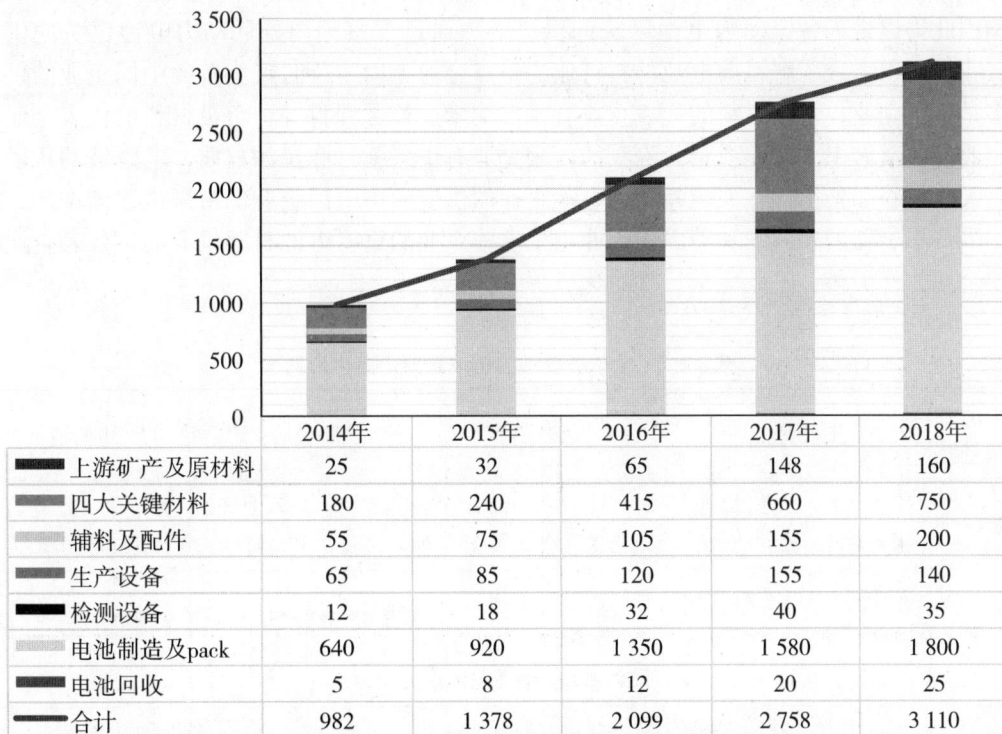

图 1 - 3　2014—2018 年动力电池产业链各环节产值

资料来源：GGII（高工产业研究院）。

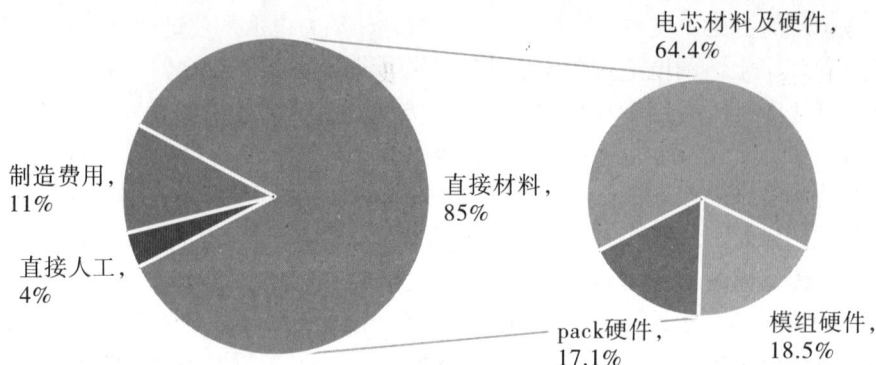

图1-4　磷酸铁锂动力电池成本结构

资料来源：根据网络公开资料整理。

　　重点企业方面，在近年来强力的政策扶持与下游市场带动之下，我国的动力电池全产业链企业均已具备较大的规模，在全球市场中占据了相当大的份额。2020年全球动力电池装机量排名前九的企业中有宁德时代、比亚迪、国轩高科、远景能源和中航锂电五家来自中国。在国外企业方面，目前动力电池产业发展较快的国家是日本和韩国，代表企业分别有松下和LG化学。在产业链上游环节，随着各家电池企业不断在中国地区布局产能，中国电池材料企业得益于国内人工、土地等要素成本较低，相较于海外企业具有一定的优势，因此得以进入各家动力电池巨头的供应链。通过观察国内外的动力电池巨头的供应链，我们可以大致了解目前电池材料行业的重点企业：以宁德时代为首的中国企业的供应商多是中国企业，正极材料的代表企业有德方纳米、长远锂科等，负极材料的代表企业有杉杉股份、璞泰来、东莞凯金，隔膜的代表企业有中兴新材和星源材质，电解液的代表企业有天赐材料和新宙邦；而国外动力电池企业的供应商中中国企业的身影也逐渐增加，同时不少日本、韩国、欧洲和美国的企业也是这些企业的重要电池材料供应商，代表企业有住友金属、优美科、三菱化学、日立化成等，详见表1-1。

表1-1　全球主要动力电池企业上游供应商

主要动力电池企业	正极材料	负极材料	隔膜	电解液
宁德时代	长远锂科、厦门钨业、北大先行、德方纳米	杉杉股份（上海）、璞泰来、东莞凯金	长园集团、星源材质、河南义腾、中兴新材	天赐材料、新宙邦、江苏国泰
LG化学	当升科技、优美科（比利时）、浦项（韩国）、日亚化学（日本）	杉杉股份（上海）、三菱化学（日本）、日立化成（日本）	星源材质、旭化成（日本）、东丽（日本）	天赐材料、三菱化学（日本）
松下	当升科技、住友金属（日本）、厦门钨业	日立化成（日本）、贝特瑞	住友化学（日本）	宇部（日本）、三菱化学（日本）

资料来源：根据网络公开资料整理。

二、粤港澳大湾区动力电池产业发展概况

在国内，粤港澳大湾区动力电池产业相对其他地区发展较早，所占比重较高，已形成较为完整的动力电池产业链，动力电池四大关键材料以及锂电池制造环节均在全国占据重要的市场地位，目前大湾区内比较有代表性的动力电池产业链企业如表1-2所示。在电池制造方面，2020年中国装机量前十的动力电池企业中有比亚迪和亿纬锂能两家粤港澳大湾区企业，2020年总装机量达到10.66GWh，约占全国总出货量的16.7%。在上游的电池材料方面，粤港澳大湾区也拥有德方纳米、贝特瑞、星源材质、天赐材料等一批在各自行业排名前列的企业。在方兴未艾的动力电池回收领域，大湾区的企业同样走在全国前列，涌现出了以格林美、邦普循环为首的一批行业龙头。在企业区域分布上，受早期3C电池产业发展历史及下游新能源汽车产业的带动，粤港澳大湾区中动力电池产业链的龙头企业主要集中在广州、深圳、惠州等城市，此外在珠海、佛山等地也有所分布。

表1-2 粤港澳大湾区动力电池产业链代表企业

产业链环节	行业	企业	产能布局	市场地位
上游	正极材料	德方纳米	深圳、佛山	2020年前三季度磷酸铁锂电池市场占有率达20%
	负极材料	贝特瑞	深圳、惠州、天津	2020年前三季度市场占有率为23%，行业领先
	隔膜	星源材质	深圳、常州	国内头部干法隔膜企业，核心客户包括LG化学、比亚迪等巨头
	电解液	天赐材料	广州、九江	2020年市场占有率全国第一
		新宙邦	深圳、惠州	2020年前三季度市场占有率达17%
中游	电池制造及pack	比亚迪	深圳、惠州、重庆	2020年动力电池装机量全国第二、全球第五
		亿纬锂能	惠州、荆门	2018年以来动力电池装机量一直位列全国前十
下游	电池回收	格林美	深圳	循环再造锂离子电池正极原料常年占中国市场20%以上

资料来源：根据网络公开资料整理。

第二节　动力电池产业发展环境

一、国内外产业政策形势

动力电池产业作为新能源汽车产业链的核心环节，其发展路径同新能源汽车一样在很大程度上受相关产业政策影响。2009 年我国动力电池装机量还仅为 0.028GWh，而 2020 年这一数字已达到 63.8 GWh，增长超一千倍，如此快速的增长离不开相关政策的扶持和促进。因此，在对动力电池产业进行分析的时候我们必须对其面临的政策形势进行分析。同时，考虑到动力电池产业的发展受下游新能源汽车的需求影响巨大，一些针对新能源汽车产业的政策同样会影响到动力电池产业，因此下面我们将分析直接针对动力电池以及通过促进新能源汽车发展间接影响动力电池产业的相关政策，具体见表 1－3。

为引导我国动力电池产业健康持续发展，各部门先后出台近 30 项动力电池相关的政策，内容主要包括行业市场管理规范、技术路线规划两方面。在行业市场管理规范方面，中华人民共和国工业和信息化部（以下简称工信部）根据《汽车动力蓄电池行业规范条件》先后发布 4 批包含 57 家符合条件企业的目录（动力电池白名单），明确相关政策支持将会以该目录作为基础性依据，这一政策为当时还略显稚嫩的中国动力电池企业争取了宝贵的发展时间；2015 年 9 月发布的《锂离子电池行业规范条件》则进一步细分到正极材料、负极材料、隔膜、电解液等四大原材料行业，对产业链上游企业起到了规范作用。2019 年，工信部废止《汽车动力蓄电池行业规范条件》，受此影响，LG 化学、三星 SDI 等外资龙头企业未来将在中国投入更多的资源争取市场。在技术路线规划方面，相关政策在单体能量密度、使用寿命、充电倍率等指标上都设定了明确的目标，在这些政策的推动下，企业不断改进生产流程提高产品质量，已部分达到所要求的目标。未来，随着新能源汽车市场走向成熟，政策对企业技术路线选择的引导作用将逐渐减弱，在 2020 年发布的《新能源汽车产业发展规划（2021—2035 年）》中，已经没有针对动力电池性能指标的明确要求，而是强调企业在产品研发迭代方面的主体地位。此外，相关政策也从下游的废旧电池回收方面对动力电池产业的发展进行了扶持和引导，如《新能源汽车产业发展规划（2021—2035 年）》明确提出要完善动力电池回收、梯级利用和再资源化的循环利用体系，同时《新能源汽车废旧动力蓄电池综合利用行业规范条件（2019 年本）》也对回收企业的技术、装备、工艺、资源消耗和回收效率等进行了规范。

在粤港澳大湾区范围内，相关部门也积极响应国家号召出台了一系列针对新能源汽车和相关产业链的政策。《广东省发展汽车战略性支柱产业集群行动计划（2021—2025 年）》提出到 2025 年省内新能源汽车产量超过 60 万辆；此外，《广东省人民政府关于加快新能源汽车产业创新发展的意见》也提出了要为动力电池等关键零部件企业解决用地指标并落实资金补助政策，对动力电池以及动力电池电解质、正负极材料等关键材料的重大研发项目予以支持。在省级政策的引领下，广州、深圳等地也相对应出台了相关政策，通过鼓励市内公共交通换装新能源汽车的方式，积极扶持新能源汽车及相关产业的发展。此外，在

2020年新冠肺炎疫情（以下简称"疫情"）的背景下，为对冲疫情对新能源汽车产业的影响，广东省多市出台了疫情期间支持消费者使用购买新能源汽车的政策，这保障了动力电池的下游市场需求，在疫情期间为相关企业提供了宝贵的帮扶。在动力电池回收方面，广东省也是积极作为，制定了《广东省新能源汽车动力蓄电池回收利用典型模式集》，在动力电池市场中树立了榜样并促进更多企业开展相关业务和研究新模式、新技术。

全球来看，自2014年起全球主要国家纷纷重视起动力电池产业的发展并制定了本国的相关规划路线。目前，全球动力电池技术发展各有侧重，不同国家对锂离子电池、全固态电池等各个技术路线均有涉及；各个国家普遍计划到2030年电池单体的能量密度要达到500Wh/kg。此外，全球主要国家均设定了电动化目标，如日本提出到2035年电动化率达100%，瑞典提出到2030年道路上没有使用化石燃料的汽车，英国提出到2035年电动化率达100%，未来电动汽车成长空间巨大。短期来看，欧盟在2019年推出了全球最严的碳排放法规，该规定要求到2021年欧盟乘用车企业生产的汽车的平均二氧化碳排放需降至95g/km，到2025年降至80.75g/km。这一规定将导致欧洲车企在新能源汽车领域乏力，欧洲市场未来将是新能源汽车增长的主要地区，这将为动力电池企业提供巨大的潜在市场，也催促国内企业加快出海布局全球的脚步。

总体来看，中国对动力电池产业的政策扶持力度是比较大的，从扶持的手段来看，中国的相关政策比较多元，既包括制定整体的发展目标通过市场引导产业发展，也有直接通过财政补贴、土地转让等方法支持相关企业发展；相对而言，日韩、欧洲等发达国家和地区由于市场体制相对成熟，相关政策大多通过燃油车禁售目标、碳排放规定等长期的市场目标倒逼上游的动力电池产业发展。从政策的范围来看，中国的相关政策比较细致全面，既包括对动力电池产业链上中下游企业的规范和技术引导，又包括相关企业自身运营的标准如研发投入、生产规模等；相对而言，日韩、欧洲等发达国家和地区的相关政策主要还是针对动力电池前沿技术的目标规划。从时效性来讲，在疫情影响下，中国比较快速地出台了相应的针对新能源汽车产业的扶持政策，而在发达国家和地区，对新能源汽车产业的相关帮扶政策一般以制造业整体的救助计划的形式出现。

展望未来，随着中国动力电池产业的成熟，直接、全面的财政补贴将逐步退出，动力电池产业的发展将更多地体现出市场选择的结果；而随着龙头企业的壮大和技术的积累，政策文件对行业发展方向的指导也将逐步弱化，动力电池发展路线的选择权将更多地交到企业手上。与此同时，随着新能源汽车的存量不断增加，动力电池回收市场也将不断发展，预计政府部门会出台一定的政策引导扶持该领域的相关企业发展，以构建动力电池产业链完整闭环。相对而言，欧洲地区在前一轮的动力电池快速发展期反应较慢，地区内新能源汽车潜在市场巨大却没有本土的动力电池龙头企业，因此预计未来欧洲地区会出台更多的扶持相关企业的政策。

表 1-3　全球范围动力电池产业相关政策

政策范围	发布时间	发布部门及文件名称	政策内容
全国范围	2015 年 3 月 14 日	工信部《汽车动力蓄电池行业规范条件》（已废止）	锂离子动力电池单体企业年产能不得低于 200 兆瓦时；系统企业年产能不得低于 10 000 套或 200 兆瓦时；列入公告的企业名单将作为相关政策支持的基础性依据
	2015 年 9 月 6 日	工信部《锂离子电池行业规范条件》	锂离子企业电池年产能不得低于 1 亿瓦时；正极材料年产能不低于 2 000 吨；负极材料年产能不低于 2 000 吨；隔膜年产能不低于 2 000 万平方米；电解液年产能不低于 500 吨
	2017 年 3 月 1 日	工信部、发改委、科技部、财政部《促进汽车动力电池产业发展行动方案》	大力推进新型锂离子动力电池研发和产业化，着力加强新体系动力电池基础研究，2025 年实现技术变革和开发测试；到 2020 年，新型锂离子动力电池单体比能量超过 300 瓦时/千克，到 2025 年，新体系动力电池技术取得突破性进展，单体比能量达 500 瓦时/千克
	2018 年 1 月 26 日	工信部、科技部、环境保护部、交通运输部、商务部、质检总局、能源局《新能源汽车动力蓄电池回收利用管理暂行办法》	明确了动力电池设计、生产及回收责任；鼓励电池生产企业与综合利用企业合作，按照先梯次利用后再生利用原则，对废旧动力蓄电池开展多层次、多用途的合理利用；建立相关监督管理制度
	2018 年 2 月	《〈中国制造2025〉重点领域技术创新绿皮书——技术路线图（2017）》	2020、2025、2030 年单体比能量分别达到：350 瓦时/千克、400 瓦时/千克、500 瓦时/千克 2020、2025、2030 年系统比能量分别达到：260 瓦时/千克、300 瓦时/千克、350 瓦时/千克 2020、2025、2030 年单体成本分别达到：0.6 元/瓦时、0.5 元/瓦时、0.4 元/瓦时 2020、2025、2030 年系统成本分别达到：1 元/瓦时、0.9 元/瓦时、0.8 元/瓦时 2020、2025、2030 年系统使用寿命分别达到：3 000 次/10 年、3 500 次/12 年、4 000 次/15 年
	2019 年 1 月 2 日	工信部《锂离子电池行业规范条件（2018 年本）（征求意见稿）》	取消对年产能的要求；新增：研发经费不低于当年企业主营业务收入的 3%，上一年实际产量不低于实际产能的 50%；鼓励企业智能制造，推动自动化、信息化水平提高

（续上表）

政策范围	发布时间	发布部门及文件名称	政策内容
全国范围	2020 年 1 月 2 日	工信部《新能源汽车废旧动力蓄电池综合利用行业规范条件（2019 年本）》	对回收企业的技术、装备、工艺、资源消耗等进行了规范，其中，要求镍、钴、锰的综合回收率应不低于 98%，锂的回收率不低于 85%，稀土等其他主要有价金属综合回收率不低于 97%。采用材料修复工艺的，材料回收率应不低于 90%。工艺废水循环利用率应达 90% 以上
	2020 年 10 月 20 日	国务院《新能源汽车产业发展规划（2021—2035 年）》	到 2025 年，我国新能源汽车市场竞争力明显增强，动力电池、驱动电机、车用操作系统等关键技术取得重大突破，新能源汽车新车销售量达到汽车新车销售总量的 20% 左右。 实施电池技术突破行动。开展正负极材料、电解液、隔膜、膜电极等关键核心技术研究，加强高强度、轻量化、高安全、低成本、长寿命的动力电池和燃料电池系统短板技术攻关，加快固态动力电池技术研发及产业化。 完善动力电池回收、梯级利用和再资源化的循环利用体系，鼓励共建共用回收渠道，加快推动动力电池回收利用立法
粤港澳大湾区	2018 年 6 月 13 日	《广东省人民政府关于加快新能源汽车产业创新发展的意见》	对投资 20 亿元及以上的新能源整车企业和投资 10 亿元及以上的关键零部件企业，由省国土资源厅统筹解决用地指标，并由省发展改革委会同项目所在地政府研究落实资金补助政策；对整车，动力电池、电机、电控和智能终端等关键零部件，燃料电池系统和核心部件，以及动力电池电解质、正负极材料等关键材料的重大研发项目予以支持；支持对废旧动力电池开展回收再利用，在我省销售的新能源汽车生产企业应在每个销售城市设立 1 个以上动力电池回收服务网点
	2020 年 2 月 27 日	广州市交通运输局、广州市财政局《广州市新能源公交车推广应用财政补贴奖励办法》	对 2016 年 1 月 1 日起在广州市首次办理车辆注册登记，且依法取得公共交通营运证的新能源公交车进行补贴
	2020 年 4 月 4 日	广州市工业和信息化局《广州市促进汽车生产消费若干措施》	降低新能源车购买成本，按照鼓励技术先进、安全可靠原则，在使用环节对个人消费者购买新能源汽车给予每车 1 万元综合性补贴
	2020 年 6 月 7 日	深圳市发展和改革委员会《应对新冠肺炎疫情影响促进新能源汽车推广应用若干措施》	放宽个人新能源小汽车增量指标申请条件；扩大个人增购新能源小汽车车型范围；对个人新购新能源小汽车给予综合使用财政补贴，新购纯电动高级型或经济型乘用车补贴 2 万元/车，新购插电式混合动力高级型乘用车补贴 1 万元/车；加大新能源汽车停车优惠力度

（续上表）

政策范围	发布时间	发布部门及文件名称	政策内容
粤港澳大湾区	2020 年 7 月	广东省工业和信息化厅《广东省新能源汽车动力蓄电池回收利用典型模式集》	对省内现存的电池回收企业的回收利用的模式和效果、产业链管理及信息管理模式进行了介绍并给出了推广建议
	2020 年 9 月 25 日	广东省工业和信息化厅等《广东省发展汽车战略性支柱产业集群行动计划（2021—2025 年）》	到 2025 年，新能源汽车产量超过 60 万辆；新能源汽车公用充电桩超过 15 万个，新能源及智能网联汽车共性与前瞻性技术研究取得突破，国家级汽车研发检测公共平台及产业化发展平台建设取得实质性进展
日本	2018 年 5 月	经济产业省	动力电池方面，侧重固态电池的研发，目标至 2025 年普及第一代全固态电池、至 2030 年普及第二代全固态电池，并将成本从 3 万日元千瓦时降至 1 万日元千瓦时，将能量密度从约 150 瓦时/千克提升至约 500 瓦时/千克
	2020 年 12 月	经济产业省	拟设定 2035 年前后实现国内新车销售全部为电动车（含混动车在内）的目标
欧盟	2017 年	欧洲电池联盟《电池战略行动计划》	①确保原材的可持续供应，并为成员国规划好需要探索和储备的原材料；②支持各项电池产业链，其中德国为电池制造提供 10 亿欧元、法国为电池价值链提供 7 亿欧元；③加快对例如锂电池、固态电池等先进技术研发创新；④加强培养相关技术人才，包括人才教育、技术训练、全球专家吸引等；⑤强化电池产业链的安全和可持续性，包括事先产品设计到事后产品回收，确保电池全流程安全可靠
	2019 年	《欧洲议会和理事会第（EU）2019/631 号条例》	要求 2020 年 1 月 1 日起，车企新登记轿车中至少 95% 需达到 95 克/千米的二氧化碳排放控制目标，2021 年起所有新登记轿车的二氧化碳平均排放需低于 95 克/千米，2030 年欧盟境内新车平均碳排放量比 2021 年水平少 37.5%，货车同期减少 31%；加大了超标后处罚力度，只要超出排放标准，每 1 克/千米每辆车罚款 95 欧元
	2020 年 12 月	欧盟委员会	2030 年达到 3 000 万辆电动车使用规模
瑞典	2019 年 1 月	首相发言	2030 年后，瑞典将禁止销售汽油或柴油发动机汽车
英国	2020 年 2 月	首相发言	2035 年后停止销售汽油、柴油和混合动力汽车

（续上表）

政策范围	发布时间	发布部门及文件名称	政策内容
美国	2013 年	美国能源部能源效率与可再生能源办公室《电动汽车普及大挑战蓝图》	到 2022 年，电池成本要求降低到 125 美元/千瓦时、能量密度达到 250 瓦时/千克、体积能量密度 400 瓦时/升、功率密度达到 2 000 瓦/千克
	2020 年	美国能源部预算报告	明确将在 2028 年前将电池成本降低至 80 美元/千瓦时、续航里程提升至 300 英里以上（约 483 千米）、充电时间少于 15 分钟

资料来源：根据网络公开资料整理。

二、国内外市场需求趋势

从需求侧来看，2020 年国内市场呈现上半年受疫情影响同比下滑，下半年热销车型上市强势反弹的走势，全年增速较 2019 年由负转正。得益于技术发展，电池成本持续下降。相对而言，2020 年全球动力电池市场在欧洲市场的带动下，虽然增速受疫情影响有所下滑但仍然大幅领先国内市场，中国市场份额持续下滑中。展望未来，预计 2021 年无论是国内市场还是全球市场都将延续 2020 年下半年的走势保持快速增长，全年增速将高于 2020 年；中国在新能源汽车领域布局较早，因此掌握了一定的先发优势，动力电池全球占比一度超过 50%，随着日韩、欧洲等发达国家和地区制定燃油汽车禁售目标，未来全球新能源汽车将持续快速发展，相应地中国动力电池市场份额将持续下降。在电池类型方面，三元电池仍然是最主流的产品，而磷酸铁锂电池在新技术应用的带动下，叠加本身安全性较高、成本较低的优势，市场份额有所上升。因此，在固态电池量产之前，三元电池仍将占据市场主流地位，而磷酸铁锂电池的占比预计会有所提升。在电池封装方面，2020 年方形电池占比最高，在特斯拉需求带动下圆柱电池占比有所上升。

国内动力电池市场在 2020 年下半年强势反弹，全年装车量延续增长趋势。2020 年中国动力电池出货量为 80GWh，同比增长 13%，装车量为 63.6GWh，同比增长 2.3%。在疫情影响下，2020 年仍较 2019 年有所增长的主要原因在于 2020 年下半年新能源汽车新车集中发布，大幅刺激了消费者购车热情，国内新能源汽车市场迅速恢复，全年国内新能源汽车产量同比增长 7.5% 达 136.6 万辆，销量同比增长 10.9% 达 136.7 万辆，在 2019 年首次出现全年负增长后迅速反弹。从月度销量情况来看，如图 1-5 所示，2020 年上半年受疫情影响，新能源汽车月销量均同比下降，从 7 月份开始疫情影响逐渐减弱，同时叠加特斯拉 model 3、五菱宏光 mini 等热门车型上市，新能源汽车销量同比增长率转正，增幅逐渐扩大，月度销量历史记录屡次被刷新。在新能源汽车市场的带动下，动力电池的需求情况也呈现出上半年受疫情影响大幅下降、下半年强势反弹屡创历史新高的走势，如图 1-6 所示。从 2020 年下半年的销售情况来看，随着热门车型的上市和持续热销，叠加海外需求持续扩大，预计 2021 年国内动力电池需求增长将继续加快。

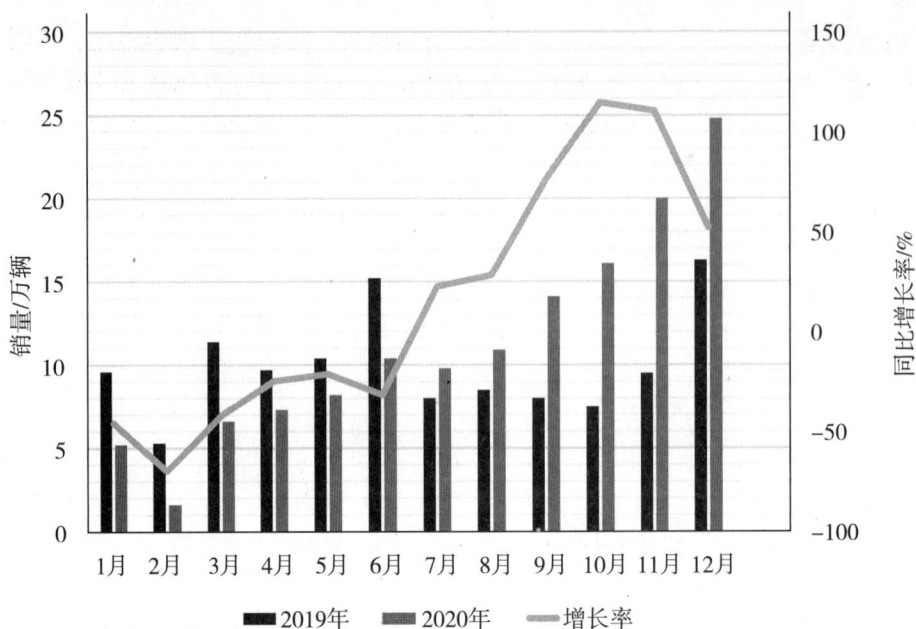

图1-5　2019—2020年中国新能源汽车月度销量及增长率

资料来源：中国汽车工业协会。

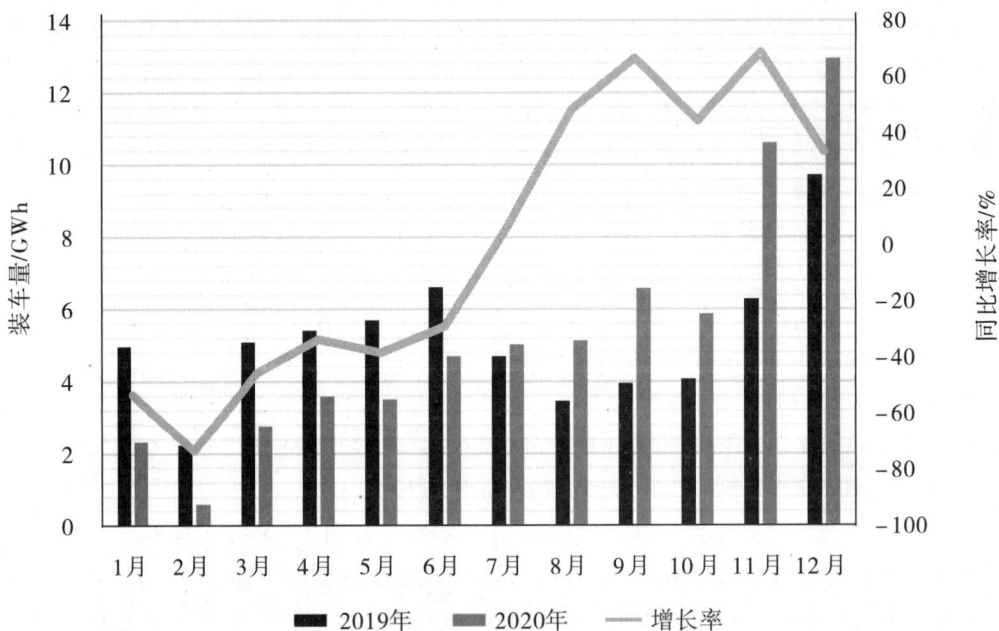

图1-6　2019—2020年中国动力电池月度装车量及增长率

资料来源：中国汽车动力电池产业创新联盟。

受疫情影响，全球动力电池市场需求增长有所减慢，增速高于国内市场。从图1-7、图1-8可见，2020年全球动力电池出货量和装机量分别为192.9GWh和136.3GWh，分别同比增长30.4%和17.0%。从近五年数据来看，出货量同比增速一直很高，2020年全球动力电池市场受疫情影响，上半年需求大减，导致全年增速相比往年有所下降，但是2020年下半年全球新能源汽车市场已快速复苏，预计在欧洲的新能源政策推动下，2021年全球动力电池出货量增速将大幅反弹。2020年全球新能源乘用车销量达284万辆，渗透率达到4%，预计到2025年这一数字将达到21%，在此带动下预计到2025年动力电池的电动车装机量将达到1 163GWh，出货量则为1 400GWh。欧洲是全球新能源汽车市场增长最迅速的地区，2020年欧洲的瑞典、挪威、英国、法国、意大利、德国六个主要国家的新能源汽车销量为101.50万辆，同比大幅增长161.5%，渗透率已达13.16%。在欧洲新能源汽车需求的强劲增长驱动下，海外动力电池装机量增长迅速，2020年全球动力电池出货量增速大幅领先中国，此消彼长之下2020年中国动力电池市场占比为41.6%，相比2019年下降了6.2个百分点，需求占比持续下滑。

动力电池价格快速下降，助力电动车低价时代到来。如图1-9所示，2016年时国内动力电池平均成本还是2.09元/瓦时，到了2019年这一数字已下降为0.99元/瓦时，年均降幅达22.05%，预计到2023年国内动力电池价格将降到0.7元/瓦时，对应2019年价格年均降幅约为10%，动力电池成本的下降将加快低价电动车的到来。动力电池成本的下降主要得益于两个因素：一是刀片电池、CTP（Cell to Pack，无模组动力电池包）等结构优化以及电芯大型化等技术升级有力地降低了电池组的成本；二是上游原材料通过提升良率、生产一体化等方法改进生产工艺，以及电池制造技术进步带来能量密度提升，实现单位能量的成本下降。

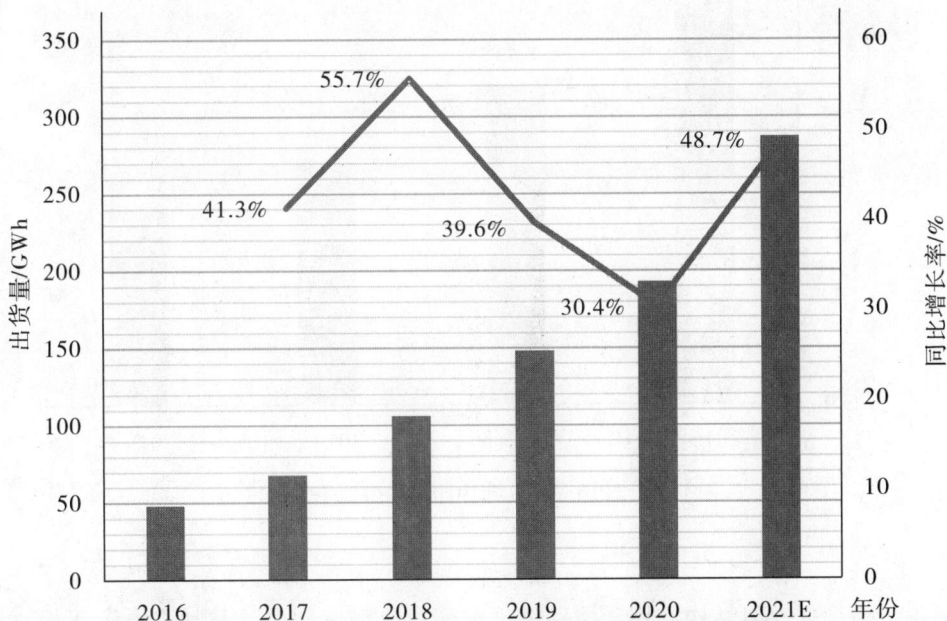

图1-7 2016—2021E年全球动力电池市场出货量及增长率

资料来源：SNE Research。

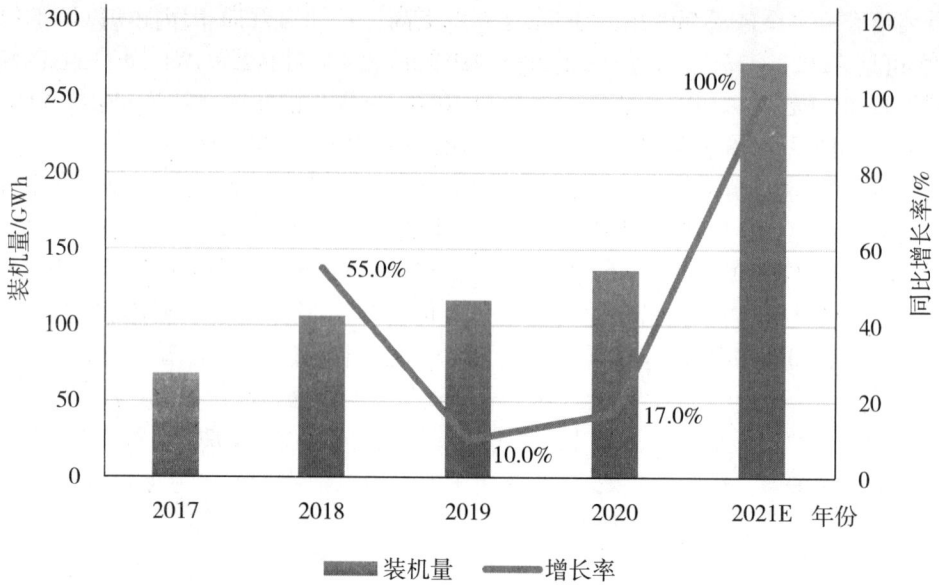

图1-8　2017—2021E 年全球动力电池市场装机量及增长率

资料来源：GGII，SNE Research。

单位：元/瓦时

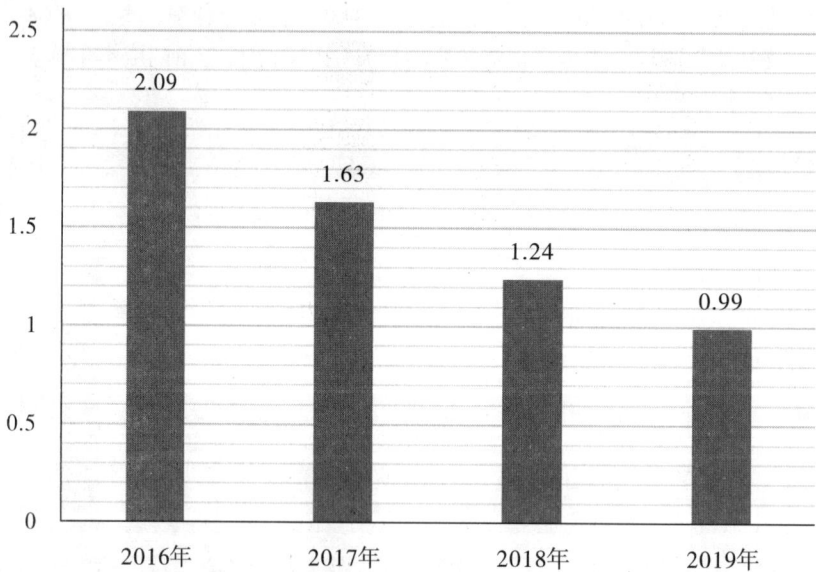

图1-9　2016—2019 年中国动力电池平均价格

资料来源：艾瑞咨询。

　　得益于新型电池组结构应用，磷酸铁锂电池占比触底回升。从动力电池正极材料的市场结构来看，当前市场上三元电池和磷酸铁锂电池是最主流的电池类型，三元电池正极材料为镍、钴、锰/铝三元化合物，而磷酸铁锂电池正极为磷酸铁锂材料。在性能上，相比磷酸铁锂电池，三元正极电池的能量密度更高，从而有效提高新能源汽车的续航能力满足市场需求。在成本上，三元正极材料中的钴元素成本较高，因此三元电池整体成本比磷酸铁锂电池高。如图 1-10 所示，2020 年三元电池的装车量为 38.9GWh，占总装车量的 61.1%，同比下降 4 个百分点；磷酸铁锂电池装车量为 24.4GWh，市场占比提升 5.8 个百分点。磷酸铁锂电池占比出现提升的原因在于 CTP 技术以及刀片电池技术的推广使得电池组成本下降，同时电池系统集成度提升使得能量密度提升 10% 以上，性价比进一步体现，带动出货量增长。同时，搭载磷酸铁锂电池的热门车型在下半年集中发布，直接带动了磷酸铁锂电池装车量与出货量提升。当然，三元动力电池目前仍为市场主流，它未来将继续向高端领域特别是高续航里程以及具有特殊要求的产品车型领域渗透。

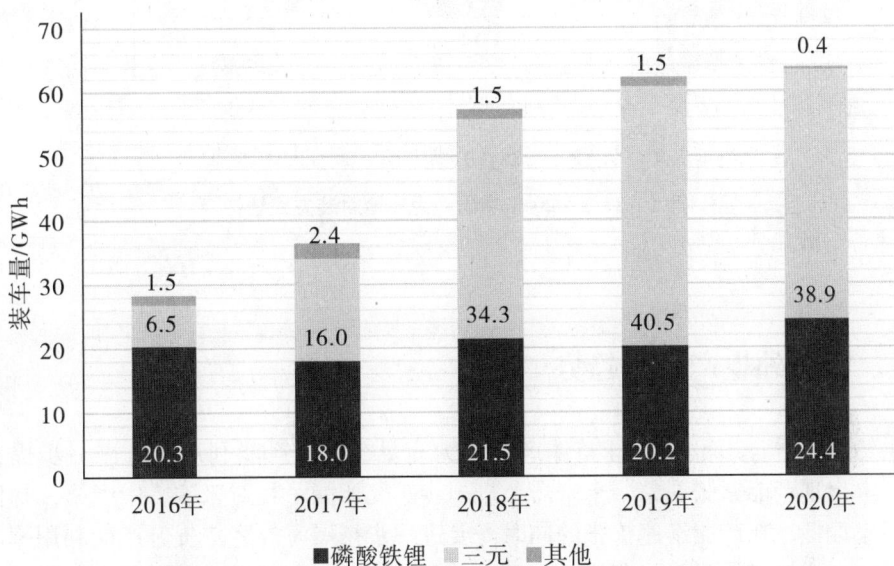

图 1-10 2016—2020 年中国动力电池正极类型结构

资料来源：中国汽车工业协会。

从图 1-11 可知，方形电池仍是主流电池封装方式，圆柱电池占比迅速提升。从动力电池封装方式的结构来看，动力电池目前主要有方形、圆形以及软包三类封装方式，各自特点为：①方形电池的电芯为方形，相对于圆形封装，电芯间的缝隙较小，内部空间利用率较高，同时电池不容易膨胀相对更安全，壳体一般为铝镁合金，密度小、重量轻且强度高，电池能量密度高；②圆形电池，与方形同属于硬壳封装，工艺成熟成本低，封装尺寸较小因此成组灵活，目前特斯拉所采用的松下电池便是圆柱电池；③软包电池，优点为尺寸可变化成组更加灵活、内阻小、能量密度高，缺点为机械强度差、成组结构复杂且设计难度大、封口工艺难。在这三种形状的电池路线中，方形电池是中国动力电池市场最普遍的封装形式，2020 年上半年市场占比达 71.1%，其次为圆柱电池，占比为 48.0%。从变化趋势来看，由于 LG 化学和松下等国外厂商的圆柱电池产能迅速扩展，圆柱电池占比增长迅速。未来，预计方形电池仍然会是最常见的封装方式，但随着 LG 化学和松下配套的特斯拉车型销量增加，圆柱电池的市场份额会继续上升。

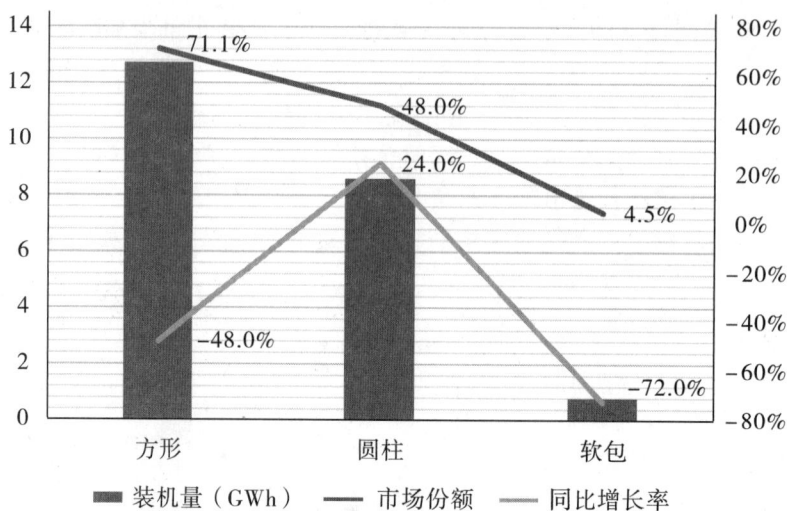

图 1-11　2020 年中国动力电池封装方式结构

资料来源：NE 时代。

三、国内外生产供给趋势

从供给侧来看，2020 年全球整体产能较为充足，全年产能利用率有进一步提升的空间，但年末出现产能紧张现象，未来需要进一步扩充产能。相对来说，中国第二梯队企业产能利用率偏低，在产能迅速扩张的同时需要进一步拓展海外客户提升产能利用率。在年末市场需求大增、产能紧张的背景下，2020 年下半年国内动力电池相关企业数量迅速增加且普遍具备一定规模，同时全球头部企业不约而同积极布局扩充产能。这种现象或预示未来动力电池市场将迎来又一段爆发式增长期，同时市场逐渐成熟，企业分化进一步加强，市场集中度持续提高。在产能分布方面，全球龙头企业以市场为导向，着重在中国、美国和欧洲地区布局产能；国内来看，长三角地区动力电池下游企业密布，动力电池产能分布最为密集，在龙头企业带动下，粤港澳大湾区和东南地区的产能也较为充足。

中国企业产能领先，行业产能利用率有进一步提升空间。图 1-12 韩国机构 SNE Research 数据显示，2020 年其全球动力电池总产能达 299GWh，总出货量 213GWh，产能利用率为 71.2%。其中，LG 化学拥有 81GWh 的动力电池产能，全球最高；宁德时代产能达 56GWh，位居第二；比亚迪和松下则拥有 40GWh 的产能，并列第三；而其他的中国第二梯队的电池企业合计拥有 67GWh 的产能，全球一大半的动力电池产能都掌握在中国企业手中。根据各家电池出货量及有效产能情况计算，在全球主要动力电池企业中宁德时代与松下的产能利用率较高，分别为 94.6% 和 87.5%。LG 化学由于新产线需要一定时间进行产能爬坡，因此 2020 年产能利用率仅为 65.4%，效率偏低。大湾区企业比亚迪一方面正在快速拓展产能，另一方面电池外销尚未放量而自身新能源汽车品牌销量较低，因此 2020 年其产能利用率较低仅为 30.0%。预计 2024 年全球动力电池出货量将达到 1 164GWh，进入 TWh 时代，根据目前各企业的扩产计划，全球动力电池从出货量来看将在 2022 年出现供不应求，动力电池厂商有必要进一步加快扩充产能的步伐。

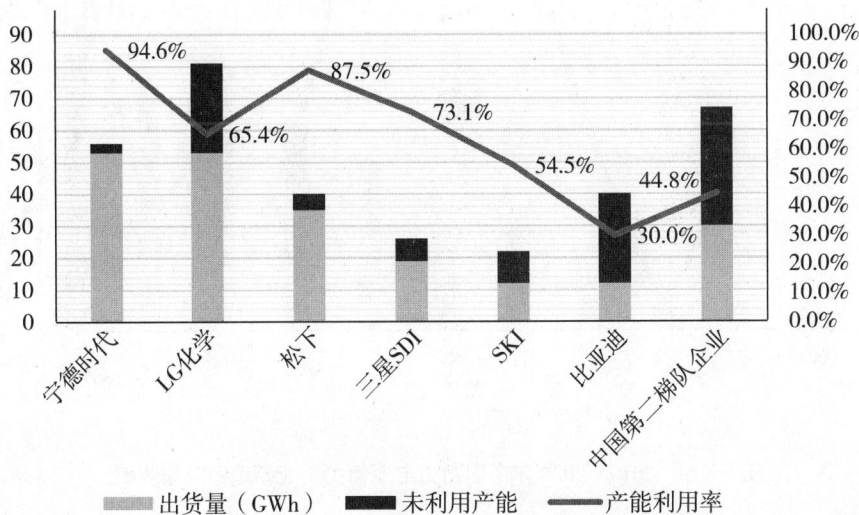

图 1-12　2020 年主要动力电池企业产能情况

资料来源：SNE Research。

　　2020 年下半年动力电池相关企业数量快速增加，现有企业普遍具备一定规模。根据企查查网站的数据，如图 1-13 所示，2020 全年新注册的动力电池相关企业有 5 253 家，同比大幅增长了 66.1%，与近几年数据相比，2020 年新增企业增速在疫情影响下逆势大涨，主要原因在于产业链头部企业预期动力电池产业将迎来爆发，纷纷抢先布局扩充产能。分季度来看，如图 1-14 所示，2020 年第一季度受疫情影响仅新增注册了 410 家相关企业，二三季度有所回升分别有 894 家、996 家新增企业，第四季度在电池行业爆发式增长的推动下，单季度新注册企业数同比增长 241%，达 2 953 家，全年新注册企业中超过一半是在第四季度注册的。截至 2020 年，动力电池产业现有的注册企业中有 9 350 家的注册资本超 500 万元，占全部企业总数的一半以上。目前国内动力电池市场已趋于集中化，产业链企业分化明显。在这种背景下，不同于过去中小企业盲目进入，当前市场上的动力电池企业规模明显提升，新注册企业的目的也更为明确，或为龙头企业扩张的先遣部队，或为头部企业布局上下游的重要一环。以宁德时代为例，2020 年就有十多家与其相关的动力电池产业相关企业新注册成立，主要目的在于提高对电池生产环节中主要材料供应的掌控力，并试图在充电、电池检测、车电分离等后市场服务方面形成产业链闭环。

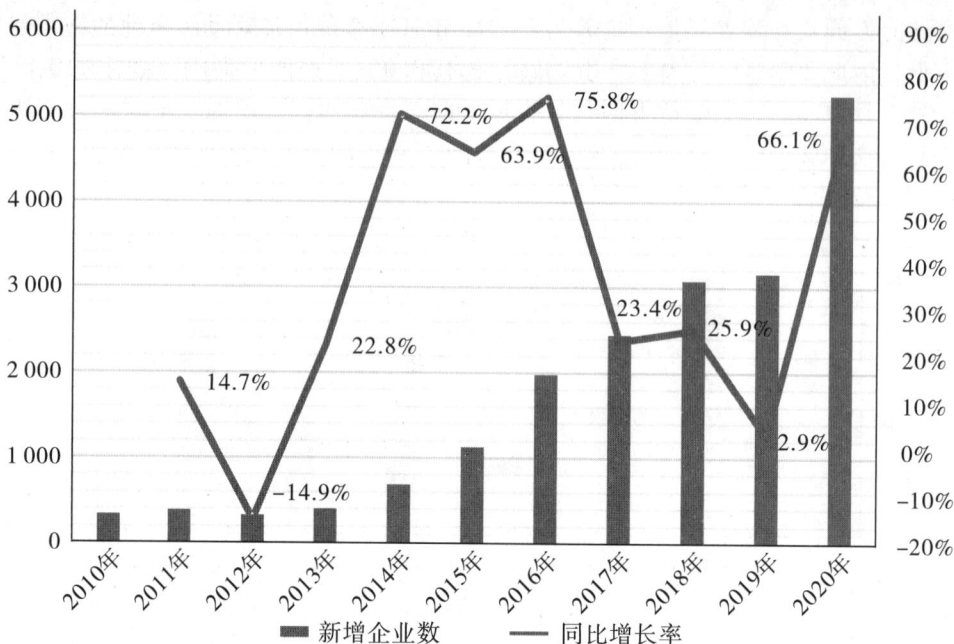

图1-13　2010—2020年中国动力电池相关企业新增数及增长率

资料来源：企查查。

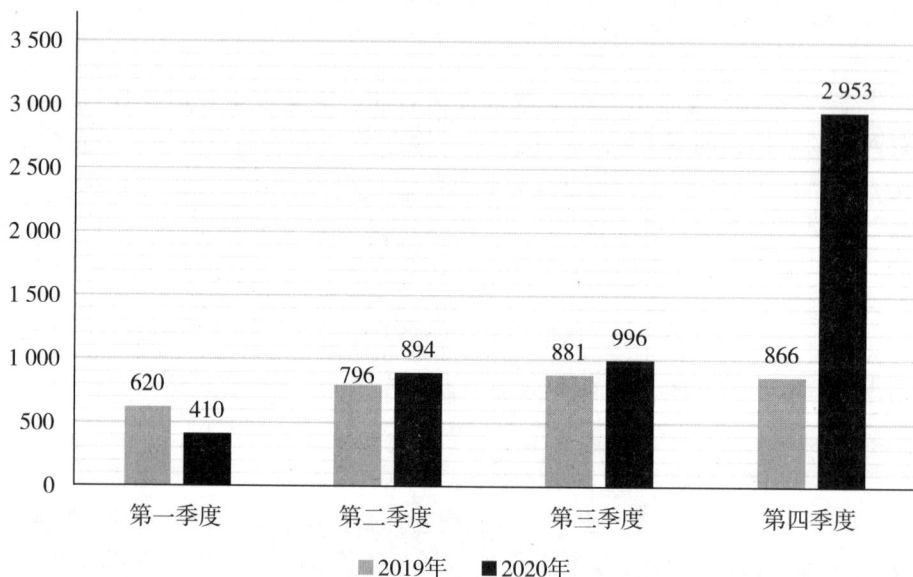

图1-14　2019—2020年中国动力电池相关企业季度新增数

资料来源：企查查。

2020年末出现产能紧张现象，全产业链企业积极扩充产能。实际上，从国内来看，2020年下半年开始随着新能源汽车需求明显增加，动力电池市场已然出现产能紧张的迹象，宁德时代董事长曾毓群公开指出，从 2021 年开始全球市场对动力电池的需求将大幅增加，但目前动力电池产业链的有效供给仍显不足，同时产能扩张速度相对较慢。为此，动力电池头部企业不约而同地加快了扩充产能的步伐。中国企业方面，2020 年主要的动力电池投扩产项目有：2 月，宁德时代总投资近百亿元建设宁德车里湾生产基地，新增锂电池年产能约 45GWh；4 月，亿纬锂能投资 25 亿元的电池项目在荆门开工，建成后年产能达 21.5GWh 以上；5 月底，国轩高科募资超 70 亿元用于建设年产 16GWh 的动力锂电池项目和年产 30 000 吨的三元正极材料项目；6 月，比亚迪的刀片电池重庆工厂投产，工厂到年底将建成 8 条生产线，并拥有 20GWh 的产能；11 月，中航锂电投资 100 亿元建设 A6 厦门项目，规划产能 20GWh；11 月，蜂巢能源宣布将投资 20 亿欧元在德国萨尔州建立电池工厂，规划年产能达 24GWh。国外企业方面，主要项目有：5 月中旬，通用和 LG 化学成立的合资公司启动建设位于 Lordstown 的电池工厂，规划年产能 30GWh，工厂计划于 2022 年底投产；5 月，大众与瑞典企业 Northvolt 成立合资企业并逐步开展生产业务，预计 2024 年初开始在萨尔茨吉特生产动力电池，计划年产能为 16GWh；10 月，SKI 盐城动力电池基地一期建成，一期规划产能 27GWh，项目投资额约为 10.5 亿美元；11 月，LG 化学与南京经济开发区达成协议将投资 5 亿美元建设圆柱形汽车动力电池生产基地（见表 1-4）。

动力电池龙头企业全球布局集中于中美欧三地，国内来看长三角地区动力电池产能分布最密集，粤港澳大湾区有一定分布。我们统计了截至 2020 年末国内外市场占有率排名前列的八家动力电池企业的有效产能布局情况，全球来看，由于中美两国的新能源汽车产业发展较早，市场需求较大，很多企业都在这两个国家设电池生产基地；欧洲的新能源汽车相关法规最为激进，相关产业发展迅猛，未来市场需求巨大，因此几乎所有国际动力电池巨头都在欧洲有所布局；此外，日韩作为动力电池技术强国，本国企业在母国也有一定的产能分布。在中国，产能分布最密集的区域是长三角地区，几乎所有的国内外龙头企业都在该地区有所布局。长三角地区新能源汽车企业分布密集，整车厂大多希望关键零部件能就近配套，而对动力电池企业来说，在长三角地区建厂能更贴近整车企业从而加强沟通协作、节省运输成本，因此乐于在长三角地区设立生产基地；粤港澳大湾区 3C 电子类电池的发展较早，相关产业比较发达，在新能源汽车的潮流中，很多生产传统消费电池的企业开始向车用动力电池领域转型，因此这一区域也有不少动力电池产能布局；东南地区的福建省孕育出了全球动力电池龙头企业宁德时代，在其带动下，东南部地区也有一定的动力电池产能布局；此外，在西部地区，锂、钴等电池原材料储量较为丰富，各家企业出于成本考虑，大多也会在西部地区有所布局。

表 1-4　全球主要动力电池企业产能布局情况

国家/地区	所在州/城市	企业	规划产能/GWh
中国—东南部	福建宁德车里湾	宁德时代	45
	福建宁德湖西	宁德时代	26
	福建厦门	中航锂电	20

（续上表）

国家/地区	所在州/城市	企业	规划产能/GWh
中国—中西部	青海西宁	宁德时代	5
	青海西宁	比亚迪	24
	四川宜宾	宁德时代	30
	河南洛阳	中航锂电	10
	陕西西安	三星 SDI	25
	重庆	比亚迪	20
中国—粤港澳大湾区	深圳宝龙	比亚迪	16
	惠州坑梓	比亚迪	16
	惠州	亿纬锂能	5.8
中国—长三角	江苏溧阳	宁德时代	35
	江苏南京	LG 化学	50
	江苏无锡	LG 化学	10
	江苏常州	SKI	7.5
	江苏常州	中航锂电	8.5
	江苏盐城	SKI	18
	江苏苏州	松下	30
中国—东北	辽宁大连	松下	8
中国—中部	湖北荆门	亿纬锂能	21.5
韩国	吴仓	LG 化学	5
	蔚山	三星 SDI	6.4
	瑞山	SKI	4.7
美国	密歇根州	LG 化学	2
	俄亥俄州	LG 化学	30
	内华达州	松下	35
	密歇根州	三星 SDI	—
	佐治亚州	SKI	20
欧洲	波兰弗罗茨瓦夫	LG 化学	70
	德国图林根州	宁德时代	14
	匈牙利哥德	三星 SDI	15
	匈牙利科马罗姆	SKI	15
日本	大阪	松下	2

资料来源：根据网络公开资料整理。

四、产业技术变革与发展趋势

目前来看，提高电动汽车渗透率的必要条件是在符合安全要求的前提下以足够低的成本满足用车人员对续航里程的需求。具体到动力电池的性能方面，一方面，电池的价格要继续下降，动力电池的价格需要下降至 0.6～0.7 元/瓦时，电动车的使用成本才能与燃油车持平，这表示与当前水平相比动力电池的成本还需要降低 35% 左右。另一方面，动力电池的带电量要继续提高，带电量直接影响电动汽车的续航能力，同时大容量电池对电芯的放电倍率要求更低，从而能更好保护电池，大电池系统的循环次数要求也大大降低，此外，大容量电池的充电功率显著提高，单位时间内可补充里程数大大增加能有效缓解充电压力。综上，车企对电池的核心需求就是以尽可能低的成本装载更大的电量。在此背景下，电池企业需从材料革新、工艺创新与系统结构优化三大方面出发，降低电池制造成本同时提高电池能量密度。

在材料革新方面，主要方向为无钴电池和固态电池。在无钴电池方面，如前所述，当前市场上最主流的电池类型是三元电池，针对三元电池中钴成本较高的问题，各家企业积极研究以相对廉价的同族元素替代钴元素的无钴电池，三元正极材料的去钴趋势已成为行业关注的焦点，如特斯拉沿 8/1/1 甚至 9/0.5/0.5 的技术路线稳步进行产品迭代；蜂巢能源推出无钴材料电芯，使三元材料的成本显著降低。然而，从目前的情况看，用廉价同族元素代替钴的新型电池可能使性能大幅下降，因此目前的无钴电池性价比尚不如磷酸铁锂电池。预计在未来 5 年内，无钴电池还是难以大规模推广，市场上中高端车型主要搭载三元电池，低端车型则搭配磷酸铁锂电池的技术路径仍将是主流。

在固态电池方面，固态电池与传统锂电池的最大不同在于其使用固体形态的电解质替代了传统锂电池的电解液和隔膜，在此基础上，固态电池跟液态电池相比的优点有：固态电池电解质为固态，热失控风险要低得多；固态电池电化学窗口更高，能搭配高能正极和负极材料，理论能量密度有大幅度的提升；固态电池封装简单，对冷却系统要求较低，降低了电池组质量，相比液态锂电池，能量密度能提升 70% 以上达到 500 瓦时/千克。当然，现阶段固态电池也面临一些技术问题，如固态电解质电导率远小于电解液，导致其充电速度较慢、制备工艺较复杂、成本较高等。总的来说，出于对更高的能量密度和安全性的追求，目前各国都在大力研究固态电池，多国明确表示将着力推动动力电池向固态电池转变，并计划到 2030 年推出可以商用的全固态电池。全球范围内，日本企业在固态电池领域有一定的技术优势，日本汽车企业丰田就计划 2022 年开始量产搭载固态电池的电动车。中国方面，宁德时代、清淘科技等部分企业目前已达到半固态电池的中试阶段，有望于2025 年前实现半固态电池的量产，其中宁德时代的固态电池理论能量密度可达 400 瓦时/千克。

工艺创新的主要方向是改进电芯装配工艺，使用叠片工艺。目前市面上的方形电池多采用卷绕工艺装配，该工艺技术成熟、成本较低，然而卷绕工艺装配的电芯内部空间利用率较低，导致电池能量密度较低和成本难以下降。而在叠片工艺方面，由于其使用的是长方形的极组，几乎能充满电芯壳体，因此相比使用椭圆形极组的卷绕工艺具有天然的优势。在产品性能方面，蜂巢能源表示使用其叠片工艺生产的方形电池有明显性能优势：电池膨胀变形的概率大幅下降，安全性更高；能量密度和循环寿命分别能提升约 5% 和 15%；电池的内阻更低，因此放电倍率可以更高；电池的规格将更加灵活，同时质量一致性更高。尽管叠片工艺潜在优势明显，但当前仍然面临诸多问题，其中最大的难题是生产效率较低，同时控制电池质量难度较高。受制于这两个主要的短板，目前叠片工艺渗透率还较低。但总体而言，上述问题都能通过一定方法来克服，目前主流电池企业中，宁德时代和比亚迪都对该路线有所布局，三星 SDI 也宣布将在匈牙利的生产线运用叠片工艺，未来几年之内叠片工艺有望成为主流的电芯生产工艺。

系统结构优化方面最重要的手段是增大电芯容量。大电芯的优势包括两点，一是提升了电芯中活性材料的重量占比，从而提升能量密度，使电芯的生产成本得以降低；二是能提高电芯成组率，进一步提升系统能量密度，在进行电池封装时减少中间层级，从而达到更高成组效率。典型代表有宁德时代 CTP 电池包、C2C 方案（Cell to Chassis，电池到底盘一体化设计）电池方案和比亚迪的刀片电池，二者均通过精简与整合电池模组，减少电池系统中的组件数目，提高了电池模组的生产效率，有效地降低电池系统的物料成本。

第三节　动力电池产业链 SCP 范式研究

一、动力电池产业链上游 SCP 范式研究

（一）动力电池产业链上游市场结构分析

整体来看，2020 年动力电池上游市场在海外需求的带动下，迎来了快速的增长，年产量普遍同比增长近 30%。在这种背景下，除三元正极材料和负极材料市场由于龙头企业产能相对饱和，新增订单流向中游企业外，海外新增订单大多流向行业龙头企业，导致行业集中度进一步提升。展望未来，随着动力电池市场进一步扩张，四大电池材料也会继续加快增长的步伐，同时随着龙头企业新增产能逐步释放，市场集中度有望维持高位并继续提升。在粤港澳大湾区方面，由于电池产业发展较早，本地区的电池材料企业普遍具备较强实力，在磷酸铁锂材料、负极材料、电解液、干法隔膜等领域都有一批行业龙头企业；不过，在三元电池迅速占据市场主流的背景下，三元材料和湿法隔膜市场也迅速壮大，而大湾区企业在这些领域技术积累不足，相对缺乏影响力。

正极材料市场整体集中度相对较低，磷酸铁锂材料细分市场占比有所提升，大湾区企业在磷酸铁锂材料细分市场影响力较大。2020 年正极材料市场海外需求大增，带动出货量同比增长 27% 达到了 51 万吨，市场整体 CR10 仅为 56.0%，相比其他电池材料行业相对较低。从细分市场来看，如图 1－15 所示，磷酸铁锂正极材料市场由于早期政策，中小企业逐渐退出，市场集中度相对较高，2020 年 CR5 大幅提升近 9 个百分点达到 83.4%；而三元正极材料市场的中游企业在海外需求带动下出口大幅增长，2020 年 CR5 下降 7 个百分点。展望未来，正极材料市场集中度将逐步提升，但三元材料市场仍然难以产生绝对的

行业龙头。从产品出货量结构来看，目前正极材料市场份额最高的是磷酸铁锂和三元材料，分别占 25% 和 46%。其中，由于 CTP、刀片电池等技术的应用，磷酸铁锂电池能量密度较低的短板得到补足，2020 年多种搭载磷酸铁锂电池的新能源汽车上市，磷酸铁锂正极材料的占比由 22% 上升到 25%，三元材料占比则略微下滑。由于磷酸铁锂正极材料市场集中度较高，主要厂商的市占率都较高，如表 1-5 所示，目前市占率前五企业（市占率）为德方纳米（20%）、国轩高科（16%）、贝特瑞（14%）、湖北万润（13%）和湖南裕能（13%），其中德方纳米已连续两年市占率排名第一。主要企业中总部在大湾区的有德方纳米、贝特瑞、比亚迪，可见粤港澳大湾区企业在磷酸铁锂正极材料方面影响力较大，其他企业多分布在湖北、湖南等中部省份。三元正极材料市场集中度相对较低，主要企业市占率也不高，目前市占率前五企业（市占率）为容百科技（13%）、杉杉股份（湖南）（8%）、当升科技（8%）、天力锂能（8%）、长远锂科（8%）。三元正极材料领域的龙头企业也主要分布在中部地区，粤港澳大湾区尚未涌现出规模较大的企业。

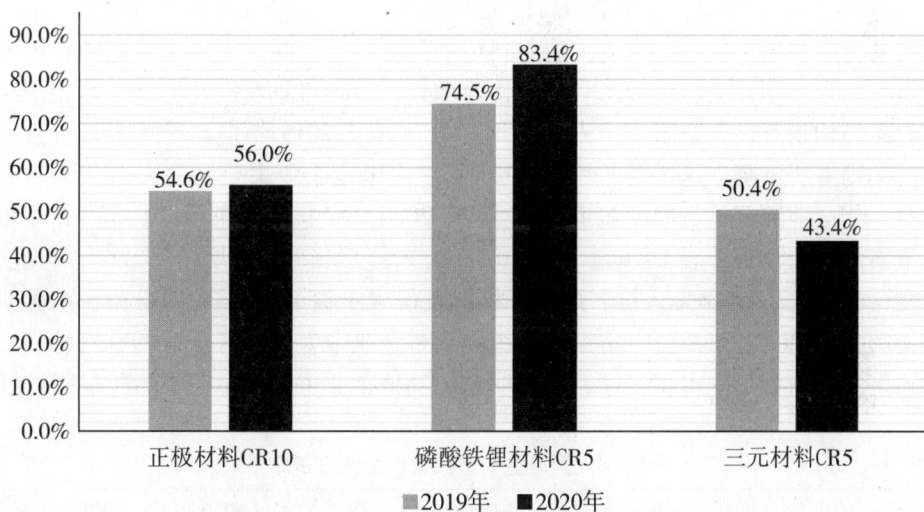

图 1-15　2019—2020 年中国正极材料市场集中度

资料来源：GGII。

表 1-5　主要正极材料企业市占率

细分市场	企业	总部所在地	2019 年市占率	2020 年前三季市占率
磷酸铁锂材料	德方纳米	广东省深圳市	20%	20%
	国轩高科	安徽省合肥市	18%	16%
	贝特瑞	广东省深圳市	15%	14%
	湖北万润	湖北省十堰市	9%	13%
	湖南裕能	湖南省湘潭市	13%	13%
	比亚迪	广东省深圳市	3%	7%

（续上表）

细分市场	企业	总部所在地	2019 年市占率	2020 年前三季市占率
三元材料	容百科技	浙江省宁波市	12%	13%
	杉杉股份（湖南）	湖南省长沙市	7%	8%
	当升科技	北京市	7%	8%
	天力锂能	河南省新乡市	5%	8%
	长远锂科	湖南省长沙市	12%	8%

资料来源：根据网络公开资料整理。

　　负极材料市场集中度有所下降，人造石墨产品占比进一步上升，粤港澳大湾区企业竞争力较强。2020 年负极材料市场出货量达 36.5 万吨，相比 2019 年增长了 35%，市场集中度较高，CR3 为 53%，相比 2019 年下降了 4 个百分点。市场集中度下降的主要原因是 2020 年下半年下游市场需求大幅增加后，负极材料头部企业产能不足，订单转移到二三线企业带动其产能利用率提升。由于负极材料市场门槛较高，同时头部企业积极扩产并布局上游原材料，未来预计头部企业出货量将快速增长，CR3 将重新提升至 55% 以上。从负极材料的产品结构来看，人造石墨市占率达到 84%，相比 2019 年提高了 5 个百分点，天然石墨市占率则有所下降。这主要是因为 2020 年主流电池企业主要采购人造与天然石墨的混合材料，相应地纯天然石墨的需求有所减少。2020 年负极材料市场龙头企业产量增长较快，竞争格局比较清晰，表 1-6 显示 2020 年前三季度贝特瑞市占率为 22%，行业领先；江西紫宸科技市占率为 18%，排名第二；杉杉股份（上海）以 17% 的份额、东莞凯金以 13% 的份额分列第三、第四位。负极材料市场主要企业中为大湾区企业的有贝特瑞、东莞凯金、翔丰华，前六位中占了三家，优势明显，其他企业主要分布在中部和东部省份。

表 1-6　国内主要负极材料企业市占率

企业	总部所在地	2020 年前三季度市占率
贝特瑞	广东省深圳市	22%
紫宸科技	江西省宜春市	18%
杉杉股份（上海）	上海市	17%
东莞凯金	广东省东莞市	13%
中科电气	湖南省岳阳市	6%
翔丰华	广东省深圳市	6%

资料来源：根据网络公开资料整理。

　　海外需求带动下头部企业增长迅速，电解液市场集中度有较大的提升，大湾区企业处于领先地位。2020 年电解液市场出货量达到 25 万吨，同比大幅增长 38%。如图 1-16 所示，市场的 CR6 为 77.6%，CR3 为 61.4%，市场集中度保持高位且较上年有所提升，原因在于欧洲新能源汽车市场超预期增长带动 2020 年中国电解液出口量同比增长 91%，新增海外订单大多流入头部企业；同时，头部电解液企业在产能、资金及供应链等方面有一定优势，与上下游企业关系比较紧密，在疫情影响下更多客户选择采购头部企业的产品。展望未来，电解液市场的集中度将继续提升，电解液龙头企业与大客户的绑定将进一步加深，市场竞争优势将进一步凸显。表1-7显示，2020年前三季度国内电解液市占率前三的企业（市占率）分别为天赐材料（31%）、新宙邦（17%）与国泰华荣（13%）。整体来看，头部企业产量均同比增长，领先地位稳固。排名前六的电解液生产企业中有天赐材料、新宙邦、杉杉股份（东莞）、珠海赛纬四家大湾区企业，粤港澳大湾区在电解液行业的竞争力很强。

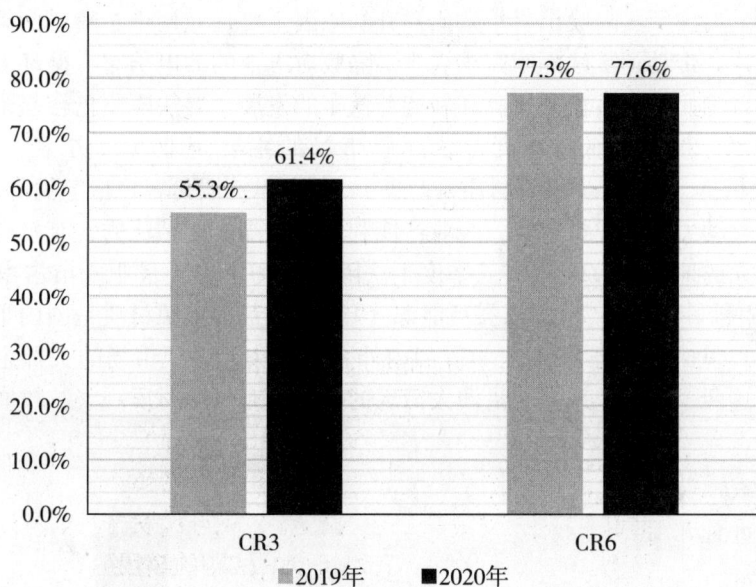

图1-16　2019—2020年中国电解液市场集中度

资料来源：GGII。

表1-7　主要电解液企业市占率

企业	总部所在地	2020年前三季度市占率
天赐材料	广东省广州市	31%
新宙邦	广东省深圳市	17%
国泰华荣	江苏省张家港市	13%
杉杉股份（东莞）	广东省东莞市	10%
珠海赛纬	广东省珠海市	4%
天津金牛	天津市	3%

资料来源：根据网络公开资料整理。

　　隔膜市场集中度大幅提升，干法隔膜市场份额有所提高，大湾区龙头企业数量较少。2020 年隔膜市场出货量为 37.2 亿平方米，同比增长 36%。据图 1-17，隔膜市场的 CR6 为 80.3%，CR3 则为 61.7%，相比 2019 年均上升 8.2%，市场集中度有较大提升，原因在于 2020 年下半年国内新能源市场超预期反弹，带动隔膜材料出货量环比大幅增长 120%，其中新增订单大多流向头部企业；此外，2020 年上半年在疫情影响下部分中小企业经营困难不得不退出市场，这也使市场集中度得到进一步的提升。展望 2021 年，预计随着头部隔膜企业产能加速释放，头部企业的生产规模化效应将进一步凸显，市场分化现象将会加剧，市场整合淘汰将继续推进。电池隔膜主要可分为湿法隔膜和干法隔膜，从产品结构来看，2020 年湿法隔膜出货量占总出货量的 70.4%，干法隔膜则占 27%，较上年提高 3.2 个百分点。干法隔膜出货量占比提升的原因主要是使用干法隔膜的磷酸铁锂电池装机量增长较快，带动了干法隔膜需求提升。隔膜对电池的放电倍率、循环寿命等性能有重大影响，随着三元材料占比的提高和新能源汽车的发展，湿法隔膜仍会是未来的发展趋势。据表 1-8，2020 年前三季度湿法隔膜市场的主要企业（市占率）有恩捷股份（47%）、中材科技（21%）、星源材质（11%），其中恩捷股份客户稳定优质，涵盖 LG 化学、宁德时代等动力电池龙头企业，企业产能利用率较高，业绩优秀，有机会一直维持湿法隔膜行业领先的地位。2020 年前三季度干法隔膜市场中主要企业（市占率）有星源材质（49%）、中科科技（13%）、惠强新能源（13%），其中星源材质是国内干法隔膜头部企业，核心客户包括比亚迪、LG 化学等国内外企业巨头。隔膜市场的头部企业大多分布在河南、河北这两个省份，来自粤港澳大湾区的企业仅有星源材质一家，数量相对较少。

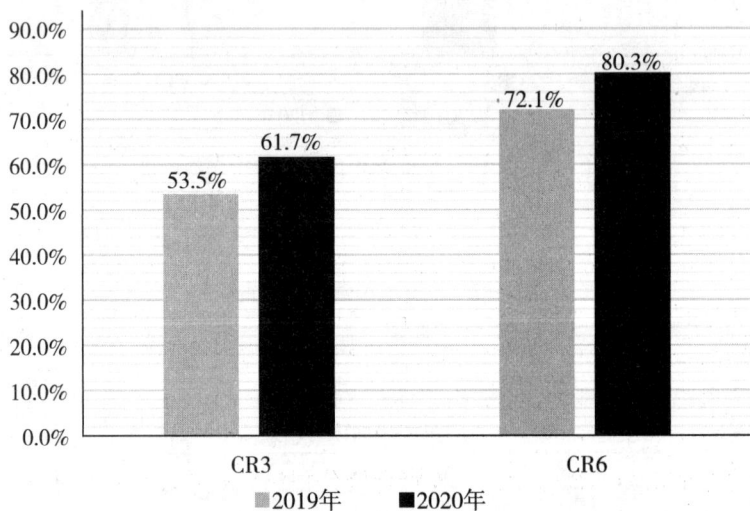

图 1-17　2019—2020 年中国隔膜市场集中度

资料来源：GGII。

表 1 - 8　国内主要隔膜企业市占率

细分市场	企业	总部所在地	2020 年前三季度市占率
湿法隔膜	恩捷股份	云南省玉溪市	47%
	中材科技	江苏省南京市	21%
	星源材质	广东省深圳市	11%
	河北金力	河北省邯郸市	9%
干法隔膜	星源材质	广东省深圳市	49%
	中科科技	河南省新乡市	13%
	惠强新能源	河南省驻马店市	13%
	沧州明珠	河北省沧州市	11%

资料来源：根据网络公开资料整理。

（二）动力电池产业链上游市场行为分析

从资本支出来看，2020 年四大电池材料市场整体扩张幅度稳中有降，主要原因在于前期扩张较快，新增产能逐渐释放。大湾区企业多为行业龙头，在预期需求持续增长的情况下扩张行为相对保持平稳，预计未来能继续保持行业领先地位。具体来看，以大湾区企业为首的四大电池材料头部企业不约而同加快布局上游项目，如负极材料企业布局石墨化项目、电解液企业布局溶剂产品等，通过提高上游原材料供应能力，头部企业进一步保障了自身产品质量并降低成本，稳固行业地位。

正极材料头部企业的投资扩产脚步稍有放缓，大湾区企业紧跟潮流与上下游企业协同布局。从图 1 - 18 当升科技、杉杉股份（湖南）、容百科技、德方纳米四家主要正极材料企业总的资本支出来看，行业投资扩产的脚步在 2019 年第三季度达到顶点后明显放缓，在 2020 年第一季度总资本支出触底后逐步回升，正极材料行业的投资扩产仍在稳步进行中。与大趋势有所不同的是，大湾区正极材料的龙头企业德方纳米在 2020 年的资本支出逆势增长，第二季度以来已成为正极材料市场中资本支出最高的企业，投资行动相对频繁。目前，三元材料企业正加快完善产业链上下游布局，尤其在前驱体生产等上游原料环节加大投资、提高控制力，提升产品竞争力。此外，磷酸铁锂材料企业也在加大铁源自有产能建设，整合自身产业链以降低成本；同时，临近主要客户生产、异地建厂、在原材料生产地以及低能耗区域生产逐渐成为主流。以大湾区企业德方纳米为例，为满足下游主要客户的需求，德方纳米与宁德时代共同投资合资公司麟铁科技，合资公司项目投产后能年产 1 万吨磷酸铁锂，同时德方纳米还在该项目所在园区同期开工建设液体空分项目，该项目建成后将有力提升磷酸铁锂项目的配套能力。

单位：亿元

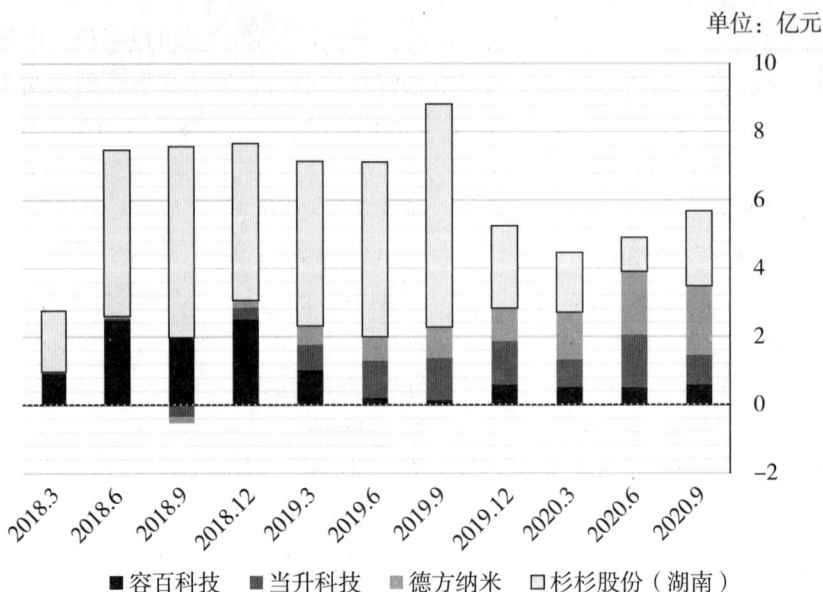

■ 容百科技　■ 当升科技　▨ 德方纳米　□ 杉杉股份（湖南）

图 1-18　国内主要正极材料企业资本支出

资料来源：根据东方财富网公开上市公司季度财务数据整理。

　　负极材料企业着力布局上游，提高原材料保障能力。2020 年负极材料企业继续加大垂直整合产业链的力度，尤其是在延伸至上游布局石墨化、碳源生产等领域，通过提升石墨化自给率降低成本，并通过提高配套能力加速释放产能。材料石墨化步骤在人造石墨中的成本占比超过 30%，是人造石墨负极材料最重要的生产环节，负极材料生产企业目前主要通过委外加工的方式生产。随着人造石墨的其他生产工艺逐渐成熟，石墨化环节的质量成为决定人造石墨质量稳定性的关键一环，下游客户针对厂商的石墨化加工能力往往也有明确的要求。为保证产品质量及供应链稳定，建立可控稳定的石墨化配套产能、布局自有石墨化工厂已成为行业趋势，目前国内主要的负极材料企业纷纷布局石墨化项目，如表1-9所示。大湾区企业也紧跟潮流，积极建设自由石墨化项目，如贝特瑞在山西的 1.2 万吨人造石墨成品生产线建设项目就在 2020 年 7 月开始动工建设，翔丰华也通过创业板 IPO募集 5 亿元资金投资于 3 万吨高端石墨负极材料生产基地建设项目。

表 1-9　主要负极材料企业石墨化项目

企业	石墨化产能
杉杉股份（上海）	原有 0.7 万吨，内蒙古包头年产 10 万吨负极材料一体化项目 2020 年底全部达产
璞泰来	山东兴丰 1 万吨，内蒙古兴丰 5 万吨
贝特瑞	3 万吨（宜宾金石 1.5 万吨）
翔丰华	0.3 万吨已投产，1.2 万吨建设中
湖南星城	2020 年累计 2 万吨，另有参股公司 1.5 万吨
东莞凯金	累计 2 万吨

资料来源：国海证券。

隔膜市场龙头企业投资扩张力度高位回落，大湾区企业扩张步伐平稳，市场整合持续推进。如图1－19所示，近两年来，隔膜市场资本支出一直处于高位，两家龙头企业恩捷股份和星源材质的资本支出之和在2020年第二季度前的六个季度均在6亿～12亿元之间，而第三季度回落到1亿不到的水平。独立来看，大湾区企业星源材质的资本支出相对保持平稳，投资扩张的脚步相对稳定，过去一年多来单季资本支出保持在1亿～2亿元的水平，而恩捷股份的前期扩张较为激进，导致资本支出浮动较大。受前一段时间持续扩充产能影响，未来行业将有大量的新增产能投入市场。同时，随着海外的下游市场需求迅速增长，而日韩企业产能无法匹配LG化学、三星等规划，产能规模将成为隔膜企业重要的竞争力，中国企业出口替代的脚步加快，目前恩捷股份、星源材质已进入LG化学、三星和松下的供应链。从行业资源整合角度看，2020年隔膜市场较大规模的收购有三宗，分别为恩捷股份收购苏州捷力、恩捷股份收购重庆纽米以及中材科技收购中锂新能源。2020年的资本整合主要为横向整合，这将进一步增强行业的寡头效应。收购后中材科技与恩捷股份的市场占比得到进一步的提升，并将进一步压缩二三线湿法隔膜企业的生存空间，未来隔膜市场将愈发向龙头企业集聚。

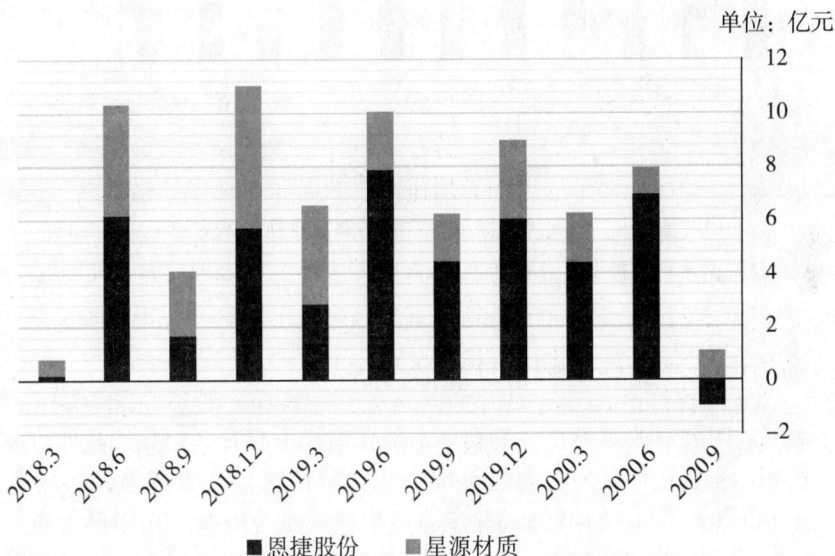

单位：亿元

图1－19　国内主要隔膜企业资本支出

资料来源：根据公司季报整理。

电解液龙头企业扩张速度稳定，大湾区企业积极布局新型添加剂。由图1－20可知，两家大湾区的电解液龙头企业天赐材料和新宙邦近两年单季度资本开支之和基本在2亿元左右，整体表现比较平稳，同时龙头企业持续布局海外，异地产能将迅速释放。此外，企业重点关注电解液产业的垂直整合，向上游的添加剂、溶剂和新型锂盐等领域加快布局。电池行业中的高镍化趋势给电解液企业提出了巨大的挑战：高镍正极材料镍元素含量高，在高温下镍元素对电解液的分解有催化作用，导致电解液氧化并产生气体，这些气体会在极片中形成裂缝，导致电池的容量和安全性受到显著影响。目前的改进手段中，新添加剂的开发是关键，为解决电池高镍化对电解液提出的挑战，电解液头部企业不约而同在新型添加剂领域布局以增强差异化从而提升竞争能力。如天赐材料的 2 000 吨液体六氟磷酸锂产线就在 2020 年 7 月建成投产，同时天赐材料还通过并购的方式保障了 DTD、二氟磷酸锂、二氟草酸硼酸锂等添加剂产品的供应。

单位：亿元

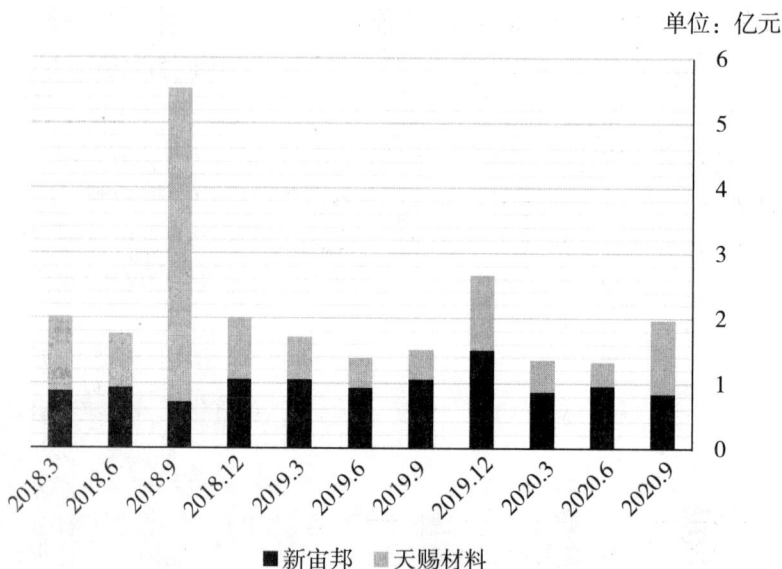

图 1 - 20　粤港澳大湾区主要电解液企业资本支出

资料来源：根据公司季报整理。

（三）动力电池产业链上游市场绩效分析

2020 年大湾区四大电池材料企业毛利率水平普遍稳中有升，但相比其他行业龙头，毛利率偏低，主要原因在于大湾区主攻的领域一般相对传统且技术成熟，市场竞争相对充分，同时，部分企业上下游一体化布局较晚，成本控制能力较弱。在产量方面，大湾区企业凭借更有竞争力的价格，增速相比行业平均水平更高，抢占了更多的市场份额。展望未来，随着电池需求的提高和价格的下行，四大电池材料的行业平均毛利率预计会平稳下降；大湾区企业逐步布局上下游一体化项目，预计将可以在毛利率下滑的压力下占据更多市场份额。

大湾区磷酸铁锂材料企业毛利率触底回升，三元材料企业盈利能力保持相对稳定。从 2019 年开始，在政策、新技术等多方面因素影响下磷酸铁锂电池在乘用车中的装机率不断提升。受此影响，2020 年磷酸铁锂材料的价格降幅收窄并逐渐回升。2019 年以来磷酸铁锂正极材料价格从 4.95 万元/吨开始持续下滑，到 2020 年 10 月降至 3.4 万元/吨，之后价格逐步回升，2020 年 11 月磷酸铁锂材料价格回升至 3.6 万元/吨。在此影响下，磷酸铁锂正极材料企业毛利率在第三季度出现反弹。以大湾区龙头企业德方纳米为例，由图 1 -

21 所示，该公司前两年毛利率一直稳定在 20% 的水平，然而在 2020 年初由于产品价格大跌，毛利率大幅下滑至 5% 以下，2020 年第三季度随着产品价格回升，盈利能力相比第二季度明显提升，毛利率升至 9.18%。三元正极材料方面，企业的毛利率在 2020 年初也有短暂下滑，之后有所反弹。正极材料企业的生产具有一定的加工属性，随着原材料价格反弹，正极材料企业的毛利率也逐步企稳反弹。2020 年第三季度，当升科技、杉杉股份（湖南）、容百科技毛利率分别为 20%、20%、11%，虽然仍处于历史较低水平，但相比上半年有所回升，随着 2021 年需求增加、产能利用率提高，预计盈利能力将有所改善。

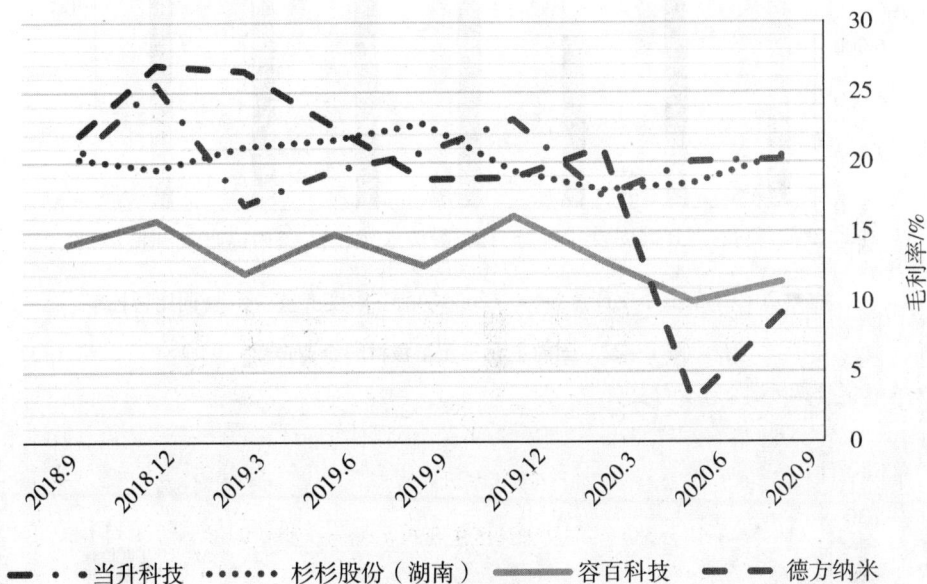

图 1 - 21　国内主要正极材料企业毛利率

资料来源：根据公司季报整理。

三元材料企业产量表现分化，大湾区企业技术储备充足。从图 1 - 22 可见，2020 年前三季度容百科技、杉杉股份（湖南）、当升科技等市占率排名前列的三元材料企业产量分别同比增长 9%、6% 和 2%，其中杉杉股份（湖南）、当升科技在 2019 年同期产量只是行业中游水平，2020 年排名有所上升；而厦门钨业、长远锂科、贵州振华等企业的产量则有较大幅度的下降，产量排名从前列滑落至市场中游。受疫情影响，三元正极材料企业的产量表现分化明显，行业秩序发生明显改变。在技术储备方面，由图 1 - 23 可见，德方纳米作为粤港澳大湾区的龙头企业，技术实力较强，获得了 113 项发明专利授权，处于行业领先地位，同时该公司自主研发的磷酸铁锂生产技术经国家相关部门认定具备国际领先水平。此外，在三元材料领域，容百科技作为行业龙头，在技术储备上也走在前列，截至 2019 年累计授权发明专利 46 项，保持着行业内技术领先地位。

单位：吨

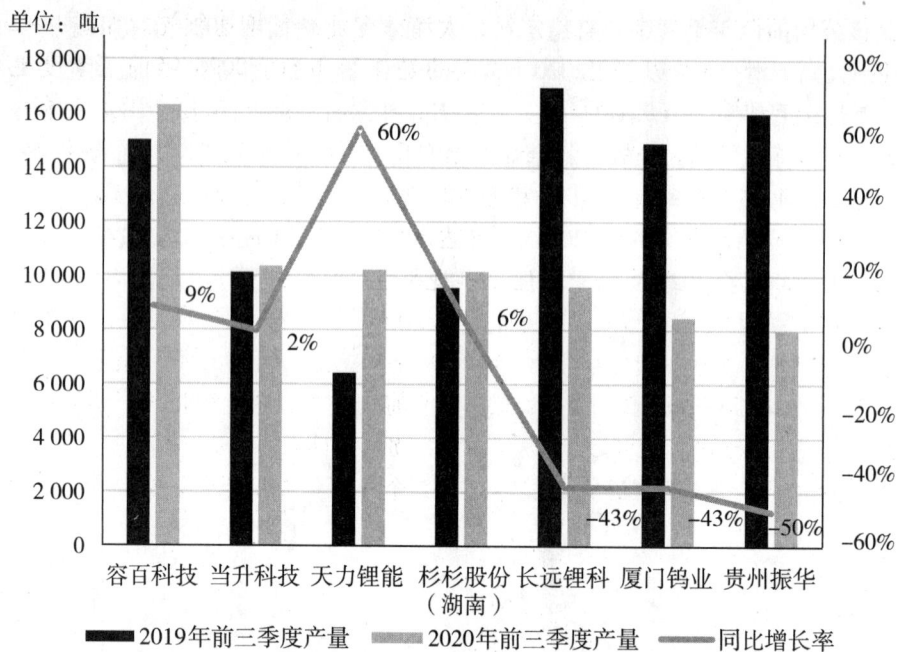

图 1－22　国内主要三元正极材料企业产量

资料来源：根据网络公开资料整理。

单位：件

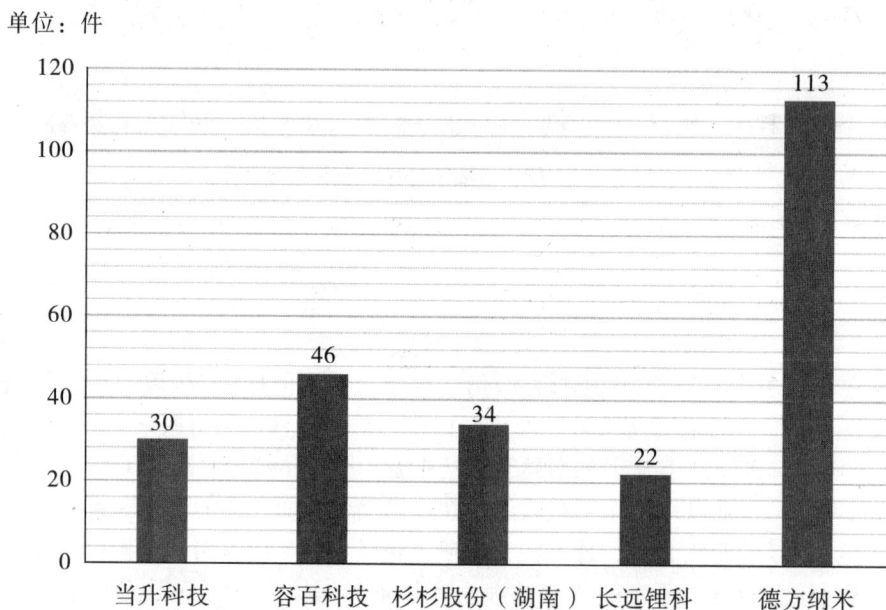

图 1－23　2019 年国内主要正极材料企业发明专利量

资料来源：根据企业信息整理。

　　负极材料头部企业盈利能力稳中向好，大湾区企业产量增速领先。如图 1-24 所示，2020 年负极材料头部企业中盈利能力最强的是中科电气，2020 年前三季度毛利率为 37.7%，虽然第三季度由于低价产品占比上升，总体产品均价有所下降，毛利率有所下降，但通过材料石墨化等降本措施，公司的盈利能力仍然有一定的保障。三家粤港澳大湾区企业的盈利能力均保持稳定，毛利率在 2020 年有小幅提升。璞泰来方面，随着内蒙古兴丰项目投产，未来石墨化加工内供比例可达 50% 以上，进而可节省大量加工成本并提高盈利能力。贝特瑞的客户覆盖全球动力电池龙头企业，规模效应显著，产品配置比较合理，毛利率常年保持在 30% 的水平。翔丰华 2020 年开始向 LG 化学供货，预计 2021 年还将为三星批量供货，毛利率在 2019 年后迅速提升并维持在较高水平。负极材料头部企业产量普遍有所增长，从图 1-25 具体来看，行业前三的龙头企业增长相对温和，2020 年前三季度贝特瑞、江西紫宸、杉杉股份（上海）分别同比增长 18%、26% 和 9%；而行业中游的一些企业如翔丰华、江西正拓则受益于龙头企业产能不足订单转移，产量有较大幅度的增长。

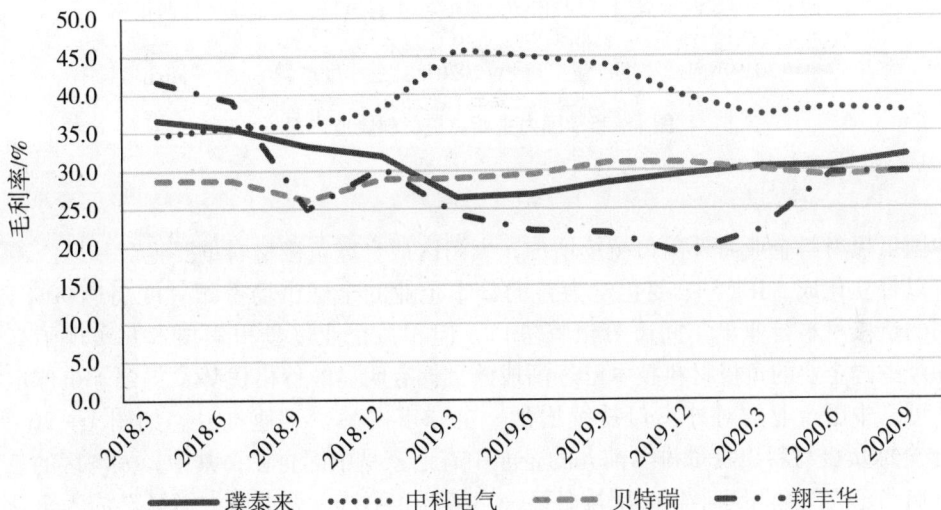

图 1-24　国内主要负极材料企业毛利率

资料来源：根据公司季报整理。

单位：吨

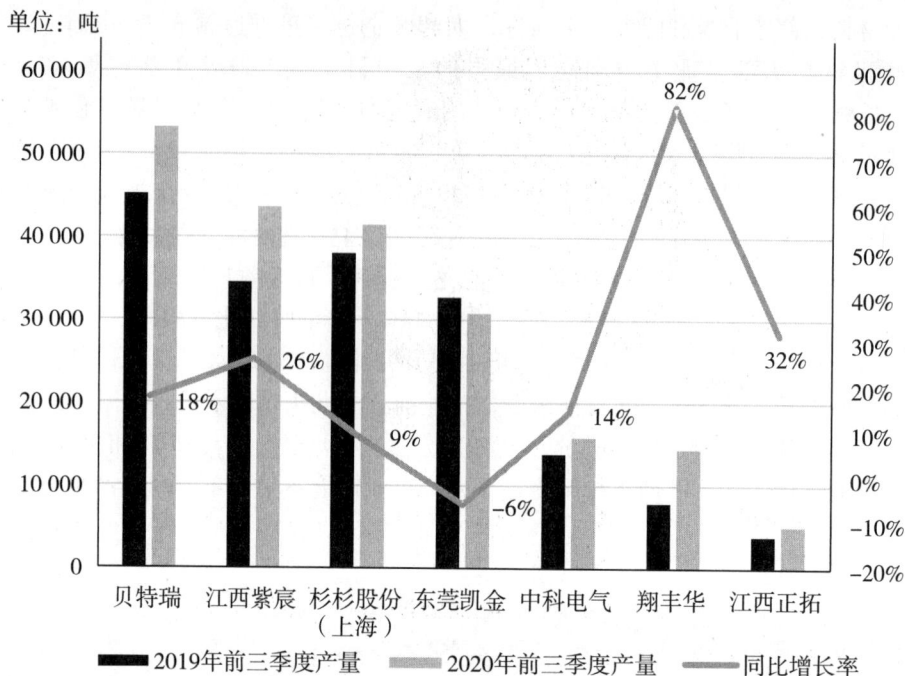

图1-25　国内主要负极材料企业产量

资料来源：根据网络公开资料整理。

　　中国负极材料企业海外出口持续增加，大湾区成全球负极材料重要生产基地。2000年以前，以日立化成、JFE、三菱化学为首的日本企业的全球市场份额一度高达90%以上。而我国的负极材料行业早年间十分依赖进口，但相关企业逐步积累技术并实现了高速发展，如今中国企业的负极材料技术已逐渐成熟且拥有明显的价格优势，得到了全球电池企业的认可，中国企业的对外出口持续增加，全球市占率也迅速提升。如图1-26所示，2019年全球负极材料出货量排名前九的企业中有七家是中国企业，其中，大湾区的三家企业贝特瑞、东莞凯金和翔丰华分别排名第一、第四和第八，粤港澳大湾区已成为全球负极材料的重要生产基地。

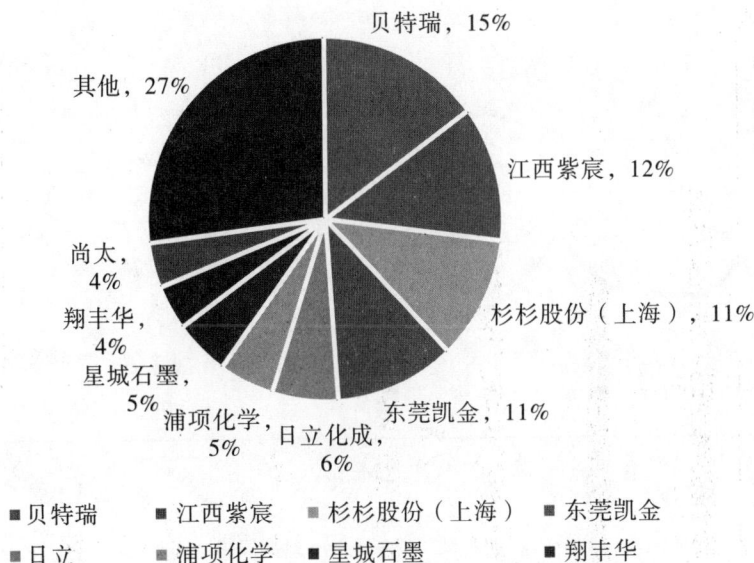

图1-26　2019年全球负极材料出货量排名

资料来源：国元证券研究所。

隔膜行业龙头企业毛利率震荡中持续高企，行业产量表现分化，大湾区企业大幅增长。如图1-27所示，2020年前三季度隔膜行业龙头企业恩捷股份和星源材质的毛利率季度变化幅度较大，但总体维持在40%左右的高位，截至第三季度恩捷股份和星源材质的毛利率分别为42%和32%。具体来看，粤港澳大湾区的隔膜行业龙头星源材质从2016年开始毛利率持续下滑，已从2016年的近60%下降到32%，主要原因在于电池行业价格压力传递到上游行业，压缩了隔膜企业的盈利空间；同时星源材质之前主攻干法隔膜，相对来说，干法隔膜市场规模较小竞争更激烈，随着星源材质开始切入湿法隔膜市场，其盈利能力也有所回升，在2020年初毛利率有大幅的反弹。隔膜行业资本支出大，头部企业通过提升产能利用率、改善工艺、提升良率来摊薄折旧成本以缓解产品降价压力，从而维持较稳定的毛利率，因此未来星源材质等龙头企业将持续保持行业领先地位。在产量方面，由表1-10可知，无论是湿法隔膜市场还是干法隔膜市场，星源材质都表现突出，实现了行业最高的同比增幅，2020年前三季度产量分别同比大幅上升84%和34%，在湿法隔膜市场一举跃升行业第三，在干法隔膜市场则继续巩固其领先优势。湿法隔膜行业其他龙头企业出货量表现也较好，恩捷股份、湖南中锂分别有5%和12%的增长，而干法隔膜市场分化明显，除龙头企业星源材质外，排名二三的中科科技和沧州明珠分别有26%和22%的同比降幅。

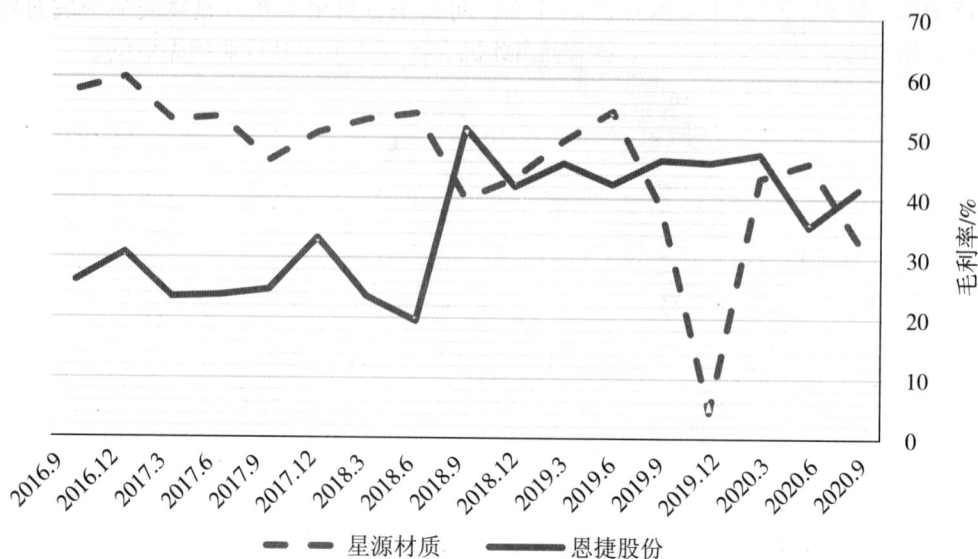

图 1-27　国内主要隔膜企业毛利率

资料来源：根据公司季报整理。

表 1-10　国内主要隔膜企业市产量

细分市场	企业	2020 年前三季度产量/万平方米	同比增长率/%
湿法隔膜	恩捷股份	56 500	5
	苏州捷力	15 400	18
	星源材质	16 200	84
	中材锂膜	10 850	-10
	湖南中锂	20 800	12
干法隔膜	星源材质	18 200	34
	中科科技	4 900	-26
	沧州明珠	4 150	-22

资料来源：GGII、国海证券。

　　电解液龙头企业盈利能力有所提升，粤港澳大湾区企业产量增长领先行业。从粤港澳大湾区行业龙头新宙邦、天赐材料的毛利率走势来看，如图 1-28 所示，2020 第三季度新宙邦、天赐材料电解液毛利率分别为 38%、37%，纵向来看，2020 年两家企业的毛利率都有所上升，盈利能力较强。相比较而言，新宙邦的毛利率比较稳定一直维持在 30% ~ 40% 的区间，而天赐材料由于价格弹性较大，毛利率波动相对较大，近两年单季的毛利率浮动幅度可高达 30%。图 1-29 统计数据显示，电解液行业的头部企业产量普遍增长，地位稳固，在产量前六的企业中产量同比增速最快的前三均为大湾区企业，其中天赐材料作为行业龙头 2020 年前三季度产量同比增长 29%，增速最快，进一步巩固了其领先地位，此外，珠海赛纬和新宙邦的产量也分别同比增长 24% 和 5%。目前电解液重要原料六氟磷酸锂涨价幅度较大，带动了电解液产品涨价，而天赐材料由于在六氟磷酸锂领域布局较早，是该领域的全球龙头企业，未来有望借此机会进一步巩固其行业领先地位。

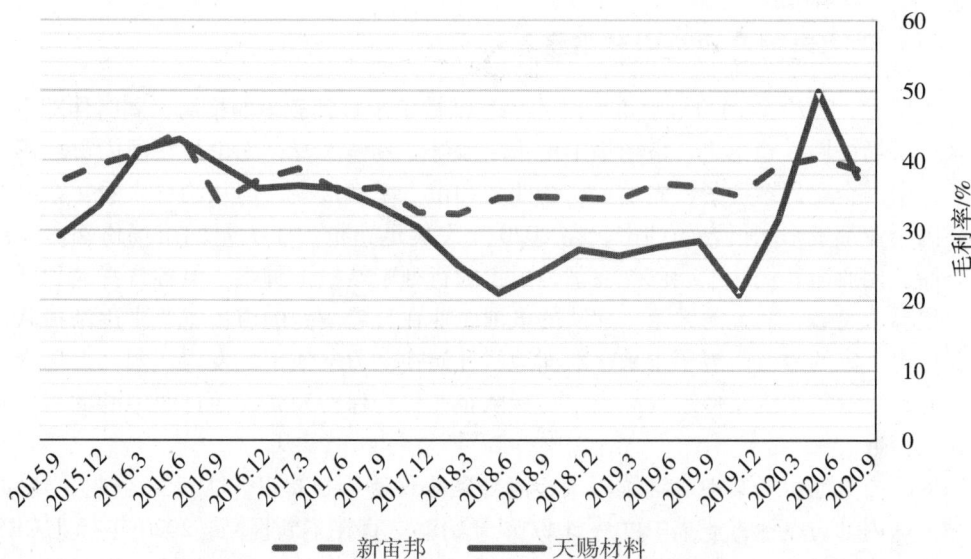

图 1 - 28 粤港澳大湾区主要电解液企业毛利率

资料来源：根据公司季报整理。

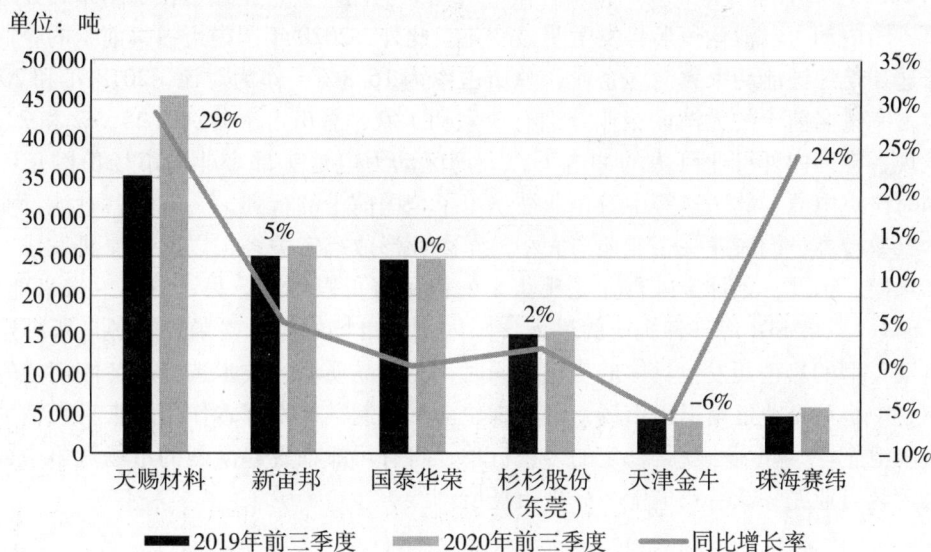

图 1 - 29 国内主要电解液企业产量

资料来源：根据网络公开资料整理。

二、动力电池产业链中游 SCP 范式研究

（一）动力电池产业链中游市场结构分析

总体来看，2020 年动力电池市场结构仍然维持了中日韩竞争的格局，同时伴随市场不断扩张，市场格局日趋稳定，市场集中度不断攀升。具体来看，无论是在国内市场还是全球市场，中国企业都维持了领先地位，企业数和市占率都最高，但从趋势来看，在两个市场中韩国企业都带来了很大的冲击，在 2020 年发展迅速抢占了大量的市场份额。大湾区企业方面，比亚迪和亿纬锂能已经在国内前十的行列中站稳了脚跟，但各自都遇到了一些瓶颈亟须寻求突破；而大湾区第二梯队的电池企业在日趋激烈的市场竞争中逐渐掉队，未来需要做出一定的改变。展望未来，欧洲地区开始在动力电池市场发力，预计市场份额会逐渐提升，行业集中度会持续提高，第一梯队企业仍将保持领先，而行业中游的格局则仍存在较大变数。

国内动力电池市场集中度继续提高，海外巨头份额明显提升，大湾区企业受到冲击。一方面，国内动力电池行业集中度从 2017 年开始就一直在不断提高，2020 年行业 CR5 达到 82.2%，相比 2019 年上升了 3.1%，行业集中度仍然处于高位并保持上升趋势。另一方面，随着动力电池白名单废止，2020 年国内的动力电池市场中外资企业开始扮演越来越重要的角色。表 1-11 数据显示，2019 年国内动力电池装机量排名前十位还全部为中国企业，而 2020 年，日韩企业的 LG 化学、松下等动力电池外资企业开始在中国布局并进入前十榜单，国内动力电池竞争形势发生明显变化。此外，2020 年国内市占率前十的企业中只剩比亚迪和亿纬锂能两家大湾区企业，总市占率为 16.8%，作为对比，2018 年和 2019 年全国市占率排名前十的大湾区企业分别有 3 家和 4 家，总市占率分别为 25.3% 和 22.0%。可以发现，在国内外行业巨头的冲击下，大湾区动力电池头部企业的市场份额正不断下降，同时比克电池、欣旺达等中游企业被挤出了全国前十的行列。一方面，电池行业的技术资本壁垒较高，同时龙头企业还与大型整车企业形成绑定关系，以此分摊研发成本、扩大生产规模，因此，预计未来行业龙头集中的格局将得以维持。另一方面，未来随着 LG 化学、SKI、三星 SDI 等日韩企业的进入，国内电池市场的竞争格局将随各自所绑定的车企的电动车型的热销而发生具体的变化。同时，在产品质量、技术选择、产能门槛等因素作用下，中小型企业逐渐退出市场，行业末位淘汰机制继续发挥着作用，来自大湾区的中游动力电池企业，如无法获得稳定的客户订单，将有可能在日趋激烈的市场竞争中，像曾经的大湾区行业龙头沃特玛电池一样被市场所淘汰。

表 1-11　2018—2020 年中国动力电池企业市占率排名

排名	2018 年			2019 年			2020 年		
	企业	总部所在地	市占率	企业	总部所在地	市占率	企业	总部所在地	市占率
1	宁德时代	福建省宁德市	41.2%	宁德时代	福建省宁德市	50.6%	宁德时代	福建省宁德市	50.0%
2	比亚迪	广东省深圳市	20.0%	比亚迪	广东省深圳市	17.3%	比亚迪	广东省深圳市	14.9%
3	国轩高科	安徽省合肥市	5.4%	国轩高科	安徽省合肥市	5.5%	LG 化学	韩国	6.5%
4	力神电池	天津市	3.6%	力神电池	天津市	3.1%	中航锂电	江苏省常州市	5.6%
5	孚能科技	江西省赣州市	3.4%	亿纬锂能	广东省惠州市	2.6%	国轩高科	安徽省合肥市	5.2%
6	比克电池	广东省深圳市	3.1%	中航锂电	江苏省常州市	2.4%	松下	日本	3.5%
7	亿纬锂能	广东省惠州市	2.2%	时代上汽	江苏省溧阳市	2.3%	亿纬锂能	广东省惠州市	1.9%
8	北京国能	北京市	1.4%	孚能科技	江西省赣州市	1.9%	瑞普能源	浙江省温州市	1.5%
9	中航锂电	江苏省常州市	1.3%	比克电池	广东省深圳市	1.1%	力神电池	天津市	1.4%
10	卡耐新能源	上海市	1.1%	欣旺达	广东省深圳市	1.0%	孚能科技	江西省赣州市	1.3%

资料来源：根据网络公开资料整理。

　　宁德时代维持全球市占率领先地位，中国第二梯队企业受冲击，韩国企业排名迅速攀升。全球来看，2020 年全球动力电池总装机量同比增长 17% 达 137GWh，其中宁德时代连续四年排名第一，市占率为 25% 相比 2019 年略微下降。如表 1-12 所示，此外还有比亚迪、中航锂电、远景 AESC 和国轩高科四家中国企业排名前九，值得注意的是，上述四家中国企业除中航锂电外，市占率和排名均有所下降，在海外市场迅速扩张的情况下受较大冲击。2020 年，三家韩国动力电池企业分列第二、第四和第六位，其中 LG 化学在特斯拉的需求拉动下，排名来到了全球第二，而三星 SDI 和 SKI 的排名也有所上升。此外，排名前九企业中还有日本企业松下。总的来说，2020 年全球动力电池格局延续了中日韩三强争霸的格局。在龙头企业方面，受疫情影响，2020 年宁德时代与 LG 化学在榜单上一直你追我赶屡次交换位次，最终宁德时代以微弱优势惊险夺冠，两者的市占率旗鼓相当。2020 年行业 CR2 达到 50%，相比 2019 年上升了 4 个百分点，动力电池产业的集聚效应正在加剧，其他企业与宁德时代、LG 化学的差距正在扩大。展望 2021 年，宁德时代和 LG 化学的出货量预计将分别达到 88.8GWh 和 87.8GWh，行业 CR2 将继续上升达到 56%。

表 1-12　2019—2020 年全球动力电池企业市占率排名

排名	2019 年		2020 年	
	企业	市占率	企业	市占率
1	宁德时代	26%	宁德时代	25%
2	松下	21%	LG 化学	25%
3	LG 化学	14%	松下	16%
4	比亚迪	8%	三星 SDI	9%

（续上表）

排名	2019 年		2020 年	
	企业	市占率	企业	市占率
5	三星 SDI	8%	比亚迪	6%
6	远景 AESC	3%	SKI	5%
7	国轩高科	3%	远景 AESC	2%
8	SKI	2%	中航锂电	2%
9	中航锂电	1%	国轩高科	2%

资料来源：SNE Research。

动力电池行业第一梯队企业地位稳固，第二梯队的大湾区企业亟须寻求突破。目前的动力电池市场中，宁德时代和 LG 化学领先优势明显，是无可置疑的第一梯队企业。LG 化学与宁德时代的领先优势最突出的表现在于这两家企业配套客户数量最多、质量最优。类似于传统汽车的零部件产业，下游电动汽车整车客户在动力电池市场中影响深远，如能进入主流车企的供应链，动力电池企业就可以迅速扩大规模。从表 1 - 13 当前动力电池企业供货的车企可以看出，LG 化学与宁德时代配套的整车客户最多，因此短期内市场第一梯队的位置较为稳固。其中，自 2017 年开始宁德时代已连续四年成为全球动力电池装机量最多的企业，目前宁德时代 93.5% 的需求来自本土市场，后续在欧洲的增长备受期待。动力电池市场第二梯队的企业包括比亚迪、松下、亿纬锂能、三星 SDI 和国轩高科等，其中，比亚迪和亿纬锂能是粤港澳大湾区的企业。比亚迪于 1995 年成立，在电池领域早期主要生产手机用镍镉电池，近年来在电动汽车推广的背景下转向生产汽车动力电池，多年来专注于电池领域的经验使其积累了大量的相关技术和客户资源，2020 年比亚迪汽车的国内动力电池市场份额排名第二。然而，目前比亚迪生产的动力电池主要供应自有品牌新能源汽车，近年来受困于外供客户较少且海外市场拓展不足，市占率持续下滑，因此只能屈居第二梯队，公司未来在电池领域亟须扩大客户范围。亿纬锂能于 2001 年成立，该公司产品主要供客车使用，与宇通、南京金龙等龙头客车企业长期合作，连续多年位居国内动力电池市场前十，然而，未来亿纬锂能若想有更进一步的突破，需要在客车市场的基础上向乘用车市场实现突破。

表 1 - 13　主要动力电池企业配套车企情况

国际车企	宁德时代	松下	LG 化学	三星 SDI
特斯拉	√	√	√	
大众	√	√		√
宝马	√			√
戴姆勒	√	√	√	√
福特	√		√	

（续上表）

国际车企	宁德时代	松下	LG 化学	三星 SDI
本田		√		
丰田	√	√		
雷诺	√			
通用			√	
吉利	√		√	
广汽	√			
蔚来				

资料来源：国元证券。

未来欧洲企业市场份额有望提高，动力电池市场竞争格局将发生改变。在电池行业传统的竞争格局中，中日韩三国企业的产值占全球动力电池市场近90%的份额，然而在欧洲积极的政策、充足的资金和庞大的市场需求的推动下，中韩各家电池企业纷纷涌向欧洲。同时，欧洲的本土动力电池企业在车企的扶持下也将快速走向成熟，目前已涌现 Northvolt、InoBat Auto 等欧洲本土电池企业，未来欧洲必将成为中日韩之外的又一主要动力电池产业集聚区，欧洲企业的全球份额有望增加。

（二）动力电池产业链中游市场行为分析

2020 年动力电池市场比较主流的市场行为是电池厂商与车企形成绑定关系协同布局，通过构建利益同盟，加强双方产业链的稳定性，强强联合加深护城河。此外，头部企业也积极布局上游，提高原材料保障能力，降低成本。在大湾区企业方面，头部企业比亚迪和亿纬锂能在上述两个方向都有所动作，跟上了行业的脚步，预计未来将可以保持行业地位，但若想更进一步仍需努力。

2020 年动力电池头部企业积极寻求与整车企业形成绑定关系，构建利益同盟。类似于传统汽车企业与零部件企业的关系，动力电池企业与新能源汽车整车企业的绑定关系能帮助整车厂有效控制成本，同时能加快电池厂的配套研发进度并帮助其抢占市场份额，为电池厂带来较深的"护城河"。主流车企的带动效应显著，动力电池企业如能成为强势车企的电池供应商，将有机会迅速提升市场份额，扩大利润规模，进而成为行业头部企业。具体的例子可见中航锂电的发展历程，该公司自从 2019 年成为广汽埃安和长安汽车的动力电池供应商后，市占率迅速提高。中航锂电在 2019 年之前年均为 19 家车企提供动力电池，但市占率一直比较低，2018 年仅为 1.26%；从 2019 年起，中航锂电开始为广汽埃安和长安汽车这两家国内销量领先的新能源整车企业供应动力电池，该公司也随之走上了快速发展道路，动力电池装机量飞速增长，2020 年市场占有率达 5.6%，充分展现出主流电动车企业对动力电池企业的带动效应。

除动力电池厂商主动绑定整车企业外，整车企业也在动力电池行业积极布局。有的企业积极运作使集团内部的电池业务部门独立运营，有的企业则通过各种形式的投资主动扶持动力电池企业。

如前所述，大湾区龙头企业比亚迪在电池领域的技术储备颇为深厚，但一直以来其生产的电池大多为集团内新能源汽车供货，缺乏外供客户，导致了其市占率不断下滑，比亚迪集团是否会将电池业务拆分出来并对外供货一直备受外界关注。2020年3月，比亚迪宣布成立子公司弗迪专门从事电池生产，这一举动将加快推进比亚迪电池业务的独立，并推动其动力电池产品对外销售。为了保证供应链稳定，长城汽车也出资成立了动力电池企业蜂巢能源，该公司已成为2020年动力电池市场一个不容忽视的新势力，2020年9月和10月该公司已进入国内动力电池装机量前十的队伍。此外，2020年大众汽车获得了国轩高科26%的股份，一举成为该公司最大股东，大众汽车由此成为首家直接投资中国动力电池企业的外资整车企业。

在国内动力电池企业跑马圈地过程中，与海外整车企业的强强联合也频频出现，而大湾区企业又是其中的生力军。以宁德时代为例，其凭借行业领先的产品质量，已与宝马、戴姆勒、丰田、标致雪铁龙等众多国际车企达成合作，该公司还在2020年下半年开始向特斯拉供应动力电池。同时宁德时代还计划在德国图林根州建设动力电池生产研发基地，该项目预计到2022年电池年产能可达到14GWh，将有助于提高公司在欧洲市场的销量。在大湾区企业方面，比亚迪的动力电池也正获得越来越多国内外车企的认可，2019年该公司就与丰田达成合作，将共同开发动力电池，双方在2020年4月还成立了合资纯电动车研发公司。此外，比亚迪还在全球市场积极寻求合作，以提高电池外供的比例，2019年底就表示将与奥迪探讨相关合作事宜。此外，亿纬锂能也在2018年与戴姆勒达成供货协议，目前已向戴姆勒批量交付锂电池产品。过去两年亿纬锂能还先后拿下现代、宝马等国际车企的订单，目前该公司是国内除宁德时代外第二家获多家国际车企订单的电池企业。

如果说绑定整车厂是从产业链下游入手提高企业竞争力，那么对动力电池企业来说布局产业链上游打通原材料供应环节从而控制成本同样重要。国内龙头企业方面，宁德时代在过去几年中一直在产业链上游布局，通过深度介入上游原材料的生产来降低成本，增强自身竞争力。正极材料是动力电池最重要的材料之一，宁德时代投入了很多资源在正极材料生产必需的锂矿资源以及正极材料的实际生产。2019年4月，子公司宁德邦普投建三元正极材料项目，年产能达10万吨；2019年9月，宁德时代认购了澳大利亚锂矿企业Pilbara 8.5%的股份。国外龙头企业方面，LG化学作为韩国最大的化工企业，在传统化学领域拥有巨大优势，一直努力提高对上游产业的控制力。2019年LG化学就在韩国建立了正极材料生产基地，并陆续在多地扩充产能，未来正极材料自给率有望达到40%。大湾区企业方面，比亚迪本身就是磷酸铁锂材料市场的重要一员，2020年前三季度其磷酸铁锂材料市占率达7%，同时，2020年8月比亚迪还与国轩高科、中国冶金科工集团等共同设立合资公司，公司成立后将从事三元正极材料前驱体生产，一期项目计划生产NCM523三元前驱体4.8万吨和NCM622三元前驱体4万吨。

（三）动力电池产业链中游市场绩效分析

2020年全球动力电池头部企业中韩国企业装机量增长最快，中国企业中宁德时代和中航锂电在疫情影响下均有所下滑。一方面，头部企业毛利率相对平稳且保持较高水平，中国企业技术创新能力日渐显露并走向海外市场，其中大湾区企业比亚迪和亿纬锂能扮演着比较重要的角色。另一方面，欣旺达、鹏辉能源等大湾区的第二梯队动力电池企业毛利率较低，同时错失了前两年的行业快速发展期，逐步退出了国内头部企业的行列。展望未来，大湾区的动力电池企业将持续分化，盈利能力较强、客户和技术资源丰富的头部企业将进一步参与国际市场竞争，而第二梯队的企业如不能实现客户、技术方面的突破，将可能会在市场集中度进一步提升的过程中被淘汰。

动力电池头部企业盈利能力相对稳定，大湾区企业毛利率表现分化。总体来看，在图1-30所选取的五家代表企业中，除了国轩高科的毛利率有较大波动外，其他四家的毛利率均保持相对稳定。具体来看，国内龙头企业宁德时代自2018年开始公布业绩以来毛利率水平一直位于行业前列，虽然近两年在动力电池价格下行的压力下毛利率有小幅下行，但2020年第三季度毛利率仍有27.8%。而大湾区企业方面，三家头部企业的盈利能力有一定分化，2016年以来亿纬锂能的毛利率一直稳定保持在较高水平，2020年第三季度毛利率为32%，相对来说鹏辉能源的毛利率自2019年以来有较大的下滑，虽然2020年有一定反弹但仍然较低，欣旺达则一直保持着较低水平的毛利率，近四年来毛利率均低于20%。未来，随着规模进一步的提升带来的单位产量折旧被摊薄，部分动力电池企业的毛利率还具有提升的空间。但在新能源汽车行业降价的趋势下，动力电池行业整体的毛利率将以一个良性的形式逐步下行。在这种背景下，欣旺达、鹏辉能源等大湾区的第二梯队动力电池企业将面临更大的盈利压力，若无法在客户、技术方面取得突破，将有被行业淘汰的风险。

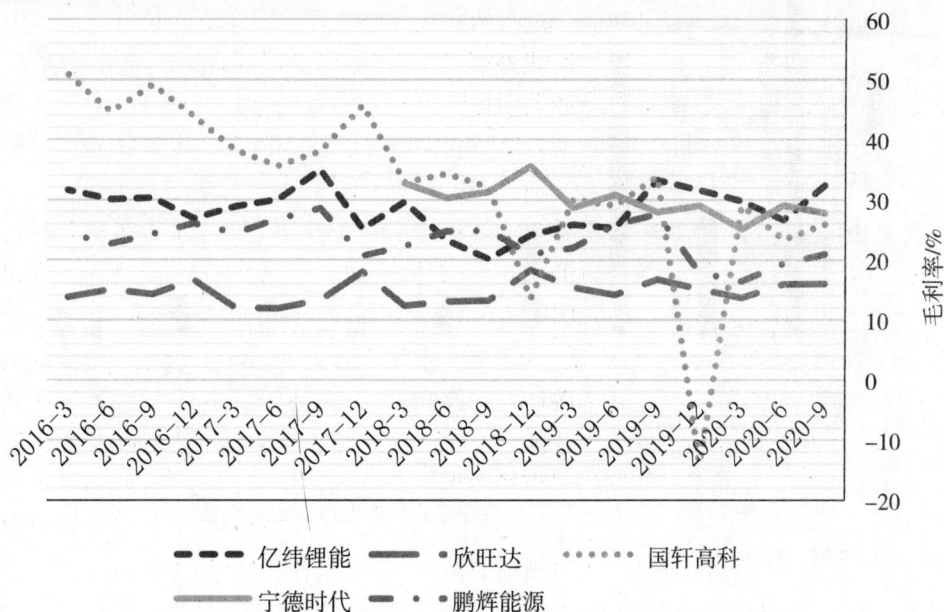

图1-30　主要动力电池企业毛利率

资料来源：根据公司季报整理。

　　宁德时代守住行业第一，韩国企业产量增长迅速，大湾区中游企业错失快速发展期，产量增长缓慢。从图1－31全球头部企业的装机量来看，宁德时代保持住了第一的位置，2020年全年装机量达到34GWh，但受疫情影响公司上半年的装机量有所下降，全年也仅增长2%，相较2019年，LG化学的快速崛起让其在装机量上的领先优势大幅缩小。另外几家中国企业中，除中航锂电有较大幅度的增长外，其他三家企业全年的装机量均未有明显提高，其中大湾区龙头企业比亚迪由于外供客户尚未放量，全年的装机量也同比下降9%仅为10GWh。韩国企业普遍增长迅速，其中LG化学得益于欧洲市场需求大增并成功打入特斯拉供应链，2020年其动力电池装机量达31GWh，大幅增长约150%，行业排名一跃成为第二，是2020年增速最快的主要动力电池企业。在图1－32大湾区主要动力电池企业方面，亿纬锂能在2017年的时候装机量还仅为比克电池的一半，但公司在2017—2019年国内动力电池市场迅速扩张的背景下快速发展，虽然2020年受疫情影响和日韩企业进入国内市场的双重冲击，装机量有所下滑，但目前已在国内前十的行列中站稳脚跟。相对的，其他三家大湾区动力电池企业比克电池、鹏辉能源和银隆电池，则错失了2017—2019年这三年的快速发展期未能实现跨越式发展，未来，在日韩企业愈发重视中国市场的背景下，短期内将难以重返行业前十。

单位：GWh

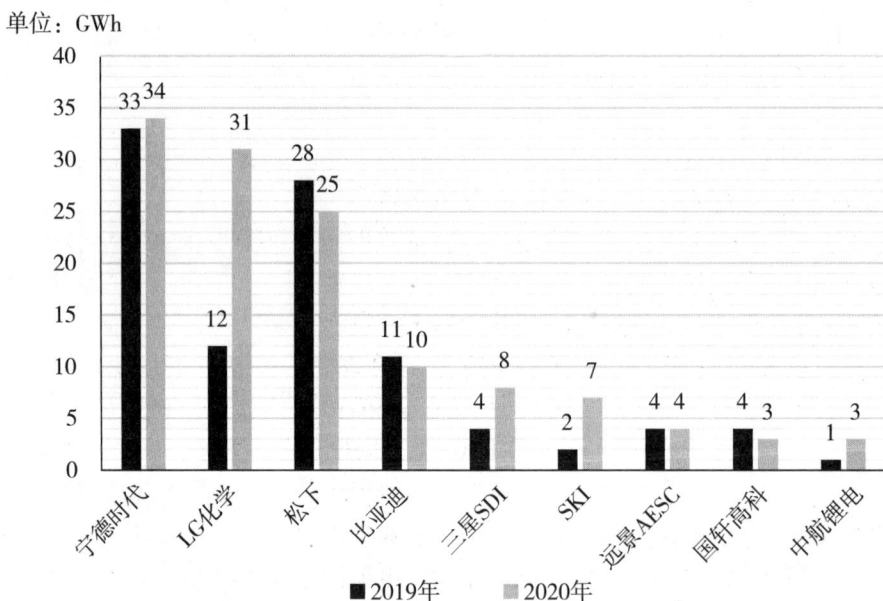

图1－31　2019—2020年全球主要动力电池企业装机量

资料来源：SNE Research。

单位：GWh

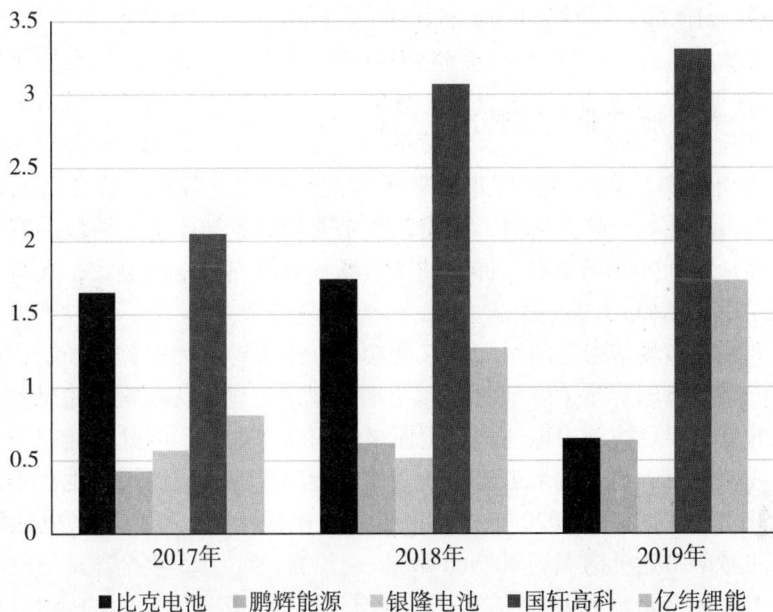

图 1 - 32   2017—2020 年大湾区主要动力电池企业装机量

资料来源：根据网络公开资料整理。

大湾区动力电池企业引领行业技术创新，带动中国企业进入海外市场。近年来中国动力电池企业技术不断提升，目前主流企业的电芯能量密度已达 250Wh/kg 以上，达到了国际先进水平，目前我国量产的动力电池已经具备初步的国际竞争力。在这种背景下，国内动力电池头部企业纷纷成功打入海外主流整车企业的供应链，出口量大增。以宁德时代为例，随着欧洲车企加速电动化，宁德时代产品出口量增长迅猛，2020 年上半年宁德时代出口业务的收入达 22.4 亿元，超过了 2019 年全年的 20 亿元。在大湾区企业方面，亿纬锂能的出口收入也明显增长，目前该公司在惠州的 9GWh 电池产线的产能利用率已接近极限，生产的产品主要用于出口。2020 年上半年亿纬锂能海外业务收入达 15.5 亿元，同比增长高达 142%，2021 年亿纬锂能的惠州软包电池产线还将扩充产能至 10GWh，因此其出口业务将继续扩大。从技术角度来看，大湾区企业推出的新技术有力地缓解了电动汽车相对燃油汽车的短板，如比亚迪的刀片电池把动力电池的体积能量密度提升了 30% 以上并降低了 30% 的成本，同时热稳定性和安全性更高。未来，CTP 电池、刀片电池这些经过中国市场验证的新兴技术将越来越多地成为国际车企的首选，大湾区企业前期在动力电池领域积累的技术和经验开始输出到海外。

三、动力电池产业链下游 SCP 范式研究

（一）动力电池产业链下游市场结构分析

动力电池产业链下游的回收行业未来发展空间巨大，但当下动力电池仍未大规模报废，因此下游市场还处于萌芽阶段，三类相关企业仍处于初步布局阶段，其中大湾区企业布局较为迅速。从细分市场来看，梯次利用市场相对成熟、空间更大，大湾区企业主要也是在梯次利用市场布局。

动力电池回收市场未来空间巨大，三类相关企业布局进行中，市场结构尚不明确。当新能源汽车的动力电池容量下降到 80% 以下时，动力电池就无法满足电动汽车的动力和续航需求，此时就需要更换动力电池并退役原来的旧动力电池，因此，随着电动汽车渗透率不断提高，废旧动力电池的数量也会不断增加，废旧电池回收的市场也会不断扩大。中国汽车技术研究中心数据显示 2020 年中国报废动力电池为 24.76 万吨，电池回收市场规模达 100 亿元。另据研究机构 Markets and Markets 预测，到 2025 年全球动力电池回收的市场规模将达到 122 亿美元，到 2030 年将进一步增长至 181 亿美元，大约等于 1 263 亿元人民币，而全球范围内中国将会是动力电池回收需求最大的市场之一。然而，目前动力电池还未进入大规模报废期，因此动力电池回收市场还处于萌芽阶段，很多相关企业的布局还不够完善，市场上现有的项目只有少数实现了商业化突破，还未形成比较清晰的市场结构，预计未来将有更多动力电池产业链相关的企业在电池回收领域进行布局。如表 1 - 14 所示，目前动力电池回收领域的企业主要可以分成三类：专业回收处理企业、电池材料制造企业和动力电池制造企业，大湾区企业在动力电池回收领域起步较早，本地的专业回收处理企业和动力电池制造企业在该领域有较高的市场地位。

表 1 - 14　动力电池回收企业类型及布局情况

企业类型	企业名称	总部所在地	电池回收布局
专业回收处理企业	格林美	广东省深圳市	围绕打造"电池回收—原料再造—材料再造—电池包再造—新能源汽车服务"全生命周期价值链，积极构建"2 + N"废旧电池回收利用网络，与 200 多家动力电池企业签订了回收处理协议并展开合作
	邦普循环	广东省佛山市	在湖南宁乡启动"动力电池资源化循环利用扩建项目"，计划投资 10 亿元
电池材料制造企业	华友钴业	浙江省桐乡市	形成以浙江衢州废旧动力蓄电池回收再生基地为中心，辐射长三角，并规划在华北、西南、华南建立废旧动力电池回收利用区域生产中心
	赣锋锂业	江西省新余市	在国内率先建成锂产品资源闭路循环和综合回收利用的生态工业体系，34 000 t/a 废旧锂电池综合回收项目分阶段建成

（续上表）

企业类型	企业名称	总部所在地	电池回收布局
动力电池制造企业	比亚迪	广东省深圳市	构建了"材料再造—电池再造—新能源汽车制造—动力电池回收"的动力电池循环体系，在全国设立了40多个回收网点，在回收利用中心建成后将采取集中回收模式
	中航锂电	河南省洛阳市	自建拆解回收电池产线
	特斯拉	上海市（中国业务）	计划上线回收"不再满足客户需求的任何电池"，并将进行100%的再利用

资料来源：根据网络公开资料整理。

细分市场中梯次利用领域相对成熟且规模较大，大湾区企业先发优势明显。梯次利用和再生利用是目前最主要的废旧动力电池处理方法。其中，梯次利用是指把退役的动力电池用于5G通信基站电源、储能电池组等其他场景；再生利用是指对退役电池中的有害物质进行无害化处理，同时对废旧电池中的锂、钴等高价值矿物元素重新富集用作其他用途。其中梯级利用是潜在市场规模最大的细分市场，预计到2025年梯次利用将占据74%的动力电池回收市场份额。目前，梯级利用行业在中国铁塔等重点用户及相关科技型企业的引领下正迎来商业化突破，而再生利用领域还未真正形成规模。当前梯次利用电池组成的储能系统其成本已降至1元/瓦时，低于全新铅炭电池储能系统1.3～1.4元/瓦时的成本。这种商业模式成熟度的差别也体现在企业数量上，在工信部2021年发布的第二批符合《新能源汽车废旧动力蓄电池综合利用行业规范条件》的22家企业中，有13家从事梯次利用，8家从事再生利用，1家企业两者均有涉及。另外，在上述名单中，注册地直接位于粤港澳大湾区的就有佳纳能源、乾泰技术等5家企业，此外还有天津银隆、上海比亚迪等5家总部设在大湾区的企业在其他省市设立的子公司，名单中有近一半成员与粤港澳大湾区密切相关，应该说，大湾区企业在动力电池回收领域先发优势相当明显。而在这10家企业中，从事梯次利用和再生利用的分别有8家和2家，大湾区企业主要也是聚焦于商业模式较为成熟的梯次利用领域。目前，在电池回收领域运作比较成熟的企业有格林美、华友钴业、光华科技、邦普循环等，其中位于粤港澳大湾区的企业有格林美、光华科技、邦普循环等。

（二）动力电池产业链下游市场行为分析

大湾区动力电池企业走在梯次利用领域前列，主要客户中国铁塔引领行业发展。由于梯次利用相关技术与电池的关联度较高，因此梯次利用企业一般选择与电池企业合作发展。同时，储能是梯级利用电池的一大应用场景，而电池企业同样十分重视储能市场，因而动力电池企业在梯级利用市场扮演着重要角色，布局较多，而在当前国内的动力电池头部企业中，大湾区龙头企业比亚迪走在了前列。早在2015年，比亚迪就和格林美合作构建了"材料再造—电池再造—新能源汽车制造—动力电池回收"的动力电池循环体系；2018年，比亚迪与中国铁塔达成协议合作进行动力电池梯次利用；2020年6月比亚迪更是与中国铁塔合作在山东设立动力电池梯次回收利用中心。而在具体开展的动力电池梯次利用实践方面，中国铁塔是目前市场最大的梯级利用电池潜在用户，已与20多家电池企业达成合作，在自家通信基站上应用梯次利用电池，截至2019年该公司已在全国近30万个基站上使用梯次利用电池，搭载电量约4GWh，并计划在全国建设6个电池回收利用中心。

各类主体积极布局再生利用领域，大湾区企业紧跟潮流。在再生利用方面，布局的主体既有材料、电池、新能源汽车等产业链上下游企业，也有专业的第三方资源回收企业。在动力电池报废量不断攀升的背景下，各类型企业通过资本收购、投资建厂等多种方式布局废旧电池再生利用市场，而这其中也屡屡能看到大湾区企业的身影。一方面，专业回收企业努力把业务范围延伸至电池材料领域，如大湾区龙头企业格林美在荆门建设了全国规模最大的废旧电池与报废电池材料处理基地，每年可回收利用超过4 000吨钴资源，每年能提供超过全国30%的钴资源供应。另一方面，动力电池产业链上下游企业也在积极布局废旧电池再生利用市场，如邦普循环通过引入宁德时代股权投资，不仅为自身争取到了大量的废旧电池资源，也为帮助宁德时代提高了电池回收环节控制力，打通了产业链上下游，进而提高了在电池材料领域的话语权。

（三）动力电池产业链下游市场绩效分析

由于目前电池回收领域的很多企业如比亚迪、中航锂电等同时也有其他领域的业务，较少单独报告其电池回收领域的业绩，因此在这一部分我们将主要分析格林美、邦普循环这两家业务范围相对集中在电池回收领域的大湾区企业，借以考察动力电池回收的市场绩效。总体来看，大湾区的电池回收企业毛利率较为稳定，净利润虽然受疫情影响有所下滑，但利润规模随着市场增长有所扩大。大湾区企业布局电池回收市场较早，技术积累丰富。

在盈利能力方面，结合图1-33和图1-34分析格林美的业绩可以发现，一方面，该公司的毛利率近两年保持相对稳定，连续多个季度维持在15%以上，2020年第三季度毛利率为16.3%，目前来看大湾区动力电池企业盈利能力稳定，市场发展比较平稳；另一方面，该公司的单季度净利润在2020年受疫情影响相比2018年、2019年有所下降，但总体来说2018年以来单季度净利润规模较早年明显增加，2020年单季度净利润均保持在1亿元以上，由此可见动力电池回收市场规模在逐渐扩张。

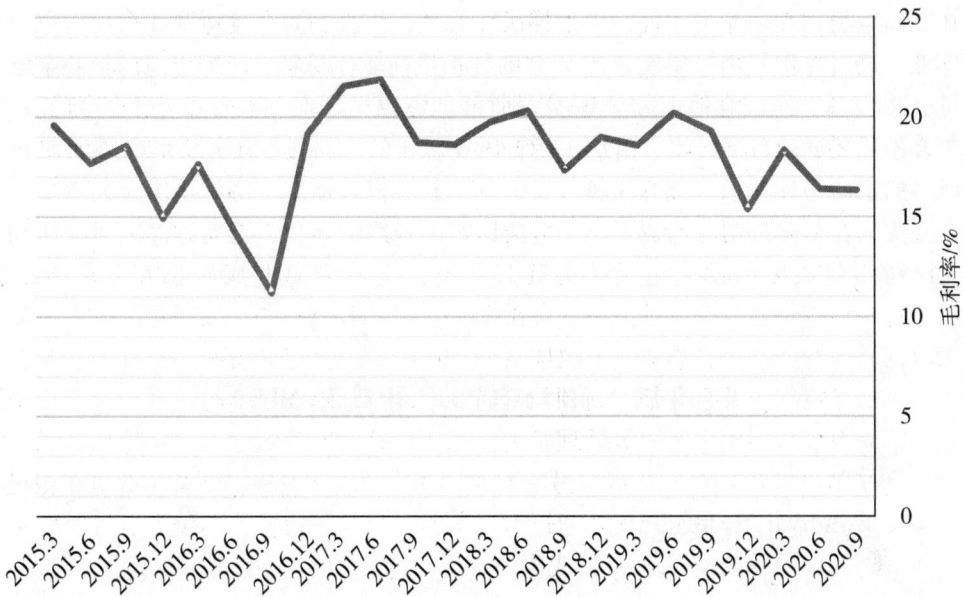

图 1-33　2015—2020 年格林美毛利率

资料来源：根据公司季报整理。

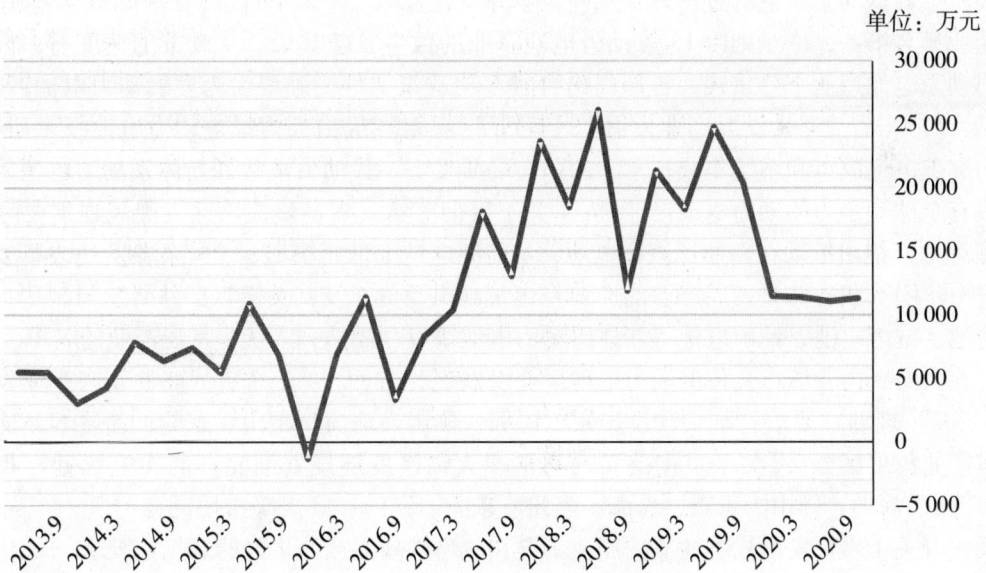

图 1-34　2013—2020 年格林美净利润

资料来源：根据公司季报整理。

在废旧电池的处理能力方面，以邦普循环为例，该公司每年能处理 120 000 吨以上的废旧电池，通过再生利用每年能生产 40 000 吨正极前驱体材料，废旧电池的核心金属总回收率可达 99.3%，废旧电池回收处理能力和再生资源循环产能在亚洲范围内具备一定优势。邦普循环还通过自研技术，解决了困扰行业多年的废料还原难题，并掌握了废料直接对接原料的定向循环技术，成为回收行业中少见的新材料企业。格林美作为大湾区电池回收行业龙头，在全国范围内建成了 7 个电池材料再制造中心和 3 个动力电池回收梯级利用中心，已初步建成废旧动力电池大循环产业链，全年废旧电池回收量占全国报废量的 10%。

第四节　动力电池产业集群研究

一、重点城市发展现状

总体来说，粤港澳大湾区的动力电池产业有着深厚的发展基础，同时相关部门重视程度也足够高，产业链配套相对完整，下游需求巨大，诞生了一批行业龙头，在全国乃至全球产业链中都占据了很重要的位置。从企业的角度来看，电池中国网对 2019 年有动力电池装机量数据的企业进行过梳理，这些企业分布在全国二十多个省市，其中江苏省拥有 29 家企业排名第一，广东则以 13 家动力电池企业的数量紧随其后。从政策的角度看，广东省对动力电池产业十分重视，各部门出台过多项政策文件明确要大力发展动力电池产业，包括：《广东省战略性新兴产业发展"十三五"规划》提出大力推进动力电池技术研发，着力突破电池成组和系统集成技术，超前布局研发下一代动力电池和新体系动力电池，构建具有全球竞争力的动力电池产业链；《关于贯彻落实〈粤港澳大湾区发展规划纲要〉的实施意见》提出推动在新能源汽车电池、氢能源电池上取得突破；《广东省发展改革委关于进一步明确我省优先发展产业的通知》也把纯电动汽车及其关键零部件研发与制造，固态电池、空气电池、钠硫电池等新体系动力电池研发与制造列入优先发展产业的名单。

在大湾区内各城市具体的动力电池产业发展定位方面，《广东省战略性新兴产业发展"十三五"规划》要求"加快建设广州、深圳、佛山、珠海、中山、东莞、汕尾等新能源汽车产业集聚区"，《关于贯彻落实〈粤港澳大湾区发展规划纲要〉的实施意见》提出"以广州、深圳、佛山为重点，珠海、惠州、东莞、江门、肇庆等市协同参与"，《广东省人民政府关于培育发展战略性支柱产业集群和战略性新兴产业集群的意见》要求"优化以广州、深圳、珠海、佛山、肇庆为重点的汽车产业区域布局"。此外，香港作为特别行政区，在金融、物流、国际贸易等方面有不同于内地城市的制度安排，能在一定程度上为大湾区内的企业提供帮助。综上，我们认为粤港澳大湾区各城市在动力电池发展过程中定位较高的城市有深圳、广州、惠州、东莞和香港，下面结合图 1-35 进行具体的分析。

深圳：在动力电池产业的发展背景方面，深圳的 3C 消费类电池产业底蕴深厚，很多企业在生产电池方面有一定的先发优势，催生了比亚迪、欣旺达等一批以生产 3C 电池起家后来进入汽车动力电池领域的龙头企业。深圳市是全球范围内新能源汽车产业链最完整的城市之一，而这其中动力电池产业又是其新能源汽车产业链中最发达的一个环节，动力电池及其原材料产值占比超过50%。同时，深圳市对动力电池等绿色低碳产业十分重视，专门出台了针对绿色低碳产业的扶持计划。在这种背景下，目前深圳市的动力电池产业规模全国领先，2018年相关企业数达920家，产值规模超2 000亿元。深圳企业在动力电池产业链各环节的布局十分均衡，产业链的上中下游都有各自领域的龙头企业，如德方纳米、贝特瑞、星源材质、比亚迪、格林美等都是各自行业前五，在龙头企业的引领下，深圳市的动力电池产业已形成集聚发展的态势。

广州：广州作为老牌工业城市，在汽车制造、化工等传统制造业方面实力较强，这也是广州市动力电池产业发展的基础，但也正是由于广州市的传统制造业比较发达，当地企业在向新兴产业转型时出现了一定的迟滞，目前广州市的动力电池产业相比深圳市稍显落后。广州市的动力电池产业主要依托于化工、汽车等传统制造业企业来进行发展，如上游的天赐材料以及中下游的广汽和东风日产。广州在新能源汽车方面发展较快，有广汽埃安和小鹏汽车等龙头企业，同时新能源汽车产能在建规模居全国最多，在整车企业的有力带动下，广州的动力电池产业在未来也会有快速的发展。

惠州：惠州毗邻深圳，在深圳企业受本地产业空间有限、环保安全监管趋紧的情况下，积极吸收深圳企业的产能转移，吸引了宙邦化工、贝特瑞、比亚迪、欣旺达等一批深圳企业在惠州市设立生产基地，极大地促进了本市动力电池产业的发展，同时，惠州市自身也孕育出了亿纬锂能这样的全国前十的行业龙头，动力电池产业发展比较迅速。

东莞：东莞市和深圳一样都是传统的3C电子生产基地，因此动力电池产业发展基础深厚，2018年东莞锂电池产业链总产值达1 300亿，全产业链有约1 000多家企业，动力电池产业链各环节均有一定数目的企业，孕育出了杉杉股份（东莞）等行业龙头企业。同时，东莞卓高、东莞凯金等本地动力电池产业链企业在历史上与行业龙头宁德时代关系较为密切，已成为其产业链中的重要成员，伴随着宁德时代的快速发展，这些东莞企业也正不断扩大自身的规模。东莞无疑也是粤港澳大湾区内重要的动力电池产业发展基地之一。

江门：江门在传统混合动力汽车专用的镍氢电池正极材料生产方面处于国内领先水平，年产能接近全国的50%，因此江门在新能源汽车使用的动力电池相关产业方面具备了一定的发展基础。目前，江门已孵化出了优美科长信、科恒、芳源环保等一批动力电池龙头企业，在正极材料、隔膜材料、电芯生产及pack、电池制造装备等方面有一定的实力。其中，优美科集团作为全球知名的电池正极材料制造商，已与长优实业在江门落户优美科长信等多家合资公司。2017年12月，江门新能源汽车材料生产基地优美科长信项目正式动工，该项目整体达产后年产值预计达200亿元，将成为全球新能源汽车材料的核心产业基地。

香港：作为国际金融中心，香港资本市场成熟且国际资金充足，能为不断扩张急需金融支持的动力电池企业提供必要的帮助。通过香港交易所成熟而相对便捷的股权运作，许多内地企业获得了宝贵的资金支持，如比亚迪就两度分拆子公司赴港上市融资成功。此外，香港物流业发达，香港港是世界前十的集装箱港口，在动力电池、新能源汽车海外市场不断扩张的背景下，相关企业扩大出口已成必然选择，而香港能在这些企业的出口物流方面提供一定便利。

　　除了上述的六个城市之外，大湾区内其他城市在动力电池产业方面也有一定的发展，如珠海拥有赛纬、银隆、恩捷等行业龙头，佛山吸引了德方纳米设立生产基地，同时还孕育了动力电池回收领域的先行者邦普循环，此外，中山和肇庆也在大湾区的动力电池产业分工中扮演着自己重要的角色。

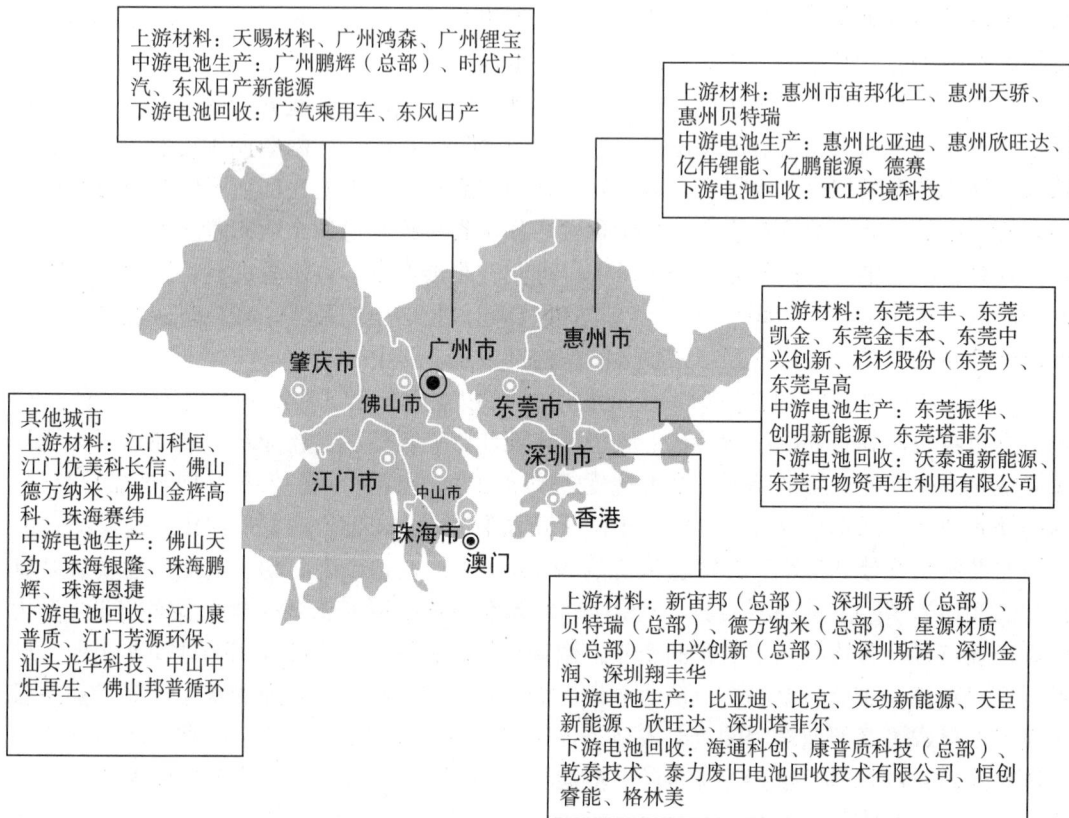

上游材料：天赐材料、广州鸿森、广州锂宝
中游电池生产：广州鹏辉（总部）、时代广汽、东风日产新能源
下游电池回收：广汽乘用车、东风日产

上游材料：惠州市宙邦化工、惠州天骄、惠州贝特瑞
中游电池生产：惠州比亚迪、惠州欣旺达、亿伟锂能、亿鹏能源、德赛
下游电池回收：TCL环境科技

上游材料：东莞天丰、东莞凯金、东莞金卡本、东莞中兴创新、杉杉股份（东莞）、东莞卓高
中游电池生产：东莞振华、创明新能源、东莞塔菲尔
下游电池回收：沃泰通新能源、东莞市物资再生利用有限公司

其他城市
上游材料：江门科恒、江门优美科长信、佛山德方纳米、佛山金辉高科、珠海赛纬
中游电池生产：佛山天劲、珠海银隆、珠海鹏辉、珠海恩捷
下游电池回收：江门康普质、江门芳源环保、汕头光华科技、中山中炬再生、佛山邦普循环

上游材料：新宙邦（总部）、深圳天骄（总部）、贝特瑞（总部）、德方纳米（总部）、星源材质（总部）、中兴创新（总部）、深圳斯诺、深圳金润、深圳翔丰华
中游电池生产：比亚迪、比克、天劲新能源、天臣新能源、欣旺达、深圳塔菲尔
下游电池回收：海通科创、康普质科技（总部）、乾泰技术、泰力废旧电池回收技术有限公司、恒创睿能、格林美

肇庆市　广州市　惠州市
佛山市　东莞市
江门市　深圳市
中山市　香港
珠海市　澳门

图1-35　粤港澳大湾区内各城市动力电池产业链相关企业分布

资料来源：根据网络公开资料整理。

二、重点园区或集群分析

　　目前大湾区动力电池产业集群一般作为新能源汽车产业集群配套而存在，因此下文将通过介绍广深两地动力电池配套较完善的新能源产业园来了解大湾区动力电池重点产业集群。

　　深圳方面，政府对新能源汽车及相关的动力电池产业的产业集群发展十分重视，早在2012年便发布《深圳市新能源汽车产业基地"十二五"规划》，把深圳新能源汽车产业园区落户于坪山区。坪山区新能源汽车产业园坐落于深圳东部深圳与惠州交界处，总面积达13.5平方公里，功能定位为国家级新能源汽车产业示范基地和国家级动力电池技术创新平台，到 2020 年，园区累计完成投资 50 亿元，园内拥有比亚迪、新宙邦、华粤宝、金和能、山木电池等一批动力电池相关企业以及巴斯巴、东风汽车、开沃等新能源汽车企业，2019 年园区重点企业产值达 609.36 亿元。在产业园的企业中，比亚迪是国内动力电池和新能源汽车的龙头企业，比亚迪坪山动力电池生产基地年产能达 8GWh，新宙邦是国内电解液龙头，为区内动力电池生产提供了强力的支撑。目前，坪山区新能源汽车产业已形成从正负极材料、隔膜、电解液到电芯生产和电池组封装，从新能源汽车的核心零部件、充电设施到整车制造的完整产业链条，其中动力电池是园区的优势产业之一。

在产业配套方面，园内拥有 3 家国家合格评定认可委员会认证实验室、4 家国家级技术中心研究院所属实验室、12 家地方级技术中心研究院所属实验室。2021 年 1 月广东省大湾区新能源汽车产业技术创新联盟理事会正式成立落户坪山，为坪山区新能源汽车产业园区的产业配套又添上重要的一环。该联盟由广东省科技厅发起，以北京理工大学深圳汽车研究院、广汽集团、比亚迪、华为、中山大学、小鹏汽车等单位为理事。该联盟将吸引世界范围内新能源汽车领域的高级人才汇聚坪山，助力区内 300 多家整车制造、动力电池、电动车零部件等方面的企业发展。

广州方面，目前广州的新能源汽车及相关的动力电池产业集群还在构建中，根据《广州市汽车产业 2025 战略规划》，未来广州要构建国际汽车零部件产业基地，打造国家级新能源汽车零部件产业集聚区，在现有产业基础上建设新产业园区。结合广州现有的东部、南部和北部三大汽车产业集群，广州的新能源汽车及动力电池的相关产业集群预计将选址番禺、增城、花都、南沙、黄埔或从化等地区。

在上述区域内，目前已经初步建成的产业园有广汽智联新能源汽车产业园。该产业园位于番禺区，总规划面积约 7 500 亩，落户园区企业总共预计将投资 450 亿元以上，预计未来该园区总产值将超过 1 700 亿元。按照规划，产业园将以广汽新能源整车工厂为基础，同步引入新能源汽车产业链上下游伙伴企业落户。园区首期工程广汽新能源整车工厂于 2018 年 12 月竣工，同期时代广汽动力电池项目和广汽爱信自动变速器项目也举办了奠基仪式。其中，时代广汽动力电池项目由广汽集团和宁德时代共同出资建设，项目总投资额达 42 亿元，规划的动力电池年产能达 15GWh。项目一期工程将于 2021 年 10 月先行建成投产，一期规划年产能为 10GWh，二期工程将在 2023 年 12 月前视市场需求情况逐步把产能扩充到 15GWh。时代广汽未来生产的动力电池将主要供应给广汽新能源及广汽集团旗下其他的合资整车企业。此外，为了做好园区配套留住人才，该产业园还同时开工建设了汽车小镇项目。该项目是产业园的人才住宅配套，建成后可提供约 5 100 套住宅及公寓，并设置幼儿园和九年制学校各一所，为园区的员工解决居住和教育配套的现实需求。

第五节　动力电池产业发展对策建议

综上所述，目前粤港澳大湾区的动力电池产业发展情况较好，尤其是产业链上游的四大材料和下游的电池回收，在全国乃至全球范围内都有较强的竞争力。同时，主要的头部企业发展状况良好，市场份额比较稳定，在竞争海外市场、技术创新、扩充产能、上下游一体化等市场潮流中都扮演着比较重要的角色。目前粤港澳大湾区动力电池产业存在以下几个问题：①对前沿技术的跟进能力有所欠缺，主要体现在在三元电池领域布局不充分，在三元电池迅速占据市场主流地位并带动上游相关细分市场迅速增长的背景下，上游的大湾区企业在三元正极材料、湿法隔膜等领域反应较慢未能成为头部企业；②大湾区部分第二梯队动力电池企业早期凭借先发优势占据了一定的市场份额，但后续发展中在客户拓展、技术积累方面有所欠缺，逐渐掉队，目前在核心的动力电池制造及 pack 市场中，只有比亚迪和亿纬锂能两家头部企业，与区内上下游的发展状况不匹配；③大湾区内动力电池生产必需的自然资源相对匮乏，加之区内新能源整车企业密集度不如长三角地区，因此区内企业大量到其他地区布局产能，同时粤港澳大湾区对区域外企业的吸引力也不足。针对粤港澳大湾区动力电池产业的发展现状，我们提出以下四点发展对策建议：

1. 完善产业布局，打造国家动力电池制造基地

结合当前发展现状，未来粤港澳大湾区动力电池产业仍将以广佛莞（广州佛山东莞）、深惠（深圳惠州）两大产业集群为核心完善产业布局。其中，广佛莞产业集群以新能源汽车整车企业为引领，重点发展动力电芯和电池组制造，深惠产业集群则注重全产业链发展，依托现有龙头企业发展完整发达的动力电池产业链。

在粤港澳大湾区相关自然资源匮乏的背景下，支持本地动力电池相关企业发展总部经济，在粤港澳大湾区充分布局本地产能的同时，根据市场、资源等各方面要素，在全国乃至全球范围内拓展区域外布局，降低企业的生产物流成本并保证原材料供应的稳定，提升本地企业的核心竞争力。同时积极吸引区域外龙头企业到粤港澳大湾区以独资或合资的方式设立生产基地，充分发挥本地企业的配套能力，提高粤港澳大湾区动力电池生产能力，增进区域内外企业之间的交流合作，利用跨区域合作提高技术创新速度，实现充分的信息交流和资源互惠，共同为推动电池技术发展做出贡献。

2. 加强科研支持，培育核心竞争力

加大政府扶持力度，推动产学研合作。政府出头设立动力电池科研课题，并要求企业和高校等研究机构共同申报、共同研究，以推动产学研合作，把科研成果与市场需求紧密结合在一起。相关部门制定相关激励机制，对大力投入研发新产品并成功推广应用到市场的企业给予税收减免、货币奖励等激励，激发企业的创新积极性。

建设新型研发机构。加大对以国家动力电池创新中心、国家新能源汽车技术创新中心为代表的新型研发机构的支持力度，鼓励这类机构聚焦动力电池前沿领域，强化技术储备与前沿布局，积极打造技术领先优势，针对性解决动力电池产业发展问题，着力突破共性技术和供给瓶颈难题，推动动力电池产业发展升级。

3. 加大政策支持力度，强化财税支持

全面认真落实国家的税收优惠政策，切实实施收费清理，减轻企业负担。动员各类金融服务主体充分发挥各自优势，通过各级资本市场、融资租赁、互联网金融等方式拓宽企业融资渠道，加大对固态电池、新型电解液添加剂、无钴正极材料等重点领域的支持力度，帮助动力电池产业链相关企业充分利用多元金融服务实现自身发展目标。同时，为重点企业提供土地支持，制定粤港澳大湾区新能源汽车产业重点发展目录，优先将目录内动力电池项目列入省、市重点建设项目，在项目立项、规划、用地报批等方面给予绿色通道支持，优先保障用地。

4. 进一步深化开放，形成国际化产业中心

形成企业走出去、技术引进来的国际合作态势。一方面，动力电池海外市场增长迅速，拓展海外客户是动力电池产业发展的必由之路；另一方面，粤港澳大湾区动力电池产业链发展完善，各类企业数量较多。因此，应鼓励粤港澳大湾区企业间加强协同沟通合作，打造海外市场整体竞争优势，共同探索适合粤港澳大湾区企业联合出海的有效模式，加深资源共享程度，形成企业合力，实现全产业链跨集团跨企业的联合出海。同时，加快粤港澳大湾区动力电池产业研发体系与世界接轨，发挥区位优势，建立国际技术合作窗口，吸收全球高端技术，吸引海外企业在湾区布局研发中心，打造全球性的研发生态。此外，鼓励粤港澳大湾区电池企业在海外布局研发中心，及时跟进全球行业技术动态，占据产业价值链高附加值的有利位置。

参考文献

［1］张邦胜，刘贵清，王芳，等 . 2020 年废旧动力电池回收市场分析［J］. 中国资源综合利用，2020，38（12）：102 - 105.

［2］丁啸，徐树杰，李龙辉 . 我国新能源汽车动力蓄电池回收利用管理体系建设及发展研究［J］. 时代汽车，2020（24）：91 - 92，108.

［3］葛志浩，颜辉 . 国内动力电池梯次回收利用发展简述［J］. 中国资源综合利用，2020，38（5）：91 - 96.

［4］陈吉清，翁楚滨，兰凤崇，等 . 政策影响下的动力电池产业发展现状与趋势［J］. 科技管理研究，2019，39（9）：148 - 157.

［5］国海证券 . 新能源汽车 2021 年度策略：产业变迁、大风已至、顺势而为［R/OL］. http：//www. 01caijing. com/finds/report/details/271758. htm.

［6］国元证券 . 2021 年新能源汽车行业策略：百舸争流今胜昔，电动未来新起点［R/OL］. http：//www. hibor. com. cn/data/4dc1d685796f 08697c0942b5 dde6958f. html.

第二章　粤港澳大湾区面板产业分析[*]

第一节　面板产业链发展概况

一、面板产业概况

（一）面板技术分类

本章提到的面板特指显示屏面板，以下均简称面板。从发光原理出发，面板可分为两类：第一类是依靠背光源发光的 LCD（Liquid Crystal Display，液晶显示器）技术，经过多年发展，LCD 技术已经经历了多轮技术升级，早期的 STN – LCD 技术已经被市场淘汰，目前市场主流的 LCD 主要采用 TFT – LCD（thin film transistor – liquid crystal display，薄膜晶体管液晶显示器）技术，该技术在成像质量等多方面都优于 STN – LCD 技术；另一类是可以自发光的 OLED（Organic Light-Emitting Diode，有机发光二极管），OLED 可以细分为 AMOLED 和 PMOLED，目前这两种技术均处于成长期。LCD 和 OLED 在应用领域方面存在显著差异，大尺寸面板显示领域以应用 LCD 为主，而小尺寸面板显示领域则是 OLED 占据着越来越多的市场份额（本章所提到的面板涉及 LCD 和 OLED 两个技术大类，包含这两个技术的细分技术，如 OLED 又分为 AMOLED 和 PMOLED）。

显示屏面板作为现代显示界面与人机交互终端广泛应用于智能手机、笔记本电脑、电视。表 2 – 1 就 LCD 与 OLED 的优缺点和应用领域做了对比。LCD 的优点主要是功耗低、制作成本低，其缺点在于色彩较差，视角相对于 OLED 要窄；OLED 的优势主要体现在无视角限制、可折叠。LCD 目前主要应用于电视、显示器等终端领域，而 OLED 则主要应用于高端手机和高端笔记本电脑等领域。目前 OLED 受制于原材料成本高、生产良率低与寿命短等问题，相比 LCD 价格仍然较高，因此在中短期内 LCD 具有产量与成本优势。

---

[*] 本章由暨南大学产业经济研究院陈荣执笔。

表 2 - 1　LCD 与 OLED 优缺点对比及应用领域

类型	主要技术	优点	缺点	应用领域
LCD	TN/STN - LCD	功耗低、成本低	色彩差，响应慢，有水波纹	早期中低端彩屏，MP3、MP4
	TFT - LCD	响应快，改善水波纹，比 STN-LCD 饱和度高，能做大屏，亮度高，颜色还原度好	耗电，对比度低	显示器、笔记本电脑、手机、电视等
OLED	AMOLED	自主发光，无视角限制，低温性能好，能做柔性曲屏	耗电，生产良率尚低，价格高，产品易泛黄	车载显示、高端手机、高端笔记本电脑、电视
	PMOLED	制作流程较简单，结构单纯	大尺寸生产有困难，寿命短	车载显示、PDA、MP3

资料来源：根据公开资料整理。

（二）面板技术简介

1. TFT - LCD 技术

TFT - LCD 技术是当前主流 LCD 采用的生产技术，该技术生产的产品体积较小、重量较轻、功耗低。该技术利用在 Si 上进行微电子精细加工，之后再移动到在大面积玻璃上进行 TFT 阵列的加工，接着将该阵列基板与另一片带彩色滤色膜的基板，利用已成熟的 LCD 技术，形成一个液晶盒并与之相结合，再经过一系列工序如偏光片贴覆等过程，最后形成液晶显示器。

a-Si 是早期的 TFT - LCD 的基底材料，a-Si 即非晶硅技术，该技术相对简单、造价较低，是当前最常见的应用。但随着技术的发展，消费者对手机、平板等终端显示产品的要求逐渐提高，高清化、色彩度更饱和、更轻薄化等是手机、平板等移动终端的发展方向，非晶硅技术难以满足市场需求，这时便产生了 IGZO（Indium Gallium Zinc Oxide，铟镓锌氧化物）与 LTPS（Low Temperature Poly-Silicon，低温多晶硅）这两种技术。IGZO 为铟镓锌氧化物，非晶 IGZO 材料是用于新一代薄膜晶体管技术中的沟道层材料，是金属氧化物（Oxide）面板技术的一种；LTPS 指的是低温多晶硅技术，LTPS 是非晶硅经过激光均匀照射后，非晶硅吸收内部原子发生能级跃迁形变成为多晶结构而形成的材料。

2. OLED 技术

OLED 即有机发光二极管，一般是由夹在两个薄膜导电电极之间的一系列有机薄膜组成。当电流通过，电荷载流子从电极迁移到有机薄膜中，直到它们在形成激子的发光区域中重新结合。结合之后，这些激子或激发态通过电发出光（电能由此转化为光能），该过程基本不产生热量或只产生极低的热量，从而有效地控制了功耗。

（三）面板成本结构

图2-1比较了TFT-LCD和OLED成本结构，TFT-LCD成本主要是集中在研发及其他成本（28.0%）、彩色滤光片（17.0%）及其他材料（16.0%）等方面。OLED成本则主要集中在设备（35.0%）、有机材料（23.0%）、研发及其他成本（18.0%）等方面。二者成本结构的差别主要是因为工艺的差异，OLED相比于LCD，对设备的要求更高，上游原材料也是OLED技术的关键所在。

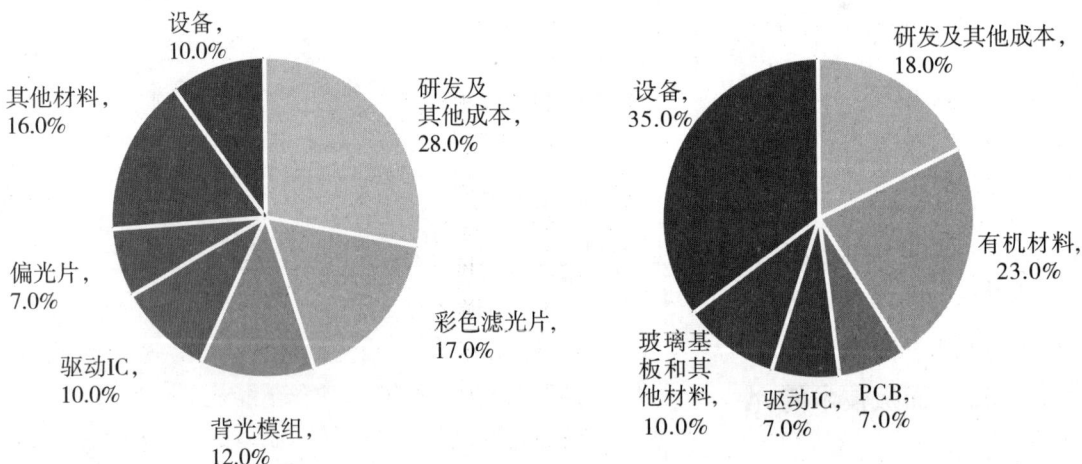

图2-1　TFT-LCD（左）和OLED（右）成本结构图

资料来源：中国产业信息网。

二、面板产业链结构

（一）面板产业链构成

面板是典型的中游制造业，如图2-2所示，面板产业链上游分别为相关的材料、设备与组装零件，材料包括背光模组、彩色滤光片、偏光片和玻璃基板等，设备则包括蒸镀机、检测机等，组装零件包括驱动IC、PCB与被动元件；下游为智能手机、电视和笔记本电脑等产品，面板行业衔接上下游。

图 2-2　面板产业链构成

（二）面板产业价值链分析

从产业链来看，面板制造处于产业链中游，面板行业的利润水平与"微笑曲线"相契合——面板行业整体利润率水平处于"微笑曲线"最低点。这主要是因为上游设备制造商、原材料厂商拥有一定技术壁垒，面板厂商难以在上游获得议价能力，下游品牌厂商（智能手机、电视等）具有一定的集中度，面板厂商同样缺乏议价能力。

对于产业链上游的材料和设备厂商来说，研发投入与专利技术构筑了行业护城河，高利润率是对前期研发持续投入的"补偿"；对于下游品牌厂商来说，建立品牌、铺设渠道都需要前期大量的资金投入与人力维护，是对公司的综合管理和组织能力的考验，因此销售的高利润率也可以看作对该投入的"补偿"。作为产业链中游的面板制造厂商，由于其对上下游议价能力都比较差，面板厂商的核心竞争力在于成本控制，因此很难获得长期超额利润。图 2-3 以 TFT-LCD 面板为例，展示了面板产业价值链构成，产业链上游基础材料生产厂商大多来自日本、韩国、美国等发达国家，毛利率处于产业链最高水平，其中玻璃基板毛利率高达 50%～60%，光刻胶等化学品为 35% 左右；中游面板制造商毛利率在 -20%～30% 之间；下游竞争格局较为分散，终端产品毛利率在 20%～30% 之间。

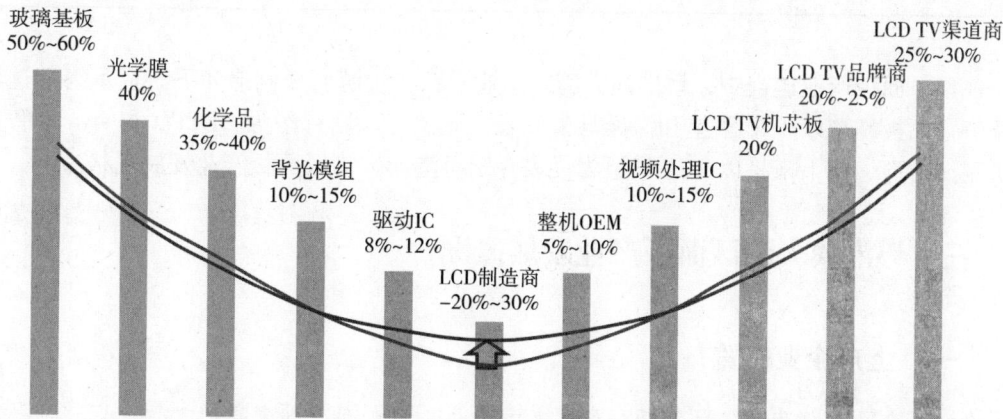

图 2-3　TFT-LCD 面板毛利率"微笑曲线"

资料来源：Display Research，华安证券研究所。

（三）面板产业链上中下游重点企业

表 2-2 展示了面板产业链上中下游环节中全球的重要企业，目前在上游原材料生产制造环节，主要是被日韩和欧美大型跨国企业掌握，如三星、住友化学、LG 等，上游原材料制造环节前期需要投入较高的研发成本，进入壁垒较高，因此该环节也具有较高的附加值，利润率相较于面板模组制造环节更高。在中游面板制造环节，主要以三星、京东方、TCL 华星等企业为代表，我国企业在 LCD 面板生产上已占据全球大部分份额，但代表面板发展方向的 OLED 技术仍然被三星牢牢控制，当前三星占据着全球 OLED 的主要市场。在产业链下游，主要是智能手机、电视、笔记本电脑等终端产品的生产企业，智能手机厂商主要包括三星、苹果、华为、小米等，电视和笔记本电脑的代表厂商主要是海信、联想、戴尔、三星、惠普等。

表 2-2　全球 LCD/OLED 产业链主要环节重点企业

产业链环节			重点企业
上游	LCD 原料制造	彩色滤光片	三星、LGD、Nippon
		液晶材料	LG、Merck、智索、万润、方兴
		偏光片	日东电工、住友化学、LG、三利谱
		PCB 板、外框	旗胜、住友化学、三星电机、藤仓
		驱动 IC	松下、日立、AMD、三星、英伟达
	OLED 原料制造	有机发光材料	UDC、三星、LG、陶氏、默克
		检查测试	Orbotech、泰瑞达、爱德万
		镀膜封装	Tokki、爱发科、Evatech
中游		LCD/OLED 面板模组	三星、LGD、京东方、TCL 华星、深天马、友达
下游		显示终端	苹果、三星、华为、LG、索尼、小米、海信、联想、戴尔、惠普

在整条面板产业链当中，粤港澳大湾区企业活跃在中游面板制造和下游显示终端这两个环节，面板制造以 TCL 华星和深天马为代表，显示终端则有华为、OPPO 和 vivo 等智能手机制造厂商，接下来将以 TCL 华星为代表介绍粤港澳大湾区面板产业发展现状。

三、粤港澳大湾区面板产业发展概况

（一）上市企业概览

大湾区在面板制造这一环节拥有众多上市企业，根据同花顺查询到大湾区与"显示器件"有关的上市企业近二十家，具体上市企业及主要业务范围如表 2-3 所示：

表2-3 大湾区生产显示器件的上市企业一览表

上市公司名称	主要业务范围	所在城市
TCL科技	显示器件、家用电器、OLED	惠州
视源股份	显示器件、智能家居、在线教育	广州
欧菲光	光学元件、OLED、车联网	深圳
深天马	显示器件、智能穿戴、OLED	深圳
莱宝高科	显示器件、石墨烯	深圳
麦捷科技	显示器件、5G	深圳
光峰科技	显示器件	深圳
三利谱	显示器件、OLED	深圳
同兴达	显示器件、OLED	深圳
深纺织A	显示器件、OLED	深圳
瑞丰光电	LED、智能家居	深圳
联合光电	光学元件、智慧城市	中山
宇瞳光学	光学元件、安防	东莞
联得装备	显示器件、OLED	深圳
汇创达	显示器件	深圳

资料来源：根据同花顺整理。

从表2-3来看，除TCL科技、视源股份等少数几家企业是非深圳企业外，剩下十几家企业都是深圳企业，由此可见，在显示面板领域，深圳在大湾区的地位举足轻重。值得注意的是，广州虽然没有像深圳那么多的上市面板企业，但是广州黄埔开发区和增城区的新型面板产业发达，有多家国内外著名面板厂商在此设了生产线，且生产技术处于国际领先水平。

（二）产能分布

表2-4展示了大湾区面板产业主要产能的分布。从公开资料统计结果来看，大湾区企业面板制造技术以LCD技术为主，且LCD基本进入高世代8.5代及以上生产线，LCD技术处于世界领先水平。大湾区面板产业LCD技术代表企业是TCL华星，TCL华星在深圳有T1、T2、T6、T7共四条生产线，每季度合计产能近150万片，TCL华星也在惠州布局了一条生产TFT-LCD、OLED两种面板的生产线。OLED技术方面，大湾区OLED生产线比较少，目前国外厂商LGD在广州黄埔开发区布局了一条8.5代生产线，维信诺在广州增城区布局了AMOLED生产线。

表 2-4　大湾区面板产业主要产能分布

企业	生产线与地点	设计产能/ （千片/季）	投产时间	技术	投入金额/ 亿元
TCL 华星	深圳 8.5 代（T1）	480	2011 年第三季度	TFT - LCD	245
TCL 华星	深圳 8.5 代（T2）	450	2016 年第三季度	TFT - LCD	244
TCL 华星	深圳 11 代（T6）	270	2019 年第一季度	TFT - LCD	465
TCL 华星	深圳 11 代（T7）	270	2021 年第一季度	TFT - LCD	426.8
鸿海（富士康）	广州 10.5 代	270	2019 年第三季度	a-Si LCD、 TFT - LCD	610
深超光电	深圳 5 代	270	—	TFT - LCD	130
TCL 华星	惠州华星光电	270	2020 年第二季度 二期封顶	TFT - LCD、OLED	96
LGD	广州 8.5 代	270	2019 年第四季度	OLED	—
维信诺	广州增城区	—	2020 年第四季度	OLED	112
柔宇科技	深圳 5.5 代	90	2018 年第二季度	OLED	—

资料来源：根据 TCL 华星官网以及公开资料整理。

注：华星光电产能已涵盖在 TCL 华星产能当中。

（三）重点企业分析

TCL 华星和深天马是大湾区面板制造产业最为重要的两家企业，以下对两家企业做简要分析。

1. TCL 华星

TCL 科技 1982 年成立于惠州，经过近 40 年发展，已经成为全球液晶面板龙头企业，并在全球范围内具有影响力。TCL 在 2019 年初完成重大资产重组，剥离了终端业务及配套业务，并更名为"TCL 科技"。在 2020 年初，TCL 科技主营业务聚焦于高科技、资本密集、长周期的战略性新兴产业，提升产业金融能力，此次改革制定了清晰的发展路径，大幅提升了 TCL 核心竞争力和可持续发展能力。

2020 年，TCL 通过参与公开摘牌收购中环集团，并最终受让中环集团 100% 股权，《产权交易合同》生效后，公司主营业务架构将划分为四块：分别是半导体显示及材料业务，半导体及新能源业务，产业金融及融资业务，以及其他业务。以上四块业务分别由华星光电、中环电子、TCL 资本以及翰林汇组成。华星光电技术有限公司（简称"TCL 华星"）成立于 2009 年，是一家专注于半导体显示的科技企业，TCL 科技目前持有 TCL 华星 88.82% 的股权。TCL 华星公开资料显示，目前公司已建成和在建的生产线共有 6 条，合计投资金额近 2 000 亿元，当前 TCL 华星面板总产能位居国内第二，仅次于京东方。

2. 深天马

深天马主要聚焦于中小尺寸显示面板生产，是国内中小尺寸显示面板龙头生产商。深天马深耕面板行业三十余年，公司拥有 a-Si、LTPS、AMOLED 三大技术平台。消费电子类领域是深天马产品主要的出货方向，智能手机 LTPS - LCD 面板出货量位居全球第一，客户包括华为、小米、OPPO、vivo 等头部品牌手机厂商；同时深天马在车载、医疗等专业显示领域亦占有重要市场地位，车载面板市占率位居全球第二、国内排名第一；深天马的 AMOLED 技术已取得进展，正在积极量产和扩建中。

深圳、上海、成都、武汉、厦门、日本是深天马六大生产基地，此外，公司在欧洲、美国、日本、韩国、印度以及中国香港、台湾等国家和地区设有全球营销网络和技术服务支持平台。公司拥有或正在建设从第 2 代至第 6 代 TFT - LCD（含 a-Si、LTPS）生产线、第 5.5 代 AMOLED 生产线、第 6 代 LTPS AMOLED 生产线、第 6 代柔性 AMOLED 生产线以及 TN、STN 生产线。

第二节　面板产业发展环境

一、国内外市场供给与需求趋势

（一）供给端分析

1. LCD 供给端分析

从产能端看，目前我国 LCD 产能占全球份额 60% 以上，是 LCD 产能最集中的国家，除中国大陆以外，LCD 主要产地有韩国、中国台湾、日本。从面积上来看，在 2011 年，我国高世代（6 代生产线以上）LCD 产能还远落后于日韩，中国大陆高世代 LCD 产能仅占全球总产能的 1% 左右，但我国厂商在政策的扶持下高速发展，仅用六年时间，到 2017 年高世代 LCD 产能全球占比达到 40%。近几年来，中国大陆厂商不断在 LCD 高世代领域扩张产能，目前 LCD 产能全球占比超越韩国排名第一。

随着国外头部面板厂商如三星、LGD 等逐渐减少产能或退出 LCD 领域，而次头部厂商友达、群创等无新增 LCD 产能能力，国内头部 LCD 厂商京东方和 TCL 华星将在 LCD 领域占据更大的市场份额。据国盛证券研究所预测，2021 年 LCD 领域将形成京东方与 TCL 华星双寡头局面，二者在 LCD 领域的市场份额将超过 50%。

2. OLED 供给端分析

与 LCD 技术相比，OLED 由于制造难度更高、生产成本高，行业内具备 OLED 生产能力的企业数量较少，OLED 市场整体处于供不应求状态，目前全球 OLED 主要产能集中在韩国。韩国企业 LGD 在大尺寸 OLED 面板领域形成了垄断，LGD 在大尺寸 OLED 面板领域掌握了 WRGB OLED 技术，该技术目前主要应用于高端电视；三星则在 OLED 的中小尺寸面板领域中形成了行业垄断，据 HIS 数据，三星在全球智能手机 OLED 市场所占份额为 81%（2019 年第一季度）。

相比韩国，我国面板厂商 OLED 技术较落后，布局也更晚，导致我国 OLED 领域仍与韩国存在较大差距。目前我国面板厂商 OLED 领域产能主要集中在小尺寸 OLED（最高世代为6代生产线），大尺寸OLED仍处于研发阶段。近几年来，中国大陆厂商在OLED领域奋力追赶，据DSCC数据，在2018—2023年，我国面板厂商将投入约297亿美元（约合人民币1 930亿元）以增加移动端OLED显示屏产能，新增产能将占全球新增产能的88%。

对于中国台湾地区厂商和日本厂商来说，中国台湾地区厂商仅有三条OLED生产线，且为5代生产线以下，基本没有参与该轮6代及以上OLED产能投资，日本厂商则迫于财务压力及经营问题无力跟进。从目前的生产线规划来看，中国大陆厂商在OLED领域的总投资超5 000亿元人民币，是全球OLED扩产的主力军，可以预见，OLED领域将是中国大陆厂商与韩国企业厮杀的主战场。

（二）需求端分析

据招商银行研究院数据，2020年LCD市场规模约为1 300亿美元，OLED 2021年市场规模将达到约400亿美元。当前面板需求仍以LCD为主，OLED为辅。在下游需求最重要的电视端和手机端，LCD、过渡性产品及柔性OLED共存且相互竞争，如表2-5所示：

表2-5　LCD、过渡性产品及柔性OLED的市场份额

	LCD	过渡性产品			柔性OLED
		QLED	QD-OLED	刚性OLED	
电视面板出货量	95%	约1%	三星拟于2021年量产	—	约1%
手机面板出货量	72%	—	—	16%	12%

资料来源：招商银行研究院。

从表2-5可以看出，在电视端：LCD占据超过90%的市场份额，OLED只占据少数市场份额，且QLED与柔性OLED竞争激烈，二者在电视市场的份额均约为1%，QD-OLED电视预计将于2021年推出；在手机端：LCD（a-Si、LTPS）占据超过70%的市场份额，刚性OLED、柔性OLED竞争激烈，二者在手机市场分别占16%、12%的份额，刚性OLED占比高于柔性OLED。

1. LCD需求端——以电视需求为主

LCD下游应用行业较多，如图2-4所示，在下游应用细分行业中，电视需求占比最大，为67%，其次分别为显示器、手机、商用显示、笔记本电脑及车载，占比分别为13%、7%、3%、5%及1%。电视需求是LCD最主要的需求来源。

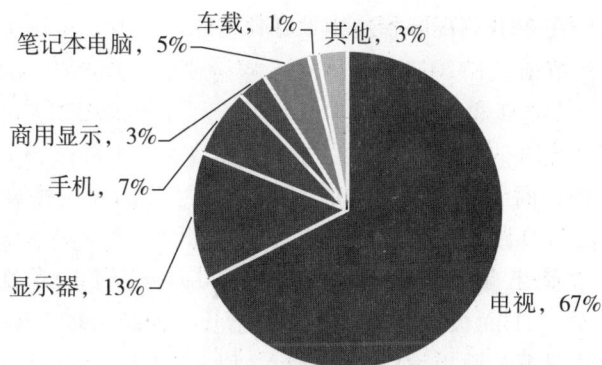

图 2 - 4　2020 年 LCD 下游终端需求构成

资料来源：国联证券研究所，中国产业信息网。

由于电视占据了 LCD 面板的大部分需求，因此电视需求对 LCD 面板需求起主导作用，当前全球电视需求量增长较缓慢，但是电视正由小尺寸向大尺寸、高清化升级，据群智咨询数据，2015—2020 年电视出厂尺寸平均每年约增长 1 寸，随着大尺寸电视逐渐成为趋势，LCD 在电视端的需求将获得增长。

2. OLED 需求端——以智能手机为主

当前 OLED 终端需求以智能手机为主，图 2 - 5 数据显示，智能手机需求占 OLED 总需求 70% 以上，其次为可穿戴设备，占比为 11.40%，电视及家用占比 6.50%，目前 OLED 主要应用于高端手机和高端电视等领域。

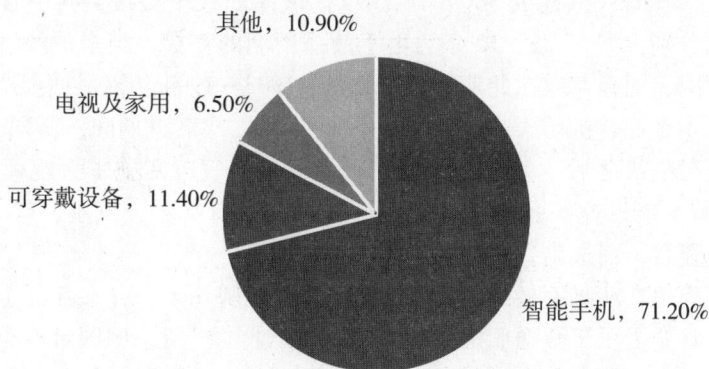

图 2 - 5　2020 年 OLED 下游终端需求构成

资料来源：通联数据，万联证券研究所。

相比于 LCD，OLED 具有更广的视角、更快的响应速度、更高的色彩饱和度和更宽的工作温度等优点，未来将对 LCD 产生一定的替代。在手机需求层面，随着 OLED 手机渗透率提升、全面屏普及、折叠屏推出并逐渐普及等因素，OLED 手机未来将实现对 LCD 手机的替代，从而推动对 OLED 面板的需求。在电视需求层面，随着技术升级，OLED 制作成本有望降低，未来将有更多的电视屏幕使用 OLED 技术。

（三）价格分析

由于面板行业存在显著的周期性，当经济下滑导致需求下降时，面板价格会出现大幅度下滑，从而导致面板厂商出现亏损。2019 年，全球经济的周期性衰退引发面板价格下跌，2019 年 11 月左右 LCD 跌破成本线，这直接使得韩国厂商三星、LGD 宣布逐步关停或减少 LCD 产能，大厂的退出减少了 LCD 市场产能。2020 年受到全球性疫情的影响，居家（电视面板）、线上办公（IT 面板）等需求均出现增长，使得市场对 LCD 面板需求边际改善。在供需格局改善情况下，面板价格全年上行。以 32 寸 LCD 面板为例，2019 年底市场报价约为 31 美元/片，2020 年底市场报价约为 65 美元/片，其间涨幅超过 100%，其他尺寸的面板也有 50% ~ 100% 左右的涨幅。一方面，在面板产业链上游，由于 IC 短缺和玻璃基板突发事件，面板供应能力受到影响；另一方面，下游手机和电视终端品牌采购信号积极，这将进一步带动面板涨价。随着全球经济的逐渐复苏，面板供需差距将进一步拉大，2021 年面板涨价已成定局。

二、全球生产布局现状与趋势

全球生产布局呈现出由日本转移到韩国和中国台湾，再由韩国和中国台湾逐渐转移至中国大陆的趋势，且逐渐形成中韩争霸的局面。

美国最先成功研发出液晶技术，但将其产业化、实用化的是日本。在二十世纪八九十年代，日本在液晶领域一直起着主导者的作用。根据日本《电子部品年鉴》资料，在 1990—2003 年间，全球一共建成 58 条 1 ~ 5 世代液晶面板生产线，其中日本占据 31 条，韩国和中国台湾分别占据 15 条、12 条。由于液晶周期的存在，当全球经济衰退时，面板需求都会急剧下降，面板产业在此期间经历衰退。1993—1994 年液晶面板产业出现了第一次衰退，当时日本企业趁机切入；在 1995—1996 年第二次衰退期间，韩国企业趁机切入，尤其是在亚洲金融危机之后，韩国企业在面板产业不景气时实施了大规模的"反周期投资"，韩企凭借着产能迅速扩张以及韩元贬值带来的出口优势，三星、LG 在 1998—1999 年陆续超过日企夏普，面板出货量位列全球前二。

中国台湾厂商也在液晶面板产业第二次衰退期中顺势切入，并在亚洲金融危机中建立生产能力，当时日企受压于金融危机，减少对面板产业的投资，中国台湾企业则通过谈判获得技术转让并增加投资。在 2001 年液晶面板产业第四次衰退中，中国台湾厂商通过投资各种基础的 TFT - LCD 技术获得竞争优势，诞生了中国台湾"面板五虎"——友达、奇美、中华映管、瀚宇彩晶及广辉，至此，台湾厂商全部获得了 LCD 5 代生产线生产技术。

大陆厂商借鉴台湾厂商的成功经验，开始在面板产业进行逆势投资。2003 年，京东方收购韩国现代集团的液晶显示器业务，随即又在北京建设一条 LCD 5 代线，京东方由此跨入 TFT - LCD 生产门槛。2008 年金融危机及其后续影响（如欧债危机）带来了一个长时间的液晶面板产业衰退阶段，2011 年日韩以及中国台湾液晶面板厂商几乎全部出现亏损，与此同时，中国大陆面板厂商利用此次机会，对半导体显示进行逆势投资，2011 年成为中国面板产业崛起的开端之年。

中国大陆面板产能占比自 2011 年起开始迅速提高，且目前仍在继续加大。Display Search 数据显示，在 2011—2016 年，在日本、韩国、中国大陆和中国台湾之中，中国大陆是唯一一个持续扩大产能占比的，除中国大陆以外，日本、韩国和中国台湾的产能比例都在减小。中国大陆面板产能在 2016 年超过中国台湾——结束了面板显示市场由日本、韩国和中国台湾形成的"铁三角"局面。

一方面，随着中国大陆面板厂商持续投资 8.5 代及以上高世代生产线，中国大陆面板产能持续增加；另一方面，由于三星和 LGD 选择逐步清退出 LCD 产能，中国台湾和日本厂商无力继续投资扩张，面板行业向中国大陆转移的趋势更加势不可当。未来能够度过行业寒冬的企业将大概率在中国大陆和韩国产生，全球面板布局也就从"三国四地"向"中韩争雄"演变，在洗牌中剩下的企业有望分享行业集中度提升、周期性变弱带来的长期盈利红利。

三、产业技术变革与发展趋势

（一）技术发展历史

自美国人发明液晶面板以来，面板技术经历了五个发展阶段。第一阶段为 1883—1968 年，该阶段主要是基础理论研究和基础材料研究阶段，该过程由美国和德国科学家在推动。第二阶段为 1973—1985 年，为液晶面板产业化初期阶段，日本厂商将其广泛应用于计算器、电子表、掌上游戏机等电子产品中，液晶技术由此奠定了产业基础。第三阶段是 1985—1992 年，液晶面板逐渐被推广应用。第四阶段是 1992—2003 年，在这个阶段，TFT–LCD 液晶技术迅速成长，TFT–LCD 以其优势逐渐取代 PDP 等离子显示技术，被广泛运用于笔记本电脑显示器、台式电脑显示器、手机等终端产品，液晶面板产品逐渐取代传统 CRT 显像管显示屏成为市场主流。2004 年至今是液晶面板发展的第五阶段，大尺寸液晶面板产品受到市场追捧，27 英寸以上液晶电视表现出对传统彩电的市场替代效应，全球液晶面板市场规模超过了 1 000 亿美元，面板生产线技术更新到第 10 代，技术的提升催化了巨型液晶电视。近几年来，随着上游材料技术的发展，OLED 技术蓬勃发展并逐渐产业化，三星、苹果等手机厂商率先将 OLED 技术运用到手机面板当中。

（二）未来技术发展趋势

从行业周期来看，LCD 已经处在成熟期，在显示领域处于支配地位，而 OLED 正处在成长期。到 2025 年前后，随着柔性 OLED 技术市场化，预计 LCD 市场需求将逐渐减少。与此同时，OLED 将会迎来成熟期，并且逐渐取代 LCD。相对于 OLED，Mini LED 与 Micro LED 被认为是成本更低且更具有优势的一代产品。Micro LED 拥有高亮度、高对比度、超低延迟以及超大的可视角度等与 OLED 一样的优点。并且，Mini LED 与 Micro LED 也被认为是与 OLED 并行的未来的主流显示技术之一，这是由于它采用的是金属半导体，拥有功耗更低、更耐高低温、寿命更长的优点。但当前生产工艺仍未完全成熟，生产成本较高，尚处于成长期，规模化生产仍需再等一段时间。

Micro LED 技术将 LED（发光二极管）背光源进行薄膜化、微小化、阵列化，也称 LED 微缩化和矩阵化技术。这项技术可以让 LED 实现每个像素单独定址，单独驱动发光（自发光），每个 LED 单元小于 50 微米。Micro LED 技术继承了无机 LED 的效率高、亮度高、可靠度高和反应时间极短等特点，同时也兼备自发光无须背光源的特性，不仅体积小、轻薄，还能轻易实现节能的效果。Micro LED 与 Mini LED 本质是一样的，都是基于微小的 LED 晶体颗粒作为像素发光点，但 Micro LED 采用的是 110 微米的 LED 晶体，显示屏可达到 0.05 毫米或者更小尺寸像素颗粒；Mini LED 的尺寸更大，采用数十微米级的 LED 晶体，显示屏像素颗粒在 0.5～1.2 毫米之间。

四、粤港澳大湾区面板产业发展环境

就政策来说，面板产业作为新兴产业，在大湾区得到了各地政府政策上的支持。广州正在打造"新型显示之都"，计划将面板产业打造成为广州市的支柱产业，广州黄埔开发区和增城区目前吸引了鸿海（富士康）超 600 亿元的投资；深圳早在 2006 年就开始实施"聚龙计划"，旨在打造面板显示产业链，目前在深圳市政府的大力支持下，已拥有深天马和深超光电等国内领先的面板制造厂商；惠州、佛山等城市也给予面板产业较大的政策支持，本章第四节将着重分析。

从生产技术层面来看，在 LCD 技术方面，目前 TCL 华星在深圳已投产一条 11 代 LCD 生产线，2021 年将投产第二条 11 代 LCD 生产线，这是国内乃至全球最高世代 LCD 生产线，代表着全球领先的生产技术；在 OLED 技术方面，目前全球范围的 OLED 生产线基本在 6 代及以下，广州已拥有 LGD 8.5 代 OLED 生产线，未来，TCL 华星、深天马等大湾区本土企业将继续在 OLED 技术上发力，尤其是 TCL 华星印刷 OLED 技术，十分值得期待。

从大湾区面板供给层面来看，大湾区内汇集了 TCL 华星、深天马、视源股份、深超光电等多家实力雄厚的头部及准头部面板制造厂商，TCL 华星 LCD 出货量仅次于京东方，位居全球第二，深天马和视源股份等企业均在细分领域有较大的市场占有率，各大厂商也在 OLED 领域发力，大湾区内 OLED 产能有望持续提高。

从面板需求层面来看，大湾区内企业的面板需求旺盛，主要集中在智能手机和电视两个方面。电视面板需求方面，TCL 科技作为全球第三大电视厂商，对电视面板需求较大，可消化 LCD 面板产能；手机面板需求方面，大湾区内有全球前五的手机品牌商华为、OP-PO、vivo，三者合计占全球智能手机市场份额超过 40%，手机端面板需求量大；除此以外，大湾区电子信息产业发达，在笔记本电脑、车载终端等应用方面亦有大量面板需求。

从产业园区和产业集群来看，大湾区面板产业园区发展态势良好，主要以深圳光明科学城和广州经济技术开发区为代表，以上两个园区均入选全国十大新型显示产业园区，园区内面板产业链条发展较完善，汇聚了较多产业上下游重点企业。

第三节　面板产业链 SCP 范式研究

一、面板产业链市场结构分析

由于数据限制，本节先分析全球面板产业链上中下游的市场结构，然后再着重分析大湾区面板企业在产业链上中下游的市场地位。

（一）面板产业链上游市场结构分析

由于面板行业上游原材料供应和设备制造领域存在较高的技术壁垒，导致行业上游集中度较高，且目前日本、韩国以及美国企业基本主导了上游原材料供应。

据表 2－6 统计，在玻璃基板供应方面，主要的厂商包括美国企业康宁，日本企业旭硝子、电气硝子。华泰证券数据显示，2018 年玻璃基板市占率前三名合计达到 87%，我国玻璃基板厂商东旭光电市占率位居全球第四，但市占率仅为 5.8%；少数几家国外厂商也垄断了彩色滤光片、偏光片、液晶材料、驱动 IC 和有机发光材料等原材料供应。群智咨询数据显示，2019 年，全球面板行业产值近 2 000 亿美元，我国面板产值在全球占比约为 37%，但上游原材料和上游技术的全球产值占比分别只有 15% 和 6%。

表 2－6　面板产业链上游原材料/技术分类及国内外重点企业

产业链类型	上游原材料/技术	国内外重点企业
LCD	液晶材料	Merck、JNC、诚志股份、和成显示
	ITO 靶材	Mitsui、Nippon、常州苏晶、日立
	偏光片	LGD、日东电工株式会社、三利谱
	玻璃基板	康宁、旭硝子、彩虹显示、东旭光电、南玻集团
	背光模组	HANGSUNG、Hansol、中强光电、辅祥实业
	导电银胶	UNINWELL、日东电工株式会社、冠品化学、道尔科技
	驱动 IC	高通公司、三星、冬至、英伟达、德州仪器
	特殊液体	TOK、江化微
	光刻胶	TOK、LGD、奇美材料

（续上表）

产业链类型	上游原材料/技术		国内外重点企业
OLED	制造设备	显影/刻蚀	尼康、阿斯麦尔、东京电子、深圳日立高新
		镀膜/封装	深天马、国星光电、成都倍强科技、冬季电子
		检查/测试	岛津公司、Mcscience、泰瑞达、智云股份
	材料制造	ITO 玻璃	南玻集团、康宁、欧菲光、冠华股份
		有机材料	杜邦、三星电子、三菱化学、三友化工
		偏光板	住友化学、LG 化学、奇美
		封装胶	3M、杜邦、住友化学、旭硝子
	组装零件	驱动 IC	高通公司、松下电器、冬至、英伟达
		电路板	住友电工、三星电子
		被动元件	村田、TDK 株式会社

资料来源：根据公开资料整理。

（二）面板产业链中游市场结构分析

全球面板产业链中游市场基本被中日韩企业垄断，三国面板产能在全球占比超 90%。图 2-6 Omida 数据显示，目前 TFT-LCD 领域全球市场份额最大的六家厂商分别为京东方、TCL 华星、LGD、群创、友达和三星显示（三星子公司）。近两年面板行业并购整合频繁，随着韩国厂商关厂或被收购，如三星显示及 LGD 逐步清退 LCD 产能，TCL 华星收购三星苏州 LCD 产线，中国大陆面板厂商有望进一步提高市场份额。随着京东方和 TCL 华星两家龙头厂商市场份额的提升（Omida 预计，2021 年两家厂商产能面积合计市场份额将达到 39.7%，2023 年将达到 43%），头部厂商对下游客户和上游供应商的议价能力均有望明显提升，同时规模效应将进一步显现，头部厂商的整体盈利能力有望增强。

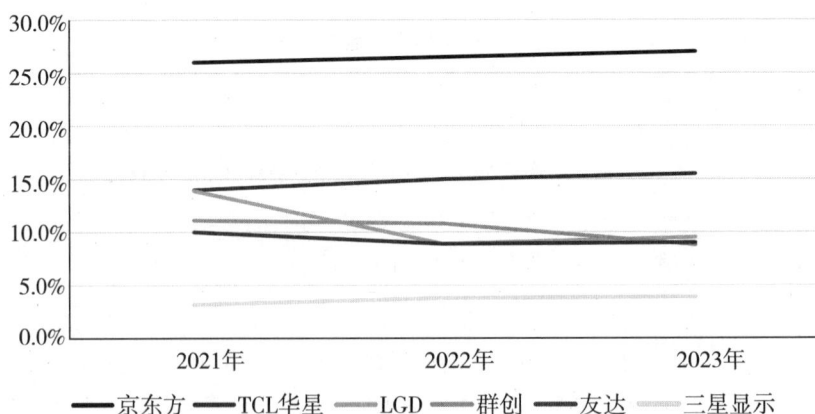

图 2-6　2021—2023 年全球 TFT-LCD 市占率趋势

资料来源：Omida、招商银行研究院。

在 OLED 领域，图 2 - 7 群智咨询数据显示，2020 年第三季度，全球 OLED 智能手机面板市场出货量前五名分别是三星显示、京东方、LGD、维信诺、和辉光电，出货量占比分别为 72.60%、9.70%、6.10%、5.80%、3.30%。虽然中国大陆企业在小尺寸 OLED 领域的市场份额合计只有 20%，但近年来快速扩张，预计将会对韩国巨头三星、LGD 发起更大的冲击。

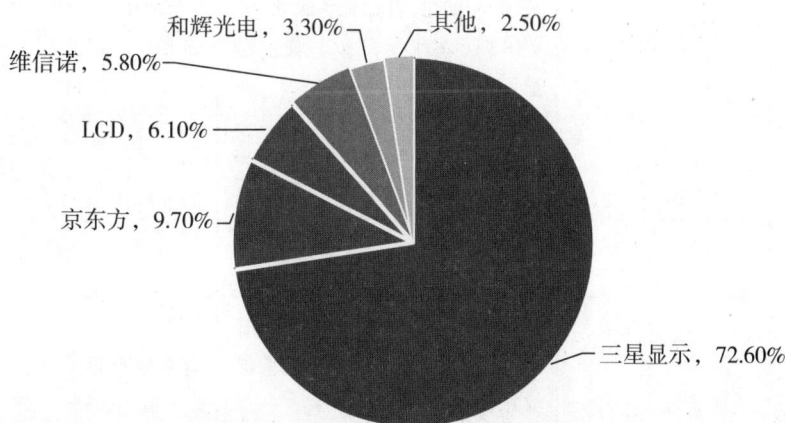

图 2 - 7 2020 年第三季度全球智能手机 OLED 出货量市场结构

资料来源：群智咨询。

表 2 - 7 展示了全球主要面板企业的业务范围及市场地位。作为大湾区核心面板企业，TCL 华星大尺寸 TFT - LCD 位列全球第三，液晶电视面板居全球第二，小尺寸面板居全球第四，LTPS-LCD 位列全球第二；深天马虽然没有生产电视面板，但车载前装显示居全球第二，LTPS-LCD 位列全球第一。

表 2 - 7 全球主要面板企业业务地位（截至 2019 年底）

国家/地区	企业	大中尺寸	小尺寸（主要是手机）
中国大陆	京东方（北京）	按出货面积，大尺寸 TFT - LCD 全球第一，其中电视、显示器、笔记本电脑面板均为全球第一	小尺寸面板全球第一；OLED 全球第二；LTPS - LCD 全球第三
	TCL 华星（惠州）	大尺寸 TFT - LCD 全球第三；液晶电视面板全球第二	小尺寸面板全球第四；LTPS - LCD 全球第二
	深天马（深圳）	无电视面板，车载前装显示面板全球第二	小尺寸面板全球第三；LTPS - LCD 全球第一

（续上表）

国家/地区	企业	大中尺寸	小尺寸（主要是手机）
韩国	三星	大尺寸 TFT－LCD 全球第四；QD－LCD（量子点电视）全球第一	小尺寸面板全球第二；OLED 全球第一
	LGD	大尺寸 TFT－LCD 全球第五；WOLED 全球第一；车载前装显示面板全球第一	OLED 全球第三
中国台湾	群创	大尺寸 TFT－LCD 全球第二；液晶电视面板全球第三；笔记本电脑面板全球第三；车载前装显示面板全球第四	有部分产能
	友达	笔记本电脑面板全球第二；显示器面板全球第三；车载前装显示面板全球第三	有部分产能

资料来源：群智咨询、Omida、萝卜投研、招商银行研究院。

（三）面板产业链下游市场结构分析

面板产业链下游以终端应用为主，主要是智能手机、电视、笔记本电脑、穿戴设备等，表2－8展示了各终端应用领域的主要厂商。从最重要的智能手机和电视两大市场来看，三星都占据着极高的市场份额，分别以22.70%和22.88%的比例位居全球第一。

表2－8　面板产业链下游终端产品分类及国内外企业

应用领域	主导厂商
智能手机	苹果、三星、华为、小米、OV
电视	LG、三星、海信、TCL
笔记本电脑/平板	苹果、联想、宏碁、戴尔
穿戴设备	苹果、小米、三星、华为
数码相机	佳能、尼康、索尼、莱卡
车载显示	索尼、京东方、LG、立信光电

资料来源：根据公开资料整理。

在智能手机终端，三星、华为、小米、苹果占据了全球50%以上的市场份额，根据2020年第三季度数据，三星手机出货量市场份额为22.70%，居全球首位，其次为华为，占比14.70%，小米和苹果出货量市场份额分别为13.10%、11.80%。在电视终端，根据

Trend Force 的统计数据，2020 年第三季度全球电视销量的前五名分别是三星、LG、TCL、海信、小米，分别占全球市场份额的 22.88%、12.80%、11.89%、8.87%、5.45%。

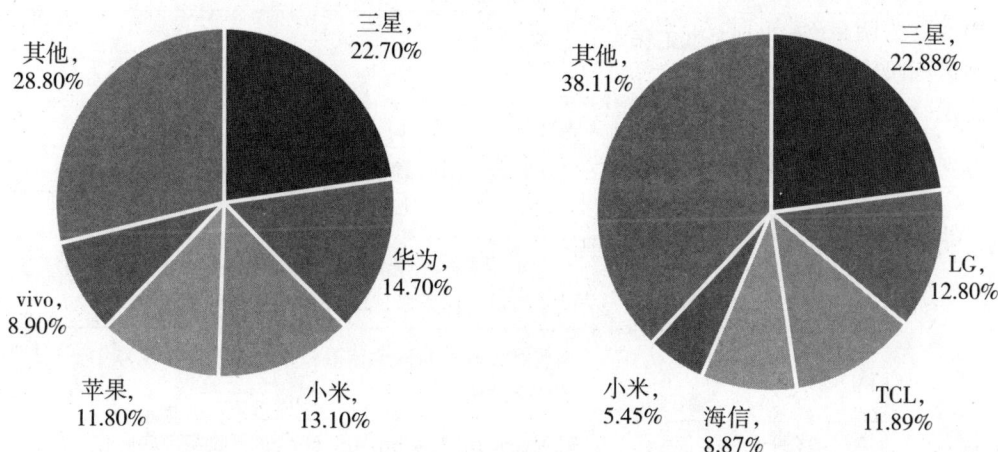

图 2-8　2020 年第三季度全球智能手机市场份额构成（左）
和 2020 年第三季度全球电视市场份额构成（右）

资料来源：Trend Force。

（四）粤港澳大湾区面板产业市场结构总结

根据以上分析，粤港澳大湾区在面板产业链中下游拥有多家核心企业，但在产业链上游缺乏核心企业。具体来说，在产业链中游，不论是 LCD 领域还是 OLED 领域，大湾区都有相关领域的重点企业。LCD 领域，TCL 华星目前在深圳已投产 11 代生产线，在惠州即将建成 11 代生产线，除本土企业建立先进的生产线外，外资也在大湾区投资建厂，如鸿海（富士康）在广州建成 10.5 代生产线。OLED 领域，TCL 华星正在印刷 OLED 领域发力，产能正在逐渐爬坡中，深天马聚焦车载 OLED 生产，在车载显示领域拥有较大话语权。

在产业链下游，大湾区汇聚了华为、OPPO、vivo、TCL、康佳、创维等品牌厂商，在相关领域均有较高市占率，尤其是智能手机厂商，在国际上处于第一梯队。

产业链上游主要由国外厂商占据，国内厂商话语权较小，大湾区内尚未建立处于国际领先地位的企业。目前，大湾区内集聚了少部分上游企业，如生产偏光片的三利谱和日东光学，生产玻璃基板的旭硝子（日企），驱动 IC 厂商晶门科技（深圳）等。总的来说，产业链上游仍有待完善。

表 2-9 展示了大湾区面板产业上中下游各环节重点企业及其相应的市场地位。

表2-9   大湾区面板产业链重点企业一览表（截至2020年底）

产业链环节	企业名称	主营业务及市场地位
上游	旭硝子（日企）	玻璃基板业务居全球第二
	日东光学（日东电工株式会社子公司）	偏光片
	三利谱	偏光片，国内领先
	凯盛科技	玻璃基板，国内第三
	晶门科技	驱动IC
中游	TCL华星	大尺寸TFT-LCD全球第三；液晶电视面板全球第二；小尺寸面板全球第四；LTPS-LCD全球第二
	深天马	车载前装显示面板全球第二；小尺寸面板全球第三；LTPS-LCD全球第一
	视源股份	销售规模在国内处于第二梯队，营收突破300亿元
下游	华为	智能手机业务居全球第二，市占率14.70%（2020年Q3）
	OPPO、vivo	智能手机业务分别位列全球第五、第六（2020年Q3）
	TCL	电视出货量全球第三
	创维	电视销量居全国前列

资料来源：根据公开资料整理。

二、面板产业链市场行为分析

下面以大湾区内面板企业——TCL华星为代表，详细分析TCL华星的市场行为，主要包括收并购、横向产能扩张和纵向扩张三个方面。同时，也选取了国内外头部面板企业做了相关对比分析。

（一）收并购

在面板行业，各大厂商通过不断地投资新生产线、收购其他厂商生产线来增加产能，从而达到增加市场份额的目的。下文就我国两大面板巨头——TCL华星和京东方2020年的收并购行为做简要分析。

TCL华星于2020年8月份发布公告拟收购三星苏州生产线，若TCL华星成功收购三星苏州，其有望获得更多的供货订单，同时能在下游提高客户议价能力。对于TCL华星来说，通过与三星进行股权交换合作可以将原属三星SDC的LCD订单需求转移至自己身上，尤其是55寸及以上的大尺寸面板订单。随着三星SDC退出LCD产能，三星LCD产能需求可能将部分转移到TCL华星，这可以保障TCL华星拥有充足的订单量。与此同时，三星与TCL华星还可以发挥供应链协同效应，供应商与客户的组合可以加强供应能力、议价能力和业务关系。此外，在面板终端应用方面，三星在电视、手机、笔记本电脑等产品上具有品牌优势，TCL 华星可以通过优化结构给三星的产品出货，提高与三星的黏性。除了拟收购三星苏州外，TCL 华星在 2020 年还有多个项目拟收购或已达成协议，如表 2 - 10 所示。

表 2 - 10　TCL 华星 2020 年度收购计划

日期	收购计划
2020 年 5 月 28 日	拟收购武汉产投 39.95% 少数股权
2020 年 6 月 20 日	投资 JOLED 公司 300 亿日元，并与其达成技术合作
2020 年 6 月 24 日	拟收购中电熊猫两条高世代 LCD 面板生产线

资料来源：根据 TCL 官网整理。

作为 TCL 华星国内最大的竞争对手，京东方在收并购这条路上一直在与其竞争。京东方和 TCL 华星就中电熊猫两条高世代生产线都表现出了积极的收购意愿，最终京东方胜过 TCL 华星，成功夺得中电熊猫两条高世代生产线的大部分股权。京东方获得南京中电熊猫约 81% 的股权，成都中电熊猫则计划以非公开协议转让的方式将公司 51% 的股权转给京东方。根据中瑞世联出具的评估报告，此次收购案中所涉及的中电熊猫南京 8.5 代生产线和成都 8.5 代生产线资产估计总值分别为 68 亿元和 121 亿元，挂牌转让的股份比例分别为 80.83% 和 51%，预计成交总金额为 121 亿元。

（二）横向产能扩张

在最新一轮的液晶周期，新增投资导致面板产能急剧增加，面板行业的利润被产业链上游和下游企业挤压，在位企业如三星逐渐减少产能，同时中国大陆厂商则通过扩张产能抢夺市场份额。表 2 - 11 展示了 2017 年以来全球重要企业面板产能退出和新增情况，从中可以看出，三星逐渐退出 LCD 市场，转型做 OLED，中国大陆厂商在扩张 LCD 产能的同时也在增加 OLED 产能。TCL 华星在深圳的一条 11 代 LCD 生产线产能正在爬坡中，另外最新一条 11 代生产线计划将于 2021 年投产，设计产能均为每月 90 000 片。

表 2 - 11　2017 年以来全球高世代产能增加及退出情况

年份	产能情况
	增加
2017 年	京东方福州 8.5 代生产线和惠科重庆 8.6 代生产线
2018 年	京东方合肥 10.5 代生产线、中电集团咸阳和成都两条 8.6 代生产线
2019 年	TCL 华星 11 代生产线、惠科滁州 8.6 代生产线、鸿海 10.5 代生产线（2019 年已投产，拟转让）
2020 年	惠科绵阳、滁州、长沙 8.6 代生产线，京东方 B9、B17 两条 10.5 代生产线，TCL 华星深圳两条 11 代生产线

（续上表）

年份	产能情况
	减少
2019 年	三星：4 月份开始缩减 L8 - 1 的产能，2019 年下半年将结束 LCD 面板的生产，转型 QD - OLED 面板生产
	LGD：计划未来将部分 LCD 生产线改成 OLED 生产线
2020 年	三星：于 2020 年第二季度关停汤井 7 代线（L7 - 2）、汤井 8.5 代生产线（L8 - 2）
	LGD：分别于 2020 年第一、第二季度关停坡州 7.5 生产代、8.5 生产代线

资料来源：根据招商银行研究院和公开资料整理。

根据招商银行研究院的预测，韩国企业 2021 年全面退出 LCD 生产后，TCL 华星和京东方等中国大陆企业面板市场份额将会超过 50%，国内面板行业双寡头（京东方与 TCL 华星）格局稳固，二者市场份额进一步扩大。行业集中度的提高有望为头部企业带来更多的利润。一方面，市场份额上升可以提高企业的销售量，提高企业销售收入；另一方面，原本处在"微笑曲线"最底端的中游面板制造企业上下游的议价能力都将得到提高，将拥有更高的附加价值，企业利润率有望上升。

（三）纵向扩张

产业链上下游的纵向扩张也是面板厂商为降低成本、提高利润率采取的措施之一。TCL 华星通过战略入股 JOLED，从而打通印刷 OLED 上下游产业链环节，同时获得生产 OLED 面板的核心竞争优势。TCL 华星为完善在印刷 OLED 产业链各环节的生态建设，主导未来技术发展方向，将与 JOLED 联合研发、开展专利合作，从材料、设备、工艺、产品等产业链全环节加速推进印刷 OLED 实现工业化量产。

什么是印刷 OLED 技术？目前 OLED 领域的主流技术是蒸镀技术，印刷 OLED 是相对该技术提出的新技术。蒸镀式 OLED 的原理是在真空中通过电流加热、电子束轰击加热以及激光加热等方法，使被蒸材料蒸发成原子或分子，随即它们可以以较大的自由程做直线运动，碰撞基片表面而凝结，从而形成薄膜。JOLED 是谁？JOLED 是全球第一家生产喷墨印刷 OLED 面板的厂商，于 2019 年 11 月投产全球第一条喷墨印刷 OLED 生产线，该生产线为 5.5 代，目前已经在运营，JOLED 在印刷 OLED 领域处于行业领先水平。

据悉，TCL 华星与 JOLED 为研发出特定规格的刚性及柔性大尺寸 OLED 产品，同时推动刚性和柔性大尺寸产品量产，双方将发挥各自在氧化物半导体、印刷 OLED 器件、打印工艺、墨水材料、IR - Drop、柔性及补偿等方面的技术优势；同时，在知识产权方面，双方也将建立深度专利合作联盟，共同为新技术及新产品的研发与应用建立长期稳定的环境保障。此外，在大尺寸喷墨印刷 OLED 设备的设计开发与制造环节，TCL 华星与 JOLED 将联合产业链上下游其他企业进行合作，共同推动喷墨印刷 OLED 的工业化大规模生产。2020 年 8 月，TCL 华星董事长宣布将于 2021 年在广州投建 8.5 代印刷 OLED 生产线，该生产线建成后将成为全球首条 8.5 代印刷 OLED 生产线。

三、面板产业链市场绩效分析

（一）行业盈利能力分析

按照已上市面板企业 2019 年的营收排名，本书选取了国内营收前六名的面板企业（其中包括三家大湾区面板企业），在绝对量层面对比分析营收，在相对量层面对比分析销售毛利率。这六家企业分别为京东方、TCL 科技、深天马、合力泰、视源股份、彩虹股份，其中大湾区企业为 TCL 科技、深天马和视源股份。

从图 2－9 大湾区三家企业近五年的营收来看，深天马和视源股份均保持稳定增长，TCL 科技营收在 2019 年出现较大下滑，主要是由于 TCL 科技将家电业务剥离所致。从总量上来看，TCL 科技营收占据绝对领先地位，2019 年营收接近 800 亿元，深天马 2019 年营收 300 亿元，视源股份 2019 年营收近 200 亿元。

单位：亿元

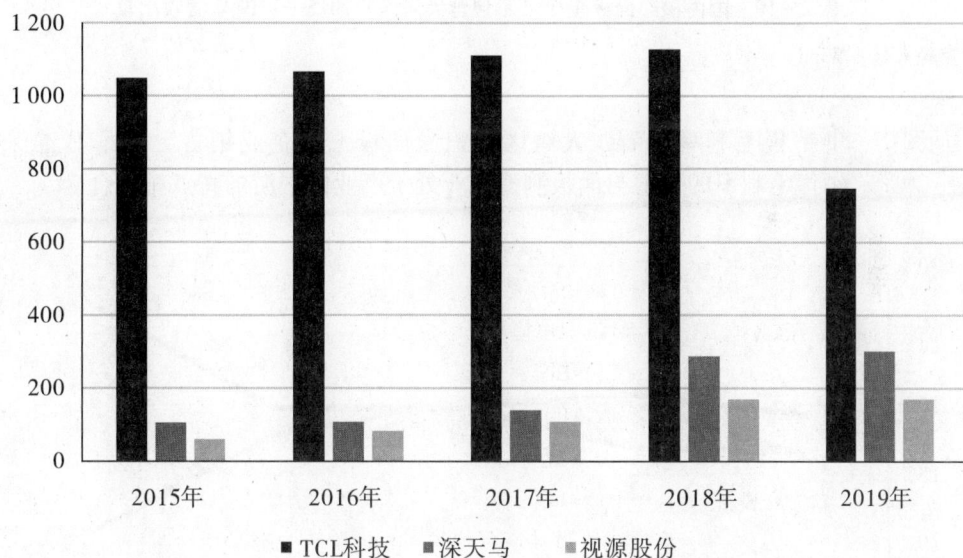

图 2－9　大湾区三家头部上市面板企业 2015—2019 年营收比较

资料来源：Wind。

另外三家国内核心面板企业营收情况如图 2－10 所示，京东方营收由 2015 年的 486 亿元增长至 2019 年的 1 151 亿元，在国内处于绝对领先位置，2019 年营收比大湾区最大面板厂商 TCL 科技多出超 400 亿元。2019 年合力泰营收近 200 亿元。彩虹股份营收增长最快，由 2015 年的 2.45 亿元增长至 2019 年的 58 亿元。综合看六家上市面板企业，头部效应显著，京东方和 TCL 科技处于第一梯队，营收远超第二梯队，第二梯队则由深天马、视源股份和合力泰组成，营收在 150 亿～300 亿元。

单位：亿元

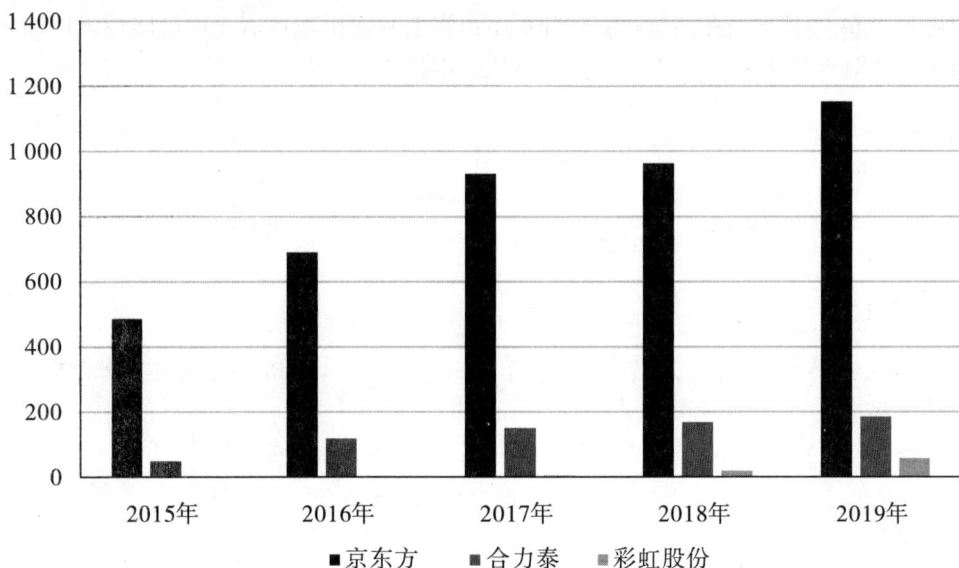

图 2 - 10　国内核心面板企业（不包含大湾区）2015—2019 年营收比较

资料来源：Wind。

从图 2 - 11 销售毛利率来看，大湾区内三家面板上市企业销售毛利率基本保持在 15% ~ 20%，销售毛利率的数值与面板制造产业处于产业链中游的特点相符合。

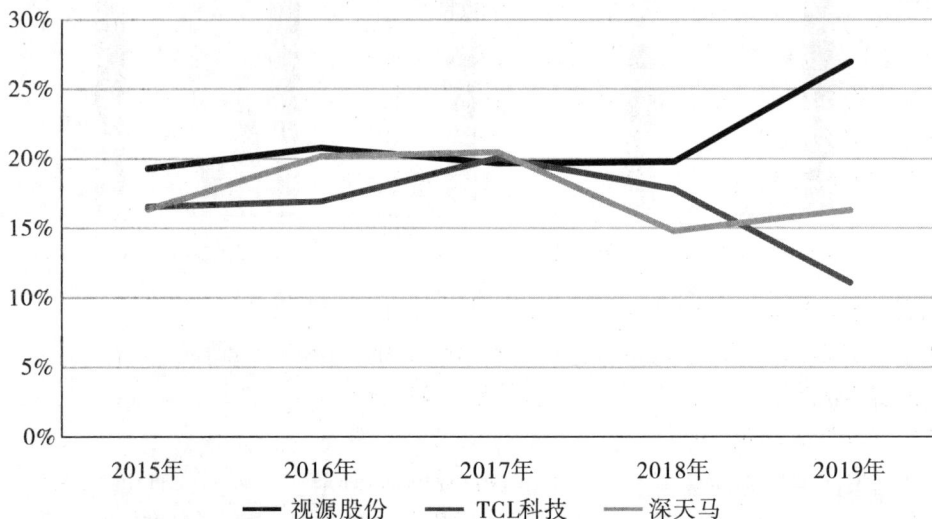

图 2 - 11　大湾区三家头部上市面板企业 2015—2019 年销售毛利率比较

资料来源：Wind。

由图 2 – 12 的比较，可见京东方与合力泰销售毛利率也基本保持在 20% 左右，京东方销售毛利率略高于合力泰，彩虹股份近几年销售毛利率出现负值，这可能与该厂商仍在扩张有关，投资前期有较大的成本支出，导致收不抵支。

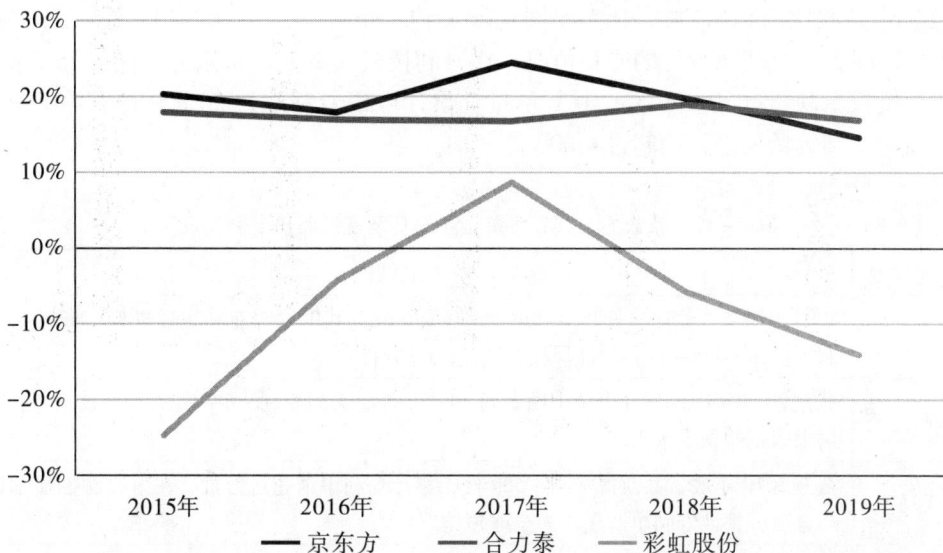

图 2 – 12　国内核心面板企业（不包含大湾区）2015—2019 年销售毛利率比较

资料来源：Wind。

值得注意的是，重资产属性是面板行业的特征之一，再加上面板行业存在泛摩尔定律（该定律由京东方董事长王东升提出，因此又被称为王氏定理，具体内容为：每经过三年，由于市场产能提升和技术进步，标准显示器件价格将下降 50%，如果保持显示器件价格和销量不变，那么产品性能需要提升一倍及以上，有效技术的保有量需要提升两倍及以上）。正因为重资产属性和泛摩尔定律的存在，造成面板企业出现利润率低、商业模式差的现象。一方面，对于新进入者而言，需要通过举债进行新技术投资；另一方面，进入者在前期资本支出阶段通常难以获得新的资本支出的回报。因此，这导致进入者的利润表以及现金流量表都表现较差，也就造成了对面板企业"利润率低""商业模式差"的印象。但随着资本支出"军备竞赛"的持续，世代线不断更新升级，资本支出越投越多，导致后进入者的进入成本激增，与此同时，新工艺的技术升级速度变缓，因此当行业发展到一定阶段，竞争格局保持稳定，早期通过大量资本支出拥有高世代生产线的龙头企业相比于潜在的竞争对手，更具有竞争优势。从以上六家企业的对比分析也可以看出，作为面板行业头部企业的京东方和 TCL 科技具有显著的规模优势，盈利能力相对更强。

（二）技术创新

面板行业虽然处于产业链中游，但面板厂商通过科研投入获得产品制造方面的核心技术，从而在相关领域获得核心竞争力。接下来通过分析大湾区内三家公司——TCL 科技、深天马和视源股份拥有的专利数量来判断其创新能力，同时，选取京东方申请专利数作为对比。

根据上市公司年报数据，京东方、TCL 科技等企业的研发投入近几年均保持增长，研发投入总额方面，京东方和 TCL 科技已经处于国际领先地位。在研发投入方面，京东方 2019 年全年研发投入近 90 亿元，占营收比例约为 7.5%；TCL 科技 2019 年研发投入超过 50 亿元，占营收比例约为 7%，比上年同比增长约 2 个百分点。表 2 - 12 展示了京东方、TCL 华星、深天马及视源股份的专利情况，在专利授权数量上，京东方在国内处于领先地位，累计授权专利超过 30 000 件；TCL 华星，累计申请专利超过 20 000 件；深天马和视源股份授权专利数量相当，均超过 4 000 件。

表 2 - 12　京东方、TCL 华星、深天马及视源股份专利情况

企业	专利情况
京东方	2020 上半年，京东方新增专利申请量 4 876 件，其中发明专利超过 90%。累计自主专利申请超 60 000 件，累计授权专利超 30 000 件
TCL 华星	截至 2018 年底，累计申请中国专利 14 372 件、美国专利 7 684 件，核心技术专利能力居中国企业领先水平
深天马	截至 2019 年底，共获得专利 4 529 件，累计专利申请超过万件，在内嵌触控显示领域与全面屏领域专利申请量均为全球领先
视源股份	截至 2019 年底，在全球拥有授权专利超过 4 000 件，是广州市拥有专利最多的企业之一

资料来源：根据上市公司年报和公开资料整理。

第四节　面板产业集群研究

一、我国面板产业集群发展概况

（一）我国面板产业集群与产业园发展现状

在产业集群方面，我国已经形成四大面板产业集群，分别是以北京为核心的环渤海地区，以合肥、上海、南京和昆山为代表的长三角地区，以深圳、广州为代表的珠三角地区，以重庆、成都、武汉为代表的中西部地区。

长三角面板产业集群以跨国企业和台资企业为主，主要包括日企夏普、索尼，韩企三星以及台资奇美等，也有中国大陆企业参与其中，如龙腾光电、海信电器、彩虹股份等。珠三角面板产业链发展相对完善：产业链下游，终端产品主要厂商以手机、平板电脑等对中小尺寸面板有较大需求的企业为主；产业链中游，则有 TCL 华星、深天马等大型厂商；产业链上游，有同兴达、三利谱等企业。环渤海地区以京东方、维信诺等企业为代表。中西部地区有多家中国厂商和外资厂商建立生产线。

赛迪顾问通过建立评价体系，评选出全国十大面板产业园区（见表2-13），该评价体系包括产业竞争力、配套竞争力、园区竞争力等3个一级指标体系，以及辐射形成的18个二级指标。其中深圳光明科学城排名第一，其次为合肥新站高新技术产业开发区，广州经济技术开发区排名第三。

表2-13 全国十大面板产业园区

排名	园区名称	园区所在地
1	深圳光明科学城	深圳市
2	合肥新站高新技术产业开发区	合肥市
3	广州经济技术开发区	广州市
4	武汉东湖新技术开发区	武汉市
5	北京经济技术开发区	北京市
6	厦门火炬高新技术产业开发区	厦门市
7	成都高新技术产业开发区	成都市
8	昆山经济技术开发区	昆山市
9	南京经济技术开发区	南京市
10	张江高新技术产业开发区	上海市

资料来源：赛迪顾问。

从省（市）分布来看，入围全国十大园区最多的省份是广东省和江苏省，均有两个园区入选，北京市、上海市、安徽省、湖北省、福建省、四川省分别有一个园区入围。这些地区面板产业普遍起步较早，大都拥有两条及以上的面板生产线，集聚了众多产业链上下游企业，是国内面板产能的主要集聚区。

（二）我国面板产业集群空间布局

珠三角地区是中国面板厂商重点布局的区域之一，LCD生产线共有8条，且大部分生产线为高世代生产线，该地区面板产业在全国处于领先地位，TCL华星、深天马等企业是全国乃至全球著名的面板厂商。此外，亦有国内厂商和国外厂商在珠三角地区设立了OLED生产线，如LGD在广州新建了8.5代OLED生产线，珠三角地区将成为全球OLED生产的主要区域之一。环渤海地区拥有我国面板龙头企业——京东方，维信诺在河北省廊坊市布局了一条6代OLED生产线。在以上海、昆山、南京、合肥为代表的长三角地区，吸引了维信诺、龙腾光电、和辉光电这些实力不俗的面板厂商，和辉光电正积极在长三角地区布局OLED生产线；安徽省虽然没有本土品牌面板厂商，但是其良好的政策环境吸引了国内外厂商在此布局生产线，安徽省共有8条LCD生产线，此外，维信诺在安徽的AMOLED生产线也于2020年底投产。以武汉、成都为代表的中西部地区吸引了众多面板厂商布局生产线。武汉作为湖北省的省会，交通便利，京东方、TCL华星、深天马均在武汉设立了LCD生产线，深天马和TCL华星也在武汉布局了第6代OLED生产线。京东方在成都和重庆均设立了第6代OLED生产线。

我国 LCD 生产线分布情况及 OLED 主要产业集群见图 2 – 13、表 2 – 14。

单位：条

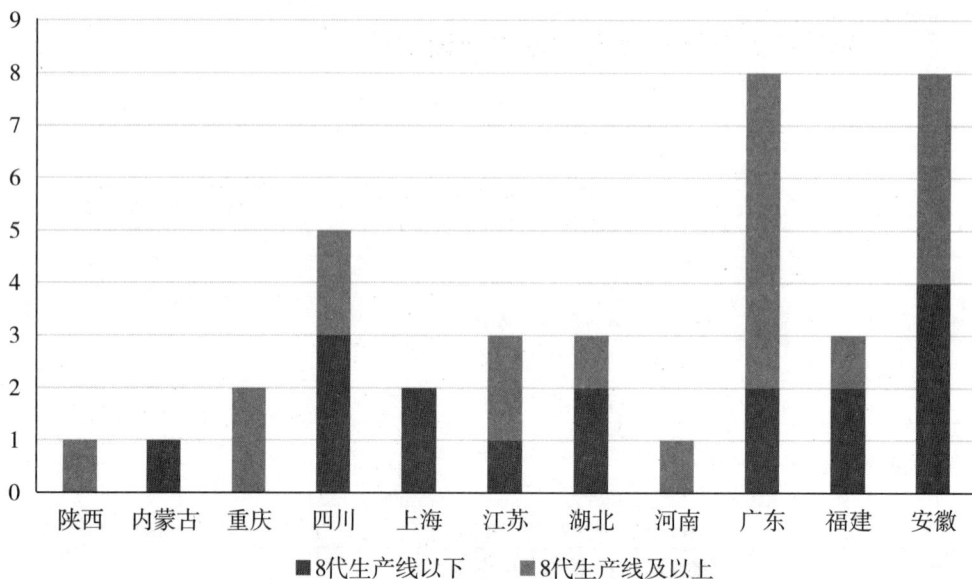

图 2 – 13　我国 LCD 生产线分布图（截至 2019 年底）

资料来源：粤开证券研究所。

表 2 – 14　我国 OLED 主要产业集群（截至 2020 年底）

城市	布局厂商及生产线	投产时间（含计划）
广州	LGD 8.5 代	2019 年第四季度
广州	维信诺 6 代	2021 年初
深圳	柔宇科技 5.5 代	2018 年第二季度
昆山	AUO 6 代	—
昆山	维信诺 5.5 代（2 条）	2015 年第二季度；2017 年第三季度
成都	京东方 6 代	2017 年第三季度
重庆	京东方 6 代	2021 年第二季度
绵阳	京东方 6 代	2019 年第二季度
福州	京东方 6 代	2021 年第四季度
武汉	COST 6 代	2019 年第二季度
武汉	深天马 6 代	2021 年第三季度
上海	深天马 5.5 代	2016 年第四季度
上海	和辉光电 6 代	2018 年第四季度
合肥	维信诺 6 代	2021 年第四季度

资料来源：根据公开资料整理。

二、粤港澳大湾区面板产业集群发展概况

（一）粤港澳大湾区面板产业集群建设现状

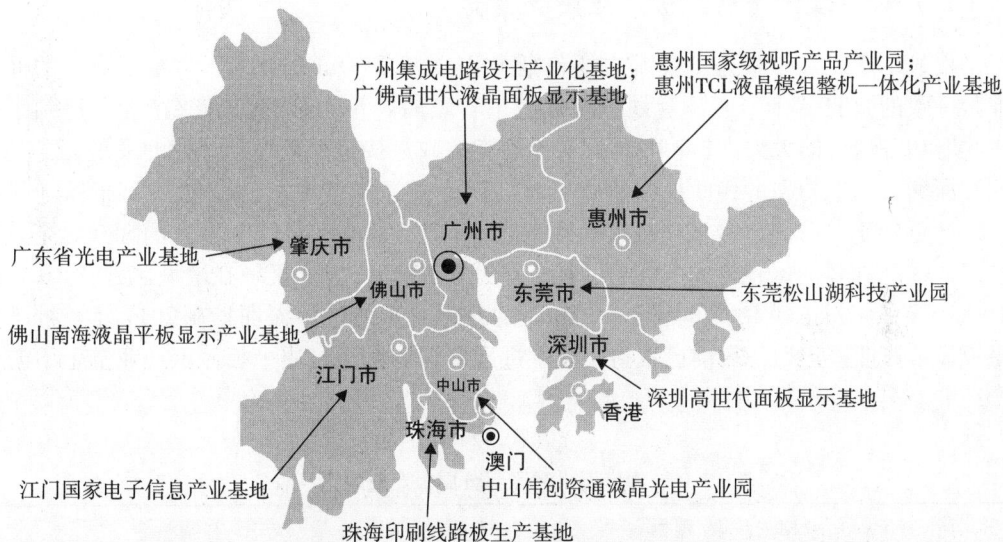

图 2 – 14 粤港澳大湾区面板产业集群图

资料来源：根据公开信息整理绘制。

粤港澳大湾区作为我国重要的面板产业生产基地，大湾区内各城市在面板产业链条建设中均发挥着重要的作用。目前，大湾区面板产业中液晶模组生产主要集中在佛山、广州、惠州等地，高世代 TFT – LCD 面板生产线集中在深圳、广州等地；OLED 生产多集中在广州、佛山等地；玻璃基板生产主要集中在深圳、佛山等地；彩色滤光片、背光模组、偏光片、ITO 透明镀膜导电玻璃等 TFT – LCD 面板配套器件生产大多在深圳；香港作为全球金融中心，在为内地面板企业提供融资层面发挥了重要作用，大湾区面板企业可以通过香港融汇到全球资金。此外，香港还是全球重要的贸易中心，拥有良好的深水港，汇集了大量的跨国贸易企业，这为大湾区面板产品"走出去"提供了便捷的渠道。

粤港澳大湾区面板产业集群如图 2 – 14 所示，广州市建有广佛高世代液晶面板显示基地，目前在广州经济技术开发区，LGD 已投产 8.5 代 OLED 生产线，该 OLED 技术在全球处于领先地位；深圳众多企业覆盖面板全产业链核心生产环节，建有高世代面板显示基地；在佛山南海光电产业新型工业化产业示范基地内，规模最大的企业是奇海电子，拥有员工 17 000 余人，奇海电子以推动全球液晶电视、液晶显示器普及化为目标；东莞松山湖科技产业园入驻了华为、大疆、汉森、生益科技等科技型企业，这些高科技企业对面板下游终端有较大需求量；肇庆市把发展光电产业作为推进肇庆产业结构优化升级的一项重大战略举措，积极扶持和引进光电产业做大做强，全市拥有风华高科、中导光电等 20 多家

光电设备及器材生产企业；惠州作为 TCL 总部所在地，目前 TCL 华星二期液晶面板年产量将达 6 000 万片；中山市拥有伟创资通液晶光电产业园，截至 2018 年，该园区员工总人数超过 20 000 人，园区以云存储设备、液晶显示器等为主要生产产品；江门市在 2018—2035 年规划中，重点发展半导体、光电产业；珠海市则主要在面板产业链上游发力，主要生产玻璃基板等上游原材料。

（二）粤港澳大湾区面板产业集群建设

平板显示产业（平板显示技术主要包括 LCD 技术和 OLED 技术，与本章提到的面板产业是一致的）自"十二五"规划中就被广东省政府定位为战略性新兴产业，得到了广东省政府和各地市的大力支持，各地都有出台相关政策扶持平板显示产业的发展，尤其是广州和深圳，两地的高世代面板线形成了大湾区平板显示产业的"双驼峰"布局（见表 2-15）。近年来，广州出台多项政策支持新型显示产业发展，吸引了多家国际知名企业入驻广州，LGD 在黄埔区建立 8.5 代 OLED 生产线，鸿海（富士康）在增城区建立 10.5 代 LCD 生产线，广州正朝着"世界显示之都"的目标大步前进。深圳早在 2011 年就推动完善平板显示产业链建设，目前已取得实质性进展，深圳已经打通平板显示产业链上下游各生产环节。

表 2-15   粤港澳大湾区部分面板产业政策/项目

年份	相关政策/项目	关键内容
2020	《广州市新型显示产业全产业链发展行动计划（2020—2025）（征求意见稿）》	加快建设世界级超高清视频产业集群和"世界显示之都"
2018	《广州市加快超高清视频产业发展的行动计划（2018—2020 年）》	计划建成"世界显示之都"
2017	《广东省人民政府办公厅关于印发开展新数字家庭行动推动 4K 电视网络应用与产业发展若干扶持政策（2017—2020 年）的通知》	带动广东省电子信息产业优化升级
2016	《广州开发区 黄埔区产业发展"十三五"专项规划（2016—2020 年）》	将新型显示和数字视听产业作为黄埔区重点发展的两大产业
2011	《深圳市完善平板显示产业链实施方案（2011—2013 年）》	促进深圳市平板显示产业持续健康发展，推动电子信息产业结构优化升级
2010	《佛山市新型显示器件产业发展规划（2010—2015 年）》	推动新型显示器件产业发展
2006	深圳市"聚龙计划"	投资 971 亿元打造和完善新型平板显示产业链

资料来源：根据公开资料整理。

2020 年以来，又有多个项目落地大湾区或正在积极筹备中，具体来说，TCL 华星 T7 高世代 LCD 生产线于 2020 年 9 月正式亮相，计划于 2021 年初投产，该项目将形成产值近千亿元的半导体面板产业集群，投产后将弥补中国大陆在 8K 超高清领域的空缺；2020 年 12 月，鸿利 Mini/Micro LED 半导体显示项目一期在广州正式投产；2020 年 12 月，为弥补大湾区在上游玻璃基板制造上的不足，TCL 华星联合旭硝子计划投资 48.7 亿元，建设第 11 代玻璃基板生产基地；广州市发改委在 2020 年 7 月曾披露，TCL 华星印刷及可卷绕显示研发基地将落户广州，该项目总投资 460 亿元。

三、粤港澳大湾区重点城市面板产业集群分析

（一）广州

广州正在打造"世界显示之都"。新型显示产业是广州市重点打造的产业之一，广州市政府将新型显示产业定位为支撑广州新一代信息技术产业发展的战略性和先导性产业。2020 年广州市政府出台的《广州市新型显示产业全产业链发展行动计划（2020—2025）（征求意见稿）》更是彰显了广州市打造"世界显示之都"的决心。

当前广州市面板企业主要集中在黄埔开发区和增城区，形成广州面板产业集聚的双核。在黄埔开发区，LGD 布局了 8.5 代 OLED 生产线，该生产线已于 2019 年底投产；在增城区，鸿海（富士康）于 2017 年投资 610 亿元建设 10.5 代 LCD 生产线，并于 2019 年第三季度投产，维信诺于 2019 年建设 AMOLED 生产线，于 2020 年底建成并开始生产产品。

黄埔开发区是广州地区规模最大的面板产能区，当地政府正致力将黄埔开发区打造成全国最大的面板产业基地。黄埔开发区是广州 IAB 主导产业（指的是新一代信息技术产业、人工智能产业和生物医药产业）发展的"主战场"，新一代信息技术产业产值占全市总产值的比率达到 80%。黄埔开发区已经汇聚了一部分全球面板龙头企业，如乐金显示（LGD 子公司）、电气硝子等。同时，产业链上下游有大量的设备、原材料、零部件、面板制造和终端应用企业逐步落户黄埔区，产业链上下游协同发展的面板产业在黄埔开发区不断发展壮大，广州黄埔开发区正成长为国内生产规模最大、技术最先进、产出效益最高的液晶面板基地之一。

作为广东省重要的先进制造业基地，增城区近些年在发展新一代信息技术产业上投入了较大资金，引进维信诺、超视堺（鸿海子公司）、康宁等面板龙头企业，新型显示产业链已初现雏形，为广州加快建成具有国际竞争力的"世界显示之都"提供有力支撑。OLED 产业集群方面，维信诺中小尺寸 AMOLED 生产线将于 2021 年初投产，这是广东省第一条全柔 AMOLED 模组生产线，该生产线设计产能约每年 5 000 万片模组，产量达到设计产能后，可充分应对未来高端智能终端产品的庞大需求，带动百亿级电子信息产业发展。LCD 产业集群方面，2017 年，第 10.5 代显示器全生态产业园区建设项目由堺显示器制品株式会社在增城区投资建设，总投资 610 亿元，一期用地 2 156 亩，该项目是自改革开放以来广州单笔投资额最大的先进制造业项目，对广州乃至广东振兴实体经济，加快创新驱动，抢占新一代信息技术产业新高点意义重大。

（二）深圳

自 20 世纪 80 年代以来，深圳市面板产业开始兴起，如今已成长为我国面板产业规模最大的地区之一。深圳面板产业发展具有三大特点：一是 LCD 产业发展规模大、配套较完善，TFT－LCD 产业具有比较好的发展基础；二是面板产业以中小尺寸面板生产为主，大尺寸面板领域已取得突破；三是下游产业实力相对较强，应用终端集聚了大量的品牌厂商。

自 2006 年来，深圳对面板产业加大了支持力度，面板产业逐渐成为深圳市的支柱产业之一。随着 TCL 华星、旭硝子、深超光电、盛波光电等一批项目的建成投产，深圳面板产业发展的基础更加稳固，产业规模不断扩大，使得深圳面板产业在珠三角地区的龙头地位进一步得到巩固。深圳通过资金支撑和政策支持，基本打通了面板产业链的上下游，形成了比较完整的面板产业链条，并形成相关的面板产业集群。

在面板产业链中游，深圳已经取得一定突破。深超光电投产国内首条低温多晶硅 5 代生产线，TCL 华星建成并投产 8.5 代液晶面板生产线；TCL 华星 8.5 代 TFT－LCD 生产线填补了深圳在高世代液晶面板领域的空白，使得深圳面板产业的实力得到极大的提升。中游面板产能的提高直接促进了上游产业的发展，随着旭硝子 8.5 代玻璃基板、广钢林德大宗气体、三利谱偏光片等一批重大项目的落地，深圳面板产业链上游建设也得到迅速发展。目前，深圳已基本形成相对完整的面板产业链，上游企业具备为中游面板制造厂商提供原材料和设备的生产能力和生产技术，下游终端厂商也迅速发展，为中游面板制造带来巨大需求。

（三）惠州

惠州面板产业起步较早且发展迅速，目前面板企业已基本形成集聚效应。惠州仲恺高新区已落地 TCL 华星项目，TCL 华星在惠州计划投资 96 亿元，建成高世代液晶面板生产线，规划占地面积约 51.9 万平方米。项目投产后，将进入产能和生产良率的爬坡阶段，预计到 2021 年项目完成全部建设并实现达产，达产后年产面板 6 000 万片。该项目吸引了旭硝子、江丰电子等面板上下游企业入驻，随着一批显示产业的企业和项目集聚，惠州已形成从基础配件、玻璃基板、面板、模组到整机的液晶电视制造产业集群，这不仅实现了仲恺高新区平板显示产业"基板—面板—模组—整机"的"一条龙"生产，而且推动惠州成为全国配套最齐全的平板显示全产业链区域。

此外，在前沿面板技术方面，惠州吸引了雷曼光电落户，雷曼光电主要攻关 Micro LED 技术，雷曼光电经过多年的运行，已在深圳和惠州形成了成熟的研发和生产体系，Micro LED 技术将 8K 与 5G 结合，未来将有更广阔的应用场景。惠州与广州一起摘得省市共建超高清视频（4K）产业基地的牌匾，这将为惠州打造新型显示产业提供更多机遇。

第五节　面板产业发展对策建议

一、促进产业链项目招引

目前，我国面板产业集群已初具规模，形成了四大产业集群，但目前我国面板产业链上下游发展仍不完善。大湾区虽然已在产业链中下游发展得比较成熟，但产业链上游仍然发展较慢，因此大湾区应当促进产业链上下游项目招引，进一步完善面板产业链。

第一，对引进的新型面板显示产业链项目，集中财政、金融、土地、科技等资源给予重点支持，联动采取"一项目一议"。对于新设立并租赁办公场地用于开展业务的新型显示产业链企业，可根据其租赁办公场地实际租金给予补助。实施重点领域研发计划，对符合条件的项目给予一定的经费支持。

第二，通过鼓励各企事业单位积极举办具有影响力的产业峰会、重大论坛、展览会、创新大赛等活动，吸引具有国际竞争力的企业入驻当地产业园区，并对符合有关条件的企业给予一定的资金支持。

第三，支持各地市联合申报国家新型显示、超高清视频、智能家电世界级先进制造业集群。通过建立具有国际竞争力的产业集群，带动相关产业发展。

二、加强金融保障

面板产业的发展离不开资金的支持，不论是新生产线的建立还是技术的更新，面板产业均需要大量资金投入。大湾区应当在资金层面制定相关政策支持面板产业发展，资金支持可聚焦人才吸引、企业引进和知识产权保护等方面。

第一，地方政府人才办定期修订人才政策，各行业主管部门积极探索加强行业人才培养，鼓励符合条件的新型显示产业人才申请有关高层次人才项目。

第二，设立新型显示产业投资基金，支持符合条件的新型显示产业的相关企业兼并、重组、增资扩产等。对新型显示产业链企业、机构通过商业银行或者融资担保的方式获得的银行贷款，可探索根据本区实际情况予以贷款利息及担保费用补贴。

第三，发挥重点产业知识产权运营基金的作用，把拥有核心知识产权的初创期或成长期企业纳入基金支持范围，支持其知识产权技术及产品的交易运营、股权化和市场化推广应用。

三、强化产业链企业间的协同合作

面板行业是一个高投入、高技术及高风险的行业，在充分竞争的市场下，企业间的技术壁垒高筑，不利于企业间进行技术交流。大湾区应当着力构建官产学研用有机结合、良性互动的机制。

第一，对于共性技术，政府要组织科研力量进行攻关。

第二，对于关键技术、核心技术，可以通过建立联盟，由大湾区内骨干企业带头联合进行技术攻关，而政府通过集中区域内优势资源进行支持。

第三，为防止地区间面板产业出现重复建设、过度竞争的局面，政府应从大局出发协调各地区面板产业发展的平衡问题。

第四，充分放大面板产业链下游的外向型优势。大湾区产业链下游大小厂商数量众多，通过放大面板产业链下游出口，可以有效带动面板产业链上中游企业发展。

四、支持产业链创新发展

面板产业技术更新较快，新技术易取代旧技术，只有不断突破新技术，才能保持核心竞争力。

第一，企业应当提高自身的自主创新能力。目前企业应当突破曲面、折叠、柔性等关键技术，加快量子点、超高清显示、印刷显示、柔性显示等新技术，提前布局激光显示、3D 显示、Micro LED 等新型显示技术，加强 OLED 面板制造创新研发和量产。

第二，大湾区政府应当扶持新型显示优秀专利技术转化实施，对获得专利奖的高价值专利，纳入专利工作发展资金扶持范围，支持该专利技术的产业化和推广应用。

五、实施技术延链行动

5G 是当前世界各国重点攻关的技术方向，未来 5G 在众多领域都大有可为，大湾区面板企业应当抓住这一机遇，在 5G 建设中找准定位，同时与其他技术相结合，延伸技术链条，扩大产品使用场景，如 "5G＋新型平板显示" ＋先进制造、"5G＋新型平板显示" ＋医疗健康、"5G＋新型平板显示" ＋文教娱乐、"5G＋新型平板显示" ＋智能交通、"5G＋新型平板显示" ＋安防监控。

参考文献

［1］赛迪智库新型显示产业形势分析课题组.2021 年中国新型显示产业发展形势展望［N］.中国计算机报，2021－03－29（12）.

［2］欧阳钟灿.中国成全球显示产业变革最强劲力量［N］.中国电子报，2020－12－04（1）.

［3］李淼.聚焦关键核心技术　促进基板玻璃产业规模化发展［N］.中国电子报，2021－01－22（3）.

第三章　粤港澳大湾区智能手机产业分析[*]

第一节　智能手机产业链发展概况

一、智能手机产业链结构

（一）智能手机产业链

智能手机产业链是依据智能手机生产的工序不同而分成不同的部分，各个厂商按照自己的技术水平负责智能手机产业内不同的价值创造，在产业内进行分工合作构成的链条式的相互关联的形态。智能手机产业链角色参与者相当多，环节非常繁杂，如图3-1所示，根据产业链的划分规则将智能手机产业链分为上游、中游、下游产业链。智能手机产业链划分及代表企业如下：

上游产业链包含芯片供应商、操作系统供应商、零部件和元器件供应商。基带的芯片有高通、联发科、华为海思等；系统的芯片有联发科、高通、苹果、华为海思等；操作系统有谷歌的安卓、苹果的IOS等；在存储方面有海力士、美光、三星等；在零部件方面有深天马、京东方、三星等。

中游产业链包含手机品牌商、设计及组装制造企业。手机品牌商：OPPO、华为、小米、vivo、苹果等。ODM（Original Design Manufacture，原始设计制造商）：闻泰、华勤、龙旗等；EMS（Electronic Manufacturing Services，电子制造服务商）以及OEM（Original Equipment Manufacture，贴牌生产或原始设备制造商）：鸿海、伟创力、光弘。

下游产业链包含移动运营商、渠道商等。在移动运营商方面有电信、联通、移动等，在渠道商方面有京东、淘宝等。

---

[*] 本章由暨南大学产业经济研究院冯志豪、周浩执笔。

| 上游 | 操作系统 | 苹果IOS、谷歌安卓 | 芯片 | 苹果、高通、华为海思 |
| | 存储 | 三星、海力士 | 零部件 | 京东方、三星、比亚迪 |

| 中游 | ODM | 龙旗、华勤、闻泰 | 手机品牌商 | 华为、OPPO、vivo、小米、苹果 |
| | EMS OEM | 鸿海、伟创力、光弘 | | |

| 下游 | 运营商 | 移动、电信、联通 | 渠道商 | 淘宝、京东、苏宁 |

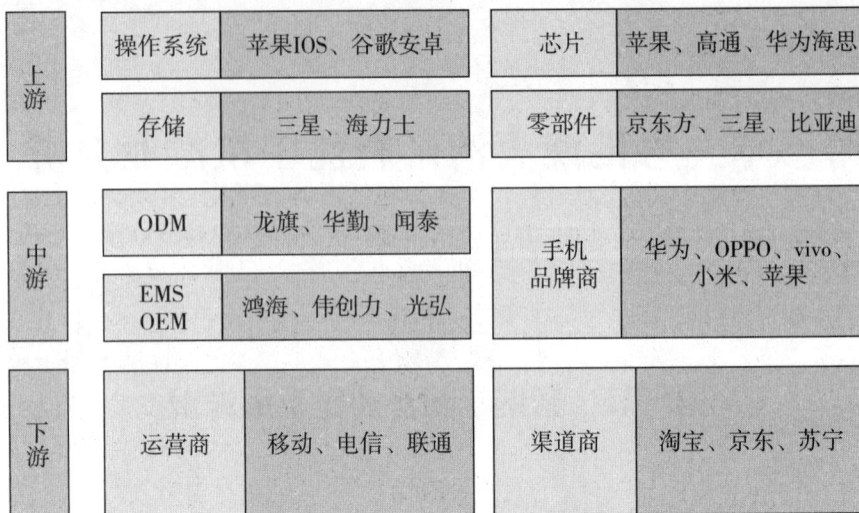

图 3 - 1　智能手机产业链示意图

资料来源：根据公开资料整理。

（二）智能手机产业链成本结构

人工研发、屏幕和 SOC 成本是智能手机成本三大重头。智能手机的成本由人工研发成本和物料成本两部分组成。人工研发成本主要由智能手机厂商的研发投入组成，例如华为、OPPO、vivo 等企业的研发投入；物料成本主要以屏幕、SOC、摄像头、电池、振动电机、组装等费用构成。如图 3 - 2 所示，人工研发、屏幕、SOC、摄像头占据了智能手机成本的主要部分，其中人工研发占比为 19%，屏幕占 20%，现在绝大多数的手机都将 CPU、信号基带、存储芯片、显示芯片、逻辑单元等必要的软硬件集成在一起，被称为 SOC（System On Chip），其成本占比为 27%，摄像头占 15%。

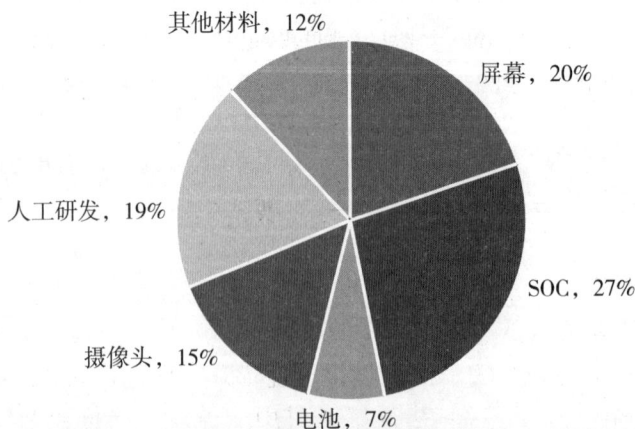

图 3 - 2　智能手机成本结构

资料来源：根据 IDC 数据整理。

（三）智能手机价值链

智能手机产业链上游硬件和设计与下游营销构筑"微笑曲线"。从智能手机的产业链结构看，上游重要组成部分包括芯片、摄像头、屏幕等硬件研发及生产，这一环节在智能手机产业中产业价值高。智能手机产业链的中游包括手机设计及组装制造，该环节是智能手机产业资源整合的一个必不可少的环节，厂商要清楚知道用户的需求状况，同时要对上游技术革新有着清晰的认知，从而整合资源，通过满足用户需求来促进企业自身的发展，但这一环节产业价值最低。智能手机产业链下游包括应用及增值服务供应商、移动运营商、渠道商等，这一环节需要投入巨大的人力物力成本，是智能手机流通和应用的环节，产业价值高。通过对智能手机产业的分析，智能手机产业满足"微笑曲线"理论，如图3-3所示，附加值高的环节位于智能手机产业链上游的研发、设计以及零件生产和下游的销售渠道以及品牌，附加值低的环节位于中游的智能手机组装、加工等环节。企业以后应该向"微笑曲线"两端进行拓展以增加竞争力和利润，在左边加大对上游零件和研发设计的资金投入，在右边则做好以客户为导向的营销服务。

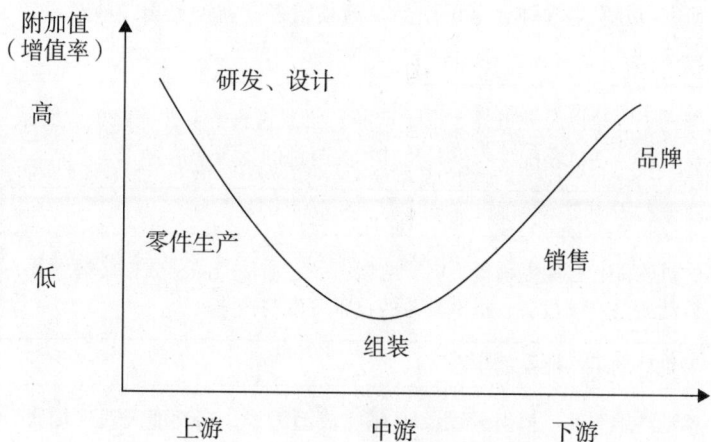

图3-3 智能手机产业链"微笑曲线"

资料来源：根据公开资料整理。

二、粤港澳大湾区智能手机产业发展概况

粤港澳大湾区是全国最大的智能手机生产基地，智能手机产业主要分布在深圳、东莞、惠州等地区，产业链综合配套完善。粤港澳大湾区以深圳为核心发展前端设计、解决方案和应用软件，东莞、惠州发展整机制造。现阶段，华为、小米、三星、OPPO、vivo以及苹果是全球范围内的六大智能手机厂商。其中，华为、OPPO以及vivo是粤港澳大湾区的企业。IDC（Internet Data Center，互联网数据中心）公布的2020年第一季度全球智能手机出货量报告表明，在2020年的第一季度，华为智能手机在全球出货量达4 900万部，

位居第二，占据 17.8% 的市场份额；vivo 智能手机全球出货量为 2 480 万部，位列第五；OPPO 以 2 289 万台智能手机出货量位列第六。2020 年一季度，粤港澳大湾区前三家手机企业（华为、vivo、OPPO）在中国市场智能手机出货量合计为 5 220 万台。粤港澳大湾区在显示屏领域，拥有华星光电、柔宇科技等优质企业；在电池领域，拥有比亚迪、亿纬锂能等行业领先企业；在光学模组领域拥有欧菲光、舜宇光学等领先企业；在芯片模组领域，拥有华为海思、乐鑫科技、汇顶科技等领先企业；在元器件及 PCB 面板领域，拥有华为、信维通信、深南电路、鹏鼎控股、顺络电子等头部企业；在周边配套领域，拥有领益智造科技、劲胜精密等骨干企业，以及一批优秀的代工企业。粤港澳大湾区的智能手机产业有很多上市公司，表 3 - 1 为粤港澳大湾区智能手机产业具有代表性的上市公司。

表 3 - 1   粤港澳大湾区智能手机产业的上市公司一览

公司	主营业务	城市
欧菲光	开发、生产经营光电器件、光学零件及系统设备、光网络、光通信零部件及系统设备	深圳
TCL	研究与开发半导体、电子产品及通信设备、新型光电、液晶显示器件	惠州
比亚迪	锂离子电池以及充电器、电子产品、仪器仪表、柔性线路板、液晶显示器、手机零配件、模具及其相关附件的生产、销售	深圳
亿纬锂能	研发、生产、销售锂电池	惠州
乐鑫科技	手机软件、移动电话机、电子电器产品、通信产品、数据终端设备、移动通信终端设备、机电设备的技术开发与销售	深圳
卓翼科技	手机移动手持终端的生产	深圳
信维通信	移动终端天线、模组天线、3D 精密成型天线、高性能天线连接器、音频模组的设计及技术开发	深圳
深南电路	印制电路板、封装基板产品、模块模组封装产品、电子元器件的研制	深圳
鹏鼎控股	生产经营新型电子元器件、自动化设备及其零配件、精密模具及其零件	深圳
顺络电子	研发、设计、生产、销售新型电子元器件	深圳
领益智造科技	电子精密组件制造技术研发	东莞
深天马	液晶显示器及液晶显示模块	深圳
欣旺达	电池研发、制造、销售	深圳

资料来源：根据公开资料整理。

第二节　智能手机产业发展环境

一、国内外产业政策形势

（一）国外产业政策形势

各国智能手机产业发展状况各不相同，导致各国智能手机产业的政策也会有所差别。以下列举美国、韩国、印度等国家在智能手机产业的相关政策。

美国政府对外制裁华为，对内期待制造业回流。美国主要控制了智能手机的上游产业，如芯片设计、操作系统等领域。美国政府对华为进行制裁，以抑制华为在芯片领域的发展，华为的智能手机芯片进口和代工途径几乎被封锁，确实对华为智能手机出货量造成很大冲击，但封杀华为之后，美国芯片库存压力加大，加上疫情的不利影响，芯片市场需求低迷。为此，美国提出向半导体供应商提供大量资金援助的政策。对于智能手机而言，供应链已经是全球化，但制造企业大部分位于亚洲。美国政府采取鼓励措施（如财政、税收方面的补贴）以促进智能手机产业链的企业回流，但企业考虑到自身生产成本及竞争优势，并不十分愿意将企业迁回美国。

韩国政府加大对智能手机上游基础设施的投入。韩国拥有完善的智能手机产业链，具备独立生产智能手机的能力，韩国政府 2020 年 6 月提出以数字化、绿色化和稳就业为方向，计划投入约 76 万亿韩元，建设大数据平台、第五代移动通信（5G）、人工智能等数字产业基础设施，发展"非接触经济"，推动社会间接资本的数字化发展，克服疫情影响，挖掘经济增长新动力。韩国政府通过制定"数字＋制造业"创新发展战略，提高制造业中产业数据（产品开发、生产、流通、消费等产业活动全过程中产生的数据）的利用率，以增强韩国主力产业的竞争力。韩国政府正在加快完善利用产业数据与人工智能的标准与制度等相关法律法规，促进企业和企业之间的数据共享与交易，同时加大智能手机核心零部件和设备的研发投入。

印度政府提出"印度制造"的举措，推动印度的智能手机产业发展。印度是目前全球增长最快的智能手机市场，未来数年或超越美国，跃居全球第二大市场。巨大的潜力促使印度政府制定了一系列措施，确保其"印度制造"举措以手机行业为中心。印度政府积极修改政策，放宽了手机行业的外商直接投资政策，推动零部件本地制造。目前，印度绝大多数的手机部件都是进口，而且十分依赖中国。为了令印度成为完整的手机制造中枢，印度政府修改了关于手机部件的关税结构，包括相机组件、印制电路板等；此外，还修改了电信行业的关税和消费税结构。这就降低了制造成本，增强印度在全球智能手机产业的竞争力，使得印度智能手机出口到全球市场。

（二）国内产业政策形势

为保证手机行业健康快速发展，我国政府多部门出台了众多政策来规范行业的发展。

智能手机作为移动通信终端设备，其生产和销售主要受国家无线电管理相关法规约束，而移动通信终端设备产品所处的电子信息产业是我国当前着重培育和发展的战略性新兴产业，该行业受国家多项政策支持。2016年《"十三五"国家战略性新兴产业发展规划》，明确以创新驱动、壮大规模、引领升级为核心，构建现代信息产业体系，积极推动信息技术产业跨越发展，加快发展壮大新一代信息技术战略新兴产业。表3-2是我国智能手机产业相关政策。

表3-2 我国智能手机产业相关政策

时间	发布部门	政策文件	重点内容
2016年7月	发改委	《国家信息化发展战略纲要》	提出了增强体系化创新能力、构建协同优化的产业结构、促进信息技术深度融合应用、建设新一代信息基础设施、提升信息通信和无线电行业管理水平
2016年12月	工信部	《移动智能终端应用软件预置和分发管理暂行规定》	推进移动智能终端应用软件发展，鼓励移动智能终端生产企业、互联网信息服务提供者等相关企业积极开发移动智能终端应用软件产品
2017年1月	发改委	《战略性新兴产业重点产品和服务指导目录（2016年版)》	明确了5大领域8个产业作为新一轮发展规划的重点鼓励，智能手机、可穿戴设备、物联网设备作为重点发展
2017年1月	国务院	《关于促进移动互联网健康有序发展的意见》	加大移动互联网的交流合作，促进移动互联网的基础设施建设，加快移动互联网应用的普及，鼓励移动互联网企业走出去，通过不同渠道开拓国际市场
2018年4月	工信部	《2018年工业通信业标准化工作要点》	大力推进重点领域标准体系建设，重点针对智能制造、云计算、大数据、信息技术服务等重点领域
2018年11月	工信部	《关于工业通信业标准化工作服务于"一带一路"建设的实施意见》	推进信息通信领域标准化合作，充分发挥我国在"互联网＋"领域的技术先发优势和产业实力，加强我国与"一带一路"沿线国家信息通信领域标准化合作
2019年5月	工信部	《关于开展深入推进宽带网络提速降费 支撑经济高质量发展2019专项行动的通知》	增强互联网应用能力，推动移动物联网应用蓬勃发展，推动开展精准降费，促进系统、芯片、终端等产业链进一步成熟
2019年6月	发改委	《推动重点消费品更新升级 畅通资源循环利用实施方案(2019—2020年)》	鼓励5G手机研制和上市销售。加强人工智能、生物信息、新型显示、虚拟现实等新一代信息技术在手机上的融合应用。推动办公、娱乐等应用软件研发，增强手机产品应用服务功能

（续上表）

时间	发布部门	政策文件	重点内容
2019 年 10 月	发改委	《产业结构调整指导目录（2019 年本）》	数字移动通信、数字集群通信系统及路由器、网关等网络设备制造被评为鼓励类产业
2020 年 2 月	发改委	《关于促进消费扩容提质加快形成强大国内市场的实施意见》	鼓励企业利用物联网、大数据、云计算、人工智能等技术推动各类电子产品智能化升级。大力推动消费电子产品回收网络的建设
2020 年 3 月	工信部	《工业和信息化部关于推动 5G 加快发展的通知》	加快 5G 网络建设进度，加大基站站址资源支持，推动网络共享和异网漫游

资料来源：根据公开资料整理。

（三）粤港澳大湾区智能手机产业相关政策

粤港澳大湾区的政府大力助推智能手机产业发展。广东省大力实施创新驱动发展战略，推动智能手机核心技术攻关和关键零部件的制造与研发，以全面提升粤港澳大湾区智能手机产业竞争力。广东省在 2015 年提出的《广东省智能制造发展规划（2015—2025 年）》中，表明要着力提高智能制造自主创新能力和产业基础支持能力，突破智能制造关键技术和核心部件的研发，大力发展智能机器人、智能芯片、智能手机等产业。东莞市 2018 年发布《关于抓住粤港澳大湾区发展机遇，再造东莞智能手机产业新优势的建议》，强调加快发展智能手机的产业链体系，提升产业的配套能力，加大对智能手机产业的扶持力度，设置智能手机产业专项资金进行资助。在专利、知识产权、技术研发、人才引进、品牌培育、机器换人、先进装备升级改造项目等方面制定财政专项资金扶持政策，根据不同项目、不同贡献给予不同额度的资助支持。在 2019 年，广东省政府出台了《关于进一步促进科技创新的若干政策措施》，大力支持新一代通信与网络、人工智能等前沿科学领域布局建设高水平研究院，大力支持科研机构、国内外知名高校、中央企业、世界 500 强企业等来粤设立研发总部或区域研发中心，培养高水平创新人才。2019 年，深圳市政府发布《深圳市新一代人工智能发展行动计划（2019—2023 年）》，对于强化前沿基础研究，推动核心关键技术攻关，推动智能产品创新，拓展智能应用场景，完善创新基础设施，聚集培育高端人才，打造人工智能人才高地，营造人工智能创新生态等方面给予大力扶持。2020 年，深圳市政府出台的《印发关于进一步激发消费活力促进消费增长若干措施的通知》，鼓励发展绿色和智能消费，支持消费者购买更节能的家电和智能产品，其中智能产品具体包括：5G 手机、平板电脑、电脑、智能手表、消费级无人机、家用机器人及早教机器人等；对购买符合要求的家电及智能产品的消费者给予补贴。

二、国内外市场需求趋势

（一）全球智能手机出货量

全球智能手机出货量有下滑的趋势。如图 3 – 4，2012—2016 年，全球智能手机由于价格的降低，出现了智能手机的"换机潮"，助推了智能手机出货量的增长，从 2012 年的 7.24 亿台增长到 2016 年的 14.72 亿台，但 2016 年以后，人们对于换机的需求下降，出货量逐步下降。到了 2019 年，全球智能手机的出货量回落到 13.73 亿台，同比下降 2.1%，由于受疫情影响，2020 年，全球智能手机的出货量下降幅度进一步加大，仅达到 12.92 亿台，同比下降 5.9%。

单位：亿台

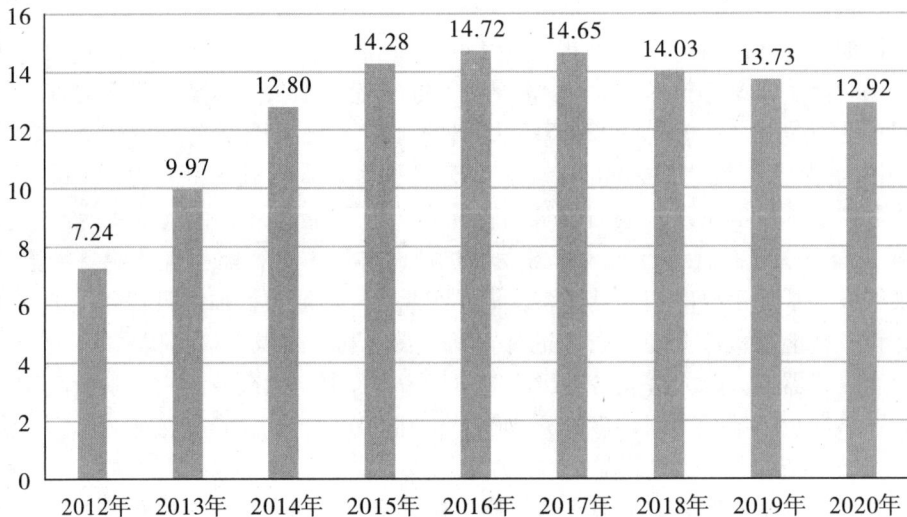

图 3 – 4　2012—2020 年全球智能手机出货量

资料来源：IDC。

粤港澳大湾区的智能手机厂商在全球智能手机出货量市场份额中表现突出。依据 IDC 的全球智能手机出货量市场份额报告，在 2019 年，三星的智能手机拥有最大的市场份额，在全球智能手机的出货量市场份额为 21%，紧随其后的是粤港澳大湾区的华为，其全球智能手机份额达 18%，苹果手机市场份额达到 14%，OPPO 手机市场份额达到 8%，小米手机市场份额为 9%，vivo 手机市场份额为 2%。全球智能手机厂商出货量前六名中的华为、OPPO、vivo 为粤港澳大湾区企业，在 2019 年全球智能手机出货量的份额合计达到 28%。

（二）国内智能手机出货量

受疫情影响，国内智能手机出货量有所下降。在国内的智能手机市场，如图 3 - 5，2019 年，国内智能手机出货量达 3.72 亿台，较 2018 年减少了 0.18 亿台，降幅小于手机的整体出货量。2020 年疫情初期需求端受到的影响很大。在 2020 年第一季度，国内智能手机出货量同比下降了 20%。2020 年 1—5 月，国内智能手机出货量为 1.21 亿台。因为疫情期间人们对线上社交活动的需求增加，用户对于智能手机的购买意愿也得到一定的恢复。但是，由于经济下滑，部分用户可支配收入下滑导致的需求下降则需要更长时间恢复。

单位：亿台

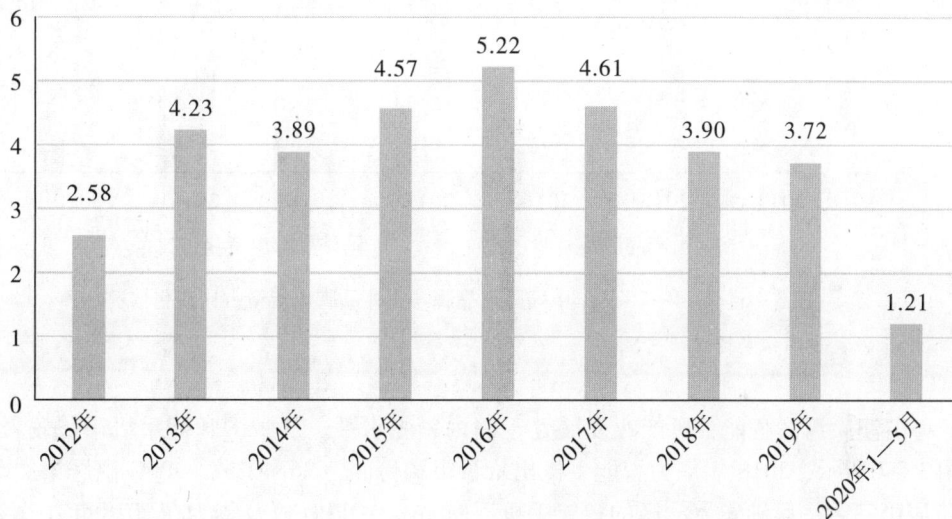

图 3 - 5 2012—2020 年 5 月中国智能手机出货量

资料来源：工信部。

国内 5G 智能手机的出货量还会继续上涨。2019 年 5G 智能手机出现在国内市场，出货量明显增加，即使受到疫情的冲击，在 2020 年 1—5 月，国内的 5G 智能手机出货量为 1.04 亿台，大约是 2019 年下半年 5G 智能手机出货量的四倍。在国家不断推进 5G 基站建设的大环境下，可以预测到国内 5G 智能手机出货量还会有很大的增长空间。

在中国市场，中国国产品牌出货量所占的比例增大。从图 3 - 6 可以看出，在 2014 年至 2019 年，国产智能手机的比重一路上涨，2014 年国产智能手机的比重为 78%，在 2019 年达到了 90.7%，由于国内智能手机厂商华为、小米、vivo 以及 OPPO 的崛起，我国智能手机市场已经由被国外品牌瓜分变为以国内品牌主导。截至 2020 年 12 月，受到疫情的持续影响以及美国对华为的制裁，导致华为智能手机在 2020 年下半年无法正常供货，造成高端智能手机市场形成短暂缺口，且苹果在下半年发布了新款智能手机，抢占了部分的华为高端智能手机市场份额。中国国产品牌手机 2020 年累计出货达到 2.7 亿部，同比下降 23.5%，占同期智能手机出货量的 87.5%，比重有所下降，但相对于 2014 年的 78% 提高了近 10 个百分点。

单位：%

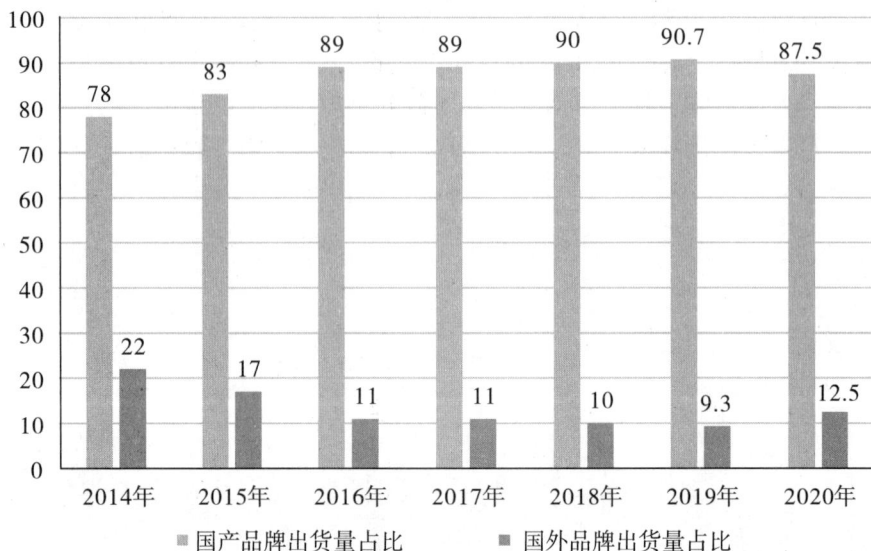

图 3-6　2014—2020 年中国国产品牌与国外品牌出货量占比变化情况

资料来源：中国信息通信研究院。

粤港澳大湾区智能手机产业发展处于国内领先水平。从中国智能手机市场份额来看，如图 3-7 所示，2018 年华为智能手机出货量市场份额为 26.40%，OPPO 位居第二名，vivo 位居第三名。粤港澳大湾区的智能手机厂商 vivo、OPPO 以及华为在 2018 年中国智能手机市场的份额合计为 65.30%。

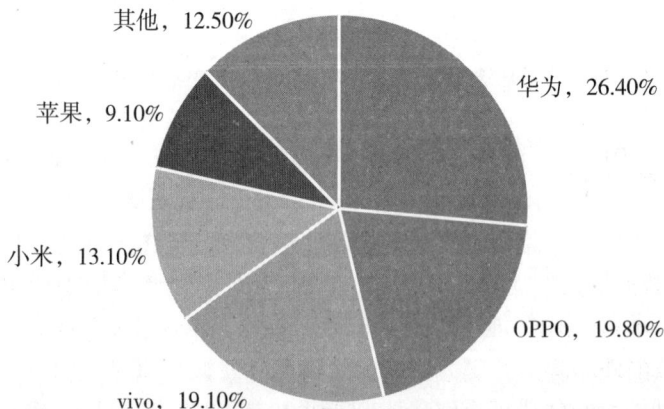

图 3-7　2018 年中国市场智能手机市场份额

资料来源：根据公开数据整理。

我国智能手机市场仍具有发展空间。目前我国智能手机市场虽面临着需求疲软、疫情的干扰、宏观经济下行等不利因素的影响，但长远来看，智能手机市场仍具有发展空间。从互联网普及率的数据来看，由于中国互联网普及率的不断增大，中国手机网民的规模不断加大，到2020年第一季度末，如图3-8所示，我国手机网民规模已达8.97亿人次，而且保持不断增长的势头，手机网民规模的扩张为中国智能手机市场的发展提供了保障。从5G基站的加快建设方面来看，由于中国加大对5G基站建设的资金投入，这必然会加大5G智能手机的市场需求。由工信部公布的资料可以知道，截至2020年第一季度末，中国5G套餐用户规模已高于5 000万，已建有19.8万个5G基站，并且还在大力推进5G基站的建设。

单位：亿人次

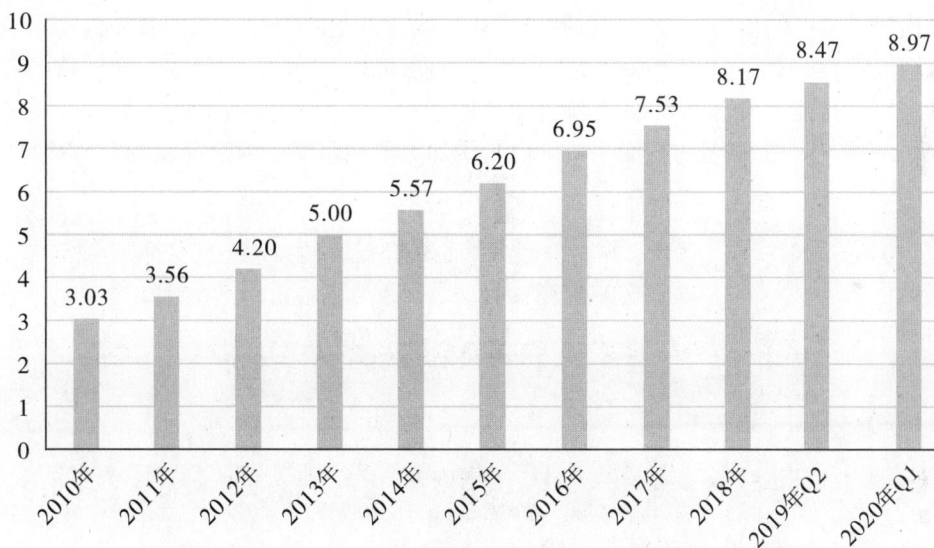

图3-8　2010—2020年Q1中国手机网民规模增长趋势

资料来源：中国互联网络信息中心，前瞻产业研究院。

三、国内外生产布局趋势

（一）全球生产布局趋势

全球的智能手机产业在中国、韩国、美国、日本、印度、越南等国家都有分布，不同国家的智能手机产业的生产布局有非常大的差异。如图3-9，美国在芯片、操作系统和品牌等领域具有领先地位，韩国和日本在摄像头、显示屏等核心零部件方面有优势，中国是目前全球范围内具有较为完善的智能手机产业链的国家，而印度和越南等发展中国家在智能手机低端机型制造和智能手机非核心部件生产方面占据一定优势。全球智能手机产业转移路径开始是从美国、韩国、日本等发达国家向中国转移，主要迁往粤港澳大湾区的深圳、东莞、惠州等地，这促进了粤港澳大湾区智能手机产业的发展。全球智能手机产业生产布局的变化是因为中国对智能手机的需求量很大，中国具有充足且廉价的劳动力，但是发达国家的劳动力成本高昂，考虑到智能手机生产销售产生的成本，把智能手机的产业迁移到中国能达到企业利润最大化；把组装、非核心部件转移到其他国家，可以让美国、韩国、日本等国家的企业集中人力和资本进行核心部件的创新与研发。中国智能手机产业经历了由低端智能手机组装制造向高端智能手机研发生产的过程，并且全球智能手机产能主要集中在中国。依据 IDC 的数据，2017 年全球智能手机出货量为 1 465.5 百万台，其中美国智能手机出货量为 178.0 百万台，印度达到 124.3 百万台，中国达到 444.3 百万台，日本达到 32.0 百万台；2018 年全球智能手机出货量下降，中国智能手机出货量达到 397.7 百万台，日本达到约 31.2 百万台，而印度智能手机出货量达到 142.3 百万台。虽然存在全球宏观经济增速下行以及消费者换机周期拉长的不利影响，但是中国依然处于全球智能手机出货量第一的位置。由于中国智能手机市场逐渐走向饱和、消费者换机需求放缓、生产综合成本提高等原因，全球智能手机产业有向印度、越南等发展中国家转移的趋势，转移的主要是智能手机低端机型的制造和智能手机非核心部件的生产。苹果、三星、vivo、OPPO、小米等一批知名的智能手机厂商纷纷加大了在印度、越南等发展中国家的投资。

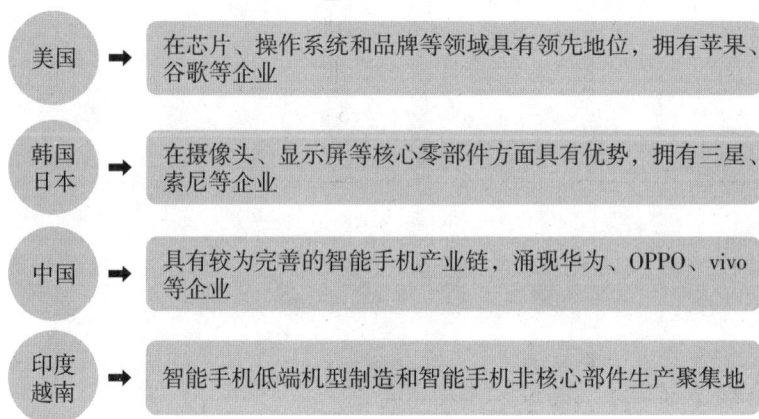

图 3 - 9　全球智能手机布局转移趋势

资料来源：根据公开资料整理。

（二）国内生产布局趋势

广东的智能手机产量在全国排行第一，智能手机产业有向内地转移的趋势。从表 3 - 3 整理的各省智能手机产量分布情况对比数据可以看出，2016 年广东智能手机产量为 96 430 万台，重庆产量为 28 708 万台，河南产量为 25 919 万台，四川产量为 4 487 万台；2018 年广东智能手机产量达到 80 818 万台，重庆产量为 18 869 万台，四川产量为 9 437 万台。从 2016 年和 2018 年产量排名前五地区的集中度变化情况来看，2016 年为 75.85%，2018 年为 68.65%，地区集中度有下降的趋势，但整体情况还是表现为高集中度的特点。广东智能手机的产量一直都占据全国第一的位置，是智能手机的主要生产基地，智能手机产量在全国的比重一直处于 40% 以上；重庆的智能手机产业发展前景较好，2018 年智能手机产量排名处在全国的第二位。广东作为国内智能手机的主要生产基地，其智能手机产业主要分布在粤港澳大湾区，拥有成熟的产业基础，软硬件产业规模全国第一，拥有华为、OPPO、vivo 等知名企业，智能手机产业链较为完整，覆盖面板、模具封装、摄像头等产业。近年来，受到土地成本和劳动力成本的制约，沿海的智能手机产业逐渐向内地转移，重庆在产业承接方面表现突出，vivo 和 OPPO 在重庆建厂生产智能手机，在京东方的引领下，20 多家液晶面板上下游配套产业落户重庆。中国的智能手机产业也逐渐向河南转移，其中河南郑州航空港区已经成为智能手机生产基地，已有富士康、信太、领胜等 200 多家智能手机企业入驻，2017 年，郑州航空港区智能手机产量接近 3 亿台，超过全球供货量的七分之一，2018 年减产主要是由于智能手机整体市场饱和，苹果手机订单减少。贵州智能手机产业尽管发展较晚，但具有贵阳、贵安、遵义三个综合保税区，在智能手机加工组装方面具有低人工成本、低土地成本和税收减免等优势，已有富士康、几米科技、以晴光电等一批智能手机相关企业在贵州投资。

表 3-3　2016 年和 2018 年各省智能手机产量分布情况对比

单位：万台

年份	地区						
	广东	重庆	四川	北京	浙江	河南	贵州
2016	96 430	28 708	4 487	6 924	5 100	25 919	13 031
2018	80 818	18 869	9 437	9 030	5 318	2 061	1 956

资料来源：根据公开资料整理。

四、产业技术变革与发展趋势

（一）智能手机摄像头的技术变革与发展趋势

摄像头性能升级成为智能手机发展的趋势。如今智能手机进入存量时代，各大手机厂商都在寻找新的手机性能以谋求差异化的竞争优势和销量突破，对智能手机摄像头性能的升级表现得尤为突出。在智能手机进化的过程中，摄像头的升级是消费者见证的升级之一，成为智能手机产业技术变革与发展的趋势。从生物识别到人脸识别，从 3D 建模到虚拟现实，随着 5G 时代的到来，光学的革命性创新将与新的 AR/VR 领域息息相关，也为供应商带来了更多的创新方向和更大的市场空间。

智能手机摄像头的发展不断加快。2000 年 6 月夏普首先开始在手机上装载摄像头，开启了移动端的光学市场；iPhone 4 首发手机前置摄像头并且摄像头的体积得到了缩减；之后前置摄像头的规格也在不断升级；2017 年双摄爆发式增长，如今 3D 建模等功能正在加速导入，未来手机摄像头将会继续导入 AR 等功能，光学在自动驾驶、虚拟现实、工业等领域也将取得新的突破。

高像素、多镜片成为智能手机摄像头的发展趋势。对于手机镜头而言，镜头是由塑料镜片组成的，镜片的片数越多，光线过滤、成像和色彩还原的效果越好。旗舰机种的像素不断升级，后置主摄像素率先由 2 000 万逐渐升至 4 000 万，而前置摄像头也紧跟趋势、像素逐渐由 800 万升级至 2 400 万，拍照效果得到提升。为追求超级大广角和大光圈，国内高端机种的镜头也逐渐由 5P 向 6P 过渡，2018 年后置镜头的 6P 渗透率约为 40%。7P 镜头还进一步提升镜头的聚光能力和解析能力。

手机摄像头厂商品牌集中度上升。光学创新成为智能手机创新的必争之地，也产生了很多优秀的智能手机摄像头制造商。总体来说，摄像头模组厂商较多，前几年由日韩厂商主导，市场比较分散，近年来摄像头模组产业逐渐往中国大陆转移。目前中国大陆的摄像头模组份额主要集中在舜宇光学、欧菲光、丘钛科技等龙头企业，粤港澳大湾区的欧菲光、成像通、富士康等企业为智能手机摄像头的知名生产厂商，旺盛的市场需求带动着部分厂商积极扩产。手机品牌集中带动产业链的发展，手机摄像头模组向一线龙头厂商集中。2017 年，我国一线摄像头模组厂商占据了全球超过 50% 的市场份额，同比增长 13%，向龙头企业集中的趋势越来越明显。2018 年，品牌集中度进一步增强，资源进一步向龙头企业集中。

（二）5G 智能手机的技术变革与发展趋势

智能手机厂商加快推动 5G 智能手机发展，5G 智能手机出货量大增。截至 2020 年 7 月，中国 5G 智能手机出货量累计达到 7 750.8 万部，占智能手机总出货量的 44.2%；上市 5G 新机型累计 119 款，占总上市机型的 46.5%；均较 2019 年全年情况有明显上升。5G 智能手机在 2020 年开始迅速扩大在市场的占有率，各手机品牌在新推出机型方面均跟进 5G 赛道的竞争，预计未来一年至两年内 5G 智能手机将成为市场主流产品，因此关于 5G 智能手机的体验及应用程度也受到关注。

5G 智能手机在全民范围内实现普及的趋势明显，5G 智能手机成为智能手机市场主流的大方向不会改变。但在 5G 智能手机推广普及速度方面，若仅从供给端手机厂商实现 5G 智能手机的更新换代，从而导致消费者被动替换手机，其推广普及速度将相对较慢。未来只有从需求端出发激发消费者刚需，将 5G 在通信传输方面的优势体现在智能手机上，同时挖掘能够依靠 5G 手机搭载的杀手级应用产品，才能加速 5G 手机普及。

粤港澳大湾区在 5G 基站建设的领先优势，推动粤港澳大湾区的智能手机产业发展。截至 2020 年上半年，中国 5G 基站数量累计达 41.0 万个。5G 基站建设成为国家大力支持的项目。广东省积极响应国家的政策，加大 5G 基站建设的资金投入，特别是粤港澳大湾区的城市。广东省工业和信息化厅发布了《广东省 5G 基站和数据中心总体布局规划（2021—2025 年）》。这份规划报告的数据显示，2019 年广东全省一共建成 36 988 个 5G 基站，大约占据全国四分之一的份额。广州建了 15 969 个 5G 基站，深圳建了 14 810 个 5G 基站，大范围实现中心城区 5G 网络的覆盖，粤港澳大湾区的其他城市大部分也实现核心城区的覆盖。5G 作为中国新基建重点发展领域，其基础设施建设增长势头不可逆转，客观上也为 5G 智能手机的推广普及提供环境基础。5G 将成为智能手机产业创新发展的催化剂。通过智能手机，在 5G 这一新型基础设施之上，云计算、大数据、物联网、人工智能等新一代信息技术集成汇聚，将孕育出诸多新模式，催生多个万亿元规模的新兴产业，成为数字经济发展的强劲动能。

第三节 智能手机产业链 SCP 范式研究

一、智能手机产业链市场结构分析

（一）智能手机产业链上游市场结构分析

智能手机上游产业链的关键部件主要是芯片、操作系统和屏幕等零件。国内智能手机近年来取得了长足的进步，但在智能手机上游产业链的关键部件芯片和操作系统方面，国内智能手机厂商依然受制于人。智能手机操作系统大部分是美国公司谷歌的安卓系统和苹果自主研发的 IOS 操作系统；智能手机芯片方面，主要生产厂商有美国高通、中国台湾联发科、粤港澳大湾区的华为等，其中华为受到美国制裁且芯片研发时间较短，进而使得华为海思芯片市场份额较小；在智能手机屏幕方面，主要生产厂商有韩国三星和中国深天马、京东方等，国内厂商紧紧抓住发展的机遇，改变了智能手机屏幕对外国厂商的进口依赖，在智能手机屏幕方面逐渐展现出优势。因此，本文选取智能手机上游产业链的部件——屏幕进行主要分析。

屏幕是智能手机生产的关键部件，国产智能手机屏幕厂商改变了外国厂商垄断的局面。以前外国厂商经常在屏幕上对国内科技企业"卡脖子"，通过高价方式卖给中国智能手机厂商，从而在国内市场赚取颇为丰厚的利润，这增加了国内智能手机的成本，降低了国内智能手机厂商在国际上的竞争力。在经过很长一段时间的努力之后，国产智能手机屏幕走出了一条"海外收购、自主建线"的新模式，我国成为全球的屏幕生产大国、屏幕消耗大国、出口大国，这足以证明国产智能手机屏幕已经取得不错的发展。2020 年第一季度的全球智能手机屏幕市场规模为 90 亿美元。如图 3 - 10 所示，仅三星一家企业就拿下了全球 51.80% 的市场份额，成为全球最强智能手机屏幕巨头，而京东方则获得了 14.30% 的市场份额，屈居全球第二，第三名则是粤港澳大湾区的深天马，拥有 8.20% 的市场份额，可见国产智能手机屏幕与三星智能手机屏幕之间，依旧还存在很大的差距。

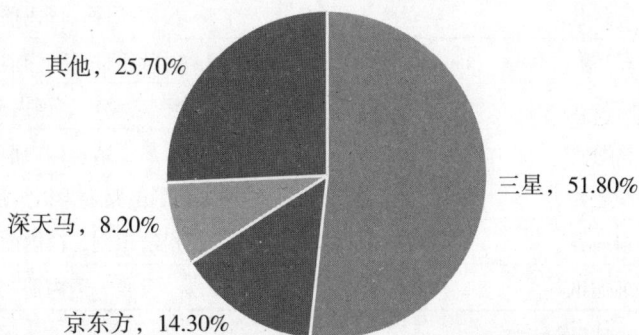

图 3 - 10　2020 年第一季度智能手机显示面板市场占有率

资料来源：根据公开资料整理。

　　国产屏幕和三星屏幕拥有如此大的差距，很大程度上是因为三星在屏幕生产中仍具有技术优势。AMOLED 屏幕是高端智能手机的首选配件，而粤港澳大湾区的深天马以及北京的京东方在 AMOLED 屏幕的技术上与三星存在差距，这严重降低国内智能手机屏显示面板市场占有率，例如苹果旗下的 iPhone 手机，便是有三星独家供应 AMOLED 屏幕，而国内手机厂商也是极度青睐于三星屏幕，虽然国产手机华为一直都在使用京东方 AMOLED 屏幕，但三星 AMOLED 屏幕还是凭借众多优势，直接占据了全球超过 80% 的市场份额。虽然国产手机屏幕质量有待提高，但实际上如果没有国产手机屏幕的存在，智能手机屏幕领域将严重依赖进口，使得国内智能手机厂商发展受到限制。正是因为国产屏幕存在，导致三星屏幕一直都不敢卖高价，让国内消费者能够享受到更多的市场红利。国产手机屏幕厂商还需要努力，尤其是在高端 AMOLED 屏幕领域，如果无法寻求更大的技术突破，将意味着国产智能手机屏幕和三星智能手机屏幕之间的差距会越来越大，在营收和市场份额方面都会离三星越来越远。

　　粤港澳大湾区企业在智能手机的非关键零件的生产上有很高的市场地位，其智能手机产业链综合配套完善，涉及的智能手机上游产业很多，在智能手机非关键部件的生产中有很多厂商具有很高的市场地位，如表 3-4 所示，射频组件的生产有立讯精密、硕贝德等企业在行业中处于前列，在指纹识别方面有汇顶科技处于国内前三，在锂离子电池模组业务中有欣旺达处于国内前列，这些智能手机产业链上游重点企业奠定了粤港澳大湾区在智能手机产业的领先地位。

表 3-4　粤港澳大湾区智能手机产业链上游重点企业（截至 2020 年）

企业名称	相关业务及市场地位
欧菲光	单摄像头模组，国内第一
欣旺达	锂离子电池模组，国内前列
伯恩光学	盖板，国内前三
顺络电子	被动元件，国内前列
立讯精密	射频组件，国内前三
风华高科	散热模组，国内前列
宇阳科技	被动元件，国内前列
硕贝德	射频组件，国内前三
生益科技	印制电路板，国内前列
飞荣达	散热模组，国内前列
深南电路	印制电路板，国内前三
汇顶科技	指纹识别，国内前三
信维通讯	天线，国内前三

　　资料来源：根据公开资料整理。

（二）智能手机产业链中游市场结构分析

随着中国智能手机产业的发展，国内的智能手机已经由山寨机遍布，转化为以品牌为竞争的局面。在智能手机行业中，在市场上拥有比较大份额的企业既有国外品牌如苹果也有国内品牌如华为、小米、OPPO、vivo 等。由于市场份额不同，不同智能手机企业拥有的市场势力不同。

中国智能手机市场出货量最大的前五位智能手机厂商相对固定，分别是华为、OPPO、vivo、小米和苹果。由表 3-5 可知，其中华为的出货量始终保持第一，OPPO 在 2017 年和 2018 年出货量在第二位，vivo 在 2017 年和 2018 年的出货量在第三位，2019 年，除华为之外，其余主要智能手机厂商的出货量都出现了不同程度的下降，华为抢占了其余厂商的市场份额，市场份额由 2018 年的 26.4% 上升至 2019 年的 38.4%，华为市场份额和出货量的提高主要是由于华为在线上和线下都取得了很好的销量。

表 3-5 2017—2019 年中国智能手机产业五大厂商出货量和市场份额

年份	项目	厂商						
		华为	OPPO	vivo	小米	苹果	其他	合计
2017	出货量/百万	90.9	80.5	68.6	55.1	41.1	108.1	444.3
	市场份额/%	20.4	18.1	15.4	12.4	9.3	24.4	100
	市场集中度	20.4	38.5	53.9	66.3	75.6	100	—
2018	出货量/百万	105.0	78.9	76.0	52.0	36.3	49.5	397.7
	市场份额/%	26.4	19.8	19.1	13.1	9.1	12.5	100
	市场集中度	26.4	46.2	65.3	78.4	87.5	100	—
2019	出货量/百万	140.6	62.8	66.5	40.0	32.8	23.9	366.6
	市场份额/%	38.4	17.1	18.1	10.9	8.9	6.5	100
	市场集中度	38.4	55.5	73.6	84.5	93.4	99.9	—

资料来源：根据 IDC 研究报告数据整理。

智能手机市场的集中程度有着显著的提高。根据表 3-6 中贝恩的市场结构划分可看出，2017 年，我国智能手机市场的 CR4 为 66.3%，是寡占Ⅲ型；2018 年，这一指数提高到 78.4%，属于寡占Ⅱ型；但是 2019 年，CR4 指数提高到 84.5%，十分接近寡占Ⅰ型的区域。这说明虽然 2019 年智能手机市场整体出货量减少，但是国内智能手机市场集中程度逐渐提高。

表 3-6 贝恩的市场结构划分

	寡占Ⅰ型	寡占Ⅱ型	寡占Ⅲ型	寡占Ⅳ型	寡占Ⅴ型	竞争型
CR4/%	85≤CR4	75≤CR4<85	50≤CR4<75	35≤CR4<50	30≤CR4<35	CR4<30

资料来源：苏东水. 产业经济学 [M]. 3 版. 北京：高等教育出版社，2010。

粤港澳大湾区的智能手机厂商在全国的竞争力越来越强。对于粤港澳大湾区的三家智能手机企业华为、OPPO 和 vivo，在 2017 年，华为的市场份额为 20.4%，OPPO 的市场份额为 18.1%，vivo 的市场份额为 15.4%，粤港澳大湾区这三家企业占据 53.9% 的市场份额。2018 年，华为的市场份额达到了 26.4%，OPPO 的市场份额为 19.8%，vivo 的市场份额为 19.1%，粤港澳大湾区三家智能手机企业的市场份额为 65.3%。2019 年，华为的市场份额为 38.4%，OPPO 的市场份额为 17.1%，vivo 的市场份额为 18.1%，粤港澳大湾区三家企业的市场份额为 73.6%。2019 年，华为受到美国的封杀，美国将华为以及华为旗下的 70 家附属公司列入"实体名单"，这对华为智能手机业务造成了不利的影响，但是华为凭借在线上线下分销渠道的强大营销能力、对零部件供货的提前备货、自身产品的硬实力以及中国民众的支持等方面的有利因素，促使华为智能手机市场份额的提高。结合图 3-11，粤港澳大湾区的三家智能手机的市场份额和出货量都在提高，表明粤港澳大湾区的智能手机厂商发展越来越好，在全国的竞争力越来越强。

单位：百万台

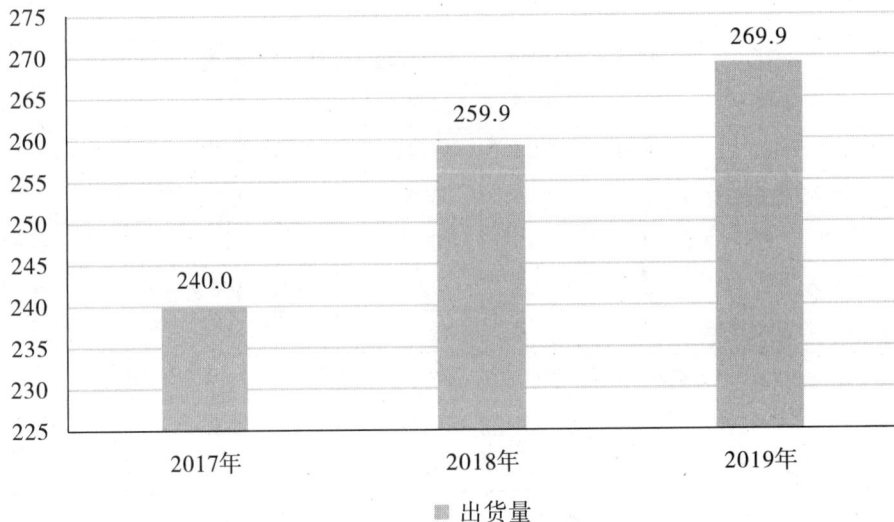

图 3-11　2017—2019 年华为、vivo 和 OPPO 智能手机市场出货量

资料来源：IDC。

（三）智能手机产业链下游（通信运营商）市场结构分析

三大运营商的移动用户数量已进入存量市场争夺阶段，但 5G 套餐用户数量仍有增长空间。根据三大运营商披露的运营数据报告，如表 3-7，2020 年 12 月，中国移动的移动用户净减 179.2 万户，中国电信的移动用户净增 19 万户，中国联通的移动用户净减 128.3 万户。2020 年疫情对运营商在规模增长上的首要打击便是极大地增加新用户的获取难度。中国联通相比于中国移动，同样是新用户发展量下滑，中国联通所受到的打击要严重得多，或许跟自身内部对用户质量的把控和经营程度不足有关。2020 年全年中国移动用户净

减835.9万户，中国电信实现1 545万户的净增量，中国联通累计净减1 266.4万户。从累计移动用户的角度看，中国移动保持领先，累计移动用户达到了约9.42亿户，中国电信累计移动用户约3.51亿户，中国联通累计移动用户约为3.06亿户。疫情对运营商的经营造成一定的挑战，特别是在业务拓展、新用户发展、5G网络建设和坏账风险等方面。但排除疫情因素，中国移动和中国联通均处于移动用户流失阶段，说明中国移动用户数增长已近天花板，增量市场趋于耗尽，三大运营商对存量市场的争夺趋于白热化。2020年我国建成5G基站71.8万站，覆盖了全国地级以上城市，其中粤港澳大湾区的5G基站建设走在全国前列，带动了5G用户的迅速增长。2020年，中国移动5G套餐用户数净增大约为1.62亿户，累计5G套餐用户有1.65亿户，中国电信5G套餐用户数净增8 189万户，累计5G套餐用户有8 650万户，中国移动和中国联通两家5G套餐用户数之和达到2.5亿户。运营商加大力度推动5G套餐的使用，尤其对老用户的升级牵引更是不遗余力。可以肯定的是，目前运营商的5G套餐用户里，大部分都是来自老用户升级，正是老用户的大规模升级构成了目前中国市场5G用户快速增长的基础动力。2021年，中国将进入5G大规模部署和商用阶段，5G套餐用户数仍然有很大的增长空间。

表3-7　　2020年三大运营商运营数据总览

单位：万户

	中国移动	中国电信	中国联通
12月移动用户新增	-179.2	19.0	-128.3
全年移动用户新增	-835.9	1 545.0	-1 266.4
累计移动用户	94 191.8	35 102.0	30 600.0
12月4G用户新增	170.1	—	112.3
全年4G用户新增	1 729.2	—	1 641.5
累计4G用户	77 530.6	—	27 000.0
12月5G套餐用户新增	1 762.1	702.0	—
全年5G套餐用户新增	16 245.3	8 189.0	—
累计5G套餐用户	16 500.3	8 650.0	—

资料来源：三大运营商官网，华创证券。

二、智能手机产业链市场行为分析

（一）智能手机产业链上游市场行为分析

国产智能手机市场得到了蓬勃的发展，就连国内不少屏幕厂商也都纷纷受益，开始做大做强。群智咨询发布了全球智能手机屏幕液晶面板的分析报告，报告中的分析数据显示，2019年上半年，全球智能手机屏幕面板出货量高达8.4亿片，目前全球排名前三名的智能手机屏幕面板供应商分别是中国京东方、韩国三星、中国深天马，来自中国的屏幕厂商京东方以全球接近23%的出货量成功超越了日韩面板企业，成为全球第一智能手机屏幕面板供应商，2019年上半年出货了1.9亿片智能手机屏幕面板，同比增长了23.1%；而排名第二的三星以微弱的差距落后于京东方，2019年上半年智能手机屏幕面板出货量约为1.9亿片，同比增长9.6%，市场份额都在23%左右；而排名第三的是深天马，2019年上半年共出货超过1亿片智能手机屏幕面板，同样也占到12%的全球市场份额；还有深圳的深超光电、台湾瀚宇彩晶、深圳华星光电以及台湾群创光电，它们分别占到了7%、6%、6%、5%的市场份额，整体差距不大。粤港澳大湾区的深天马、深超光电、华星光电等企业在2019年上半年全球智能手机屏幕面板的出货量份额达到25%，表明粤港澳大湾区在智能手机屏幕面板方面具有发展优势。粤港澳大湾区企业深天马有超过2 000万片的出货量为LCD打孔屏，深天马LCD打孔屏更是占到了目前LCD打孔屏市场的61%份额，成为当之无愧的LCD打孔屏市场的垄断者。从过去的"缺芯少屏"到如今的"缺芯少魂"，国产屏幕企业确实已经开始不断地取得突破。中国屏幕厂商异军突起，改变了早些年在智能手机屏幕面板供应商几乎都是日韩企业的局面。

（二）智能手机产业链中游市场行为分析

1. 价格竞争

国内智能手机价格竞争越来越激烈，国产智能手机进军高端智能手机市场。在早期，国产智能手机多数产品的定价都比较低，集中于千元机的层次，高端智能手机市场一直被国外智能手机厂商占据。随着我国在智能手机产业的不断发展以及人均收入水平的不断提升，国产智能手机的质量已经慢慢得到了消费者的认可，同时人们对智能手机的需求也不断提高。国内各大智能手机厂商纷纷把眼光定位于中高端智能手机，并针对不同的子品牌或产品系列进行不同定位，以满足不同层次消费者的需求。各大智能手机在线上线下渠道不断发力，完善自身的销售渠道，例如粤港澳大湾区的企业华为、OPPO、vivo在线上线下投入大量资金开拓市场，这也表明智能手机的价格竞争变得更加激烈。针对不同的用户，国产智能手机厂商推出了不同价格的智能手机，抢占智能手机低、中、高市场份额。以京东商城2021年3月的手机价格为参考，将智能手机价格划分为四个不同的档次来细化不同价格区间之间的竞争：低于1 000元、1 000～2 000元、2 000～4 000元、高于4 000元。其中，低于1 000的新上市手机主要面对收入相对较低或对智能手机功能要求不高的老人等，主要有华为的畅玩系列以及小米的Redmi系列产品等。由于低端机型的技术含量较低，各大厂商都推出了自身的子品牌和低端机型进行价格竞争，价格竞争相对强烈。1 000～2 000元系列的智能手机是国内智能手机出货最为集中的价格区间，无论是线下实体店还是线上购物平台，这一价位的手机关注量都很高，包括OPPO的A系列、红米Note系列等。它们的目标消费群是职场新人或者追求时尚的年轻人，由于这部分人对智能手机的性能配置了解程度高，同时对价格比较敏感，他们可以通过互联网进行价格对比，因而智能手机厂商在这个价位的竞争很激烈。2 000～4 000元这一价格区间主要针对中等及以上收入水平，对手机性能、外观、功能等有一定要求的消费群体，例如小米的Mix系列产品、荣耀的V系列、vivo的X60、OPPO的Reno5等；智能手机厂商在这个价格区间会通过新奇的功能加大对消费者的吸引力，价格竞争相对较小，粤港澳大湾区的华为、OPPO、vivo在这一价格区间占有大量的市场份额。高于4 000元的机型主要是华为的高端智能手机 P 系列和 Mate 系列、vivo 的 X60 Pro 系列、OPPO 的 Find 系列及苹果手机旗舰机型。这个区间的智能手机对于企业的创新能力有很大的要求,消费者对于品牌的忠诚度较高,价格竞争相对较小,粤港澳大湾区的华为、OPPO、vivo 等智能手机厂商不断参与智能手机高端市场的角逐,也取得了一定的市场份额。

2. 产能扩张

中国智能手机厂商为了扩大市场份额,降低生产成本,进行产能扩张。2019 年上半年,vivo 重庆工厂实现智能手机出货量 1 049 万台,并且在重庆增加 4.6 亿元投资进行二期扩建项目,到项目扩建完成后,智能手机产能将会有进一步的提升。2020 年 7 月,vivo 投资约 20 亿元人民币,在东莞建设新的智能手机制造工厂,vivo 的新工厂实现了高产能和高效率,每月可生产 600 万台,年产能可达 7 000 万台,vivo 现在拥有超过 2 亿种各种智能产品的总生产能力。在此之前,vivo 已经在全球建立了五大智能制造中心,分布于中国东莞、重庆以及印度、孟加拉国和印度尼西亚。2019 年 8 月,OPPO 宣布其位于印度大诺伊达的制造工厂已成功完成第一阶段的计划。目前该工厂每月生产约 400 万部智能手机,工厂全部建成后,月产量将翻一番,这意味着该工厂每年可生产 9 000 多万部智能手机,这家工厂生产的手机主要面向南亚、非洲和中东国家出口。2019 年 11 月,OPPO 在重庆的智能生态科技园项目正式建成投产,这是 OPPO 公司在国内的第 10 所科技园,总投资达 70 亿元,全面建成后,该园区将承担 OPPO 近三分之一的生产任务,年产智能手机超过 5 000 万部,可实现年产值 300 亿元以上。粤港澳大湾区的厂商华为随着自身产品需求量的上升也进行了产能扩张,2019 年华为智能手机国内销量增加 3 000 多万台,使得其产能扩张以满足客户需求。但是由于美国对华为的芯片供应实行限制,华为智能手机在 2020 年的产能有所下降。小米从 2018 年开始,在印度智能手机的出货量中一直都是保持着首位,2019 年小米宣布在印度建设第七家手机制造工厂,这也让小米在印度目前的产能增加 50%。粤港澳大湾区的企业 OPPO 和 vivo 也提高了在印度的产量。OPPO 在印度的出货量从 2018 年的 1 500 万部,增长至 2019 年的 5 000 万部。vivo 也在印度政策的吸引和海外扩张的战略下,加大了在印度的智能手机的产量。粤港澳大湾区是国内智能手机生产的主要基地,占据了国内智能手机生产的大部分份额,但对于 vivo 和 OPPO 等粤港澳大湾区企业在外省和海外设立工厂,粤港澳大湾区应该做好智能手机产业的发展规划,在智能手机产业链的上游谋求突破,进而加快粤港澳大湾区的智能手机产业的转型升级。

(三)智能手机产业链下游(通信运营商)市场行为分析

2020 年,中国三大运营商 5G 套餐资费相近,价格竞争较小。中国三大运营商 5G 套餐价格体系相近,如表 3 - 8 所示,5G 套餐最低价格为 128 元,最高 599 元,而且对于相近的套餐类型,收费也相差不大。这对于运营商来说绝对是一件好事,毕竟近年来,三大运营商之间的竞争有所加大。从运营商的角度来看,价格竞争较小,运营商有更多的利润空间,尽管中国在 5G 方面的发展处于领先水平,但中国现在正处于从 4G 向 5G 转换的时期,需要大量的资金投入,高利润有利于运营商对 5G 进行加速布局,加快 5G 在各个城市的普及。但从消费者的角度来看,高昂的 5G 套餐费用使得消费者对于要从 4G 向 5G 的转换热情度不高,而且 4G 能满足大部分消费者目前的需求。

表 3-8　2020 年三大运营商 5G 资费套餐比较

中国联通	129 元	199 元	299 元	399 元	599 元
套餐类型	流量 30GB 通话 500 分钟	流量 60GB 通话 1 000 分钟	流量 100GB 通话 1 500 分钟	流量 150GB 通话 2 000 分钟	流量 300GB 通话 3 000 分钟
中国电信	129 元	199 元	299 元	399 元	599 元
套餐类型	流量 30GB 通话 500 分钟	流量 60GB 通话 1 000 分钟	流量 100GB 通话 1 500 分钟	流量 150GB 通话 2 000 分钟	流量 300GB 通话 3 000 分钟
中国移动	128 元	198 元	298 元	398 元	598 元
套餐类型	流量 30GB 通话 200 分钟	流量 60GB 通话 500 分钟	流量 100GB 通话 800 分钟	流量 150GB 通话 1 200 分钟	流量 300GB 通话 3 000 分钟

资料来源：根据运营商网上营业厅数据整理。

三、智能手机产业链市场绩效分析

粤港澳大湾区的智能手机厂商在全球智能手机利润份额方面存在差距。在全球智能手机市场竞争中，国产智能手机华为、OPPO、vivo、小米等企业在国际市场上占有一席之地，而且粤港澳大湾区的华为、OPPO、vivo 等企业的出货量市场份额不断加大，但其实粤港澳大湾区的智能手机厂商在全球智能手机利润份额方面依然存在很大差距。2019 年第三季度全球智能手机利润份额中，如图 3-12 所示，苹果在整个市场中占据了 66.0% 的利润份额，三星的利润份额为 17.0%，遥遥领先于国内智能手机厂商，华为的利润份额为 7.5%，OPPO 的利润份额为 3.3%，vivo 的利润份额为 3.2%，粤港澳大湾区的手机厂商占据全球智能手机利润份额的 14.0%，但相对于国外智能手机厂商苹果、三星有很大的差距。虽然苹果手机的出货量遭遇了比较大的竞争压力，但是，因为手机平均价格的遥遥领先，这让苹果依然可以在整体利润上一骑绝尘。对于各大智能手机厂商之间的竞争，不仅体现在出货量成绩，更需要获得更高的利润。所以，国内智能手机厂商在高端智能手机市场不断发力，而苹果由于长期占据高端智能手机市场大部分份额，获得了遥遥领先的利润。粤港澳大湾区的智能手机厂商也在高端智能手机市场进行竞争，华为的 P 系列和 Mate 系列在高端旗舰手机市场，已经对苹果形成了一定的威胁，OPPO 的 Find 系列以及 vivo 的 X 系列也在高端智能手机市场有所突破。中国智能手机行业的利润并不客观，其根本原因在于核心专利技术的缺失。由于专利技术、关键零部件等需要向国外企业购买，导致我国智能手机企业的生产成本较高，产品缺乏进一步议价的空间。粤港澳大湾区的华为、OPPO、vivo 等智能手机厂商在专利技术方面有一定的发展，专利申请数不断增加，但与苹果和三星相比仍然有很大的差距。此外，由于缺乏自主创新能力，我国的智能手机大多是采取参考国际品牌的机型、设计、配置的方向，产品的推出是相对被动的。随着全球智能手机市场的不断发展，智能手机厂商掌握核心专利技术和加强自主创新能力变得更加重要，粤港澳大湾区的智能手机厂商应该加大该方面的投入，以提高企业竞争力。

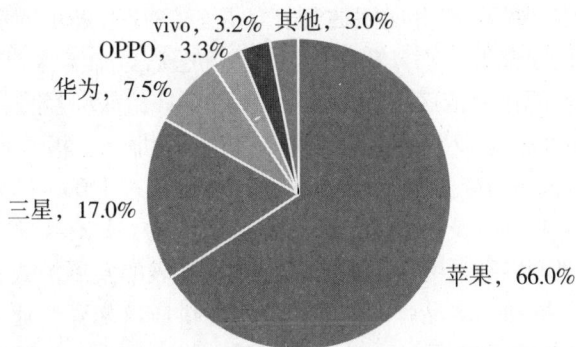

图 3 - 12　2019 年第三季度全球智能手机利润份额

资料来源：Counterpoint Research。

第四节　智能手机产业集群研究

一、重点城市发展现状

（一）深圳智能手机产业的发展

深圳智能手机产业在全国处于领先地位。深圳凭借产业链、政策和人才的优势，聚集了包括华为在内的多家知名手机厂商和一大批手机产业相关企业，形成了完备的手机产业链。2016 年的一项统计表明，位于深圳的手机生产企业有近 140 家，配套的方案整合公司 36 家，主板研发企业 140 家，外观结构设计企业 50 家，蓝牙厂商近 300 家。在渠道上，深圳共有国包商约 250 家，省包商 1 260 家至 1 300 家，整机贸易公司 20 家，手机卖场 100 家，零售商 150 家及物流配套企业 150 家。特别地，高端产业聚集的深圳市南山区拥有上千家手机及相关企业，已成为全国智能手机产业最主要的总部基地、研发中心、检测中心，产业分布广泛。表 3 - 9 是深圳市智能手机产业链的部分厂商。

表 3 - 9　深圳市智能手机产业链部分厂商汇总

盖板供应商	住友电工、伯恩光学、江南光电等企业
屏幕供应商	深超光电、深天马等企业
触屏技术供应商	欧菲科技、宇顺电子等企业
驱动 IC 供应商	亿科、方中禾等企业
电池供应商	比亚迪、欣旺达等企业
摄像头供应商	欧菲光、立讯精密等企业
指纹模组供应商	汇顶科技、欧菲光等企业

资料来源：根据公开资料整理。

智能手机产业为深圳的城市发展添砖加瓦，是经济社会进步的有力推手。2015 年 3 月，国家质检总局（现国家市场监督管理总局）发布公告，命名深圳市南山区手机产业聚集区为"全国知名品牌创建示范区"。2017 年 3 月 20 日，深圳经贸信息委及深圳市统计局公布了 2016 年度深圳市工业百强企业名单，其中手机产业相关企业约占六成，而在 GDP 贡献 20 强企业中，华为夺冠，是唯一一家增加值超过 1 000 亿元的企业，加上紧随其后的中兴和富泰华工业，以及榜单中的鸿富锦精密工业，共有 4 家企业来自智能手机产业。总体上看，以深圳市特别是南山区的手机产业为代表的发展模式，其核心在于针对某一特定地理区域，大力推动知名品牌商的落地并引导供应链配套企业的入驻，以供应链为基础逐步推动产业链的建立和发展。在这种模式下，供应链企业地理距离的压缩极大地方便了物流和知识流，系统性的产业建设和政策支持则显著改善了信息流、资金流和商务流。

（二）东莞智能手机产业的发展

东莞靠近深圳，在承接深圳智能手机相关产业上具有优势。随着用工成本上涨、土地供应紧缺以及城市转型发展，位于深圳的手机供应链相关企业开始逐步转移向周边城市寻求产业承接机会，兴建工业园区以保证智能手机产业发展空间。东莞智能手机产业较完整、配套齐全，东莞拥有华为、OPPO、vivo 等全球智能终端龙头企业。2018 年华为终端、步步高旗下的 OPPO 和 vivo 的主营业务收入继续稳居千亿级企业榜。围绕华为终端、步步高电子等龙头企业的发展布局，一大批电子信息产业链上下游企业迁移至东莞，在松山湖国家高新技术区和滨海湾新区及东部和临深片区集聚。知名的企业有新能源科技有限公司（简称 ATL，在多领域的电池供应全球第一），富加宜连接器（全球排名第四），东莞中探探针（全球排名第六），立讯精密（消费电子连接器领域全国规模第一），生益科技（覆铜板产量全国第一），生益电子（线路板产量世界领先），华贝电子（智能手机代工的龙头企业），长盈精密（手机结构件领域全国领先），铭基电子（手机数据线领域全国前五），宇球电子（数据线排名靠前）。东莞已初步形成世界最大的智能手机制造基地和重要的设计、研发中心，有一个完整的产业集群、产业链，整个东莞就是一个完整的智能手机产业版图，而智能手机巨头又带动了一批具有国际竞争力的配套企业，促进莞产智能手机的整体升级发展。

东莞智能手机产业形成以整机作为核心，周边配件、电子元器件及模组和集群电池为重要配套的产业格局。东莞的整机企业产值约占智能手机产业产值的 49%，周边配件、电子元器件及模组和集群电池，分别约占 24%、22% 和 5%，智能手机产品 90% 以上的元器件都能实现自主配套。从区域协同来看，东莞与深圳、惠州已经在智能手机产业链配套上形成深度协同，深圳企业如华星光电（新型显示）、汇顶科技（指纹识别）、欧菲光（摄像模组）等，惠州企业如德赛电池（锂电池）、硕贝德（终端天线）等在产业链条上也与东莞深度融合。

东莞智能手机企业注重研发，研发投入占比显著提升。例如，2018 年华为终端研发经费支出达 106.69 亿元，生益科技以 5.29 亿元的研发投入蝉联 A 股上市企业研发榜第一。根据国家知识产权局公布的 2019 年上半年国内（不含港澳台）发明专利授权量数据，东莞本土企业 OPPO 以 1 312 件发明专利授权位列第三，此为 OPPO 第二年在全国位列第三。截至 2019 年 7 月 8 日，OPPO 全球专利申请量超过 37 000 件，授权数量超过 11 000 件。其中，发明专利申请数量超过 31 000 件，发明专利申请在所有专利申请中占比 85%。东莞在芯片、闪充技术、HiFi 技术、盖板玻璃加工装备、手机光刻镀膜工艺、屏下指纹识别技术等方面取得了一定突破，成为我国本土品牌差异化竞争优势的利器。例如华为海思麒麟芯片已达到国际先进水平，结束了手机 CPU 长期依赖进口的局面。OPPO 一直专注手机拍照功能的技术创新，并率先推出"充电五分钟，通话两小时"的 VOOC 闪充技术，大大提升了手机充电速度。vivo 作为首个搭载屏下指纹识别技术的手机，其技术赶超三星、苹果。长盈精密、华茂电子、领峰电子、捷荣技术等结构件厂商具备自主设计开发能力。生益科技（PCB、FPC）、富加宜（连接器）等的产品销量全国第一。

（三）惠州智能手机产业的发展

惠州在智能手机组装环节占有一席之地。惠州拥有德赛集团、侨兴集团、龙旗电子、TCL 等智能手机相关企业近 1 000 家，形成集手机整机方案设计、线路板集成制造、视频图像处理器、发射芯片、背板制造、天线、玻璃基板、触摸屏、锂电池等于一体的较为完善的产业链。具体地，惠州更多的是手机组装制造的供应链，主要承接深圳、上海等地的配件生产制造，大部分集中在线路板、电子元器件和机壳等低附加值的非核心技术领域。惠州市主要智能手机类产品多为低端智能手机，企业对智能手机本身及智能手机周边产品研发梯次不明确，产品路线不明晰，这阻碍了惠州智能手机产业的发展。惠州依托低土地成本和靠近深圳的区位优势在智能手机产业的发展中取得优势，但企业的研发创新能力薄弱。惠州政府推出智能制造提升、创新创业促进、骨干企业壮大、综合品牌打造、人才引进培育、对外开放合作等专项工程，以促进智能手机产业的转型升级。

二、重点城市发展定位

深圳是当之无愧的"世界手机中心"，而惠州提出要打造"世界手机之都"，东莞则计划建成"全国智能手机创新研发基地"和"全球智能手机整机重要制造基地"，香港及澳门提供资金和人才支持。香港是国际金融中心之一，在为粤港澳大湾区的发展提供资金和先进的管理经验方面发挥了非常重要的作用。广东智能手机产业发展前景良好，拥有毗邻香港的优势，可以较为容易地从香港获得资金进而助力智能手机产业发展，加快粤港澳大湾区智能手机产业的转型升级。香港及澳门有多所世界著名高校在广东设立分校，这促进了高校之间的合作交流，校区设在内地，为广东提升教育质量、培养高素质的科技人才发挥重要作用。内地的深圳、东莞和惠州这三座城市在功能上有所区别：深圳是智能手机综合中心，东莞是智能手机产业链中心，惠州是智能手机组装制造中心。三个中心相辅相成，三个城市在一个半小时的商圈内，满足整个产业链的配套需求，使得智能手机厂商得以利用深莞惠经济圈的天然地理优势，以最低的成本和最高的效率保证供应链物流、知识流、信息流、资金流和商务流的畅通和有序，拥有有别于其他任何地方的独有优势。深莞惠应该充分利用产业转移的机遇发展更高层次的产业并占住产业"微笑曲线"的两端。未来，深圳的研发设计、惠州的重要配套、东莞的整机装配等有机衔接，协调创新，以新技术、新业态共同引领智能手机产业发展的新趋势，由产业链竞争向产业生态竞争转型，将成为深莞惠经济圈的发展方向。而这需要以更多的基于代表性企业建立起来的代表性供应链来推动，供应链五流合一方可保持供应链、产业链，甚至经济圈模式的长久生命力。

深莞惠智能手机产业存在竞争，但合作才是主流。在智能手机产业发展上，深莞惠三地应协同发展，打破一亩三分地的思维，以开放、创新的精神来寻求最佳的城市产业布局。位于粤港澳大湾区的三个城市构成三足鼎立之势，以代表性企业间的供应链和智能手机产业链为纽带，逐渐形成了互相倚重、共同发展的深莞惠经济圈。智能手机产品包括研发、设计、生产、销售等多个环节，不太可能局限于某一个城市，而是企业根据自身发展需要，在全国甚至全世界寻找最佳产业布局。在粤港澳大湾区战略下，进一步推动深圳、东莞、惠州等城市的合作，充分承接深圳在智能手机产业领域对粤港澳区域的强大引领和外溢能量，粤港澳大湾区智能手机产业势必进一步升级而迸发巨大的潜能。深圳的产业资源正向东莞和惠州转移，大量的深圳资本也在谋求投资出路，东莞和惠州的对接、融合、承载力优势明显，无疑是有一定的区位优势。

三、重点园区或集群分析

粤港澳大湾区智能手机产业园区主要分布在东莞、深圳、惠州、香港等地区。粤港澳大湾区智能手机产业链综合配套完善，形成以深圳为核心主要发展前端设计、解决方案和应用软件，以东莞、惠州为主发展整机制造，香港助力智能手机产业科研发展的产业格局。下面是对粤港澳大湾区智能手机产业重点园区的介绍。

（一）深圳市高新技术产业园

深圳市高新技术产业园是粤港澳大湾区智能手机产业研发基地。深圳市高新技术产业园成立于1996年9月，位于粤港澳大湾区的深圳市南山区，规划面积11.5平方千米，是国家"建设世界一流高科技园区"的六家试点园区之一，是"国家知识产权试点园区"和"国家高新技术产业标准化示范区"。高新区已形成了从移动通信、程控交换到光纤光端、网络设备的通信产业群和智能手机的研发平台。其中有腾讯、中兴、TCL、创智等智能手机产业相关企业入驻。"深圳高新区孵化器联盟"进一步聚合创新资源，推动区内中小科技企业快速成长；高新区"创业投资服务广场"正在为高科技企业提供投融资与创业服务。高新区设立了"深圳国际科技商务平台"，深入贯彻实施深圳市委市政府"走出去"战略，促进粤港澳大湾区的智能手机产业的研发，目前已有25个国家和地区的36家海外机构入驻该平台，在促进深圳对外科技经济交流与合作方面取得了丰硕成果。

（二）东莞松山湖科技产业园区

东莞松山湖科技产业园区成为粤港澳大湾区智能手机产业转移的载体。东莞松山湖科技产业园区位于大朗、大岭山、寮步三镇之间，地处东莞市的几何中心，控制面积72平方千米，具有8平方千米的淡水湖，这是一个在中国有示范作用、人与自然和谐发展的科技新城。作为东莞"四位一体"主城区的重要组成部分，松山湖要建设成为科技进步和自主创新的重要载体，成为东莞科学发展示范区、产业升级引领区。松山湖科技产业园区管委会紧紧围绕"一城三创五争先"的发展战略和工作思路开展工作，坚持"一手抓产业，一手建新城"，积极招商引资，促进产业聚集；落实工作重点，完善配套设施，促进新城建设。松山湖将成为东莞今后进一步整合国内外优势资本、更高层次参与国际产业分工、更好地承接新一轮国际产业技术转移的新载体。华为、vivo、漫步者、OPPO、雨林木风等智能手机行业领先厂商先后入驻松山湖科技产业园区。松山湖园区大力推动智能手机产业发展，同时大力发展光电产业、装备制造业等有巨大潜力的新兴产业和高科技产业，助力智能手机产业发展。

（三）惠州仲恺高新区东江高新科技产业园

惠州仲恺高新区东江高新科技产业园在粤港澳大湾区的智能手机配件生产中占据重要地位。惠州仲恺高新区东江高新科技产业园已开发土地约 7 平方千米，正面临着粤港澳大湾区建设、深圳建设中国特色社会主义先行示范区的大好时机，具有交通区位、产业基础和发展空间优势。园区积极承接深圳、广州、香港等发达地区的产业转移，引进了华阳集团、拓邦股份、长方照明、雷曼光电、艾比森光电、景阳科技、硕贝德科技等一大批优质企业。其中硕贝德、景阳科技、艾比森光电等企业均为粤港澳大湾区智能手机产业链上游企业，推动惠州智能手机产业的发展。园区形成了以 LED 光电、移动通信设备、高清视频等产业为主的战略性新兴产业集群，引进了商住地产、医院、社会停车场、燃气、加油站、学校等配套项目，初步奠定了高新技术产业与科技金融、现代物流、商住地产和学校教育等现代服务业衔接配套、互融发展、优化合理的产业布局。园区导入智能安防、5G、智慧物联、智能硬件、新一代电子信息等产业，是集创新孵化、科技研发、金融服务于一体的产业聚集区，为智能手机优质配件生产提供保障。

（四）香港科学园

香港科学园助力智能手机产业的科研发展。香港科学园坐落于香港新界大埔区，位于吐露港沿岸，处于内地和香港市区之间，是一个以高科技的电子、讯息科技、精密工程及电讯等产业为主题的研究基地，由香港科技园公司运作，并且具有电子和通信技术领域智能化的科研实验室。香港科学园为科技公司提供拥有全面支援的科学创新环境，通过研究计划促进企业和香港的高校、应用研究机构的合作，提高制造业智能化的技术水平，助推粤港澳大湾区智能手机产业的科技创新。

四、粤港澳大湾区跨城市产业集群建设

广东省政府推出促进智能手机产业发展的政策，以增强粤港澳大湾区智能手机产业集群的建设，提升智能手机产业链的稳定性和竞争力。2020 年广东省政府出台了《广东省人民政府关于培育发展战略性支柱产业集群和战略性新兴产业集群的意见》（下面简称《意见》），要求对标国际的先进水平，培育多个有全球竞争力的产业集群，打好产业基础

和产业链现代化的攻坚战役，为战略性产业集群发展提供方向。《意见》表明，自从中国改革开放以来，广东省的产业规模一直是在全国的前列，市场消费规模巨大，形成了强大的产业整体竞争优势；但是在提升产业链和价值链、供应链，增强自主创新能力，培育自主知名品牌等方面依然具有很大的发展空间，也存在关键核心技术受制于人、发展载体整体水平有待加强、高端产品供给不足等问题需要破解。粤港澳大湾区推进新一代电子信息产业集群的建设，要在智能手机的上中下游产业发力，推动粤港澳大湾区智能手机产业的发展。重点发展高端半导体元器件、新一代通信设备、手机与新型智能终端、新一代信息技术创新应用等相关产业，进而解决智能手机在芯片领域落后的弊端。加快东莞、深圳、惠州等粤港澳大湾区城市的半导体研发，建成具有国际竞争力的半导体与集成电路产业聚集区，提高粤港澳大湾区对智能手机产业上游的把控能力。

加强粤港澳大湾区跨城市的专利合作，推动粤港澳大湾区智能手机产业创新能力的提升。跨城市发明专利合作率代表了不同城市间的创新协同与创新联系的紧密程度。依据《粤港澳大湾区协同创新发展报告（2020）》的数据，深圳和东莞、惠州和深圳、广州和深圳是粤港澳大湾区进行创新合作相对频繁的城市。深圳和东莞的跨城市专利合作率达到4.54‰，专利合作涉及互联网、电子信息等产业。深圳和东莞加快产业融合成为新的发展动向，vivo、华为、OPPO等一大批智能手机企业在深圳和东莞两地跨城布局，不久的将来深圳和东莞会联动构成拥有全球竞争力的电子信息和互联网产业集群。破除深圳和东莞产业发展的壁垒以及加快创新资源流动是未来东莞和深圳协同创新发展的前提。深圳和惠州跨城市专利合作率为2.62‰，专利合作分布于新能源、智能手机、互联网等产业。惠州土地空间广阔，会在粤港澳大湾区的智能手机产业有很大的收益，惠州与深圳随着轨道交通的对接，将加快惠州对深圳企业的承接进程。粤港澳大湾区的东莞、深圳、惠州的科技创新基地已分别汇集了松山湖科技产业园区、高新技术产业园、东江高新科技产业园等智能手机产业多个产业园，并汇聚了华为、腾讯、OPPO、vivo、亿纬锂能等一批具有国际竞争力的智能手机相关的高新技术企业，具有智能手机产业链较完备、市场孵化能力强、创新生态氛围浓厚等特点。

第五节　智能手机产业发展对策建议

1. 在粤港澳大湾区资源共享上把握契机，进一步完善东莞、深圳、惠州在智能手机产业的合作机制和产业发展政策体系

携手深圳构建智能手机产业合作新格局，推动深莞惠协同发展、资源对接新平台建设，创新深莞惠的智能手机产业合作模式和途径，扩大技术、投资、人才、信息、产业链等要素的联通和对接。整合、集聚深圳的投资等优势资源，鼓励东莞和惠州承接一批在产业链、技术链、价值链中高端、市场竞争力强的项目。夯实深莞惠智能手机产业链的关键环节和薄弱环节，为智能手机产业发展注入新动能。

2. 加快发展粤港澳大湾区的智能手机产业链体系，提升产业的配套能力

智能手机配件，如芯片、摄像头、数据线、电池、充电器、连接器、探针、电池、3D曲面玻璃、按键等，市场规模都数以亿计，有的甚至超百亿元。依托粤港澳大湾区，以延

伸智能手机产业链为切入点，在智能手机多个环节寻找新的增长点，围绕智能手机产业链上中下游产业，培育一批上中下游产业链企业，并不断带动新材料、高端机械设备等行业，打造利益共享的产业价值链，推动产业转型搭上智能手机产业的快车。

3. 智能手机产品避免同质化

依据现在智能手机的市场情况来看，智能手机同质化情况非常严重，更新换代的手机在技术方面的进步已经微乎其微。以往智能手机都是在屏幕方面做文章，但如今这方面的进步空间也越来越狭窄，因此粤港澳大湾区智能手机企业在以后的发展中可以采取定点式突破的战略，以此来确定自身的优势，和竞争企业拉开差距，提高自身的利润水平。

4. 着眼于中高端智能手机市场

随着科技水平的提升以及人们生活水平的不断改善，国产手机品牌的影响力不断上升，消费者对国产智能手机中高端产品的接受程度越来越高，进一步改写了国内市场原本由苹果、三星等品牌垄断高端产品的市场格局。这轮国内智能手机市场的重新洗牌，不仅增强了国产品牌的竞争力，也增强了消费者的爱国情怀，同时扩大了国产智能手机厂商的全球影响力。在国产智能手机厂商崛起后，外国智能手机品牌出货量下降，市场影响力减弱，粤港澳大湾区的智能手机厂商通过对产品价格的重新定位可以带来更多的利润空间，进而推动研发投入的增加。因此，未来粤港澳大湾区的智能手机行业要想更好地发展下去必将改变现在的定价策略，着眼于中高端智能手机市场。

5. 不断推动自主创新，提高智能手机产业创新能力

华为公司遭到美国政府制裁的消息牵动了人心，华为高端机型的芯片供给也受到较大影响。这些事件给粤港澳大湾区的手机制造商敲响了警钟。粤港澳大湾区的智能手机相关企业要想在市场中长期保持优势而不落败，必须要通过持续的研发与创新，保持本品牌的独特竞争力，完全或过分依赖进口产品很有可能令自己处于被动之中。纵观目前国内手机市场的格局，操作系统、芯片设计都是亟须拥有自己核心技术和专利权的部分，只有保证自身产品的差异化，才能不断提升产品竞争力。

6. 构建全球性的高端人才平台，大量引进科研团队、创新人才

进一步完善人才政策，为其提供在粤港澳大湾区的落户、医疗、子女就学、家属就业、限价房、人才公寓、养老等一系列政策待遇，强化人才保障；加强与香港以及澳门高校的研发合作，建设高端社区、国际学校等配套设施，鼓励高端技术人才集聚；对领军型人才，视其个人创新成果、经济贡献等给予奖励；注重培育粤港澳大湾区智能手机产业工人和技术尖端人才。

参考文献

［1］黄小莉. 中国智能手机行业的市场分析与研究：基于 SCP 范式［J］. 现代商业，2018（27）.

［2］李梅. 基于 SCP 视角的我国智能手机行业发展探究［J］. 北方经贸，2021（1）.

第四章　粤港澳大湾区工业机器人产业分析[*]

第一节　工业机器人产业链发展概况

一、工业机器人产业链结构

（一）机器人产业概述

智能机器人是一种能够进行半自主或全自主工作的机器装置，它具有感知、决策、执行等基本特征，汇聚了材料科学、机械制造、计算机编程等多个学科的高精尖技术，逐渐成为智能制造最具有代表性的产品之一。智能机器人作为制造业的关键支撑装备，能够极大推进先进制造业的发展，同时能够很大程度上改善人类生活方式。

根据 IFR（International Federation of Robotics，国际机器人联盟）的分类标准，智能机器人分为工业机器人和服务机器人，其中，工业机器人是广泛用于工业领域的多关节机械手或多自由度的机器装置，具有一定的自动性，可依靠自身的动力能源和控制能力实现各种工业加工制造功能。工业机器人根据机械结构不同又分为了多关节机器人、Delta（并联）机器人、SCARA（水平多关节）机器人、坐标机器人、AGV 搬运机器人、协作机器人等，已经被广泛应用于汽车、3C、化工、金属制造、物流等多个工业领域。工业机器人具有生产效率高、安全性高、易用性强、成本较低、应用场景丰富等特征，不仅能够有效降低人力成本，同时还提高了工作效率。因其特性，工业机器人获得了"制造业皇冠顶端的明珠"的美誉。工业机器人产业对经济发展极为重要的原因在于，无论是工业机器人的制造生产还是其应用，涵盖的细分产业几乎涉及制造业中各个细分领域，并伴随着5G、人工智能、工业互联网、大数据等新技术发展进程的加快，工业机器人在未来拥有广阔的应用市场，对我国推进产业转型升级、发展智能制造意义重大。

---

[*] 本章由暨南大学产业经济研究院谯娜、苏启林执笔。

（二）工业机器人产业链

目前，全球工业机器人已经形成了非常完整的产业链，如图4-1所示。产业链上游包括了基础原材料[①]和核心零部件，核心零部件囊括了机器人的关键技术，包含控制器、减速器、伺服系统，这三大核心零部件可以看作工业机器人的"大脑"。产业链中游主要是工业机器人的本体制造，本体即机座与执行结构，包括了手部、腕部和臂部等，相当于工业机器人的"身体"。产业链下游主要是系统集成以保证功能实现，系统集成商根据不同需求方的用途及应用场景对工业机器人进行软件二次开发和系统集成。工业机器人可在各个环节中灵活应用，应用场景非常丰富，例如汽车制造、家电制造、家具制造、电子产品制造、物流运输等，并逐渐扩张到食品加工、橡胶及塑料加工、化学工业等消费品加工制造。应用市场的不断扩大，也带动工业机器人二次开发、销售、售后服务等行业的蓬勃发展。

从图4-2可见，在整条产业链中，上游的核心零部件技术难度最高，其成本约占总成本的70%，而本体制造、其他零部件及系统集成等成本仅占30%左右。从盈利情况来看，工业机器人产业链各环节的盈利情况基本符合"微笑曲线"，核心零部件研发所处的上游的技术难度大，行业进入壁垒高、议价能力强、产品附加值高；中游企业若未能掌握核心技术则成本大部分集中在核心零部件，导致盈利较少；下游系统集成不需要过多硬件设施，主要偏向提供服务，产品品牌及客户资源是高盈利的主要来源。

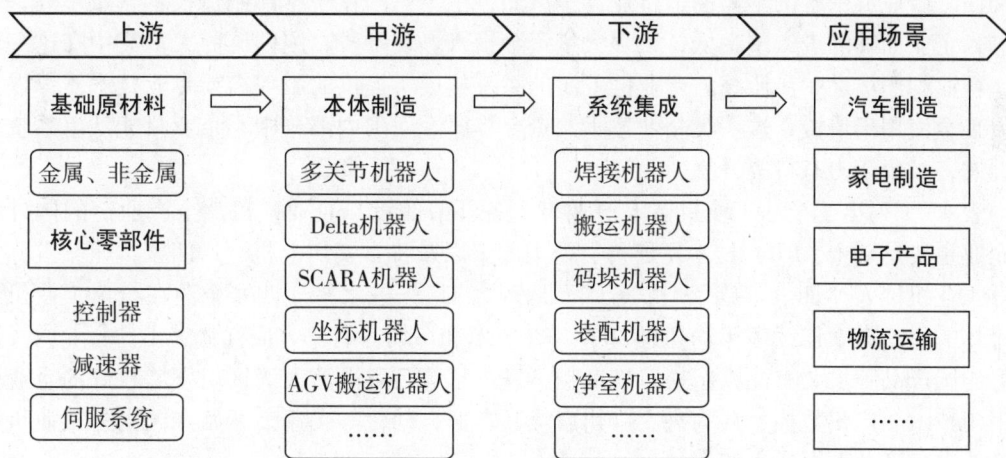

上游	中游	下游	应用场景
基础原材料	本体制造	系统集成	汽车制造
金属、非金属	多关节机器人	焊接机器人	家电制造
核心零部件	Delta机器人	搬运机器人	电子产品
控制器	SCARA机器人	码垛机器人	
减速器	坐标机器人	装配机器人	物流运输
伺服系统	AGV搬运机器人	净室机器人	
	……	……	……

图4-1 工业机器人产业链

资料来源：根据公开资料整理。

---

① 由于基础原材料市场不存在技术壁垒，不在本文具体分析范畴。

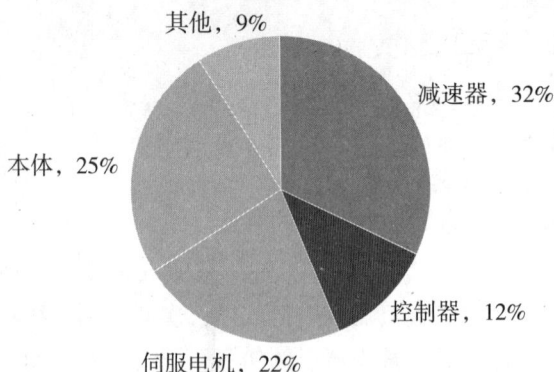

图 4 - 2 工业机器人成本构成

资料来源：Ittbank。

（三）工业机器人行业竞争状况

国内工业机器人市场发展初期，产业链上游进入壁垒高，核心零部件逐渐形成多寡头垄断的市场格局，全球、国内市场份额都主要由日系企业代表——发那科、安川电机以及欧美公司 ABB、库卡四家企业占据，国内厂商很难进入上游的研发生产，大多数企业选择先从本体制造进入工业机器人行业，沿着产业链上游发展，逐渐打破了几家企业垄断的竞争局面。产业链中游的本体制造行业竞争激烈，主要原因在于本体制造技术含量不高，且新进入企业面临的进入壁垒低，无须大量资金投入。现阶段，国内厂商大多集中在这一环节，行业利润被进一步压缩。产业链下游的系统集成所提供的服务需要专业技术支撑以及大量现金流用于垫资，这一类企业技术、资金雄厚。而国内部分中小企业只能从事系统二次开发，竞争实力有待提升。

表 4 - 1 列出了全球工业机器人产业链上各环节的重点企业，覆盖全产业链的国外领先企业主要是瑞士 ABB、日本发那科、德国库卡以及日本安川电机，这四家企业又被称为全球工业机器人"四大家族"，代表了行业发展的最先进水平。四家企业在全球工业机器人市场的总占有率连续多年均超过50%，在技术和市场占有率方面优势突出。行业内发展较好的国产品牌主要有沈阳新松、埃斯顿、埃夫特等，粤港澳大湾区内发展较好的企业包括汇川技术、广州数控、众为兴、广州启帆、李群自动化等，逐渐开始在国内外工业机器人产业链各环节上形成生产布局。

总的来说，无论在国际市场还是国内市场，"四大家族"企业的技术及市场占有率都具有绝对优势，但随着国内企业近几年迅速崛起，未来有望实现国际赶超。

表 4-1　全球工业机器人产业链各环节重点企业

产业链环节	关键环节	国外重点企业	国内重点企业
上游 （核心零部件）	控制器	ABB、发那科、库卡、安川电机	沈阳新松、汇川技术、广州数控、众为兴、华中数控
	减速器	弗兰德、SEW、哈默纳科、住友重机、纳博特斯克	秦川机床、绿的谐波、双环传动、南通振康、上海力克
	伺服系统	松下、安川电机、西门子、施耐德	汇川技术、埃斯顿、禾川科技、新时达、英威特
中游	本体制造	发那科、史陶比尔、ABB、爱普生、安川电机、库卡	沈阳新松、广州数控、埃斯顿、埃夫特、华中数控、拓斯达
下游	系统集成	发那科、ABB、施耐德、安川电机、西门子、杜尔、日本野田	沈阳新松、新时达、博实股份、先导智能、埃夫特、埃斯顿

资料来源：根据公开资料整理。

（四）国内工业机器人产业发展概况

1. 国内产销量发展趋势

国内工业机器人产业发展呈现生产规模不断扩大、销量增长速度放缓的趋势。自进入21世纪以来，国内工业机器人产业开始加速增长。图4-3、图4-4分别反映了近几年全国工业机器人产量及销量情况。2003年，国内工业机器人市场的销量增速超过170%，远远超过同期全球工业机器人销量18.8%的平均增速，销售数量也突破1000台大关。2005—2008年销量的平均增速在25%~30%之间，即使制造业投资在全球经济危机时期受到重创，2009年国内工业机器人市场的销量增速仍高于世界平均水平。2010年后经济危机影响减少，国内工业机器人销量又开始了新一轮增长，同时，国内工业机器人产量迈入迅速增长时期。2015年《中国制造2025（国家行动纲领）》印发，国内工业机器人的产量在2015—2017年间翻了两番，销量也增长了100%以上。2018年中美发生贸易摩擦，工业机器人产量和销量增速陡然降至13%左右。2019年贸易摩擦的负面影响逐渐消散，但宏观经济遭受下行压力，工业机器人销量出现下跌，产量仍呈正增长且增速有所回升。

2020年在全球疫情扩散的影响下，制造业自动化和智能化的重要性凸显，国内工业机器人生产规模逆势实现正增长，产量突破20万台，并保持了较高的增长速度。这一方面是因为宏观经济逐渐复苏，多个行业发展升温，尤其是新能源汽车、电子制造行业逆转颓势实现正增长，对工业机器人需求有所上升。另一方面，国内疫情控制得当，制造业复工复产状况良好，全球工业机器人订单转移至中国使得产量上升。当前国外疫情形势并不明朗，预计2021年中国仍然是全球制造业恢复最快的生产基地，需求侧及供给侧双重增长的情形下国内工业机器人产销量有望实现双增长。

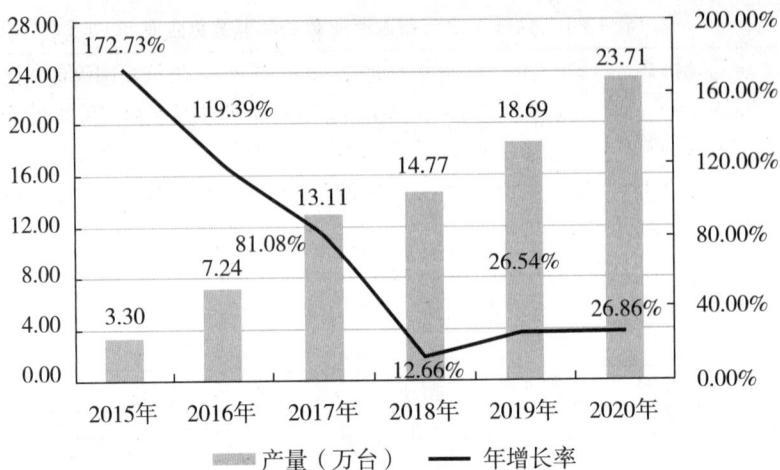

图 4-3　2014—2020 年全国工业机器人产量及增长率

资料来源：国家统计局、中国机器人产业联盟。

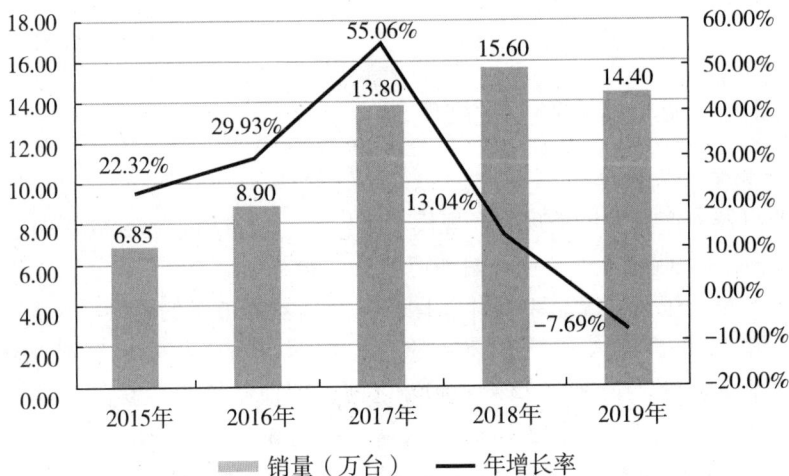

图 4-4　2014—2019 年全国工业机器人销量及增长率

资料来源：国家统计局、中国机器人产业联盟。

2. 国内市场渗透情况

国内市场渗透情况还有待进一步提升。机器人密度是衡量一个国家先进制造业发展水平的指标之一，可以一定程度上代表我国智能制造业的发展水平。纵向来看，我国工业机器人密度指标上升幅度较大，由 2016 年的每万人 68 台上升到 2019 年每万人 187 台。然而从横向对比，2019 年全球工业机器人密度排名第一的新加坡为每万人 918 台，韩国为每万人 855 台，德国和日本工业机器人密度均超过了每万人 300 台，远超过我国工业机器人密度，这一方面说明了未来国内工业机器人应用市场仍有广阔的拓展空间，另一方面也说明国内市场国产化进程有待提速。从工业机器人产业整体看，国内市场产量及销量发展势头良好，但通过探究工业机器人国产化情况可以发现，国内工业机器人产业链各环节国产化率亟待提高。目前，核心零部件大部分市场份额仍然由"四大家族"占据，对于精度及稳定性较高的汽车制造、3C 等领域也被大量外资品牌所占据。在核心零部件及高端工业机器人方面有优势的国产品牌数量仍然较少，国内机器人企业中大约有70%的企业集中在产业链下游的系统集成环节，且大多本体制造厂商定位在中低端产品，类似于多关节机器人等高端产品的生产供给能力依然较弱。图 4 - 5 数据显示，近几年，国内工业机器人市场国产化率基本维持在 30% 左右，未来有望逐步实现国产品牌代替外资品牌，国产工业机器人品牌仍有很大的市场渗透空间。

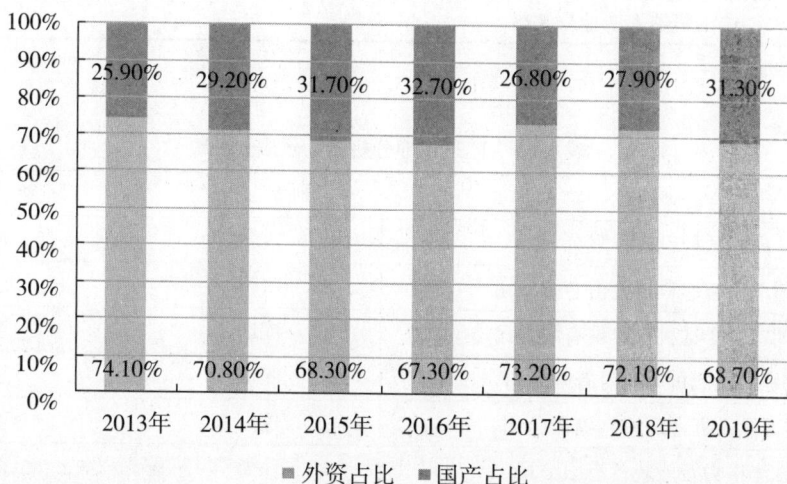

图 4 - 5　2013—2018 年国内工业机器人市场分布

资料来源：IFR。

二、广东省工业机器人产业发展概况

从粤港澳大湾区工业机器人发展整体来看，产业规模逐渐扩大，产业链不断完善，应用市场广阔。大湾区制造业起步较早，形成了比较成熟的制造业产业集聚区，随着制造业产业结构升级以及人力成本不断攀升，工业机器人在大湾区有良好的产业发展基础及应用市场空间。目前，大湾区智能机器人产业发展主要集聚在珠三角核心区（广州、深圳、佛山、珠海、东莞、中山），表 4 - 2 是广东省机器人产业园汇总，截至 2018 年底，广东省已建成或在建产业园区共 11 个，产业园区数量位居全国榜首，其中，深圳建设的机器人产业园数目占比超过一半。同时，在广东省政府产业发展政策支持下，省内机器人企业持续增加，2014 年广东省内机器人企业数量仅为 303 家，到 2019 年机器人企业数量已超过 1 600 家，企业数量大幅提升，也涌现了大批发展势头良好、有影响力的机器人企业。表 4 - 3 列出了部分广东省内机器人代表企业，均是广东省机器人骨干企业，主要分布在珠三角核心区。虽然广东省内产业园区、机器人企业数量众多，但从整体上看，仍存在产业园发展参差不齐、产业配套设施亟待完善、企业规模较小、行业集聚程度有待提升等问题。

表4-2　广东省机器人产业园汇总

地区	产业园名称
广州	广州机器人产业集群
深圳	深圳南山机器人产业园、深圳市智能机器人产业园、坪山新区机器人产业园、深圳宝安机器人制造产业园、碧桂园深圳机器人产业园、华丰国际机器人产业园
佛山	顺德机器人产业聚集区、佛山库卡机器人小镇
东莞	松山湖国际机器人产业基地
中山	中山机器人产业聚集区

资料来源：前瞻产业研究院。

表4-3　广东省部分机器人代表企业

企业全称	所属地市	是否已上市
广州数控设备有限公司	广州	否
广州瑞松智能科技股份有限公司	广州	是
深圳市优必选科技股份有限公司	深圳	否
深圳市兆威机电股份有限公司	深圳	是
羽人无人机（珠海）有限公司	珠海	否
珠海格力智能装备有限公司	珠海	否
广东汇博机器人技术有限公司	佛山	否
广东泰格威机器人科技有限公司	佛山	否
广东拓斯达科技股份有限公司	东莞	是
广东天机工业智能系统有限公司	东莞	否
广东鑫光智能系统有限公司	中山	否
广东硕泰智能装备有限公司	中山	否
巨轮智能装备股份有限公司	揭阳	是

资料来源：广东省工业和信息化厅。

从生产规模来看，广东省工业机器人产业规模快速扩大，未来增长势态向好。从图4-6可见，省内工业机器人生产数量连续多年上升，从2015年不足1万台到2019年已突破4万台，并在2020年创下新高，产量达到6.64万台，广东省已成为国内工业机器人产量最大的省份。广东省工业机器人产量占全国总产量的比例自2017年起呈增长趋势，2020年的产量已接近全国总产量的1/3，同时省内工业机器人产值占智能机器人的比例显著提升，2018年这一占比仅为17.8%，到2020年三季度末工业机器人产值占比已达到智能机器人总产值的28.2%。

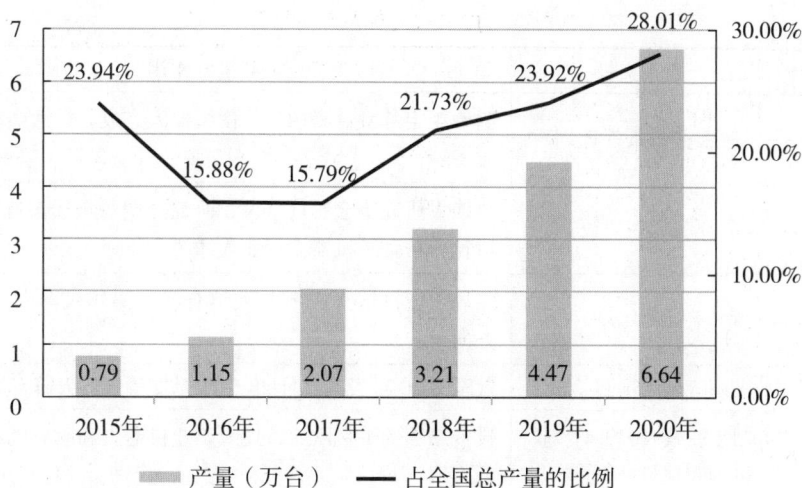

图4-6 2015—2020年广东省工业机器人产量及其占比

资料来源：广东省统计局。

第二节 工业机器人产业发展环境

一、国内外产业政策形势

（一）国外产业政策形势

美国、德国及日本等发达国家工业基础雄厚，工业机器人产业发展起步也相对较早，表4-4列出了发展较好的几个国家和地区出台的产业规划或政策，相关发展经验、产业发展规划及政策值得我国借鉴。

表4-4 欧美、日本产业政策汇总

国家	时间	政策文件	重要作用
美国	1980年	《史蒂文森—威德勒技术创新法》	促进机器人技术从实验室和高校向企业转移
	1981年	《经济复兴税法》	在税收、投资等多方面给予企业优惠，促进企业进行研发
	1982年	《小企业创新发展法案》	为有创新能力的小企业提供资金支持
	2009年 2013年 2016年 2020年	《美国机器人技术路线图：从互联网到机器人》	对机器人未来5年、10年、15年关键技术突破、发展、场景应用等做出预测和发展规划
	2011年 2017年	《国家机器人计划》 《国家机器人计划2.0》	提出未来重点研发生产方向

（续上表）

国家	时间	政策文件	重要作用
德国	20 世纪 70 年代	《改善劳动条件计划》	明确规定危险性高的工作由机器人完成，极大推动机器人产业发展
	2004 年	《研究与创新协议》	与四大研究协会签订协议，研究经费每年须保持 3% 以上的增长，培育了机器人产业人才
	2013 年	《德国工业 4.0》	强调智能机器人需要与人结合，为协作机器人发展提供了方向
欧盟	2014 年	民用机器人项目	截至 2020 年投入总计 28 亿欧元支持机器人研发制造
	2016 年	"地平线 2020 计划"机器人项目	投资总额约 1 亿欧元，投入工业机器人和服务机器人的开发与应用
日本	1971 年	《机械工业促进法》	成立日本工业机器人协会，推进机器人制造业发展
	1985 年	《关于加强中小企业技术基础的税制》	减少研发生产工业机器人的中小企业税费以及给予优惠贷款等
	2014 年	《机器人白皮书》	对未来机器人应用场景和技术发展趋势做出预测
	2015 年	《机器人新战略》	将计算机技术、人工智能、大数据等技术与工业机器人融合发展，引领物联网时代的产业发展

资料来源：根据公开信息整理。

综上来看，美国、日本及欧洲国家的产业规划及政策是从多方面进行配合，技术研发、税费减免、生产补贴等均能有效促进工业机器人产业发展。

（二）国内产业政策形势

为进一步提升制造业智能化水平，政府从国家战略层面制定了有关发展智能制造的各项产业政策，并对智能机器人产业未来几年的发展做出了稳健的规划。在《中国制造2025（国家行动纲领）》中重点提出机器人领域的发展，具体在《机器人产业发展规划（2016—2020 年)》中对弧焊机器人、真空（洁净）机器人等十种标志性工业机器人产品以及核心关键零部件性能差、可靠性差、使用寿命短等问题提出了具体改进要求，制定的发展规划基于现状展望未来，具有科学性和前瞻性。表 4-5 列出了国家层面及部分省市出台的产业规划或扶持政策，其他省市如北京市、辽宁省、浙江省、江苏省、重庆市等多个省市均出台了关于机器人产业的发展规划或扶持政策。此外，多地政府还出台了相关产业基金，有的产业基金引入民间资本，多方共同发力促进机器人产业发展。

综合看来，目前国内工业机器人产业正处于快速上升阶段，发展重点在于突破关键技术、形成完整的机器人产业体系。国家产业政策整体呈大力支持态势，各省产业规划、扶持政策纷纷出台，工业机器人产业发展环境不断优化，有利于工业机器人全产业协同发展。

表4-5 国家及部分省市产业政策汇总

时间	文件	相关内容
2015年5月	国务院印发《中国制造2025（国家行动纲领）》	加快发展智能制造装备和产品，组织研发工业机器人等装备，突破伺服电机、减速器等智能核心装置
2016年4月	工信部、发展改革委、财政部印发《机器人产业发展规划（2016—2020年）》	"十三五"期间要力争实现机器人关键零部件和高端产品的重大突破，推进工业机器人向中高端迈进
2017年7月	科技部印发《"智能机器人"重点专项2017年度项目专项申报指南》	共启动工业机器人、服务机器人等6个方向42个项目，总投资约6亿元
2017年12月	工信部发布《促进新一代人工智能产业发展三年行动计划（2018—2020年）》	着重突破智能制造的关键技术装备，提升工业机器人各项能力和智能化水平
2018年7月	安徽省人民政府办公厅《关于印发安徽省机器人产业发展规划（2018—2027年）的通知》	两阶段发展，第一阶段（2018—2022年）形成完整的机器人产业体系，第二阶段（2023—2027年）提升核心竞争力
2020年3月	青岛市政府办公厅印发《关于支持机器人产业加快发展若干政策措施的通知》	对机器人企业项目建设、扩大规模发展、创新产品研发等方面进行资金支持

资料来源：中国政府网、工信部、科技部、各省市人民政府办公厅。

（三）粤港澳大湾区产业政策形势

广东省以及下属地市政府紧跟国家经济发展趋势，在国家制定的机器人产业规划基础上，自2014年起制定了多项产业规划以及扶持政策，以支持工业机器人产业的发展。由表4-6可见，从2015年至2020年广东省政府对于机器人发展做出了长远、详细的规划，且重点突出了工业机器人的发展规划。省内部分城市如深圳市、东莞市、佛山市等在省政府发展规划基础上，根据本市实际情况做出了更细化的发展规划。表4-7列示了部分广东省对机器人产业扶持的政策，省政府以及各市政府对机器人制造企业、机器人应用企业均有相关资金支持。另外，广东省经济和信息化委每年遴选出一部分机器人骨干企业，充分发挥骨干企业带头作用，同时积极举办机器人产业发展论坛、峰会、技能大赛等，促进机器人不同领域内、不同产业环节上各个企业的合作交流，有效推动省内机器人全产业链深入发展。

总的来说，广东省对工业机器人产业发展有比较长远、细致的规划，政府对工业机器人产业发展比较重视，产业扶持政策覆盖了整个产业链，营造了良好的产业政策环境，有利于推动工业机器人产业实现进一步发展。

表4-6　广东省产业规划政策汇总

时间	文件	相关内容
2014 年 4 月	《广州市人民政府办公厅关于推动工业机器人及智能装备产业发展的实施意见》	对产业集群、产业园、产能规模等设立了发展目标，使广州成为全省智能装备制造业发展的先行区，华南地区工业机器人生产、应用、服务的核心区，以及全国最具规模和最具竞争力的工业机器人和智能装备产业基地之一
2015 年 7 月	广东省人民政府印发《广东省智能制造发展规划（2015—2025 年）》	大力发展机器人产业，重点支持关键技术、零部件的研发和应用，打造完整的工业机器人制造产业链，实施"机器人应用"计划
2015 年 12 月	广东省经济和信息化委印发《广东省机器人产业发展专项行动计划（2015—2017 年）》	以满足我省制造业转型升级对工业机器人的市场需求为主攻方向，对 2015—2017 年机器人产业基地、研究院、企业、品牌等做出详细规划
2017 年 12 月	深圳市宝安区印发《宝安区工业机器人产业品牌发展规划（2017—2030）》	将 2017—2030 年分为三个发展阶段，实现宝安区工业机器人产业品牌发展
2018 年 1 月	广东省经济和信息化委印发《广东省工业企业技术改造三年行动计划（2018—2020 年）》	实施机器人产业发展专项计划，重点在电子、汽车、机械等行业推广应用机器人，鼓励企业应用省内自主品牌机器人，通过保费补贴、事后奖补等方式予以支持
2020 年 9 月	广东省工业和信息化厅、广东省发展和改革委员会、广东省科学技术厅、广东省商务厅、广东省市场监督管理局印发《广东省培育智能机器人战略性新兴产业集群行动计划（2021—2025 年）》	围绕壮大产业规模、提升产业技术、推进产业应用、优化产业生态四个目标布局智能机器人发展任务，致力于推进全省智能机器人发展。到 2025 年，工业机器人年产量超过 10 万台，年均增长率约 15%

资料来源：广东省工业和信息化厅。

表4-7　广东省产业扶持政策汇总

时间	文件	相关内容
2015 年 3 月	广东省经济和信息化委、广东省财政厅组织《申报 2015 年省级企业转型升级专项资金设备更新（机器人应用）专题项目》	对符合条件的机器人应用企业给予专项资金支持，主要集中于工业机器人应用

（续上表）

时间	文件	相关内容
2016 年 4 月	广东省经济和信息化委、广东省财政厅下达《2016 年工业与信息化发展专项资金企业转型升级方向（机器人发展专题）项目计划》	划拨专项资金 36 046 万元，其中 16 000 万元采取股权投资方式支持广东省工业机器人骨干企业的重大技术创新及产业化项目、20 046 万元用于支持广东省工业机器人骨干企业机器人设备的推广应用和制造业企业应用工业机器人进行智能化改造
2017 年 3 月	广东省经济和信息化委、广东省财政厅、广东保监局印发《广东省工业机器人保费补贴试点工作方案》	建立省级工业机器人保险补贴机制，省级财政资金给予保费补助，加快我省自主研发的工业机器人的推广应用力度
2017 年 7 月	东莞市人民政府印发《东莞市打造智能制造全生态链财政资助实施细则（试行）》	重点支持企业"机器换人"，进行改造升级，对购置工业机器人等先进智能装备的企业进行资助
2018 年 4 月	佛山市人民政府印发《佛山市推动机器人应用及产业发展扶持方案（2018—2020 年）》	每年安排 1.3 亿元用于推动我市企业应用机器人、机器人应用示范企业建设、机器人本体制造和系统集成企业发展以及机器人与智能制造公共服务平台搭建

资料来源：广东省工业和信息化厅。

二、国内外市场需求趋势

（一）全球工业机器人市场需求趋势

由于工业机器人应用范围的持续扩大、应用场景的不断增加，其销量及销售额有显著提升。由图 4-7 可见，工业机器人销售数量变化趋势与销售额基本保持一致，2014—2018 年全球工业机器人的销量及销售额均呈持续增长态势，其中 2014 年销售额仅为 107 亿美元，2018 年增长到 165 亿美元，每年平均增长率约 10%。2019 年的销量及销售额均出现不同程度的下降，其中销量较上年减少 11.63%，销售额降低近 30 亿美元。2019 年全球工业机器人销量及销售额双双下降主要是由于亚洲地区的增速下滑，其根本原因在于亚洲地区汽车、计算机、电子等行业均出现发展放缓或下降的趋势。2020 年受到全球疫情影响，预计全球工业机器人的销量仍会出现小幅度的下降，但有望在 2021 年开始逐渐复苏。

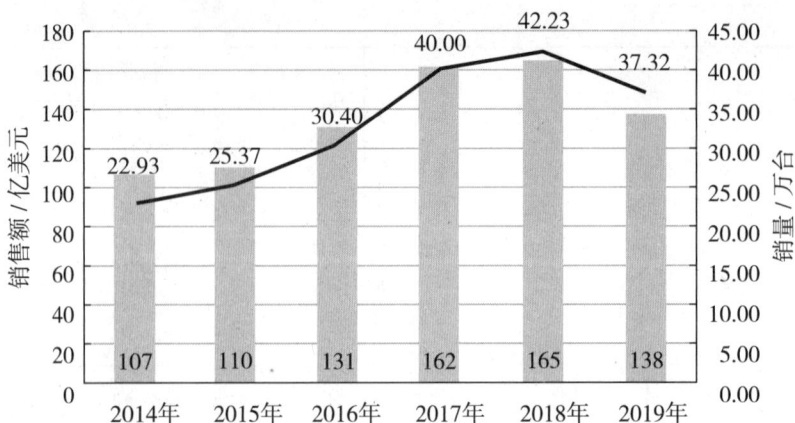

图 4 - 7　2014—2019 年全球工业机器人销售额及销量

资料来源：IFR。

应用行业的扩大是工业机器人行业增长的主要方向。根据 IFR 的报告显示，全球工业机器人保有量呈逐年增长趋势，并在 2019 年达到 272.2 万台，其中，亚洲和澳洲成为拥有工业机器人数量最多的地区，两个地区的保有量占全球的比重超过 60%，欧洲的保有量为 58 万台，占全球保有量的 21%，美洲拥有工业机器人数量约 39 万台，占比 14%。根据图 4 - 8 全球工业机器人部署的行业分布来看，超过一半的工业机器人流向汽车行业及电子电气行业，金属和制造、化工、食品行业工业机器人安装量也比较可观，应用行业逐年拓宽。

在全球工业机器人市场中，随着制造业水平不断提升，尤其在疫情影响下，自动化生产的重要性凸显，市场需求会进一步加大。伴随着全球产业结构的转移，将来亚洲制造业智能化水平仍存在很大的发展空间，预计工业机器人在亚洲市场的应用需求仍会呈上升态势。

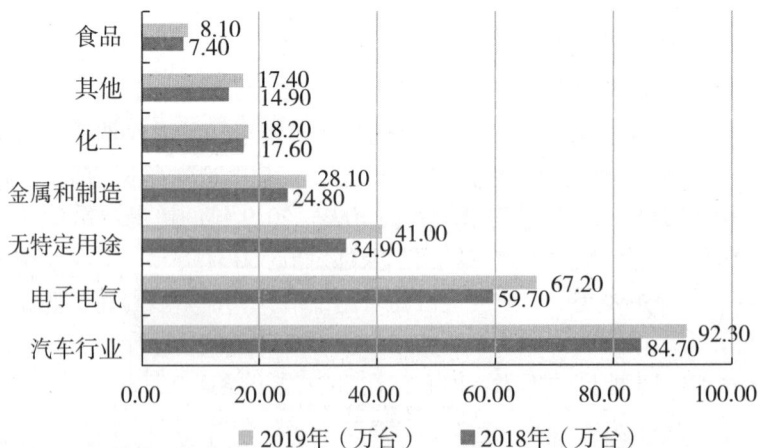

图 4 - 8　2018—2019 年全球工业机器人行业分布

资料来源：IFR。

（二）国内工业机器人市场需求趋势

国内工业机器人市场仍未饱和，消费量仍有增长空间。由图 4 - 9 可见，2017—2019 年全球工业机器人最大的五个消费国分别是中国、日本、韩国、美国和德国。2019 年，工业机器人最大的五个消费国的安装量占全球安装量的比例超过 70%，中国市场工业机器人的安装量占总安装量的 37%，较 2018 年上升 3%。2019 年受到宏观经济下行的影响，全球工业机器人市场销量较上年降低，但我国工业机器人销量仍占据全球市场首位，这是我国连续第七年成为全球最大的工业机器人应用市场。

工业机器人在国内未来的发展趋势有较好的宏观条件，首先，制造业是我国经济结构的重要组成部分，2019 年制造业占我国 GDP 比重达到 27.17%，超过德国、日本等制造业强国，但我国工业机器人密度全球排名仅为第 20 名，与日韩等国还有很长的距离。随着我国加快从"制造大国"向"制造强国"转型，智能制造受重视程度不断上升，预计国内工业机器人市场需求规模将继续扩大。其次，人口红利的消失导致劳动力占比下降，进一步提升了人力成本。国家统计局数据显示，自 2010 年以来，国内 15～64 岁所占人口比例已经连续九年出现下降，老龄化问题日益严重。同时工人工资却在上升，2019 年制造业工人平均工资超过 5.8 万元/年，而工业机器人均价呈现波动下降的趋势，"机器换人"逐渐具有成本优势。最后，目前国内高端工业机器人大部分由国外厂商占据，2019 年国内市场销售工业机器人总计 14.4 万台，外资品牌销量就达到了 9.9 万台，接近国内市场的 70%，且国产本体很大部分集中于搬运、码垛等中低端领域。因此，国内厂商一旦实现关键技术的突破，以国产品牌替代外资品牌，则可在超大规模的国内市场中占据优势地位，工业机器人的市场需求增长潜力巨大。

单位：万台

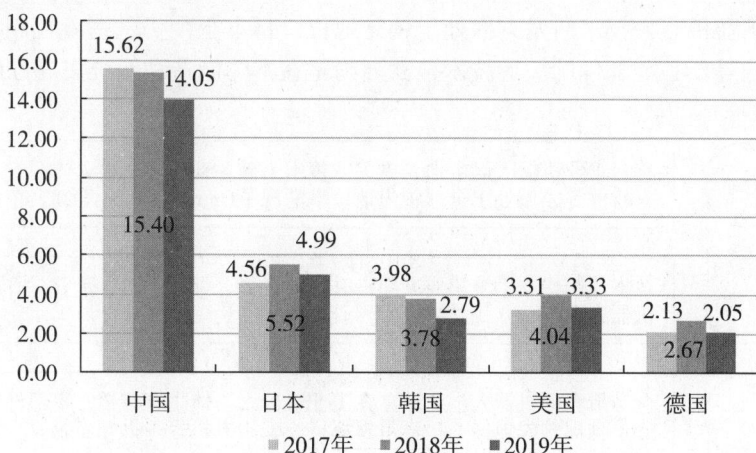

图 4 - 9　2017—2019 年全球工业机器人安装量前五名国家

资料来源：IFR、中商产业研究院。

三、国内外生产布局趋势

（一）全球生产布局趋势

全球工业机器人生产布局沿着美国、欧洲、日本、中国逐渐转移。1962 年，美国研发生产了全球第一台工业机器人，但美国当时劳动人口充裕，并不需要大量工业机器人代替劳动力，加上其销售价格昂贵、功能结构难以满足生产需要，并未得到大面积推广使用。相反，德国及日本在第二次世界大战后面临劳动力不足的问题，同时两国的汽车产业发展迅速，为"机器换人"打下了良好的制造业基础。此外，德国和日本还出台各类政策促进企业进行技术研发，营造了良好的技术创新氛围。

德国与日本两国工业机器人在 20 世纪 70 年代至 90 年代得到了快速发展，培育了库卡、发那科、安川电机等大批知名企业，生产规模持续扩大，并在核心零部件方面掌握了最前沿的技术。90 年代后，日本、德国等国家工业机器人产业发展趋向平稳，并逐渐开始向国外扩张。进入 21 世纪后，全球制造业大规模向亚洲转移，中国机器人产业逐渐开始发展，大量国外工业机器人企业在中国生产布局，例如前文提及的"四大家族"均在我国布局了全产业链。2010 年后，国内汽车行业、3C 行业的发展进入"快车道"，工业机器人应用市场随之扩大，产业进入高速发展时期。2018 年，国内工业机器人产量达到14.77 万台，超过全球产量的 38%，我国成为全球工业机器人最大的生产国，2019 年、2020 年的产量一直保持增长趋势。国内企业如沈阳新松、埃斯顿、新时达、华中数控，粤港澳大湾区企业如汇川技术、广州数控、拓斯达等逐渐发展起来，开始在全球市场上进行生产布局。

目前，工业机器人生产形成以亚洲为最大生产中心、美日欧引领产业发展的格局。其中，美国在工业机器人技术研发方面处于领先地位，日本至今仍掌握着控制器、精密减速器及伺服系统等核心零部件的关键技术，欧洲则是在本体制造和系统集成方面优势突出。

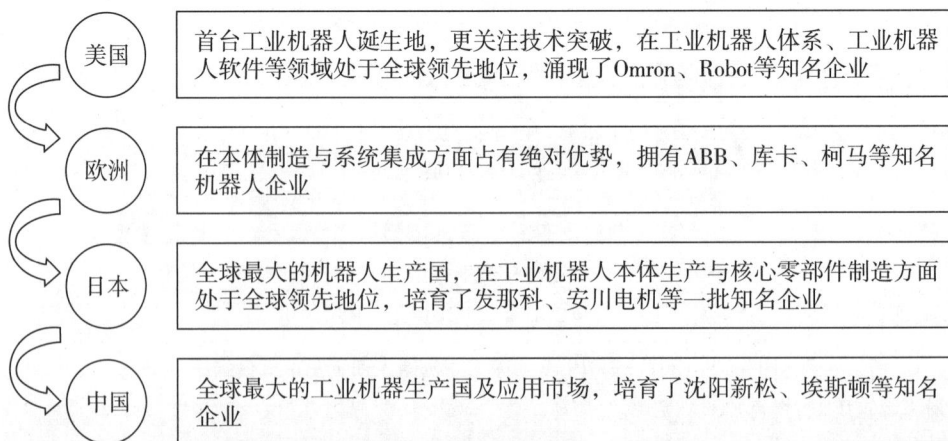

美国	首台工业机器人诞生地，更关注技术突破，在工业机器人体系、工业机器人软件等领域处于全球领先地位，涌现了Omron、Robot等知名企业
欧洲	在本体制造与系统集成方面占有绝对优势，拥有ABB、库卡、柯马等知名机器人企业
日本	全球最大的机器人生产国，在工业机器人本体生产与核心零部件制造方面处于全球领先地位，培育了发那科、安川电机等一批知名企业
中国	全球最大的工业机器生产国及应用市场，培育了沈阳新松、埃斯顿等知名企业

图 4－10　全球工业机器人生产布局转移

资料来源：武汉光谷创新发展研究院。

（二）国内生产布局趋势

现阶段国内工业机器人生产布局主要集中在长三角及珠三角地区，包括上海市、广东省、安徽省等地。上海市拥有 ABB、发那科、新时达等多个国内外知名机器人企业的研发和生产基地，已完成工业机器人全产业链的生产布局。在众多企业的支撑下，上海地区工业机器人的产量在 2020 年之前一直处于国内榜首。同时，上海还是国内制造业发展领先城市，拥有汽车、食品、电子等多个行业内大规模企业，为工业机器人打下良好的市场应用基础。2019 年，广东省工业机器人企业数量超过 1 600 家、产业园共 11 个，位居全国第一，工业机器人生产规模也在不断增长。2018—2020 年，广东省工业机器人产量持续上升，并于 2020 年生产数量创新高达到 6.64 万台，赶超上海成为全国工业机器人产量最大的省份。安徽省与浙江省工业机器人生产规模虽然不大，但在长三角工业机器人产业分工体系中占有重要地位，安徽省孵化了多个工业机器人国产领先企业，例如埃夫特、配天机器人、巨一科技等，整体实力较强。浙江省则是在工业机器人市场应用方面优势突出，截至 2019 年，浙江省工业机器人保有量占全国比重约 1/8，是工业机器人应用大省。湖北省作为内陆工业机器人产量大省，产业发展虽然不及沿海城市快，但产量呈稳定增长趋势，产业配套基础设施逐渐完善，产业规模有望持续扩大。

总的来说，国内工业机器人生产布局主要集中在长三角和珠三角地区，其中，广东省产量快速增长，已经发展成为工业机器人生产规模最大的省份，未来仍有望继续保持增长趋势。而内陆省份仍处于产业体系建设当中，产业规模亟待扩张。

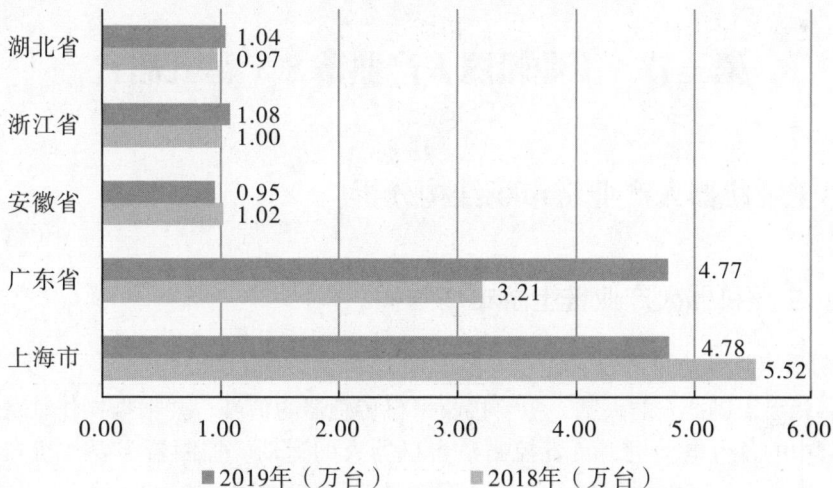

图 4 - 11　2018—2019 年国内工业机器人重镇产量

资料来源：各省市统计公报。

四、产业技术变革与发展趋势

随着工业机器人在更多行业被广泛运用，工业机器人正朝着智能化、柔性化、轻型化发展。目前，工业机器人被广泛应用于汽车制造、3C、物流运输等行业，应用场景的扩大使得工业机器人面临的工作环境愈加苛刻，对其重量、体积、灵活度等提出了更高的要求。随着技术水平提升、新材料的引入，工业机器人逐渐呈现重量减轻、体积减小、运动更灵活的特征，工作精细化程度不断增强。此外，智能技术的不断提升使工业机器人朝着人机协同工作的方向发展，传统工业机器人需要使用安全围栏进行隔离，以保证人类安全，但协作机器人可直接与人一起工作，更加安全可靠。协作机器人也成为国际机器人公司的研发重点，如ABB、库卡、新松等企业均发布了多款协作机器人以满足更多应用场景的需求。2019年，传统工业机器人销量及销售额双双下降，但协作机器人的安装量却逆势增长了11%，预计未来协作机器人将长期成为行业发展的重要竞争点。

结合国内工业机器人技术未来发展趋势，我国工业机器人生产仍然是以突破核心零部件为第一目标。在国家政策大力支持下，国内厂商打破了产业链上游的进入壁垒，突破了在控制器、伺服系统、精密减速器等零部件关键技术的部分难题，国产核心零部件正逐步实现进口替代，例如核心零部件中控制器已初步实现国产化、国产工业机器人销量逐渐上升，受到市场认可。未来，我国仍要继续突破关键核心技术，集中于高端工业机器人研发生产，争取实现工业机器人整条产业链的国产化；同时，深入推进工业机器人的应用领域，发挥超大规模市场优势，实现工业机器人在多行业的高端应用。

第三节　工业机器人产业链 SCP 范式研究

一、工业机器人产业链市场结构分析

（一）工业机器人产业链上游市场结构

1. 控制器市场结构

控制器相当于机器人的大脑，主要接收来自传感器的信号，并根据操作任务的要求来驱动机械臂中的各台电动机，负责控制整台机器人的运动。控制器需要与机器人功能挂钩，一般是由各个厂商在通用的多轴运动控制器平台的基础上进行自主研发，因此最能体现各个厂商的研发生产能力。据图4-12数据统计，国内工业机器人控制器市场规模自2015年仅2.6亿元快速攀升至2017年10.5亿元，2018、2019年受到中美贸易摩擦影响，工业机器人市场规模增速放缓，控制器的需求量也随之放缓。在全球疫情以及国内遭遇贸易摩擦的影响下，工业机器人市场需求逐渐回温，同时国产化趋势愈加明显，预计到2021年国内工业机器人控制器市场规模有望达到14.7亿元。

单位：亿元

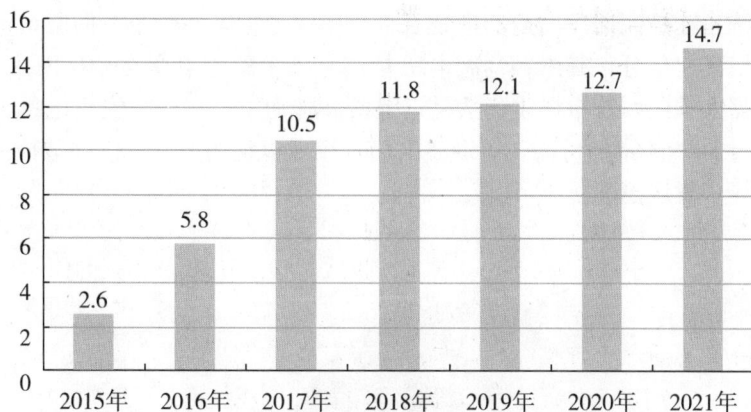

图4-12　国内工业机器人控制器市场规模趋势

资料来源：头豹研究院。

近几年国内企业在控制器领域的研发生产也有较大的飞跃，以埃斯顿、广州数控等企业为代表，这些具有数控技术的厂家凭借已有的技术基础开始研制控制器，成功进入工业机器人行业，发展成为国产工业机器人品牌的龙头企业。还有一些企业专注于控制器的研发，为一些未掌握技术的下游企业提供解决方案，例如粤港澳大湾区企业固高科技是国内较早研究六轴机器人控制系统的企业之一，现已能够实现八轴机器人控制系统量产，主要向下游的系统集成商提供控制系统平台。国内控制器市场份额和工业机器人市场份额也基本保持一致，如图4-13所示，"四大家族"占据了前几名的位置。目前国产控制器的市场份额占比较低，仅占16%左右，粤港澳大湾区企业汇川技术、众为兴总共约占4%的市场份额，仍有较大的提升空间。

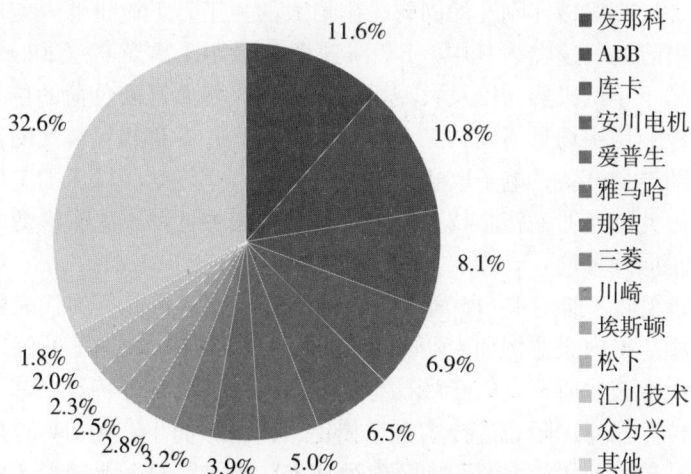

图4-13　2019年国内控制器市场结构

资料来源：德邦证券。

2. 伺服系统市场结构

伺服系统是在控制器发出运动指令后，精确执行相应的命令。伺服系统包含伺服驱动器和伺服电机两个部分，其中，伺服电机是核心技术的难点所在。从图4-14可以看出，国内工业机器人伺服系统市场中仍然是以外资品牌为主，三菱、安川电机、松下前三名企业占据了超过30%的市场份额，粤港澳大湾区企业以汇川技术、广州数控为代表，在国内伺服系统市场中发展迅速。

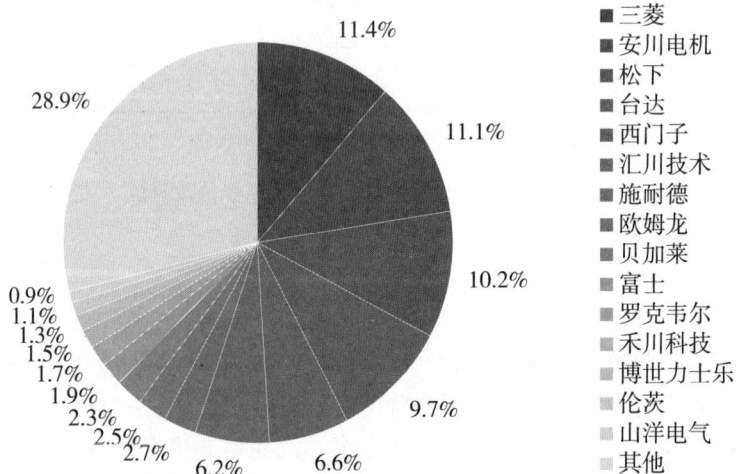

图4-14　2019年国内伺服系统市场结构

资料来源：德邦证券。

3. 减速器市场结构

减速器主要用途是使伺服电机在合适的速度下进行运转，精确地将转速降到机器人各部位需要的参数，提高机械体刚性的同时输出更大的力矩。工业机器人使用的减速器主要包括RV减速器和谐波减速器，其中，RV减速器大多用于重负载（20kg以上）的位置；谐波减速器一般用于小型机器人以及大型机器人手部、腕部等低负荷的位置。由于这两类减速器特点不一致、使用场景不同，二者成互补关系，并不是相互替代的竞争关系。减速器并不是机器人的专用设备，电子电器、电力机械、汽车传动、机床加工等多个领域对减速器都有需求，因此减速器的核心技术与工业机器人相关性并不大，多数机器人企业并不自产减速器，而是向外采购。

在RV减速器领域，如图4-15所示，以纳博特斯克和住友等为代表的日本厂商占据了大部分市场份额。国内企业例如南通振康、秦川机床在RV减速器的国产化和产业化研究方面实现了较大突破，所开发的产品具有精度高、效率提升等特点，其加工制造技术在国内处于领先地位，但与国际先进技术水平相比，国内厂商生产的RV减速器在稳定性和使用寿命方面仍有较大差距。大湾区内研发生产RV减速器的企业较少，巨轮智能是其中的代表企业，其生产的RV减速器已获得实用新型专利，具备发热和摩擦消耗减少、输出效率提高、使用寿命延长、成本低等特征，但目前在国内市场中还未获得大面积推广。

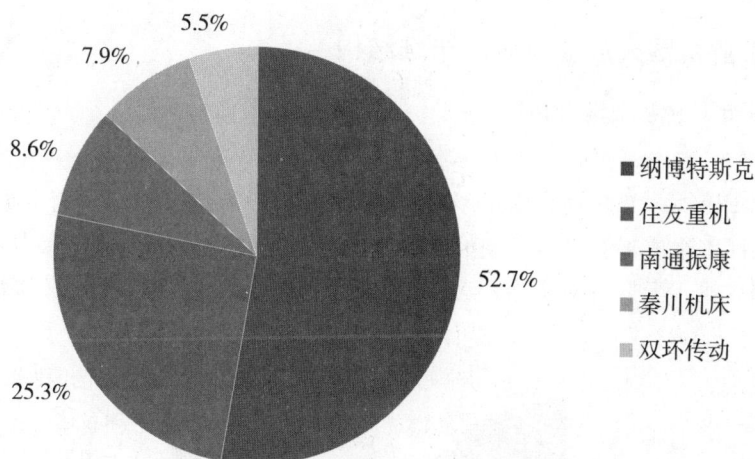

图 4 – 15　2019 年国内 RV 减速器市场结构

资料来源：德邦证券。

从图 4 – 16 可见，国内企业则是在谐波减速器的研发生产上取得了较大进步，以绿的谐波为代表的企业所生产的减速器，其产品性能已达到国际领先企业同一水平，未来几年内生产量有望实现快速增长，实现国产替代并打入国际市场。相比之下，粤港澳大湾区内在谐波减速器领域领先的企业数量较少且涉猎时间并不长，深圳大族精密自 2017 年起推出 6 种系列 100 多款谐波减速器，正式进入减速器市场，依托其母公司大族激光集团的优势，在减速器环节拥有良好的资源并逐渐形成自主研发技术，未来有望在国内减速器市场形成规模。

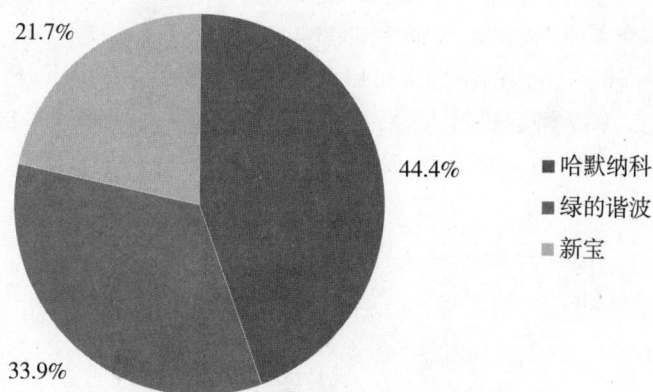

图 4 – 16　2019 年国内谐波减速器市场结构

资料来源：德邦证券。

（二）工业机器人产业链中游市场结构

1. 工业机器人品牌市场结构

由于本体制造环节技术含量不及上游核心零部件高，近年来国内企业在本体制造领域增长迅速，根据图 4-17 2019 年国内市场主要厂商的出货量，国产厂商占据了约 35% 的市场份额。从品牌组成来看，粤港澳大湾区内的企业主要有汇川技术、众为兴、图灵、广州数控、广州启帆、李群自动化等，这几个企业出货量合计约占国产工业机器人的 24%。

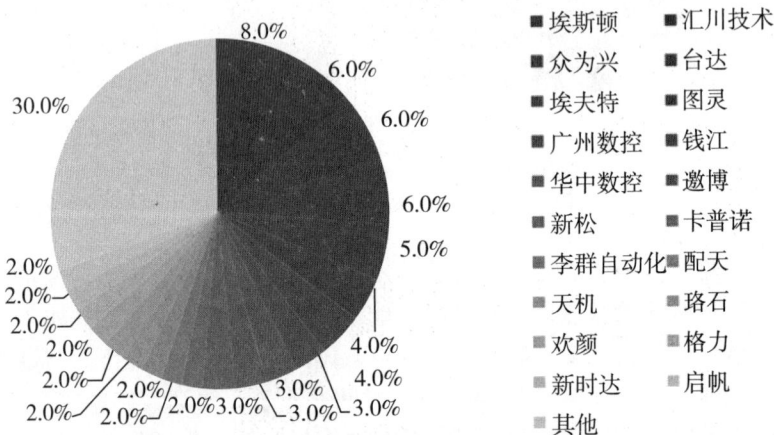

图 4-17　2019 年国内工业机器人厂商出货量占比

资料来源：MIR、野村东方国际证券。

2. 工业机器人种类市场结构

工业机器人根据机械结构的不同，可以分为多关节机器人、Delta 机器人、SCARA 机器人、坐标机器人、AGV 搬运机器人等，其中多关节机器人、SCARA 机器人以及坐标机器人占据了 95% 以上的销量，如图 4-18 所示。

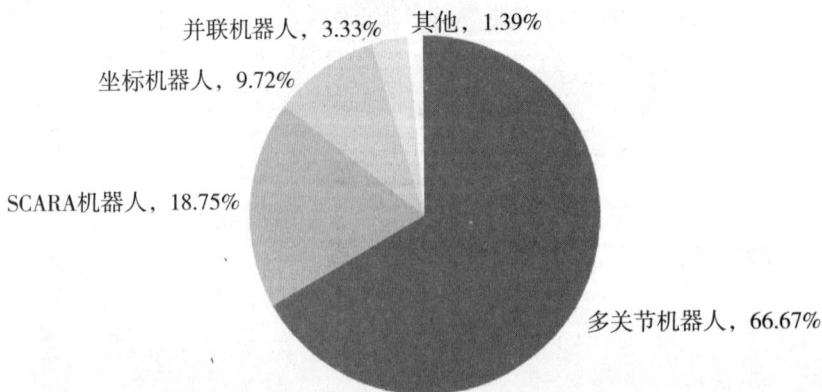

图 4-18　2019 年国内不同工业机器人销量占比

资料来源：中国机器人产业联盟。

多关节机器人通用型最高、应用范围最广，在2019年的销量达到9.6万台，约占国内工业机器人67%的市场份额，预计未来仍有增长空间。其中，粤港澳大湾区工业机器人行业领先企业——广州数控在多关节机器人领域占据了国内市场2%~3%的份额。SCARA机器人功能稍逊于多关节机器人，成本相较于多关节机器人大幅降低。2019年SCARA机器人销售2.7万台，占比达到18.75%，其中，汇川技术、众为兴、李群自动化三家企业是粤港澳大湾区内SCARA机器人领域发展较好的企业，合计约占国内15%的市场份额。并联机器人精度高、负载能力强、所需空间小，故应用场景非常广阔。2019年，并联机器人的销量在整体销量下滑的情况下逆势大涨，比上年同期增长32%，约占总体销量的3.3%。粤港澳大湾区内的企业如深圳华盛控、李群自动化、广州数控等逐渐开始在国内并联机器人市场上崭露头角。国内物流行业、工厂自动化快速发展带动AGV搬运机器人的市场需求猛增，其中，电商快递约占全部AGV搬运机器人市场三分之一的份额，成为应用市场最大的行业，其次是汽车和家电。AGV搬运机器人核心技术难度不大，国内外企业生产的产品差异性并不明显，因此国产化程度很高。粤港澳大湾区内一些中等规模机器人企业则是集中于AGV搬运机器人领域，如广东嘉腾、广州远能、广州井源、深圳佳顺、广州普华灵动等企业在AGV搬运机器人领域占据了一定的市场份额，发展势头良好。

随着制造业先进水平攀升，对工业机器人的使用要求不断提高，细分领域的需求多样化也使得工业机器人产品之间存在差异，未来工业机器人会朝着像多关节机器人这样通用型的方向发展，以满足不同应用场景的需求。

（三）工业机器人产业链下游市场结构

处于产业链下游的是工业机器人的集成应用。全球市场主要应用于汽车、电子电气、金属制造等行业，从图4-19全国范围看，汽车及3C行业的应用占比超过一半，约占58%的市场份额。从表4-8可见，粤港澳大湾区内工业机器人企业应用主要集中于汽车、3C、化工、锂电池、食品饮料等行业，与国内市场的应用趋势一致。随着汽车和3C行业增速放缓，工业机器人在食品加工、医疗等行业有较好的发展机遇。

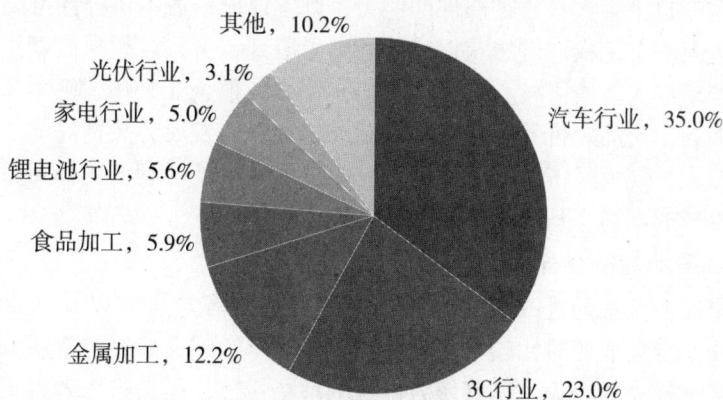

其他，10.2%
光伏行业，3.1%
家电行业，5.0%
锂电池行业，5.6%
食品加工，5.9%
金属加工，12.2%
汽车行业，35.0%
3C行业，23.0%

图4-19　2019年国内工业机器人下游应用行业分布

资料来源：德邦证券。

表4-8　粤港澳大湾区部分工业机器人集成应用行业

企业简称	行业应用
汇川技术	汽车、3C、锂电池、化工
李群自动化	3C、锂电池、食品饮料
拓斯达	汽车、光学光电
伯朗特	3C、汽车、化工
瑞松科技	汽车、3C
越疆科技	3C、食品饮料、医疗
佳顺智能	物流、汽车、3C

资料来源：根据公开信息整理。

（四）行业壁垒

1. 上游产品行业壁垒分析

工业机器人产业链上游的行业面临的主要是技术壁垒。控制器的核心底层算法技术含量高，决定了工业机器人的故障率、稳定性、精准性等关键指标，技术研发需要长期经验积累，从而构筑了控制器的进入壁垒。伺服系统最需要突破的是系统材料和编码器技术，这两个方面都是行业新进入的企业所面临的瓶颈，同时研发出的伺服系统需要保证适配性，以维持机器人的稳定运行。因此主流企业均自行研发伺服系统，行业潜在进入者很难实现技术上的突破。减速器尤其是RV减速器，在稳定性和使用寿命方面，我国企业与国际先进企业的技术相比还有很大差距，且目前国内绝大部分市场均被外资品牌所占据，潜在进入者想要进入市场的难度很大。

2. 中游产品行业壁垒分析

在产业链中游的工业机器人企业面临的进入壁垒主要是绝对成本壁垒，中游本体制造的企业若拥有完全自主生产核心零部件的能力，则本体制造成本可控性可高达80%，在市场定价时拥有更大的自主权。若想获得高盈利则采取高定价，若想限制新进入者则采取低定价。相反，若新进入者所需核心零部件均向行业内其他企业采购，则本体制造成本会受到较大程度的限制，产品定价并不占优势。此外，行业内发展势头良好的工业机器人企业生产规模相对较大，规模经济效应使成本进一步降低，保证了利润的稳定性；而新进入者生产规模小、生产成本高，从而导致利润微薄。

3. 下游产品行业壁垒分析

下游系统集成商面临的进入壁垒主要是品牌溢价、客户资源以及现金流风险。一方面，客户在选择系统集成商时比较关注项目技术成功率，不会轻易选择不知名的企业，现有企业尤其是名气较大的企业占据着较大部分的市场份额，而新进入者则面临没有客户的窘境。另一方面，系统集成的付款模式并非一次性付清，通常会随着项目进展进行付款，企业需要大量现金流用于垫资，新进入者若无大量现金很难扩大企业规模，这两方面筑成了系统集成的进入壁垒。

二、工业机器人产业链市场行为分析

现国内工业机器人行业内中小规模企业较多、竞争激烈，尤其是产业链中下游。若拓宽产业链则需要大量资金投入，而退出市场的沉没成本过高，因此出现了行业内无序扩张、企业集中于低端产品的生产等问题。企业的市场行为影响行业发展，接下来将从定价行为以及扩张行为两个方面对工业机器人产业链市场行为进行分析。

（一）定价行为

工业机器人行业企业定价行为需要从高端品牌及中低端品牌分别进行分析。对于高端品牌如"四大家族"、沈阳新松、新时达等，主要采取的定价策略是限制性定价，中低端品牌如汇博、智久机器人等则会更多考虑成本因素，采用成本定价法。以一套负载15kg的六轴工业机器人为例，国外"四大家族"定价在15万元左右，规模经济的优势使其成本降低，有较大的利润空间。沈阳新松、埃斯顿、广州数控等国内知名企业的定价在12万元左右，拉开了与中低端品牌的距离，构筑高价的进入壁垒。而一些二三线品牌比如伯朗特的定价甚至会低于8万元，以期用低价打入市场。但随着竞争日渐激烈，越来越多的企业开始打造中高端产品以满足差异化的客户需求，低价策略并未见效。由此可见，价格垄断并非长久之计，技术垄断才能维持企业的竞争优势。

（二）扩张行为

根据产品生命周期理论，目前国内的工业机器人发展阶段处于成长期向成熟期过渡，企业通常会采取扩张行为以占据更大的市场份额，有助于在成熟期获取更多的现金流。一种情形是行业内企业进行横向扩张或纵向扩张，即在工业机器人产业链条上深耕。另一种情形则是其他行业的企业采取多元化发展战略，转向投资工业机器人，从而实现跨行业发展。从表4-9可见，在工业机器人产业快速发展以及市场需求良好的双重背景下，粤港澳大湾区企业通过投资并购做大做强成为向外扩张的主要手段。

表4-9　粤港澳大湾区部分工业机器人企业扩张情况

购买方	时间	扩张情况
汇川技术	2012年3月	与威特利共同出资设立汇程电机
	2015年6月	完成对江苏经纬50%的股权收购
	2018年7月	收购德国PA整体资产
	2019年4月	收购上海贝思特100%股权
格力集团	2015年9月	成立智能装备公司
	2015年12月	成立智能装备技术研究院

（续上表）

购买方	时间	扩张情况
美的集团	2017 年 1 月	收购德国库卡 94.55% 的股份
	2017 年 2 月	收购运动控制厂商 Servotronix
拓斯达	2017 年 10 月	通过在香港设立子公司的决议
	2018 年 3 月	完成对野田智能 100% 股权收购
	2020 年 5 月	购买香港亿利达部分资产

资料来源：根据公开信息整理。

拓宽产业链是粤港澳大湾区企业一体化并购的主要原因。汇川技术原本在工业自动化、运动控制、变频器、伺服电机等多业务领域发展势头良好，2015 年开始在原有技术基础上开展工业机器人业务，在核心零部件研发生产得到迅速增长；2018 年收购德国 PA100% 的股权，拓宽了汇川技术在数控系统、伺服电机的业务范围，为企业全球化奠定了良好基础；2019 年完成对上海贝思特 100% 股权的收购，扩大了汇川在电气类的业务布局，同时扩大了未来工业自动化的应用市场。

多元化并购最典型的案例当属美的集团收购德国库卡。2017 年，美的以近 300 亿元的价格完成对库卡 94.55% 股份的收购，从传统家电行业成功跨界到工业科技行业。在收购库卡后两年内，库卡先后经历了裁员、营业利润暴跌 80%、股价断崖式下跌，该项并购不断受到外界质疑。同时这两年内美的加快了在国内产业布局，2018 年在佛山建立库卡机器人小镇，业务整合效果初显，毛利率增长近 60%。2019 年继续推动业务整合，新成立的事业部涵盖机器人本体、工业自动化等业务，库卡的股价逐渐平稳上升，协同效应初步显现。

随着工业机器人产业发展阶段逐渐向成熟期推移，行业内并购重组事件频繁发生将成为必然趋势。对于公司战略层面的投资并购而言，短期内业绩指标、财务数据并没有那么重要，依靠"知识溢出效应"进行产业结构升级才是公司总体战略的实现。

三、工业机器人产业链市场绩效分析

（一）技术创新行为

技术创新是企业实现规模扩大、赶超对手的主要途径。在工业机器人行业竞争日益激烈的情形下，企业只有掌握核心技术、不断推陈出新，才能扩大市场份额。在过去数十年的发展中，国内机器人企业在核心技术上落后于国际知名企业，本体制造的企业大多也是以模仿生产为主，未来国产品牌要想实现赶超归根结底就是要持续不断地进行技术创新。国内工业机器人技术发展主要方向主要有以下两个：一是大负载的多关节机器人。现国内六轴大负载的高端工业机器人的供应还跟不上市场需求的增长，实现量产仍需突破技术限制。二是加快机器人智能平台的建设升级。将工业设备与互联网云平台连接，通过智能平台实现人机互联、信息互联、产业互联，打造数字化智能工厂。

　　由表 4 - 10 可见，华中数控作为中部地区工业机器人代表企业，2019 年研发投入占营业收入的比例超过 30%，费用主要用于市场定制化产品的开发。沈阳新松和埃斯顿的研发投入占比也名列前茅，均超过营业收入的 12%，与国际先进企业相当。相比之下，粤港澳大湾区工业机器人企业的研发投入占比偏低，除了汇川技术研发投入比例超过 10% 以外，巨轮智能、瑞松科技、拓斯达三家企业的研发投入仅占营业收入的 5% 左右，与华中数控、沈阳新松等国内领先企业相比还有一定距离。未来工业机器人正朝着更灵活、智能化、人机协作等方向发展，国内外企业均面临同样的发展机遇，粤港澳大湾区内企业需要抓住机遇提高企业核心竞争力，真正实现"弯道超车"。

表 4 - 10　　2019 年国内工业机器人上市企业研发投入情况

企业简体	地区	产业链环节	研发投入占营业收入的比例
华中数控	湖北武汉	核心零部件、本体制造	32. 56%
沈阳新松	辽宁沈阳	本体制造、系统集成	16. 67%
埃斯顿	江苏南京	核心零部件、本体制造、系统集成	13. 66%
汇川技术	广东深圳	核心零部件	11. 58%
巨轮智能	广东揭阳	核心零部件、本体制造	5. 68%
瑞松科技	广东广州	系统集成	4. 36%
拓斯达	广东东莞	系统集成	4. 21%

资料来源：根据公开资料整理。

（二）行业利润

　　市场绩效能够反映企业在市场中的经营情况，分析经营情况对企业扩张、投资等战略的制定有重要参考意义，其中，净利率一定程度上能够代表企业绩效。

　　1. 全国工业机器人行业利润

　　表 4 - 11 列示了部分国内工业机器人重点上市企业的盈利情况。从全国工业机器人产业链部分重点上市企业的盈利情况来看，呈现几大趋势。首先，大部分企业在 2019 年的盈利情况均不及 2016—2018 年，呈波动下降的趋势，这说明工业机器人行业内企业竞争越来越激烈，利润不断压缩。2019 年市场整体表现萎靡导致企业利润出现不同程度的下降，即使 2019 年行业整体的盈利情况出现了下滑，绝大部分企业仍然实现了正盈利，表中仅埃夫特一家企业呈亏损状态。其次，根据近几年的盈利情况来看，上游零部件生产企业与下游系统集成企业普遍高于中游的本体制造企业，主要原因在于上游核心零部件存在进入壁垒，下游系统集成商更偏向服务，客户资源也构成进入壁垒，使得上下游两端的盈利能力强于中游的本体制造，盈利情况基本符合"微笑曲线"。

表4-11　国内工业机器人重点上市企业盈利情况（不含粤港澳大湾区企业）

企业简称	主要产业链环节	主营业务	净利率 （2019年）	净利率 （2018年）	净利率 （2017年）	净利率 （2016年）
中大力德	核心零部件	RV减速器	7.77%	12.16%	11.98%	12.61%
绿的谐波	核心零部件	谐波减速器	31.07%	—	—	—
华中数控	核心零部件、本体制造	数控机床及机器人	2.12%	1.31%	3.66%	0.59%
新时达	核心零部件、本体制造	运动控制及机器人	1.71%	-8.41%	4.05%	6.22%
埃斯顿	核心零部件、本体制造、系统集成	核心控制部件、工业机器人及成套设备	6.20%	7.80%	9.46%	11.24%
埃夫特	本体制造、系统集成	工业机器人整机及系统集成设备	-4.20%	—	—	—
沈阳新松	本体制造、系统集成	工业机器人及自动化成套装备	10.56%	14.70%	18.07%	20.63%
江苏北人	系统集成	工业机器人自动化焊接系统集成整体解决方案	11.25%	12.12%	—	—
瀚川智能	系统集成	智能生产线	14.97%	16.31%	—	—
博实股份	系统集成	自动化成套装备及系统解决方案	22.45%	17.89%	15.47%	17.21%
赛腾股份	系统集成	自动化解决方案	10.72%	13.41%	14.00%	11.92%

资料来源：深圳证券交易所、上海证券交易所、德邦研究所。

注：部分企业上市之前的财报未在交易所披露。

2. 粤港澳大湾区工业机器人行业利润

与全国其他地区工业机器人企业的盈利情况相比，粤港澳大湾区企业的盈利情况良好，近几年净利率水平基本处于国内工业机器人重点上市企业的平均净利率之上。以表4-12的汇川技术为代表，主营业务囊括了核心零部件，也涉及整机生产及解决方案，近几年的业绩虽呈下降趋势，但盈利能力仍居大湾区行业前列。整体上看，工业机器人产业中各环节均有较强的盈利能力，未来行业内竞争可能更为激烈，各个企业须不断创新以保持良好的竞争地位。

表 4 - 12　粤港澳大湾区工业机器人重点上市企业盈利情况

企业简称	主要产业链环节	主营业务	净利率（2019年）	净利率（2018年）	净利率（2017年）	净利率（2016年）
汇川技术	核心零部件	运动控制、变频器、伺服系统	13.67%	20.58%	22.84%	26.78%
巨轮智能	核心零部件、本体制造、系统集成	工业机器人整机及系统集成设备	8.06%	10.04%	11.14%	5.35%
瑞松科技	系统集成	工业机器人自动化生产线	8.96%	9.31%	——	——
科瑞技术	系统集成	自动化检测设备和自动化装配设备	16.11%	17.89%	16.89%	18.66%
拓斯达	系统集成	自动化应用及智能环境整体方案	11.33%	14.22%	17.97%	17.91%

资料来源：深圳证券交易所、上海证券交易所、德邦研究所。

注：部分企业上市之前的财报未在交易所披露。

第四节　工业机器人产业集群研究

一、重点地区产业集群发展分析

（一）产业集聚区域发展对比分析

根据我国行政区域的划分并结合机器人产业发展现状，将我国机器人产业划分为六大区域：长三角地区、珠三角地区、东北地区、京津冀地区、西部地区、中部地区。如表4-13所示，各个地区机器人产业发展状况有较大差异，其中综合实力较强的区域有长三角地区、京津冀地区以及珠三角地区，其他区域产业发展整体表现一般。

表 4 - 13　各产业集聚区产业发展情况

产业集聚区	重点城市	优势	劣势
长三角区域	以上海、昆山为核心，覆盖南京、无锡、常熟等中心城市	区位优势突出；制造业基础良好；创新氛围浓厚；人才吸引力强。综合实力全国最强，逐渐具备国际竞争力	——

（续上表）

产业集聚区	重点城市	优势	劣势
珠三角区域	集中在广州、深圳、佛山、珠海、东莞、中山六个城市	产业发展环境良好；产业发展布局合理；产业规模效益进一步提升	产业集聚程度较低，中小企业产业规模还有待提升
京津冀区域	主要集聚在北京、天津、保定、唐山等城市	人才资源丰富，发展具有区域特色：北京承担创新研发、天津在市场应用推广方面具有优势、河北在系统集成方面发展突出	产业集聚程度低、企业竞争激烈；创新氛围发展失衡
东北地区	重点打造沈阳、哈尔滨、大连、抚顺等地产业集聚	工业基础良好；产业集聚程度较高，龙头企业带动产业发展	营商环境相对较差；资本活跃程度低；人才流失严重；初创企业少
中部地区	逐渐在武汉、长沙、洛阳、芜湖等地形成产业集聚	产业规模相对较大；产业集聚程度良好；创新能力逐渐增强	规模大而不强；产业空间布局不佳；企业集中于本体制造等附加值低的环节；欠缺高端制造业协同发展
西部地区	以重庆、成都、西安等重点城市为核心的产业布局	产业政策环境良好；产业结构逐渐优化；规模效应不断增强	产业集聚程度较低；存在一定程度的人才流失

资料来源：根据公开信息整理。

（二）粤港澳大湾区产业集群发展分析

粤港澳大湾区工业机器人产业主要集聚在珠三角核心区，形成的工业机器人产业集群发展优势体现在以下三个方面。

第一，粤港澳大湾区具备良好的产业发展基础。首先，大湾区沿海的地理优势，有利于开展国际业务。其次，广东省制造业发展处于世界前沿，在工业机器人研究开发领域具有技术基础。同时，广东省多地形成了加工制造产业集聚区，在高端装备制造领域、家电制造、陶瓷生产等领域形成明显的产业集群，在工业机器人的推广应用方面具有较大优势。

第二，粤港澳大湾区内产业布局结构合理。在广东省政府的合理规划下，已经形成以发展珠三角核心区为重点，辐射带动周边城市发展的产业布局，其中，粤港澳大湾区还拥有香港、澳门两座独具优势的城市。香港作为全球重要的金融中心，金融体系相对完善，为大湾区内其他城市金融体系建设提供发展经验，还可以为各个产业发展过程中提供投融资支持，营造大湾区内良好的营商环境。同时，香港还拥有规模较大且自由的贸易港口，为省内工业机器人进出口业务、拓展国际业务创造了有利条件。而澳门作为"一带一路"

上的重要城市，定位于连接中西方贸易的物流中心，能够加强与西方尤其是葡语国家的经济交流。此外，香港、澳门两地的高等院校，为大湾区内工业机器人创新发展供应人才。

第三，粤港澳大湾区产业发展环境良好。一是地方政府对于机器人发展制定了详细的产业发展规划，对未来几年发展有明确的目标，同时出台了多项产业扶持政策，激励相关企业进行机器人研发创新，创新氛围浓厚。二是粤港澳大湾区内高等院校、机器人研究所等平台对支撑产业发展具有一定的竞争力，除了广东省内的高校，香港、澳门的高等院校也能输送大量综合素质较高的人才。三是粤港澳大湾区发展势态向好，对省外投资和人才等关键资源有较强的吸引力，这非常有利于企业进行研发创新。

粤港澳大湾区工业机器人产业发展最大的短板在于产业集聚度低以及盈利性有待提高。2018 年粤港澳大湾区机器人产业集聚度 CR5 仅为 28% 左右，相较于长三角地区有一定差距。究其原因，一方面是大湾区内企业规模不大，虽然拥有汇川技术、广州数控这样的龙头企业，但整体上看年收入亿元级大企业及上市企业数量较少；另一方面是中小企业数量众多，行业龙头企业数量有限，缺乏具备国际竞争力的企业，品牌力较弱。从工业机器人行业盈利情况看，2020 年前三季度，广东省智能机器人产业集群整体利润率约为 9.63%，但工业机器人制造利润总额为 −8.61 亿元，比去年同期亏损额扩大 77.9%，工业机器人企业盈利能力有待提高。

二、重点城市发展定位

（一）各产业集聚区城市发展定位

各个产业集聚区生产布局均致力于打造机器人全产业链，但各区域产业发展有所侧重。长三角地区综合发展能力较强、产业布局合理、产业创新及发展环境优良，区域内已经完成了机器人全产业链生产布局，逐渐摆脱了以中下游为主要业务收入来源的传统发展模式，在核心零部件方面自主技术进一步加强，逐渐形成具有国际竞争力的研发创新及生产制造水平的产业集聚区。京津冀地区具有科技创新的领先优势，机器人企业类型主要是核心零部件研发制造以及智能技术创新型公司，企业整体研发实力雄厚，高端工业机器人的产值占比全国领先。东北地区鼓励培育龙头企业发展壮大形成规模经济，目前东北地区在沈阳、哈尔滨、大连等地已建成机器人产业基地，重点围绕工业机器人和特种机器人的产业布局，形成区域核心优势，在各地区产业园集聚、龙头企业带领的双向拉动下实现东北地区工业机器人的产业集群发展。中西部地区工业机器人产业发展规模较大但整体实力不强，机器人企业在核心技术研发及高端产品制造起步相对滞后，业务收入主要来源于本体制造、系统集成和品牌代理销售，所提供产品和服务的附加价值有待提高。

（二）粤港澳大湾区城市发展定位

2020 年 9 月，广东省工业和信息化厅、发展和改革委员会、科学技术厅、商务厅、市场监督管理局五部门联合印发了《广东省培育智能机器人战略性新兴产业集群行动计划（2021—2025 年）》，充分展现了广东省发展智能机器人的决心，给智能机器人产业发展营造了良好的产业政策环境。作为全国先进制造业发展聚集地，粤港澳大湾区注重制造业智能化发展，着重培养"机器替人"的发展模式，因此智能机器人的制造和应用也走在全国前列，智能机器人产业集群建设有较好的优势。目前广东省已初步形成了完整的机器人产业链以及产业集聚生态，并将持续优化产业布局，充分发挥各地市生产区位优势，建立具有地方特色的产业生产布局。图 4 - 20 是粤港澳大湾区主要城市工业机器人产业发展重点。

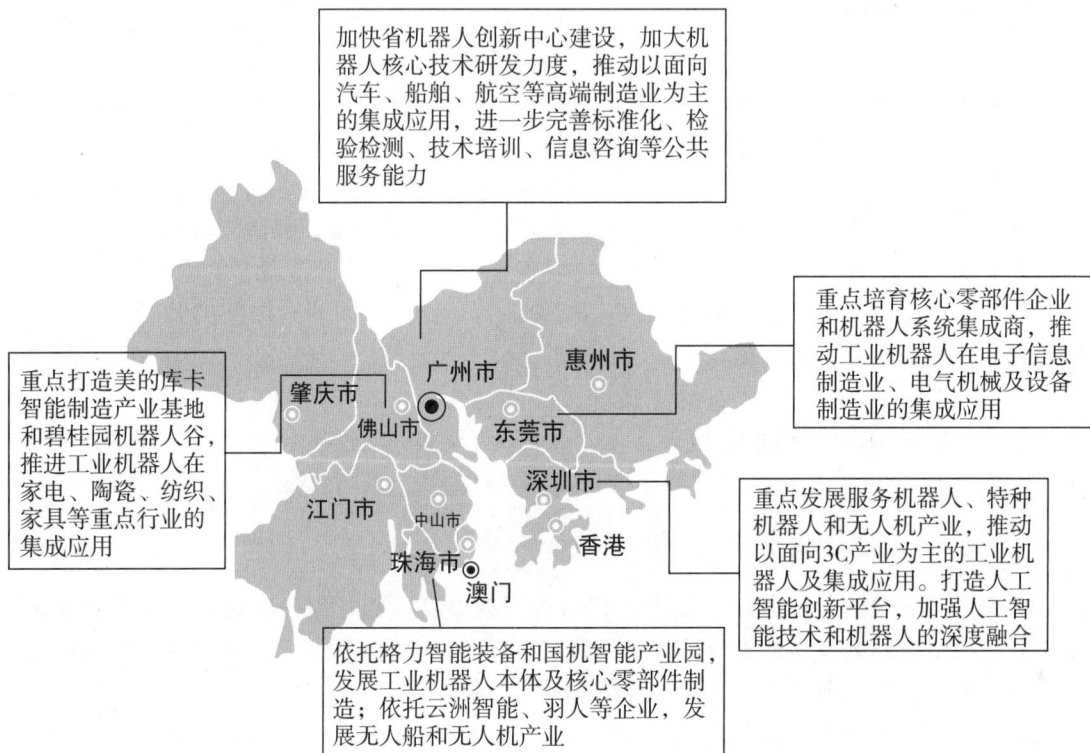

图 4 - 20　粤港澳大湾区主要地市工业机器人产业发展重点

资料来源：广东省工业和信息化厅。

1. 深圳市

深圳定位主要以推动以面向 3C 产业为主的工业机器人生产制造以及集成应用、打造人工智能创新平台为目标，发展定位适合深圳整体产业发展布局。从生产端看，深圳工业机器人产业在全国范围内处于领先位置。目前深圳拥有 6 个机器人产业园区以及汇川技术、固高科技、鸿栢科技等行业内颇具竞争力的企业，工业机器人整体产能产值均处于国内前列。近几年，深圳市工业机器人产值增长势头向好，从图 4 - 21 可见，产值由 2015 年的 541 亿元上升至 2019 年的 822 亿元，增长幅度超过 50%。首先，从工业机器人应用端分析，深圳 3C 产业的发展在国内领先，其中，华强北可谓中国电子市场的风向标，还拥有华为、传音、中兴、酷派、欧菲光等电子行业龙头企业。现阶段电子产品生产制造过程大部分还是人工手工作业，为工业机器人在 3C 行业的应用创造了广阔的市场空间。其次，深圳互联网企业云集，还有深圳大学、香港中文大学（深圳）、香港大学（深圳校区）等多所高校，高端资源集聚，能够为打造人工智能平台提供强有力的支撑。打造人工智能创新平台能有效推动技术创新、成果转化、信息共享等，更好地助力机器人产业园区配套发展。

单位：亿元

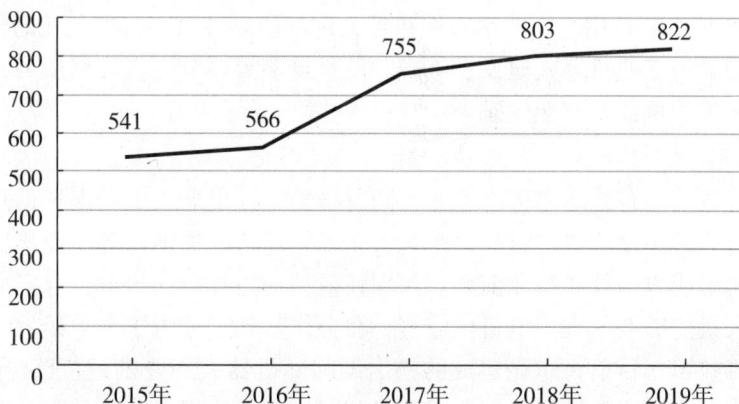

图 4 - 21　2015—2019 年深圳市工业机器人产值

资料来源：深圳机器人产业发展白皮书。

2. 广州市

在广东省机器人创新中心等产业支撑平台的支持下，广州地区定位主要作为创新研发中心进行工业机器人技术研发以及面向高端制造业的集成应用。在产业链上游的技术创新方面，广州拥有广州数控、广州启帆、广州长仁等骨干企业，其中，广州数控和广州启帆共同被工信部认定为"中国机器人 TOP10"，拥有较强的研发创新实力，关键零部件如减速器、驱动、电机等都已经有了自主知识产权。广州还有广东省科学院、中山大学、华南理工大学、广州机研院等众多高水平的科研院所，可以作为工业机器人创新研发后备人才库。同时，广东省机器人创新中心、国家工业机器人检测与评定中心等支撑平台落地广州，为工业机器人技术孵化、科技成果转化、产品认定、技术咨询、合作交流等提供支持。另外，广州市的企业还与多地市产业园区、企业之间建立了合作关系，实现了跨区域合作，有利于产业体系协同发展。在下游集成应用方面，广州高端制造业的应用基础良好，拥有汽车厂商包括广汽、小鹏、东风日产等，船舶企业包括中船防务、广州船舶工业等。广州工业机器人产业未来的发展方向仍然是继续突破关键技术，不断扩展高端制造业智能化应用市场。

3. 佛山市

佛山主要定位打造工业机器人生产基地以及多行业的应用市场。佛山制造业综合实力强，例如家电制造有美的、志高、万和、万家乐等行业龙头企业；佛山还是国内最大的陶瓷生产基地；此外，顺德占据了国内家具市场20%的份额，同时还拥有一汽佛山基地，在家电、陶瓷、家具、汽车等行业有巨大的应用市场。凭借生产制造优势，佛山吸引了德国库卡（全球第二大机器人生产工厂）落地于此，2017 年库卡被家电巨头美的集团收购，美的从传统制造业跨界布局，成功进入机器人行业。目前佛山有两个相对具有规模的机器人产业园区，一个是美的与库卡打造的美的库卡智能制造科技园，投资总计 17.52 亿元，已于 2019 年 6 月投产，预计 2024 年机器人产能可达到每年 7.5 万台。另一个是碧桂园建成的博智林机器人谷，碧桂园同样也是跨界进入机器人行业，先是成立了博智林机器人，后建立产业园通过龙头企业带动区域机器人产业发展。如今，顺德已建成国家工业机器人质量监督检验（广东）中心、华南智能机器人创新研究院等一批特色化的创新服务平台和产业发展机构，为工业机器人研发、生产、质量检测等环节提供配套服务，有利于构建完备、可持续发展的机器人产业生态。

4. 东莞市

东莞则是重点培育核心零部件企业，同时推动工业机器人面向电子信息、电子机械及设备等制造行业的集成应用。首先，东莞孵化了拓斯达、伯朗特等工业机器人企业，在本体制造与系统集成方面处于行业前列。深圳长盈精密与日本安川电机合资成立的广东天机落地东莞，天机能够共享安川电机供应链，在合作基础上致力于自主研发，以期掌握核心零部件的关键技术。目前，东莞建成的松山湖国际机器人产业基地，已经引进固高科技、大疆创新、李群自动化等机器人创业团队或公司，建立集聚工业机器人、服务机器人、无人机三大产业的产业园。同时园区还引进了机器人投资基金、检测中心等服务平台，有利于松山湖打造国际领先的机器人产业园区。此外，东莞集聚了一万家规模以上工业企业，工业基础雄厚，电子行业更是著称全球，拥有华为、台达、方正、步步高等龙头企业，工业机器人在电子行业的应用市场存在巨大的拓展空间。

表 4 - 14　东莞松山湖国际机器人产业园引进部分企业（平台）

产业链环节	企业（平台）名称
核心零部件	汇川技术（东莞）、广东众为兴、东莞固高自动化、东莞本润机器人、广东盈动高科技、东莞华科精机、纳密智能科技（东莞）
本体制造	广东天机工业、东莞大疆创新、东莞李群自动化、广东凯宝机器人
系统集成	广东松庆智能、东莞瀚川自动化、广东思沃精密、东莞松山智能机器人、广东东博自动化
服务平台	东莞市质检中心机器人检测中心、松山湖运动控制精密测量实验室、东莞市博实睿德信机器人基金、松山湖清水湾投资基金

资料来源：OFweek 机器人网。

5. 珠海市

珠海工业机器人产业发展重点在于本体及核心零部件制造。本土企业格力集团自 2013 年起相继成立了智能装备公司、装备动力院等企业或研究机构，实现了传统家电行业向智能装备转型，致力于成为集工业机器人及自动化设备的研发、生产、销售、服务于一体的生产企业。一方面，格力生产制造基础扎实，充分发挥传统制造业的优势。另一方面，一体化发展有助于格力在工业机器人的研发生产及集成应用方面不断深耕。同时，依托国机机器人科技园发展本体及核心零部件制造与应用，国机机器人科技园总投资约 40 亿元，率先引进 ABB 华南区域最大总部，珠海在国际先进企业带领下，有利于拓展工业机器人全产业链。

6. 香港、澳门

香港是国际上重要的金融中心，形成了成熟的金融体系和商业整合模式，通过香港进行海内外市场推广、进出口贸易等可以为粤港澳大湾区企业推进国际化业务奠定良好基础。广东省凭借工业机器人产业的良好发展及与香港毗邻的地理优势，能够较容易从香港获得资金支持工业机器人发展，实现大湾区内各地区的联动。此外，香港、澳门多所高校在内地设有分校，多校区联动能向省内输送大量科技人才。

其他地市如惠州、肇庆等则是要做好产业配套，在工业机器人生产、应用等方面做好推广，共同推动工业机器人产业发展，促进粤港澳大湾区制造业转型升级。

第五节　工业机器人产业发展对策建议

一、完善产业标准，规范行业发展

机器人行业高速发展的同时也带来一些弊端，一些机器人企业无序扩张，导致行业内出现了低端工业机器人的重复生产，甚至有产能过剩的风险。对此，政府部门应发挥引导作用。第一，相关政府部门应联合机器人产业联盟等行业协会共同制定行业准入条件，提高行业准入门槛，避免出现低端产品的无序生产。第二，引领行业领先企业积极参与产品标准制定。在制定产品标准时也需要警惕企业自利行为，保证标准制定符合行业发展现状。同时引进具有权威性的第三方检测平台，促使企业提高产品质量，推进工业机器人行业迈向高质量发展阶段。第三，增强大湾区内知识产权保护力度。知识产权的排他性能够为企业或科研机构带来经济效益，从而进一步调动企业、科研机构进行研发创新的积极性。

二、攻克核心技术难题，提高企业竞争力

目前国内工业机器人发展的关键难题仍然在于部分核心技术未突破，进而导致工业机器人国产化渗透率偏低。对于攻克核心技术难题，可从以下三个方面着手：首先，着重突破关键核心技术。围绕产业链关键环节，引进国内外专业人才，重点攻克控制系统、精密减速器、伺服系统等关键技术，加快促进核心零部件实现国产替代。其次，支持各类企业有层次地发展。对于行业领先企业继续支持其扩大规模，打造一批具有国际竞争力的龙头企业；对具有自主创新能力的中小企业进行创新补贴，不仅仅局限于研发投入补贴，更要对研发成果进行补贴，促进中小企业向龙头企业迈进。最后，鼓励大湾区内的企业之间进

行合作研发。前期创新研发的高投入和高风险可能成为阻碍企业持续发展的绊脚石，加强企业间的合作研发不仅可以降低风险，还能实现企业间资源互补，有助于企业竞争力的提高。

三、培育创新人才队伍，壮大人才发展库

工业机器人作为新兴产业，近几年市场规模快速扩张，创新研发高端人才仍然比较紧缺，因此要加大高端人才的引进和培养力度。第一，加快引进高端人才。利用大湾区内出台的人才引进政策，面向世界引进高精尖人才以及经验丰富的创新创业团队，做好人才队伍建设。第二，加大机器人领域专业人才的培养力度。地方政府应支持高校及研究院设置相关专业，加强产研学一体化深度融合，为社会和企业培养、输送机器人领域的专业技能型人才。同时，在人才进入企业后仍应该安排技能学习课程，掌握最新技术知识并应用于实践。第三，完善人才激励政策。在培育、引进人才后，最重要的是留得住人才。在引进人才时提供相应的补贴政策，例如深圳市对本硕博应届毕业生均有租房补贴，为刚入社会的毕业生提供有效帮扶。在引进人才后，政府可以放宽落户政策，重点解决好住房、医疗、子女教育等生活保障问题，为人才长期扎根提供良好的生活环境。

四、打造优质产业园区，完善园区服务平台

粤港澳大湾区范围内有 10 余个建成或在建的机器人产业园，但发展程度参差不齐。一方面，粤港澳大湾区机器人产业发展速度加快，各方投资者纷纷涌入，一些产业园区投入大量资金用于初期建设，运营效果却不尽人意。因此，关停空转的产业园区势在必行，同时加快部分规模小的产业园重组合并，集中管理运营，打造优质产业园区。另一方面，部分发展较快、规模较大的产业园区配套服务无法满足园区内企业发展需求，相关配套设施亟待完善。一是园区内企业数量不断增长，本地化市场业务拓宽，相关产品认证、质量检测服务等需要契合本地市场发展，从而提高企业生产运营效率。二是产业园区发展日趋成熟，园区内企业对区域内资源共享以及科技成果转化等服务提出了更高的诉求。因此，产业园区公共服务平台需要根据企业需求完善相关配套服务，提供资源共享渠道，搭建政府、协会、企业等多方参与的公共服务平台，为园区内企业提供便利。

五、促进产业链融合发展，构建可持续发展产业生态

现阶段粤港澳大湾区内工业机器人产业链与政策链能较好匹配，从核心零部件的生产到市场应用均有相关政策支持。但在产业链的关键点与创新链的融合还不够紧密，工业机器人产业能够形成全球产业链布局说明其科技含量高，粤港澳大湾区企业对核心技术的掌握还达不到国际先进水平，需进一步鼓励企业创新，在产业链的关键技术环节实现自主生产。另外重要的一环是要促进产业链与资金链的深度融合，工业机器人创新研发与生产制造需要大量资金支持，若资金不足则寸步难行。广东省政府应强化引导，进一步完善投融

资体系，促进香港、澳门的金融优势融入粤港澳大湾区产业发展体系。资金链对产业链的支持又能进一步促进创新链与产业链的紧密融合，从而实现多链条融合发展，打造工业机器人行业可持续发展的产业生态。

参考文献

［1］罗连发，储梦洁，刘俊俊. 机器人的发展：中国与国际的比较 ［J］. 宏观质量研究，2019，7（3）：38 - 50.

［2］唐榕. 基于 SCP 范式模型的中国工业机器人产业组织分析 ［J］. 四川职业技术学院学报，2020，30（4）：145 - 153.

［3］马良等. 中国机器人产业发展报告（2019）［R］. 北京：中国电子学会，2019.

第五章　粤港澳大湾区智能家居产业分析[*]

第一节　智能家居产业链发展概况

一、智能家居产业链结构

（一）行业概况

随着人们收入水平提高，消费升级大行其道，由传统家居设备结合物联网、云计算、人工智能而成的智能家居产品应运而生。智能家居（Smart Home）概念在 20 世纪 80 年代兴起于国外，国内智能家居产业从 20 世纪 90 年代末开始发展，至今已经形成庞大的市场体量。根据工信部、国家标准化管理委员会发布的《智慧家庭综合标准化体系建设指南》，智能家居是利用计算机、通讯与网络、自动控制等技术，通过有效的传输网络，将多元信息服务与管理、住宅智能化系统集成在一起，构建高效的住宅设施与家庭日常事务的管理系统，提供使用便捷、安全舒适的家居环境。

根据智能家居的适用场景，产品细分市场包括智能控制、智能照明、智能安防[①]、智能影音、智能传感、智能遮晾、智能家电、智能网络、智能设备等，覆盖家居日常必备的照明、安防、休闲娱乐、厨卫暖通、环境控制等方面。其中智能控制相当于智能家居的中枢系统，涉及物联网中控主机及系统，可以实现对家居环境、各类电器设备的集中控制，应用场景已不局限于多媒体会议室、监控指挥中心，如今已经延伸到家庭住宅。2016 年智能音箱因有望作为智能控制的终端而受到热捧。其余产品则是在传统功能上增加了智能元素，操作支持语音控制、终端遥控等，数据可以同步到终端，产品功能还支持不定时更新。智能家居单品相比于传统产品更具个性化、智能化，并将用户体验上升一个层次。

（二）产业链结构

在智能家居产业链各环节，如图 5–1 所示，国内企业占据主流，但不乏国外的科技

---

　　[*] 本章由暨南大学产业经济研究院赵芳坚、潘珊执笔。
　　[①]　智能安防与家庭安防都在智能家居领域的权威研报中被提及，两者通用。但出于严谨性及尊重数据来源，在涉及家庭安防数据、政策的内容中使用家庭安防，其余则为智能安防。

公司参与上游，并在重要元器件的市场上具有影响力。产业链的上游是零部件、核心技术供应商，硬件层面提供芯片、通信模组、传感器、控制器等，技术层面则包括了交互技术、云平台等。芯片是智能家居产业的核心元器件，技术门槛较高，高通、德州仪器、瑞昱、联发科等大型传统集成电路设计厂商主导全球芯片市场。我国芯片严重依赖进口，2019年中国进口芯片的金额为3 040亿美元，较2018年减少了80亿美元，进口减少的原因是我国半导体产业的崛起，华为海思、乐鑫、寒武纪等芯片企业异军突起，大量增加国内供给。通信模组相较于芯片门槛较低，行业集中度分散，近年来国内相关企业全球市场份额逐渐提升，日海智能、移远通信等企业出货量可以达到全球出货量的45%。传感器的供应商主要是国外企业恩智浦（NXP）、意法半导体（ST）以及国内企业金山科技、矽睿（QST）。技术模块的供应商典型代表有阿里巴巴、科大讯飞、微软等。

产业链的中游是智能家居企业，包括家电、照明、安防、影音、暖通等智能家居单品生产商以及智能家居系统方案设计商。智能家电的生产商除了包括美的、格力、海尔等在内的传统家电企业，还有小米、华为等科技公司涉足。智能照明实现智能感知的同时节约能源，在智慧城市、智能家居中的应用越来越广泛，市场规模逐年扩大，较为典型的生产商有佛山照明、欧普照明、小米Yeelight等。智能单品往往能实现单个场景的智能化，由于几乎不承担装修成本，备受后装市场青睐，但在业内人士看来，智能单品属于上层建筑，而全屋智能是底层基础。全屋智能的主战场则是前装市场，由于造价高昂，目前普及率并不高。

产业链的下游是渠道，与产业密切相关的是从事住宅智能家居设计装修的家装公司，经销商也是其中关键的一环，代表性企业有苏宁易购、天猫、土巴兔、广田集团等。销售渠道包括批发渠道、专卖店渠道、电商零售渠道、工程商渠道，市场模式包括前装市场与后装市场。智能家居产品销售面向对象可以分为B端和C端，前装市场集中于B端，主要是面向房地产、酒店、公寓等；而C端则是个人消费者。可见，智能家居产品接触用户的方式较为多元，除了线上销售和线下零售，还会通过工程商、家装公司间接触及消费者。

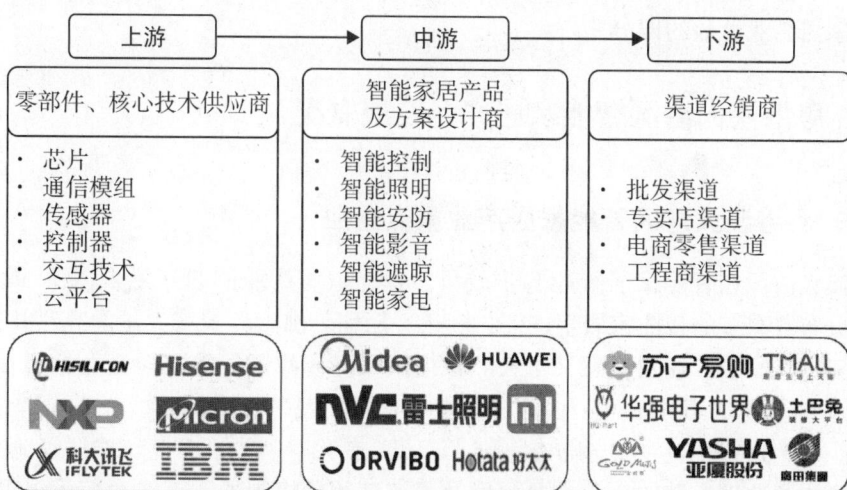

图5-1　智能家居产业链图谱

资料来源：课题组绘制。

（三）疫情对智能家居产业链的影响

2020 年智能家居产业链上游、中游企业的生产、分销受疫情影响，出现不同程度的产能下降、收入下滑的情形，上下游企业资金回笼困难。2020 年第一季度国内疫情最为严重，交通运输受阻，全国响应疫情防控号召居家防疫，厂商也受到疫情影响，劳动力不足并且企业复工时间较晚。部分智能家居线下门店经营困难，实力较弱的经销商被迫终止营业，因物流原因线上销售渠道并不畅通，智能家居产业链中下游企业资金链吃紧，市场需求放缓并加剧了竞争。第二季度国内疫情开始有所缓解，物流、交通全面放开，企业运转逐步恢复正常。2020 年上半年智能家居产业链诸多企业的营收水平出现较大程度的下滑，一些占据龙头位置的企业也不能幸免，上游的芯片设计商寒武纪、智能控制器供应商英唐智控都出现了亏损，中游美的集团营收同比下降近 10%，全屋定制企业好莱客的净利润同比下降接近 50%。智能家居市场在 2020 年第三季度仍受疫情影响，全国智能家居产品出货量同比下降 2.5%，下降原因在于智能音箱、家庭娱乐设备出货量下降幅度较大。

疫情给全球带来了诸多挑战，至今尚未彻底解决，智能家居产业从危机看到生机，从挑战看到机遇。首先，疫情倒逼智能家居中下游企业创新销售渠道，已有一些品牌通过直播带货、社群等方式进行营销。其次，疫情之下各地倡导非必要不外出，人们收入水平、生活方式和消费习惯也发生改变，疫情期间漫长的居家生活让人们对家居环境寄予更高层次的追求，给智能家居产业带来了新的机会点和增长点。一些智能家居产品市场需求激增，具有智能清洁功能的产品包括智能洗碗机、扫地机器人等尤其受欢迎，"无接触"经济意味着家庭安防产品的作用愈加凸显。2020 年上半年包括扫地机器人在内的吸尘器品类家电国内零售额同比增 14.7%，2020 年第三季度家庭安防、智能照明、智能温控产品国内出货量分别同比增长 28.6%、110.5%、337.5%，2020 年全国洗碗机零售量同比增长 31%。由此可见，具有居家防控、减轻家务负担功能的智能家居产品在疫情中迸发出"第二春"。与此同时，供给端的反应十分活跃，2020 年全国新增了 6 万多家智能家居企业，约占智能家居企业总数的四分之一。

二、粤港澳大湾区智能家居产业发展概况

（一）粤港澳大湾区智能家居产业重点企业

粤港澳大湾区在智能家居行业起步较早，智能家居产业的萌芽发生在深圳，21 世纪早期深圳分布着众多的智能家居生产商，广州、深圳、佛山集聚着大量的高科技公司，可见大湾区对智能家居产业发展意义重大。根据天眼查，我国智能家居企业数量在 2020 年底已经超过 24 万家，其中有 6 万多家分布在广东省。表 5-1 列出了大湾区智能家居产业链的重点企业，这些企业主要分布在深圳、广州、佛山、香港、东莞、珠海等地。

智能家居产业链上游的企业主要研发及生产芯片、控制器、无线通信模组等零部件，代表性的企业分别有汇顶科技、英唐智控、立讯精密、日海智能等。大湾区拥有全国最多的智能控制器上市企业，深圳企业和而泰、拓邦股份、英唐智控是国内领军企业，实力领

跑全国。中游各上市公司专注的领域不一，涵盖生活家电、暖通系统、智能安防等方面，代表性企业有美的、格力、康佳、英飞拓等。下游的广田集团位于深圳，属于建筑装修领域的佼佼者。

表 5 - 1　大湾区智能家居产业链的重点企业一览表

公司	城市	产业链位置	主营业务
汇顶科技	深圳	上游	电容屏触控芯片和指纹识别芯片
华为海思	深圳	上游	芯片
日海智能	深圳	上游	无线通信模组
广和通	深圳	上游	无线通信模组
奥海科技	东莞	上游	智能终端充储电产品
科陆	深圳	上游	能源的发、配、用、储产品业务、智能安防
立讯精密	深圳	上游	零组件、模组与配件类产品
视源股份	广州	上游	液晶显示主控板卡、交互智能平板、移动智能终端
英唐智控	深圳	上游	智能控制器、软件开发
麦格米特	深圳	上游	智能家电电控产品、工业电源和工业自动化产品
拓邦股份	深圳	上游	智能控制器、直流无刷电机、空心杯电机及驱动器、锂电池
和而泰	深圳	上游	智能控制器
万润科技	深圳	中游	LED 照明
佛山照明	佛山	中游	电光源产品设备及配套器件
美的集团	佛山	中游	大家电、小家电、电机
新宝股份	佛山	中游	小家电
万和电气	佛山	中游	厨卫电器
康佳	深圳	中游	智能家电
天马	深圳	中游	VoIP、智能家居、智能穿戴、AR/VR、无人机
共进股份	深圳	中游	宽带终端、智能产品和互联网健康
英飞拓	深圳	中游	电子安防产品及系统解决方案
格力电器	珠海	中游	家电、高端装备、通信设备
艾瑞柯	香港	中游	智能控制
快思聪	香港	中游	智能控制
奥米诺	香港	中游	智能卫浴、节能环保家用电器
瑞迅科技	香港	中游	楼宇对讲、智能安防
广田集团	深圳	下游	建筑装饰

资料来源：根据公开资料整理。

（二）粤港澳大湾区智能家居产业区位分布

大湾区拥有较多的智能家居产业链上游和中游的重点企业，主要分布在除肇庆、澳门以外的地区。大湾区的智能家居产业链上游的上市公司有16家分布在深圳，3家分布在广州，佛山、中山各分布两家，东莞有1家。15家中游上市企业主要分布在深圳、广州、佛山、江门、中山、珠海也有零星分布。通过对上市企业数量的初步分析，深圳、广州、佛山等城市在大湾区智能家居产业的地位可见一斑。

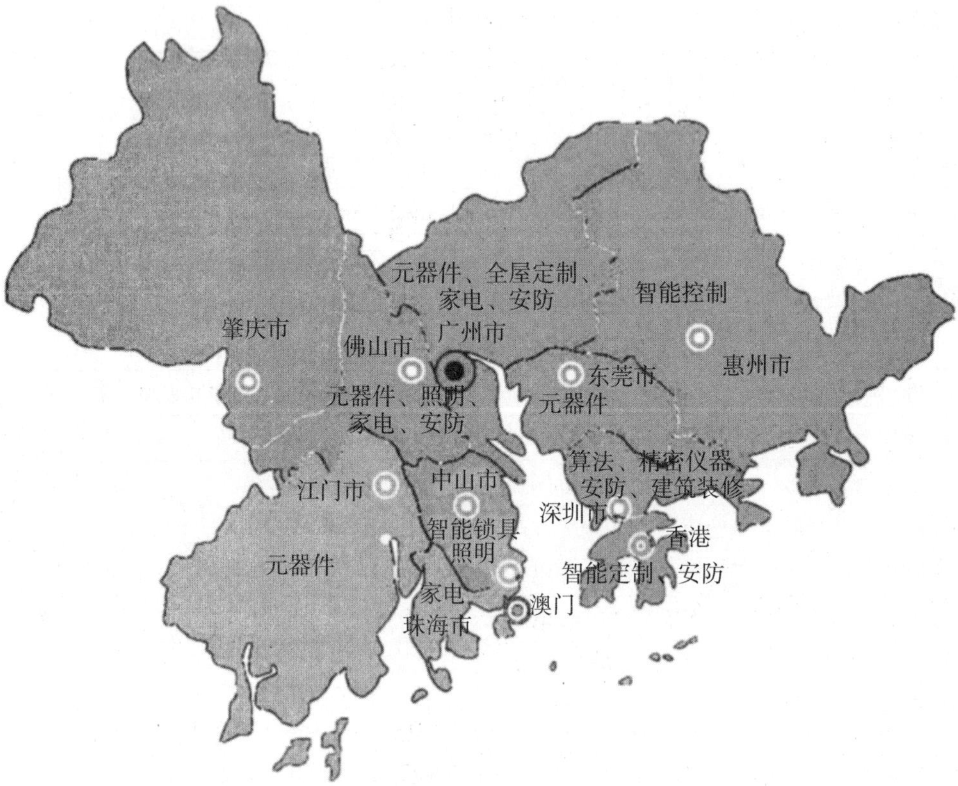

图5-2　粤港澳大湾区各城市智能家居重点企业主要领域

资料来源：课题组绘制。

深圳位于大湾区的智能家居产业链的核心位置，在算法、云计算、芯片、控制器等领域具有良好的基础，拥有诸多厂商专注于精密仪器，上游企业具有雄厚的生产研发能力，中游企业主要在智能安防、智能家电领域深耕，产业以外的诸多高科技巨头在此集聚，知识溢出效应明显。此外，下游拥有建筑装修领域龙头企业——广田集团。总体来看，深圳的智能家居产业链较为完整，从零部件设计生产、中间环节研发制造、下游渠道都有涉及。

大湾区各城市的智能家居赛道与地理位置、自身禀赋有关。广州毗邻佛山，而佛山有较多建材企业，为智能家居产品生产提供先天条件，广州智能家居产业链上游的企业主要从事液晶显示、通信服务相关研发生产，中游较多企业发展全屋定制、家电以及智能安防。佛山智能家电产业发达，拥有美的集团、新宝股份、万和电气、佛山照明、顺威股份等行业龙头企业，生产布局从空调风叶、精密组件、电机、电光源产品设备到大小家电，在智能家电领域有望领先全国。中山民营经济发达，形成一系列专业小镇，阜沙、港口、古镇、小榄等小镇产业以五金、锁具、灯饰为主，2019 年小榄贡献了全国 22% 的智能锁产量。中山正在推动传统优势产业升级，智能照明、智能安防是其产业规划的重头戏。

香港、澳门在融资、国际市场具有优势。香港资本市场发达，吸引众多高科技企业在香港融资、设立分公司，雷士照明、航标控股等智能家居企业赴港上市，打开了国际市场。香港的智能家居企业集中于智能控制、智能安防等领域，入驻有自动化与控制技术全球领先的制造商快思聪。澳门尽管缺少智能家居相关企业，但与国内外商贸往来频繁，成熟正规的市场树立了良好的商业口碑，众多包括丰泽电器在内的卖场设有智能家居专区，澳门发达的旅游业可以为智能家居产业拓展国际市场。

第二节　智能家居产业发展环境

一、国内外产业政策形势

（一）国外政策环境

2008 年金融危机后欧美国家推出一系列重振制造业的计划，力求发展智能制造，并推出智慧城市建设计划，为智能家居产业发展提供了良好契机。20 世纪 70 年代以来，西方发达国家将工业的制造环节转移至海外发展中国家或地区，给予了"亚洲四小龙"崛起的契机。与此同时我国实行改革开放政策，乘势大力引进外资，加速推进发展制造业，缔造出世界制造大国的地位。

2008 年金融危机之后，一些西方发达国家意识到不能依赖虚拟经济，开始谋求摆脱对金融业的依赖。制造业是它们重振经济的一个途径，从 2009 年开始，美国、韩国、法国、德国、英国等国家分别先后推出重振制造业的政策，如美国"再工业"计划、韩国新增长动力规划及发展战略、"新工业法国"、德国"工业 4.0"、英国"高价值制造"等，从政策层面大力发展智能制造，加大鼓励创新研发力度，让科技赋能于制造业，以实现经济的再度繁荣。随着智慧城市的兴起，一些国家为应对全球大竞争时代，产业政策从智能制造细化到城市建设、居民生活提升等领域，2014 年印度的"印度制造"计划将智慧城市作为经济改革战略的三大支柱之一，2017 年日本的"互联工业"政策提出要大力发展智能生活领域。人工智能相关产业备受欧美发达国家重视，一系列政策为智能家居产业发展提供了良好的发展环境。

（二）国内产业政策

智能家居产业具有巨大增长潜力与经济社会效益，我国自"十二五"至今推出许多支持智能家居产业的政策。从表5－2可见，2012年将智能家居列入物联网九大重点领域应用示范工程之一；2015年《中国制造2025》部署全面推进实施制造强国战略，表明要着力发展智能装备和智能产品；2016年国务院《政府工作报告》提出要壮大智能家居等产业的新兴消费；2017年《关于进一步扩大和升级信息消费持续释放内需潜力的指导意见》鼓励企业发展智能家居定制化商业模式，积极推广通用的产品技术标准及应用规范；2018年《关于完善促进消费体制机制　进一步激发居民消费潜力的若干意见》表示要引领智能家居的标准制定……一系列政策的支持力度从重点关注到积极推动产业往高层次发展，政策利好造就了欣欣向荣的市场，我国智能家居产品出货量、企业专利数量在全球都处于领先地位。

表5－2　我国智能家居领域相关政策

时间	文件	内容
2012年2月	《物联网"十二五"发展规划》	智能家居作为物联网 九大重点领域应用示范工程之一，包括家庭网络、家庭安防、家电智能控制、节能低碳等
2015年5月	《中国制造2025》	加快推动新一代信息技术与制造技术融合发展，把智能制造作为两化深度融合的主攻方向；着力发展智能装备和智能产品
2016年3月	2016年国务院《政府工作报告》	提出顺应消费升级趋势，壮大智能家居等新兴消费
2017年1月	《信息通信行业发展规划物联网分册（2016—2020年)》	重点支持面向智能家居、可穿戴设备等重点领域的物联网操作系统研发
2017年8月	《关于进一步扩大和升级信息消费持续释放内需潜力的指导意见》	鼓励企业发展面向定制化应用场景的智能家居"产品＋服务"模式，推广智能电视、智能音响、智能安防等新型数字家庭产品，积极推广通用的产品技术标准及应用规范
2017年12月	《促进新一代人工智能产业发展三年行动计划（2018—2020年)》	支持智能传感、物联网、机器学习等技术在智能家居产品中的应用，发展智能安防、智能家具、智能照明、智能洁具等产品，建设一批智能家居测试评价、示范应用项目并推广
2018年9月	《关于完善促进消费体制机制　进一步激发居民消费潜力的若干意见》	引领智能家居、智慧家庭等领域消费品标准制定，加大新技术新产品等创新成果的标准转化力度
2019年3月	2019年国务院《政府工作报告》	深化大数据、人工智能等研发应用。打造工业互联网平台，拓展"智能＋"，为制造业转型升级赋能

资料来源：根据公开资料整理。

（三）粤港澳大湾区产业政策

广东省政府实施诸多举措适应物联网时代的到来，引领各地市发展智能家居产业。2010年6月设立广东省物联网公共支持中心，并形成了一系列RFID（射频识别技术）应用标准体系。2010年12月《关于加快发展物联网建设智慧广东的实施意见》指出重点研发应用在智能制造、智能家居等领域的嵌入式智能技术及其设备，突破小型化、智能化等核心技术。2015年7月，《广东省智能制造发展规划（2015—2025年）》指出要提升家居产品智能化服务水平，研发具有互联网后台支撑、具备自学习功能的智能家居产品体系、物联网终端互联等。2018年8月，《广东省新一代人工智能发展规划》提出要打造具有国际影响力的智能家居人工智能开放创新平台，在智能家居领域开展人工智能试点示范应用。

广东省布局物联网相关产业走在全国前列，各城市积极出台政策支持智能家居产业。2019年5月，《深圳市新一代人工智能发展行动计划（2019—2023年）》提出以培育智能经济体系为主攻方向，夯实人工智能算法、芯片等核心基础环节，发展智能家居、图像识别等人工智能产品。2020年2月《广州人工智能与数字经济试验区建设总体方案》表示要加快建设智能家居、智慧园区等人工智能应用试点示范场景，探索建立人工智能复杂场景下的规则体系，并在智能家居、图像识别等重点领域建立知识产权服务平台，促进创新成果的知识产权化。2020年9月，惠州市惠阳区规划了惠阳（象岭）智慧科技产业园、惠阳（新圩）智能制造产业园等园区，重点引进5G、人工智能、物联网、大数据等智能制造项目。2020年11月，广州市工业和信息化局提出要推进融合消费体验行动，建设定制家居主题消费体验馆，促进"广州展示"向"广州定制"延伸发展。通过比较广州、深圳、惠州的产业政策，可以看到大湾区主要城市的政策侧重点在于知识产权保护、核心技术研发、市场定位转型，立足点更高。

二、国内外市场需求趋势

（一）全球智能家居市场需求趋势

智能家居全球规模庞大，家庭用户规模逐年扩张。根据IDC，2019年智能家居产品全球出货量超过8亿台。与巨大的市场供给相对应的是家庭用户数量的迅速增长，图5-3 Strategy Analytics数据显示，全球使用智能家居的家庭数量在2018年已经突破2亿，2014年至2019年平均保持23%的速度增长，每年新增近3 000万户家庭使用智能家居产品，预计2020年使用智能家居的家庭达到2.5亿户，2023年突破3亿户。智能家居产品在欧美家庭的渗透率较高，在中国的渗透率偏低，然而国内消费者对其接受程度呈现快速上升趋势，中国市场潜力巨大。而消费者在智能家居产品的年均支出在2019年达到103美元，2014年至今持续保持高速增长的趋势。

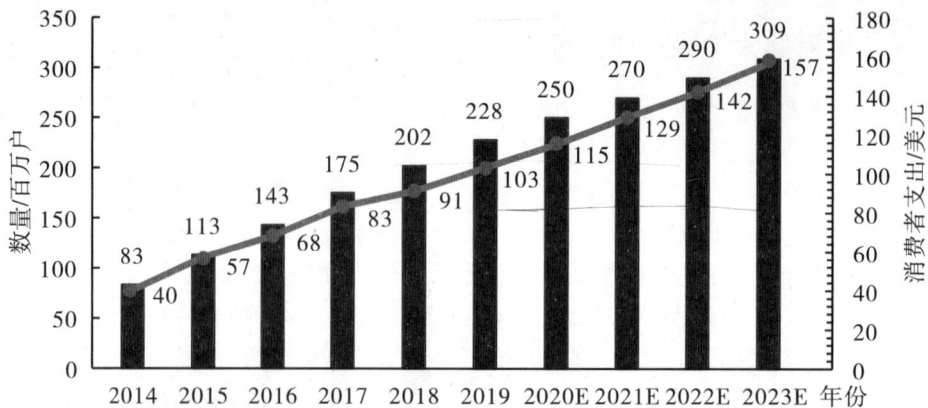

图5-3　全球使用智能家居系统的家庭数量及消费者年均支出

资料来源：Strategy Analytics。

从图5-4可见，2019年全球智能家居市场规模达到860亿美元，2020年受疫情影响，市场规模增长速度进一步放缓，预计2020年市场规模为935亿美元。随着2020年企业复工复产，国内疫情得到有效控制，新冠疫苗加快上市步伐，预计2021年全球智能家居市场规模会超过1 000亿美元，预计增长速度回升至12.6%。

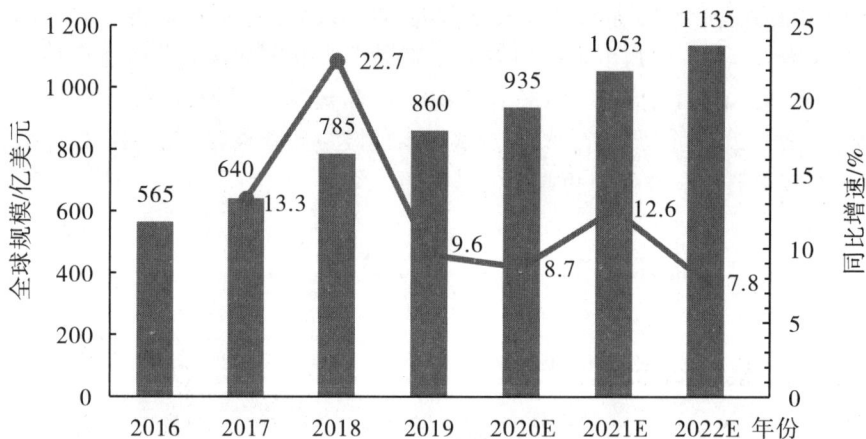

图5-4　2016—2022（E）全球智能家居市场规模

资料来源：博思数据研究中心。

（二）国内智能家居市场需求趋势

居民收入水平持续增长，市场需求端对产品性能、外观提出了更高的要求，对智能家居产品有强烈的支付意愿。图5-5是近年来国内居民人均可支配收入情况，2019年居民人均可支配收入已经突破3万元，2013至2019年间保持在8%以上的速度增长，而广东省人均可支配收入超过全国水平，2020年突破了4万元。2020年受疫情影响，经济发展速度下降，国内生产总值同比增速2.3%，比2019年降低3.8个百分点，但我国是全球唯一实现正增长的经济体。受疫情影响，全球经济停滞，而我国经济发展势头良好。

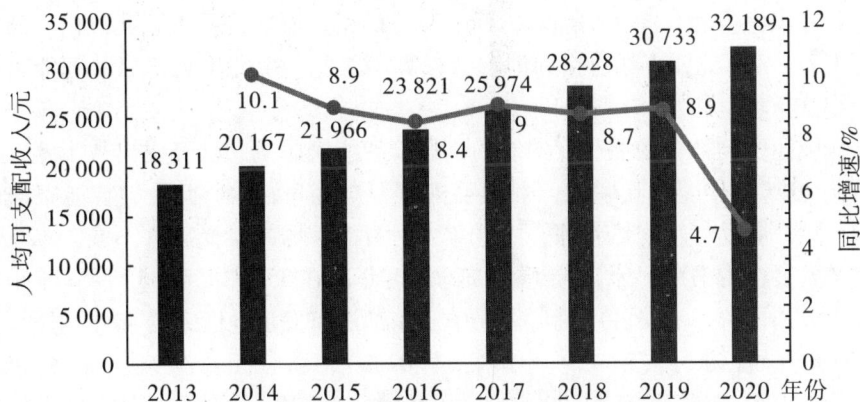

图5-5 中国居民人均可支配收入及同比增长走势图

资料来源：国家统计局。

我国智能家居产业得益于国家政策的扶持、科技的进步，产业规模不断扩大。从图5-6可知2019年我国智能家居市场规模为3 728.1亿元，预计2020年达到4 354.5亿元，2017—2019年期间年均复合增长率为13.9%。细分产品市场持续升温，智能家电、智能安防、智能影音等产品市场保持快速增长，2019年智能家电收入为2 822亿元，国内智能门锁的市场规模接近280亿。一些产品在全球市场份额较大并具有较强的竞争力，2019年智能音箱出货量达到5 200万台，占全球出货量的35%。

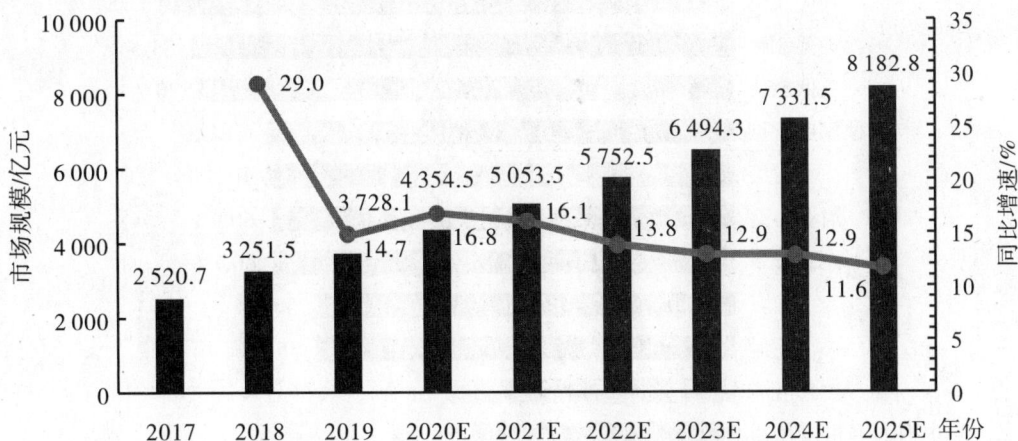

图5-6 2017—2025E年中国智能家居市场规模

资料来源：Statista。

尽管我国智能家居领域取得亮眼的成绩，但我国智能家居市场仍有巨大成长空间。根据 Statista，2018 年我国智能家居渗透率不到 5%，而同期美国、挪威渗透率达到 30% 以上。产品价格高昂直接导致渗透率低，智能类产品的市场价格高达普通产品的数倍。智能家居无线解决方案价格在 3 万～5 万元，而较高层次的全屋智能造价整体位于 30 万～50 万元。然而，在家庭空间智能化的预算方面，37% 的用户能够接受 1 万元以内，28% 的用户可以接受 1 万～3 万元，市场价格和消费者预算不匹配。由此可见，一些智能家居产品方案尚属于小众市场。

产品的普及还受到社会发展程度的制约，尽管智能家居概念已经提出数十年，但它的普及主要是从 2015 年伴随着互联网、智能手机的大众化开始的。此外，智能家居产品作为新兴事物，用户备受年轻群体青睐，中老年人对智能家居的接受度并不高。《2020 中国智能家居生态发展白皮书》显示，接近 65% 的顾客年龄在 35 岁以下，85 后青年是智能家居消费的最主要用户群；消费的主流群体集中于东部沿海发达地区，约 40% 的用户分布在广东（11.58%）、江苏（9.24%）、山东（9.02%）、浙江（8.57%）等省份，香港（0.22%）、宁夏（0.31%）、海南（0.52%）、甘肃（0.72%）的用户占比最小。当前国内市场的消费群体及区域比较集中，智能家居市场有待进一步拓展。

智能家居产品的安全属性尤受重视，家庭安防产品需求最大。智能家居让居家生活轨迹、生物特征与科技亲密接触，用户信息安全、使用安全备受关注。根据图 5-7 36氪研究院《十大潮流生活用户调研报告》，青年选购家电最看重的卖点是安全、智能化、低能耗，比重分别为 75.7%、71.5%、70.7%。从图 5-8 可见，我国消费者对家居智能化需求前三位的是家庭安防、智能网络、智能影音，其中家庭安防明显领先于其他产品。在微观市场需求方面，消费者首先关注安全与否，智能、节能、娱乐等功能属性相对次要。

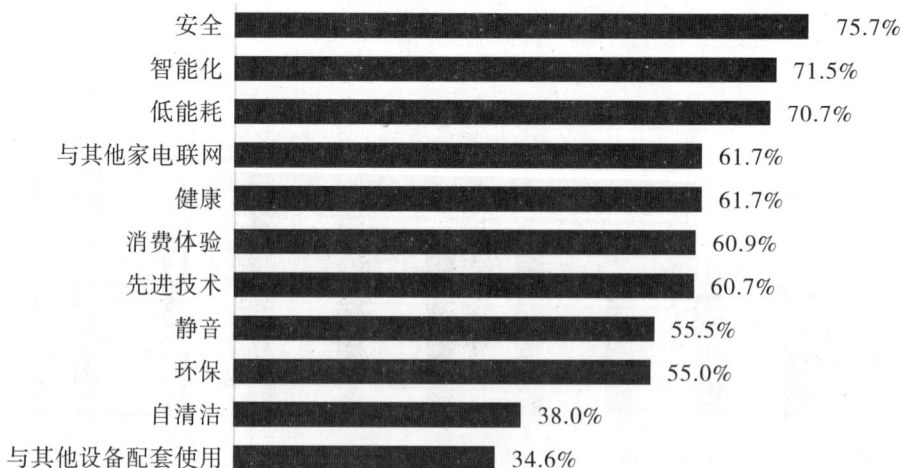

要素	比重
安全	75.7%
智能化	71.5%
低能耗	70.7%
与其他家电联网	61.7%
健康	61.7%
消费体验	60.9%
先进技术	60.7%
静音	55.5%
环保	55.0%
自清洁	38.0%
与其他设备配套使用	34.6%

图 5-7　青年人群选购家电时关注的要素

资料来源：36氪研究院。

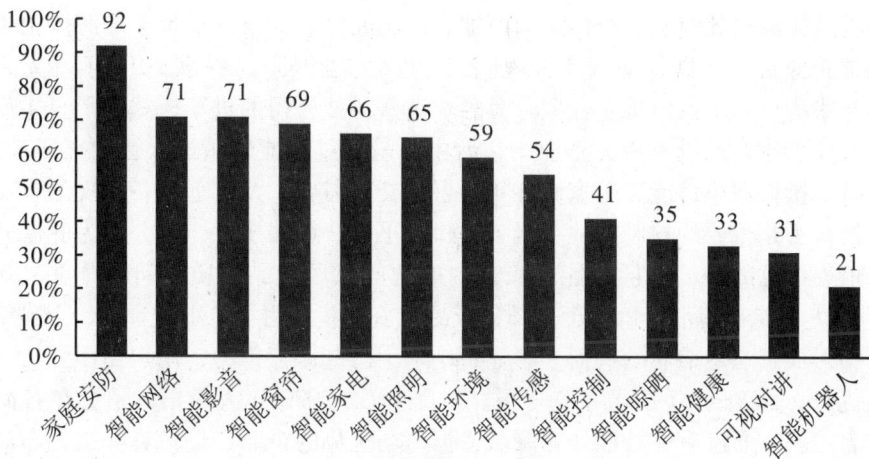

图5-8　中国用户生活智能化需求

资料来源：CSHIA（中国智能家居产业联盟）。

三、国内外生产布局趋势

（一）投融资情况

政策利好，众多企业看好智能家居产业，纷纷抢占赛道。图5-9展示了2013年至2019年中国智能家居行业融资次数及金额，2013年至2016年期间融资次数节节攀升，2016年智能家居行业达到投融资的顶峰，融资次数达到192次。接着三年内融资金额仍保持较高的水平，2019年资本渐渐趋向理性，融资次数及金额大幅度下降。

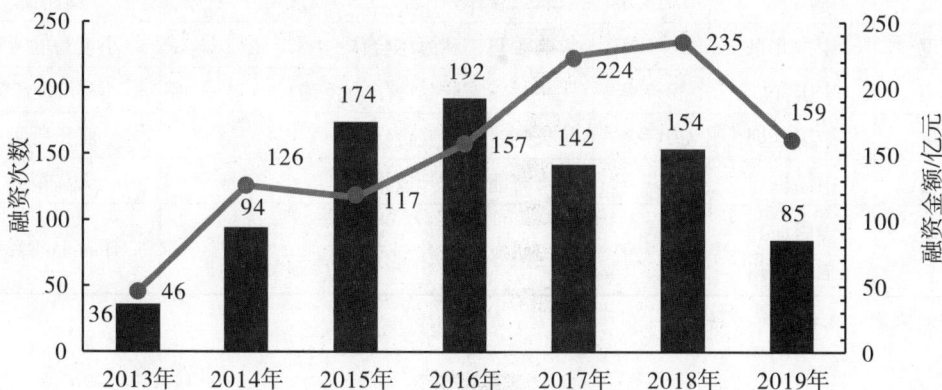

图5-9　中国智能家居行业融资情况

资料来源：前瞻产业研究院。

　　国内外巨头如火如荼进军智能家居产业，中国北京、武汉、深圳、珠海以及美国加利福尼亚州的企业最为活跃。如表 5-3 所示，小米、亚马逊、谷歌 2014 年率先入场，京东、腾讯、华为、阿里巴巴等企业紧跟其后。这些科技公司的进军模式除了自主研发，还包括跨界合作、收购或投资相关企业。它们主要是通过智能音箱进入智能家居产品市场，由于智能音箱操作简单，能满足家庭各年龄层的交互需要，技术上具备实现语音交互的成熟条件，被认为是重要的控制载体，具备入口、平台、终端属性，各公司为此展开激烈的争夺战。值得注意的是，包括智能音箱在内的智能家居产品同质化问题严重，众多企业"陪跑"。国内智能音箱市场角逐至今，各产品竞争力基本明了，小爱音箱、天猫精灵、小度智能音箱形成了三足鼎立的局面，彰显了小米生态链运营得力，用户黏性强；阿里巴巴具有渠道优势；百度的 AI 技术领先全国。根据 IDC，2020 年天猫精灵销量在各品牌智能音箱中排名第一。而没有在智能音箱领域占据市场优势的企业，仍然具有抢先布局的先发优势，持续加码投资智能家居其他产品市场。

表 5-3　国内外科技巨头布局智能家居行业事件一览表

企业	位置	时间	布局行动	核心入口单品
亚马逊	美国华盛顿州	2014 年	收购 Blink，Ring	Echo 音箱
谷歌	美国加利福尼亚州	2014 年	收购 Nest，Dropam	Google Home 音箱
海尔	中国青岛	2015 年	与苏宁合作，开发苏宁—海尔会员联盟	海尔智能音箱
小米	中国武汉	2014 年	战略投资美的	小爱音箱
小米	中国武汉	2015 年	与正荣合作，打造智能家居体验	—
京东	中国北京	2015 年	与科大讯飞合作	叮咚音箱
魅族	中国珠海	2015 年	与海尔、阿里巴巴共同开发互联协议	—
百度	中国北京	2015 年	与联想合作	新路由
百度	中国北京	2017 年	收购渡鸦，和海尔合作	小度智能音箱
华为	中国深圳	2017 年	发布智能家居品牌华为智选	华为 AI 音箱
腾讯	中国深圳	2017 年	与长虹、万佳安合作	腾讯听听
阿里巴巴	中国杭州	2017 年	发布智能生活开放平台	天猫精灵
苹果	美国加利福尼亚州	2017 年	自主研发	HomePod 音箱

资料来源：根据公开资料整理。

（二）区位分布

　　智能家居产业链上游企业以珠三角、长三角地区最为密集。芯片生产分布以长三角、珠三角、京津地区为主，无线通信模组的生产集中分布于深圳地区、上海地区，国内传感器企业主要分布于东北地区、长三角地区、珠三角地区以及中部地区，并且各地区以较发达城市为中心，侧重的领域各不相同，如京津地区高校密集，部分科研院所已经在筹建国家实验室以填补技术空白，从事新型传感器的研发。

表 5 - 4　传感器全国布局一览表

区域	布局	代表企业（机构）	重点领域
东北地区	以沈阳、长春、哈尔滨为主	中科博微	主要生产 MEMS 力敏传感器、气敏传感器、湿敏传感器
京津地区	以北京高校为主	天海科	主要从事新型传感器的研发
长三角地区	以杭州、上海、无锡、南京为主	海康威视、韦尔股份、华润微	形成包括热敏、磁敏、图像、气敏等较为完备的传感器生产体系及产业配套
中部地区	以郑州、武汉、太原为主	华工科技	产学研紧密结合的模式，着重发展 PTC/NTC 热敏电阻、感应式数字液位传感器和气体传感器等，产业发展态势良好
珠三角地区	以深圳为主	惠贻华普、瑞比德、安培龙	由附近中小城市的外资企业组成以热敏、磁敏、超声波、称重为主的传感器产业体系

资料来源：华经产业研究院。

我国智能家居产业链中游生产商主要集中于东部沿海省份，广东省是我国智能家居产品最大的生产制造基地。CSHIA《2020 中国智能家居生态发展白皮书》显示，29% 的厂商分布于广东省，其次是浙江省（23%），国内智能家居市场最活跃 12 个地区分别为：广东、浙江、上海、北京、山东、江苏、四川、湖北、福建、河南、湖南、安徽。智能家居下游的家装公司分布区域广，地域性强，呈现出"大行业，小企业"的竞争格局，行业龙头企业主要分布于北京、上海、杭州、深圳等地。

四、产业技术变革与发展趋势

（一）智能家居系统方案

智能家居主流方案包括总线与无线，分别对应总线型技术、无线通信技术。总线型技术是一种全分布式智能控制网络技术，所有设备通信与控制都集中在一条总线上，产品模块具有双向通信能力，常应用于别墅、楼宇、小区智能化的控制。无线通信技术是指利用各种无线标准进行设备间的传输与控制，应用于智能家居领域的主流技术包括 ZigBee、蓝牙、Wi-Fi、RFID 等。随着目前蓝牙、ZigBee 和 RFID 的更新换代，无线技术在智能家居市场的重要性愈加凸显。

智能家居的总线方案与无线方案各有优劣，两者融合是大趋势。总线型技术较为成熟，优点是性能稳定，备受高端定制供应商、别墅、酒店青睐；但工程周期长，造价高昂。智能家居无线方案相比于总线十分灵活简便，支持随时拓展或改装，成本比较低廉，缺点是稳定性薄弱，信号容易受到干扰。中小企业及普通住宅考虑到成本及拓展性，倾向于选择无线方案。一些企业正在尝试结合两种方案，同时兼顾稳定性与灵活性，升级用户体验感乃大势所趋。

（二）智能家居发展趋势

现阶段智能家居单一场景智能化渐趋成熟，正在迈向多个场景互联互通。用户给出指令能够让家用电器、智能安防、智能照明等设备做出相应的动作，响应用户个性化需求，这是如今基本实现的智能家居 1.0。然而属于不同物联网云平台的智能家居设备不能连通与相互协调，用户体验被打折。各企业受利益驱动，希望独立制作平台并运营自己的生态，并且各企业的技术方案和标准各不相同，各品牌自成一派，导致各平台、产品不能任意兼容。

碎片化的应用设备正在整合成一套体系，不同品牌之间云平台入口亟待标准化，智能家居产品有待进一步升级。如今的趋势是越来越多产品支持接入天猫精灵、米家、小度智能音箱等互联平台，当前天猫精灵连接品牌超过 1 000 个，米家接入小米生态链品牌，小度智能音箱接入 400 多个品牌。然而，当前的互联互通尚处于较低层次，仅实现通过智能音箱、互联平台操控智能家居产品，并未与外界环境打通。未来智能家居的愿景是综合利用计算机、网络通信、家电控制等技术，将智能控制、信息交流及消费服务等家居生活有效地结合起来，保持这些家庭设施与住宅环境的和谐与协调，甚至让智能家居随时感知用户需要，围绕人的需求提供个性化、智能化的服务。

第三节　智能家居产业链 SCP 范式研究

一、智能家居产业链市场结构分析

（一）智能家居产业链上游市场结构

1. Wi-Fi MCU 芯片市场集中度较高，国内企业占据最大份额

Wi-Fi MCU 芯片是物联网领域的核心通信芯片，也是智能家居产品的重要元器件。境外 IC 芯片巨头从 2011 年开始争相布局 Wi-Fi MCU 领域，高通斥资 31 亿美元收购 Wi-Fi 芯片设计商 Atheros，赛普拉斯、美满、瑞昱等企业自主设计研发 MCU 芯片，从 2013 年开始推出产品。而国内以乐鑫科技为代表的中小集成电路设计企业比国外早 3 年左右进行研发布局，专注物联网领域的芯片研发，并在 2014 年开始推出性能稳定、价格相对低廉的芯片，较高的性价比促进其赢得芯片市场。

表5-5 2018年物联网Wi-Fi MCU通信芯片市场份额

品牌	属地	市场份额
乐鑫科技	中国，上海	33.6%
赛普拉斯	美国，加利福尼亚州	14.9%
联发科	中国，台湾	13.1%
瑞昱	中国，台湾	11.4%
高通	美国，加利福尼亚州	11.4%
其他	—	15.8%

资料来源：Techno Systems Research。

2018年物联网Wi-Fi MCU通信芯片市场份额最大的5个企业分别是乐鑫科技、赛普拉斯、联发科、瑞昱、高通，其中两家位于美国加利福尼亚州，两家位于中国台湾，而中国大陆的乐鑫科技占据最大的市场份额，市占率达到33.6%，其余4个境外巨头市占率在12%上下浮动，前五名厂商市占率累计接近85%，呈现出较高的市场集中度。

2. 粤港澳大湾区企业在无线通信领域增长速度快，在全球竞争市场表现出色

无线通信模组被认为是连接物联网领域感知层与网络层的关键硬件，粤港澳大湾区有多家企业在无线通信模组市场占有一席之地。2016、2018、2019年全球无线通信模组市场集中度CR4从2016年的56%上升至2019年的73%，行业集中度大幅提高。厂商激烈的角逐正在洗牌无线通信模组市场，一些包括巨头金雅拓在内的企业的市场份额受到挤压，而另一些企业全球市场份额快速上升。如表5-6所示，移远通信独占鳌头，市场份额从2016年的8%跃升至2019年的27%，大湾区企业日海智能在收购芯讯通、龙尚科技之后，市场份额发展为2019年的19%，深圳的广和通、有方科技、高新兴物联也是国内市场的主要供应商。相比于国内的长三角、京津冀等地，大湾区在全球无线通信模组占有最大市场份额。

表5-6 2016年、2018年、2019年全球无线通信模组市场份额（按出货量）

品牌	地区	2016年	2018年	2019年
移远通信	上海	8%	25%	27%
日海智能	深圳	—	17%	19%
斯亚乐	加拿大	16%	15%	16%
泰利特	意大利	13%	11%	12%
芯讯通	上海	15%	—	—
金雅拓	荷兰	12%	8%	—
广和通	深圳	8%	7%	—
优北罗	瑞士	5%	4%	—
有方科技	深圳	4%	3%	—
高新兴物联	深圳	3%	2%	—
其他	—	16%	8%	26%

资料来源：ABIResearch、锐观咨询。

国内无线通信模组生产商市场快速扩张的原因包括业务转型成功、拓展境外市场、研发力度深化。日海智能较早的定位是通信网络基础设施解决方案提供商，2018 年开始往 AI 物联网方向转型，抢夺无线通信市场份额的同时营业收入水平迅速提高，2019 年无线通信模组的营业收入为 14.4 亿元，占到总营收的 31.15%。广和通成立之初主要从事摩托罗拉的无线通信模组分销业务，后来逐渐专注于研发、生产无线通信模组，业绩增长得益于研发力度及营销投入持续增加，拓展海外市场让境外收入占比从 2016 年的 20.8% 提升至 2019 年的 60.5%。由图 5-10 可见，移远通信近三年营业收入接近匀速上升，源于不断创新优化产品，丰富的产品线内容能够满足不同客户群的终端需求，移远通信整体产销比达到 90% 以上。

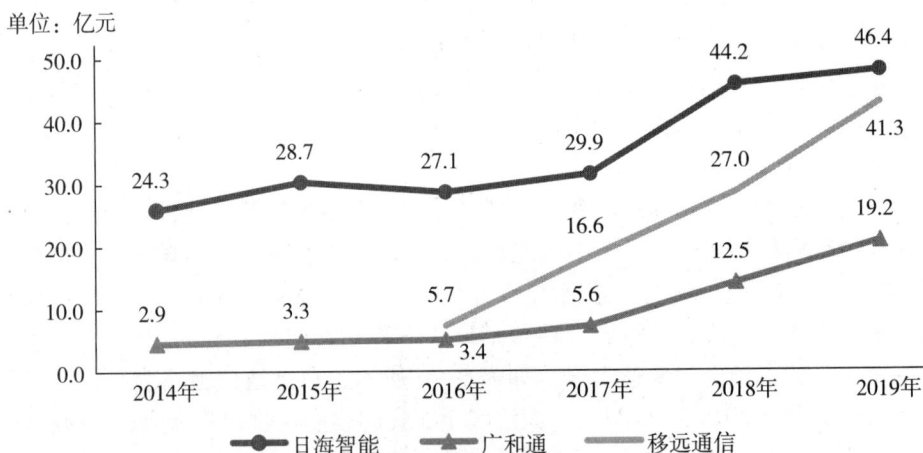

图 5-10　无线通信模组代表性企业营收收入

资料来源：根据企业年报整理。

与上述生产商激烈竞争的是斯亚乐、泰利特、金雅拓，境外对手技术积淀时间长，主导境外市场，产品定价远高于国内厂商。但由于国外人力成本高昂，产品降价空间受限，而国内企业产品持续推陈出新，采用智能工厂，服务响应迅速，从研发到生产、销售都具有优势，相比之下国内企业在全球市场具备较大的竞争力，市场份额有望进一步提升。

（二）智能家居产业链中游市场结构

智能家居产业中游市场集中度分散，国内企业小米、海尔、美的等市场份额位列前三名。根据 IDC，2018 年第四季度中国智能家居市场上 CR3 为 36%，2020 年第三季度 CR3 为 37.4%，市场结构属于低集中寡占型，市场竞争激烈，两年内行业集中度略有提高，还有进一步上升的空间。小米入场智能家居最早，合作伙伴及用户拓展速度快，拥有较为完整的智能家居生态链。从表 5-7 可见，市场份额紧随小米其后的是海尔和美的，两者分别与苏宁、小米等企业合作，尝试吸收后者的互联网思维从而实现转型。2018 年第四季度，海尔市场份额略高于美的，而 2020 年第三季度中，美的反超海尔，市场份额为 11.3%。美的处于大湾区中心地带，优越的地理位置给了它更多的机遇撬动大湾区的资源。

表 5-7　2018 年第四季度和 2020 年第三季度中国智能家居市场份额

品牌	城市	区域	2018 年 Q4 市场份额	2020 年 Q3 市场份额
小米	武汉	华中	16%	16.3%
海尔	青岛	华东	11%	9.8%
美的	佛山	华南	9%	11.3%
阿里巴巴	杭州	华东	7%	—
百度	北京	华北	5%	—
其他	—	—	52%	62.6%

资料来源：IDC。

由图 5-11 可见，家庭安防、智能照明、智能影音是我国 2020 年智能家居市场设备出货量前三名，占据最大的市场份额，数量在全品类中分别占比 21%、16%、14%。家庭安防在整个智能家居市场产品中占比最高，是家庭生活首要的智能需求。疫情之下，家庭安防在家庭生活、社区管理发挥越来越重要的作用，市场供给端动向随着需求端调整。

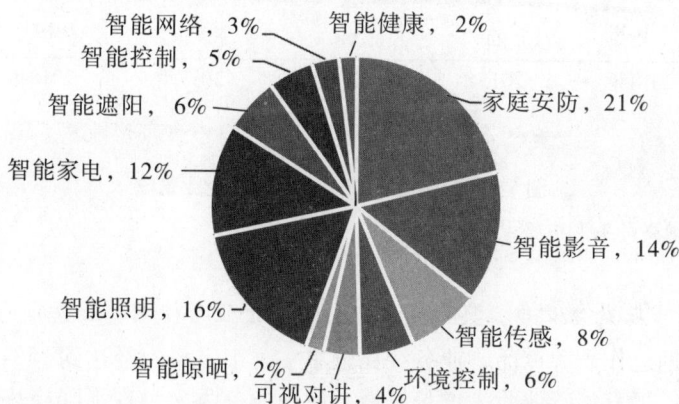

图 5-11　2020 年国内智能家居各品类供应设备占比

资料来源：CSHIA。

智能安防与智能照明的需求旺盛，市场规模相当可观，2019 年国内的智能安防市场规模约为 455 亿元，智能照明市场规模约为 231 亿元。粤港澳大湾区的佛山、中山、深圳拥有众多相关企业，下文在智能安防领域选择大湾区的英飞拓、安居宝与长三角的苏州科达进行对比分析，在智能照明领域选择大湾区的佛山照明、万润科技与长三角地区的欧普照明进行对比。[①]

1. 大湾区智能安防企业发展不平衡，业务拓展带来营收规模增长

智能安防需求随着智慧城市、智能家居的发展而上升，表现出较大的增长潜力，如今

———————————

① 由于本书有一章单独介绍智能家电，而智能家电是智能家居的一部分，因此本章节不对智能家电做赘述。

中国智能安防市场规模接近全球市场的一半，上市企业集中分布于珠三角、长三角地区，大湾区已有英飞拓、安居宝、汇泰龙等多家智能安防企业。由图 5-12 可见，近年来，英飞拓营收增长速度加快，原因在于其开发了互联网数字营销业务，优化业务结构带来了竞争力的提升，规模远超于同行。创业板企业安居宝也是智能安防领域的重要生产商，业务专注于安防行业，营收增长速度平缓。与大湾区智能安防企业对标的是苏州科达，这三家企业起点相近，苏州科达营收增速属于中间水平，与英飞拓、安居宝的营收差距正在拉大。

单位：亿元

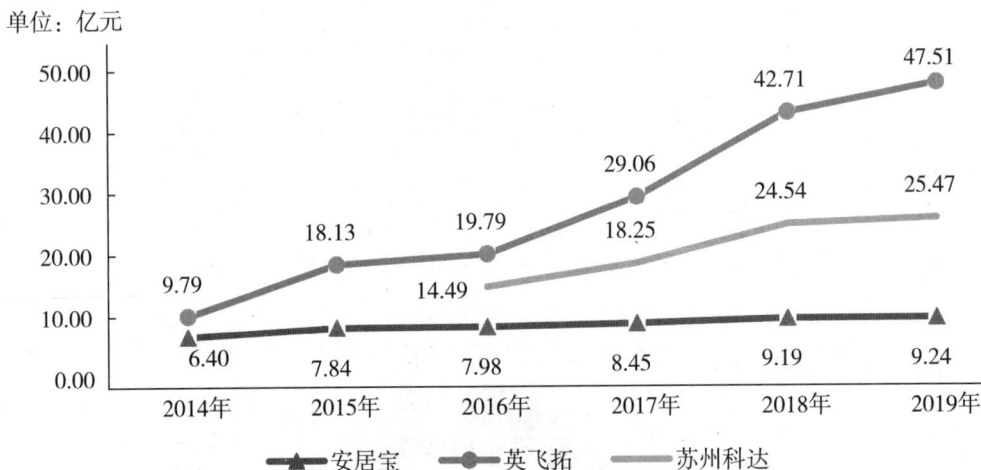

图 5-12 智能安防领域代表性企业营收

资料来源：根据公司年报整理。

2. 智能照明市场充分竞争，集中度低，大湾区企业有待调整业务布局

佛山照明长期运作光源产品，业务线比较单一，市占率曾经达到 15%，如今市场份额被国内对手蚕食；近五年营业收入增长缓慢，境内业务收入呈现下降趋势，而境外业务比例逐年上升，40% 的收入来自外销。万润科技近些年开发了广告传媒业务，依托国资优势，营收增长速度较快，从 2014 年的 5.2 亿元增长为 2019 年的 41.8 亿元。佛山照明和万润科技 2019 年营收分别同比下降 12.1%、8.7%，这跟宏观经济环境密切相关，智能照明行业发展迅速，产品渗透率不断提升，市场下行压力大。此外，中美贸易摩擦升级导致出口业务压力越来越大。长三角的欧普照明 2019 年以高票入选最受经销商和消费者欢迎的智能照明品牌，市场份额位于行业第一，在 3%~5% 之间，近年来基于多品类布局，创新市场渠道，营收水平保持增长势头。通过图 5-13 比较三家企业，可以看到大湾区企业还有成长空间，营收增长较快的万润科技、欧普照明力求创新，业绩得以保持快速增长，佛山照明因不够进取，渐渐失去市场份额。

单位：亿元

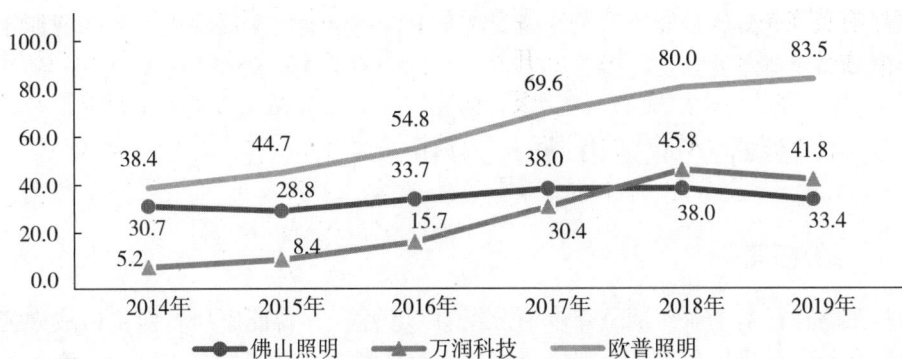

图 5－13 智能照明领域代表性企业营收

资料来源：根据公司年报整理。

（三）智能家居产业链下游市场结构

随着智慧城市、智能家居的兴起，建筑装饰行业作为智能家居产业链的下游，表现出巨大的发展潜力，主要由国内企业参与竞争，同质化程度高，市场集中度低，营收排名靠前的有长三角地区的金螳螂、亚厦股份以及粤港澳大湾区的广田集团，而排名靠后的企业营收规模远低于龙头企业。近年来建筑装饰市场竞争激烈，一些不具备资质的企业退出竞争。广田集团利用自身在建筑装饰深耕多年的优势，2014 年开始拓展智能家居整体解决方案业务，2019 年实现 130.5 亿元的营收。广田集团的两大竞争对手金螳螂、亚厦股份实力强劲，从图 5－14 营收增速来看，广田集团与行业领军企业金螳螂正在拉开距离，且正在被同行对手亚厦股份追赶。

单位：亿元

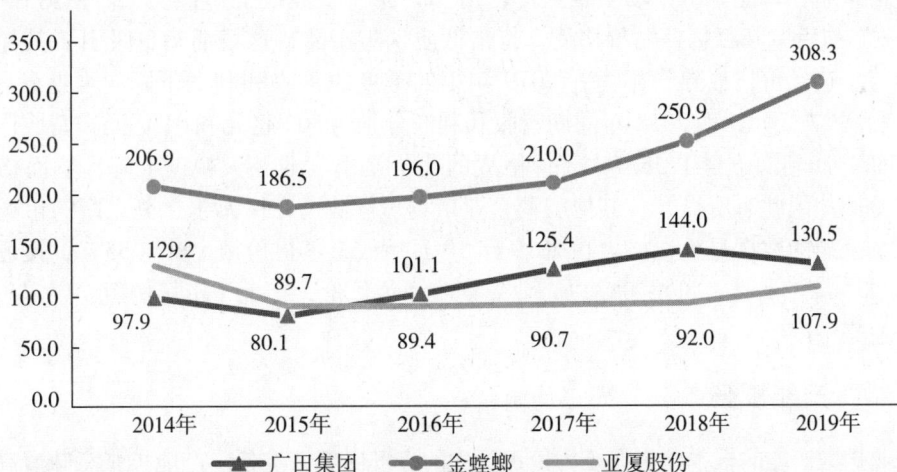

图 5－14 智能家居下游代表性企业营收

资料来源：根据企业年报整理。

结合智能家居产业上游、中游代表性企业的营收来看，下游企业营收规模远高于上游的零部件厂商、中游的智能照明及智能安防企业，一定程度上反映出大湾区智能家居产业链的价值分布规律。

二、智能家居产业链市场行为分析

（一）价格竞争

价格策略往往是企业初期争夺市场份额的一个途径，智能家居行业价格战中智能音箱持续时间最长，反响较为轰动。智能音箱被认为是潜在的智能控制中枢，一度作为许多企业进军智能家居企业的入口产品，参与的品牌多达 500 个，百度、阿里巴巴、小米、华为、谷歌等企业都曾参与智能音箱的开发。2016 年智能音箱抢夺战进入白热化阶段，2017 年开始各巨头发起智能音箱市场价格战，"双十一"期间天猫精灵 X1 从 499 元降到 99 元，叮咚 TOP 智能音箱从 399 元降价到 49 元；2018 年，亚马逊和谷歌将最小版本的智能音箱价格从 50 美元降至 29 美元，6 月小度智能音箱尝鲜价为 89 元，这个价格不到 2017 年百度旗下渡鸦的 Raven H 人工智能音箱的十分之一。

价格战带来了国内企业市场份额的大幅度提升，由于智能音箱需求曲线较平缓，需求收入弹性大，因此降价带来的效益十分可观。2017 年阿里巴巴、小米、百度智能音箱市场份额合计不足 4.0%，根据 Strategy Analytics，阿里巴巴、小米、百度 2018 年全年的智能音箱出货量分别为 890 万台、710 万台、360 万台，分别占全球智能音箱出货量比重的 11.4%、9.1%、4.6%，市场份额合计为 25.1%，价格策略极大提高了国产智能音箱在全球市场上的竞争力。智能音箱价格战直至 2020 年仍在继续，价格区间趋近于稳定，争夺至今，智能音箱寡头基本形成，IDC 数据显示，小度智能音箱、天猫精灵、小爱音箱占据了 90% 以上的国内市场份额。

价格策略在智能家电市场中也被广泛应用，龙头企业线上份额扩大。格力在 2019 年"双十一"前后掀起百亿补贴价格战，打击低质伪劣产品，这场活动也吸引了其他家电企业的参与。这场价格战导致格力在 2019 年第四季度的营收和利润下降，当期营收为 439 亿元，利润 27 亿元，而 2018 年同期营收和利润分别为 502 亿元和 61 亿元，营收同比下滑了 12.5%，净利润下滑了 55.7%。价格战的代价是季度业绩大幅度下降，然而格力线上市场的份额却因此有所提升，其他空调企业市场份额被抢夺，海尔、奥克斯的市场份额下降。中金公司的数据显示，格力在 2019 年 10 月后线上零售份额上升至 35%，接近美的集团的 38%。综上所述，价格策略以企业短期收益为代价，扩大了市场份额，一定程度上提高了行业集中度。

（二）产能扩张

企业扩大产能的根本动机在于为抢占更大的市场份额做准备。产能扩张意味着高额的投入，同时也是企业向市场宣示公司生产能力、释放信号的绝佳机会。由于大客户往往看重产能规模，因此如果企业产能规模过小，公司难以取得大客户订单，市场份额的天花板较低。

如果产能得以扩大，便可整合企业生产资源，生产效率得以提高，进而降低平均生产成本，从而达到规模经济。2017 年至 2019 年，许多上游、中游企业启动产能扩建项目，涉及显示屏、控制器、扬声器等上游企业以及智能家电、智能厨卫、智能安防等中游企业。2020 年疫情之下，国内相当多企业半年报中营收、净利润基本低于上一年同期，宏观经济在下半年回暖，一些泛家居企业加快投资步伐，比如金牌橱柜投资建设"西部物联网智造基地项目"，索菲亚在广州市增城宁西工业园建设索菲亚华南区定制家居智能化工业 4.0 工厂，梦百合准备建设美国生产基地建设项目、塞尔维亚（三期）生产基地建设项目。

产能布局承载了企业深耕行业的决心，向市场释放信号的同时推动企业业绩增长，并有效对冲经济局势影响。表 5-8 反映了部分智能家居企业近近几年产能扩大情况。深圳和而泰是国内著名的智能控制器生产商，位于智能家居产业链上游。2017 年和而泰的智能控制器生产技术改造及产能扩大项目（二期）进入全面施工阶段，2019 年下半年上述项目相继投产，产能得以快速扩大。2019 年，和而泰的营收为 36.5 亿元，同比增长 36.62%，智能控制器业务（不包括 NPE 公司的影响）毛利率同比上升 3.17%。在 2020 年上半年经济形势严峻的情况下，和而泰的营收达到 13.1 亿元，同比增长 7.30%。和而泰在全球经济不稳定的当下仍能保持增长，表明产能扩张计划使其在行业内更具竞争优势。

表 5-8 近几年部分智能家居企业产能扩大事件一览表

建设时间	公司	项目
2017 年	柔宇科技	建设一期产线，2018 年投产，每年设计产能为 280 万片约 8 英寸的全柔性显示屏
2017 年	和而泰	智能控制器生产技术改造及产能扩大项目（二期）和越南工业园，2019 年相继投产
2017 年	国光电器	微型扬声器产品和新兴智能音响产品的技术改造项目，建设微型扬声器生产线 32 条，微型音箱类生产线 16 条
2017 年	顾家家居	投资设立嘉兴顾家智能有限公司，一期项目预计实现年产能 55 万标准套软体家具，2018 年投产
2017 年	奥克斯	建设空调智能工厂，2017 年投产后年产量达 700 万套，奥克斯整体产能扩充至 2 200 万套，交期将提升 30%
2018 年	视源股份	投资合肥家电智能控制产品建设项目，目前在建中，预计 2022 年 3 月 31 日达到预定可使用状态，预计年产值 2.5 亿元
2018 年	惠达	建设荣昌智能家居产业基地，建成后预计年产 450 万件卫浴洁具、100 万件浴室柜和 80 万件智能马桶，已在 2020 年 7 月试生产，一期产能完成 60%
2018 年	千方科技	子公司宇视科技投资 2 亿元在浙江嘉兴桐乡新建安防产业基地，规划增加 SMT 生产线满足自制业务，逐步形成年产 1 000 万台监控设备生产能力
2019 年	欧派家居	引进了柔性生产线，2019 年正式投产
2019 年	朗特智能	在江西安福县新建电子智能控制器项目，建成后将达到年产电子智能控制器 3 600 万套产能

资料来源：根据公开资料整理。

三、智能家居产业链市场绩效分析

（一）智能家居产业链上游市场绩效

大湾区无线通信模组企业毛利率水平位于全国前列，但仍与国际水平存在差距。如图5-15所示，无线通信模组龙头企业日海智能、广和通、移远通信近几年毛利率水平在20%左右。日海智能受人工成本上升和工程劳务外协的成本增加的影响，通信行业的毛利率呈现出逐年下降的趋势，从2014年的26.4%下降至2019年的20.0%。广和通毛利率在25%上下浮动，近几年大张旗鼓拓展境外业务，毛利率水平均高于日海智能、移远通信。上海企业移远通信发展速度快，两年内在全球无线通信模组领域市场份额超越海外厂商斯亚乐、泰利特、金雅拓，出货量位居第一，2019年无线通信模组毛利率为21.2%，跟日海智能不相上下。

无线通信模组市场的境外同行主攻欧美市场，产品定价较高，毛利率水平普遍比国内企业高，斯亚乐平均毛利率在30%左右，泰利特毛利率在40%左右，并保持稳步上涨趋势。国内企业有必要拓展国际市场，提升盈利能力。

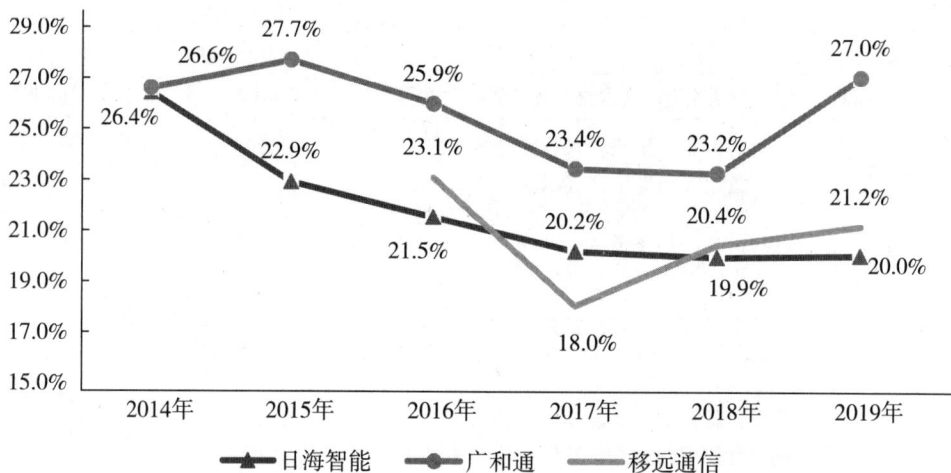

图5-15　无线通信模组代表性企业毛利率

资料来源：根据企业年报整理。

日海智能、广和通、移远通信持续加大研发，大湾区企业研发成果数量落后于长三角同行，高于国外竞争对手。日海智能2018年累计拥有专利600余项，2020年上半年获得43项专利和12项软件著作权。创新速度之快来自企业管理水平和研发力度的提升，企业精简人员架构，研发人员比例从2015年的22.14%上升至2019年的47.64%，研发投入从早期的百万元增加至2019年的2.53亿元，研发投入占营收比例的5.45%。广和通2019年累计获得70项专利以及46项计算机软件著作权，研发队伍逐年壮大，2019年研发人员

比例提升至 64.26%，研发投入也呈现较快的增长速度，2019 年研发投入占营收的
10.67%。移远通信 2019 年获得 94 项专利及 108 项软件著作权，同年研发人员占比
78.42%，研发投入为 3.62 亿元，占营业收入的 8.76%。

通过结合 5－16、图 5－17 对比三个企业的研发、专利情况，可以发现，日海智能的
研发人员规模最大，长三角的移远通信在研发投入、研发规模方面都上升较快，并且创新
成果产出更多。大湾区企业在市场份额相对靠后的情况下，更应该加强研发，尽快追赶国
内同行企业。境外同行企业的专利数量相对较少，从 Innojoy 专利库检索到 2019 年斯亚乐
的专利数量为 13 项，泰利特的专利数量为 15 项，可以发现，国内无线通信模组企业在创
新方面处于全球领先地位。

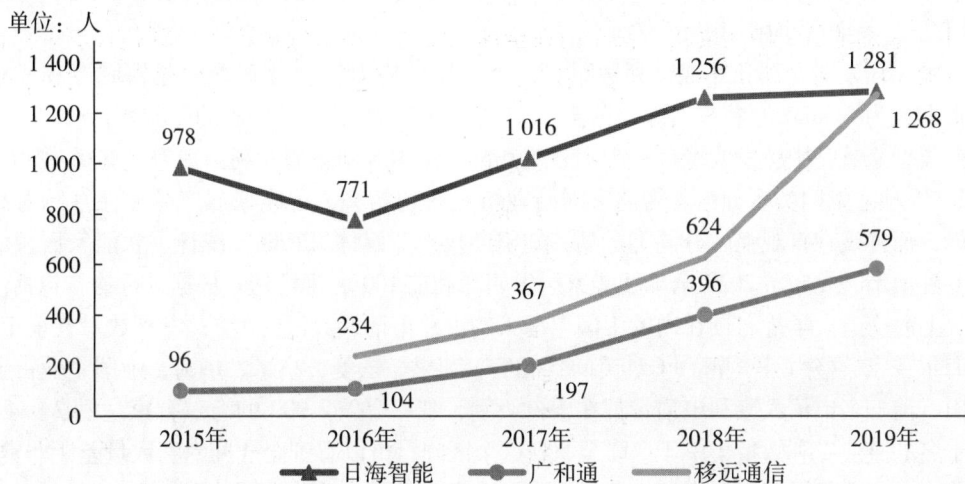

图 5－16　无线通信模组代表性企业研发人员数量

资料来源：根据企业年报整理。

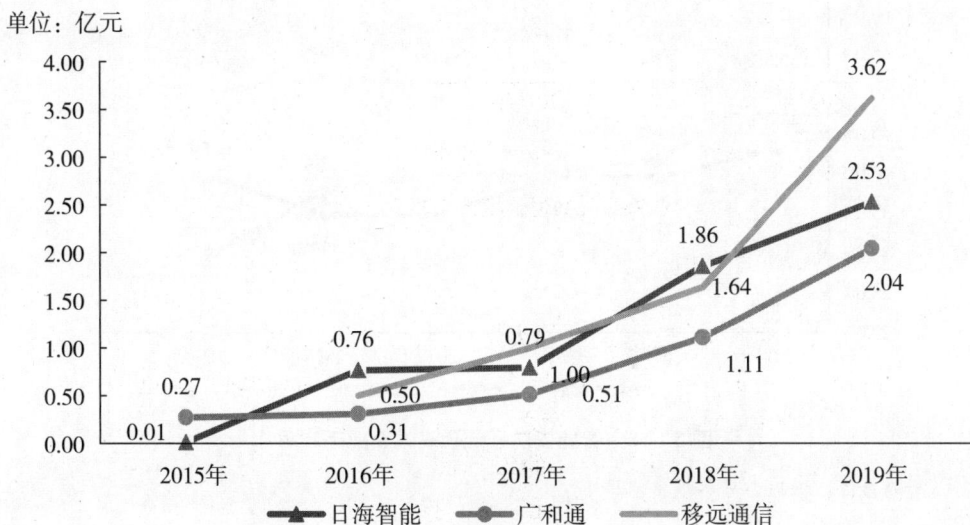

图 5－17　无线通信模组代表性企业研发投入

资料来源：根据企业年报整理。

对比大湾区和其他地区上游重点企业的毛利率、专利数据，可以发现大湾区的企业市场绩效水平良好，毛利率平均水平较高，相比于国外企业还有待提高，专利数量略少于国内竞争对手，但远超过境外企业。然而结合市场结构来看，大湾区企业市场占有率比上不足比下有余，大湾区企业的研发力度还不够大，研发人员比例以及研发投入还有提高的空间。

（二）智能家居产业链中游市场绩效

智能家居产业链中游企业整体盈利能力比上游企业强。中游智能家居产业盈利方式主要有以下几种：单品或全套智能家居系统通过线上及线下卖场渠道销售给用户，与家装公司合作，以及在前面两者基础上为用户提供增值服务等。大湾区的中游上市企业平均营收及利润水平最高，营收平均为 284 亿元，利润平均为 31 亿元，而上游企业营收平均值接近 49 亿元，利润平均值接近 5 亿元。

智能家居发明专利和外观专利数量最多，海尔、格力等企业智能家居领域专利成果丰硕。根据大为 Innojoy 专利数据库，截至 2021 年 2 月，涉及智能家居的专利累计 21 900 项，从发明类型来看，中国发明专利、中国外观专利、中国实用新型专利分别为 14 232 项、5 392 项、2 276 项。发明类型分布与智能家居行业特点密切相关，智能家居产品往往意味着高科技赋能，而外观在直观上区分同类产品。知识产权产业媒体 IPRdaily 统计了智能家居领域的全球专利申请，发布了 2020 全球智能家居发明专利前 100 名排行榜。根据排行榜，包括清华大学、上海交通大学等名校在内的中国申请人约占总申请人数量的 1/3；专利数量在前 10 名的是海尔智家、格力、三星、LG、美的、海信、苹果、三菱、小米、华为，中国企业占据半壁江山，前五名申请人专利申请量都在千件级别，唯一突破 2 000 的海尔智家达到 2 034 项，六至十名的企业专利数量集中于 300 至 500 这个区间。可以看到企业间专利数量差距非常大，并且前十名企业都属于智能家居产业链中游，中游企业研发实力可见一斑。

1. 大湾区智能安防企业毛利率连续下滑，研发投入增长缓慢，与国内同行相差甚远

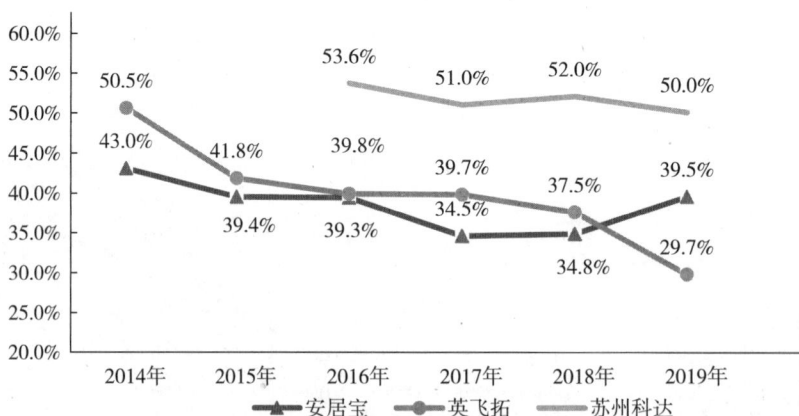

图 5 - 18　智能安防领域代表性企业毛利率

资料来源：根据公司年报整理。

智能安防毛利率水平整体上较高，大湾区两家安防企业毛利率都呈现出下降趋势，远

低于国内同行。英飞拓安防行业的毛利率水平从 50.5% 跌至 30% 左右，安居宝的毛利率下滑后略有波动，苏州科达毛利率水平在 51% 上下浮动，海康威视 2019 年毛利率接近 50%。可见大湾区的企业在安防领域正在失去优势，盈利水平还有待提升。

大湾区智能安防企业专利数量远低于国内对手，与研发投入不足有关。从大为 Innojoy 专利库检索到苏州科达 2019 年专利有 159 项，安居宝专利 47 项，英飞拓专利 44 项。英飞拓、安居宝的研发投入、人员规模远低于苏州科达，抛开企业规模悬殊的因素，大湾区两家企业研发投入、研发人员的相对规模依然低于苏州科达，2019 年英飞拓研发投入约占营收的 4%，研发人员占比 27%；安居宝研发投入约占营收的 10%，研发人员占比 43%，而苏州科达的研发人员和研发投入都以较快的速度增长，研发投入约占营收的 27%，研发人员比例将近 50%。值得注意的是，大湾区内两家企业研发投入产出比是相反的，2019 年安居宝研发投入比英飞拓少将近 1 个亿，专利却比英飞拓多 3 项，大企业应当反思科研经费和研发人员的配置是否合理，在研发方面的薄弱最终会导致市场份额被抢夺，盈利能力下降。

单位：人

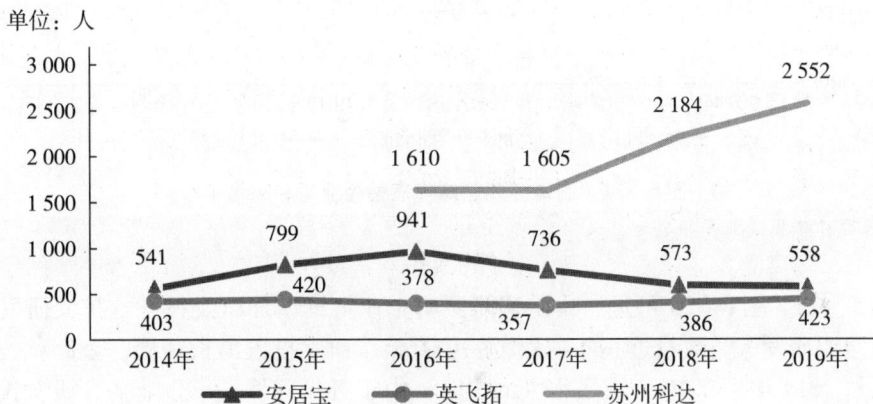

图 5-19　智能安防领域代表性企业研发人员

资料来源：根据公司年报整理。

单位：亿元

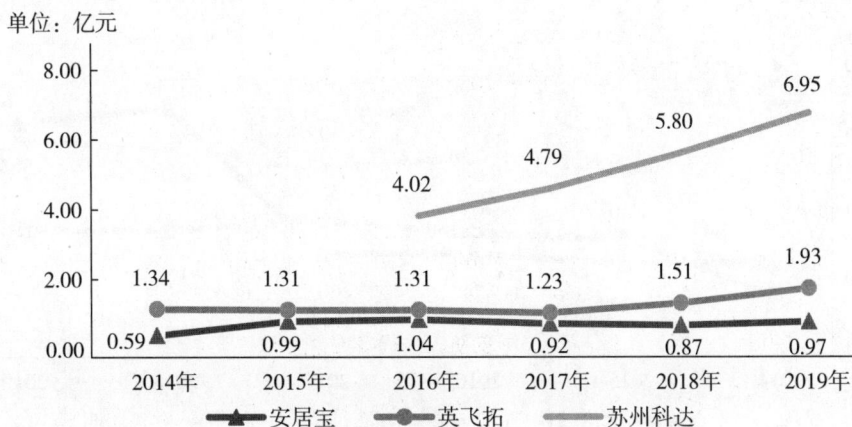

图 5-20　智能安防领域代表性企业研发投入

资料来源：根据公司年报整理。

2. 大湾区智能照明企业市场绩效水平低于同行，研发水平亟待增强

2014年至2019年佛山照明、万润科技、欧普照明的毛利率水平悬殊，从图5-21可以看到佛山照明的毛利率平均水平为23.65%，整体变化不大，万润科技平均毛利率为28.34%，长三角的竞争对手欧普照明的毛利率水平虽有下降趋势，但平均在40%，远高于佛山照明、万润科技。与国内智能照明企业激烈竞争的是飞利浦，飞利浦毛利率在40%左右，大湾区的智能照明企业毛利率与国内领先企业、国际水准尚有差距。

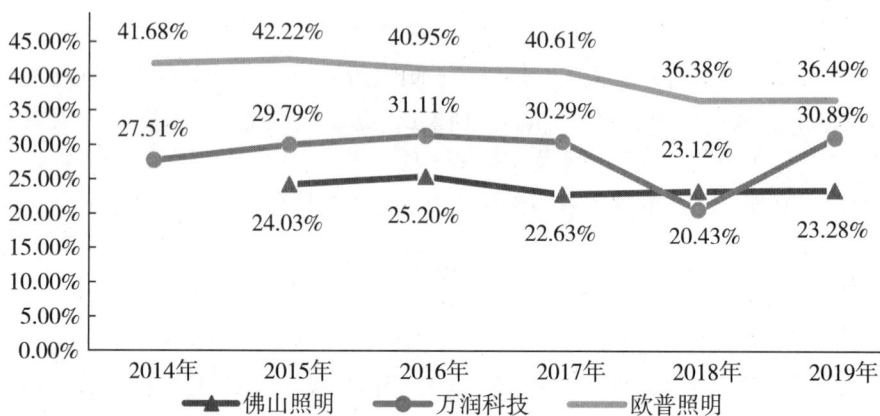

图5-21　智能照明领域代表性企业毛利率水平

资料来源：根据企业年报整理。

从图5-22、图5-23可见，中游智能照明企业持续增加研发投入，扩大研发人才队伍，佛山照明研发人员数量近三年内翻了一倍有余，研发投入增长缓慢；万润科技研发人员及投入从2014年到2019年有了很大的提升，由于近年开发了广告业务，研发投入下降并控制研发人员规模；欧普照明研发人员规模基本不变，而研发投入在快速增长。可以看到长三角地区的竞争对手欧普照明研发投入远高于大湾区企业佛山照明、万润科技，但研发投入占营收比例大同小异，平均在3.23%左右。

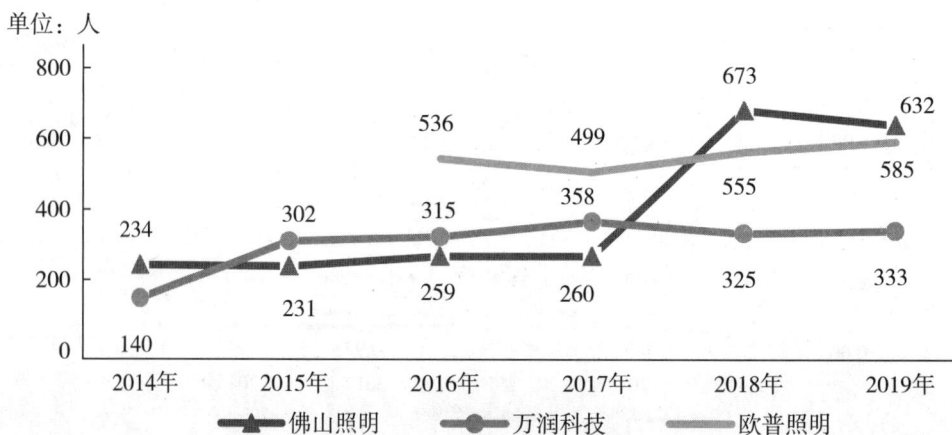

图5-22　智能照明领域代表性企业研发人员数量

资料来源：根据企业年报整理。

单位：亿元

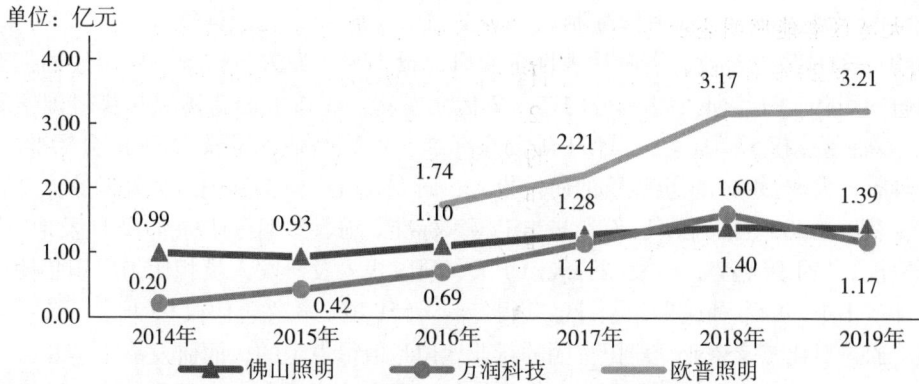

图 5 - 23　智能照明领域代表性企业研发投入

资料来源：根据企业年报整理。

不同研发力度所致的研发成果差异较大，2019 年飞利浦公司与照明相关的专利 265 项，欧普照明专利 525 项，佛山照明专利 106 项，万润科技专利 24 项。佛山照明与万润科技的研发投入相差无异，而研发人员比后者多了近一倍，但专利数量是后者 4 倍有余。通过将大湾区智能照明企业与国内、国际竞争对手的专利数据对比可知，智能照明市场由国内企业主导，国内企业市场绩效水平整体上比较高，大湾区的智能照明龙头企业尚有不足，需要奋力追赶国内长三角地区以欧普照明为代表的企业。

（三）智能家居产业链下游市场绩效

大湾区家装企业毛利率水平低于同行，呈现出波动下降的趋势。总体上毛利率表现出下降趋势，与行业大环境有关，宏观经济不确定因素在增加，房地产调控力度加大，而行业内部竞争激烈。由图 5 - 24 可见，广田集团、亚厦股份的毛利率接近，平均毛利率分别约为 14%、15%，金螳螂毛利率在 18% 上下浮动，可以看到大湾区广田集团的盈利能力与长三角地区的企业尚存在差距。

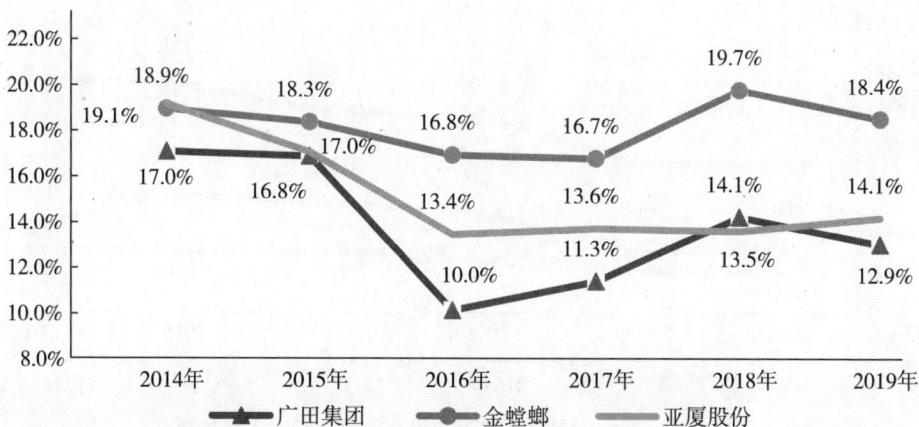

图 5 - 24　智能家居产业链下游代表性企业毛利率水平

资料来源：根据企业年报整理。

大湾区下游企业参与多项标准制定，研发力度及成果落后于竞争对手。图5－25及图5－26分别是智能家居产业链下游代表性企业研究投入与研发人员情况。广田集团拥有千人级别的研发团队，每年研发投入平均在3.2亿元左右，在技术创新领域共获得国家专利近224项、软件著作权52项，已参与71项国家标准、55项行业标准及35项协会标准的编制，在行业具有较大的影响力。金螳螂的研发投入、研发人员规模都远超过另外两家企业，累计孵化出专利近1 400项。亚厦股份参与制定国家标准2项、参编行业标准12项及地方标准5项；研发投入呈下降趋势，研发团队规模扩大，研发投入及研发人员相比于广田集团几乎都较少，却产出更多的专利成果，累计已获得专利1 551项、软件著作权95项，研发投入产出比较高。通过对比三家企业，广田集团的行业地位是值得肯定的，而研发能力与长三角地区竞争对手金螳螂差距较大，研发投入产出比较低，研发队伍质量有待提升。

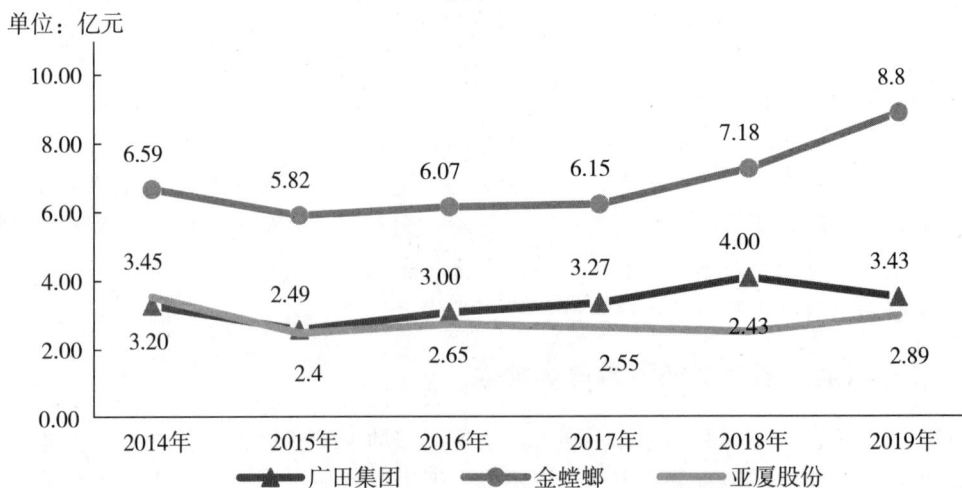

图5－25　智能家居产业链下游代表性企业研发投入

资料来源：根据企业年报整理。

图5－26　智能家居产业链下游代表性企业研发人员规模

资料来源：根据企业年报整理。

结合前面智能家居产业链上游及中游的市场绩效分析，大湾区智能家居产业中上市企业毛利率水平较高的是中游的智能安防、智能照明企业，上游的无线通信模组次之，下游家装企业的最低。专利数量较多的是下游企业，上游、中游企业产品科技含量大，创新速度相对较慢。

第四节　智能家居产业集群研究

一、重点城市发展现状

广东省拥有全国最多的智能家居企业，企业数量高达6万家，表5-9表展示了在智能家居行业内较有影响力的粤港澳大湾区企业，重点上市公司集中于粤港澳大湾区的深圳、佛山等地，这些企业的市值、营收、利润位于行业前列，产业链中游的美的、格力、TCL等企业市值相对较大，而产业链上游的企业除了华为、立讯精密，其余市值相对较小，也反映了智能家居产业链各环节市场价值分布。

表5-9　粤港澳大湾区市值较高的智能家居企业一览表

品牌	城市	智能家居相关业务	市值/亿元
美的	佛山	智能家电、电机	6 794
格力	珠海	智能家电、全屋智能	3 551
立讯精密	深圳	元器件、模组	3 492
TCL	惠州	智能家电、智能安防	1 228
视源股份	广州	液晶显示主控板卡、交互智能平板、移动智能终端	945
汇顶科技	深圳	生物识别产品、微控制器、传感器	575
和而泰	深圳	智能控制器	194
华为	深圳	芯片、云平台	—

资料来源：根据公开资料整理，市值截至2021年2月初。

深圳是粤港澳大湾区智能家居产业的核心城市。20世纪90年代深圳分布着最早的智能家居产品代理商，揭开了我国智能家居产业的序幕。21世纪诞生出华为海思、和而泰、日海智能、英唐智控、立讯精密、康佳、英飞拓、广田集团等多家知名智能家居产业上下游企业，上游的控制器、无线通信模组在国内外享有盛誉，并吸引诸多国外科技企业在深圳设立分公司，拥有较为完整的产业链，占有粤港澳大湾区智能家居产业的中心地位。深圳拥有23家智能家居上市公司，这些企业营收和净利润水平位居粤港澳大湾区智能家居企业之首。

深圳智能家居产业的快速发展除了因为具有先发优势和集聚效应，还因为龙头企业积极发展生态圈。2017年12月，华强集团与CSHIA牵头，与40多家智能家居企业联合打造了首家智能家居国际交易中心，充分挖掘华强北"中国电子信息第一街"的贸易区位优势，入驻了鸿雁、涂鸦、绿米、图灵猫等著名品牌的智能家居体验馆。华强智能家居国际交易中心开发出一套别出心裁的运营模式，为智能家居上下游各企业搭建市场化的交流平台，提供品牌展示推广、贸易洽谈、方案定制的交易场所，有力推动了B端市场的发展。

深圳聚集海内外众多顶尖企业，集聚带来了可观的知识溢出效应，在底层技术方面更具优势。目前深圳智能家居产业存在的问题是上游芯片、传感器等领域的本土企业与国际巨头尚有一定差距，关键元器件仍然高度依赖海外厂商。在中美经贸摩擦的背景下，外部环境存在较大的不确定性，深圳相关企业有必要加强研发投入，大力推动产学研合作，加快创新研发步伐，逐渐掌握核心环节话语权。

二、重点城市发展定位

（一）重点发展领域

粤港澳大湾区立足地区产业基础，出台一系列产业政策，规划城市智能家居产业定位。2018年《广东省新一代人工智能发展规划》重点布局了佛山、东莞、中山、广州、惠州、珠海等城市的智能家居发展定位，佛山依托相关龙头企业和研发机构，利用物联网技术，开发智能家电；东莞重点打造智能人居，支持智能家居企业把智能技术应用于健康医疗、智慧娱乐、家庭安全、环境监测、能源管理等领域，提供互联共享解决方案；中山重点发展智能照明、智能安防等；广州、惠州重点发展以4K电视为核心的超高清互动数字家庭网络，打造数字家庭应用示范基地；珠海以集成电路产业群为基础，大力推进具有产业带动效应的芯片企业推出智能应用芯片，推动传统家居终端产品大规模智能化升级。

2019年5月，《深圳市新一代人工智能发展行动计划（2019—2023年）》提出支持智能家居企业突破智能传感、数据挖掘、机器学习、图像识别、语音识别、自然语言处理等技术与家居产品融合创新，开发集成设备操控、信息交互的智能系统解决方案，研发家庭互联互通协议、接口标准，创新服务模式，面向酒店、办公楼、商场、社区、家庭等垂直应用场景，提供互联共享解决方案。2019年7月，江门市人民政府《关于进一步促进科技创新推动高质量发展工作措施的通知》表示要探索新一代人工智能技术与制造业深度融合。

图 5-27　粤港澳大湾区智能家居产业重点发展领域空间布局图

资料来源：课题组绘制。

（二）重点发展园区

2018—2019 年广东省工业和信息化厅认定了两批共 8 个产业园区作为"广东省人工智能产业园区培育对象"，这些产业园区人工智能产业主导地位突出，集聚大型人工智能企业，园区进驻 3 家以上人工智能骨干企业（估值 5 000 万以上），或 10 家以上人工智能企业（估值 2 000 万元以上）。从地域分布来看，人工智能产业园有 3 个位于广州，深圳及惠州各有两个，珠海有一个。

表 5-10　广东省人工智能产业园区

城市	时间	申报单位	园区名称
广州	2018 年	广州市琶洲会展总部和互联网创新集聚区管委会	广州市琶洲互联网创新集聚区
广州	2018 年	广州市南沙区人民政府	南沙国际人工智能价值创新园
深圳	2018 年	深圳市南山区人民政府	深圳湾科技生态园
珠海	2018 年	珠海（国家）高新技术产业开发区管委会	珠海智慧产业园
惠州	2018 年	惠州市仲恺高新技术产业开发区管委会	广东省仲恺高新区人工智能产业园
广州	2019 年	广州高新技术产业开发区黄花岗科技园管理委员会	黄花岗科技园人工智能产业园区

（续上表）

城市	时间	申报单位	园区名称
惠州	2019 年	惠州市惠城区人民政府	惠城区数字经济产业园
深圳	2019 年	深圳市南山区人民政府	金地威新软件科技园

资料来源：广东省工业和信息化厅。

三、重点园区或集群分析

（一）广州琶洲互联网创新集聚区

广州琶洲互联网创新集聚区（简称琶洲产业园）坐落于海珠区琶洲岛西端，交通设施一应俱全，可实现 20 分钟到达广州南站、50 分钟到达白云机场、2 小时到达港澳。2015年广州市海珠区政府启动该项目，2016 年 9 月《琶洲互联网创新集聚区产业发展规划（2016—2025 年）》通过并提出力争到 2025 年，集聚区内互联网产业规模达到 2 000 亿元，带动琶洲西区向万亿级创新产业集群迈进。2018 年上半年，琶洲产业园实现营业收入65.25 亿元。

表 5 - 11　琶洲互联网创新集聚区入驻企业一览表（截至 2020 年）

领域	龙头企业
智能家居	欧派家居、大华、小米
互联网	腾讯、阿里巴巴
电子商务	国美、唯品会、环球市场、欧莱雅百库
人工智能	科大讯飞
新媒体	南方出版传媒、欢聚时代、今日头条
新兴金融	粤科金融、复星集团、华邦控股

资料来源：根据公开资料整理。

琶洲产业园内集聚了智能家居产业链的上中下游企业，产业链配套完善，产业协同效应明显，为上中下游产业间合作打开更多的可能性。如表 5 - 11 所示，琶洲产业园已经吸引了一大批优秀龙头企业在此落户建设总部或者区域总部，落户企业涵盖智能家居、互联网、电子商务等领域，市值超过 3 万亿元，注册资本超过 111 亿元，项目总投资规模超550 亿元。琶洲产业园缩短智能家居上中下游企业合作空间距离，聚集的智能家居相关企业包括欧派家居、科大讯飞、小米、大华等企业，研发力量雄厚，知识溢出效应显著，众多电商渠道为中游企业产品打通市场，新兴金融领域企业为智能家居产业提供融资支持，新媒体助力企业及产品公关宣传。

琶洲产业园运营有方，吸引企业争先入驻，园区活力迸发。首先，琶洲产业园不断健全人工智能创新体系，充分挖掘中山大学等高校资源，组织各领域标杆企业、高等院校、科研机构共同推动产学研合作。目前，琶洲产业园内有 6 个企业建立人工智能专职研发机构，建设创业创新服务平台 14 个，建立重点产学研合作项目 4 个。其次，琶洲产业园运营五年以来，持续跟进项目开展，并配套了现代园区服务体系，出让全自持租赁用房用地，打造人才公寓，促进了多家高科技巨头在此顺利落地，留住高水平人才。再次，产业园宣传工作比较到位，新闻资料翔实，外界能够充分了解其动态，某种程度上也促进了企业间的交流与合作。

（二）深圳金地威新软件科技园

深圳金地威新软件科技园坐落于深圳南山高新区，自 2002 年开始由金地集团正式运营，是中国和新加坡两国合作开发的样板科技园，在 2019 年 8 月被广东省工业和信息化厅评为"广东省人工智能产业园"。科技园拥有较好的硬件基础和服务质量，科技园联合办公平台还为初创型企业提供融资租赁、联合办公、创客辅导等多项服务，金地集团在园区落地了人工智能孵化器，为初创型企业提供场地孵化、股权投资、专家资源等全方面服务。

科技园集聚大量人工智能、芯片、5G 通讯领域顶尖高新技术企业，世界 500 强企业及上市公司的租赁面积超过 70%，入驻的 50 多家企业包括英特尔、英伟达、大疆、雷蛇、西部数据、亚马逊、松下、文思海辉、亿磐系统等高新技术企业，形成了完善的高科技企业生态圈。科技园内英特尔、英伟达、歌尔股份、研强物联等科技公司对智能家居进行了布局，基本位于智能家居产业链的上游、中游，在核心算法、高端芯片等关键共性技术方面掌握话语权，科研力量可辐射到整个深圳地区，带动智能家居上游企业加快完成技术突破。科技园云集众多高新企业，作为一张漂亮的名片，科技园为入驻的智能家居产业链上游企业与外界合作搭建桥梁。2018 年研强物联与阿里巴巴旗下的智能家居、智能穿戴、手机等智能终端物联平台 AliOS 在物联网智能硬件、云服务、AI 算法、内容服务、业务运营方向达成战略合作，双方发挥在各自领域积累的领先优势和经验，形成新的价值合力和竞争优势，推动 AliOS 在物联网领域的规模应用。

金地威新软件科技园由企业运营，相比于广州琶洲产业园有全球科技前沿优势，汇集了全球顶尖科技公司，并且提供融资、投资、孵化企业的配套服务。不足之处一方面是推广宣传方面存在短板，另一方面是企业与科研院所产学研合作较为薄弱，没有充分利用深圳的区位优势，深圳、香港高校科研力量有待进一步挖掘。

（三）佛山里水智能家居专业镇

佛山里水智能家居专业镇坐落于广东省佛山市南海区，2018 年获评"广东省智能家居专业镇"。里水已有智能家居行业相关企业 700 多家，涵盖智能家电、智能锁具、智能板材、智能门窗等产品，代表性企业包括汇泰龙、耀东华、和邦盛世、明事达等。其中，汇泰龙是佛山智能安防的骨干企业，也是华为智能指纹锁的合作伙伴，专利数量已经超过 500 项，位于全国锁具行业前列。2018 年里水镇智能家居产业产值超 200 亿，占里水镇工业总产值的 20%，成为里水镇的支柱产业。

里水镇智能家居产业蓬勃发展的原因包括产业基础扎实、产业政策利好以及行业协会带头作用效应好。首先，里水镇是制造业大镇，除了家居产业，里水镇还有食品医药、装备制造、新材料、汽车及汽车配件等产业集聚发展，雄厚的工业基础为里水镇发展智能家居产业提供了很好的产业基础。经济下行压力之下，市场竞争愈加激烈，镇内数百家传统企业面临转型的挑战。恰逢粤港澳大湾区建设重大发展机遇，里水镇政府积极推动本地传统家居产业与人工智能结合，2018 年出台了《里水镇推动智能家居产业发展扶持奖励办法》，三年内计划投入 3 000 多万元对里水智能家居行业进行扶持，打造智能家居产业集群。产业政策之外，民间力量十分活跃，企业自发组织了里水智能家居产业协会，并引领企业抱团开辟出转型升级之路。2019 年 3 月，由行业协会牵头投资 700 万元的里水智能家居体验馆正式开馆，体验馆集中展示了里水镇知名的智能家居企业产品，让客户能够"一站式"了解、体验、选购里水家居产品。里水镇智能家居产业集群的成功为其他产业集群发展带来了启示。

里水智能家居专业镇与其他产业园区相比，独特之处在于智能家居行业协会在组织企业转型升级进程中发挥了较大作用，但在与外界合作方面还有上升空间，配套设施有待完善，为企业入驻以及人才就业扫除障碍。

第五节　智能家居产业发展对策建议

一、整合行业资源，优化配套服务

粤港澳大湾区产业园在推广宣传、产学研方面需要加强，结合第四节对大湾区三个产业园区的分析，产业协同效应较好的广州琶洲互联网创新集聚区做足了媒体工作，打造多个创新平台，而另外两个产业园区与媒体、科研院所互动较少。产业园区不是一座孤岛，而是要拥抱世界，感知时代，迎合市场。产业园区应当整合行业资源，积极组织行业协会，发挥民间组织的作用。行业协会作为产业园区的代表，除了作为企业与政府的桥梁、为产业园发展献计献策以外，还可以在传统职能上做延伸，比如开发产业园数据中心，踊跃参与业内活动，并通过新媒体渠道及时更新动态，让产业园"走出去"。

广州琶洲互联网创新集聚区在服务设施方面提供了良好的示范，一些产业园区及周边缺乏必要的配套设施，如果员工的生活出行、医疗、教育等需求没有得到满足，就会降低产业园招商引资的吸引力。产业园规划方应该优化产业配套服务，配置人才公寓、医院、学校是可以借鉴的方法。

二、统一行业标准，保障信息安全

智能家居市场产品种类丰富，但品牌之间缺少连接，各品牌单品往往搭配不同的App，而没有实现互联互通。产品不能互联互通的最终结果是用户体验受损，不利于行业整体发展。因此，智能家居行业有必要制定一套行业标准，将产品、接口、技术等统一化，让一个终端能够连接尽可能多的产品，改善用户体验。

智能家居产品能够收集我们居家生活行为喜好、生活轨迹、健康状况、语音、指纹、图像等数据，并依据这些数据提供智能化、个性化的服务。智能家居带来便利的同时，也带来了用户数据信息安全问题。用户日常数据经年累月汇聚成可观的大数据，可以勾勒出用户画像，为商家精准识别用户需求。智能家居产品的安全被认为是最重要的属性，如果没有保护好用户隐私，最终会导致用户对产品的不信任以及产业发展受限。智能家居企业需要在数据互联互通和保护用户隐私之间取得平衡，政策层面也应该对数据的采集、存储、使用做出规定。

三、加强研发投入，深化技术革新

智能家居高昂的造价让消费者望而却步，导致国内市场渗透率较低。智能家居企业在产品研发、购买核心配件以及专利使用权方面存在成本高的问题，深层原因是国内企业在一些关键技术方面存在短板，纵观国内智能家居产业链，上游的元器件包括芯片、传感器等严重依赖国外市场。

结合第三节市场绩效的分析，大湾区智能家居产业中游（智能安防、智能照明）、下游企业毛利率低于国内对手，研发投入力度、专利产出都落后于长三角的对标企业，尽管大湾区企业在全国市场份额较高，主要竞争对手是长三角的企业，但是如果企业在研发方面不思进取，长此以往将会失去市场竞争力。智能家居相关企业有必要加强技术研发，开拓高效的创新体系。产学研合作是一个可取的方法，香港、澳门高校拥有全球顶尖科研力量，珠三角也有众多"双一流"高校，智能家居上中下游企业应该通过校企合作，调动大湾区高等院校的科研资源，加快技术攻关，推进技术落地应用，提高企业产品的科技含量和核心竞争力。

四、调整产品定位，优化业务结构

智能家居市场产品同质化现象严重，产品功能、外观缺乏创新。企业盲目开发同类产品导致资源浪费，加剧了同质化竞争。市场的饱和难免带来价格战，实力较弱的厂商容易被挤出竞争，最终缺乏充分竞争的市场环境会导致消费者利益受到损害。此外，智能家居产品消费门槛过高，用户价格预期、产品喜好与市场供给不匹配，下沉市场没有得到充分释放，导致智能家居产品普及率过低。因此，智能家居企业有待调整产品定位，开发差异化产品，并适配不同市场消费者。

通过第三节智能家居产业链中游企业的案例发现，佛山照明业务线单一，在市场渐趋饱和的背景下艰难维持业绩水平，而万润科技、英飞拓分别积极发展广告传媒、互联网营销业务，新业务为传统业务打开其他渠道，营收得以快速增长。企业只有积极开拓业务，在转型中求进，才能保持企业竞争力。因此，大湾区智能家居企业需要适应时代市场需求，勇于进取，由单一业务向多元业务转型。

五、重塑市场渠道，拓展消费市场

结合第三节对智能家居产业链 SCP 范式的讨论，大湾区上游企业毛利率水平远远低于境外竞争对手，大湾区内侧重海外业务的上游企业明显拥有更高的毛利率，并且欧美市场产品定价较高，利润空间大。香港、澳门与国际市场接轨，大湾区上游企业应当充分利用香港、澳门的区位优势，拓展国际市场业务，扩大市场占有率。智能家居产品瞄准的是年轻消费群体，忽略了财务水平较好的中老年人。此外，由于疫情的影响，线下经济存在不确定性，而企业生存发展需要充足的现金流，企业应该进一步挖掘推广渠道与用户，运营智能家居体验店，扩展现有年轻人市场，释放中老年人市场。

参考文献

［1］36 氪研究院.5G 时代下的智能家居竞争格局：36Kr－智能家居行业研究报告 ［R/OL］. https：//36kr. com/p/1724413542401.

［2］中国智能家居产业联盟.2020 中国智能家居生态发展白皮书 ［R/OL］. http：// www. chuangze. cn/third_ down. asp？ txtid = 1864.

［3］头豹研究院.2020 年中国无线通信模组行业概览 ［R/OL］. https：// www. leadleo. com/report/details？ id = 5f2bbe5eb636b1525af566c5.

［4］头豹研究院.2021 年中国智能家居行业概览：产业链与趋势观察 ［R/OL］. https：//www. leadleo. com/report/details？ id = 601f798b883bc0444553d7da.

［5］美的集团、英唐智控、和而泰、拓邦股份、广和通 2017—2020（半）年度报告 ［R/OL］. http：//www. szse. cn/disclosure/listed/fixed/index. html.

［6］广和通. 首次公开发行股票招股说明书 ［R/OL］. http：//www. csrc. gov. cn/pub/ zjhpublic/G00306202/201702/t20170224_ 312680. htm.

［7］日海智能、安居宝、英飞拓、佛山照明、万润科技、广田集团、金螳螂、亚厦股份 2015—2020（半）年度报告 ［R/OL］. http：//www. szse. cn/disclosure/listed/fixed/index. html.

［8］移远通信. 首次公开发行股票招股说明书 ［R/OL］. http：//www. csrc. gov. cn/pub/zjhpublic/G00306202/201807/t20180713_ 341249. htm.

［9］移远通信.2019—2020（半）年度报告 ［R/OL］. http：//www. sse. com. cn/disclosure/listedinfo/regular/.

［10］欧普照明. 首次公开发行股票招股说明书 ［R/OL］. http：//www. csrc. gov. cn/pub/zjhpublic/G00306202/201506/t20150629_ 279965. htm.

［11］欧普照明.2016—2020（半）年度报告 ［R/OL］. http：//www. sse. com. cn/disclosure/listedinfo/regular/.

［12］苏州科达.2015—2020（半）年度报告 ［R/OL］. http：//www. sse. com. cn/disclosure/listedinfo/regular/.

第六章　粤港澳大湾区风电产业分析[*]

第一节　风电产业链发展概况

一、风电产业链结构

（一）风电产业链组成

风力发电是将风力能源转换成电力的工程技术，是目前世界上技术相对成熟的新能源发电方式之一。风力发电有陆上风电和海上风电两种类型。风能作为一种清洁能源，在全球性资源短缺和环境问题凸显的背景下，日益受到世界各国的重视。基于全球"碳中和"的目标，风力发电产业发展更是走上了快车道。

不考虑电力传输环节，可将风电产业链梳理为三部分，如图6-1所示，分别是上游的稀土永磁、玻璃纤维、碳纤维、钢材等原材料供应商与叶片、铸件、发电机、塔筒、主轴、齿轮箱等零部件供应商，中游风电整机制造商，以及下游风电场运营商。

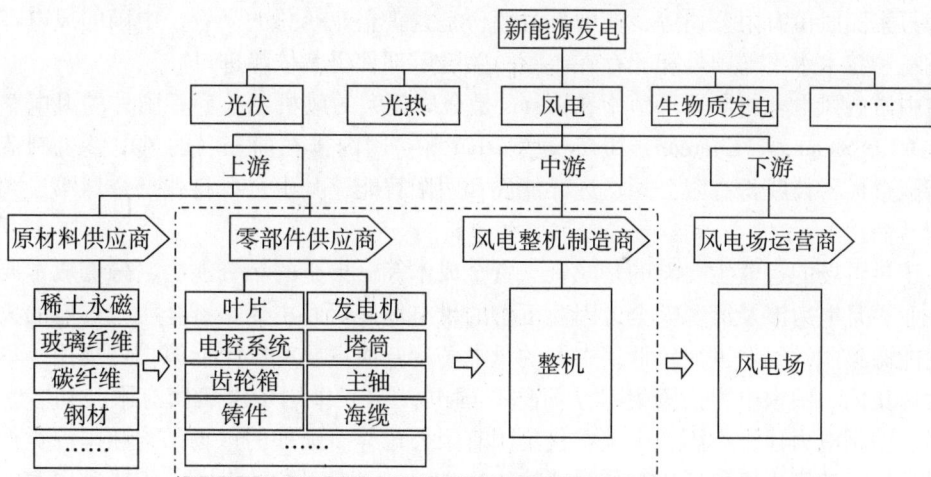

图6-1　风电产业链结构图

资料来源：根据公开资料整理。

---

[*] 本章由暨南大学产业经济研究院侯恒妍、向训勇执笔。

（二）风电产业链相关重点企业

基于上述风电产业链的结构，表6-1整理了风电产业链的相关重点企业。产业链上游，碳纤维行业技术壁垒极高，中国的碳纤维产品大多依赖进口。日本的东丽株式会社、三菱集团，美国的赫克塞尔（Hexcel）在碳纤维市场中占据比较大的份额。伴随风电市场需求的快速增长，我国碳纤维企业中复神鹰碳纤维股份有限公司、中钢国际工程技术股份有限公司、江苏恒神股份有限公司也迅速发展。永磁材料是直驱式风力发电机组的关键原材料。由于资源的优势，中国的稀土永磁材料生产能力占全球80%以上，是世界最大的稀土永磁输出国。在玻璃纤维市场中，凭借较高的产品性价比，国内玻纤企业抢占了大量的海外市场，中国巨石股份有限公司是世界玻纤的领军企业。另外，由于风电用钢具有特定的弹性和韧性，普通钢铁企业很难达到标准，海外生产风电用钢的企业主要是德国的迪林格钢铁公司（Dillinger）、日本的新日铁住金株式会社，国内占风电市场份额较高的钢铁企业则是中国宝武钢铁集团有限公司。

上游的零部件供应环节受原材料加工成本及价格波动影响较大。主要的风电部件包括叶片、塔筒、机舱、铸件、发电机、齿轮箱、主轴、海缆（海上风电）等，其中价值较高的是叶片、塔筒和铸件。叶片作为风力发电机组的核心部件，决定着风能的利用效率。但叶片也是风电领域准入门槛较低的零部件，技术壁垒相对较低，国产化率高。艾尔姆风能叶片制品公司（LM Windpower）是世界顶尖的叶片生产商，中国国内前三名的风电叶片生产商分别是中材科技风电叶片股份有限公司、连云港中复连众复合材料集团有限公司以及明阳智慧能源集团股份公司。塔筒方面，国内主要的塔筒制造商有天顺风能（苏州）股份有限公司、上海泰胜风能装备股份有限公司、青岛天能重工股份有限公司、辽宁大金重工股份有限公司。其中天顺风能也是全球塔筒龙头企业之一。铸件行业是个重资产行业，进入壁垒较高，国内主要公司包括日月重工股份有限公司、江苏吉鑫风能科技股份有限公司、永冠集团股份有限公司等，其中日月股份是龙头企业。总的来看，中国的风电零部件制造质量和技术水平与国外相比存在差距，关键零部件仍然依赖进口。

在中游的风电整机制造环节中，Vestas是全球最大的风机制造商。国外的风电整机巨头还有GE、Siemens、Enercon、Nordex、Suzlon等。国内排在前三名的风电整机制造商分别是新疆金风科技股份有限公司、远洋能源和明阳智能，其中金风科技是全球第二大风电整机制造商。

由于风电场的运营主要看的是融资、资金成本等，央企的融资能力、融资成本要优于民营企业，且电力涉及能源安全，因此下游的风电场运营商主要是资金实力雄厚的央企及地方性能源集团，民企占比较低。中国的风电场运营商主要有国家能源投资集团、华能集团、大唐集团、国家电力投资集团（简称"国电投"）、中国华电集团有限公司、中国三峡集团、中国电力建设集团、中国广核集团有限公司等。国外的市场结构和国内类似，主要的风电场运营商主要包括伊维尔德罗拉、NextEra、葡萄牙电力公司、意大利国家电力公司等。

表6-1 风电产业相关重点企业梳理表

产业链		环节	相关企业（排名不分先后）
上游	原材料供应商	碳纤维	东丽、东邦、三菱、赫克塞尔、中复神鹰、中钢国际、恒神股份
		稀土永磁	金立永磁、横店东磁、中科三环等
		玻璃纤维	中国巨石、OCV、泰山玻纤、NEG、重庆国际等
		钢材	迪林格、宝钢、新日铁住金等
	零部件供应商	叶片	LM、中材科技、中复连众、明阳智能等
		塔筒	天顺风能、泰胜风能、天能重工、大金重工、恒润股份等
		机舱	双一科技、振江股份等
		铸件	日月股份、永冠集团、吉鑫科技、山东龙马等
		发电机	ABB、南车电机、Vestas、GE、明阳智能等
		电控系统	科诺伟业、禾望电气、科凯前卫、许继电气等
		齿轮箱	Winergy、ZF、南高齿、杭齿前进、望江工业、太原重工、重齿等
		主轴	FAG、SKF、金雷风电、通裕重工、新强联等
		海缆（海上风电）	东方电缆、汉缆股份、中天科技、亨通光电等
中游	风电整机制造商	风力机组	Vestas、GE、Siemens、Enercon、Nordex、Suzlon、金风科技、明阳智能、运达股份、远景能源等
下游	风电场运营商	风电开发运营	国家能源投资集团、华能集团、大唐集团、中国广核集团、中国华电集团、国家电力投资集团、中国三峡集团、伊维尔德罗拉、NextEra、葡萄牙电力公司、意大利国家电力公司等

资料来源：根据公开资料整理。

（三）风电产业价值链分析

根据风电产业相关企业的业务特点，可以将风电产业价值链划分为研发、零部件制造、整机制造、运营维护、风电场经营等五个环节，如图6-2所示。目前，风电产业相关企业分别专注于这五个环节中的一个或多个。研发活动对于推动风电产业发展至关重要，该环节位于微笑曲线的左端，附加价值最高。零部件制造处于附加价值偏低的产业链上游，并且由于风电机组所需的零部件众多，包括叶片、铸件、塔筒、主轴、齿轮箱、海缆等，因此迄今还没有完全实现垂直一体化的企业。整机制造位于产业链的中游，产值规模大，但依赖上游企业，议价能力较弱，大部分整机制造商并不掌握核心技术，导致附加价值低。风机的质保期通常为3~5年。在质保期内，风电整机制造商将负责维护服务，但风机的使用寿命一般在20年左右，每年都会有数以万计的风机超出质保期，要维持风电场的盈利能力，风电场运行过程中需要定期对风机进行维护和管理。风机运营维护环节存在技术壁垒，虽位于产业链的下游，但附加价值较高。风电产业价值链的末端是风电场经营，它的附加价值并不高，一方面是由于风电场运行和维护成本高昂，另一方面是因为受到电力价格的影响。

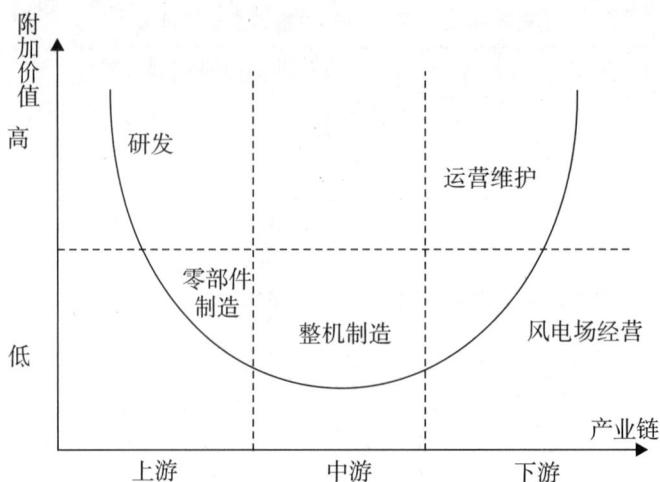

图6-2　风电产业价值链

资料来源：Liu J. et al. Overview of wind power industry value chain using diamond model：A case study from China. Applied Sciences，2018，8（10）：5。

（四）风电产业成本结构分析

1. 风电场建设成本

风电场建设成本主要由设备费、设备安装费、建筑工程费、建设期利息费、施工辅助工程费、基本预备费和其他费用七部分组成。以某50兆瓦风电场为例，如图6-3所示，设备费约占据风电场建设成本的68%，其次是建筑工程费（约占15%）。如图6-4、图6-5所示，94%的设备费来自购买发电设备；购置发电设备的费用有80%来自风力机组成本，17%来自风塔成本。计算可知风电场建设的主要成本来自购置风力机组和风塔，这两者分别占风电场总投资的51%和11%。

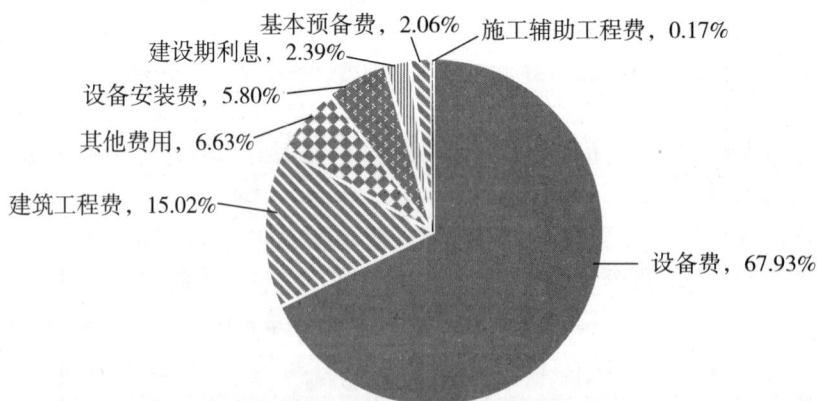

图6-3　某50兆瓦风电场建设成本构成

资料来源：中信建投证券研究发展部。

购买控制保护
设备费用，2%

购买其他设备费用，1%

购买升压变电所
设备费用，3%

购买发电设备费用，94%

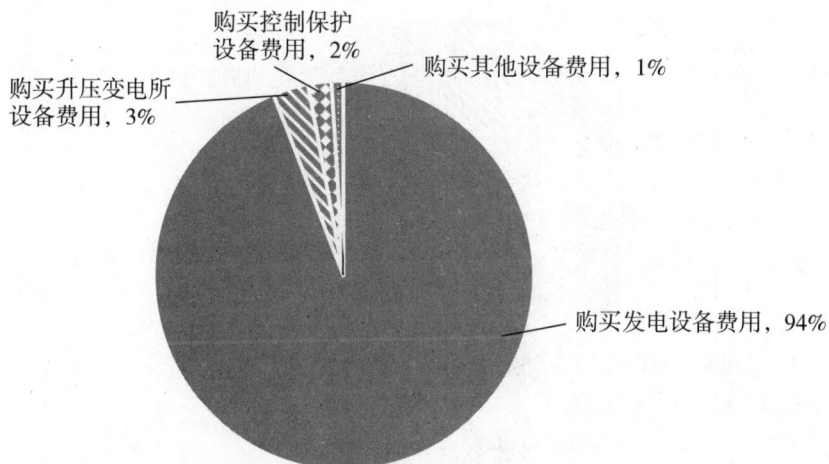

图6-4　某50兆瓦风电场设备成本构成

资料来源：中信建投证券研究发展部。

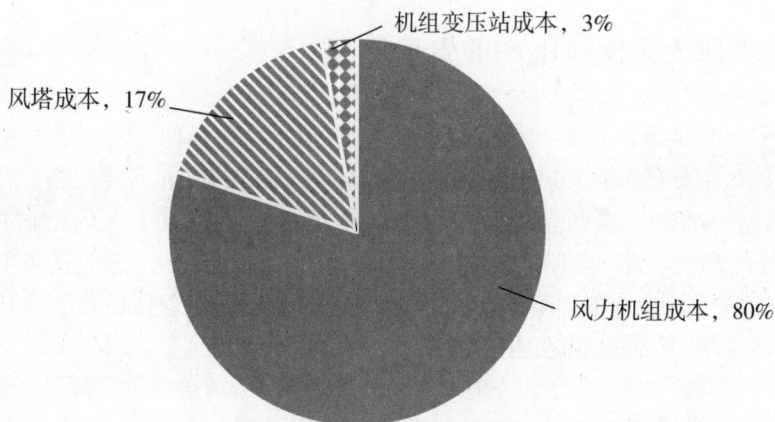

机组变压站成本，3%

风塔成本，17%

风力机组成本，80%

图6-5　某50兆瓦风电场发电设备成本构成

资料来源：中信建投证券研究发展部。

2. 风力机组成本结构

对风力机组（不包括塔筒）的成本进行分解，如图6-6所示，可以发现叶片是整个风机中成本最高的单项部件，占风机总成本的23.89%。其次分别是齿轮箱（18.67%）、发电机（6.76%）、变频器（5.99%）、变桨控制系统（5.55%）。

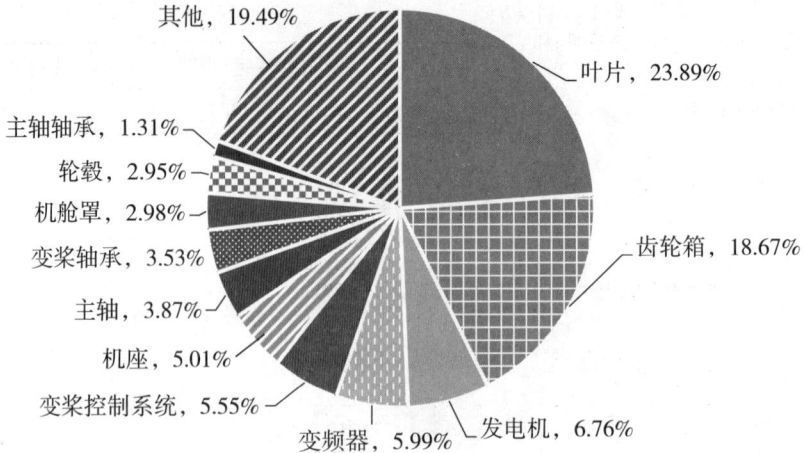

图6-6　明阳智能2.0兆瓦风机材料成本构成

资料来源：明阳智能招股说明书。

二、粤港澳大湾区风电产业发展概况

　　风电产业链的中上游环节属于风电装备制造业，风电产业链的下游环节主要是指风电供应。粤港澳大湾区主要布局于风电产业链的中上游环节，制造相关的风电设备。目前，粤港澳大湾区整个风电产业仍处于发展中阶段，行业龙头企业较少。与风电相关的企业主要分布在中山、深圳、广州、佛山、珠海等制造业基础较为雄厚的地方。比较有代表性的风电相关企业如表6-2所示。其中，中山市的明阳智能、深圳市的深圳市禾望电气有限公司、中广核集团以及广州的广东省粤电集团有限公司是国内风电行业内较为知名的企业。总体来看，中山市的风电装备制造业在粤港澳大湾区内处于领先地位，风电产业链环节覆盖相对完善，从上游的风电零部件、中游的风电整机制造到下游的风电施工、运维等环节都有涉及。

表6-2　粤港澳大湾区风电相关企业一览表

所在城市	公司名称	主要业务范围	涉及产业链环节
中山	明阳智慧能源集团股份有限公司	风机及核心部件的开发设计、产品制造、运维服务	上游、中游、下游
	广东华尔辰海上风电工程有限责任公司	海上风机基础施工及安装工程；海上桩基工程、吊装工程	下游
	广东华蕴新能源有限公司	海上风电工程技术及服务	下游
深圳	深圳市禾望电气有限公司	新能源电控系统、风电变流器	上游
	深圳风发科技发展有限公司	垂直轴风电系统	上游
	中国广核集团有限公司	风电场开发	下游

（续上表）

所在城市	公司名称	主要业务范围	涉及产业链环节
广州	广州中科恒源能源科技有限公司	风力发电机、风光互补系统	中游
	广州雅图新能源科技有限公司	风电、新能源研发	上游
	广州红鹰能源科技公司	风力发电机、风光互补发电系统、风电并网系统	中游、上游
	广东省粤电集团有限公司	风电场开发	下游
佛山	佛山市东兴风盈风电设备制造有限公司	风力发电设备	中游
	顺特电气设备有限公司	箱式变电站	上游
珠海	南方海上风电联合开发有限公司	海上风电项目开发、建设	下游
	天顺（珠海）新能源有限公司	塔筒及风力发电成套设备	上游、中游

资料来源：作者根据公开资料整理。

受风能资源的限制，粤港澳大湾区内较少建设风电场。香港只有一个风电场，位于香港南丫岛，是由香港电灯集团有限公司兴建的。但这个风电场内只建有一台发电风机。根据港灯电力投资《2019 年可持续发展报告》，这个风电场的发电容量为 0.8 兆瓦。实际上，它是属于实验性质的，没有商业价值。澳门土地资源十分有限，自身并未建有风电场。粤港澳大湾区内地九市的风电场有陆上风电场和海上风电场两类。根据 2016 年广东省发改委发布的《广东省陆上风电发展规划（2016—2030 年)》，粤港澳大湾区内的陆上风电场主要规划在惠州、佛山、广州和肇庆。因为这些城市陆上风能资源较好。海上风电是广东省新能源产业的发展重点，也是粤港澳大湾区清洁能源发展的主力军。根据 2017年广东省发改委发布的《广东省海上风电发展规划（2017—2030 年)》，粤港澳大湾区内地九市共规划建设 3 个海上风电场，分别位于惠州与珠海，规划装机容量共 150 万千瓦。

第二节　风电产业发展环境

一、国内外产业政策形势

（一）国外风电产业相关政策

国外风电产业的发展与可再生能源的激励政策密切相关。全球风电市场总体上经历了从国家大规模补贴到市场竞价的发展过程。在初始阶段，风电产业的发展离不开风电价格补贴。各国实行的补贴机制主要有配额制、绿色证书、固定上网电价、差价合约等方式（详见表 6 - 3）。随着风电产业的进一步发展，风电补贴逐步被取消，转而向市场化演变，通过市场机制来实现高效消纳。这一系列政策极大地推动了世界风电市场的发展。

表 6-3　国外风电产业相关政策梳理

国家	相关政策	主要内容
美国（联邦层面）	生产税收抵免政策（PTC）	允许风电设施（陆上和海上）的所有者和开发商在设施投入使用后的 10 年内，每年为风电项目发出并销售给电网的电力申请联邦所得税抵免
	投资税收抵免政策（ITC）	在项目正式投运后，风电投资商可得到其资本性投资总额的一定百分比的企业所得税抵免
	加速折旧政策	风电场项目资产折旧年限允许缩短至建成后的五到六年，第一年折旧率可达 50%
美国（州层面）	可再生能源配额制政策（RPS）	得克萨斯州、加利福尼亚州等 30 多个州要求电力企业销售的电力必须有一定比例来源于可再生能源。否则，需要通过可再生能源证书（REC）获得配额交易
丹麦	固定上网电价制度（FiT）	规定当地电力供应商以电力生产及配送成本的 85% 收购风电，降低风电运营风险
	"绿色电力证书"交易制度	要求发电企业和供电企业必须有一定比例的可再生能源电力
德国	《可再生能源法》（EGG—2017）	政府将不再以固定价格收购再生能源电力为主要激励措施，而是通过拍卖竞标机制给予经济补贴
英国	可再生能源义务（RO）	要求电力企业供给的电力必须要有一定比例可再生能源电力，未达到的比例要按照规定的价格支付
	差价合约制度（CfD）	政府设立低碳合同公司与发电企业签订长期合同。若市场电价低于合同价格，政府将补贴两者的差额。如果市场价格比合同价格高的话，发电企业退还差额
西班牙	可再生能源拍卖制度	采用按需竞标方式，开发商根据项目预计产生的兆瓦时（MWh）来投标，而不是根据项目产能来投标

资料来源：根据公开资料整理。

注：德国《可再生能源法》（Erneuerbare-energien-gesetz，EEG）于 2000 年开始实施，历经多次修订，大致可分为"固定收购制度扩张"（2000—2009 年）、"固定收购制度调整"（2009—2014 年）、"财政补贴机制转型"（2014—2017 年）三个时期，本文介绍的是 EEG-2017 的版本。

（二）国内风电产业相关政策

随着中国风电产业的发展，国内对风电产业的补贴政策已渐渐减少，近几年开始实行"市场化交易"模式。为促进国内可再生能源产业健康发展和提高风电市场竞争力，2019 年 5 月，国家发改委发布《关于完善风电上网电价政策的通知》，提出"2018 年底前核准的陆上风电项目，2020 年底前仍未完成并网的，国家将不再补贴；已核准的海上风电项目 2021 年底前未完成并网的，国家将不再补贴"。2020 年 1 月，财政部出台《关于促进非水可再生能源发电健康发展的若干意见》，提出："新增海上风电不再纳入中央财政补贴范围，按规定完成核准（备案）并于 2021 年 12 月 31 日前全部机组完成并网的纳入中央财政补贴范围。"在此之后，中国风电平价上网已成为必然趋势。相关政策情况见表 6 - 4。

表 6 - 4　国内风电产业相关政策梳理

政策名称	颁布日期	颁布主体	主要内容
《关于完善风电上网电价政策的通知》	2019 年 5 月	国家发改委	2018 年底前核准的陆上风电项目，2020 年底前仍未完成并网的，国家将不再补贴；已核准的海上风电项目 2021 年底前未完成并网的，国家将不再补贴
《关于促进非水可再生能源发电健康发展的若干意见》	2020 年 1 月	财政部、国家发改委、国家能源局	新增海上风电不再纳入中央财政补贴范围，按规定完成核准（备案）并于 2021 年 12 月 31 日前全部机组完成并网的纳入中央财政补贴范围
《关于 2020 年风电、光伏发电项目建设有关事项的通知》	2020 年 3 月	国家能源局	积极推进平价上网项目建设、有序推进需国家财政补贴项目建设、积极支持分散式风电项目建设、稳妥推进海上风电项目建设、全面落实电力送出消纳条件等七方面措施
《关于做好可再生能源发展"十四五"规划编制工作有关事项的通知》	2020 年 4 月	国家能源局	提出可再生能源发展目标，实现"十四五"期间可再生能源成为能源消费增量群体，2030 年非化石能源消费占比 20% 的战略目标
《中华人民共和国能源法（征求意见稿）》	2020 年 4 月	国家能源局	旨在规范能源开发利用和监督管理，保障能源安全，优化能源结构，提高能源效率，促进能源高质量发展
《2020 年风光平价项目通知》	2020 年 7 月	国家发改委	1. 2020 年各省申报平价风电项目容量共计 11.4 吉瓦；2. 各项目单位须抓紧做好项目开发建设工作，2019 年第一批和 2020 年风电平价上网项目须于 2020 年底前核准（备案）并开工建设，并于 2022 年底前并网；3. 电网企业需要按照有关政策要求，落实接网工程建设责任，确保平价上网项目优先发电和全额保障性收购，按项目核准时国家规定的当地燃煤标杆上网电价与风电、光伏发电平价上网项目单位签订长期固定电价购售合同（不少于 20 年）

（续上表）

政策名称	颁布日期	颁布主体	主要内容
《关于"公布 2020 年风电、光伏发电平价上网项目通知"政策解读》	2020 年 8 月	国家发改委、国家能源局	公布 2020 年风电、光伏发电平价上网项目名单；明确 2019 年、2020 年两批平价项目建设时限要求；建立动态跟踪调整机制；强调支持政策保障
《关于做好 2020 年度新能源发电项目并网接入有关工作的通知》	2020 年 11 月	国家能源局综合司	年底前新能源发电项目并网需求较大，并网时段较为集中，要求电网企业"能并尽并"，保障按期并网

资料来源：根据公开资料整理。

（三）广东省风电产业相关政策

在能源消费转型的需求迫切和产业转型升级的大环境下，广东省出台多项政策支持省内风电产业发展，见表6–5。在 2016 年，广东省发改委发布《广东省陆上风电发展规划（2016—2030 年)》，指出"到 2020 年底建成陆上风电装机容量约 600 万千瓦；到 2030 年底，陆地风电装机容量约 1 000 万千瓦"。2018 年，广东省发改委出台《广东海上风电发展规划（2017—2030年)（修编)》，提出"到 2020 年底，开工建设海上风电装机容量 1 200 万千瓦以上，其中建成投产 200 万千瓦以上。到 2030 年底，建成投产海上风电装机容量 1 200 万千瓦以上"。

2020 年，《广东省加快发展海洋六大产业行动方案（2019—2021 年)》《广东省培育新能源产业集群行动计划（2021—2025 年)》《关于促进我省海上风电有序开发及相关产业可持续发展的指导意见（征求意见稿)》等一系列政策相继出台，为打造海上风电强省，优化省内能源结构奠定基础。未来，广东省将积极培育海上风电新兴产业集群，并在国家取消海上风电项目补贴政策后，由地方政府对海上风电发展提供相关补贴支持。

表 6–5　广东省风电产业相关政策梳理

政策名称	颁布日期	颁布主体	主要内容
《广东省陆上风电发展规划（2016—2030 年)》	2016 年 12 月	广东省发改委	规划到 2020 年底建成陆上风电装机容量约 600 万千瓦；到 2030 年底建成陆上风电装机容量约 1 000 万千瓦
《广东海上风电发展规划（2017—2030 年)》	2018 年 4 月	广东省发改委	到 2020 年底，开工建设海上风电装机容量 1 200 万千瓦以上，其中建成投产 200 万千瓦以上。到 2023 年底，建成投产海上风电装机容量 1 200 万千瓦以上

（续上表）

政策名称	颁布日期	颁布主体	主要内容
《广东省打赢蓝天保卫战实施方案（2018—2020年）》	2019年1月	广东省人民政府	有序发展水电，安全高效发展核电，优化风能、太阳能开发布局，因地制宜发展生物质能、地热能等。到2020年，风电、核电、光伏发电机组装机容量分别达到650万千瓦、1 600万千瓦、500万千瓦
《广东省加快发展海洋六大产业行动方案2019—2021年）》	2020年1月	广东省自然资源厅、省发改委、省工信厅	建设珠三角海上风电科创金融基地；建设粤西海上风电高端装备制造基地；建设粤东海上风电运维和整机组装基地
《广东省近海浅水区海上风电项目开工及建成并网时间表》	2020年2月	广东省发改委	囊括了26个海上风电项目，总规模1 000万千瓦；要求于2020年底建成并网项目共计3个，对应装机规模898兆瓦；要求于2021年底建成并网项目共计19个，对应装机规模744万千瓦
《广东省培育新能源战略性新兴产业集群行动计划（2021—2025年）》	2020年9月	广东省能源局、广东省发改委等六部门	力争国家批准建设近海深水区千万千瓦级海上风电基地，到2025年海上风电建成投产约1 300万千瓦
《关于促进我省海上风电有序开发及相关产业可持续发展的指导意见（征求意见稿）》	2021年1月	广东省能源局	对于2022年、2023年全容量并网的项目给予地方补贴，同时建设平价上网示范项目。2021年全年广东省海上风电新增装机容量将达到300万千瓦，2022—2025年年均新增装机容量275万千瓦

资料来源：根据公开资料整理。

（四）粤港澳大湾区风电产业相关政策

粤港澳大湾区一方面存在能源自给率较低、能源供应紧张的问题，另一方面也存在清洁能源发展水平较低、能源结构不合理的问题。要建设世界一流湾区，就需要弥补短板，进行能源结构的转型。这使得发展风电成为粤港澳大湾区进行绿色低碳转型的重要方向。见表6-6，2019年2月，中共中央、国务院发布的《粤港澳大湾区发展规划纲要》提出，要优化粤港澳大湾区能源结构和布局，建设清洁、低碳、安全、高效的能源供给体系，有序开发风能资源，不断提高清洁能源比重。同年7月，《广东省推进粤港澳大湾区建设三年行动计划（2018—2020年）》指出，要有序开发风能资源；加快建设珠海桂山、金湾，惠州惠东港口等海上风电场。这给粤港澳大湾区内的风电产业发展带来了重大的发展机遇。

表6-6　粤港澳大湾区风电产业相关政策梳理

政策名称	颁布日期	颁布主体	主要内容
《粤港澳大湾区发展规划纲要》	2019年2月	中共中央、国务院	优化粤港澳大湾区能源结构和布局，建设清洁、低碳、安全、高效的能源供给体系，有序开发风能资源，不断提高清洁能源比重
《广东省推进粤港澳大湾区建设三年行动计划（2018—2020年）》	2019年7月	广东省推进粤港澳大湾区建设领导小组	有序开发风能资源；加快建设珠海桂山、金湾，惠州惠东港口等海上风电场；推动海洋电子信息、海上风电、海洋高端智能装备、海洋生物医药、天然气水合物、海洋公共服务等海洋产业发展

二、国内外风电市场需求趋势

（一）全球风电市场需求趋势

2020年，新型冠状病毒肺炎（COVID-19）疫情影响了全球电力市场的需求，但全球风能电力发展仍持续向好。

根据国际能源署（IEA）公布的《电力市场报告2020》，2020年世界电力需求将减少2%，欧洲整体的电力需求下滑约4%，美国下滑约3%，印度、日本、韩国等传统电力消费大国的电力需求也呈下滑态势。尽管如此，世界可再生能源新产能投资与去年同期相比增长了2%，达到3 035亿美元。其中全球风电项目新增投资1 427亿美元；海上风电融资500亿美元，增长56%；由于陆上风电项目投资大幅减少，进而导致风电项目总新增投资额与2019年相比有所下降，如图6-7所示。

根据全球风力能源理事会（GWEC）的预测，随着技术的发展和各国政策的推进，未来世界风电需求将进一步扩大。

年

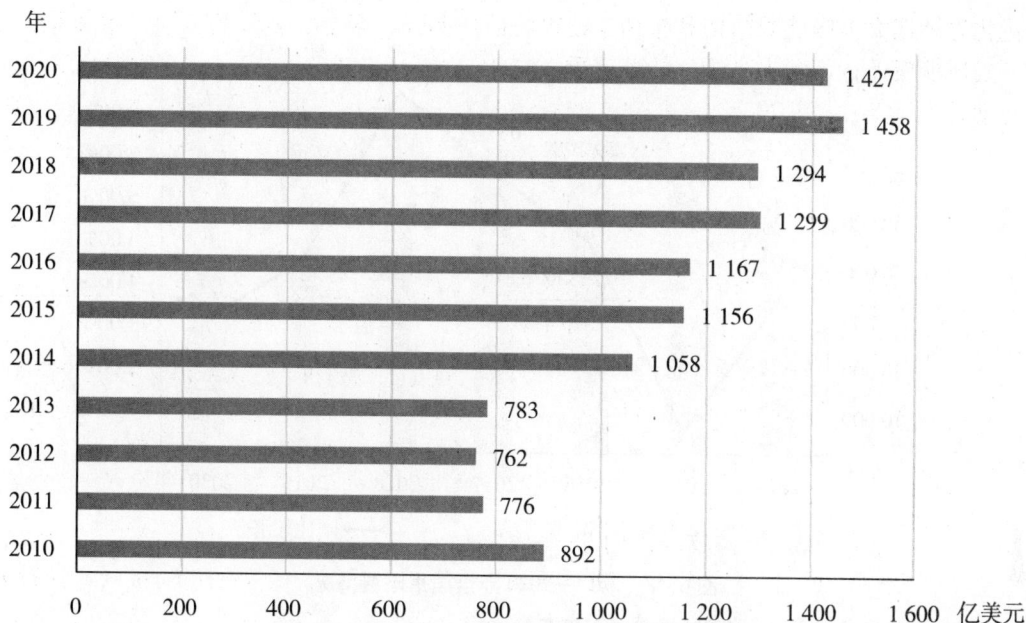

图 6 - 7　2010—2020 年全球风电新增投资情况

资料来源：BNEF、暨南大学产业经济研究院。

（二）国内风电市场需求趋势

国内风电需求持续上升。一方面，2020 年，由于疫情管控得力，我国成为全球唯一一个电力需求正增长的主要经济体。如图 6 - 8 所示，2020 年，我国用电量为 75 110 亿千瓦时，同比增长 3.10%。在巨大的用电需求面前，发展清洁能源能够极大地帮助缓解资源压力，实现"碳中和"目标。另一方面，受陆上风电平价节点的影响，我国风电产业市场需求得到了充分释放。2019 年，国内风电机组投标容量高达 65.2 吉瓦。如图 6 - 9 所示，2020 年第一季度由于受疫情的影响，风电机组招标容量大幅下降，仅为 4.3 吉瓦。在随后的三个季度内，风电机组招标容量回升。如图 6 - 10 所示，到 2020 年 9 月为止，我国风电新增并网容量为 13.06 吉瓦，同比减少 0.15%；风电累计并网容量为 223.8 吉瓦，同比增长 13.10%。未来随着海上风电平价周期、大基地项目的开启和风电并网规模的扩大，国内风电市场需求有望进一步增加。如图 6 - 11 所示，根据中国电力企业联合会的统计数据，2020 年 1—10 月，全国风电投资达到 1 835 亿元，占电源工程投资的 52.87%，远高于 2019 年、2018 年的风电投资金额。

单位：亿千瓦时

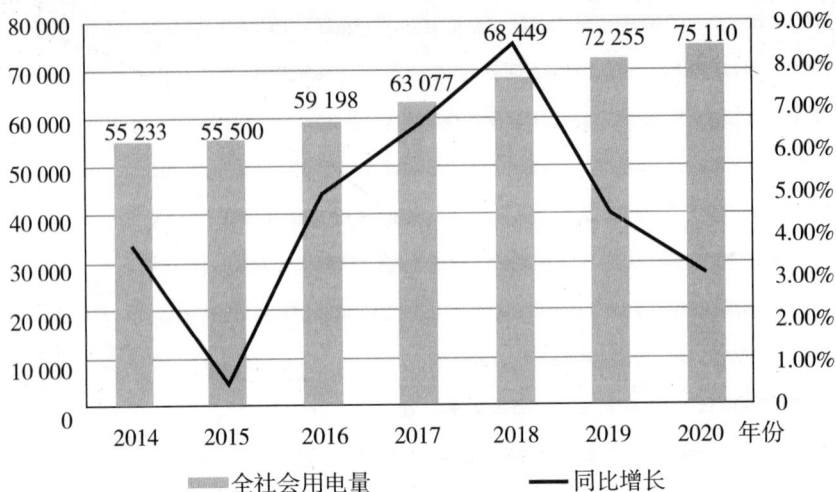

图 6 - 8　2014—2020 年全国用电量情况

资料来源：国家能源局、暨南大学产业经济研究院。

单位：吉瓦

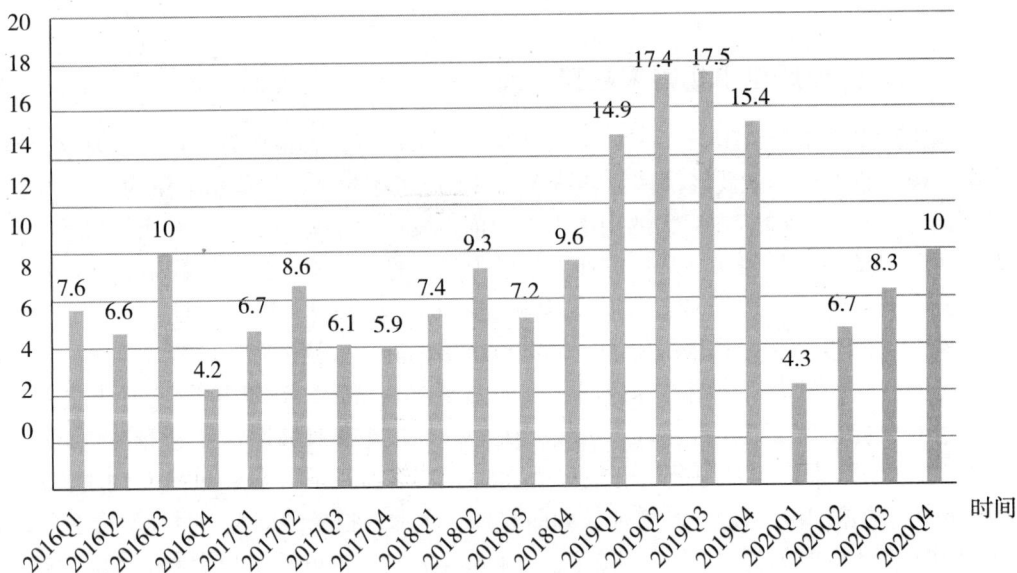

图 6 - 9　2016—2020 年国内风电机组季度招标容量

资料来源：金风科技业绩演示材料。

单位：吉瓦

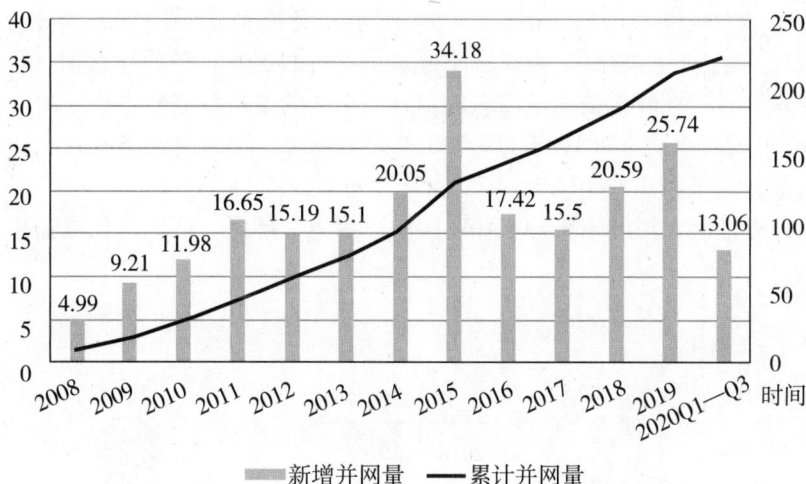

图 6 - 10　2009—2020 年 1—9 月中国风电并网量情况

资料来源：明阳智能 2020 年三季度业绩演示材料。

单位：亿元

图 6 - 11　2014—2020 年 10 月全国风电投资及占电源工程投资比例

资料来源：中电联。

（三）粤港澳大湾区市场需求趋势

一方面，粤港澳大湾区能源转型需求迫切。与世界其他著名湾区，如东京湾区、旧金山湾区相比，粤港澳大湾区能源结构中化石能源占比较高，超过 60%，节能降耗空间巨大。

另一方面，粤港澳大湾区电力缺口严重。香港和澳门的本地电力供应不足，都需要从内地进口，主要来自广东省。其中，香港地区的电力约 25% 依赖于广东省，澳门地区的电力约 90% 依赖于广东省，如图 6 - 12、图 6 - 13 所示。而广东省本身的电力供应也较为紧张。2018 年，全省用电 6 323 亿千瓦时；2019 年全省用电 6 695.85 亿千瓦时，超过江苏、山东、浙江，位居全国首位，如图 6 - 14 所示。受疫情影响，2020 年广东全省用电 6 926.12亿千瓦时，同比增长 3.44%，略低于山东省的 6 939.85 亿千瓦时，但广东省仍然是全国用电量大户。在旺盛的用电需求面前，广东省的发电量略显不足。2018 年全省发电量仅为 4 369.6 亿千瓦时，2019 年为 4 726.3 亿千瓦时，2020 年为 5 010 亿千瓦时，与广东省巨大的电力需求相比差距较大。

因此，在粤港澳大湾区未来的宏伟蓝图中，绿色、环保、低碳的风电需求只会增加而不会减少。

单位：太焦耳

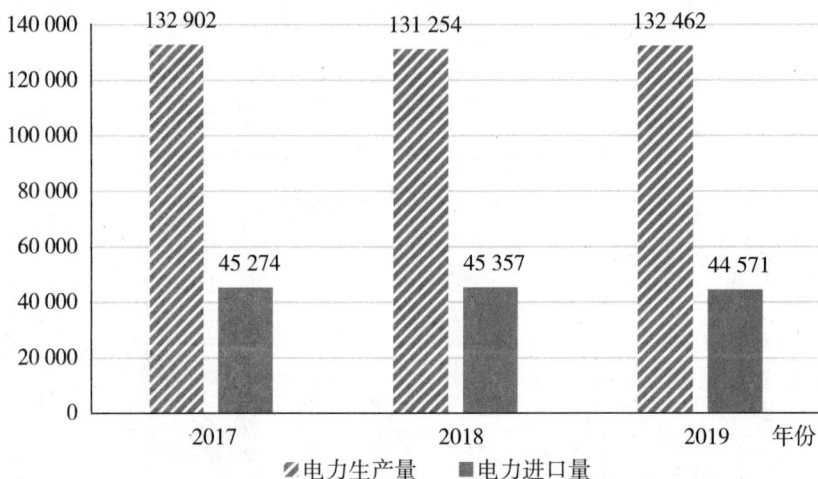

图 6 - 12　2017—2019 年中国香港地区电力生产量与进口量情况

资料来源：根据《香港能源统计 2019》整理。

单位：百万千瓦时

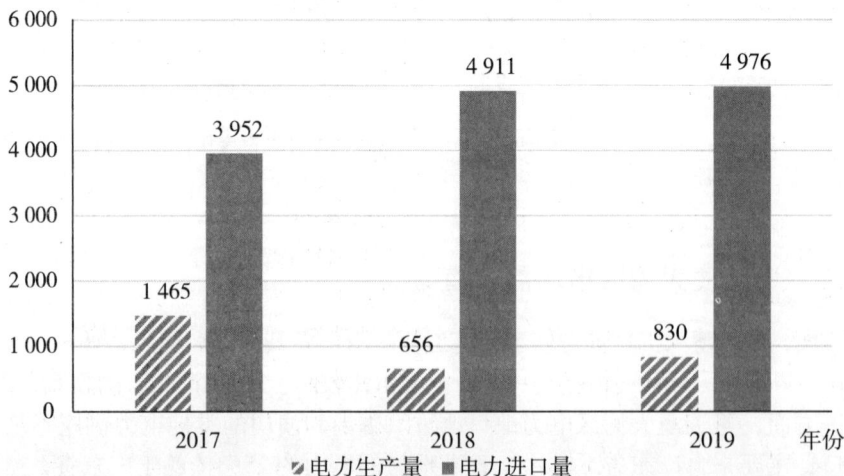

图 6 - 13　2017—2019 年中国澳门地区电力生产量与进口量情况

资料来源：智研咨询、暨南产业经济研究院。

单位：亿千瓦时

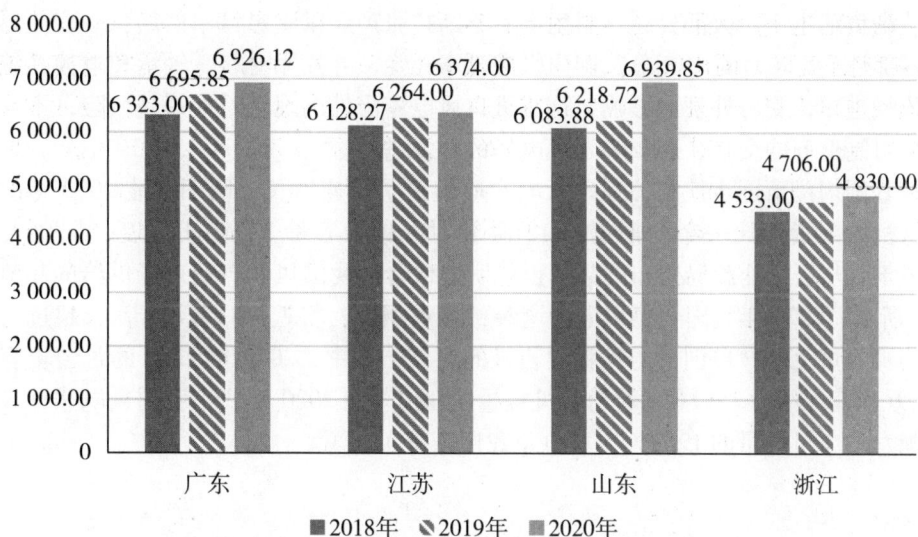

图 6 - 14　2018—2020 年全国用电量四大省份对比

资料来源：根据公开数据整理。

三、国内外风电市场供给趋势

（一）国外风电市场供给趋势

随着新型冠状病毒肺炎进入全球大流行阶段，国外许多著名风电企业受疫情影响被迫暂时关厂，如：GE 关停旗下 LM 风能西班牙工厂，西门子歌美飒因员工感染暂时关闭西班牙马德里工厂。再加上各个国家严控出入境政策的出台，国际风电供应链一度中断。但由于许多国家把投资新能源发电作为刺激本国经济发展的手段，尽管受到疫情的影响，全球风电行业仍有其韧性所在。据 GWEC 预测，2020 年全球风电装机容量 71.3 吉瓦，仅比疫情之前的预测下降 6%。

（二）国内风电市场供给趋势

疫情之下，又恰逢风电平价节点引致的"抢装潮"，我国风电产业产能压力陡增。初期疫情发展较为迅猛时，风电行业制造环节受假期延长、人员隔离及物流有限等因素的影响，出现了一段时间的停滞。风电建设项目的复工、建设乃至并网的节奏被打乱。随着中央、地方政府纷纷出台各项帮助企业复工复产的政策，以及保障供应链稳定等措施，如广东、江苏、内蒙古、新疆等风电制造大省的当地政府都或出台专项措施，或专门进行防疫复工复产督导，风电产业链上下游复工复产遇到的阻力和问题慢慢得到解决。据人民网2020 年 3 月 4 日报道，"我国风电在建项目预计 4 月底前全部复产，风电整机厂复工率72%"。由于国内工厂较快实现复产复工，因此疫情对于国内供应商及在中国设有工厂的国外供应商影响较小。但"抢装"导致国内风机需求剧增，各风机制造商、原材料供应商均保持高负荷生产，大部分原材料生产商不断扩张产能以满足订单的增长。变流器、变压器等零部件由于市场竞争充分，国内供应基本充足。叶片原材料、轴承和电控系统等零部件还依赖进口，受海外疫情影响，这些进口风电零配件出现暂时性短缺风险，不仅制约了风电机组制造商的交货，还影响了风电场的建设进度。

随着国内疫情逐步控制，我国风电产业恢复了高速增长。明阳智能 2020 年前三个季度风电机组出货量比去年同期增长 121%；对外销售容量 379.7 万千瓦，同比大幅增长120.76%。从国家能源局公布的数据也能明显地看到我国风电行业市场供给的趋势，如图6-15 所示，2020 年我国全年风电新增装机容量飙升，将近 7 167 万千瓦，超过前三年的新增装机容量之和，也创下历年新增装机的纪录。其中，2020 年 12 月的月装机容量高达4 705 万千瓦，约为 1—11 月新增装机容量的两倍。到 2020 年底，我国风电累计装机容量占全国发电装机总量的 12.8%，风电是我国第三大电源。

单位：万千瓦

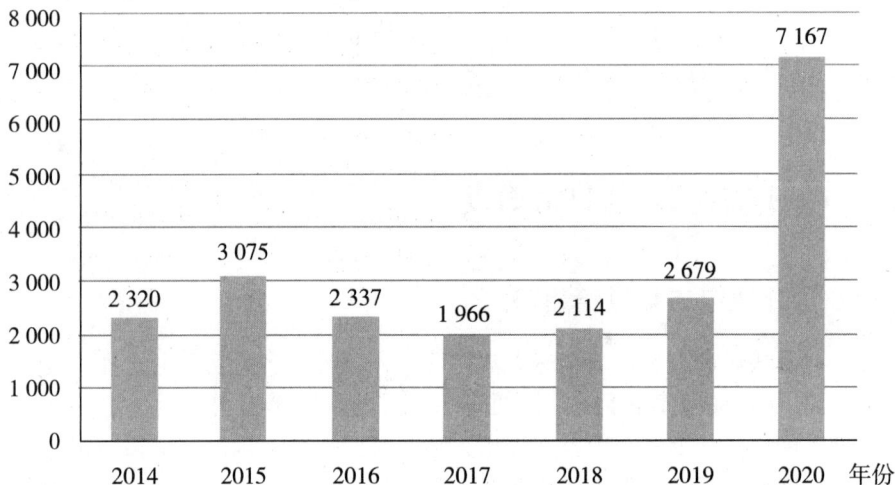

图 6-15　2014—2020 年中国风电新增装机容量情况

资料来源：国家能源局、前瞻研究院。

四、国内外生产布局趋势

（一）全球生产布局趋势

2019 年，亚太地区风电新增装机容量占到世界风电新增装机容量的 50%。一方面是因为我国风电市场发展迅速的带动；另一方面是因为受全球制造业转移影响，用能需求增加，亚太各国在普遍布局可再生能源产业。此外，欧洲、北美洲分别保持全球第二、第三大风电新增装机市场地位，其后是拉丁美洲、非洲与中东，如图 6-16 所示。

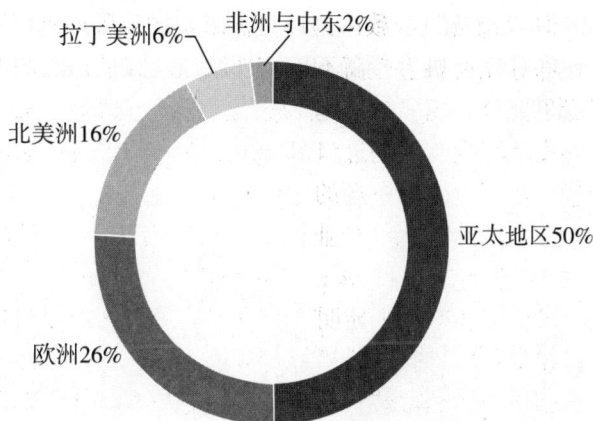

图 6 - 16　2019 年全球各区域风电新增装机容量占比情况

资料来源：GWEC、国际能源电力信息平台。

2019 年，中国、美国、英国、印度和西班牙是世界风电新增装机容量前五大国家，占全球风电新增装机容量的 70%。如表 6 - 7 所示，从累计装机容量来看，世界前五位的国家是中国、美国、德国、印度和西班牙，合计占世界风电累计装机容量的 71%。在陆上风电方面，中国累计装机容量排名第一，中国、美国、德国三个国家在存量市场上拥有绝对的领先地位，占世界陆上累计风电装机总量的 60%。其后是印度（6%）、西班牙（4%）。在海上风电方面，欧洲一直占据绝对优势。世界海上风电装机量的 73% 由英国、德国、丹麦和比利时瓜分。然而，随着我国海上风电发展速度的加快，我国海上风电累计装机容量占世界海上风电累计装机容量的份额已超过 1/5。

表 6 - 7　2019 年全球风电装机容量排名前五国家及占比情况

排名	风电新增装机容量占比	风电累计装机容量占比	陆上风电累计装机容量占比	海上风电累计装机容量占比
1	中国（43%）	中国（34%）	中国（34%）	英国（35%）
2	美国（15%）	美国（17%）	美国（17%）	德国（27%）
3	英国（4%）	德国（10%）	德国（9%）	中国（21%）
4	印度（4%）	印度（6%）	印度（6%）	丹麦（6%）
5	西班牙（4%）	西班牙（4%）	西班牙（4%）	比利时（5%）
	其他（30%）	其他（29%）	其他（30%）	其他（6%）

资料来源：根据公开资料整理。

（二）国内生产布局趋势

到 2019 年 9 月末，中国风电累计装机容量 22 343 万千瓦。如图 6 - 17 所示，其中内蒙古所占比例最高（3 015 万千瓦）。其次是新疆（1 986 万千瓦）、河北（1 719 万千瓦）。如图 6 - 18 所示，从区域来看，华北地区风电累计装机容量最多，总共 6 264 万千瓦；其次分别是西北地区（5 568 万千瓦）、华东地区（3 624 万千瓦），这三个地区的风电总累计装机容量占全国风电总累计装机容量的 69%。华南地区风电累计装机容量为 925 万千瓦，占比 4%，为全国最低。

单位：万千瓦

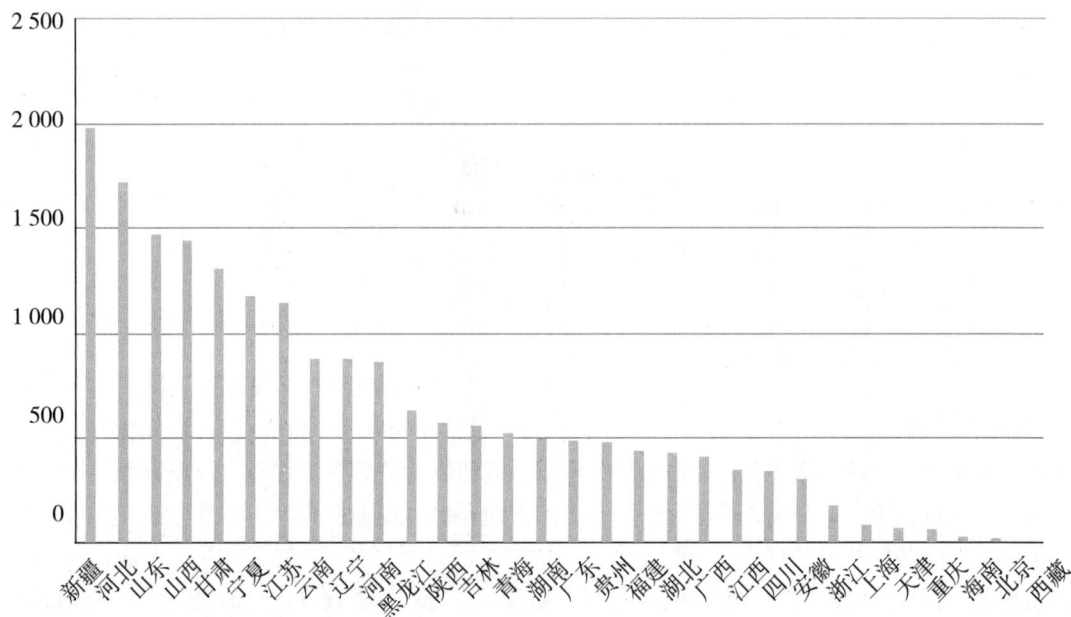

图 6 - 17　截至 2019 年 9 月底国内部分省级行政区风电累计装机容量

资料来源：全国新能源消纳监测预警中心、暨南大学产业经济研究院。

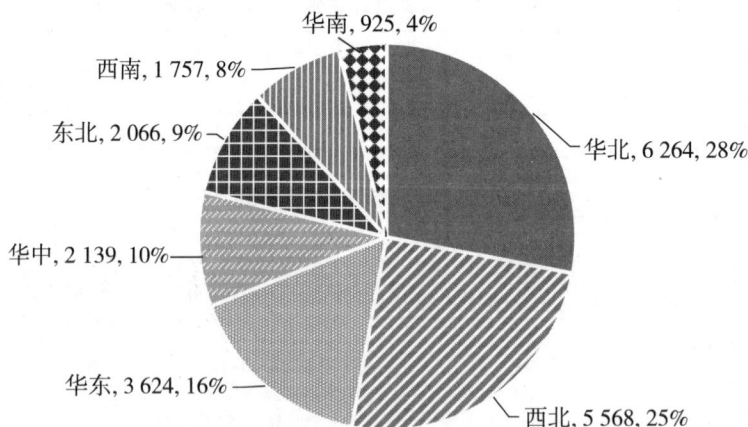

图 6 - 18　截至 2019 年 9 月底全国各地区风电累计装机容量及占比情况（单位：万千瓦）

资料来源：全国新能源消纳监测预警中心、暨南大学产业经济研究院。

　　海上风电是风电行业发展的新趋势。由于陆上风电场的建造严重受土地资源限制，很难建立大规模基地，形成规模效应。相比之下，海上风电场不占用陆地面积，可开发海域广，海风资源稳定，发电功率大。如图 6-19 所示，2013 年，陆上风电占中国风电行业的99.42%，而海上风电仅为 0.58%。但是，到 2020 年，我国海上风电所占比例已将近3.56%。海上风电累计装机容量 9 000 兆瓦，与去年同期相比增长 51.8%，如图 6-20所示。

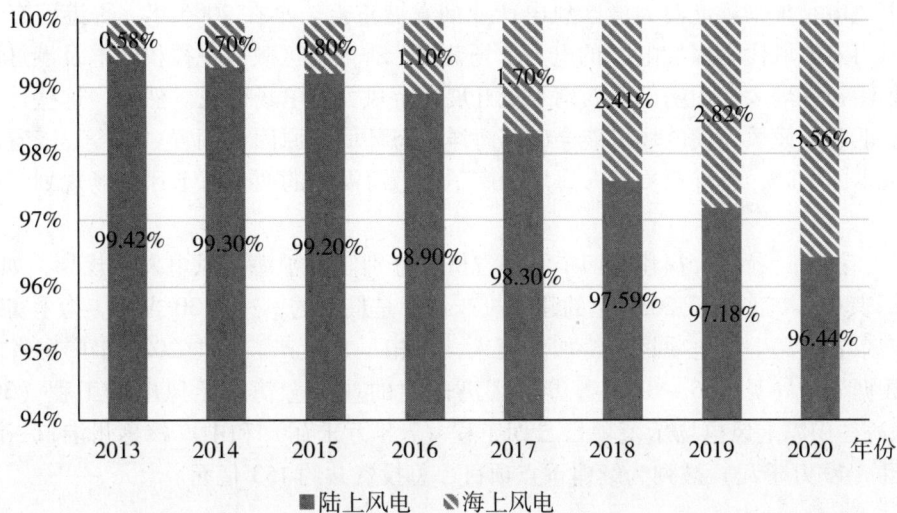

图 6-19　2013—2020 年中国陆上风电、海上风电行业占比情况

资料来源：国家能源局、前瞻产业研究院。

图 6-20　2010—2020 年中国海上风电累计装机容量及年增速

资料来源：中国风能协会（CWEA）、弘则研究、国家能源局。

（三）粤港澳大湾区生产布局趋势

陆上风电并非粤港澳大湾区未来的生产布局重点。由于占地面积较多，中国香港、澳门地区土地资源有限，除了香港南丫风采发电站之外，这两地未展开陆上风电场规划。粤港澳大湾区内地九市方面，因《广东省能源局转发国家能源局关于 2020 年风电、光伏发电项目建设有关事项的通知》中提到"2020 年广东省不再组织开展陆上风电竞争性配置工作，各地原则上不宜再核准新的集中式陆上风电项目"，也无新的陆上风电场规划。

海上风电是未来粤港澳大湾区风电产业的发展重点。早在 2006 年，香港已有"2020年，以风力发电取代燃煤发电"的电力市场蓝图。香港特区政府也授权中电及港灯两大香港电力集团在香港大屿山南部及西南水域开展海上风力发电场建设。然而，这些计划都因成本效益低和建设风力发电场可能会破坏海洋生态环境等原因而搁置。如今，随着海上风电建设成本的下降，香港西贡近海海域和南丫岛近海海域的两个海上风电场规划有望重新启动。

广东、江苏、浙江、福建这四个沿海省份都分别制定了海上风电发展规划，如图 6－21 所示。其中，广东省至 2030 年的建成投产目标是最大的，达到 30 吉瓦。为了实现这个目标，广东省的海上风电项目纷纷加大投入，争相早日投产。根据 2020 年广东省能源局发布的数据显示（见表 6－8），粤港澳大湾区内的珠海金湾海上风电场工程（30 万千瓦）、珠海桂山海上风电场示范项目二期工程（7.8 万千瓦）和中广核惠州港口—海上风电场项目（40 万千瓦）被列为续建重点项目，总投资共约 153 亿元。

单位：吉瓦

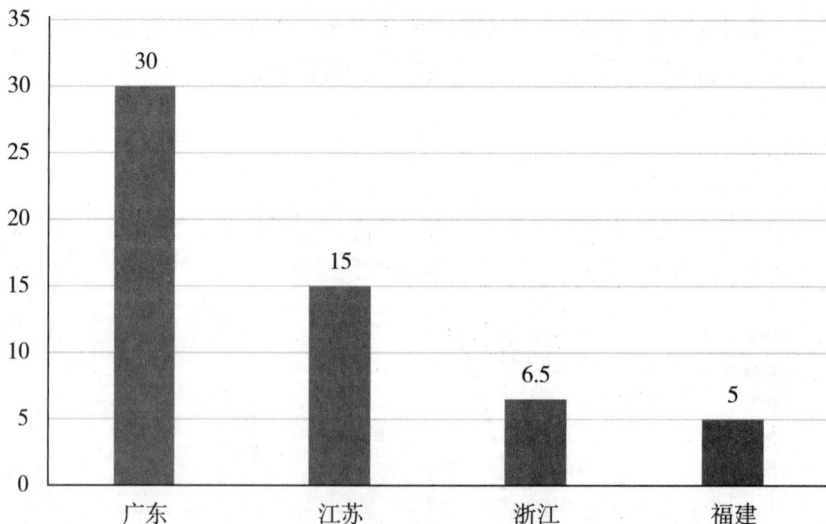

图 6－21　中国海上风电 2030 年建成投产目标

资料来源：GWEC。

表6-8　2020年粤港澳大湾区续建风电场重点项目汇总

项目	风力发电机组规模/万千瓦	建设起止年限	总投资/万元
珠海金湾海上风电场工程	30	2018—2021	574 391
中广核惠州港口—海上风电场项目	40	2018—2021	817 943
珠海桂山海上风电场示范项目二期工程	7.8	2019—2021	140 200
合计	77.8	—	1 532 534

资料来源：广东省能源局。

五、产业技术变革与发展趋势

围绕着降低风机重量与风电场建设成本、提升发电量、提升可利用率与可靠性等目标，风电产业的技术变革与发展趋势主要体现在单机容量更大、叶片长度更长、塔筒高度更高、智能化等方面。

（一）单机容量更大

近年来，提高风机单机容量已成为风电产业技术进步的重要特征之一。增加风电单机容量可以提高风电发电量，即意味着风电场经济效益的提升。风电场使用单机容量翻倍的风机，可以使风机、塔筒的数量减少一半，尽管大容量风机以及相配套零件单价可能上升，但并不影响风电场的总体投资。

在国际上，2017年以前欧洲主流的海上风机平均功率不足5兆瓦。随后数年，单机功率不断提升，2019年，欧洲海上风电机组平均单机容量达到7.8兆瓦。根据中国风能协会（CWEA）数据，如图6-22所示，2008年至2013年期间，我国当年风电新增装机中，一半比例以上是1.5~2兆瓦风机。但从2015年开始，2.0~2.5兆瓦风机占比超过50%，1.5~2兆瓦风机的比例越来越低，2.5兆瓦以上风机的比例逐年上升。

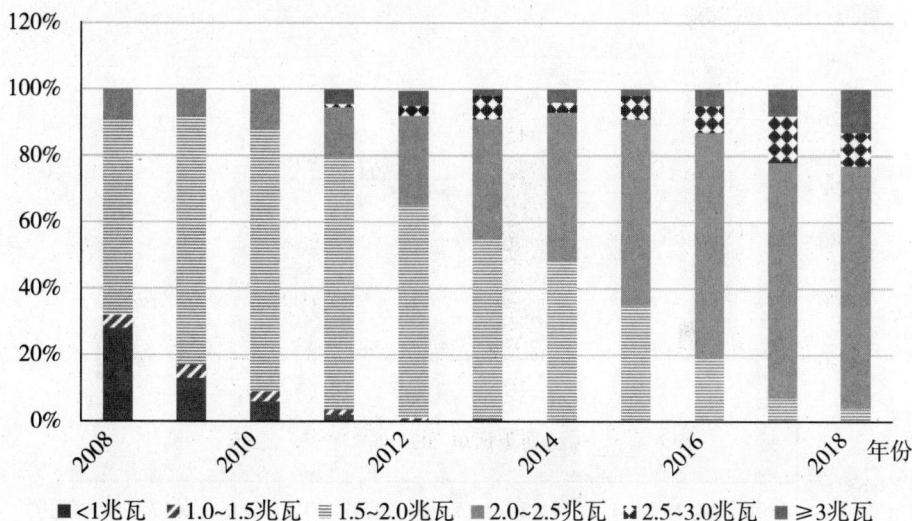

图6-22　2008—2018年国内不同单位容量风电机组新增装机占比

资料来源：CWEA、东兴证券研究所。

从 2020 年北京国际风能大会暨展览会（CWP 2020）上国内主流风机厂商发布的新产品中（见表 6-9），我们也可以看出风电行业未来的发展趋势——单机容量更大。在这些新品中，陆上风机发电功率高于 3 兆瓦甚至 6 兆瓦，海上风机发电功率已达到 11 兆瓦。

表 6-9　　我国主要风机企业在 CWP 2020 上发布的新品

公司名称	发布的新品
金风科技	GW165-3.6MW、GW165-4.0MW、GW165-5.XMW
远景能源	EN-161/3.45MW、EN-161/5.0MW、EN-171/5.5MW（海上）
明阳智能	MySE6.25-173、MySE11-203（海上）
运达股份	WD147-4800、WD156-4800、WD175-5.X
东方电气	DEW-D5.5S-172、DEW-D6000-164、DEW-D7500-186（海上）
上海电气	WE4.55N-168、WG5.55F-172（海上）、W6.5F-185（海上）

资料来源：平安证券研究所。

（二）叶片更长

风力发电成本的降低主要来自风机整机技术的进步，而风机整机技术进步的关键参数之一是风机叶轮直径。叶片长度决定了叶轮直径大小。叶轮直径越大，扫风面积越大，风机发电效率也越高。因此，制造单机容量更大的风机以及在单机容量和风速一定的情况下提升利用小时数，都需要更长的叶片。从中国风能协会统计数据来看，如图 6-23 所示，2018 年全国新增装机平均的叶轮直径约 120 米（包含了海上风电项目），其中 121 米叶轮直径是主流。参考近年三家头部风机企业发布的新品，2018 年新品机型叶轮直径基本在 140 米以上，2019 年则为 150 米以上，2020 年发布的新品叶轮直径为 160 米以上。根据明阳智能官网的资料，明阳智能 6.0 兆瓦产品线中，风机叶轮直径最长可达 180 米（见表 6-10）。

单位：米

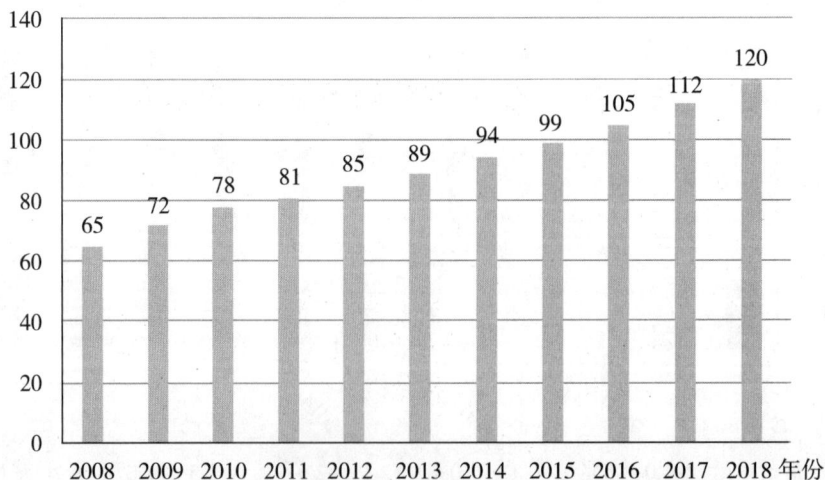

图 6-23　2008—2018 年国内新增风电装机叶轮直径变化趋势

资料来源：CWEA、平安证券研究所。

表6-10 明阳智能风机功率等级与叶轮直径的匹配关系

功率等级	叶轮直径
1.5 兆瓦产品线	77 米、82 米、89 米
2.0 兆瓦产品线	104 米、121 米
3.0 兆瓦产品线	112 米、121 米、135 米、145 米
4.0 兆瓦产品线	145 米、156 米、166 米
6.0 兆瓦产品线	155 米、158 米、180 米

资料来源：明阳智能公司官网。

（三）塔筒更高

轮毂高度是风机整机技术进步的另一个关键参数。塔筒高度提升意味着风机轮毂高度提升。在风切变较高的区域，采用高塔筒能提升轮毂高速的风资源条件，从而有助于提升利用小时数、降低度电成本。尽管轮毂高度提升，塔筒相关的成本也会明显提升，但发电量的提升幅度较单位千瓦的总投资成本提升幅度更大。因此，整体投资收益更高。

以远景能源近年推出的低风速平原风机为例，在匹配 120 米高塔筒和 121 米叶轮直径的第一代平原风机基础上，远景能源于 2019 年推出第二代平原风机，匹配 140 米高塔筒及 141 米叶轮直径；2020 年，远景能源推出新一代中低风速平价机组 EN-161/3.45 兆瓦，配套的塔筒高度达到 160 米及以上。

（四）智能化

在智能制造的背景下，智能化、信息化、大数据、云计算等理念也被引入风电产业的各个环节中。智能化是驱动风电行业降低成本的手段之一，也是风电产业技术变革的大趋势。从智能化车间，再到大数据平台，可以实现从风机数据采集、集中监控，到损失电量分析、设备健康度预警、新能源功率预测等全方位的服务功能，可以实时动态管理风机。例如，广东省海上风电大数据中心可以通过与风电场进行联网，实时监控台风动态。当有台风出现时，就可以通过远程操作，将风电机组切换到防台风模式，进而降低损失。

第三节 风电产业链 SCP 范式研究

一、风电产业链市场结构分析

风电产业链关联环节较多，本部分选择了风电产业链中的几个重要环节进行分析，包括上游的叶片、塔筒、变流器，中游的风电整机，下游的风电开发等环节。同时结合粤港澳大湾区内的知名风电企业来进行市场结构分析。

（一）风电叶片市场结构分析

风机叶片位于风电产业链上游，属于复合材料制品，90% 左右由复合材料组成，主要包括热固性集体树脂、玻璃纤维、碳纤维等；是整个风电机组中成本最高的重要部件，决定了风电机组性能和风能的利用效率。

叶片行业属于劳动密集型行业，技术壁垒较低，但由于叶片技术迭代速度的加快和大型化的发展趋势，行业落后产能会被迅速出清，因此头部企业的技术壁垒较高。如图6-24所示，国内风电叶片市场的集中度正在不断提高，其中国内市场份额前三名的风电叶片制造商分别是中材科技（江苏）、中复连众（江苏）、明阳风电（广东），2019年的市场占有率分别为30%、11%、10%。可以看出江苏省在风电叶片市场中实力较强，占据了国内风电叶片市场份额的41%。

明阳智能是粤港澳大湾区内的风机叶片生产商代表，总部位于广东中山，本身以风电整机为主要业务，也自主生产叶片。同时掌握整机设计技术和叶片设计技术使得公司在风电产业竞争中具有得天独厚的优势，但整体的生产规模与江苏省的中材科技相比仍有一定差距。

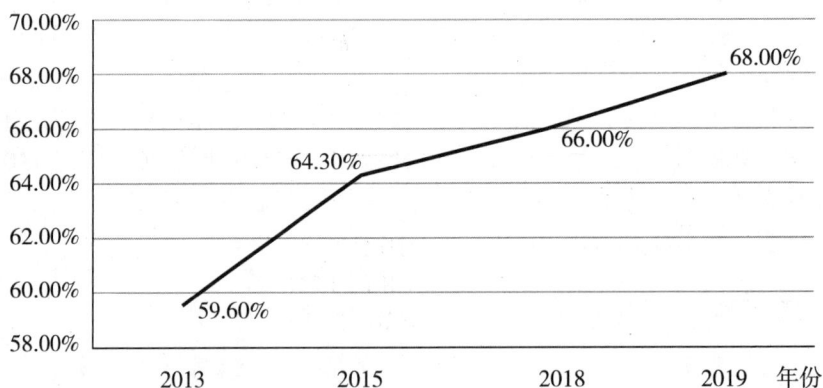

图6-24　2013—2019年中国风电叶片CR5变化情况

资料来源：华经情报网。

（二）风电塔筒市场结构分析

风电塔筒位于风电产业链上游。风电塔筒的作用是支撑风力发电机组。主要原材料是钢板，钢材成本约占整个塔筒成本的80%。全球风电塔筒市场存在着"二元"竞争格局，分为风机整机厂自供与第三方供应商供应两种模式，如德国的Vestas和Enercon可自主生产塔筒，但大部分塔筒还是由第三方供应商供应。塔筒市场资金壁垒较高，为全球化竞争行业，全球市场集中度并不高，主要的塔筒企业主要集中在欧洲、北美、韩国和中国（见表6-11）。国内的塔筒市场份额主要向四大塔筒上市公司集中，以天顺风能（江苏）为龙头，还有大金重工（辽宁）、泰胜风能（上海）、天能重工（青岛），合计占中国风电塔筒市场份额的30%。

粤港澳大湾区内的风电塔筒本土企业较少，还没有形成龙头企业。根据近年的招投标数据，广东水电二局有供应风电塔筒。广东水电二局位于广州，母公司是广东省水电集团，属于国企，风电塔筒并不是其主营业务，只是依附于主营业务之上的衍生物。此外，国内风电塔筒龙头企业天顺风能虽以苏州太仓为总部，但在粤港澳大湾区内有产能布局，在广东省珠海市建有生产基地，建立了天顺（珠海）新能源有限公司，主要覆盖两广地区及东南亚部分地区的市场。2020 年，天顺风能在珠海塔筒生产基地的产能达 12 万吨，如图 6 - 25 所示。

表 6 - 11　塔筒行业全球主要竞争对手及重点竞争市场

竞争市场	公司	所在地
加拿大、美国	Broadwind	美国
	Marmen	加拿大
	Trinity	美国
欧洲、南美洲	Ambau	德国
	Windar	西班牙
	Valmont	美国
	Welcon	丹麦
亚洲、大洋洲、美洲、欧洲	天顺风能	中国
	泰胜风能	中国
韩国、日本、澳大利亚、美国西部	Dongkuk	韩国
	Win&P	韩国
	重山	韩国

资料来源：方正证券研究所。

单位：万吨

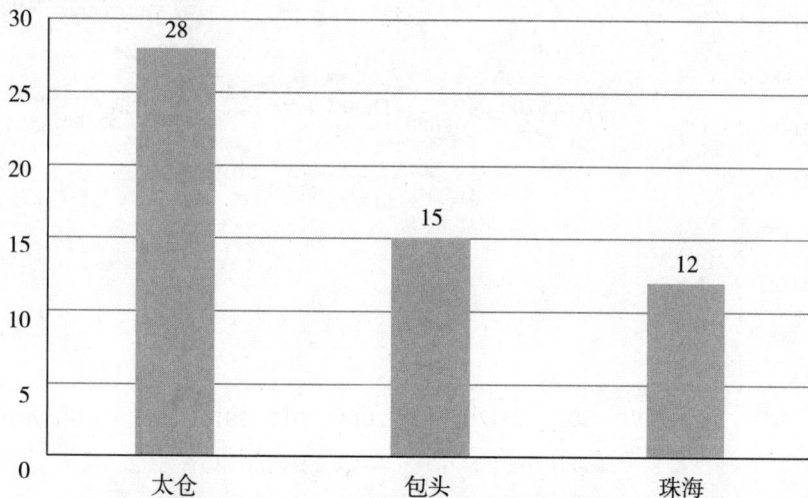

图 6 - 25　2020 年天顺风能国内产能布局情况

资料来源：方正证券研究所。

（三）风电变流器市场结构分析

风电变流器也处于风电产业链上游。它也是风电机组的核心部件之一，是通过整流、逆变原理将不稳定的风电变换成为符合并网要求的电能的控制装置。它与机组的发电效率、运行和并网稳定性密切相关。

技术的复杂性使得风电变流器行业的进入壁垒很高。在 2005 年前，国内风电变流器依赖进口。2007 年起，随着我国风电产业的发展，风电变流器的进口替代与国产化率显著提升，国内海德控制（上海）、阳光电源（合肥）、科诺伟业（北京）、禾望电气（深圳）陆续进军风电变流器领域。至今，行业集中度较高。

粤港澳大湾区内的风电变流器龙头企业是深圳市的禾望电气。风电变流器是其主营产品，2019 年的风电变流器产量达 2 367 台，销售量达 2 036 台。在第三方供应市场中占有率排名第一，市场份额为 30% ~ 40%，在全部市场（包含自供市场、第三方供应市场）中占比达 15% ~ 20%，在中国风电变流器领域排名靠前。

（四）风电整机制造市场结构分析

风电整机制造位于风电产业链中游，主要是组装风电零部件。该环节整体产值规模大，议价能力较弱，附加价值低，但技术壁垒和资金壁垒高。从 2014 年起，全球和中国的风电整机制造环节开始进入龙头集中的过程，如图 6 - 26 所示。到 2019 年，全球风机整机制造企业前四名所占市场份额达 56%，分别是 Vestas（丹麦）、西门子歌美飒（德国）、金风科技（中国）和 GE（美国）。国内风电整机制造企业前四名所占市场份额高达 70%，分别是金风科技（新疆）、远景能源（上海）、明阳智能（广东）和运达股份（浙江）。

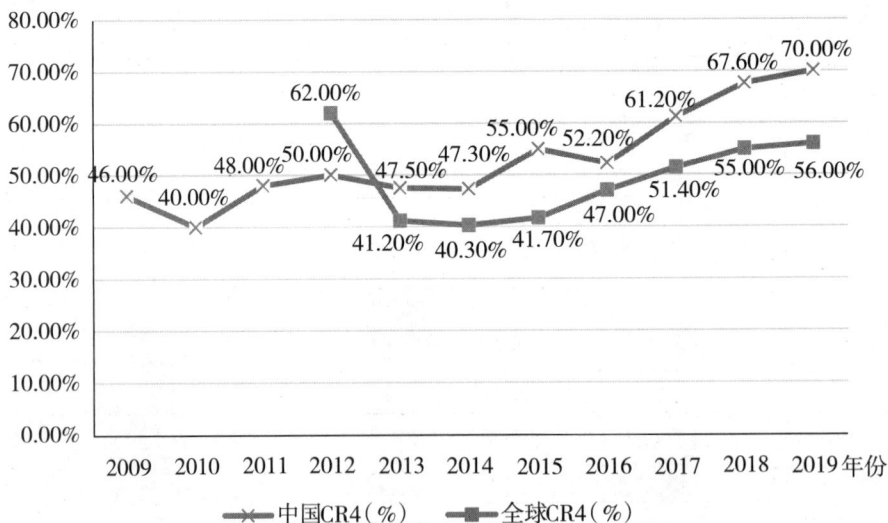

图 6 - 26　中国与全球整机制造环节 CR4 变化情况

资料来源：根据公开资料整理。

　　中国在世界风电市场中占据重要地位。2019 年，我国共有六家企业跻身全球十大整机制造商之列（见表 6-12），分别是金风科技（14%）、远景能源（10%）、明阳智能（7%）、运达股份（3%）、上海电气（3%）和中国海装（2%），总共占据全球风电整机制造市场 39% 的份额。

　　来自粤港澳大湾区的明阳智能，总部位于广东省中山市，曾是国内第一家在美上市的风电制造企业，2019 年 1 月重回上海证券交易所 A 股挂牌上市，资产规模达 100 亿，是大湾区内的风机整机制造龙头企业，在粤港澳大湾区乃至整个广东省内行业地位稳固，占据压倒性份额，影响力较大。2017 年至 2019 年，明阳智能新增装机市场容量连续三年稳居中国前三位（见表 6-13），国内市场份额从 2017 年的 12.5% 提升至 2019 年的 16%。

表 6-12　2019 年全球风电市场整机制造商排名

排名	全球风电市场			
	公司	所属国家/地区	2019 年新增吊装容量/吉瓦	2019 年市场份额/%
1	Vestas	丹麦	9.6	16
2	西门子歌美飒	德国	8.8	14
3	金风科技	中国（新疆）	8.3	14
4	GE	美国	7.4	12
5	远景能源	中国（上海）	5.8	10
6	明阳智能	中国（广东）	4.5	7
7	运达股份	中国（浙江）	2.1	3
8	Nordex	德国	2.0	3
9	上海电气	中国（上海）	1.7	3
10	中国海装	中国（重庆）	1.46	2

资料来源：BNEF、暨南大学产业经济研究院。

表 6-13　2017—2019 年中国风电市场整机制造商前三名

公司	所在城市	2017 年		2018 年		2019 年	
		排名	市场份额/%	排名	市场份额/%	排名	市场份额/%
金风科技	乌鲁木齐	1	26.6	1	31.72	1	28
远景能源	上海	2	15.4	2	19.77	2	19
明阳智能	中山	3	12.5	3	12.41	3	16

资料来源：根据公开资料整理。

（五）风电开发市场结构分析

　　风电开发位于风电产业链的下游，资金壁垒较高。因此，风电开发商以大型发电集团或其他资金实力较强的企业集团为主。国内的风电开发商有两类：一类是五大集团及其下属的能源公司，另一类是从新能源设备制造纵向延伸至风电开发的民营风电运营企业。世界其他国家的市场主体构造也是如此。

到 2019 年底，世界风电累计装机容量已超过 622 吉瓦。其中，排名前十名的开发企业中，中国占七席，合计装机容量占全球约四分之一，具体排名如表 6 – 14 所示。

表 6 – 14　2019 年全球风电开发商装机排名

排名	公司名称	所属国家	装机容量
1	国家能源集团	中国	42 吉瓦以上
2	华能集团	中国	22 吉瓦以上
3	大唐集团	中国	19 吉瓦以上
4	国家电力投资集团	中国	19 吉瓦以上
5	伊维尔德罗拉	西班牙	17 吉瓦以上
6	中广核集团	中国	16 吉瓦以上
7	华电集团	中国	14 吉瓦以上
8	NextEra	美国	14 吉瓦以上
9	葡萄牙电力公司	葡萄牙	11 吉瓦以上
10	华润电力	中国	11 吉瓦以上

资料来源：GWEC。

随着国内风电补贴逐步下降，风电开发商的集中度持续上升。如图 6 – 27 所示 2016 年国内前十名风电开发商的合计市场份额为 59%；到了 2019 年，国内前十名风电开发商的合计市场份额已攀升至 75%，中国排名前四名的风电开发商合计市场份额已达 50%。其中，国家电力投资集团市场份额为 20%，华能集团市场份额为 12%，中广核集团市场份额为 10%，国家能源集团市场份额为 8%，如图 6 – 28 所示。

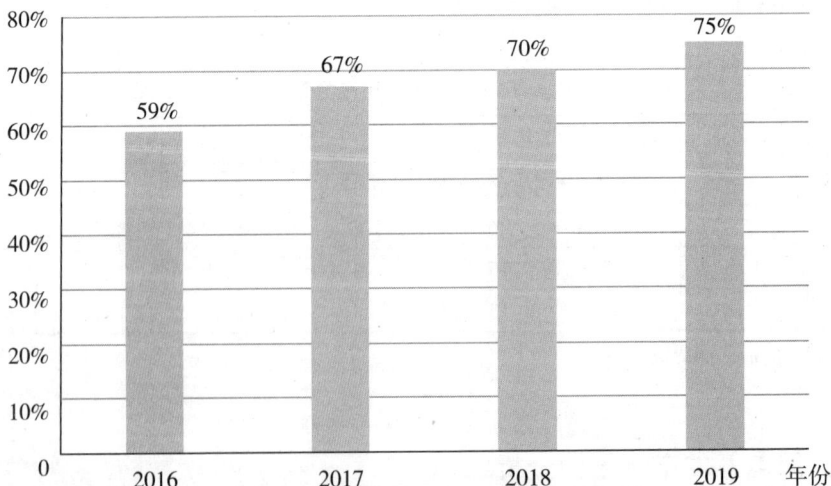

图 6 – 27　2016—2019 年国内开发商前十名合计市场份额

资料来源：CWEA。

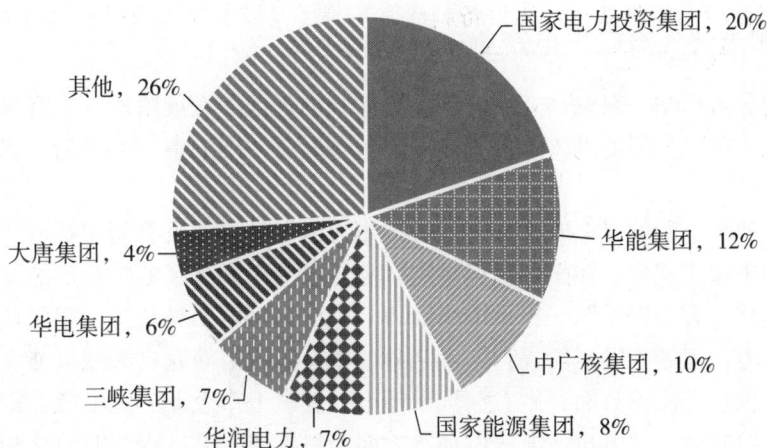

图 6 - 28　2019 年风电开发商市场份额占比

资料来源：CWEA。

2019 年中国风电市场公开招标量为 68.38 吉瓦。其中，陆上风电的公开招标量为 52.17 吉瓦，海上风电的公开招标量为 16.21 吉瓦。见表 6 - 15，前八名风电开发商的招标容量共 50.96 吉瓦，约占总标量的 75%。可见，行业集中度较高。来自粤港澳大湾区的中广核集团总招标量为 7.10 吉瓦，在各大风电开发商中排名第三，其中陆上风电的招标量为 5.02 吉瓦，海上风电的招标量为 2.08 吉瓦。凭借着区位优势，未来中广核集团有望随着广东省海上风电的加速布局进一步扩大风电开发市场份额。

表 6 - 15　2019 年国内主要风电开发商招标情况统计

风电开发商	海上风电招标量/吉瓦	陆上风电招标量/吉瓦	招标总量/吉瓦
国家电力投资集团	1.9	11.81	13.71
华能集团	2.25	5.70	7.95
中广核集团	2.08	5.02	7.10
国家能源集团	1.60	3.52	5.12
华润电力	0	5.07	5.07
三峡集团	4.3	0.62	4.92
华电集团	0.3	3.78	4.08
大唐集团	0.31	2.70	3.01
合计	12.74	38.22	50.96

资料来源：根据公开资料整理。

（六）粤港澳大湾区风电产业市场结构小结

由上述的分析可知，风电产业在粤港澳大湾区内仍处于发展阶段。虽有风电龙头企业如明阳智能、禾望电气等的助阵，但整体产业链条覆盖并不完整，本土的知名风电相关制造企业不多。

在风电产业链上游的风电叶片环节，粤港澳大湾区内目前仅有明阳智能一家风电叶片生产企业，尚未形成规模，在全国市场不占优势，粤港澳大湾区的叶片产能规模与江苏省叶片产能规模相比有一定差距。在风电塔筒环节，广东水电二局具备一定的风电塔筒制造技术和制造能力，正处于发展阶段；除此之外，也有国内塔筒龙头天顺风能在珠海市进行生产布局。在风电变流器方面，则有深圳禾望电气这家上市企业。风电产业链上游的其他环节，如齿轮箱制造、发电机、海底电缆等方面，粤港澳大湾区内暂时缺乏相关本土生产企业。

在风电产业链中游的风机整机制造环节，粤港澳大湾区在这方面有一定基础，但在技术方面还亟须加大投入力度，以期跟上国际先进水平。除了有明阳智能等本土知名企业之外，金风科技、GE（美国）等风电整机制造巨头也纷纷开始在粤港澳大湾区及周边进行布局。

在风电产业链下游的风电场开发环节，粤港澳大湾区内主要有中广核集团、粤电集团等参与风电场的开发，在广东省内的风电场开发中占据区位优势，其中中广核集团在国内风电开发市场中名列前茅。

总的来看，粤港澳大湾区内的风电产业除在产业链中游和下游的风电场开发环节有一定基础外，其他环节都较为薄弱，尤其是在风电产业链上游多个环节，缺乏本土核心企业，亟须大力扶持和发展。

二、风电产业市场行为分析

粤港澳大湾区内的风电整机制造龙头企业明阳智能业务广泛，涉及风电产业链上、中、下游等多个环节。本部分将重点围绕明阳智能来展开风电产业市场行为分析，主要包括融资行为、纵向一体化、产能扩张、定价行为、技术研发行为、经营合作行为等多个方面。同时，本书也选取了国内头部风电企业做相关对比分析。

（一）融资行为

风电整机制造行业整体资金壁垒较高，拥有充足的运营资金才能维持企业的发展，保障自身在市场竞争中的市场地位。明阳智能自2019年国内上市以来，由于快速发展过程中带来的资金压力，多次抛出融资计划（见表6-16）。2019年3月，拟向银河和其他金融机构申请336.1亿元授信额度用于日常经营和业务发展，以及风力发电场建设、基地厂房建设。2019年5月，拟发行可转换公司债券17亿元。2019年6月和12月，又通过出售多家子公司股权，增加运营资金。

表 6 - 16　2019 年明阳智能融资计划

时间	融资计划
2019 年 3 月	拟向银行等金融机构申请授信额度 336.1 亿元。其中，经营类授信额度 289.8 亿元，项目类授信额度 46.3 亿元
2019 年 5 月	拟公开发行可转换公司债券不超过人民币 17 亿元（含 17 亿元）
2019 年 6 月	以 3.99 亿元的交易对价出售全资子公司大柴旦明阳新能源有限公司 100% 股权给中核山东能源有限公司
2019 年 12 月	以 10 660 万元交易对价将全资子公司大庆市中丹瑞好风力发电有限公司 84.603 1% 的股权售给丰远绿色能源有限公司。以 50 万元将大庆市中丹瑞好风力发电有限公司 0.396 8% 的股权售给济南润和创投合伙企业
	以 11 850 万元交易对价将全资子公司大庆市杜蒙胡吉吐莫风电有限公司 84.642 9% 的股权售给丰远绿色能源有限公司。以 50 万元将大庆市杜蒙胡吉吐莫风电有限公司 0.3571% 的股权售给济南润和创投合伙企业
	以 15 493.1 万元交易对价将大庆市杜蒙奶牛场风力发电有限公司风力 84.726 6% 的股权售给丰远绿色能源有限公司。以 50 万元将大庆市杜蒙奶牛场风力发电有限公司风电 0.2734% 的股权售给济南润和创投合伙企业
	以 16 695 万元交易对价将大庆市杜蒙胡镇奶牛场风力发电有限公司风电 84.746 2% 的股权售给丰远绿色能源有限公司。以 50 万元将大庆市杜蒙胡镇奶牛场风力发电有限公司风电 0.253 8% 的股权售给济南润和创投合伙企业

资料来源：明阳智能公司公告。

（二）纵向一体化

主要风机企业开发业务见表 6 - 17。明阳智能主营业务为风电整机制造。该环节位于附加价值较低的风电产业链中游。因此，明阳智能一直致力于加强公司产业链的纵向一体化。

1. 前向一体化

风电整机制造的上一环节是风电零部件供应。叶片通常是制约风电整机制造厂商发展的关键零部件之一，行业内大部分整机制造厂商都没有自主生产叶片的能力，依赖于外购叶片。明阳智能拥有自己的叶片制造中心，打破了上游叶片供应商的制约。目前，明阳智能也具备了变频器、变桨控制系统、电气控制系统等核心零部件的自主研发、设计、制造能力。

2. 后向一体化

由于风电整机制造环节的上游为开放供应链，风机厂商难以形成产能壁垒，而风机技术创新降低成本带来的利润一般又通过设备价格下降沉淀到下游。因此，一些融资实力较强的风机整机制造企业延伸至下游从事开发和运营等业务，通过开发转让的模式来实现更高的收益。国内参与下游风电场开发的风机制造企业，主要有金风科技、明阳智能、运达股份以及远景能源等。

表6-17   主要风机企业开发业务比较

企业名称	明阳智能	金风科技	运达股份
所在省份	广东	新疆	浙江
主要业务	风机制造、风电服务、风场开发投资、光伏制造	风机制造、风电服务、风电EPC、风场开发投资	风机制造、风电服务、风电EPC
2020年上半年运营规模	896兆瓦	4 653兆瓦	—
2020年上半年在建规模	1 150兆瓦	2 698兆瓦	160兆瓦
2021年待建规模或在手资源	1 700兆瓦风电，300兆瓦光伏，320兆瓦时/960兆瓦时储能，300兆瓦海上风电	持续开发	计划建设100兆瓦，前期资源1 300兆瓦
开发能力评价	公司2017年之前主要通过收购持有风电项目，2018年以后通过子公司北京洁源新能实行项目滚动开发模式，在运营规模维持在1 000兆瓦的前提下，持续开发转让	拥有超过30年风电开发运营经验，依托子公司天润新能，每年持续获得1 000兆瓦以上新增核准项目，未来将涉足光伏电站开发	10年前即涉足风电场开发，但受限于自有资金规模，业务未持续。未来将以每年1~2个项目的速度开发持有。未来若资本金充裕，开发速度或加速

资料来源：国信证券研究所、暨南大学产业经济研究院。

（三）产能扩张

在"抢装潮"以及叶片长度增加趋势的推动之下，见表6-18，2020年明阳智能新增叶片产线12条，国内风电叶片产业也呈现较明显的扩产趋势，时代新材2020年新增产线16条，中材科技新增产线8~10条，天顺风能新增产线6~8条，双瑞科技新增产线8条。

表6-18   2020年我国风电叶片主要企业新增产能情况

公司	所在省份	新增产线	投产时间
中材科技	江苏	8~10条	2020年5月
时代新材	湖南	16条	2020年1月
明阳智能	广东	12条	2020年
天顺风能	江苏	6~8条	2020年6月
双瑞科技	江苏	8条	2020年7月

资料来源：华经情报网。

（四）定价行为

通过对比2019年明阳智能与金风科技、运达股份的风机平均销售价格（见表6-19），可以发现明阳智能的1.5兆瓦风机售价与金风科技的相差比较大，除此之外两家公司风机的总体售价不相上下。明阳智能的3.0兆瓦陆上型风机相比金风科技的3S型风机、运达股份的3.0兆瓦风机售价更低,可能是因为明阳智能多数零部件是自产的。并且,明阳智能的风机产品更加多样化,对陆上型和海上型风机做了专门的区分。其中,3.0兆瓦海上型风机的价格比3.0兆瓦陆上型风机要高。

表6-19 2019年国内主要风电整机制造厂商风机平均售价情况

明阳智能（广东）		金风科技（新疆）		运达股份（浙江）	
风机机型	平均售价/ （元/千瓦）	风机机型	平均售价/ （元/千瓦）	风机机型	平均售价/ （元/千瓦）
1.5兆瓦	3 325.11	1.5兆瓦	3 697.76	1.5兆瓦	—
2.0兆瓦	3 218.10	2S	3 129.20	2MW	3 203.83
2.5兆瓦	—	2.5S	3 309.61	2.5兆瓦	3 099.3
3.0兆瓦陆上型	3 272.11	3S	3 689.08	3兆瓦	3 457
3.0兆瓦海上型	4 472.80	6S	5 861.48	—	—
5.5兆瓦海上型	5 843.53	—	—	—	—

资料来源：根据公开资料整理。

注：与实际情况可能有一定出入。

（五）经营合作行为

2020年,明阳智能与三峡集团达成了海上风电框架合作协议。海上风电、陆上风电、风电产业升级与科技创新以及联合出海等都是未来双方进行深度合作的领域。双方还将在海上风电领域展开全面的战略合作,共建海上风电开发战略联盟。

三、风电产业市场绩效分析

由于粤港澳大湾区内风电行业上市企业较少,本部分选取本土风电整机制造龙头企业明阳智能,以及有在广东展开生产布局的金风科技、来自浙江的运达股份来进行风电产业市场绩效分析。主要从风电企业的盈利能力以及技术创新能力两方面展开。明阳智能、金风科技和运达股份都是国内风电整机制造厂商的佼佼者,三者在国内市场占有率分别排名第三、第一和第四。

（一）盈利能力分析

企业要实现生存和发展,则必须努力实现创收,在获得利润的前提下进一步扩大生产经营规模,谋求更大的发展。盈利能力分析方面,本书主要分析这些企业的主营业务收入、资产报酬率、资产净利润率、成本费用利润率和基本每股收益等五个指标。

从主营业务收入来看,从2015年到2019年,3家企业的主营业务收入变化趋势为先下降后上升,如图6-29所示。其中,作为全球风电整机制造龙头的金风科技主营业务收入占据绝对领先优势,远远超过明阳智能、运达股份。2019年,明阳智能主营业务收入约

105 亿元；金风科技主营业务收入约 382 亿元，是明阳智能的 3 倍多；运达股份主营业务收入约 50 亿元，与其他二者相比稍显逊色。

单位：亿元

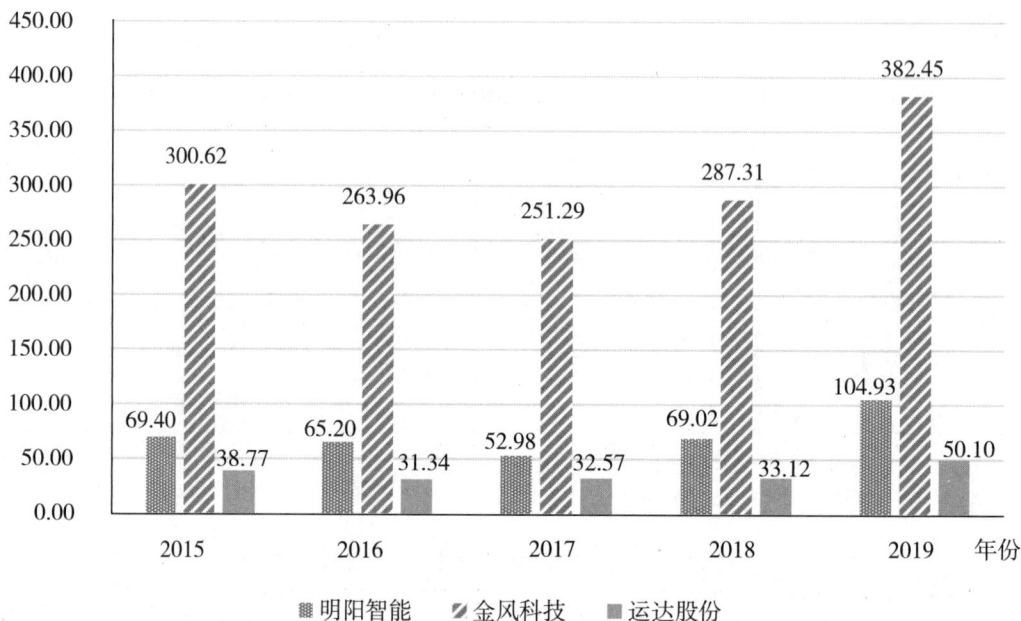

图 6-29　2015—2019 年三家上市公司主营业务收入对比图

资料来源：根据各公司财务报表整理。

由表 6-20、6-21、6-22 可见，资产报酬率方面，从 2015 年至 2019 年这五年的数据来看，来自粤港澳大湾区的明阳智能五年的平均资产报酬率为 5.784%，新疆金风科技为 7.902%，浙江运达股份为 4.784%。从不同年份的数据来看，明阳智能 2016 年的资产报酬率低于运达股份，除此之外，其他年份的资产报酬率均比运达股份高。整个样本期内，金风科技的资产报酬率均高于明阳智能。由此可见，明阳智能的资产利用效率适中，可以较好地节约资金和利用已有资产增加收入。

从资产净利润率和成本费用利润率这两个指标来看，除了 2015—2016 年明阳智能的资产净利润率数值低于运达股份，2019 年明阳智能的成本费用利润率略高于金风科技，明阳智能这两项指标的数值都介于金风科技和运达股份之间。2019 年，明阳智能这两项指标的具体数值为 2.32% 和 7.67%，金风科技为 2.42%、7.02%，运达股份为 1.17%、2.37%。从这两项指标来看，明阳智能每单位资产创造出的净利润仍算可观，有较好的成本控制能力，能够通过节省各项成本而为公司实现盈利。

从基本每股收益来看，2015 年至 2019 年明阳智能的平均基本每股收益为 0.358 元，金风科技为 0.872 元，运达股份为 0.492 元。分年份数据来看，2015 年至 2018 年，明阳智能的基本每股收益持续低于金风科技和运达股份；2019 年，明阳智能基本每股收益为

0.53 元,高于金风科技的 0.51 元和运达股份的 0.40 元。从基本每股收益这一指标的情况可以看出,2015—2019 年期间明阳智能的普通股东每一股所能分得的平均净利润低于金风科技和运达股份。但随着经营能力的提高,2017—2019 年明阳智能的盈利能力得到提高,经营成果逐渐转好,该普通股已具有较高的获利水平。三家企业基本每股收益情况如图 6 - 30 所示:

表 6—20　2015—2019 年明阳智能盈利能力各项指标

企业	年份	主营业务收入/亿元	资产报酬率/%	资产净利润率/%	成本费用利润率/%	基本每股收益/元
明阳智能（广东）	2015	69.40	5.35	2.53	6.80	0.30
	2016	65.20	4.82	1.73	5.76	0.25
	2017	52.98	6.30	1.76	7.11	0.32
	2018	69.02	6.86	2.04	5.87	0.39
	2019	104.93	5.59	2.32	7.67	0.53

资料来源：根据公司财务报表整理。

表 6 - 21　2015—2019 年金风科技盈利能力各项指标

企业	年份	主营业务收入/亿元	资产报酬率/%	资产净利润率/%	成本费用利润率/%	基本每股收益/元
金风科技（新疆）	2015	300.62	7.87	5.85	11.96	1.05
	2016	263.96	8.07	5.31	15.09	1.08
	2017	251.29	8.44	4.59	15.27	0.84
	2018	287.31	8.68	4.26	14.35	0.88
	2019	382.45	6.45	2.42	7.02	0.51

资料来源：根据公司财务报表整理。

表 6 - 22　2015—2019 年运达股份盈利能力各项指标

企业	年份	主营业务收入/亿元	资产报酬率/%	资产净利润率/%	成本费用利润率/%	基本每股收益/元
运达股份（浙江）	2015	38.77	2.56	2.73	4.08	0.61
	2016	31.34	5.49	2.03	3.90	0.47
	2017	32.57	5.61	1.74	3.34	0.43
	2018	33.12	6.29	1.94	3.98	0.55
	2019	50.10	3.97	1.17	2.37	0.40

资料来源：根据公司财务报表整理。

单位：元

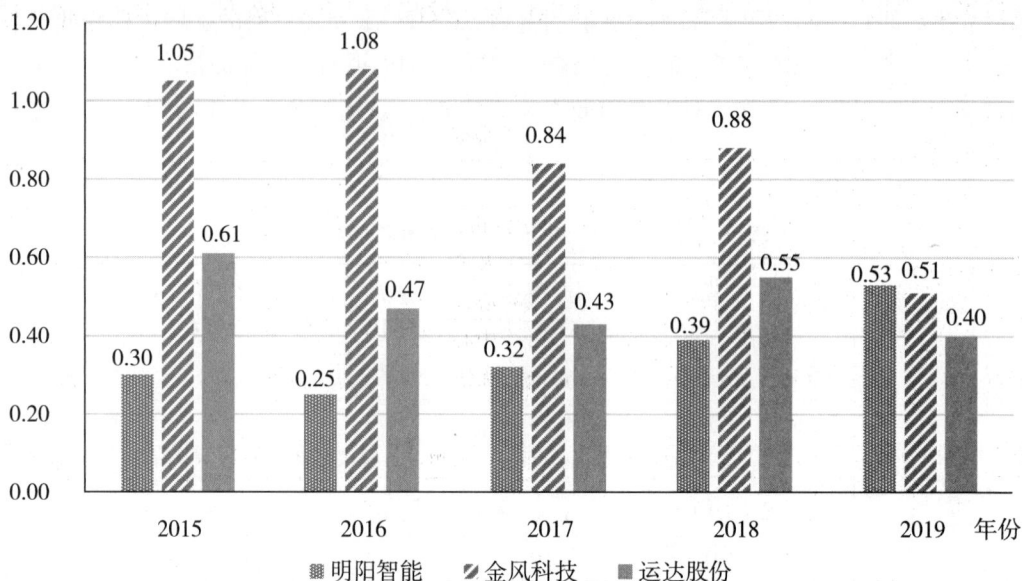

图 6 - 30　2015—2019 年三家企业基本每股收益对比图

资料来源：根据各公司财务报表整理。

（二）技术创新能力分析

1. 研发能力方面

为了提升企业的科研实力和创新能力，明阳智能、金风科技、运达股份等风电整机制造厂商都有自己的研发布局（见表 6 - 23）。其中，明阳智能的 5 个研发中心分别设在美国硅谷、德国汉堡及中国北京、上海和深圳。金风科技则在全球布局七大研发中心，分别设立在中国北京、乌鲁木齐、无锡、盐城，德国，丹麦，美国芝加哥。而且，金风科技还与多所全球顶级院校深度合作。运达股份的研发中心位于公司所在地杭州，但也在英国布里斯托尔设有欧洲风电研究院。总的来看，风电整机制造厂商的研发中心布局有两个特点：一是倾向于布局在经济发达、高等院校和科研院所等资源丰富、创新服务平台完善的地方；二是布局在海外，借此对标欧美顶级厂商来缩小差距，同时帮助企业实现国际化战略。

伴随风电产业的发展，明阳智能、金风科技、运达股份三家风电整机制造企业近年来都在不断加强自身研发力度以提高企业竞争力。如图 6 - 31 所示，明阳智能研发投入在逐渐上升，明阳智能的研发投入金额从 2018 年的 2.52 亿元增加到 2019 年的 4.67 亿元，可见企业十分重视自身研发能力建设。运达股份的研发投入金额也从 2017 年的 1.44 亿元增加到 2019 年的 2.21 亿元。金风科技 2017 年的研发投入金额为 14.73 亿元，2018 年更是达到了 15.77 亿元，2019 年的研发投入金额相比于 2018 年略微下降，但也达到了 15.57 亿元。见表 6 - 24，2019 年，明阳智能研发人员 1 348 人，在总员工人数中占比 17.13%；金风科技有研发人员 2 826 人，占比 31.53%；运达股份研发人员有 214 人，占比 16.2%。可见，作为国内风电整机制造龙头的金风科技在研发投入方面远远超过明阳智能和运达股份，占据绝对优势。整体来看，国内风电整机制造厂商都在积极开展研发活动，加大研发投入，借此提高自身核心竞争力。

表6-23　三家企业研发布局情况

企业	所在省份	研发布局
明阳智能	广东	总部位于粤港澳大湾区内中山市，重在进行资源整合、技术孵化、产业化关键技术突破、核心零部件研发以及产品的检测试验。国外的研发中心设在美国硅谷、德国汉堡。国内的研发中心设在北京、上海和深圳
金风科技	新疆	总部位于新疆，共有7个研发中心。国外的分布于德国、丹麦、美国芝加哥，国内的分布在北京、乌鲁木齐、无锡、盐城。此外，还与多所全球顶级院校展开深度合作
运达股份	浙江	总部位于杭州，研发中心布局于杭州，并在英国布里斯托尔设有欧洲风电研究院

资料来源：根据公开资料整理。

单位：亿元

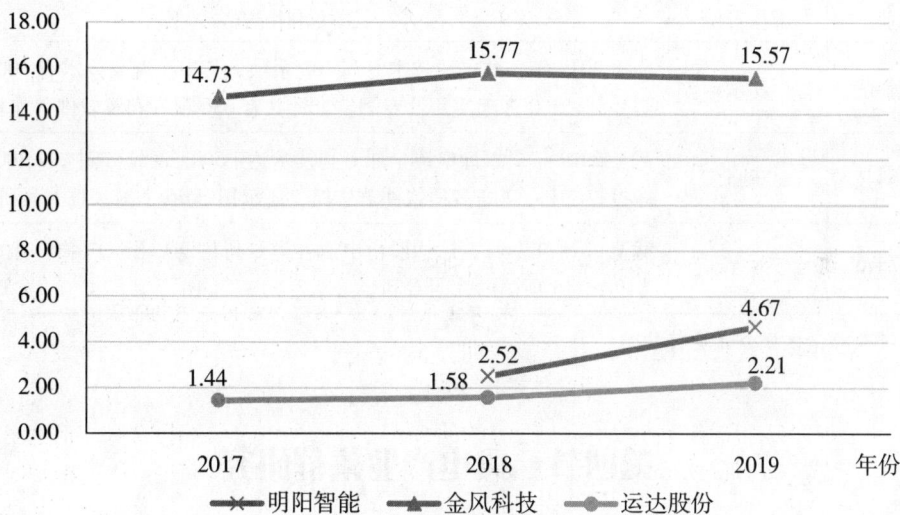

图6-31　2017—2019年三家企业研发投入情况

资料来源：根据公开资料整理。

表6-24　2017—2019年三家企业研发人员数量及研发投入情况

类别	企业	明阳智能	金风科技	运达股份
研发人员数量/人	2017年	—	2 881	180
	2018年	837	3 132	178
	2019年	1 348	2 826	214

（续上表）

类别	企业	明阳智能	金风科技	运达股份
研发投入金额/亿元	2017 年	—	14.73	1.44
	2018 年	2.52	15.77	1.58
	2019 年	4.67	15.57	2.21

资料来源：根据公开资料整理。

2. 创新能力方面

从专利数目来看（见表 6-25），截至 2019 年，明阳智能共有 650 项专利及软件著作权；金风科技共有 2 700 多项授权专利，以及 700 多项软件著作权。截至 2018 年 9 月，运达股份申请各类专利共 241 项，其中有 5 项国外发明专利，115 项国内发明专利。由此可知，企业在研发方面的大量的投入与创新产出息息相关，明阳智能的创新能力与金风科技相比仍有很大差距。

表 6-25　明阳智能、金风科技和运达股份专利情况

企业	所在省份	专利情况
明阳智能	广东	截至 2019 年，共申请技术专利 400 余项，其中半直驱技术有 100 多项发明专利、300 多项实用性专利。合计共有 650 项专利及软件著作权
金风科技	新疆	截至 2019 年，累计申请全球专利技术达 4 500 多项。其中，2 700 多项全球授权专利、700 多项软件著作权，还承担了 46 个国家重大科研项目
运达股份	浙江	截至 2018 年 9 月，运达股份申请各类专利共 241 项。其中 5 项国外发明专利，115 项国内发明专利

资料来源：根据公开资料整理。

第四节　风电产业集群研究

一、风电产业集群建设概况

（一）国际风电产业集群建设概况

欧洲有很多著名的海上风电母港，实质上是一种海上风电产业集群形式。这种风电母港是用于海上风电设备存放、运输、安装的基地和枢纽。港口基础设施不仅能为安装船提供靠泊条件，也能为风电设备及组件预装配提供堆场场地。丹麦埃斯比约港、德国不莱梅哈芬港、英国赫尔港和荷兰埃姆斯哈文港都是欧洲地区著名的风电母港。风电母港包括了风电装备制造、风电项目开发、风电运维、风电设计勘察等企业，产业链条较为完善。

（二）国内风电产业集群建设概况

截至目前，中国围绕风电的产业集群尚未完全建立。中国东南沿海地区海上风电资源丰富的省份也开始在港口或临港口地区建设海上风电母港。但实质上这类似于风电产业园，并不是完全意义上的"母港"。山东、江苏、浙江和广东等省份是"十三五"期间规划建设海上风电的重点地区，也是建设和发展海上风电母港的主要地区，规划见表6-26。各个省份的海上风电母港主要分布在广东阳江和揭阳、浙江六横、江苏南通（如东、启东）和射阳、山东蓬莱等地区（见表6-27）。其中，江苏省、山东省的风电产业集群建设较为完善。

表 6-26　四省"十三五"海上风电规划

省份	核准容量/吉瓦	规划容量/吉瓦
山东省	0.60	22.00
江苏省	7.70	14.80
浙江省	2.25	6.47
广东省	35.95	66.85

资料来源：根据公开资料整理。

表 6-27　国内"海上风电母港"信息表

地理位置	主要入驻企业	项目信息
广东阳江	明阳智能、金风科技、龙马集团、中车等企业	风电整机、叶片、电机、塔筒、海底电缆等行业
广东揭阳	国电投等	建设7万吨级泊位、3 000吨级泊位和工作船泊位各一个
浙江六横	上海电气等	风机制造到风力发电输出、风场施工建设、运营维护
江苏南通（如东、启东）	上海电气、中国海装、国电投、三峡新能源、龙源电力、华能集团、中广核集团、重通成飞等	风电研发、设计、制造、检测、运维等
江苏射阳	华能、远景、中车、长风海工、西门子电机、道达尔、壳牌等企业	风机整装、管桩、叶片、发电机、机舱罩以及大数据运维中心等
山东蓬莱	大金重工、东方电气风电（山东）有限公司	风电叶片、检测实验室、研发中心、大功率海上风电机组、电机、机舱罩

资料来源：国际能源网团队、风电头条。

（三）粤港澳大湾区风电产业集群建设概况

中山市是粤港澳大湾区内建设风电产业集群的主要阵地，如图6-32所示。中山市的风电行业聚集了明阳智能、文船重工、广东华尔辰海上风电工程有限责任公司等多家本土知名企业。此外，还有近百家相关配套企业。这些企业涵盖了风电技术研发、风电零部件制造、风电整机组装到检测认证等多个风电产业链环节。完整的风电产业链条已在中山市初步建立，风电产业集群也初现雏形。据估计，中山市的风电产业产值超过 100 亿元，上下游产业产值超过 1 000 亿元。中山风电产业的壮大离不开中山市政府对风电产业的大力支持。中山市政府通过产业规划、专项资金扶持、政策倾斜、重点企业培育等多种措施极大地促进了中山市风电产业的发展。

中山风电产业以风电装备制造著称，被评为风电领域的省级战略性新兴产业基地平台。目前，中山市有两个重要的风电产业基地，分别是明阳集团中山风电产业基地和文船重工中山风电产业基地。其中，明阳集团中山风电产业基地位于中山火炬高新区的临海工业园，占地面积约 72 万平方米，总投资额高达 72 亿元。明阳智能中山风电产业基地又分为风电整机、叶片生产、风光储一体化、碳纤维、风机控制系统、国家重点试验室及检测中心等模块，已基本覆盖了风电产业链条的上中下游。基地周边还有着成熟的船舶制造与海洋工程产业集群。文船重工中山风电产业基地坐落于中山马鞍岛，地理位置十分便利。它是知名海上风电施工装备制造企业中船黄埔文冲船舶公司生产单桩、海上风电钢结构的基地。它的占地面积约为 70 万平方米。这个基地的规模之大、产品线之全、专业程度之高在粤港澳大湾区乃至整个广东省内都是排名前列的。2021 年，伴随着首个海上风电单桩的交付，这个基地还创造了广东本土首次制造大直径单桩的历史。

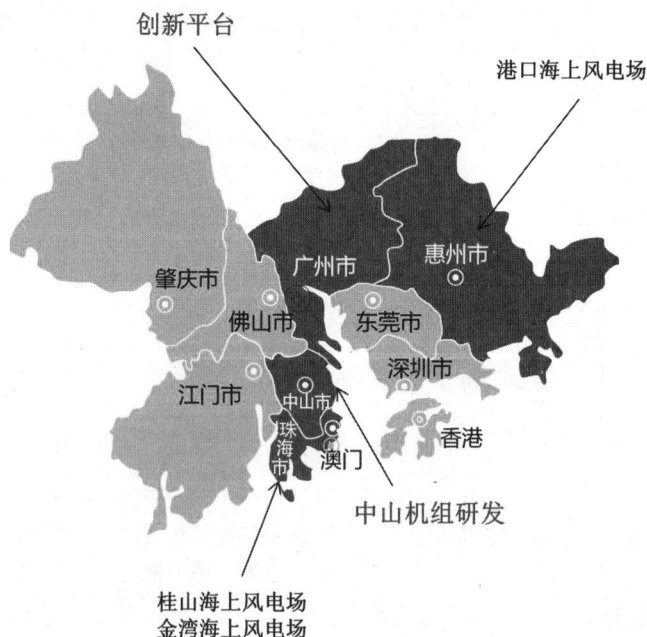

图 6-32　粤港澳大湾区风电产业重点城市定位及海上风电场分布

资料来源：根据公开资料绘制。

二、重点城市定位

（一）中山——海上风电机组研发中心

中山市地处珠三角中心，是粤港澳大湾区的核心城市之一。在 2020 年的《中国城市科技创新发展报告》中，中山科技创新能力排全国第 26 位，广东省内排第 6 名。根据《中山市高端装备制造产业发展行动计划（2018—2022 年)》，风电装备制造是中山市的重点发展领域之一，具体包括重点发展大功率风力发电机组、海上风电场施工等关键设备，以及海上风电起重、运输、安装船及附属设备。如上文所述，中山市聚集了多家风电知名企业，风电产业链条相对完善，风电产业集群已初现雏形。根据 2021 年广东省政府工作报告，未来中山市在风电产业领域的城市定位是海上风电机组研发中心，将会依托明阳智能中山风电产业基地来进行建设。

（二）广州——创新平台

广州位于中国改革开放的前沿，同时也是粤港澳大湾区的核心城市之一。广州经济发达，产业基础扎实，拥有众多高校与科研院所，创新环境与创新能力一流。2020 年，广州与深圳、香港组合成的"深圳—香港—广州集群"，在全球创新指数（GII）中排名第二。广州在 2020 年的中国城市科技创新发展指数中排名全国第六，广东省内第二。还有大批风电相关研究院所坐镇于此，其中包括广东省电力设计研究院——广东海上风电的开拓者。广东省电力设计研究院勘察、设计与规划了省内约 94% 的在建海上风电项目。因此，未来广州可以作为风电产业创新平台助力大湾区的风电产业建设。

（三）珠海——重点海上风电场

珠海市不仅是经济特区，还是粤港澳大湾区的重要节点城市。珠海东与香港隔海相望，南与澳门陆地相连，地理优势突出。珠海市的海岸线资源在粤港澳大湾区内地九市中也是位于榜首的，海岛众多，风能资源十分丰富。根据《广东省海上风电发展规划（2017—2030 年)》，将于珠海桂山以及珠海金湾规划布局海上风电场，总共规划装机容量为 50 万千瓦。其中，珠海金湾海上风电场已于 2021 年 4 月并网发电，它目前是粤港澳大湾区内建成的第一个大容量海上风电场项目。据估计，金湾海上风电场的年发电量可达 7.29 亿千瓦时。这意味着每年可帮助减少 22.58 万吨燃煤的消耗与 45.63 万吨二氧化碳的排放。这对于促进粤港澳大湾区节能减排、优化调整能源结构意义重大。

海上风电场项目的开发有利于引入先进风电企业，带动风电产业发展，进而带动地区风电产业投资。珠海海上风电场的建设与开发在一定程度上也带动了珠海风电产业的发展。首先，吸引国内风电塔筒龙头企业天顺风能在珠海开展生产布局；其次，本地国企珠海港控股集团也接连收购通裕重工、天能重工等风电龙头企业，加速在风电领域展开布局。

（四）惠州——重点海上风电场

惠州位于粤港澳大湾区的东岸，是粤港澳大湾区内的海洋大市。海域面积约 4 520 平方公里，海岸线长 281.4 公里。由《粤港澳大湾区发展规划纲要》可知，惠州将要打造粤港澳大湾区能源基地。根据《广东省海上风电发展规划（2017—2030 年）》，惠州港口——海上风电场将会建成粤港澳大湾区内最大的海上风电场，总共规划装机容量为 100 万千瓦，将为粤港澳大湾区提供清洁、低碳、安全的能源支撑。

第五节　风电产业发展对策建议

一、加强研发创新，突破核心技术

技术研发位于高附加价值的风电产业链前端，与风电产业链条的其他环节紧密相连。目前粤港澳大湾区的个别风机关键零部件本地化难题突出，存在供应链风险，产业发展较为被动。因此应当加强研发创新，攻克核心技术，进一步助力产业链降本提质。

第一，政府牵头成立"风电研发联盟"，通过公私合作加大海上风电技术研发突破力度或鼓励国内领先的风电企业和海外风电龙头企业联合进行技术研究，弥补产业短板。

第二，借助粤港澳大湾区内香港、澳门、深圳、广州等核心城市的科研资源和创新平台，共同促进风电技术研发。

第三，培养风电专业人才，支持湾区内高校加强风电领域相关学科的建设，促进风电产学研合作，为粤港澳大湾区的风电产业快速发展提供高素质人才支撑。

二、加速产业链布局，提升产业整体竞争力

目前，粤港澳大湾区内的风电产业主要以明阳智能为龙头企业，龙头企业较少，带动力和控制力不强；产业链上游轴承、齿轮箱、海底电缆、主轴等环节尚存空白，产业链条不完整；风电装备制造水平以及风电产业集群成熟度与国内长三角地区、国外地区都存在实力差距，产业完备程度还有待提升。因此，应当加速完善湾区风电产业链的布局，从而进一步提高风电产业的整体实力。

第一，依托本地龙头企业明阳智能、禾望电气等企业，整合省内风电装备产业资源，完善风电关键零部件的自主产业链，降低关键环节对外的依赖度。

第二，通过优化营商环境，引进外地或外资风电企业，带动本地风电装备制造业集群发展，促进本地风电企业做大做强，逐步形成较为完整的产业链条。

第三，借力 5G、人工智能、大数据等前沿技术，进一步助推风电产业提高智能化、信息化水平，提高粤港澳大湾区风电产业的生产力和竞争力。

三、加快电网规划建设，实现电网规划与风电规划协调发展

随着广东海上风电的快速发展，大规模的海上风电将从粤东、粤西两翼向粤港澳大湾区内负荷中心送电，给粤港澳大湾区的电力系统带来极大的考验。倘若电网接纳能力与风电规模不匹配，还会恶化弃风情况，不仅拖累风电项目的实际并网进度，还会打击风电投资者的积极性，对风电产业链整体造成消极影响。因此，必须完善与加快粤港澳大湾区的电网规划与建设，做好电网规划与风电规划的统筹工作，保障风电和电网规划的协调。

第一，做好电网的顶层设计工作，完善粤港澳大湾区的电网建设布局，使大湾区内的电网规划与海上风电规划相协调。

第二，对粤港澳三地的电力系统、电网规划进行整合，提高粤港澳大湾区的能源供需一体化水平。

第三，进一步增大电网投资，加快电网基础设施的建设速度，切实扩大粤港澳大湾区的风电并网规模。

四、持续强化政策支持，助力海上风电发展

海上风电产业在粤港澳大湾区有很好的发展前景，已经有许多风电企业在粤港澳大湾区及周边粤西、粤东地区进行生产布局。但风电产业的发展需大量投资，并且回报期较长，政府若不参与，企业将会独力难支。目前，广东省的海上风电电价中仍超过一半靠补贴，随着国家鼓励政策的逐渐减少，一旦补贴不及时，投资企业可能会面临现金流断裂风险，对地方经济也有很大影响，进而影响粤港澳大湾区海上风电的稳步发展。因此，应该继续加强政策支援，助力广东省海上风电产业的发展。

第一，强化省级和市级财政资金对海上风电项目和产业发展的支持。可利用风电产业发展基金、大湾区内创新创业基金的引导作用，或借助现有的粤港澳大湾区绿色金融联盟，大力支持海上风电这一战略性新兴产业的稳定发展。

第二，可为风电相关企业提供一定的税收优惠政策，降低企业负担，增强企业现金流，进而激发风电企业创新内生动力。

参考文献

[1] 黄超，段晓峰，朱凌，等. 广东省海上风电产业发展形势分析 [J]. 海洋经济，2019，8（6）：13-19.

[2] Liu J. Overview of wind power industry value chain using diamond model：A case study from China [J]. Applied Sciences，2018，8（10）：5.

[3] 张晖，康红琳. 国外风电发展最新政策及其对我国的启示 [J]. 电力需求侧管理，2009，11（6）：73-76.

[4] 郑钊颖，冯奕敏. 广东海上风电产业发展路径与对策研究 [J]. 南方能源建设，2020，7（4）：18-25.

第七章　粤港澳大湾区集成电路产业分析[*]

第一节　集成电路产业链发展概况

一、集成电路产业链结构

（一）集成电路产业链结构组成

集成电路（integrated circuit，IC）是一种微型电子器件或部件，即采用一定的工艺，把一个电路中所需的晶体管、电阻、电容和电感等元件及布线互连，布置在一小块或几小块半导体晶片或介质基片上，然后封装在一个管壳内，成为具有所需电路功能的微型结构。在结构上，集成电路的所有元件组成一个整体，具有趋向微小型化、智能化、低功耗、高可靠性等特征。集成电路是信息产业的根基，是国民经济中的基础性、关键性和战略性产业，占全球半导体产品销售额的比重超过80%，被誉为"工业粮食"。

随着产业分工日益专业化，集成电路的产业链涉及范围广、细分领域多、技术复杂性高。整体来看（见图7-1），集成电路产业链上游为支撑产业，主要包括集成电路材料、设备的供应商；中游核心产业链主要包括IC设计、IC制造、IC封装测试三个环节；下游主要为IC产品需求应用产业链，覆盖光通信设备、无线通信设备、通用型器件、消费电子、工业、汽车、医疗等领域。

具体而言，根据集成电路制造过程，一般可以将集成电路材料分为基体、制造、封装材料三大类。其中基体材料包括硅晶圆、硅基材以及化合物半导体；制造材料包括光刻胶、抛光材料、掩膜版、电子特种气体等；封装材料包括键合丝、陶瓷封装材料、芯片粘结材料等。在这些材料中，硅晶圆、掩膜版、电子特种气体占据较大的市场份额。集成电路设备通常可分为硅片制造、前道工艺设备（晶圆制造）和后道工艺设备（封装测试）三大类。集成电路产业的核心环节为IC设计、制造和封装测试环节。IC设计即依照客户的需求设计出电路图，包括系统设计、逻辑设计、图形设计等子环节。IC制造就是通过掩膜制作、切片、扩散、光刻、蚀刻、离子注入、薄膜淀积、抛光等子环节把设计好的电路图移植到晶圆上，从而形成完整的物理电路。IC封装测试是将生产出来的晶圆进行切割、贴片、引线键合、模塑等处理，使集成电路与

---

[*] 本章由暨南大学产业经济研究院姚振婷、向训勇执笔。

外部器件实现连接，然后利用测试工具对封装完成的芯片进行性能测试。

在集成电路产业链各环节中，IC设计环节处于价值链高端，毛利率高，对人才和专利倚重度最高，被欧美日韩垄断。IC制造环节属于资产和技术密集型产业，企业资本性开支极高。IC封测环节属于劳动密集型产业，技术含量最低，国内目前在该环节发展最为迅速。

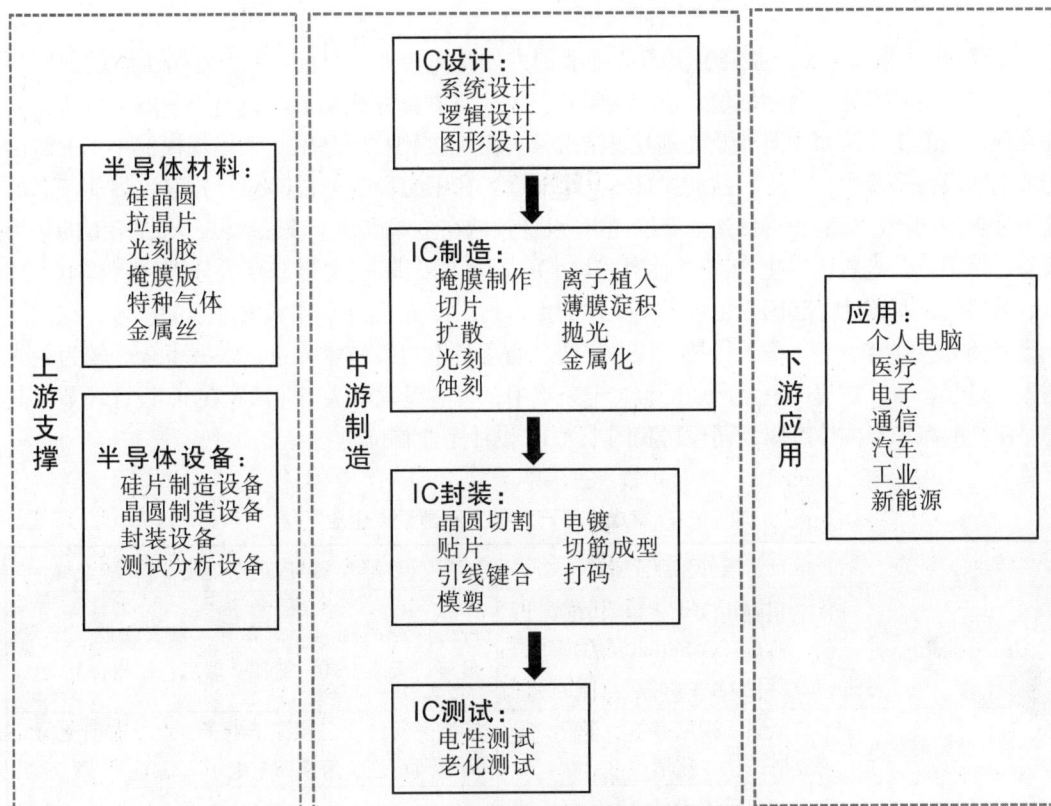

图7-1　集成电路产业链结构图

资料来源：根据公开资料整理。

（二）集成电路产业分工模式

集成电路生产可分为整合元件制造商模式（Integrated Device Manufacture，IDM模式）和垂直专业化分工两种模式。IDM模式即一家企业完成芯片设计、制造、封测等全产业链环节。国外的IDM厂商有美国的英特尔和德州仪器、韩国的三星、意法半导体等，我国的IDM厂商代表为华润微电子、士兰微、扬州科技等。垂直专业化分工模式即Fabless（无晶圆厂）＋Foundry（晶圆制造厂）＋OSAT（委外封测代工）模式，由分别在该环节具有比较优势的多家企业共同完成生产过程，形成各个独立的IC设计、IC制造和IC封装测试环节。IC设计以高通、博通、联发科、华为海思等为代表；IC制造的核心是制程与工艺的先进性与稳定性，以台积电和中芯国际等为代表；IC封测环节技术含量和附加值较低，代表企业有日月光、安靠、长电科技等。IDM 企业实力雄厚，资金规模巨大，拥有绝对的技术优势，有利于整合内部资源，获得更高的利润率。相比 IDM 模式，垂直专业化分工模式下企业资金投入相对减少，有利于降低运营和研发风险，经营策略更加灵活，因此垂直专业化分工模式的市场占比逐年提高。

（三）产业链上下游重点企业

表 7-1 为集成电路产业链上下游各环节国内外重点企业。目前，在产业链上游的材料环节，日本企业基本处于垄断地位，信越化学和三菱住友胜高并称集成电路材料领域双巨头。我国在此领域的上市公司主要涉及光刻胶、清洗液、高纯度靶材等环节，整体规模偏小。上游的集成电路设备环节中，美国、欧洲、日本三足鼎立。在中游环节中，IC 设计排名世界前三名的公司为美国博通、高通、英伟达。我国的 IC 设计领域在全球也处于领先地位，世界第五的华为海思、第十的紫光展锐都生产高端通用芯片。IC 制造的国际三大制造巨头分别为台积电、三星、英特尔，我国的中芯国际也进入了全球前十行列。IC 封测环节是我国最强的领域，在国际上已经拥有较强竞争力。华天科技、长电科技、通富微电封装技术先进，掌握了全球较为领先的先进封装技术。在集成电路产业链整个链条当中，粤港澳大湾区企业活跃在 IC 设计环节。其中，深圳的海思半导体有限公司位居我国十大 IC 设计企业首位。

表 7-1　集成电路产业链上下游重点企业

产业链环节		国外重点企业	国内重点企业
上游	硅晶圆	日本信越、日本胜高、德国世创、韩国 LG Siltron、法国 Soitec、芬兰 Okmetic	台湾环球晶圆、上海新昇、重庆超硅、宁夏银河、天津中环、浙江金瑞泓、郑州合晶
	靶材	日矿金属、霍尼韦尔、东曹、普莱克斯、住友化学	宁波爱发科、宁波江丰电子、北京有研亿金、福建阿石创、河南四丰电子
	CMP 抛光材料	富士纺、日本 Fujimi、美国卡博特、杜邦、陶氏化学、韩国 ACE	安徽微电子、深圳首聘新材料、湖北鼎龙股份
	光刻胶	三井化学、日本 JSR、信越化学	台湾长兴、苏州瑞红、北京科华
	湿电子化学品	巴斯夫、Ashland、住友化学	江阴江化微电子、江阴润玛、苏州晶锐股份、上海新阳
	电子特种气体	美国空气化工、普莱克斯、林德集团、法国液化空气、日本大阳日	中船重工、江苏南大光电、上海至纯
	光罩	Photronics、日本 DNP、日本 Toppan	深圳路维光电、菲利华
	设备	应用材料、Lam Research、东京电子、阿斯麦尔、科天、迪恩士、日立高新	北京中电科、浙江晶盛机电、深圳捷佳伟创、北京北方华创、上海微电子、北京京运通

（续上表）

产业链环节		国外重点企业	国内重点企业
中游	IC 设计	三星、高博、高通、英伟达、联发科、AMD、赛灵思、美满、联咏、瑞昱	深圳华为海思、深圳汇顶科技、上海紫光展锐、上海韦尔股份、深圳中兴微电子、北京智芯微、华大半导体
	IC 制造	美国格罗方德、韩国三星、Tower Jazz、日本富士通、美国英特尔	中芯国际、台湾台积电、台湾联华电子、台湾力晶科技、无锡 SK 海力士、长江储存科技、无锡华润微电子、上海华虹半导体
	IC 封装测试	美国安靠、新加坡联合科技、韩国 Nepes	台湾日月光、江苏长电科技、台湾力成科技、南通通富微电、甘肃华天科技、深圳气派科技、广东风华芯电
下游	终端应用	汽车、消费电子、工业、通信等领域	

资料来源：根据公开资料整理。

（四）集成电路产业成本结构（见图 7-2）

1. 固定成本

固定成本是指芯片研发过程中所产生的设备折旧、软件的摊销费用、芯片试制的掩膜费用、工艺加工与测试分析费，以及所有研发人员工资、市场、销售、房屋、公司日常运营管理开销等费用，与是否量产及量产的规模无关，也是目前集成电路设计企业所需承担的最大费用。而且如果芯片无法形成一定的销售规模，则该部分投入将不会产生与之相匹配的收益，企业将产生损失。

2. 可变成本

芯片的可变成本与芯片出货量成正相关。单颗芯片的可变成本包括版税成本（IP royalty）、封装成本、测试成本和芯片成本。芯片成本＝晶圆（wafer）成本/（每个晶圆可切割的芯片个数×良率）。由于晶圆形状是球形，而芯片是方形的，芯片从晶圆上切割下来的过程可能会产生废片，完成所有工艺步骤后测试合格的芯片数量占整片晶圆上的有效芯片的比值即为良率。

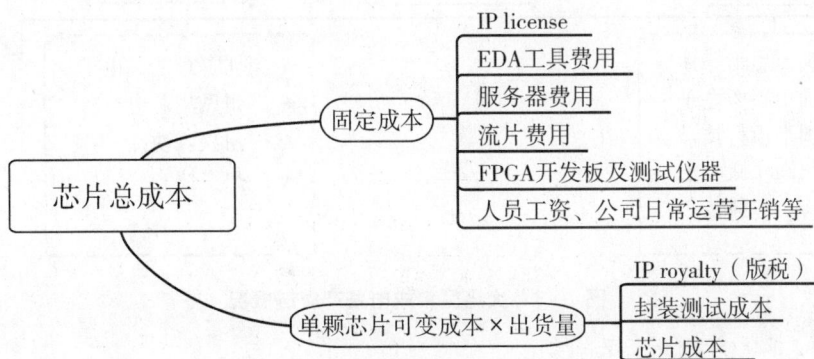

图 7-2 集成电路产业成本结构

资料来源：旺材芯片。

二、粤港澳大湾区集成电路产业发展总体概况

（一）粤港澳大湾区芯片产业链概况

粤港澳大湾区集成电路产业链全景图如图7-3所示，总体来看，粤港澳大湾区集成电路产业链发展还不均衡。

大湾区IC设计业处于领先地位，尤其是深圳市的IC设计业发展迅猛。从2013年起，深圳的IC设计业销售规模一直居全国首位。深圳IC设计业的销售额从2010年的92亿增长到2019年的1 099亿，增长了10.9倍，年均复合增长率高达30.75%。深圳集成电路总体设计能力接近国际领先水平，有28家IC设计企业年销售收入超过1亿元，有3家IC设计企业位居全国行业年销售额前十，其中，排名第一的华为海思年销售额达503亿元，中兴微电子和汇顶科技分别位居全国第六和第七。

大湾区IC制造环节相对薄弱，芯片制造企业数量少，大多集中在广州、深圳。其中广州粤芯半导体12英寸晶圆生产线的量产填补了广州芯片制造的空白，作为大湾区唯一一条实现量产的12英寸晶圆生产线，对于带动产业链元素集聚，构造"一日集成电器产业圈"具有重要的意义。深圳中芯国际的8英寸晶圆生产线目前已实现5万片/月的生产能力，累计产出8英寸晶圆超百万片。大湾区IC封测企业以中小型为主，主要集中在中低端领域。大湾区拥有10余条先进水平的IC封测自动化生产线，可以生产22个封装系列、1 000多个品种、超过50亿只的半导体分立器件和超过10亿块集成电路。

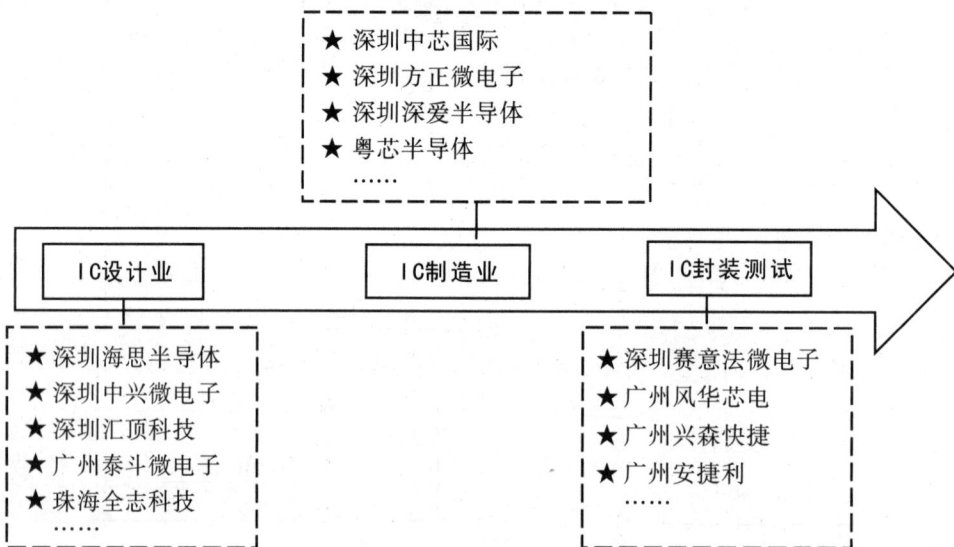

图7-3　大湾区集成电路产业链概况

资料来源：根据公开资料整理。

（二）粤港澳大湾区集成电路产业市场需求

大湾区集成电路产业需求旺盛，产能供应相对不足，供需矛盾突出。我国芯片需求占全球60%，其中60%来自粤港澳大湾区，芯片需求覆盖了从消费电子到工业控制、家电和装备制造、汽车电子等各个产业。广东省信息产业发达，终端需求庞大，是国内消费电子、通信、人工智能、汽车电子等领域最大的集成电路应用市场。但大湾区的产量远不能满足当地的电子信息产业庞大的需求。据统计，大湾区集成电路进口金额占全国的40%左右。

据国家统计局数据，我国2020年集成电路产量为2 612.6亿块，同比增长16.2%。如图7-4所示，生产排名第一位的是江苏省，总量达到834.87亿块。广东省集成电路产量为366亿块，占全国集成电路产量的14%，排在第三名。2020年全年共有7个省市的集成电路产量突破了100亿块。

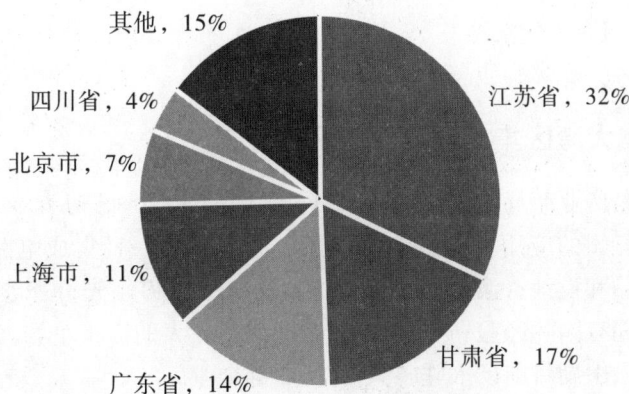

图7-4 2020年我国集成电路产量地区分布

资料来源：根据公开信息整理。

从产业链设计环节来看，珠江三角洲地区规模产值最大（见图7-5）。长江三角洲、珠江三角洲、京津环渤海和中西部地区是我国IC设计业的四大重镇，其中珠江三角洲地区的产业规模全国最大，2019年的产业规模为1 247.2亿元，同比增长37.4%；长江三角洲2019年的产业规模为1 093.2亿元，同比增长29.5%；京津环渤海产业规模为599亿元，同比增长4.7%；中西部地区2019年的产业规模为288.5亿元，同比增长27.2%。

单位：亿元

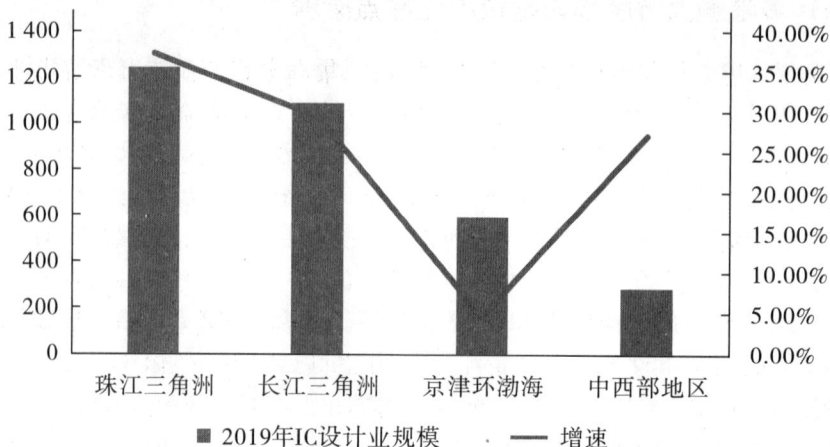

图7-5 IC设计业规模区域分布

资料来源：根据公开信息整理。

（三）粤港澳大湾区集成电路产业区位分布

大湾区集成电路产业布局主要集中在广州、深圳和珠海，已初步形成了各自的产业优势（见图7-6）。广州的应用和制造能力较强，正形成"一日集成电路产业圈"；深圳、珠海的优势在于产品和设计；澳门高等院校的科研水平世界领先；香港主要以分销为主，在知识产权保护上拥有国际经验；东莞在IC领域拥有庞大的需求市场。作为东莞市IC设计企业的集聚地，松山湖目前已入驻多家IC产业链企业。

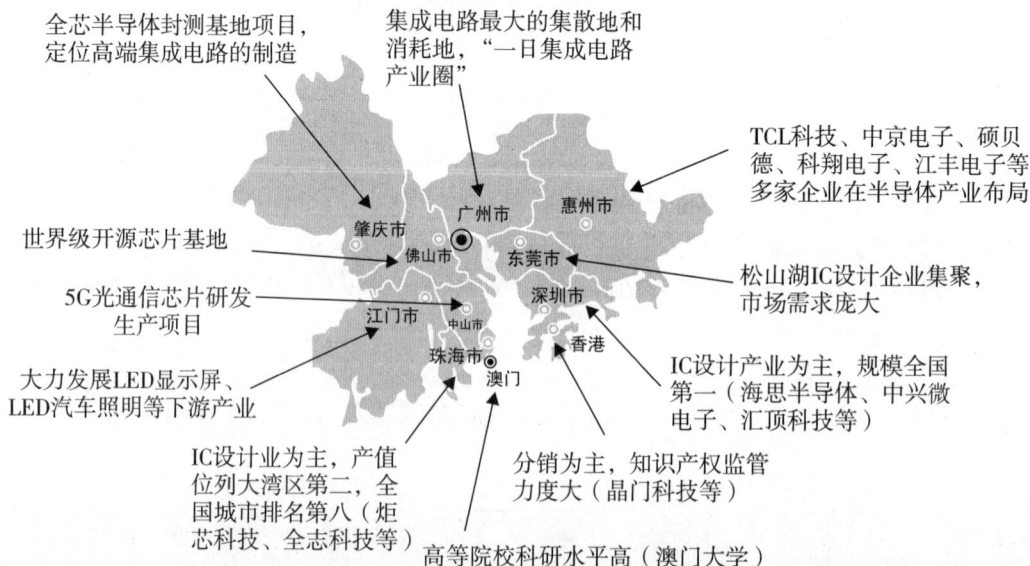

图7-6 大湾区集成电路产业区位分布

资料来源：根据公开信息整理。

（四）粤港澳大湾区集成电路产业重点企业

伴随粤芯 12 英寸晶圆项目落地投产，大湾区集成电路产业链上下游成功串联，形成了以清溢光电、海思半导体、中芯国际、粤芯半导体、赛意法微电子为龙头企业的完整的集成电路产业链。目前大湾区内比较有代表性的集成电路产业企业如表 7 - 2 所示。可以看出，大湾区集成电路产业的重点企业集中在 IC 设计环节，材料和设备环节较为薄弱。具体来说，在上游的材料环节，粤港澳大湾区拥有在全国排名前列的清溢光电，该公司主要从事掩膜版的研发、设计、生产和销售业务，是国内成立较早、规模较大的掩膜版生产企业之一，2020 年实现盈利 7 629.03 万元。在 IC 设计环节，粤港澳大湾区集聚了一批在全国排名前列的企业，涌现出了海思半导体、中芯国际、中兴微电子等龙头企业，主要集中在深圳地区。在 IC 制造环节，位于广州的粤芯半导体是 12 英寸产线跑道的领先者。在 IC 封测环节，代表企业主要有赛意法微电子、兴森快捷等。在美的、广汽、格力等一大批芯片应用需求端的推动下，各个环节的企业在大湾区铺开，形成了以深圳、广州、珠海为核心，大湾区其他城市协同发展的产业格局。

表 7 - 2　大湾区集成电路产业重点企业

地区	材料	设备	IC 设计	IC 制造	IC 封测	第三代半导体
深圳	清溢光电	拉普拉斯	海思半导体、中兴微电子、汇顶科技、国微电子、敦泰科技、江波龙电子、云天励飞、大疆、奥比中光、天微电子、金泰克半导体、国民技术、富满电子、芯智汇科技、国微集团、芯邦科技	中芯国际、方正微电子、深爱半导体、比亚迪微电子	赛意法微电子、化讯半导体、中科飞测	基本半导体
广州			高云半导体、安凯微电子、智慧微电子、泰斗微电子、广芯微电子、润芯信息技术、硅芯电子	粤芯半导体、晶科电子、瑞芯电子	兴森快捷、安捷利、风华芯电、新星微电子	
珠海			炬芯科技、全志科技、一微半导体、博雅科技、欧比特	中芯集成		英诺赛科
东莞		华为终端总部、紫光集团、长盈精密	合泰半导体、赛微微电子		生益科技	
广东其他地区	风华高科		众盈电子（佛山）			

（续上表）

地区	材料	设备	IC 设计	IC 制造	IC 封测	第三代半导体
香港		ASM 太平洋科技有限公司	晶门科技、卓荣集体、科范微半导体、和兴健半导体、高云半导体			

资料来源：粤开证券研究院。

第二节　集成电路产业发展环境

一、国内外产业政策形势

（一）国外集成电路产业相关政策

自 2016 年起，美国政府加强对中国半导体产业发展的限制，尤其是在贸易、知识产权及投资并购审查等领域（见表 7-3）。特别是近几年，中美贸易摩擦导致美方对我国的技术封锁、市场封锁，突出地反映在芯片领域。美国企图通过卡住芯片这一关键命脉，扼杀我国的科技发展。

表 7-3　美国对华集成电路发展的限制

时间	手段	内容
2017 年 1 月	美国总统科学技术咨询委员会《确保美国在半导体行业的长期领先地位》	1. 抑制中国半导体产业的所谓创新； 2. 改善美国本土半导体企业的业务环境； 3. 推动美国半导体产业接下来几十年的创新转移
2017 年	美国国际贸易委员会 337 调查	1. 涉及中国企业的 337 调查立案数量达到 22 起； 2. 中美知识产权之争集中在电子行业、半导体及医疗设备等领域
2017 年 11 月	美国外商投资委员会（CFIUS）阻挠中国半导体海外并购	1. 因 CFIUS 审查，金沙江收购飞利浦 LED 芯片公司 Lumileds 股权失败； 2. 因 CFIUS 审查，华润微电子有限公司和清芯华创投资管理有限公司收购美国仙童半导体公司遭拒； 3. 因 CFIUS 审查，紫光集团旗下紫光股份宣布终止收购西部数据 15% 股权的交易
2018 年 3 月 2 日	总统备忘录宣布对中国进口商品加征关税	1. 制订对中国商品征收关税的具体方案； 2. 就相关问题向世界贸易组织起诉中国； 3. 限制中国企业投资并购美国企业

（续上表）

时间	手段	内容
2018 年 4 月	美国商务部禁止向中兴通讯供货	美国政府在未来 7 年内禁止中兴通讯向美国企业购买敏感产品
2020 年 5 月	美国工业和安全局（BIS）对华为技术限制	禁止华为购买基于美国软件或技术来开发或生产的"零件""组件"或"设备"

资料来源：根据公开资料整理。

（二）国内集成电路产业相关政策

我国先后出台系列集成电路鼓励扶持政策，构建良好的政策环境（见表 7-4）。集成电路作为信息产业的核心，对促进国民经济和社会发展起到战略性、基础性和决定性作用。国家先后出台了一系列鼓励扶持政策，覆盖了制造、设计、设备、材料及封装测试各个环节，从税收、资金、人才培养等方面扶持和推动集成电路产业发展。2020 年 8 月 4 日，国务院发布《新时期促进集成电路产业和软件产业高质量发展的若干政策》，强调要大力支持符合条件的集成电路企业和软件企业在境内外上市融资，加快境内上市审核流程；要实施税收优惠政策，精准扶持国内晶圆制造厂加快先进工艺与特色工艺布局，实施投融资政策、知识产权政策、进出口政策等推动国内半导体产业加速前进。

表 7-4 我国集成电路相关政策汇总

时间	部门	政策	主要内容
2010 年 10 月	国务院	《关于加快培育和发展战略性新兴产业的决定》	集成电路产业作为新一代信息技术产业的重要组成部分，是国家未来重点发展的战略新兴产业
2011 年 2 月	国务院	《关于印发进一步鼓励软件产业和集成电路产业发展若干政策的通知》	从财税政策、投融资政策、人才政策等方面鼓励软件和集成电路发展
2011 年 6 月	国家发改委、科技部等	《当前优先发展的高技术产业化重点领域指南（2011 年度）》	明确将集成电路列入当前优先发展的高技术产业（第九项）
2012 年 2 月	工信部	《电子信息制造业"十二五"规划》	明确以集成电路、太阳能电池、新型元器件生产设备、通信与网络、半导体和集成电路为发展重点，并根据行业特点提出了提升产品可靠性、推动技术应用扩展等针对性保障措施
2013 年 3 月	国家发改委	《战略性新兴产业重点产品和服务指导目录》	将集成电路测试设备列入战略性新兴产业重点产品目录

（续上表）

时间	部门	政策	主要内容
2014 年 6 月	国务院	《国家集成电路产业发展推进纲要》	着重发展集成电路设计业，围绕重点领域产业链，强化集成电路设计、软件开发、系统集成、内容与服务协同创新，以设计业的快速增长带动制造业发展
2015 年 2 月	财政部、国家税务总局等	《关于进一步鼓励集成电路产业发展企业所得税政策的通知》	制定了针对集成电路企业所享受的所得税优惠政策
2015 年 7 月	国务院	《关于积极推进"互联网＋"行动的指导意见》	支持高集成度低功耗芯片、底层软件、传感互联、自组网等共性关键技术创新
2015 年 7 月	国家发改委	《关于实施新兴产业重大工程包的通知》	着力提升先进工艺水平、设计业集中度和产业链配套能力，加快高性能集成电路产品产业化，通过工程实施，推动重点集成电路产品的产业化水平进一步提升
2016 年 11 月	国务院	《"十三五"国家战略性新兴产业发展规划》	启动集成电路重大生产布局规划工程，实施一批带动作用强的项目，推动产业能力实现跃升
2017 年 4 月	科技部	《国家高新技术产业开发区"十三五"发展规划》	优化产业结构，推进集成电路及专用装备关键核心技术突破和应用
2018 年 3 月	财政部、国家税务总局、国家发改委、工信部	《关于集成电路生产企业有关企业所得税政策问题的通知》	两免三减半。2018 年 1 月 1 日后投资新设的集成电路线宽小于 130 纳米，且经营期在 10 年以上的集成电路生产企业或项目，第一年至第二年免征企业所得税，第三年至第五年按 25% 的法定税率减半征收企业所得税，并享受至期满为止。五免五减半。2018 年 1 月 1 日后投资新设的集成电路线宽小于 65 纳米或投资额超过 150 亿元，且经营期在 15 年以上的集成电路生产企业或项目，第一年至第五年免征企业所得税，第六年至第十年按照 25% 的法定税率减半征收企业所得税，并享受至期满为止
2018 年 7 月	工信部、国家发改委	《扩大和升级信息消费三年行动计划（2018—2020 年）》	进一步加大鼓励软件和集成电路产业发展、支持中小微企业税收政策的落实力度
2020 年 1 月	商务部等八部门	《关于推动服务外包加快转型升级的指导意见》	将企业开展云计算、基础软件、集成电路设计、区块链等信息技术研发和应用纳入国家科技计划支持范围

（续上表）

时间	部门	政策	主要内容
2020 年 7 月	国务院	《新时期促进集成电路产业和软件产业高质量发展的若干政策》	1. 加强人才培养。首次确认将集成电路提升为一级学科，支持产教融合发展； 2. 按产业链环节制定分级税收优惠措施，生产制造环节优惠力度最大； 3. 在关键核心技术领域发挥举国体制优势，突破关键技术

资料来源：根据公开资料整理。

（三）粤港澳大湾区集成电路产业相关政策

粤港澳大湾区各地区根据自身的产业特点、配套环境等实际情况颁布了相应的集成电路产业相关发展政策（见表7-5）。

表7-5　大湾区集成电路产业相关发展政策

发布时间	部门	政策	主要内容
2020 年 2 月	广东省人民政府	《广东省加快半导体及集成电路产业发展的若干意见》	抓住建设粤港澳大湾区国际科技创新中心的有利机遇，积极发展一批半导体及集成电路产业重大项目，补齐产业链短板，提升研发创新能力，扩大开放合作，其中涉及存储芯片、第三代半导体芯片等先进产品
2018 年 3 月	广州市人民政府	《广州市加快 IAB 产业发展五年行动计划（2018—2020 年)》	重点支持创新创造、企业做大做强做优、产业园区集约集聚发展、深度融合和示范应用、生态环境优化等五个方面，从人才、土地、资金等要素方面提出 20 条具体措施
2020 年 9 月	广州市工业和信息化局	《广州市加快发展集成电路产业的若干措施》	1. 到 2022 年，广州市争取纳入国家集成电路重大生产力布局规划，建设国内先进的晶圆生产线，引进、培育壮大一批集成电路设计、封装、测试、分析以及深耕智能传感器系统方案的企业，打造出千亿级的集成电路产业集群。 2. 大力引进国内外骨干企业，布局建设 2～3 条 12 英寸集成电路制造生产线，尽快形成产能规模
2019 年 5 月	深圳市人民政府	《进一步推动集成电路产业发展行动计划（2019—2023 年)》	补齐芯片制造和先进封测缺失环节；提升高端芯片设计业竞争力；加快培育第三代半导体；重点突破核心关键技术；强化产业服务平台；优化生态系统

（续上表）

发布时间	部门	政策	主要内容
2019 年 5 月	深圳市人民政府办公厅	《关于加快集成电路产业发展的若干措施》	支持健全完善产业链；支持核心技术攻关；支持新技术新产品研发应用；支持加大投融资力度；支持完善人才体系
2020 年 10 月	珠海市人民政府办公室	《关于促进珠海市集成电路产业发展的若干政策措施》	支持产业项目落户；支持企业创新发展；支持企业形成领军优势；支持产业协同创新；优化产业创新发展环境；提升产业空间承载能力

资料来源：根据公开资料整理。

二、国内外市场需求趋势

（一）全球市场需求及趋势

随着电子通信行业发展，5G 及 5G 应用的不断扩展，半导体行业不断发展，市场需求也在不断扩大。但是由于中美贸易摩擦、5G 基站普及速度不及预期、智能手机市场增速放缓、数据中心建设速度减缓等因素，全球范围半导体销售额下滑。世界半导体贸易统计协会（WSTS）数据显示，2019 年全球半导体销售额为 4 121 亿美元，同比下降 12.09%（见图 7 - 7），主要原因为存储芯片销售额下滑。据 Gartner 预测，2020 年全球半导体产业链在受到疫情冲击下，收入不减反增，达到 4 330 亿美元，比 2019 年增长 5.9%。

单位：亿美元

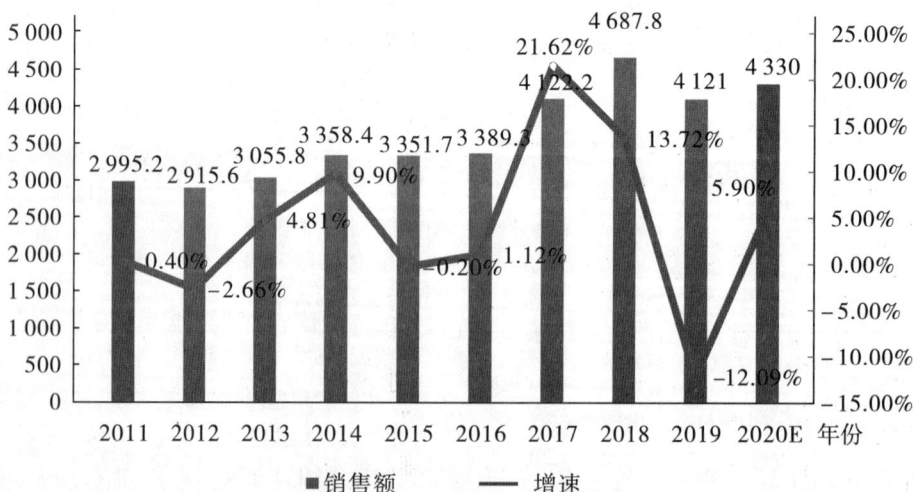

图 7 - 7　2011—2020 年全球集成电路产业销售额变化情况

资料来源：WSTS。

中国大陆地区的集成电路产业销售额占全球比重达35%。从全球集成电路产业市场情况来看，美国半导体行业协会（SIA）公布的数据显示（见图7-8），2020年1—10月，美洲地区的集成电路产业销售额累计达到764亿美元，同比增长19.5%，全球占比21%；欧洲地区集成电路产业销售额累计为305亿美元，同比下降8.9%，全球占比9%；日本集成电路产业销售额累计为296亿美元，同比下降1.5%，全球占比8%；中国大陆地区的集成电路产业销售额为1230亿美元，同比增长4.3%，全球占比达35%；亚太地区（不含日本、中国大陆）集成电路产业销售额为961亿美元，同比增长1.5%，全球占比为27%。整体来看，2020年1—10月，美洲地区和中国大陆集成电路产业销售额同比出现增长，其中美洲地区销售额的增长属于恢复性增长，中国大陆集成电路销售额已经接近历史最高点，继续引领全球集成电路市场规模的提升；相反，日本和欧洲的集成电路市场依旧低迷。

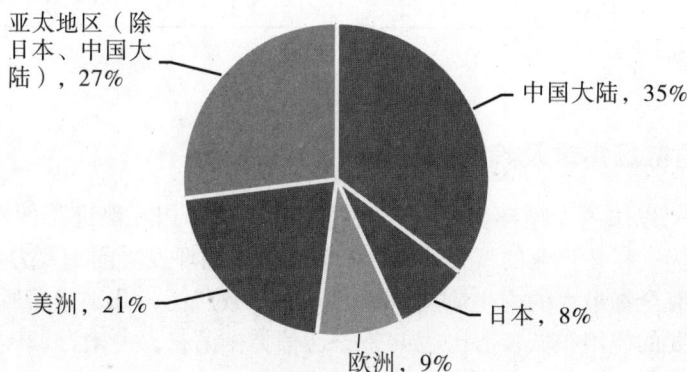

图7-8　2020年1—10月全球各区城集成电路销售额结构

资料来源：WSTS、SIA、前瞻产业研究院。

2020年全球集成电路产业前10强的企业均为欧美地区公司（见表7-6），中国大陆及中国台湾地区的公司均未入围。其中英特尔以营收702.44亿美元稳居第一，同比增长3.7%。主要原因为其核心客户端和服务器业务的增长。三星电子以营收651.97亿美元紧随其后，同比增长7.7%，得益于其存储芯片的销售。SK海力士营收252.71亿美元，美光科技营收220.98亿美元，分别排名第三和第四，排名与2019年相同。高通与博通分别位列第五、第六，两者排名刚好与2019年相反。德州仪器以130.74亿美元的营收额位列第七。联发科、铠侠以及英伟达在2020年发展迅速，分别位列第八、第九、第十，其中联发科营收增速最快，增速达38.3%，并首次营收突破百亿美元。高通、联发科、铠侠以及英伟达四家厂商成为2019年增速超30%的半导体厂商。

表 7 - 6   2020 年全球十大集成电路企业排名

2020 年排名	2019 年排名	企业名称	2020 年营收/亿美元	2020 年市场份额/%	2019 年营收/亿美元	2019—2020 年增长率/%
1	1	英特尔	702.44	15.6	677.54	3.7
2	2	三星电子	651.97	12.5	521.91	7.7
3	3	SK 海力士	252.71	5.6	222.97	13.3
4	4	美光科技	220.98	4.9	202.54	9.1
5	6	高通	179.06	4	136.13	31.5
6	5	博通	156.95	3.5	153.22	2.4
7	7	德州仪器	130.74	2.9	133.64	-2.2
8	13	联发科	110.08	2.4	79.59	38.3
9	14	铠侠	102.08	2.3	78.27	30.4
10	16	英伟达	100.95	2.2	73.31	37.7

资料来源：Gartner。

（二）我国市场需求及趋势

在加快形成"以国内大循环为主体、国内国际双循环相互促进"的新发展格局背景下，集成电路作为高科技产业的核心，成为推动经济内循环发展的重要力量。我国集成电路需求庞大，具有全球最大的内生应用市场，应用领域广泛，几乎覆盖所有的电子设备。其中消费类为主要的应用领域，占比达 44%；通信类排第二，占比为 22%（见图 7 - 9）。

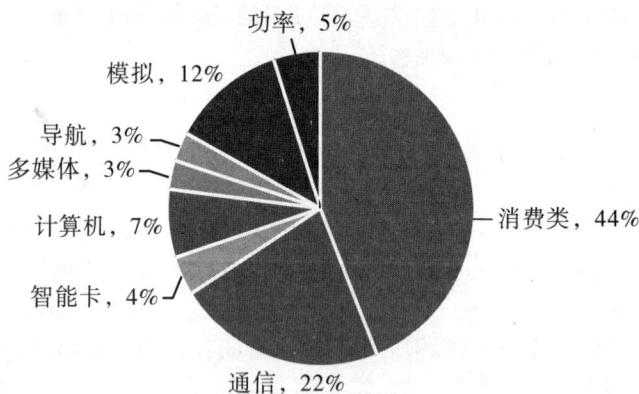

图 7 - 9   2020 年我国集成电路应用分布情况

资料来源：中国半导体行业协会。

近几年来，在人工智能（AI）、5G、物联网技术、新能源汽车、绿色环保等战略新型产业的推动下，我国集成电路产业需求迅速扩张。2019 年，在全球集成电路产业销售额整体下降 12% 的市场环境下，我国集成电路产业销售收入为 7 562.3 亿元人民币，同比增长 15.8%。2020 年前三季度销售额达到 5 905.8 亿元人民币（见图 7 - 10）。

单位：亿人民币

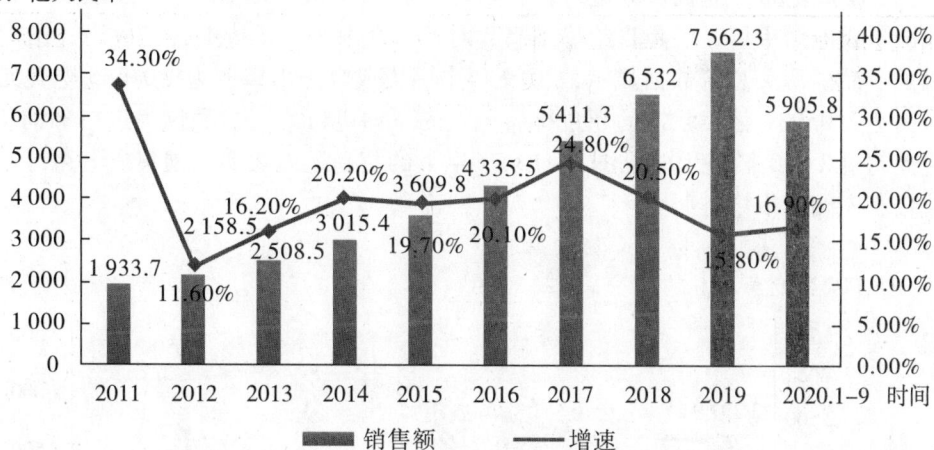

图 7 - 10　2011—2020 年我国集成电路产业销售额及增速

资料来源：华经情报网。

　　我国 IC 设计和晶圆制造占比逐年提高，封测比重逐年下降。从我国集成电路产业链各环节来看，随着我国集成电路产业的发展，IC 设计、IC 制造和 IC 封装测试三个子行业的格局正在不断变化，推动了我国集成电路产业链结构的不断优化。如图 7 - 11 所示，2011—2019 年我国 IC 设计和晶圆制造占比逐年提高，而 IC 封装测试比重逐年下降。数据显示，2019 年，IC 设计为集成电路主导市场。我国 IC 设计产业规模为 2 947.7 亿元，占比 40.51%；晶圆制造产业规模为 2 149.1 亿元，占比 28.42%；IC 封装测试产业规模则为 2 494.5 亿元，占比 31.07%。我国集成电路产业结构由 IC 设计和 IC 封测占据两侧大头的哑铃型结构发展为 IC 设计业占主要份额的橄榄球型结构。

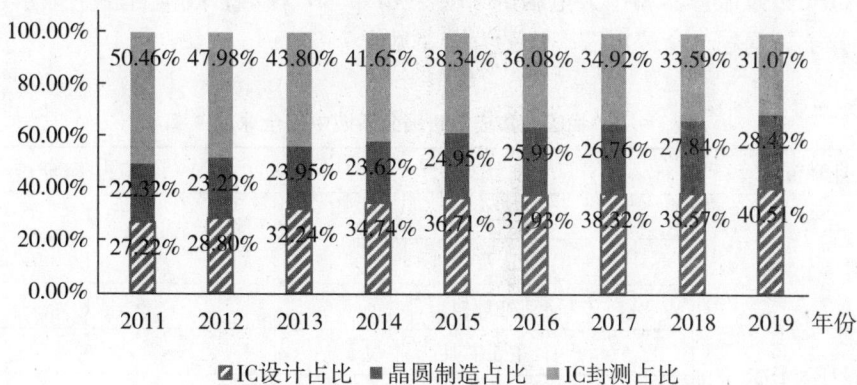

图 7 - 11　2011—2019 年我国集成电路产业各环节占比情况

资料来源：中国产业信息网。

我国集成电路产业仍依赖进口，国产替代空间广阔。虽然我国已连续多年成为全球最大的集成电路市场，但是自给率不高，对外依存度高。集成电路已成为我国进口金额最大的产品。海关总署数据显示，2019 年中国集成电路出口额为 1 016.5 亿美元，而进口额高达 3 050.1 亿美元，远超过排名第二的石油进口，出口额仅为进口额的 1/3，贸易逆差超过 2 000 亿美元（见图 7-12）。巨大的贸易逆差表明我国集成电路行业的国产替代仍有广阔的市场空间。

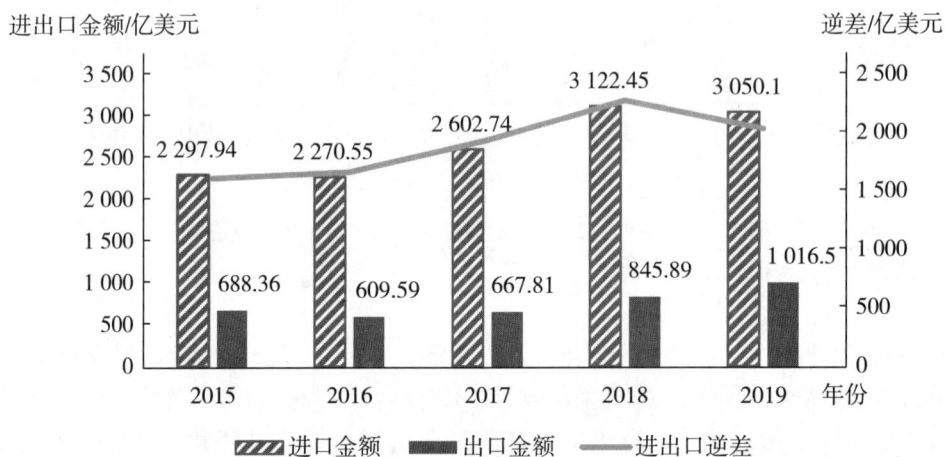

图 7-12　2015—2019 年中国集成电路进出口逆差情况

资料来源：中国产业信息网。

2020 年我国芯片自给率为 15.9%，核心芯片市占率极低。我国在 IC 封测领域拥有较大的市场份额，占比达到 25%，但在一些关键领域，如存储器、EDA、通用电子系统的 FPGA/CPLD，以及服务器和个人电脑的 CPU、MPU、IP 核等，我国自主生产水平低，仍存在"卡脖子"问题，全球市占率几乎为零（见表 7-7）。

表 7-7　我国在集成电路细分领域中的全球市占率

产业环节	细分方向	市占率/%
芯片设计 & IDM	存储器	1
	CPU 及 MPU	1
	移动处理执行器	1
	逻辑芯片	6
	模拟射频芯片	1
	FPGA/CPLD	1
	分立器件	17
	光电芯片	1

（续上表）

产业环节	细分方向	市占率/%
制造	28 纳米及以下先进工艺	1
	28 纳米及以上成熟工艺	16
	8 寸硅基工艺	11
	化合物半导体	1
	特殊模拟工艺	1
封装测试		25
制造设备	前道高端设备	0
	前道成熟设备	2
	后道设备	1
制造材料		1
设计 IP 核		1
EDA 辅助设计		1

资料来源：ICCAD 华秋创服整理。

我国在集成电路科研领域奋力追赶，2021 年国际固态电路会议（ISSCC）入选论文数较 2016 年增加 16 篇。国际固态电路会议由 IEEE 固态电路学会（SSCS）主办，每年在全球范围内共收录论文约 200 篇，代表芯片设计各个方向的最新技术前沿，是国际学术界和企业界公认的集成电路设计领域最高级别会议，被称为"芯片奥林匹克"。2021 年中国区（内地、香港、澳门）共有 23 篇论文入选（见图 7 - 13），仅次于美国（75 篇）和韩国（30 篇），位列全球第三。其中澳门大学集成电路领域的科研水平一直处于领先地位。

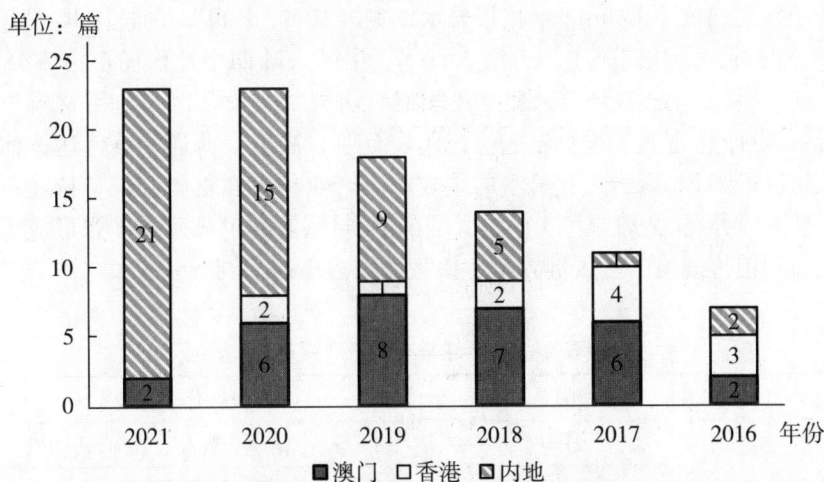

图 7 - 13　ISSCC 中国区论文数量变化趋势

资料来源：根据公开资料整理。

（三）疫情对集成电路产业发展的影响

疫情的暴发，对国外集成电路产业的格局造成一定影响，特别是日本及欧美疫情的加剧，影响了半导体材料供给。而国内由于疫情得到有效的控制，加上在一些半导体材料的细分领域已实现国产替代，所以集成电路产业受到疫情冲击较小。

从集成电路的应用领域来看，疫情降低了对以手机为代表的便携式消费类电子产品的需求，提高了以云计算、数据中心和基站为代表的基础设施的需求，从而影响相应的处理器和存储器两类芯片的需求。同时，疫情为国内目前直接从事测温仪等医疗电子设备相关集成电路产品研发的企业带来了直接的市场需求。

从产业链角度来看，IC 设计企业本身并不是劳动密集型企业，且对物流等要求并不高，但是 IC 设计企业主要集中于北京、上海、深圳等一线城市，是后续疫情防控的重点城市。疫情导致的复工率低、隔离办公等情况在一定程度上降低了 IC 设计公司的研发效率，也影响了与客户的沟通以及与代工厂和封测厂的配合。IC 制造企业本身自动化生产程度极高，普遍不停工，连续生产的运营模式决定了其不会因疫情而主动停滞，加上库存资源充足，因此疫情对 IC 制造企业不会有太大影响。而 IC 封测企业相对属于劳动密集型企业，对人工和原材料物流等需求较大。国内的 IC 封测产能主要集中于长三角地区，也是疫情防控力度较大的区域，复工进度缓慢。自 2019 年下半年开始，国内 IC 封测业一直处于产能相对紧张的状态，疫情进一步加剧 IC 封测产能的短缺。

三、国内外生产布局趋势

（一）全球集成电路产业生产布局趋势

美国仍是全球集成电路产业市场主导者，日本在关键材料领域优势明显，中国在 IC 封测领域处于领先地位。IC Insights 报告显示，美国 IDM、Fabless 的整体 IC 份额比例均超过 50%，其次是韩国。欧洲、中国台湾、日本、中国大陆四个地区的市占率分别为 7%、6%、6%、5%。从产业链各环节来看，美国拥有前端工业设备巨头应用材料公司和泛林公司，同时 IC 设计业处于全球领先地位，代表企业有高通、博通、英伟达；韩国有内存芯片巨头三星电子和 SK 海力士；日本的集成电路产业集中在材料和设备行业；中国台湾的晶圆代工和 IC 封测居全球首位；中国大陆的 IC 封测业通过外延式扩张形成了产业竞争力，技术实力和销售规模已进入世界第一梯队（见表 7-8）。

表 7-8　全球集成电路产业布局

产业链环节	地区	代表企业
前端材料	日本	信越、胜高、Toppan、JSR
	中国台湾	环球晶圆
	法国	液化空气

（续上表）

产业链环节	地区	代表企业
后端材料	中国大陆	江丰电子
	日本	住友电木、日立化成、京瓷化学
	德国	贺利氏、汉高电子
前端工艺设备	美国	应用材料、泛林
	荷兰	阿斯麦尔
	中国大陆	北方华创
前端检测设备	美国	泰瑞达、科磊
	日本	Advantest
后端封测设备	中国大陆	长川科技、中电科电子装备
	美国	Xcerra
	日本	东京电子
IC 设计	美国	高通、博通、英伟达
	中国大陆	华为海思
制造	中国大陆	中芯国际
	中国台湾	台积电、联电
	美国	英特尔、格罗方德、美光
	韩国	三星电子
	德国	英飞凌、意法半导体
封测	中国大陆	长电科技、华天科技、气派科技、风华芯电、通富微电、华润安盛
	中国台湾	日月光、矽品
	美国	安靠

资料来源：根据公开信息整理。

（二）我国集成电路产业生产布局趋势

随着各项政策的出台以及应用市场需求扩张，我国集成电路产量逐年增长，增速在全球处于领先地位。国家统计局数据显示，我国集成电路产量从 2011 年的 719.5 亿块增长到 2020 年的 2 612.6 亿块，增长了 2.6 倍，创下产量新高。广东省 2020 年集成电路产量达到 373.57 亿块，较 2019 年增长了 2.84%（见图 7 - 14）。

单位：亿块

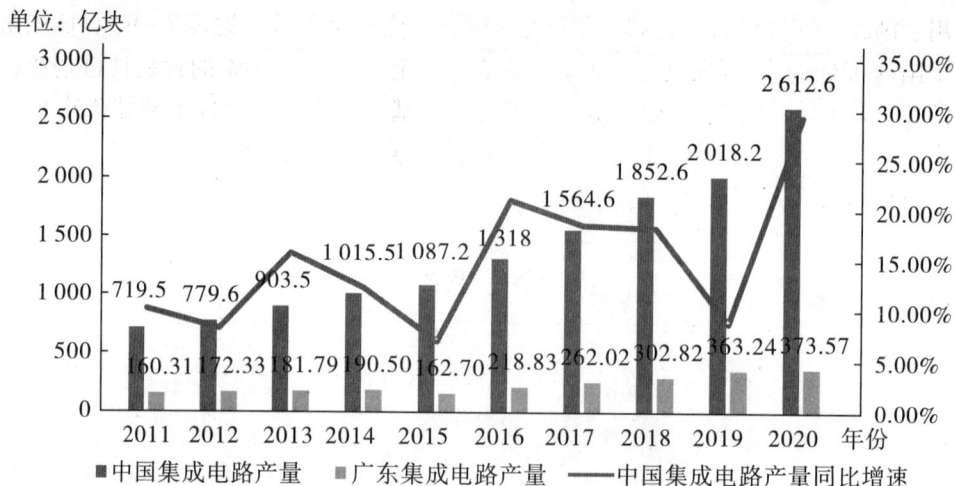

图 7 - 14　我国 2011—2020 年集成电路产量趋势图

资料来源：国家统计局。

　　珠三角地区 IC 设计业市场份额占比 37%，位居全国第二。从 IC 设计业区域发展来看，中国半导体行业协会集成电路设计分会公布的数据显示（见图 7 - 15），2020 年长三角地区 IC 设计业销售额为 1 599.7 亿元，同比增长 46.3%，占全国的比重为 39%；珠三角地区 IC 设计业销售额为 1 484.6 亿元，同比增长 17.7，占全国的比重为 37%；京津环渤海地区 IC 设计业销售额为 557.2 亿元，同比下降 11.1%，占全国的比重为 14%；中西部地区 IC 设计业销售额为 409 亿元，同比增长 41.7%，占全国的比重为 10%。

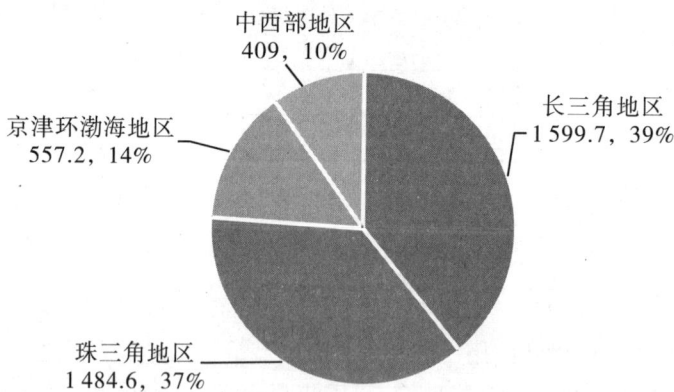

图 7 - 15　2020 年中国 IC 设计业销售额区域分布（单位：亿元）

资料来源：中国半导体行业协会集成电路设计分会。

　　我国集成电路产业形成长三角地区、珠三角地区、京津环渤海地区三大生产布局。近几年，在国家政策的推动下，我国加大集成电路产业在全国的生产布局，目前已形成以北京为核心的京津环渤海地区、以上海为核心的长三角地区、以深圳为核心的珠三角地区及以四川、湖北、安徽等为核心的中西部地区的全方位产业布局（见表7-9）。长三角地区集聚了国内55%的IC制造企业、80%的封装设备企业以及近50%的封装材料企业；珠江三角洲地区是IC设计核心区域，是电子整机生产基地和主要的集成电路器件市场，集成电路市场需求占据全国40%以上；中西部地区的重点城市也已基本形成从设计、制造、封测到设备材料的产业链。

表7-9　我国集成电路产业生产布局

区域	地区	集聚区	重点企业	重点项目
长三角地区	上海	浦东临港新片区；张江高科技园区	格科、豪威、华虹集团、上海微电子装备	中芯国际SN1 FinFET工艺产能架设、华力微电子12英寸先进工艺、超硅产业的12英寸硅片生产线
	江苏	浦口开发区	华天科技、长晶科技、晶瑞电子、华虹半导体、华润微电子、通富微电	台积电FAB18一期
	浙江		士兰集昕、广立微	
	安徽	合肥新站高新区	长鑫存储；通富微电	
深圳为核心的珠三角地区	深圳		中芯国际、方正微电子	深圳扩建12寸晶圆厂，瞄准28纳米工艺以上的技术
	广州		粤芯半导体、晶科电子	粤芯半导体二期，新建55~90纳米高端模拟工艺生产线
	珠海		炬芯科技、英诺赛科	
以北京为核心的京津环渤海地区	北京	北京经济技术开发区（亦庄）；中关村集成电路设计园；顺义化合物半导体基地	北方华创、电科装备、华大九天	12英寸逻辑芯片工厂；存储芯片制造12英寸工厂
	天津		中芯国际天津厂、中环半导体、华海清科	
	河北		国芯晶源、中船重工718所	

（续上表）

区域	地区	集聚区	重点企业	重点项目
中西部地区	湖北	武汉国家存储器基地；武汉光谷集成电路产业园	武汉新芯、长江存储	长江存储二期12英寸项目、武汉新芯二期12英寸项目
	重庆	西永微电子园；两江新区	华润微、联合微电子	华润微重庆12英寸功率半导体产线；联合微电子中心硅光8英寸产线
	甘肃		华天科技；天水天光	
	成都		紫光成都、海威华芯	

资料来源：根据公开资料整理。

Chip Insight 数据显示（见表 7-10），2019 年，中国大陆地区的晶圆厂中已投产 12 座、处于产能爬坡阶段 14 座、仍在建 15 座、规划建设 7 座，合计 48 座，总投资额达 1.5 万亿元。

表 7-10　我国部分晶圆厂建设情况

进度	城市	项目/公司	晶圆尺寸
投产	上海	中芯南方集成电路制造有限公司	12寸
	无锡	华虹半导体（无锡）有限公司一期	12寸
	武汉	武汉新芯集成电路制造有限公司二期	12寸
	西安	三星（中国）半导体有限公司二期一阶段	12寸
	广州	广州粤芯半导体技术有限公司	12寸
	重庆	重庆万国半导体科技有限公司	12寸
	淮安	江苏时代芯存半导体有限公司	12寸
	无锡	SK海力士半导体（中国）有限公司	12寸
	晋江	福建省晋华集成电路有限公司	12寸
	绍兴	中芯集成电路制造（绍兴）有限公司	8寸
产能爬坡	上海	上海华力集成电路制造有限公司	12寸
	武汉	长江存储科技有限责任公司	12寸
	合肥	长鑫存储技术有限公司	12寸
	合肥	合肥晶合集成电路有限公司	12寸
	厦门	联芯集成电路制造（厦门）有限公司	12寸
	南京	台积电（南京）有限公司	12寸
	大连	英特尔半导体	12寸

（续上表）

进度	城市	项目/公司	晶圆尺寸
产能爬坡	深圳	中芯国际集成电路制造（深圳）	12寸
	天津	中芯国际集成电路制造（天津）	8寸
	宁波	中芯集成电路（宁波）有限公司	8寸
	杭州	杭州士兰集昕微电子有限公司	8寸
	上海	上海新进芯微电子有限公司	8寸
	四川	四川广义微电子有限公司	8寸
	河南	河南芯睿电子科技有限公司	8寸
在建	厦门	厦门士兰集科微电子有限公司	12寸
	武汉	武汉弘芯半导体制造有限公司	12寸
	西安	三星（中国）半导体有限公司二期二阶段	12寸
	成都	成都紫光国芯存储科技有限公司	12寸
	青岛	芯恩（青岛）集成电路有限公司	12寸
	济南	泉芯集成电路制造（济南）有限公司	12寸
	青岛	芯恩（青岛）集成电路有限公司	8寸
	北京	赛莱克斯微系统科技（北京）有限公司	8寸
	上海	上海积塔半导体有限公司	8寸
	宁波	中芯集成电路（宁波）有限公司二期	8寸

资料来源：Chip Insight、东吴证券研究所。

四、集成电路产业技术变革与发展趋势

（一）半导体材料发展历程（见图 7-16）

第一代半导体材料是硅（Si）、锗（Ge）。硅材料主要用于制作二极管、晶体管、集成电路、整流器、晶闸管、射线探测器、太阳能电池等。锗材料用于通信、雷达、计算机、设备自控、太阳能发电等。第二代半导体主要材料是砷化镓（GaAs）、磷化铟（InP）等 III-V 族砷化物和磷化物。砷化镓主要用于制作各种微波管、激光器、红外发光管、霍尔元件、激光调制器、高速集成电路、太阳能电池等。第三代半导体主要材料是碳化硅（SiC）、氮化镓（GaN）、氧化锌（ZnO）、硒化锌（ZnSe）、金刚石、氮化铝（AlN）等材料，这些材料用于光学存储、激光打印机、信号灯、移动电话、分析仪器、通信、导弹等。第三代半导体的下游应用领域广泛，涉及 5G 基站、特高压、新能源电桩、城际高铁等。以 GaN、SiC 为代表的第三代半导体材料与第一、第二代半导体材料 Si、GaAs 不同，具有高频、高效、高功率、耐高压、耐高温、抗辐射等特性，可以实现更好的电子浓度和运动控制，在 5G、新能源汽车、消费电子、新一代显示技术、航空航天等领域有重要应用。

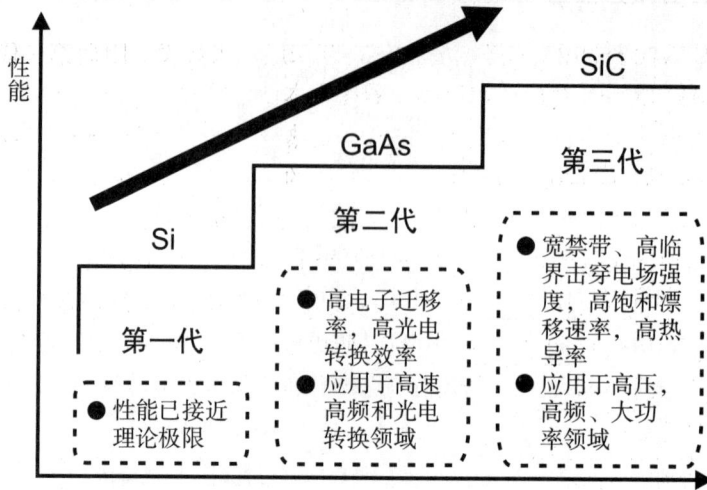

图 7 - 16　半导体材料发展历程

资料来源：粤开证券研究院。

（二）封装技术发展历程（见表 7 - 11）

表 7 - 11　集成电路封装技术发展历程

阶段	时间	封装形式
第一阶段	20 世纪 70 年代以前	通孔插装型封装
第二阶段	20 世纪 80 年代后	表面贴装型封装
第三阶段	20 世纪 90 年代以后	球栅阵列封装（BGA）
		晶圆级封装（WLP）
		芯片级封装（CSP）
第四阶段	20 世纪末开始	多芯片组装（MCM）
		系统级封装（SiP）
		三维立体封装（3D）
		芯片上制作凸点（Bumping）
第五阶段	21 世纪前 10 年开始	系统级单芯片封装（SoC）
		微电子机械系统封装（MEMS）
		晶圆级系统封装—硅通孔（TSV）
		倒装焊封装（FC）
		表明活化室温连接（SAB）

资料来源：开源证券研究所。

（三）集成电路产业技术趋势

以 GAN、SiC 为代表的第三代半导体材料将迎来应用大爆发。阻碍第三代半导体技术普及的最大因素是 SiC 和 GaN 衬底成本过高，器件成本比传统硅基产品高 5～10 倍，但随着产业链对该类器件需求的增加、大英寸衬底技术的成熟和工艺的提升，SiC 和 GaN 衬底制造成本已逼近硅基器件。2021 年将是第三代半导体器件的关键年，预计电动汽车、工业充电、5G 高频器件以及可再生能源和储能领域的电源应用，都能够从宽禁带半导体的发展中受益，尤其是高频高压应用中将大量取代原有的硅 IGBT 和硅 MOSFET（见图 7 - 17）。此外，由于第三代半导体产品主要使用成熟工艺，在美国持续升级对中国半导体产业技术封锁的大环境下，第三代半导体产品有望成为产业突破口。所以在政策方面，中国也在科技创新 2030 计划和"十四五"国家重点研发计划中明确第三代半导体是重要发展方向。

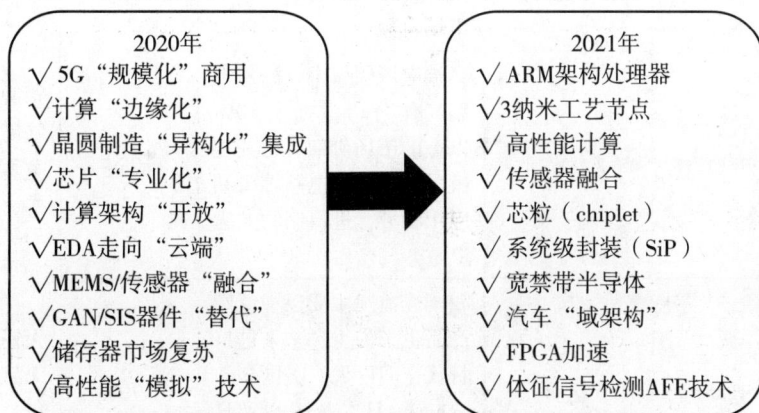

2020年	2021年
√5G "规模化"商用	√ARM架构处理器
√计算 "边缘化"	√3纳米工艺节点
√晶圆制造 "异构化"集成	√高性能计算
√芯片 "专业化"	√传感器融合
√计算架构 "开放"	√芯粒（chiplet）
√EDA走向 "云端"	√系统级封装（SiP）
√MEMS/传感器 "融合"	√宽禁带半导体
√GAN/SIS器件 "替代"	√汽车 "域架构"
√储存器市场复苏	√FPGA加速
√高性能 "模拟"技术	√体征信号检测AFE技术

图 7 - 17　全球半导体行业技术趋势

资料来源：电子工程专辑。

第三节　集成电路产业链 SCP 范式研究

一、集成电路产业链市场结构分析

（一）集成电路材料市场结构分析

集成电路材料是整个集成电路产业的先导基础。硅片在全球半导体制造材料中占比最高，为半导体制造的核心材料。从晶圆制造材料的细分市场来看，2019 年硅片、电子气体、掩膜版市场规模占比排名前三，销售额分别为 123.7 亿美元、43.7 亿美元、41.5 亿美元，分别占全球半导体制造材料行业的 37.28%、13.17%、12.51%（见表 7 - 12）。

集成电路材料属于高技术壁垒行业，目前半导体材料高端产品大多由美国、日本、德国等国家和地区的生产商生产。但在一些细分领域，国内已有企业突破国外技术垄断，在市场占有一定的份额，如国内抛光液龙头安集科技、电子特种气体龙头华特气体、掩膜版龙头清溢光电、超纯试剂及光刻胶领域龙头晶瑞股份、国内靶材龙头江丰电子等。

其中深圳清溢光电股份有限公司是国内掩膜版的龙头企业，公司已开发艾克尔、顾邦科技、长电科技、中芯国际、士兰微、英特尔等客户。公司通过不断进行研发投入和产品创新，技术始终保持国内领先，推出的掩膜版产品多次填补国内空白，缩小了我国与国际在掩膜版方面的差距。

表 7 - 12　2019 年半导体材料市场构成概况

半导体材料	市占率	全球市场规模	竞争格局	对外依存度	国内主要企业
硅片	37.28%	123.7 亿美元	日本信越等五大巨头占据全球 95% 的大尺寸硅片市场份额	>90%	上海新阳、中环股份、沪硅产业等
电子气体	13.17%	43.7 亿美元	高端应用领域中，海外大型气体公司占据了 80% 以上的市场份额。尤其在极大规模集成电路等尖端应用领域，进口制约尤为严重	>75%	雅克科技、华特气体、昊华科技、金宏气体、南大光电、巨化股份等
掩膜版	12.51%	41.5 亿美元	我国光掩膜主要以中低端产品生产为主，未来进口替代空间巨大。美国 Photronics、日本 DNP 以及日本 Toppan 三家公司市场份额超过 80%	>70%	无锡迪思微电子、无锡中微、菲利华、清溢光电、路维光电
光刻胶	5%	17 亿美元	高端光刻胶被跨国企业主导，部分国内企业进入该市场 I 线、G 线等。EUV 等下一代技术的光刻胶，国内企业尚未布局	>90%	北京科华、晶瑞股份、上海新阳、南大光电等
光刻胶配套试剂	7%	22 亿美元	欧美传统老牌企业、日本企业市占率约为 35%、28%，韩国、中国台湾、中国大陆企业市占率合计约 35%	>75%	江化微、晶瑞股份
靶材	3%	10 亿美元	我国的超高纯金属材料及溅射靶材严重依赖进口，部分企业实现突破	>90%	江丰电子、有研新材、阿石创、隆华科技等

（续上表）

半导体材料	市占率	全球市场规模	竞争格局	对外依存度	国内主要企业
CMP 材料	7%	22 亿美元	半导体 CMP 抛光垫几乎 100% 依赖进口，陶氏化学的市场份额达 80%	>95%	江丰电子、鼎龙股份等
			CMP 抛光液为卡博特等主导，国内企业实现部分突破	>80%	安集科技等
湿电子化学产品	6%	20 亿美元（不含光刻胶配套试剂）	国产化程度领先	8 寸以上约 90%，8 寸以下约 20%	江化微、晶瑞股份、安集科技、上海新阳、兴发集团、滨化股份等

资料来源：兴业证券、根据公开资料整理。

（二）集成电路设备市场结构分析

全球集成电路设备行业规模约为 645 亿美元，主要由日本及美国企业垄断，行业集中度极高。全球前十强集成电路设备企业市占率之和超过 90%。中国半导体设备厂商只占全球份额的 1%~2%，在关键领域如沉积、刻蚀、离子注入、检测等，仍高度仰赖美国企业。

国际半导体产业协会（SEMI）数据显示（见图 7-18），中国大陆半导体设备市场规模占全球的比重从 2013 年的 10.6% 逐年提升，到 2019 年为 22.5%。2020 年第一季度，在疫情背景之下，我国集成电路设备行业规模仍然达到了 35 亿元，较 2019 年同期增长 48%。

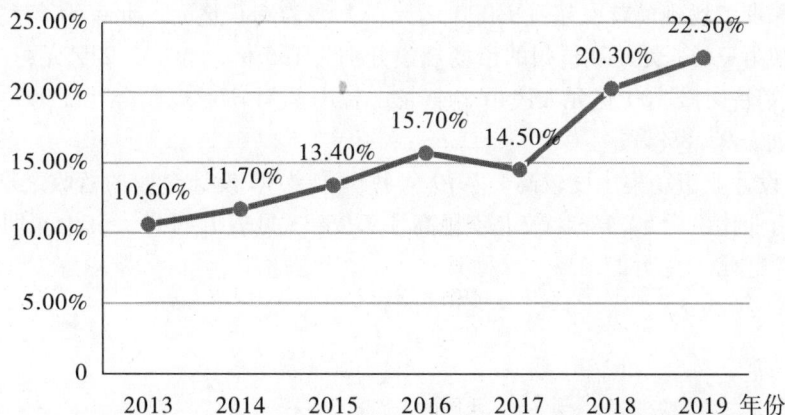

图 7-18 2013—2019 年中国半导体设备行业市场规模占全球比重情况

资料来源：SEMI、前瞻产业经济研究院。

我国半导体设备的整体国产率水平偏低，仍主要依赖进口。目前我国主要晶圆厂设备的国产化情况如表 7-13 所示，由于半导体设备产业技术门槛高，客户黏性强，因此市场具有高度垄断特性。据 SEMI 统计，全球半导体设备排名前十名的公司销售额占比接近80%，部分核心装备如光刻机、刻蚀设备等排名前三位的企业市占率超过 90%，被应用材料、阿斯麦尔等公司垄断。

表 7-13　我国各半导体设备国产化率

设备名称	国产化率	主要国内厂家
去胶设备	90%以上	北京屹唐半导体科技有限公司
清洗设备	20%左右	盛美半导体（上海）、北方华创（北京）
刻蚀设备	20%左右	中微公司（上海）、北方华创（北京）、北京屹唐半导体科技有限公司
热处理设备	20%左右	北方华创（北京）、北京屹唐半导体科技有限公司
PVD 设备	10%左右	北方华创（北京）
CMP 设备	10%左右	天津华海清科机电科技有限公司
涂胶显影设备	10%左右	芯源微（辽宁）
光刻设备	预计将有零的突破	上海微电子装备（集团）股份有限公司

资料来源：前瞻产业经济研究院。

（三）IC 设计行业市场结构分析

深圳市 IC 设计业规模稳居首位。图 7-19 是我国主要城市 IC 设计业规模排名情况。排名首位的深圳市场规模首次超过 1 000 亿元；上海为 680 亿元，北京为 577.1 亿元，分别位列第二和第三位；无锡和杭州的市场规模分别为 135 亿元和 132.2 亿元；2019 年西安的 IC 设计业销售突破 100 亿元人民币。十个城市 IC 设计产业规模合计 2 997.4 亿元，占全行业的比重为 97.8%。

我国 IC 设计业市场集中度较高。2019 年我国十大 IC 设计企业的营收之和为 1 557.9亿元，占全行业比例为 50.1%，较上年提高了 9.9%（见表 7-14）。其中深圳的华为海思营收达 842.7 亿元，占比 27.1%。

单位：亿元

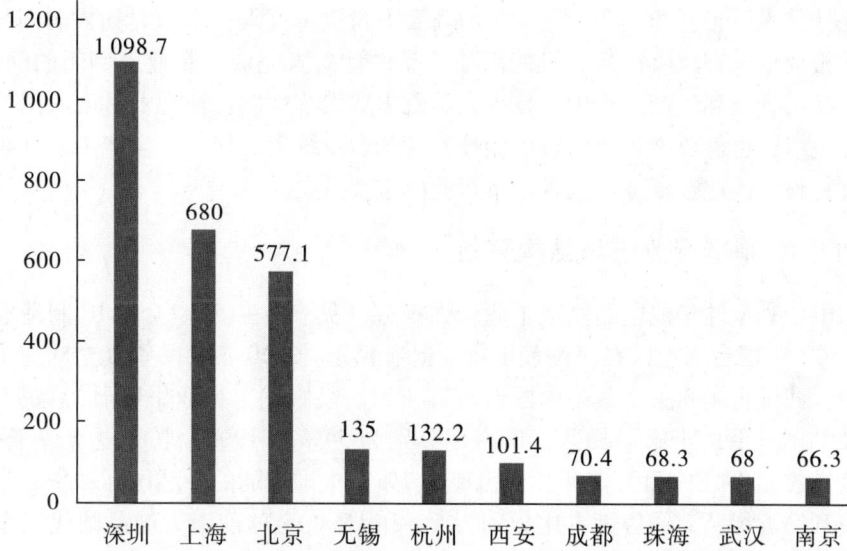

图 7 - 19　2019 年我国主要城市 IC 设计业规模

资料来源：根据公开资料整理。

表 7 - 14　2019 年 IC 设计公司中国市占率前 10 名

企业	营收/亿元	市占率/%
华为海思	842.7	27.10
紫光集团	120	3.86
豪威科技	113	3.63
比特大陆	85	2.73
中兴微电子	77	2.48
华大集成电路	76	2.44
南瑞智芯微电子	72.5	2.33
ISSI	66	2.12
兆易创新	57.7	1.86
大唐半导体	48	1.54
其他	1 551.7	49.90
合计	3 109.6	100.00

资料来源：中国半导体行业协会集成电路设计分会，笔者整理。

IC 设计公司具有极高的资金技术壁垒。IC 设计行业量产标准较高，要达到规模经济标准，保持技术、工艺领先和市场竞争力需要大量资金投入；IC 设计研发时间长，不确定性大，回报周期长，风险性高，可能面临产品设计尚未完成，企业就倒闭的问题。另外，在芯片产品的开发和生产过程中，技术人员既需要熟练掌握各种元器件的应用特性和配套的软硬件技术，也需要熟悉产品应用的技术背景、系统集成接口、生产工艺、现场环境等各种关键特性。因此，资金和技术是本行业的重要壁垒。

（四）IC 制造行业市场结构分析

台积电位列全球集成电路制造企业十强榜首（见表 7 - 15）。全球 IC 制造业规模约为711 亿美元，中国台湾地区在晶圆代工行业遥遥领先。2020 年第一季度全球前十位晶圆代工企业中，我国占了 6 家，其中中国台湾有 4 家。晶圆代工行业呈明显的寡头垄断特征，台积电和韩国三星位于第一梯队，市占率分别为 54% 和 19%。联华电子位于第二梯队，第一季度销售额为 1 397 百万美元，市占率为 7%，中国大陆的中芯国际和华虹半导体分别位于第三和第五梯队，销售额占比分别为 5% 和 1%。全球前十大纯晶圆代工企业的市场份额高达 97%。

表 7 - 15　2020 年第一季度全球前十晶圆代工企业

	排名	厂商	总部	先进制程节点	2020 年第一季度销售额/百万美元	市占率/%
第一梯队	1	台积电	中国台湾	7 纳米、5 纳米	10 200	54.1
	2	三星	韩国	7 纳米	2 996	15.9
第二梯队	3	格罗方德	美国	12 纳米	1 452	7.7
	4	联华电子	中国台湾	14 纳米	1 397	7.4
第三梯队	5	中芯国际	中国上海	14 纳米	848	4.5
	6	高塔半导体	以色列	45 纳米	300	1.6
第四梯队	7	世界先进	中国台湾	0.11 微米	258	1.4
	8	力积电	中国台湾	45 纳米	251	1.3
第五梯队	9	华虹半导体	中国上海	90 纳米	200	1.1
	10	东部高科	韩国	90 纳米	158	0.8

资料来源：IC Insights、粤开证券研究院。

从国内市场来看（见图 7 - 20），2019 年中国晶圆代工市场中，台积电市场份额占比62%，位居首位；中芯国际和华虹集团排名第二、三名，占比分别为 17% 和 8%；联华电子占比 7%，位列第四。

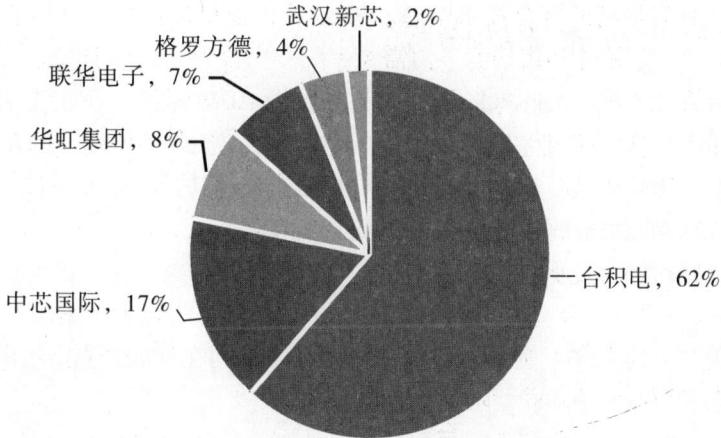

武汉新芯，2%
格罗方德，4%
联华电子，7%
华虹集团，8%
中芯国际，17%
台积电，62%

图7-20 2019年中国晶圆代工市场格局

资料来源：IC Insights，国信证券经济研究所整理。

先进制程迭代投资增速快，行业资金壁垒高。晶圆代工市场规模共700亿美元，其中先进制程占据30%，客户产品随技术进步整体迁移，掌握先进制程才能掌握先进客户，获得高毛利。另外，晶圆代工制造业需要持续高投入，资本开支的80%用于购买设备，且每代节点的资本投入增速为30%，因而厂家数量逐步减少。如图7-21所示，每五万10纳米晶圆产能的设备投资额为84.49亿美元，而7纳米制程的为114.2亿美元。以台积电为例，150亿美元的资本支出中，约12亿美元用于采购先进工艺设备，格罗方德、联华电子在14纳米节点退出后，10纳米以下晶圆代工厂商只有台积电、英特尔、三星。

单位：百万美元

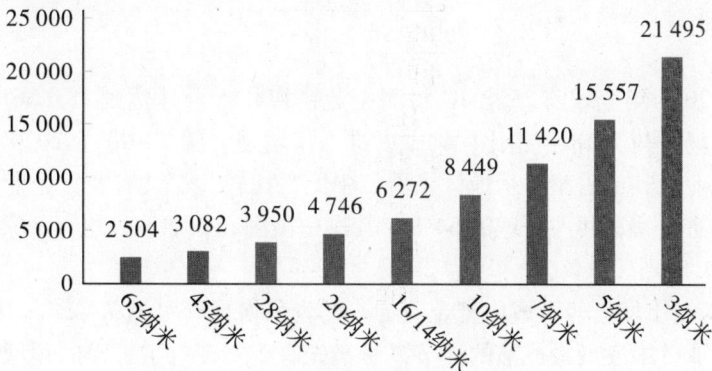

2 504	3 082	3 950	4 746	6 272	8 449	11 420	15 557	21 495
65纳米	45纳米	28纳米	20纳米	16/14纳米	10纳米	7纳米	5纳米	3纳米

图7-21 每五万片晶圆产能的设备投资

资料来源：IC Insights、粤开证券研究院。

（五）IC 封测行业市场结构分析

IC 封测市场主要分为 IDM 封装、专业代工封装、IDM 测试、专业代工测试四个细分市场。Gartner 预计，随着产业技术演进以及分工细化，维持 IDM 模式的单一厂商将愈发不具备经济效益。IDM 封装厂商将会逐步退出封测业，将其封测业务外包，使得专业代工测试占 IC 封测市场的总额由此前的 38.15% 提升至 52%。

全球集成电路封测行业保持较高的集中度，中国市场份额大。2019 年全球市场份额排名中（见图 7-22），中国台湾地区的封测企业占据 44%，中国大陆紧随其后，占据 20% 的市场份额，美国占比 15%。中国台湾、中国大陆、美国在全球封测市场中形成了三足鼎立的格局，占据了 79% 的份额。

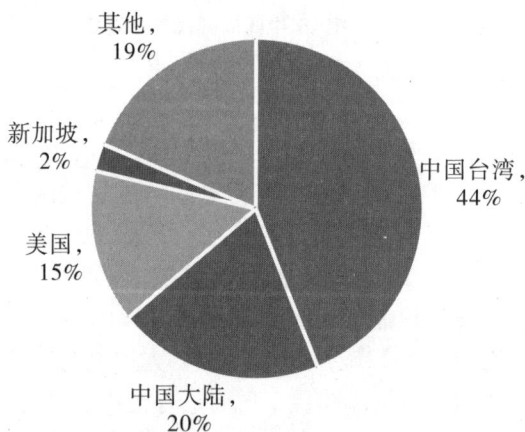

图 7-22　2019 年全球集成电路封测行业所在区域占有率

资料来源：前瞻产业研究院。

据统计，2019 年全球前 25 名 IC 封测企业销售收入合计达到 281.56 亿美元，几乎占据全部封测市场。与 2018 年相比，集中度进一步增强。图 7-23 为 2020 年第一季度全球前十位封测企业及其市占率，从地区来看，中国占比较大，共有 8 家企业上榜，其中台湾有 5 家，大陆有 3 家，共占全球的 64%。其次是美国和新加坡，均有 1 家企业上榜，其市占率分别为 19.5%、3.1%。

我国 IC 封测市场已经形成内资企业为主的竞争格局（见图 7-24）。IC 封装测试是我国集成电路产业链中发展最成熟的环节，是最先有望实现自主可控的领域，国产技术已步入第一梯队。2019 年中国大陆 IC 封测企业数量已经超过 120 家，集成电路封测销售额同比增长 7.1%，至 2 349.7 亿元，远超全球 IC 封测行业增速。2019 年我国前十位 IC 封测企业中，内资企业、外资企业、合资企业的销售额占比分别为 62.05%、34.17%、3.78%，我国封测市场已经形成内资企业为主的竞争格局。从地区来看，长三角地区集聚了超过一半的封测企业，占比 61%；珠三角地区份额为 19%，排名第二。

单位：百万美元

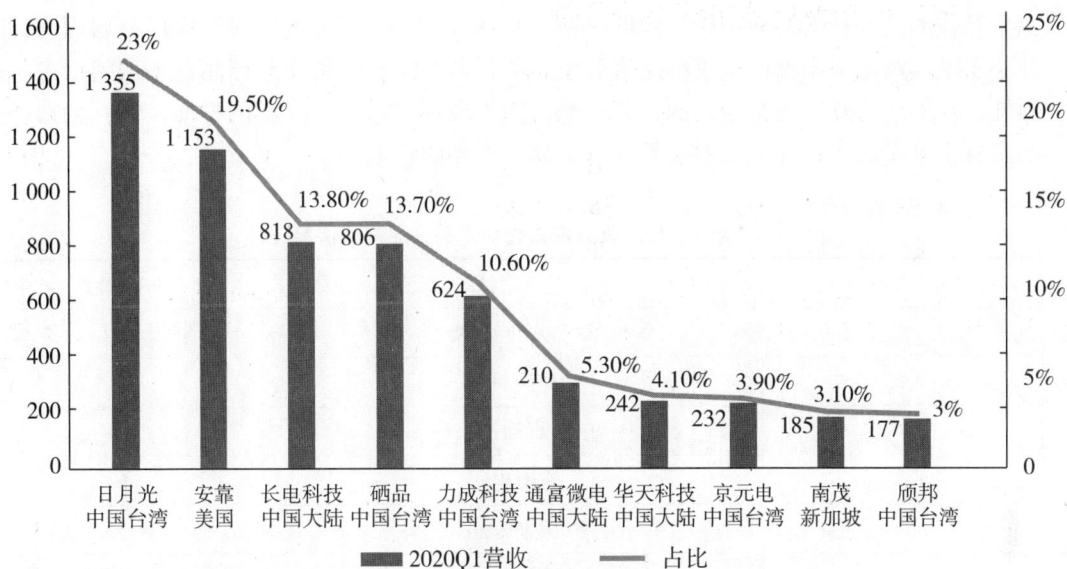

图 7 - 23　2020 年第一季度全球前十位封测公司及其市占率

资料来源：拓璞产业研究院、粤开证券研究院。

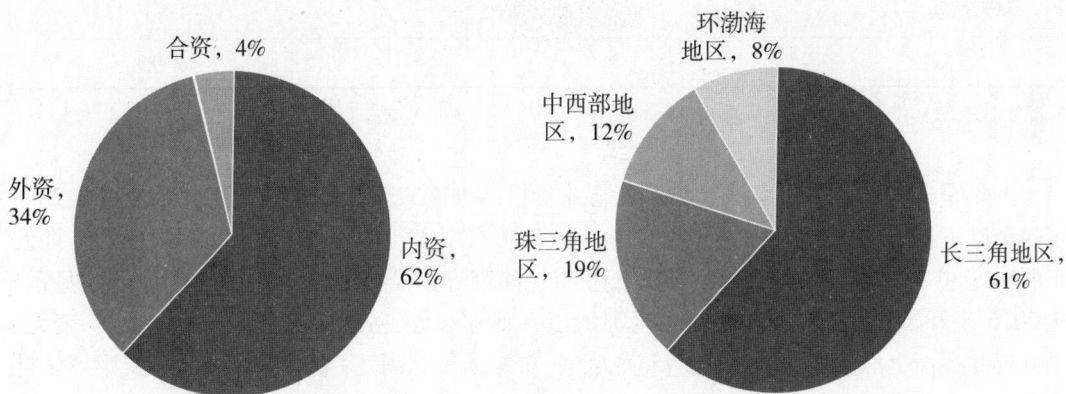

图 7 - 24　2019 年中国 IC 封测企业市场份额

资料来源：粤开证券研究院。

二、集成电路产业链市场行为分析

（一）集成电路材料市场行为分析

集成电路龙头企业频繁采取横向一体化策略，对产业链进行横向整合，扩大规模优势和垄断势力。表7-16中10家公司自1996年至今共发起了92次并购，其中应用材料和科磊半导体的收购行为最为积极，收购次数分别达到21次和28次。对于应用材料而言，其核心发展战略之一为提供全流程的有竞争力的设备产品，除了光刻产品基本由阿斯麦尔垄断外，其他产品基本有布局，因此其并购行为也表现出积极、广泛的特征，尤其会选择并购自身不具备的产品线，或者能够改进其现有产品的技术。

表7-16　集成电路材料龙头企业并购情况

2019年排名	公司名称	并购次数
5	科磊半导体	28
1	应用材料	21
8	泰瑞达	13
3	东电电子	6
2	阿斯麦尔	5
6	爱德万	5
10	先进太平洋科技	5
9	日本高新	5
4	泛林	4
7	斯科半导体	0
总计		92

资料来源：半导体行业观察。

近年全球硅片价格呈上涨趋势。从行业价格的维度来看，全球半导体硅片价格在2008年受金融危机影响，价格呈断崖式下跌，在2016年达到近十年以来的低谷。智研咨询发布的《2020—2026年中国半导体芯片行业市场深度评估及投资决策建议分析报告》显示：从2016年开始半导体硅片价格步入复苏通道，且上涨势头强劲，从2016年的0.67美元/平方英寸逐渐上涨至2019年的0.95美元/平方英寸（见图7-25）。由于大多数半导体硅片企业在上一个行业低谷中减产，同时建成新产线至少要两年时间，半导体硅片产能无法在短期内快速提升。芯片企业为了避免缺少原材料而影响生产进度，一般都会选择接受硅片价格的上涨。

（二）集成电路设备市场行为分析

集成电路设备行业的厂商议价能力强。由于集成电路生产流程繁琐，晶圆厂没有余力去做上游设备及材料的开发，他们愿意让渡更多利润以获取设备和技术的更新，因此集成电路设备行业的厂商拥有较高的议价权。

集成电路设备企业通过技术创新保持市场竞争力。根据"一代设备，一代工艺，一代产品"的经验，集成电路设备企业的研发要超前于集成电路制造。北方华创是目前国内集成电路工艺装备的龙头企业，近年来突破了多项 IC 装备核心关键技术，开发的硅刻蚀、金属刻蚀、薄膜沉积设备已实现产能销售，部分产品成功进入国际供应链体系。据统计，北方华创累积申请专利超过 4 500 件，其中发明专利达到 80% 以上，目前公司多款 14 纳米设备在生产线评估验证，多款 10 纳米设备处于研发中，5/7 纳米先进 IC 装备的研发也正在推进中。

单位：美元/平方英寸

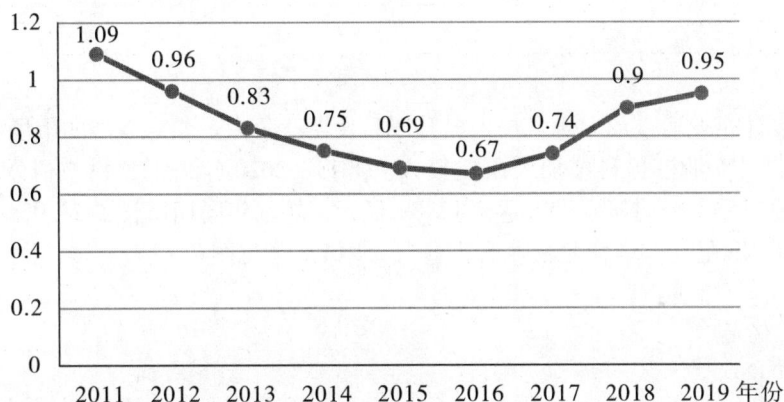

图 7 - 25 2011—2019 年半导体硅片平均价格走势

资料来源：中国产业信息。

（三）IC 设计行业市场行为分析

IC 设计企业频繁通过收并购拓展产品线，增强竞争力。收购作为集成电路设计企业保持并扩大技术竞争优势的有效手段，呈现出一波又一波热潮，韦尔半导体、兆易创新、汇顶科技等芯片设计企业采取"横向一体化"的策略（见表 7 - 17），通过对产业链的横向整合，获得成本和技术优势，着力提升产品差异化，拓宽业务范围，丰富产品线。

表 7 - 17 IC 设计企业一体化战略

企业	一体化行为
韦尔半导体（上海）	收购芯片研发设计企业北京豪威科技等标的资产，改变缺乏主芯片业务的局面，有利于拓宽业务范围，提高业务盈利能力和产业链话语权
兆易创新（北京）	对芯片设计公司上海思立微电子科技有限公司 100% 的股权进行过户及相关工商变更登记，整合境内优质的芯片设计领域资产，获取智能人机交互领域的核心技术，拓展并丰富公司产品线

（续上表）

企业	一体化行为
汇顶科技（深圳）	以1.65亿美元收购了恩智浦VAS业务，将自身业务向音频解决方案、IoT业务等应用场景进行延伸，而语音技术也能够应用到"人车交互"体系中。 收购德国DCT。DCT是一家德国的芯片设计公司，在超大规模系统级芯片（SoC）、FP-GA、嵌入式软件和系统等领域的技术造诣深厚，主要产品应用于汽车视觉系统，契合汇顶科技在汽车电子、图像信号处理领域的战略发展需求

资料来源：根据公开资料整理。

IC设计企业通过加大研发投入提升产品长期竞争力。面对激烈的市场竞争，位于大湾区的IC设计企业汇顶科技加大研发投入。2013—2020年，汇顶科技研发投入逐年上升，2020年前三季度公司研发投入达到12.89亿元，较去年同期增长了78.95%，超过2019年全年的10.79亿元，占营业收入的比重为25.14%（见图7-26）。

单位：亿元

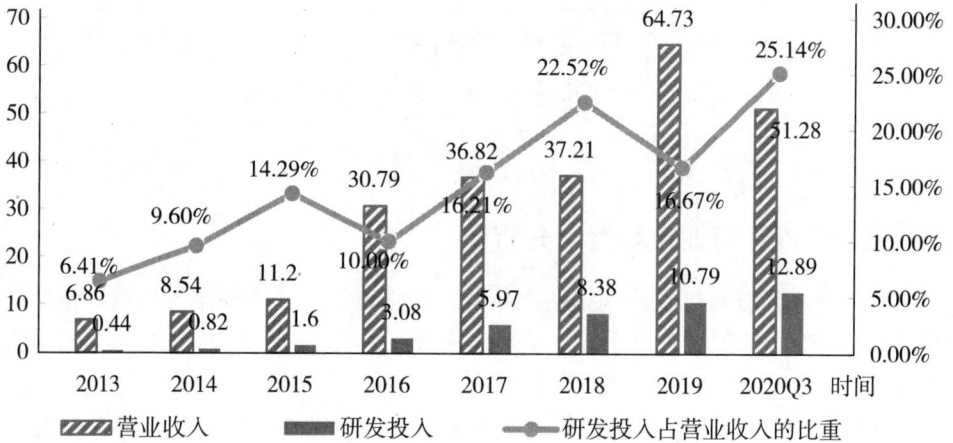

图7-26　汇顶科技研发投入

资料来源：根据公司年报整理。

（四）IC制造行业市场行为分析

近年来，在庞大的资金和相关配套政策的扶持下，我国IC制造行业产能不断扩张，其中中芯国际在上海、北京、天津和深圳拥有多个8英寸和12英寸生产基地（见表7-18、表7-19）。截至2019年末，上述生产基地的晶圆产能合计达每月45万片。

表 7 - 18　我国 8 英寸晶圆规划及在建产能情况

模式	公司	产线	状态	新增月产能
IDM	华润微	无锡 8 英寸扩容	2020 年上半年已至三期，预计 2020 年底完成厂房建设	
IDM	士兰微	8 英寸芯片技改项目，两期建设周期约 5 年	截至 2020 年上半年在建	一期 15 千片，二期 21 千片
IDM	华微电子	8 英寸线	一期 2020 上半年通线	规划 80 千片
IDM	比亚迪	IGBT 项目	2020 年 4 月开工	规划 20.8 千片
代工	赛莱克斯	8 英寸 MEMS 国际代工线建设项目	2020 年 9 月投产，未完全达产	一期已完成 10 千片，建设项目完全达产后增加 20 千片
代工	中芯国际	上海、深圳、天津产线	计划扩建	增加 30 千片
代工	力积电		计划扩建	预计 2021 年底增加 20 千片
代工	燕东微电子	燕东微北京 8 英寸项目	正在产能爬坡	预计 2021 年底达到 40 千片
代工	芯恩集成	8 英寸高端功率及数模混合芯片产品生产线	试生产	预计 2022 年满产，达产后 30 千片
代工	中璟航天半导体	江苏盱眙 8 英寸晶圆厂	官网显示建设中	20 千片
代工	中芯集成电路（宁波）	宁波特种工艺 N2 项目	建设中，预计 2021 年完成	规划 45 千片
代工	海辰半导体	无锡 M8 项目	试投产，产能爬坡，预计 2022 年满产	预计 2022 年满产，达产后 115 千片
代工	济南富能半导体	富能半导体一期	建设中，预计 2020 年底投产	30 千片
代工	中科晶芯	8 英寸晶圆厂项目	暂无实质进展	
代工	赣州名芯	名芯半导体项目	暂无实质进展	
代工	中芯绍兴		投产	41.7 千片

资料来源：中泰证券研究所。

中芯国际布局生产线，进行产能扩张。2020 年第一季度中芯国际资本开支达 7.77 亿美元，同比增长75.4%。公司的资本开支主要用于晶圆厂的设备及设施。中芯国际正着手进行大规模扩产：8寸晶圆方面，预计在天津、上海、深圳三个生产基地增加3万片/月的产能；12寸晶圆方面，预计年内增加2万片/月产能（以12寸片计），新产能将在2020年下半年贡献营收。同时，在建的中芯北方FAB B3、中芯南方FAB SN1和拟建的中芯南方FAB SN2也将为公司贡献新的产能增量，满足更多的客户需求。近期，公司还与北京开发区管委会签订合作框架协议，将在中国共同成立合资企业，聚焦28纳米及以上晶圆代工项目，首期即计划建成10万片/月（以12寸片计）的晶圆产能。

表7-19　中芯国际主要生产线情况

重要子公司	产线情况	主要技术节点	产能/（片/月）		
			2019年第四季度	2020年第一季度	2020年第二季度
中芯上海	12英寸生产线	14纳米及以下	4 500	4 500	3 150
	8英寸生产线	0.3微米~90纳米	115 000	115 000	115 000
中芯北京	8英寸生产线	0.1微米~55纳米	117 000	117 000	117 000
中芯天津	12英寸生产线	0.3微米~90纳米	58 000	63 000	73 000
中芯深圳	8英寸生产线	0.3微米~0.15微米	55 000	55 000	46 000
中芯北方	12英寸生产线	65纳米~24纳米	92 250	112 500	112 500
中芯南方	12英寸生产线	14纳米及以下	6 750	9 000	13 500

资料来源：公司公告，华创证券。

（五）IC封测行业市场行为分析

IC封测企业巨头加大投入，布局产能扩张计划（见表7-20）。芯片紧缺是长期存在的热点问题，目前，不少芯片企业开始新增产能以应对缺芯浪潮。在IC封测市场，目前全球封测龙头日月光的封测产能供不应求，日月光购置了大量打线机台，以应对封测产能供不应求的局面。同时，台积电未来也将在先进封装领域大力投入，计划在台湾竹南科学园区兴建先进制程封测厂。长电科技、通富微电、华天科技、深科技等本土封测厂商也陆续规划了多项扩产计划。

表7-20　封测企业产能扩张计划

公司名称	产能扩张计划
日月光（台湾）	新增机台数约1 800台，与2019年相同，日月光预期2020年全球半导体逻辑芯片市场可望年增5%到10%
长电科技（江苏）	2021年固定资产投资计划安排43亿元人民币，产能扩产27.8亿元人民币，日常运营8.4亿元人民币，降本改造、研发以及基础设施建设等6.8亿元人民币

（续上表）

公司名称	产能扩张计划
通富微电 （江苏）	以 18.66 元/股完成定增募资 32.72 亿元，主要用于集成电路封装测试二期工程、车载品智能封装测试中心建设、高性能中央处理器等集成电路封装测试项目
华天科技 （西安）	计划非公开发行不超过 6.8 亿股，其中 9 亿元用于集成电路多芯片封装扩大规模项目，10 亿元用于高密度系统级机车车辆封装测试扩大规模项目，12 亿元用于 TSV 及 FC 集成电路封测产业化项目，13 亿元用于储存及射频类集成电路封测产业化项目

资料来源：中国有色金属网（SMM）。

IC 封测企业加大客户拓展力度。长电科技作为我国 IC 封测龙头，积极把握市场机遇，加大拓展力度（见表 7-21）。来自国际和国内的重点客户订单需求强劲，业务覆盖国内外众多高端客户，全球前二十大半导体公司中有 85% 为长电科技客户，在客户质量和客户广度上不逊于国内外任何竞争对手，位于国际封测行业第一梯队。

表 7-21　IC 封测企业客户对比

长电科技	日月光	通富微电	华天科技	FCI
联发科	Motorola	Atmel	Aptina	Freescale
Atmel	Altera	Fairchild	比亚迪	Intersil
Cypress	PHLIPS	士兰微	Goodix	On Semi
Fairchild	STM	复旦微	Infineon	Vishay
海思	Cirruslogic	Infineon	瑞芯微	
华虹	LSI	联发科	士兰微	
LSI	OnSemi	On Semi	德州仪器	
RDA	VIA	RDA	中兴	
瑞芯微	VLSI	Rohm	FPC	
德州仪器	AMD	德州仪器	兆易创新	
Skyworks	ESS	东芝	展讯	
展讯		AMD		
STM				
高通				

资料来源：享迎。

IC 封测企业积极通过横向一体化或纵向一体化战略扩大产业规模，延伸与布局公司的产业链（见表 7-22）。

表 7 - 22　封测企业一体化战略

企业	一体化行为
华天科技	横向一体化：以不超过 18.17 亿林吉特（约合人民币 29.92 亿元）收购马来西亚半导体封测供应商 UNISEM（友尼森）75.72% 流通股。完善全球化的产业布局，快速扩大产业规模，完善和优化客户结构，快速提高公司在欧美地区的市场份额和占比，同时可有效提升公司的国际化管理水平和在国际市场的竞争力
晶方科技	出资 3 225 万欧元（约合人民币 2.47 亿元）收购荷兰 Anteryon 公司 73% 股权。延伸与布局公司的产业链，并通过获得传感器发展所需的核心技术与制造能力，快速有效进入智慧物联网相关的新兴应用领域，取得新的业务机会与利润增长点

资料来源：根据公开资料整理。

三、IC 产业链市场绩效分析

（一）半导体材料市场绩效分析

大湾区企业清溢光电是国内领先的掩膜版生产企业，2016—2019 年公司营业收入和净利润均保持稳中有升趋势，2020 年第三季度营业收入达到 3.83 亿元，同比增长 9.71%；净利润为 6 255 万元，同比增长 13.04%。2017—2019 年，随着公司营业收入的增长，规模效应逐渐体现，同时产品结构优化，毛利率逐年上涨。2020 年第三季度毛利率为 30.95%（见图 7 - 27）。

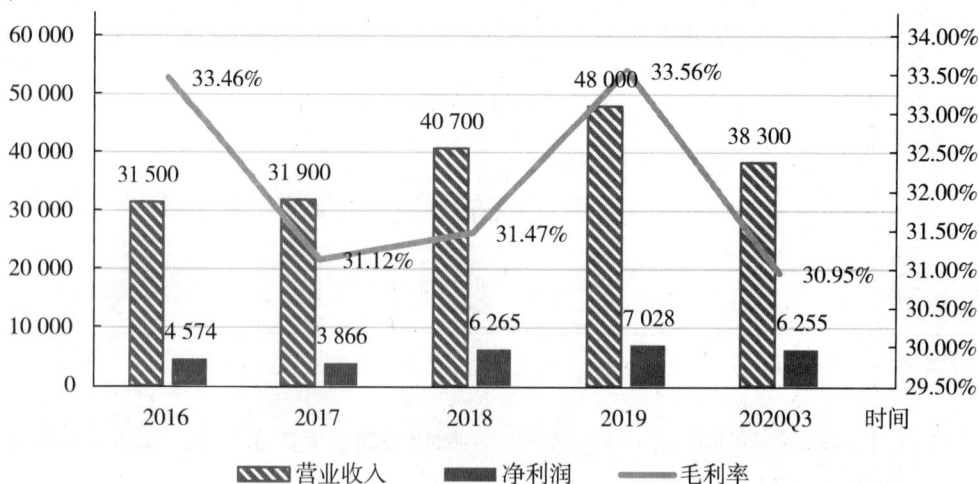

单位：万元

图 7 - 27　清溢光电财务情况

资料来源：公司年报。

（二）集成电路设备市场绩效分析

中国电子专用设备工业协会的数据显示，2019 年中国集成电路设备前 10 位企业共完成销售收入 143.43 亿元。2019 年中国集成电路设备制造商销售收入排列首位的是浙江晶盛机电股份有限公司，其 2019 年集成电路设备销售收入达到 28.86 亿元；其次为北方华创科技集团股份有限公司，销售收入为 28.42 亿元（见表 7-23）。但对标全球集成电路设备企业的销售收入，我国集成电路设备行业内企业规模仍处于较低水平，行业设备需求多依赖于国际品牌。

大湾区企业捷佳伟创是全球领先的晶体硅太阳能电池设备供应商，2015—2019 年净利润逐年上涨，达到 3.82 亿元（见图 7-28）。

表 7-23　2019 年我国集成电路设备主要企业销售收入

序号	地区	企业名称	销售收入/亿元
1	浙江	浙江晶盛机电股份有限公司	28.86
2	北京	北方华创科技集团股份有限公司	28.42
3	深圳	深圳市捷佳伟创新能源装备股份有限公司	24.34
4	北京	中电科电子装备集团有限公司	15.71
5	上海	中微半导体设备（上海）有限公司	15.7
6	北京	北京屹唐半导体科技有限公司	12.86
7	上海	盛美半导体设备有限公司	7.15
8	浙江	天通吉成机器技术有限公司	4.05
9	上海	上海微电子装备（集团）股份有限公司	3.83
10	浙江	杭州长川科技股份有限公司	2.51

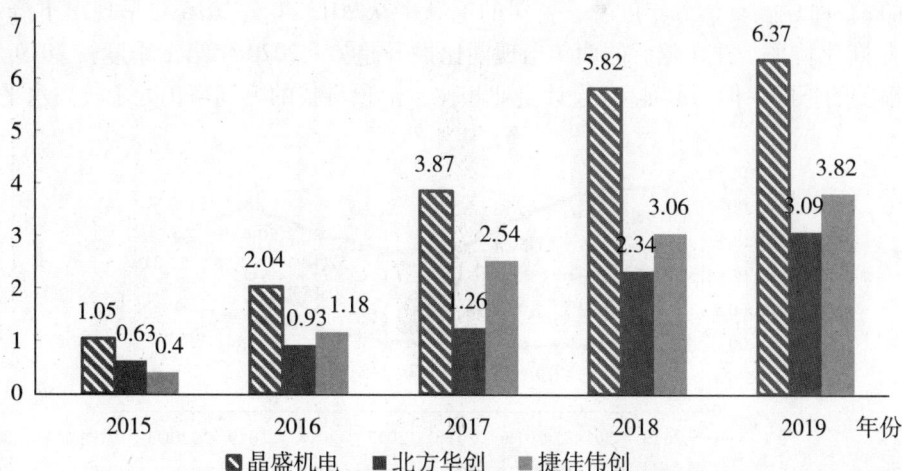

图 7-28　2015—2019 年集成电路设备主要企业净利润趋势

资料来源：公司年报。

（三）IC 设计行业市场绩效分析

2020 年中国十大集成电路设计企业的销售额如图 7 – 29 所示，其中，珠江三角洲地区有 4 家（海思半导体、华大半导体、中兴微电子、汇顶科技），长江三角洲地区有 5 家，京津环渤海地区有 1 家。海思半导体有限公司是华为旗下的全资子公司，该公司负责华为的芯片设计。华为手机麒麟系列的芯片就是出自海思半导体有限公司。根据数据显示，在 2020 年第一季度，华为手机采用海思处理器的机型份额达到 90%。2020 年上半年，海思半导体销售额高达 963 亿元，同比增长 14.29%。

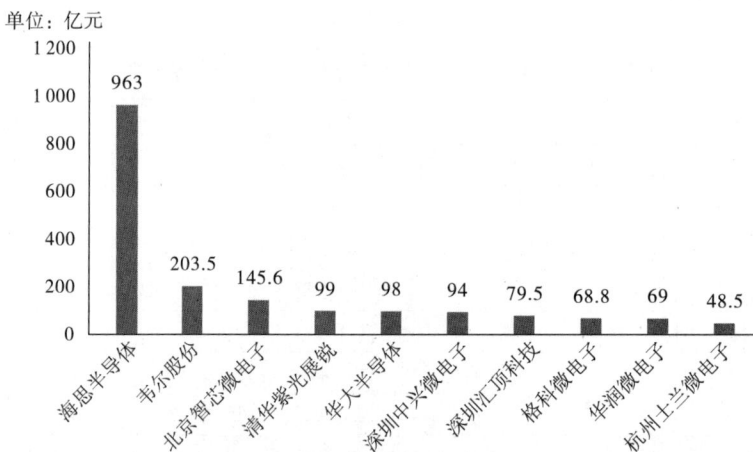

图 7 – 29　2020 年上半年我国 IC 设计业排名前十位企业销售额

资料来源：根据公开资料整理。

如图 7 – 30 所示，深圳汇顶科技的毛利率从 2013 年的 65.79% 下降到了 2020 年第三季度的 51.81%。具体分年度看，公司的毛利率从 2013 年至 2016 年呈现出下降趋势，在 2017 年同比持平，并在随后的两年出现同比提升趋势。2020 年第三季度较 2019 年度又有较大幅度的下降。但与其他 IC 设计企业相比，汇顶科技的毛利率仍处于较高水平。

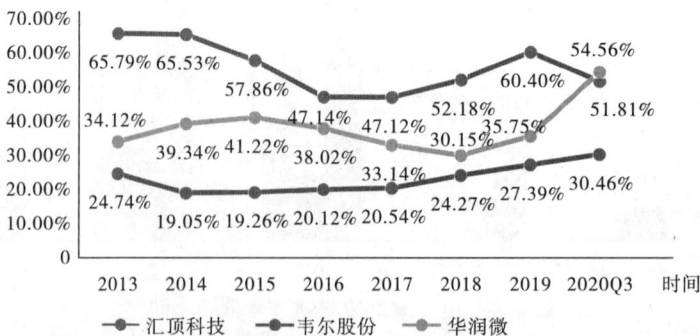

图 7 – 30　主要 IC 设计企业毛利率

资料来源：公司年报。

（四）IC 制造行业市场绩效分析

在晶圆代工行业的国际市场上，存在着台积电一家独大的现状，占领了全球市场份额的六成。从晶圆代工行业中的上市公司经营情况来看，台积电毛利率稳定在 50% 左右，远高于其他企业平均 20% 左右的毛利率（见图 7-31）。台积电在晶圆代工领域份额超过 50%，所以其在晶圆代工行业的净利润份额远大于 50%。2020 年中芯国际季度毛利率为 24%~27%，同比大幅提升 6%~9%，主要由于下游需求旺盛、公司制程技术能力成熟及产能利用率提升。中芯国际毛利率基本处于中上游水平，但与台积电及世界先进企业相比仍有较大提升空间。

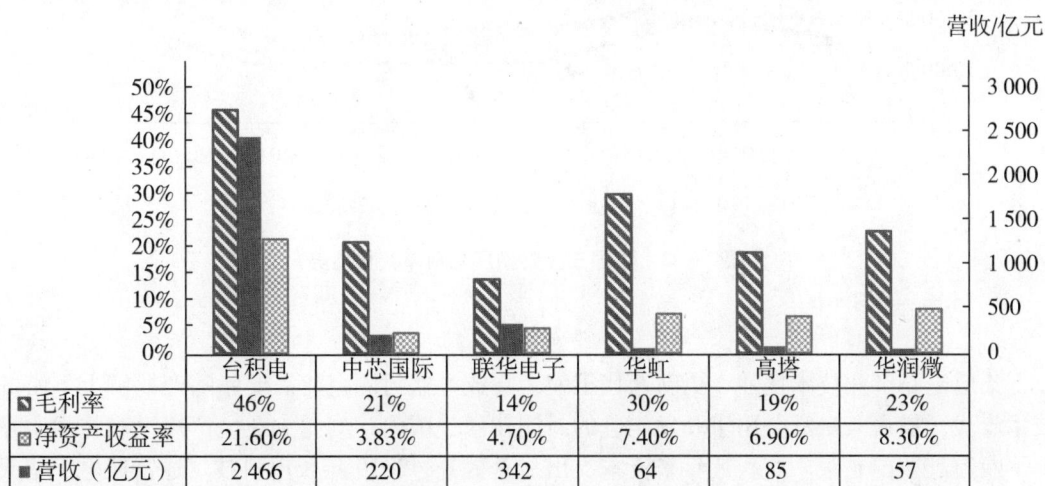

	台积电	中芯国际	联华电子	华虹	高塔	华润微
毛利率	46%	21%	14%	30%	19%	23%
净资产收益率	21.60%	3.83%	4.70%	7.40%	6.90%	8.30%
营收（亿元）	2 466	220	342	64	85	57

图 7-31　IC 制造公司 2019 年经营绩效对比

资料来源：各公司年报，万联证券研究所。

（五）IC 封测行业市场绩效分析

2020 年海外疫情对欧美地区 IDM 体系芯片制造及封测产能造成显著冲击，中国大陆地区结构性供需两旺，欧美地区疫情蔓延及 5G、新能源等领域带来的长期需求的增长使得中国大陆地区主流封测厂商盈利能力持续提升（见表 7-24、图 7-32）。长电科技 2020 年预测净利润 12.3 亿元，同比增幅 1 287.27%；华天科技预测净利润 3.2 亿~4.2 亿元，同比增幅 1 571.77%~2 094.2%。

表 7-24　2020 年我国三大封测厂业绩数据对比

	长电科技	华天科技	通富微电
2020 年营收/亿元	235.3	81.03	82.67
2019 年净利润/亿元	0.89	2.87	0.19

（续上表）

	长电科技	华天科技	通富微电
2020 年预测净利润/亿元	12.3	3.2～4.2	6.5～7.5
同比增幅	1 287.27%	1 571.77%～2 094.2%	126.64%～161.51%
每股收益	0.06 元	0.27～0.36 元	0.24～0.27 元

资料来源：芯东西。

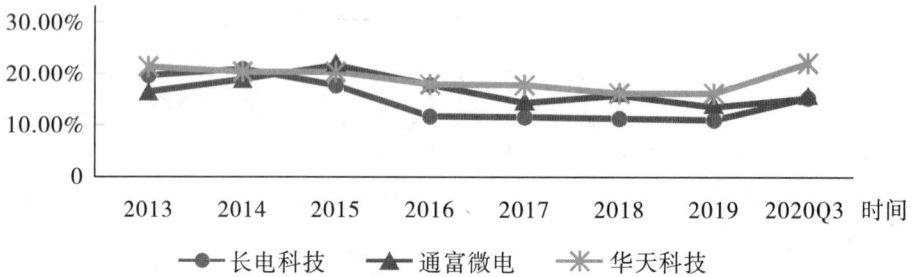

图 7-32　我国三大封测厂毛利率变化趋势

资料来源：公司年报。

集成电路产业技术性强，更新迭代迅速，集成电路封测企业需要紧随产业链上下游的技术步伐，投入大量资金用于开发先进的封测技术。国内封测龙头在生产规模和技术水平上不断追赶业内龙头厂商。近年来资本支出显著提升，2019 年长电科技、通富微电、华天科技的资本支出占营收比例分别为 11.92%、25.51%、24.13%（见图 7-33）。

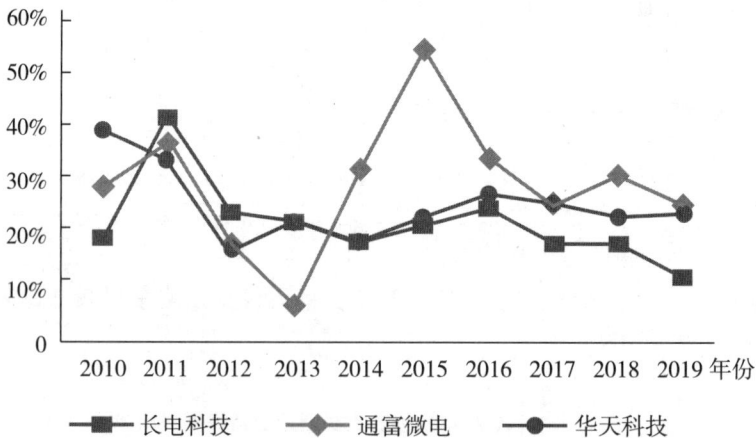

图 7-33　国内主要封测厂商的资本支出占营收比例

资料来源：华创证券。

第四节 集成电路产业集群研究

一、重点城市发展现状

（一）深圳：IC 设计领先

1. 产业规模

深圳电子信息产业发达，集成电路企业以市场为导向，在应用需求端的推动下形成了完备的产业链条，集成电路产业快速成长。目前，深圳市有 IC 设计企业 166 家，IC 制造企业 3 家，IC 封测企业 23 家，设备和材料业企业 18 家，IC 服务单位 32 家。IC 企业数量最多的是南山区，但是 IC 企业销售额最大的是龙岗区，这是因为国内 IC 设计的龙头企业海思半导体在龙岗区，所以也带动龙岗区成为深圳 IC 设计实力最强、产值最高的一个区。相比之下，目前罗湖区、光明区和坪山区的 IC 企业数较少，产值也相对较低。而大鹏新区、盐田区还是一片空白。

2. 产业链结构

深圳集成电路的发展得益于 IC 设计业的贡献。中国集成电路设计业年会暨集成电路产业创新发展高峰论坛（ICCAD）数据显示，2019 年深圳 IC 设计业规模超过 1 000 亿元，达到 1 327 亿元，同比增长 63.5%，约占全国的 36%。海思半导体作为全国最大的 IC 设计企业，其 2019 年销售收入占深圳 IC 设计企业销售总收入的 76%，占比进一步扩大（见图 7-34）。海思半导体、汇顶科技、中兴微电子位列全国 IC 设计业前十名。深圳 IC 设计业具有很高的市场集中度，2019 年深圳排名前十位的 IC 设计企业的总营收达到 1 066 亿元，占深圳 IC 设计业的 97%。

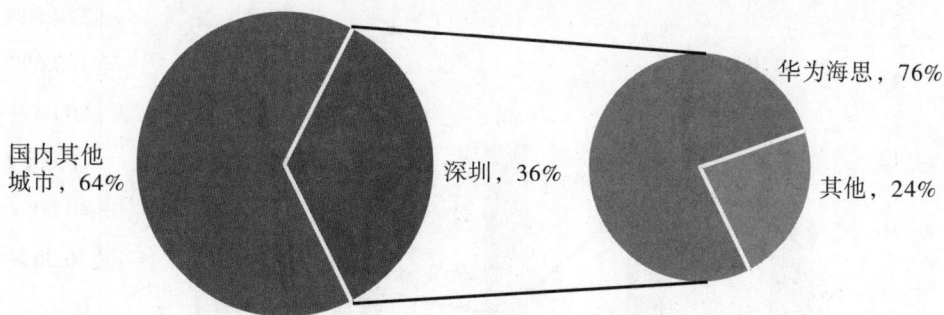

图 7-34 2019 年全国 IC 设计业营收分布

资料来源：ICCAD，智能经济研究院。

从增速来看，从 2010 年到 2019 年，深圳 IC 设计业的销售收入从 92 亿增长到 1 099 亿，增长了 10.9 倍，年均复合增长率 30.75%，高于全国平均复合增长率 10%。深圳 IC

设计业销售额在全国的占比，从 2010 年的 16.7% 一路上升到 2019 年的 35.62%，在全国占比超过 1/3（见图 7-35）。

单位：亿元

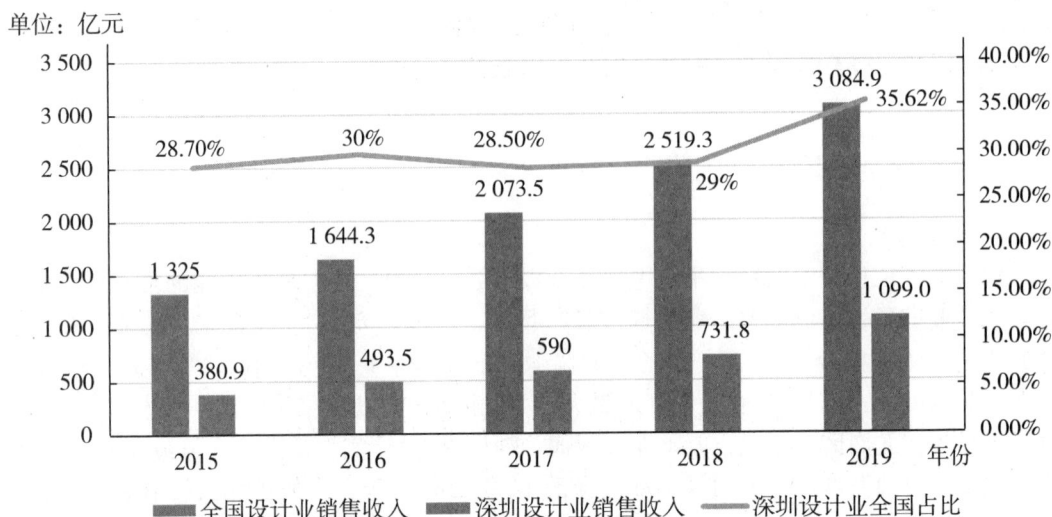

图 7-35　2015—2019 年深圳 IC 设计业销售收入及占比

资料来源：中国半导体行业协会、深圳 IC 基地。

深圳 IC 制造业相对 IC 设计业较弱。深圳只有中芯国际的 8 英寸和 12 英寸两条生产线，以及方正微电子的两条 6 英寸线和深爱半导体的三条 5 英寸线和一条 6 英寸线，且制造工艺先进性不足。2019 年深圳 IC 制造业的销售收入达到 19.3 亿元，同比增长 9.40%，增长率总体有所下滑（见图 7-36）。

单位：亿元

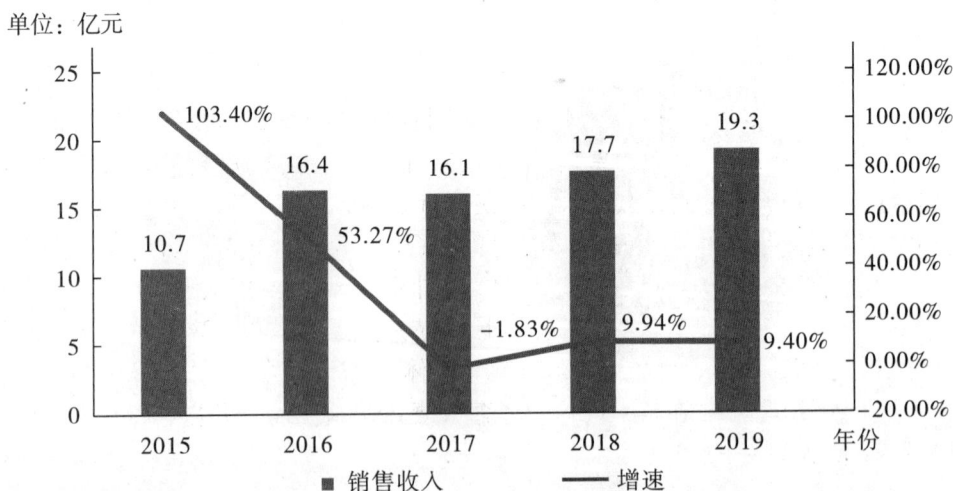

图 7-36　2015—2019 年深圳 IC 制造业销售收入及增速

资料来源：中国半导体行业协会、深圳 IC 基地。

与国内其他地区相比，深圳 IC 封测业一直处于相对薄弱的地位。深圳 IC 基地数据显示，2018 年深圳的 IC 封测业规模为 62.2 亿元，仅占全国总产业规模的 2.8%。但 2019 年增速大幅上涨，达到 176.7 亿元，增速高达 184.09%（见图 7-37）。受限于深圳场地短缺、人才稀缺及生产成本较高等因素，深圳 IC 封测企业数量较少，以中小型企业为主，封测技术能力以中低端为主，在先进封测技术服务方面仍然欠缺。

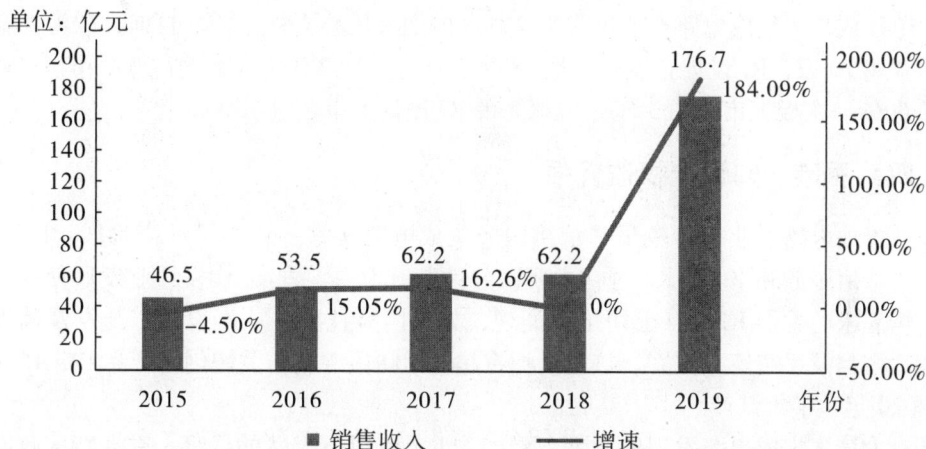

图 7-37　2015—2019 年深圳 IC 封测业销售收入及增速

资料来源：中国半导体行业协会、深圳 IC 基地。

深圳企业在集成电路材料与设备产业显示度较低，仅有少数企业有所布局。其中，在集成电路材料领域，清溢光电与路维光电两家企业在光罩领域有所布局，但与国际先进水平相差较大，市场占有率较低。在中低端的集成电路设备领域，捷佳伟创涉足晶圆制造设备领域，深圳劲拓、格兰达、微组半导体等企业在封装设备领域有所布局。

（二）广州：推进 IC 制造

在集成电路产业链上，广州在 IC 设计、IC 制造和 IC 封测 3 个主要环节的实力并不平均。近年来，广州依托珠三角电子信息制造和信息消费市场的优势，组织实施"强芯"工程，大力推进 IC 制造项目建设，促进设计、封装和测试等行业加速发展。目前，广州在 IC 设计和封测两个主要环节，已经聚集了大批企业，拥有泰斗微电子、海格通信、广芯微、新岸线、昂宝和安凯等一批 IC 设计企业，但整体实力偏弱。粤芯半导体于 2019 年 6 月启动投片试产，不仅填补了广州芯片制造的空白，更将推动粤港澳大湾区集成电路产业强势崛起，为集中力量攻克半导体领域"高精尖""卡脖子"技术奠定基础。广州 IC 封测业较为薄弱，主要以兴森快捷、安捷利、风华芯电和新星微电子等一批封装测试企业为主。

（三）珠海：IC 设计高速成长

珠海集成电路产业总体呈现出"设计强""制造缺""封测弱"的特点。珠海新区是珠海乃至珠三角地区集成电路产业的主要承载地，2019 年珠海集成电路产业规模为 72.47亿元，其中 IC 设计业产业规模为 68.3 亿元，设计业产业规模位居全国第八、珠三角第二。2020 年 1—9 月，珠海集成电路企业实现主营收入 56.23 亿元，同比增长 27.68%，在复杂多变的环境下仍然保持高速增长，其中 IC 设计企业实现主营业务收入 51.61 亿元，同比增长 20.02%。

目前，以全志科技、炬芯科技、欧比特、博雅科技、鼎泰芯源等为代表的企业在珠海高新区茁壮成长，集成电路产业也成为高新区的四大核心支柱之一。目前，珠海高新区集成电路企业 70 家，IC 设计企业总数量 68 家，从业人数 2 058 人，约占珠海市该产业从业人数的 60%。主板上市公司 3 家，占珠海市 IC 设计上市企业 60%。

（四）香港：知识产权监管强

香港集成电路产业起步较早，承接国外集成电路转移，历经了三个阶段：IC 封装制造、分销增值服务和 IC 设计，现在主要以分销渠道为主。香港 IC 设计业发展使一批针对特定市场需求的香港 IC 设计公司迅速涌现，如晶门科技主要从事设计、开发及销售集成电路芯片产品及系统解决方案，该集团拥有超过 600 项专利，关键创新产品 PMOLED 显示IC 于 2020 年上半年试产。

从对大湾区集成电路发展的贡献来看，香港具有以下天然的优势：香港特区政府对知识产权保护的监管力度强；物流资金、信息交流通畅；香港高等院校在电子领域的科研水平在亚洲名列前茅，人力资本优势明显。

（五）澳门：高校科研实力强劲

澳门的模拟芯片设计水平在全球遥遥领先，尤其是澳门大学的科研实力极强，拥有国家级重点实验室，致力于集成电路研究。2017—2021 年，在国际水平最高的"芯片奥林匹克" IEEE ISSCC 峰会上，澳门大学被收录论文达 29 篇。强劲的科研力量，是澳门参与大湾区集成电路产业建设的优势所在。同时，澳门作为自由港，在吸引高技术人才、雄厚资金等方面具有得天独厚的优势。

二、重点园区或集群分析

粤港澳大湾区拥有广州和深圳两个国家级集成电路设计产业化基地，基本形成以广州、深圳、珠海为核心，带动佛山、东莞、中山、惠州等地协同发展的产业格局。

（一）深圳集成电路产业园

作为集成电路产业重镇，深圳建设了一批集成电路产业园区，形成了以高新区为中心，辐射南山区龙岗区的"多园区"服务模式。其中，高新区产业链完整，拥有朗科、江波龙等行业龙头企业，致力于打造最具全国影响力的集成电路产品设计和应用市场。坪山区依托坪山创新广场园区、第三代半导体未来产业集聚区核心区和拓展区，以及国家新型工业化产业示范基地，吸引集聚集成电路产业项目和企业，目前聚集了 20 多家集成电路企业和第三代半导体核心企业。宝安第三代半导体产业基地拥有鹏城汇合智造创新园、深圳市信息化与工业化融合研究院等产业创新平台（见表 7 - 25）。通过产业园区集聚，企业节约 EDA 设计工具软件购置和升级费、验证测试化验费、MPW 投片及 IP 复用许可费、人才培养实训等研发投入，加快了产品研发速度，助力大批 IC 产品快速进入市场，同时也对产学研用各方形成强大的凝聚力。

表 7 - 25　深圳集成电路产业园概况

产业园	产业基础	发展方向
高新中区（技术研发、设计业）	第一，应用领域广阔，片区拥有新能源汽车领域的英威腾，通信设备领域的宇龙、天珑移动，新能源领域的禾望，不间断电源领域的科士达等企业，南方科技大学是深圳第三代半导体器件重点实验室，在氮化镓器件研发方面具有较好基础。第二，片区集聚效应成形，产业链完整，拥有朗科、江波龙等行业龙头企业，成功打造国家集成电路设计深圳产业化基地、深圳集成电路设计应用产业园等高端创新载体	第一，重点开展碳化硅和氮化镓为代表的第三代半导体材料研究和前沿技术攻关，打造成为全国技术领先、资源集聚的第三代半导体技术研发产业基地。第二，重点发展信息安全和移动支付、移动存储、智能电网、电源管理与 LED 驱动、物联网和国防军工领域芯片的研发和生产，打造最具全国影响力的集成电路产品设计和应用市场
坪山第三代半导体产业基地（研发制造）	第一，基地拥有中芯国际等芯片制造企业，其产品广泛应用于图像传感器、逻辑器件和电源管理等消费及通信电子。第二，中芯国际已启动建设超大规模集成电路项目，其中 8 英寸集成电路生产线在 2018 年底已实现每月 6 万片的设计产能目标，已启动建设华南地区第一条 65/55 纳米工艺芯片生产线。第三，坪山拥有国家级新能源汽车产业基地和国家生物产业基地，市场应用场景广阔	第一，重点打造从晶圆衬底制造、外延片制造、器件设计、工艺制造、模块封装到下游应用的第三代半导体全产业链。第二，重点发展集成电路先进封装测试业，巩固提升集成电路制造业，协同布局集成电路设计业，突破集成电路关键设备和材料，打造集成电路产业集群
宝安第三代半导体产业基地（设计、封测）	基地已进驻世纪云芯等企业，有产值 100 亿元企业 1 家，1 亿元以上企业 5 家，并拥有鹏城汇合智造创新园、深圳市信息化与工业化融合研究院等产业创新平台	重点开展碳化硅、氮化镓电力电子芯片设计、器件封装、失效分析、试验测试及应用等领域关键技术研究，搭建器件设计、封测等平台，打造第三代半导体产业集群

（续上表）

产业园	产业基础	发展方向
深圳智谷（设计业）	片区内现有长城开发、捷顺科技、郎强科技、强芯电子、华丰电器等企业，正规划建设全球智能芯片创新中心。新一代信息技术产业园约有30万平方米的产业空间用于发展集成电路及第三代半导体产业	重点发展面向新应用的智能芯片研发设计、高端软件开发等领域，引进企业研发中心和总部，构建研发、设计、转化于一体的集成电路产业体系
龙岗宝龙科技城（制造、封测）	片区拥有先进微电子、华润赛美科微电子等代表性企业，今年来相继落地新能源产业基地、智慧家园、安博电子等重点产业项目	重点发展集成电路生产制造和封装测试业，布局大尺寸集成电路生产线，打造成为全国领先的集成电路产业基地
保安燕罗电子信息产业集聚区	片区重点企业有鹏鼎控股（深圳）股份有限公司、喜高实业（深圳）有限公司，其中鹏鼎控股（深圳）股份有限公司设立企业技术中心	重点发展集成电路、多层柔性线路板、语音元器件等领域，开展信息处理、传感器技术攻关，大力发展移动智能终端、存储等关键通用芯片，以及网络通信等优势产业芯片的制造和封测

资料来源：思睿产业发展研究中心。

（二）广州 IC 产业集群

广州集成电路产业的布局可以概括为"一核双城多点"：以广州开发区为核心承载区建设广州集成电路产业园，分别在广州科学城着重布局芯片设计和公共服务平台，在广州知识城围绕粤芯项目发展集成电路制造，带动形成封测和配套产业链聚集（见表7－26）。

作为"一核"布局中的"核心区"，广州开发区大力引进集成电路产业链各环节企业，2019年集成电路产业主营业务收入达20.4亿元。目前区内共有集成电路企业68家，占广州市集成电路企业八成以上。全区已有9家收入超过亿元的集成电路企业，2019年有5家企业主营业务收入突破1亿元，政策促进作用显现。在发展布局上，广州开发区推进"双园驱动"，在科学城大力引进新的集成电路设计企业；在知识城，投资规模70亿的粤芯一期已顺利量产、稳步提升。筹建集成电路产业展示中心，作为集成电路公共服务平台的先行部分，展示中心建设工作计划年内在黄埔实验室启动和完成建设，重点展示广州开发区乃至广州市集成电路产业建设和发展成果，科普产业基础知识，展示行业发展历程以及相关企业的领先成果。

广州科学城的广州芯大厦就是"双城"中关键的"芯片设计极"，也是目前广州市内集成电路企业数量最集中的科技园。其于2019年3月投入使用，截至2020年5月，已落户集成电路企业与相关机构30余家，其中包括微鼋半导体、印芯半导体、柯维新、汇电云联互联等。2019 年，广州芯大厦在园企业总营收为 61 496.45 万元。

知识城集成电路园着力打造广州创"芯"智造园，集聚效应已见成效。园区中的粤芯半导体投资总额约 70 亿元，拥有广东省目前唯一进入量产的 12 英寸晶圆项目。知识城集成电路园已经对知识城集成电路产业板块的上下游企业产生强大的集聚效应，目前已有 32 家企业注册落地。集成电路光学检测设备制造龙头企业中科飞测签约落户该区；全球半导体材料领域龙头企业日本富乐德集团计划总投资 50 亿元，在该区建设富乐德半导体系列材料与服务总部项目；兴橙资本、斐君永平等 5 个集成电路、数字经济、人工智能等"硬科技"领域市场头部投资机构与黄埔区、广州开发区签约，计划设立规模超 100 亿元的专项产业基金。"芯片设计—晶圆制造—封装测试—终端应用"的全产业链生态圈已经形成，全力打造全国集成电路第三极。按照规划，至 2025 年，这里将建设成为国内领先的集成电路产业园，产值规模近千亿元；至 2035 年，基本建设成为具有全球影响力的综合性集成电路产业园。

表 7－26　广州集成电路产业园

产业园	主要企业	方向
广州芯大厦	锐骏半导体、微龛半导体、印芯半导体、柯维新、汇电云联互联	打造成为智慧型园区，为企业提供专业化的产业平台与和便捷高效的企业服务
知识城集成电路产业园	粤芯半导体、安凯、风华芯电、兴森快捷等	至 2025 年，这里将建设成为国内领先的集成电路产业园，产值规模近千亿元；至 2035 年，基本建设成为具有全球影响力的综合性集成电路产业园

资料来源：根据公开资料整理。

（三）珠海高新区

珠海高新区一直把集成电路产业作为重点扶持的主导产业，集成电路产业规模显现，形成一定的集聚效应。"应用引导，设计牵头，兼顾材料，制造和封装逐步完善"的集成电路产业发展格局基本形成。园区共有 70 家集成电路企业，68 家集成电路设计企业，从业人员 2 000 余人，占全市该产业从业人数的 60%。园区集聚了全志科技、炬芯科技和欧比特等区内龙头企业；同时，珠海高新区拥有众多产学研资源，如北京师范大学—香港浸会大学联合国际学院产学研基地、IC 设计产业孵化基地，促进高新区集成电路产业技术研发与转化、知识产权保护与运用，形成产学研创新集群。

（四）香港科学园

香港科学园是香港集成电路产业创新中心，吸引了世界顶尖大学、研究机构和技术相关领域的企业在此集聚。2014 年，园区建立了香港国家集成电路高新技术产业化（伙伴）基地，依托香港所具备的全球认可的知识产权标准和制度、自由流通的资金与信息等优势，巩固与中国内地各集成电路企业的战略性关系，推动了中国内地集成电路技术和产品的国际化步伐。

三、粤港澳大湾区跨城市产业集群建设

（一）粤港澳大湾区半导体产业联盟

粤港澳大湾区半导体产业联盟由广州、深圳、珠海、香港、澳门相关机构联合发起，旨在通过共同搭建粤港澳大湾区半导体产业平台，如 IC 测试、IP、EDA、人才培训以及产业孵化等，不断汇聚和融合粤港澳大湾区半导体产业的各类资源和力量，提升粤港澳大湾区半导体产业竞争力。其中广州擅长集成电路应用市场开发，广州及周边地区已成为中国集成电路最大的集散地和消耗地。深圳市的 IC 设计业领先，连续多年位列全国首位。芯片设计是当前珠海重点发展的产业。此外，香港特区政府对知识产权保护的监管力度强；物流资金、信息交流通畅。澳门的模拟芯片设计处于世界领先水平，尤其是澳门大学在集成电路领域科研实力强劲。

（二）珠澳协同

《珠海市关于大力支持集成电路产业发展的意见》提出推动构建集成电路领域的粤港澳协同创新共同体，尤其是要积极推动珠海和澳门在集成电路创新资源上的协同和合作。在人才交流方面，澳珠签署《关于推进澳珠人才协同发展的合作协议》，携手搭建高端人才合作交流平台，鼓励双方高校、科研机构和企业联合开展科研活动，共同攻克核心技术难关，推动科研成果转化；在产学研方面，澳门大学在珠海横琴建立大湾区的首个产学研基地——珠海澳大科技研究院，该研究院依托澳门大学模拟与混合信号超大规模集成电路国家重点实验室，协同推进产业技术转型升级及科技成果转化。

第五节　集成电路产业发展对策建议

大湾区集成电路产业存在供需矛盾突出、产业链各环节发展不均衡、关键核心技术存在"卡脖子"瓶颈、对外依存度高等问题。在当前国际技术封锁和国内区域竞争加剧的背景下，为推动大湾区集成电路发展，本书提出以下几点建议。

一、优势互补，完善产业布局

一是依托广东各城市优势形成联动发展格局。以广州、深圳、珠海为核心区域，积极推进先进制程和储存芯片制造。依托深圳、汕头、梅州、肇庆、潮州等城市形成新型电子元器件集聚，广深珠莞等多地联合推动化合物半导体产业发展。佛山、惠州、东莞、中山、江门、汕尾等城市在封测、集成电路材料等领域，发展壮大产业龙头企业，带动集成电路产业园区企业集聚。

二是依托港澳优势，加强协同合作。依托澳门大学国家重点实验室在模拟芯片研发上先进的技术水平，同时充分利用香港对接国际标准和国际市场的优势以及在知识产权保护等方面的丰富经验，加速前沿科技在珠三角转化落地。

二、优化学科设置，加快科研成果落地

一是布局人才培养基地，优化学科设置。大湾区高等院校应充分利用集成电路学科正式被纳入一级学科的契机，优化师资队伍和课程设置，有针对性地培养集成电路领域的专业性人才，收窄集成电路人才的缺口。同时加强高等院校之间的学科交流，搭建高端人才合作交流平台，共同攻克核心技术难关。

二是推动产学研合作，加快科研成果落地。依托澳门大学强劲的科研实力，借助 ISS-CC 这一平台的国际影响力，由学术界先行探路，产业界迅速做出跟进。支持有创新能力的集成电路企业整合科研院所、高等院校，建立创新中心，鼓励科研院所和科研人员进入企业，发挥雄厚的资本及人才优势，勇于试错，积极探索，有效反馈，形成产学研相互融合、相互迭代的集成电路创新体系。

三、加大政策支持，突破核心技术

一是出台扶持政策，优化产业发展环境。分别就集成电路产业链各个环节的现状和特点，制定有针对性的扶持政策，覆盖财税、投融资、研发、人才、知识产权各个环节，减轻税负，提供各方面支持，让企业有更多的资金去突破技术瓶颈，打破美国的技术封锁。

二是抓住疫情契机，倒逼国产替代。大湾区企业不断巩固 IC 设计业优势，不断突破核心技术，在关键领域攻克"卡脖子"难题，比如光掩膜、透镜、EUV 光源、沉浸式系统等，提高产品质量和技术竞争力，逐步提高国产芯片替代率，补齐短板。

四、挖掘国内市场需求，加强国际市场合作

一是充分发挥国内超大规模市场优势和巨大内需潜力。以新基建、数字货币需求为牵引，面向国内终端集成电路需求行业，例如工业互联、新能源汽车、智能电网、高铁、超高清影视等，以行业龙头为主体，联动集成电路企业，适应国内龙头企业需求，完善供给体系，打造以国内集成电路需求为导向的供应链生态体系，建立内循环生态，形成超大规模国内需求市场与供给相匹配的良性循环。

二是秉持合作共赢的理念，加强国际合作。利用亚洲区域国家的优势互补，以日本的材料设备、韩国的制造能力和中国的应用市场，推动集成电路产业上下游协同合作。同时以"一带一路"建设为重点，加强与东盟合作，巩固中国与全球集成电路产业链经济贸易及基数创新纽带，维护全球集成电路的供应链、产业链以及创新链的韧性与活力。

参考文献

[1] 孙宇，刘竞升，罗军，等. 中国集成电路产业发展现状及广东发展建议 [J]. 中国集成电路，2019，28（12）：26 – 32.

[2] 广东加快半导体及集成电路产业发展 [J]. 政策瞭望，2020（2）：54.

[3] 陈相. 广东集成电路设计业发展情况研究 [J]. 广东科技，2020，29（1）：36 – 38.

第八章　粤港澳大湾区生物医药产业分析[*]

第一节　生物医药产业链发展概况

一、生物医药产业链结构

（一）生物医药产业概念及产业构成

生物医药产业是我国重点发展的战略性新兴产业。[②] 近几年在传统的中药制药和化学制药的基础上，涌现出生物制品、基因测序等新型医药技术和诊断方法。目前学界没有对生物医药产业的统一定义。狭义的生物医药产业指生物制药产业，即"将现代生物技术直接应用于医药领域的产业"[③]；从广义上看，生物医药产业是"生物技术与新药研发、生产相结合，与疾病诊断、治疗和预防相结合，与传统医药改良相结合"[④] 的一系列产业活动。为便于对生物医药产业与传统医药产业进行对比和数据获取，本书根据我国战略性新兴产业相关标准[⑤]，采用广义的生物医药产业概念，认为生物医药产业既包括生物医药关键装备与原辅料、生物制药、化学制药、中药、医药商业与服务等领域，也包括各类医疗器械及其服务，见表8－1。

[*] 本章由暨南大学产业经济研究院郭子钰、张红执笔。

[②] 《"十二五"国家战略性新兴产业发展规划》。

[③] 海伊斯. 生物制药业 ［M］. 北京：中国人民大学出版社，2003.

[④] 杨子潞、张光慧. 产业价值链视角下生物医药产业集群发展研究：以大湘西地区为例 ［J］. 吉林工商学院学报，2018（3）：24－27.

[⑤] 《战略性新兴产业重点产品和服务指导目录》。

表8-1　生物医药产业组成结构

生物医药产业	生物技术产业		基因工程、细胞工程、酶工程、基因测序技术、生物芯片技术、药物材料、生物信息技术等
	医药产业	制药产业	生物制药、化学制药和中药
		生物医学工程产业	既包括医用检查仪器、医学影像设备、先进治疗设备、生物医用材料等医疗器械设备及耗材，也包括医学信息技术、康复工程技术和装置、组织工程等

资料来源：根据公开资料整理。

（二）生物医药产业链构成

整体来看，生物医药产业链上游一方面是技术研发，另一方面是原辅料、中药材、生物原料、电子材料、金属化工等原材料生产加工；产业链中游为医药产品的生产制造；产业链下游主要是零售商、医疗机构的流通销售以及医疗服务。如图8-1所示。

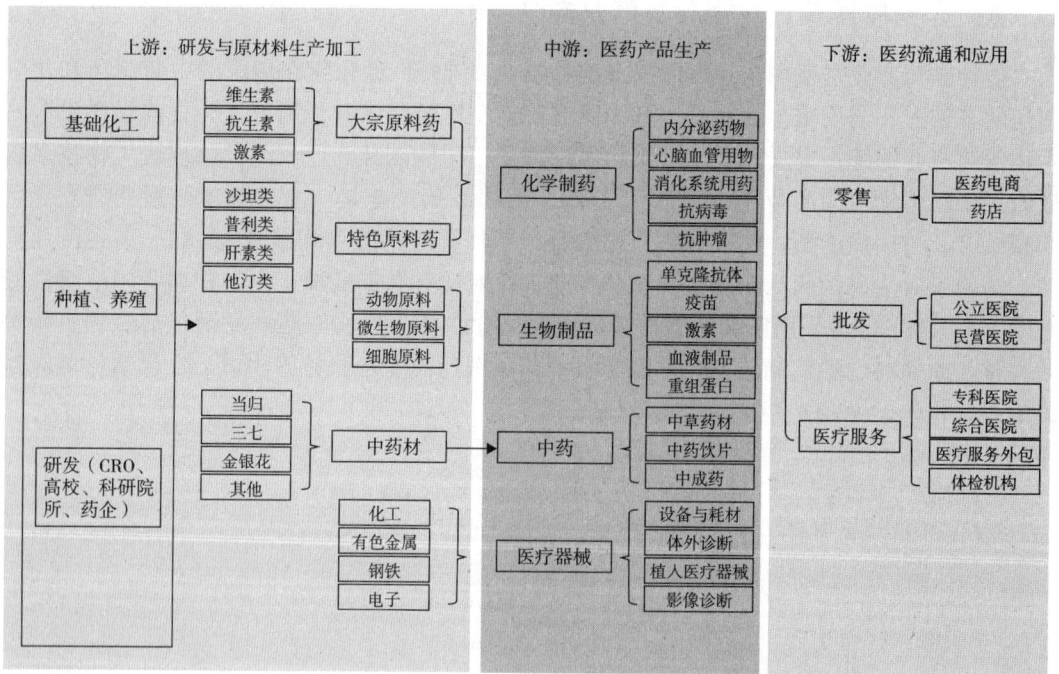

图8-1　生物医药产业链

资料来源：课题组绘制。

具体来看，生物制品和基因测序是生物医药行业最关键的两个领域。生物制品由生物体及其细胞、亚细胞和分子的组成部分研制而来，主要包括疫苗、血液制品、诊断试剂等。生物制品的产业链上游是生物技术研发和原材料生产加工，中游是生物制品的生产制造，下游是流通销售。生物制品领域的产业链如图8-2所示。

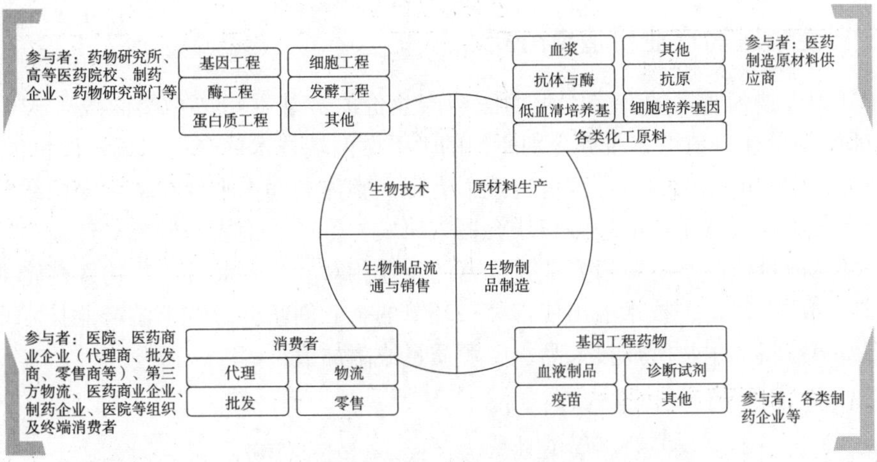

图 8-2 生物制品领域产业链图示

资料来源：课题组绘制。

　　基因测序是一种从血液或唾液中分析测定基因全序列的新型基因检测技术，能够用于预测多种疾病。[①] 基因测序产业链的上游是相关设备、耗材与试剂的研发生产，深圳华大基因是国内基因测序设备的龙头企业；中游是基因测序服务，参与主体以华大基因、药明康德等合同委托研发机构（Contract Research Organization，CRO）为主；下游为医疗机构、研究机构、医药企业、个人等基因测序结果的终端用户（见图 8-3）。

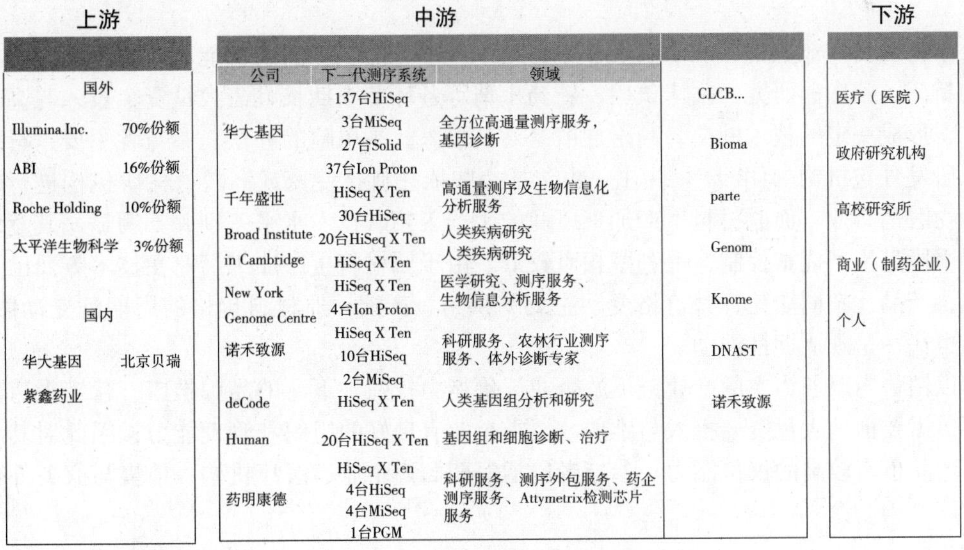

图 8-3 基因测序领域产业链图示

资料来源：课题组绘制。

---

　　① 健康界·未来医疗十大趋势！ ［EB/OL］. （2016 - 10 - 17）. https：//www.cn - healthcare.com/article/20161017/content - 486365. html.

（三）生物医药产业价值链分析

基于知识、技术密集的特点，生物医药产业价值链基本与"微笑曲线"契合（见图 8-4），即研发设计、销售与服务分别所处的上下游两端技术壁垒更明显、议价能力更强，而位于产业链中游的生产制造环节议价能力有限，整体利润水平处在"微笑曲线"的较低位置。大多数生物医药企业的业务板块会覆盖研发、生产、销售与服务全产业链，仅在产业链某一环节或价值链某一阶段专业化经营的企业相对较少。此外，生物医药产业价值链的前向和后向联系紧密，技术溢出使得某一环节的企业创新会影响上游产业技术重组，也会影响下游可获得的生物医药投入品、资源质量或附加值。

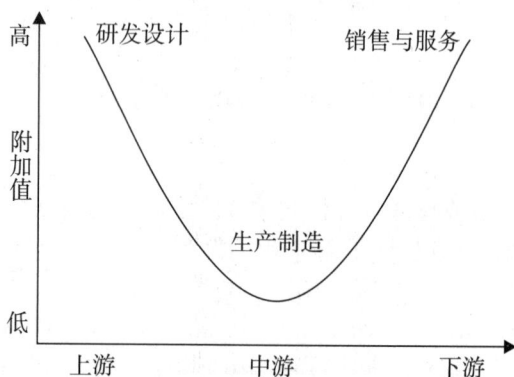

图 8-4　微笑曲线理论图示

生物医药产业上游，从事研发和原材料生产加工的企业的议价能力有所不同。研发相关的新药、临床前研究、临床试验、新药申请等各环节周期长且需大量资金投入与高技术人才，形成一定的技术壁垒，高附加值是对高投入、高风险的补偿。参与者主要以科研院所及研发外包机构（CRO[①]）为主，也包括一些依托科技专家或高校、科研机构进行创新的生物医药企业。而原材料生产加工厂商的生产工艺、技术水平差别并不明显，其竞争的主要手段是生产成本控制，毛利率相对较低。由于原材料生产加工厂商在技术方面已经较成熟，产品比较同质化，其价格变动主要受供给、产能、原材料价格的周期性变动影响，价格也往往呈现周期性波动。

以销售与服务为主的产业链下游企业议价能力较强，下游的品牌推广、营销渠道建设等环节需要前期大量资金投入与维护，要求企业有良好的组织和管理能力，因此对其品牌医药产品也有较高的议价能力。参与者包括医药商业企业、医疗机构、销售与服务外包机构（CSO[②]）。

---

① 合同委托研发机构（Contract Research Organization，简称 CRO）。
② 合同委托销售组织（Contract Sales Organization，简称 CSO）。

价值链中游，企业只要有较为成熟可靠的生产技术与工艺就可进行持续大批量生产，该阶段对资金和技术要求相对较低，利润空间也相对较低。主要参与者为生产型企业、生产外包机构（CMO①）和生物药产品储存流通企业。

（四）生物医药产业链上下游重点企业

表8-2梳理了国内外生物医药产业链上下游各环节的重点企业。产业链上游参与者主要由生物医药原材料生产商和生物技术研发企业两部分组成。以诺华为代表的国外龙头企业掌握尖端生物医药原材料配方，对中游企业议价能力强；迪赛诺、恒胜药业等本土企业拥有自建的上游生产基地，实现"自给自足"的同时也可向其他中游企业供应原材料；其他地区性的原材料生产企业规模较小，数量较多，产品同质化严重，盈利能力较弱，对中游企业的议价能力不强。粤港澳大湾区生物技术在中国处于前沿地位，拥有华大基因、华因康等代表性生物技术研发企业，研究方向主要聚焦高端及新兴技术领域，如干细胞、再生医学、基因等。

产业链中游的参与者主要由三部分组成：外资龙头企业、本土大型企业及高新技术成长型企业。罗氏、默沙东、辉瑞、拜耳、费森尤斯等欧美老牌药企凭借深厚的历史底蕴及雄厚的资金、研发创新实力，拥有多项生物医药专利和忠实的客户群，对下游企业拥有绝对的话语权。中国也培育出一批业务涉及研发、生产、销售与服务等全产业链的本土龙头企业，比如进入世界500强榜单的中国医药、上海医药，以及华润三九、恒瑞医药等。该类企业成立时间久、专利数量多、商业模式成熟，对上下游企业的议价能力较强。国内还有众多在生物医药产业链单一环节或某一细分领域深耕细作的龙头企业，如专注于基因检测研究服务的华大基因、专注于CRO服务的药明康德、专注于疫苗研发的长春高新及专注于中药领域的片仔癀、白云山、云南白药等。迈瑞医疗、白云山、华润三九、华大基因等是粤港澳大湾区生物医药行业的本土龙头企业。此外，国内还有大量高新技术成长型企业，该类企业成立时间较晚，但布局有潜力的新兴技术，研发投入较大，发展态势向好。

产业链下游的终端市场主体为批发零售企业、各级医疗机构及部分零售药店。麦克森、美源伯根、Medipal等是美国、日本最大的生物医药批发企业。国内除了国药集团、华润医药等批发零售企业外，还存在大量零售药店连锁品牌，如大参林、同仁堂等。近年来，互联网零售是医药流通领域新崛起的势力，阿里健康是其中的典型代表。

从企业分布来看，美国生物医药企业众多，且布局在全产业链，德、法、丹麦等欧洲国家及日、韩也取得一定发展。从国内情况看，长三角地区的浙江、江苏、上海等在生物医药产业各环节都有所布局，且知名领军企业较多；此外，环渤海地区的北京、天津、沈阳、长春等企业也较多，尤其是在生物制药领域优势明显；粤港澳大湾区生物医药企业在广、深、港三地分布较多，且主要集中在生物技术研发及医疗器械、诊断试剂等领域。

---

① 合同委托生产企业（Contract Manufacturing Organization，简称CMO）。

表 8-2 国内外生物医药产业链主要环节重点企业

产业链环节			重点企业	
			国外企业	国内企业
制药基础	原材料		瑞士诺华制药有限公司	上海迪赛诺生物医药有限公司（上海）、江苏恒盛药业有限公司（苏州）、亿帆医药股份有限公司（杭州）、广东东阳光药业有限公司（东莞）、北京先锋科技股份有限公司（北京）、吉林省博大制药股份有限公司（吉林辽源）
	生物技术研发		美国安进公司（Amgen）、瑞士罗氏制药有限公司	深圳华大基因股份有限公司（深圳）、江苏恒瑞医药股份有限公司（连云港）、深圳华因康基因科技有限公司 HYK（深圳）
	制药设备		美国颇尔公司（PALL）、德国赛多利斯公司（Sartorius）	上海东富龙医疗科技产业发展有限公司 ToffLon（上海）、上海奥浦迈生物科技股份有限公司（上海）、北京英铭生物科技有限公司（郑州）
研发生产	生物药	单抗	美国安进公司（Amgen）	信达生物制药集团（苏州）、沈阳三生制药有限责任公司（沈阳）、嘉和生物药业有限公司（上海）
		疫苗	美国默克公司、美国辉瑞制药有限公司、	中国生物技术股份有限公司 CNBG（北京）、中国医药集团有限公司（北京）、华兰生物工程股份有限公司（新乡）、辽宁成大生物股份有限公司（沈阳）、长春高新技术产业（集团）股份有限公司（长春）、云南沃森生物技术股份有限公司（昆明）
		重组蛋白	丹麦诺和诺德生物技术有限公司、法国赛诺菲圣德拉堡集团	神州细胞工程有限公司（北京）、长春金赛药业有限责任公司（长春）、通化东宝药业股份有限公司（通化）
		血液制品	西班牙基立福公司（Grifols）、瑞士杰特贝林生物制品有限公司（CSL Behring）	上海莱士血液制品股份有限公司（上海）、中国生物技术股份有限公司 CNBG（北京）、华兰生物工程股份有限公司（新乡）、博雅生物制药集团股份有限公司（江西抚州）、武汉大安制药有限公司（武汉）
		诊断试剂	拜耳医药保健有限公司（德国）、瑞士罗氏制药有限公司	深圳华大基因股份有限公司（深圳）、科华生物工程股份有限公司（上海）、中生北控生物科技股份有限公司（合肥）、北京利德曼生化技术有限公司（沈阳）、迈克生物股份有限公司（成都）、中山大学达安基因股份有限公司（广州）

（续上表）

产业链环节		重点企业	
		国外企业	国内企业
研究生产	化学药	美国辉瑞制药有限公司、日本武田药品株式会社	江苏恒瑞医药股份有限公司（连云港）、上海医药集团股份有限公司（上海）、扬子江药业集团有限公司（江苏泰州）、江苏豪森药业集团有限公司（连云港）、四川科伦药业股份有限公司（成都）、齐鲁制药有限公司（济南）
	中药	美国东方生物技术有限公司（美东生物）、美国日晖集团	云南白药集团股份有限公司（昆明）、漳州片仔癀药业股份有限公司（漳州）、广州白云山医药集团股份有限公司（广州）、华润三九医药股份有限公司（深圳）、天士力控股集团有限公司（天津）、东阿阿胶股份有限公司（山东聊城）、江中药业股份有限公司（南昌）
	医疗器械设备	德国费森尤斯集团（Fresenius AG）、美国雅培公司、美国美敦力公司（Medtronic, Inc.）	迈瑞医疗国际股份有限公司（深圳）、江苏鱼跃医疗设备股份有限公司（苏州）、乐普（北京）医疗器械股份有限公司（北京）、浙江华海生物科技有限公司（杭州）、楚天科技股份有限公司（长沙）
批发零售		CVS health（美国）、沃尔格林联合博姿集团（美国）、美国麦克森公司、美源伯根公司（美国）、日本Medipal控股公司（Medipal Holdings））	中国医药集团有限公司（北京）、华润医药集团有限公司（香港）、上海医药集团股份有限公司、广州医药集团有限公司、九州通医药集团股份有限公司（武汉）、大参林医药集团股份有限公司（广州）、阿里健康科技（中国）有限公司（香港）
医药外包	研发外包CRO	艾昆纬 IQVIA（美国）、Syneos Health（美国）、inVentiv Health（美国）	北京昭衍新药研究中心股份有限公司（北京）、南京药石科技股份有限公司 Pharma Block（南京）、药明康德新药开发有限公司（无锡）、杭州泰格医药科技股份有限公司（杭州）
	生产外包CMO	三星生物制药（韩国）	睿智医药科技股份有限公司（南通）、浙江九洲药业股份有限公司（台州）、鼎康（武汉）生物医药有限公司（武汉）
	销售外包CSO	inVentiv Health（美国）	深圳市康哲药业有限公司（深圳）、泰凌医药（中国）有限公司（香港）、皓月医疗系统（大连）股份有限公司（大连）

资料来源：根据公开资料整理。

二、粤港澳大湾区生物医药产业发展总体概况

（一）市场规模

粤港澳大湾区是我国三大生物医药产业聚集区之一，具有完整产业链条和扎实产业基础的广、深双核带动大湾区生物医药产业快速发展，主要生物医药产业园增速在全国领先。如图 8-5 所示，近年来大湾区生物医药产业的市场规模处于高速稳定增长状态，2017 年开始市场规模就达到千亿级别。除了 2019 年因带量采购、医保控费等原因有小幅度回落外，2014—2020 年大湾区生物医药市场规模增速一直保持在 11% 左右的较高水平。

单位：亿元

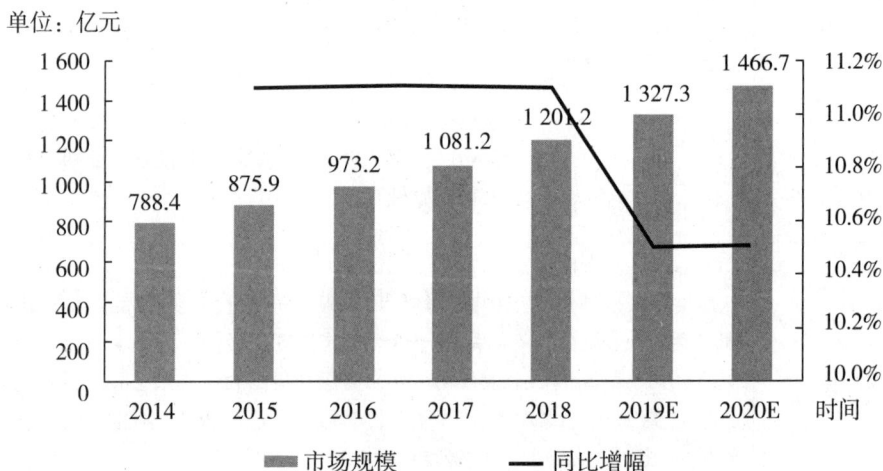

图 8-5　粤港澳大湾区生物医药市场规模及增速

资料来源：根据头豹研究院数据绘制。

（二）产能情况

从现状来看，大湾区内地九市的产值规模形成三级梯队：深圳和广州两大核心城市的生物医药产值规模达到千亿级，两市总和超过 4 000 亿；珠海、中山、江门等地产值规模为百亿级；惠州、肇庆生物医药产业处于起步阶段，产值规模为十亿级。各地区生物医药产值均保持较高增速，如 2019 年深圳市生物医药产业增加值的增速达到 13.3%，珠海生物医药总产值增速更是达到 18.7%。从各地发展规划看，未来生物医药产业产值潜力巨大。

表 8-3 粤港澳大湾区内地九市生物医药产业规模

城市	生物医药产业规模概况
深圳	近年来生物医药产业规模以年均20%的增速快速增长，产值已突破2 800亿①。2019年生物医药产业增加值337.81亿元，增速13.3%。《深圳市生物医药产业集聚发展实施方案（2020—2025年)》要求到2025年生物医药产业总产值突破2 000亿元的目标已经实现
广州	广州市生物医药产业近年来年均增长10%左右，2019年生物医药与健康产业增加值1 277.76亿元②。按照《广州市生物医药产业发展五年行动计划（2017—2021年)》，到2021年，广州生物产业规模将实现5 000亿元③，力争到2025年达万亿级
珠海	2019年生物医药产业总产值251.9亿元，同比增长18.7%；规模以上工业增加值61.05亿元，增长16.3%。按照《珠海市推动生物医药产业高质量发展行动方案（2020—2025年)》，预计2025年生物医药产业总产值达到450亿元
东莞	2019年生物医药及高性能医疗器械业增加值增长15.2%。根据《东莞市重点新兴产业发展规划（2018—2025年)》，计划到2025年生物医药及高性能医疗器械总产值达1 000亿元
中山	2018年健康医药产业产值800亿元，2019年生物医药及高性能医疗器械业增加值下降16.6%。《中山市健康医药产业发展行动计划（2018—2022年)》提出，到2022年，全市实现健康医药产业总产值规模达到1 200亿元
佛山	2019年生物医药及高性能医疗器械产业增加值增长18.7%
惠州	2019年医药制造与医疗器械产业总产值超过40亿元。《惠州市健康产业发展规划（2020—2030年）（征求意见稿)》提出，到2025年健康医药产业规模达到300亿元
江门	2019年医药制造业增加值增长6.5%。《江门制造2025》指出，预计2025年江门大健康产业产值规模突破千亿
肇庆	2020年1—9月生物医药产业实现总产值29亿元

资料来源：根据互联网及各市统计局公开资料整理。

注：由于无法获得港、澳生物医药产值数据，故此部分分析只针对大湾区内广东省九市，不包括港澳。

但是，从表8-3可以发现，各地对生物医药这一新兴产业的统计标准不一，有些地区采用医药制造与医疗器械产业或医药健康产业等替代生物医药产业指标，导致更深入的横向对比较困难。因此本节参考现有研究的做法，将产能分析细化到具有统一统计口径的

① 程洋，李榕. 深圳打造生物"硅谷"，生物医药产值已突破2 800亿［N/OL］. 南方都市报，2019-09-11. https：//sz. oeeee. com/html/201909/11/815370. html.

② 广州市科学技术局."广州军团"攻关！6穗企攻坚新冠疫苗研发［EB/OL］.（2020-11-04）http：//kjj. gz. gov. cn/xwlb/yw/content/post_ 6886935. html.

③ 徐静，冼栩阳，黄慧婷，等. 广州生物医药产业创新动能足发展势头劲［N/OL］，2020-01-10. https：//gzdaily. dayoo. com/pc/html/2020-01/10/content_ 125336_ 674373. htm.

医药制造业。从图 8 - 6 的大湾区内地九市对比来看，医药制造产值规模可分为三个梯队：广州、深圳处于绝对领先地位；珠海、佛山、中山跻身第二梯队；其余四个市起步相对较晚，产业成长空间巨大。此外，公开数据显示，珠海医药产业产值占总产值的比重最高，约为 5.9%，远高于深圳的 1.42% 和广州的 1.37%，生物医药产业在珠海市具有至关重要的地位。

单位：亿元

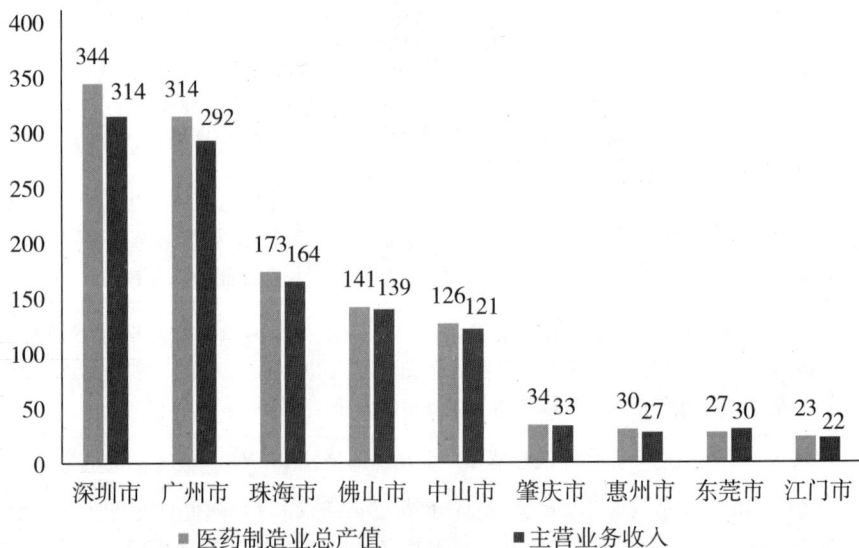

图 8 - 6　大湾区内地九市医药制造业产值规模

资料来源：根据各城市统计年鉴绘制。

注：由于无法获得港、澳生物医药产值数据，故此部分分析只针对大湾区内地九市，不包括港澳。

（三）粤港澳大湾区生物医药产业发展优势

粤港澳大湾区近年来生物医药产业的快速发展主要受到产业集聚、人才、投融资等因素的驱动。

第一，大湾区生物医药产业园云集带来规模效应。截至 2017 年末，在全国 450 个生物医药产业园区中，珠三角地区的园区数量占全国比重达 26%，其数量在全国各生物医药集聚区中仅次于长三角地区，集聚带来的规模效应能够推动生物医药产业高速增长（见图 8 - 7）。

第二，开放包容的人才政策和高校林立为粤港澳大湾区生物医药行业的发展奠定人才基础，加快了区域创新步伐。头豹研究院数据显示，截至 2018 年末，粤港澳大湾区内地九市中除江门外，其他城市均处于人才净流入状态。如图 8 - 8 所示，2019 年各城市常住人口均处于增加状态，尤其是广深两市常住人口增量超过 40 万。根据 2018 年公布的 QS、泰晤士高等教育及 USNews 三大排名，进入世界 500 强的粤港澳大湾区高校共 10 家，总数超过京津环渤海地区与长三角地区。

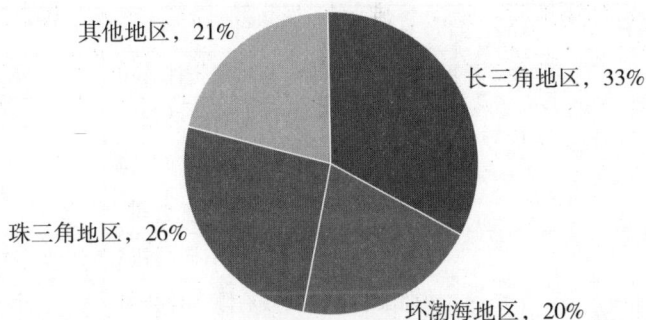

图8-7　国内国家级生物医药产业园分布

资料来源：根据前瞻产业研究院数据绘制。

单位：万人

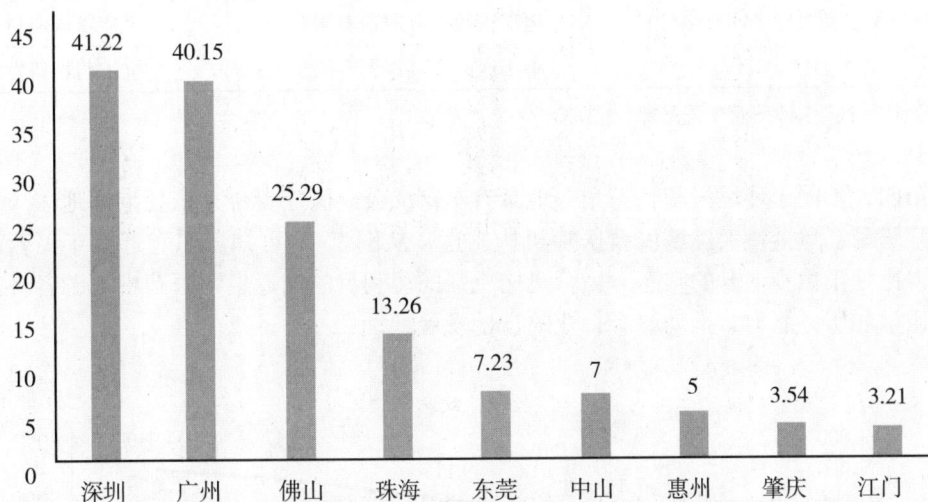

图8-8　大湾区内地九市2019年常住人口增量

资料来源：根据南方经济智库数据绘制。

　　第三，大湾区资本市场发达，生物医药领域投资热度持续上升。如表8-4所示，建信资本、招银国际、高特佳、深创投等创投、风投机构均投资了众多大湾区内的生物医药企业。此外，众多大湾区内的上市企业参与投资设立医疗生物产业基金，生物医药产业的投融资效率得到极大提升。

表 8 – 4　知名创投、风投机构对大湾区生物医药企业的布局

企业名称	投资项目	所处赛道
建信资本管理有限责任公司	深圳微芯生物科技有限责任公司	小分子新药研发
	中山康方生物医药有限公司	抗体药物研发
	广州市恒诺康医药科技有限公司	抗病毒药物研发
	广州市基准医疗有限责任公司	分子诊断
招银国际资本管理（深圳）有限公司	广州燃石医学检验所有限公司	肿瘤基因测序
	深圳微芯生物科技有限责任公司	小分子新药研发
深圳市高特佳投资集团有限公司	迈瑞医疗国际股份有限公司	医疗器械耗材
	中山康方生物医药有限公司	抗体药物研发
	广州华银医学检验中心有限公司	检测诊断技术服务
深圳市创新投资集团有限公司	深圳微芯生物科技有限责任公司	小分子新药研发
	迈瑞医疗国际股份有限公司	医疗器械耗材
	中山康方生物医药有限公司	抗体药物研发

资料来源：根据公开资料整理。

第四，不同于环渤海和长三角等地具有丰富的公立医疗资源，依托港澳地区丰富的民营医疗资源，粤港澳大湾区民营医疗机构发达，从图 8 – 9 可知广东省近五年民营医院数量与占比处于稳步上升的状态。民营机构更强的盈利目的倒逼生物医药中上游各环节提升产品质量和服务能力，推动整个行业的良性发展。

图 8 – 9　广东省 2015—2019 年民营医院数量及占比

资料来源：根据南方经济智库数据绘制。

第二节　生物医药产业发展环境

一、国内外产业政策趋势

（一）国外生物医药产业相关政策

近几年我国生物医药产业取得了一定的发展，但与发达国家的生物医药发展水平仍然存在不小的差距。与传统制药产业相比，生物医药作为一个新兴产业，世界各国基本处于同一起跑线。欧美发达国家之所以能取得迅速发展，除了得益于基础研发优势外，离不开政府层面对生物经济、生物技术的重视和不断强化的产业规划、产业政策。表 8-5 对欧、美、日等生物医药老牌国家和地区及印度、新加坡等生物医药产业发展迅速的新兴国家的相关政策进行梳理，可以发现各国政府通过政府投资、赋税制度、研发技术经费的财政支持等多种手段支持生物医药产业发展。

表 8-5　各国生物医药产业相关政策与规划梳理表

国家和地区	政策名称	政策内容
欧盟	《生物技术工业宣言 2019——重振欧盟生物技术雄心》	指导原则：迅速提升欧盟生物技术工业竞争力； 五项关键行动：制定科学创新政策、拓宽生物技术方法获得渠道、建立公平和可持续的知识产权系统、建设支撑性和可预测的资助框架、发展生物技术工业创新战略
德国	"高技术战略 2025"	提出的 12 项高技术发展具体任务中有 6 项与生物技术相关，其中与生物医药密切相关的包括癌症抗争（国家 10 年抗癌计划）和智能诊疗（数字化卫生系统）
德国	《国家生物经济政策战略》	主要内容：增加可再生资源的生产和供应；加快生物技术和产品的创新；通过智能化价值链提升产业附加值；切实提高土地资源的利用效率；在全球化背景下发展生物经济
法国	生物经济战略 2018—2020 年行动计划	为加速生物经济快速发展部署五大领域：生物经济知识传播、生物经济政策及产品宣传、配套条件完善、可持续生物资源的生产、资金资助
英国	《发展生物经济，改善我们的生活、强化我们的经济：2030 年国家生物经济战略》	明确未来英国生物经济发展的四个战略目标：①建立世界级的研究、开发和创新基地；②最大程度地提高现有英国生物经济部门的生产力和发展潜力；③为英国经济提供实际、可测量的利益；④创造合适的社会和市场环境与条件。战略围绕研发投入、人力资源、基础设施、商业环境、区域发展和保障措施等提出了 15 项具体行动

（续上表）

国家和地区	政策名称	政策内容
美国	《州政府生物技术议案》	是美国比较系统的生物医药产业政策，囊括美国所有州政府的生物技术工业发展战略，目的是为生物技术公司营造良好的发展环境
	《生物技术未来投资和扩展法案》	通过修改赋税制度，刺激企业研究与投资生物医药的积极性
	《国家生物经济蓝图》	提出生物经济五大战略目标：支持研究和发展（RD）投资、加强成果转化、发展和改革法规、更新人才培训计划及加强产学研合作等。明确将"支持研究以奠定21世纪生物经济基础"作为科技预算的优先重点
	《生物经济计划：实施框架》	为了最大程度利用政府投资加速生物经济发展，下一阶段将聚焦先进的藻类燃料系统、基因编辑、生物质转化和碳循环、科技基础设施建设等方面展开技术攻关，扩大融资渠道，创新财政资金支持机制
日本	《生物战略2019——面向国际的生物社区的形成》	日本将重点发展九大领域：高性能生物材料、生物塑料、可持续农业生产系统、有机废弃物和废水处理、健康护理和数字医疗、生物医药与细胞治疗、生物制造工业与食品生物产业、生物分析测量和实验系统、木质建筑和智能林业管理等
印度	《国家生物技术发展战略2014》	通过加大投资等直接的措施，生产更好的生物技术产品、工艺及技术，提高农业、食品安全、可负担医疗、环境安全、生物制造等领域的效率；大力培养科学和技术方面的生物技术人才；建设良好的基础设施用于研发与商业化
新加坡	《科研、创新与企业2020计划》	未来五年新加坡政府将在健康和生物医药科学方面拨发经费约40亿新元（约合192亿元人民币），占此次科研创新和企业活动总经费的21%，是计划涉及的八大领域中经费最多的
	促进生物医药产业发展行动计划	将生物医药产业（主要包括医药品、生物技术、医学技术、健康护理等领域）与电子、工程、化学工业相并列，将其培育成国民经济发展的支柱产业

资料来源：根据公开资料整理。

（二）中国生物医药产业相关规划回顾

相比于欧美发达国家，我国生物医药产业起步较晚，开拓性、颠覆性的技术创新不足，依然存在制约行业发展的政策短板，与生物经济强国的目标依然有一定距离。为此，我国近年来在国家层面多次出台生物医药产业相关规划和政策，如表8-6所示，新药创制、医疗器械智能化现代化、精准医学、合同研发和生产服务等是我国生物医药产业相关政策的重点支持领域。同时，我国对生物产业"国民经济支柱产业"的定位，意味着生物医药产业无论是产业规模、技术水平还是国际竞争力都将大大提升。

表8-6 我国生物医药产业相关政策与规划梳理表

时间	政策名称	政策内容
2012年	《生物产业发展规划》	提出"到2020年,生物产业发展成为国民经济的支柱产业"的目标。关于生物医药产业,要求加快生物技术药物、化学药物、中药等新产品与新工艺的开发和产业化,提升生物医药竞争力,促进生物医学工程高端化发展
2016年	《"十三五"生物产业发展规划》	提出"到2020年生物产业规模达到8万亿~10万亿元,成为国民经济的主导产业"的目标。关于生物医药产业,要求加速新药创制、发展精准医学、医药产业转型升级,建立基于信息技术与生物技术深度融合的现代智能医疗器械产品及服务体系
2017年	《"十三五"生物技术创新专项规划》	到2020年,实现本领域整体"并跑"、部分"领跑"。基础研究取得重大原创性成果,突破一批核心关键技术,完善生物技术标准体系,打造生物技术创新平台,强化生物技术产业化,基本形成较完整的生物技术创新体系
2018年	《关于组织实施生物医药合同研发和生产服务平台建设专项的通知》	拟于"十三五"期间组织实施生物医药合同研发和生产服务平台建设专项,重点支持一批高水平、国际化的综合性生物医药合同研发和生产服务平台建设,着力提升生物医药研发和生产服务能力

资料来源:根据公开资料整理。

从表8-7的大湾区相关政策规划中可以发现,大湾区生物医药产业未来的发展重点放在基因工程、细胞治疗、新型疫苗等生物制药及高端医疗器械领域,同时注重对传统中药的传承与创新发展。

表8-7 大湾区生物医药相关政策与规划梳理表

时间	政策名称	政策内容
2016年	《广东省促进医药产业健康发展实施方案》	围绕医药重点领域提升创新能力和产业化水平,推进中医药现代化,加快医疗器械转型升级,推动医药产业智能化。到2020年,形成以广州国家生物医药产业基地、深圳国家生物技术和医药产业基地等为核心的珠三角医药产业集群和岭南道地中药材原料产业集群,推动区域协调发展
2017年	《广东省战略性新兴产业发展"十三五"规划》	发展高通量测序、基因编辑、基因合成、细胞治疗等先进技术,对重组蛋白药物和抗体药物、新型疫苗、仿制药一致性评价等做出部署,支持干细胞与再生医学领域关键技术研发和临床试验。鼓励原创中药新品种和名优中成药二次开发,做强特色南药,加快推进中药现代化标准化。加大创新药物研发力度,发展高端医疗器械,注重产品创新和产业化

（续上表）

时间	政策名称	政策内容
2019 年	《粤港澳大湾区发展规划纲要》	推动生物技术发展壮大为新支柱产业；在蛋白类等生物医药、高端医学诊疗设备、基因检测、现代中药等重点领域培育一批重大产业项目；密切与港澳的医疗卫生合作，深化中药领域合作，发展健康产业
2020 年	《广东省关于促进生物医药创新发展的若干政策措施》	以广州、深圳为核心，打造广深港、广珠澳生物医药科技创新集聚区；加快生物医药科研实验平台建设，强化关键核心技术供给；培育产业特色园区与骨干企业；积极对接国内外高端科技创新资源，促进创新要素在大湾区内跨境流动
2020 年	《广东省发展生物医药与健康战略性支柱产业集群行动计划（2021—2025年)》	对生物医药与健康产业范围进行界定，主要包括生物药、化学药、现代中药、医疗器械、医疗服务、健康养老等领域；对大湾区各市在生物医药与健康产业的分工进行布局；推动上下游企业协同发展，提升产业集群价值链；开展源头创新和底层基础性技术攻关，提升生物医药与健康产业发展动能；提升生物安全治理水平，从审评审批机制、金融服务、人才引进培育等层面完善产业创新生态

资料来源：根据公开资料整理。

（三）医疗卫生体制改革相关政策

除了生物医药产业相关规划外，我国还有一些基于国情的医疗卫生体制改革政策，也是影响生物医药产业发展的重要因素。

1. 药品集中采购常态化

药品集中采购政策对于降低虚高药价、探索以市场为主导的药价形成机制具有重要意义。我国药品集中采购的五个发展阶段如图 8-10 所示。2015 年以来，我国药品集中采购已经步入深化阶段；2020 年，涉及 45 个药品品种、约 250 亿集中采购规模的第四轮集中采购开启。2021 年 1 月 28 日，国务院发布的《关于推动药品集中带量采购工作常态化制度化开展的意见》表示将逐步覆盖国内上市的临床必需、质量可靠的各类药品，做到应采尽采。随着药品集中采购逐渐步入常态化，行业持续分化，龙头效应显著。

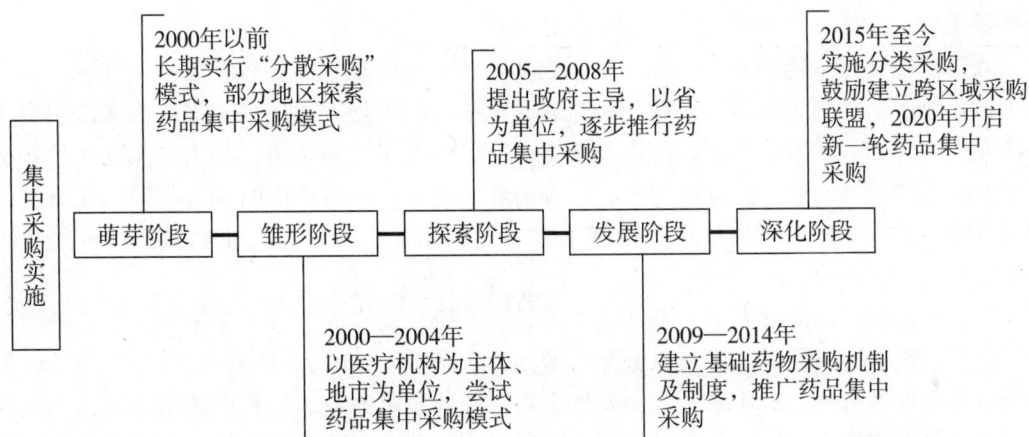

图 8 - 10 我国药品集中采购政策沿革

资料来源：中国政府网、国家医保局、国家卫健委、上海阳光医药采购网、中航证券研究所。

2. 医保目录谈判范围扩大

医保目录谈判与药品集中采购一样，是降低药价、推动医保基金节约的有力手段。医保局自 2018 年成立后，具有组织实施医保目录谈判的职能，此前由原国家卫计委组织医保目录谈判，至 2020 年已进行了五轮。我国医保目录谈判多次明确"腾笼换鸟"的策略方向，即通过调控目录内药品种类和价格，对医保基金支出进行适当缩减。从历次谈判的趋势来看，谈判药品数量总体上逐渐增多，药价平均降幅趋于缓和。对比过去几轮谈判结果来看，国产 PD - 1 药品的全部入围，证实了政府对创新药的大力支持和我国医药行业进口替代逻辑的加强。在养老负担持续加重的趋势下，我国医保基金支付压力会日益加大，因此医保目录的更新调整将趋于常态化。长期来看，对谈判准备更充分、具有更多产品管线、更具创新能力的生产企业将会更具优势。

（四）政策评价

通过以上生物医药相关政策梳理回顾，我们可以总结出粤港澳大湾区生物医药产业发展的政策环境：

药物创新是长期趋势。创新药研发既是医药技术长期发展的方向，也是驱动医药行业可持续发展的重要动力。一系列创新药利好政策通过优化审批流程、加强知识产权保护、促进医保准入等为药物创新保驾护航，国内和大湾区相关规划多次提及鼓励创新药物研发，大湾区资本市场的风向更是利好新药研发和检测诊断技术研发等赛道。

仿制药行业承压，竞争壁垒转向更高级。医药行业供给侧改革和医药卫生体制变革给我国仿制药行业带来巨大压力。一致性评价和严格的环保要求显著增加了医药生产成本，带量采购政策又降低了利润率，双重挤压下未来我国仿制药行业可能迎来一段增速减缓的低迷期。但是，新的政策环境看似加剧了仿制药行业的价格竞争，背后其实是引导医药产品的价值回归治疗本质，加速行业竞争壁垒向研发能力、生产能力和产品集群转变：企业只有拥有工艺门槛高、创新性强的仿制药品种才能获取超额收益；只有持续性地研发，形成产品集群，才能在动荡的政策环境中保持盈利。

政策环境利好生物制品。国际环境对生物经济、生物技术的重视程度不断加深，尤其是美、日等医药大国出台多项生物经济振兴政策和战略规划。我国在国家层面多次出台生物产业相关规划、政策，深圳、珠海等地方政府也不断出台新政策，加大对大湾区生物技术研发企业的扶持力度。在此趋势下，广东省尤其是大湾区城市既有利好政策，又有技术创新优势，基因测序、新型疫苗、细胞治疗等生物制品将长期成为生物医药产业的热点赛道。

医药外包服务行业发展呈上升势头。随着药品研发成本的上升，越来越多企业选择研发、生产、销售等医药外包服务以分摊资源投入和风险，CRO、CMO、CSO 等医药外包服务行业迎来发展机遇。近年来，大力发展生物医药外包服务业、培育产业新增长点已成为广东省重要发展战略，大湾区借助华南（国家级）综合性新药研究开发技术服务平台、广州生物技术外包服务联盟、海珠检测与认证产业联盟等生物医药外包服务产业基础，外包服务行业呈上升势头。国家《关于组织实施生物医药合同研发和生产服务平台建设专项的通知》的出台为打造专业化合同研发和生产服务平台提供政策保障。

二、国内外市场需求趋势

（一）药品支出

如图 8-11 所示，在目前全球主要国家中，美国药品支出的全球占比遥遥领先，接近半数；中日两国紧随其后，约占全球药品总支出的 20%；其他亚洲国家如印度、韩国的药品支出也相当可观。人口老龄化、疾病发病率上升、健康意识加强等因素使得全球生物医药产业面临的需求不断增加。各国未来的药品支出都将面临不同幅度的增长，艾昆纬（IQVIA）报告[1]指出，到 2023 年，预计全球药品支出将上升至 1.5 万亿美元，其中美国药品支出到 2022 年预计达到 6 000 亿美元，中国和日本将分别达到 1 600 亿和 870 亿美元。药品支出的增长趋势在亚洲更为明显，随着经济迅速发展，城镇化地区污染加剧、饮食生活习惯变化等因素导致亚洲存在大量慢性病、癌症等患病人群。世界卫生组织数据显示，2020 年亚洲仅癌症治疗药品支出就达到 1 500 亿美元，与 2015 年相比增幅达 40%。图 8-12 显示，中国各类癌症患者占全球比重接近半数，慢性病患者人数庞大。重大疾病负担意味着我国未来巨大的医药市场。

---

[1] 《2019 年全球药物使用情况和 2023 年展望：预测和关注领域》。

美国	467	600
中国	123	160
日本	85	87
德国	45	56
法国	33	38
巴西	33	40
意大利	29	36
英国	26	31
西班牙	22	26
加拿大	21	25
印度	19	28
俄罗斯	15	22
韩国	14	17
澳大利亚	13	14
亚洲其他国家和地区	192	250

■ 2017年药品支出（10亿美元）
■ 2022年药品支出预测（10亿美元）

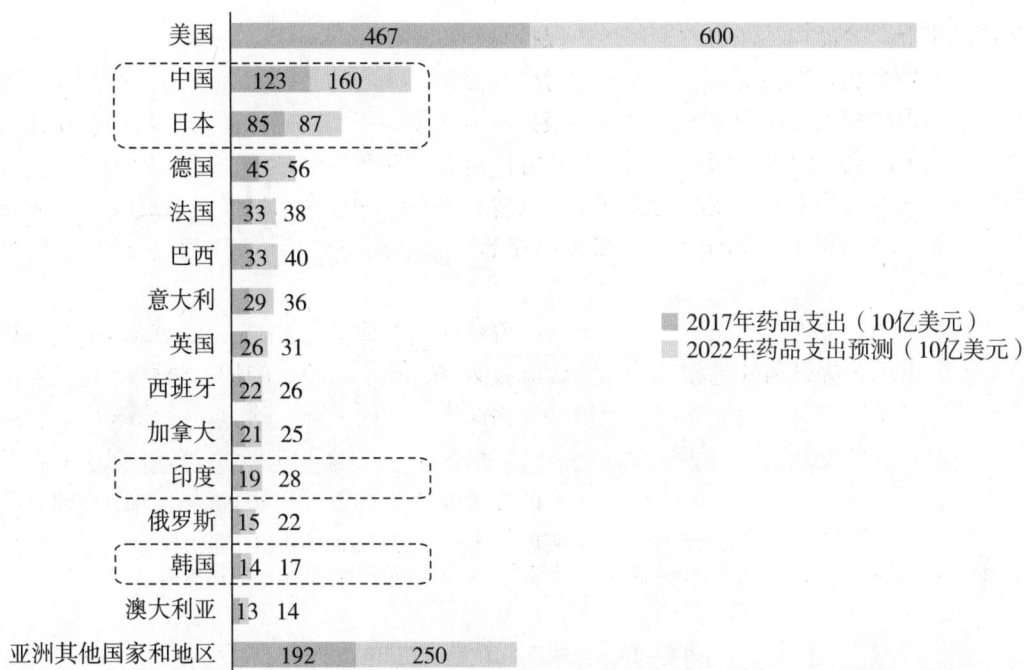

图 8 – 11　全球主要国家药品支出

资料来源：根据 IQVIA 人类数据科学研究所（IQVIA Institute for Human Data Science）数据绘制。

中国每年治疗 300 万~400 万名癌症患者	占全球		
	37% 的肺癌	44% 的胃癌	52% 的肝癌
中国糖尿病患者达 1.1 亿人	其中 1/2 的人尚未被正式诊断		还有 5 亿人为前期糖尿病人
中国乙肝患者达 1.4 亿人	其中 3 000 万是慢性乙肝患者		
中国有 2.7 亿高血压患者，约 1 亿慢性阻塞性肺病患者			

图 8 – 12　中国的疾病负担

资料来源：艾意凯咨询（L. E. K.）。

（二）市场规模

　　全球生物医药市场规模持续扩大，中国市场规模占全球比重持续增加，中国在全球生物医药市场的地位逐渐凸显（见图 8 – 13）。从近几年的数据看，全球生物医药市场规模从 2015 年的 2 048 亿美元扩大到 2019 年的 2 864 美元，2020 年和 2021 年的预期更是超过 3 000 亿美元，全球生物医药市场规模保持稳定增长且增速稳定在 10%。同时，近年来中国生物医药市场规模保持两倍于全球水平的高增速，除 2017 年有所回落外，增速基本保持在 20% 左右。中国生物医药市场规模占全球规模的比重也在稳步上升，从 2015 年的 11% 上升为 2019 年的 16.8%，预计到 2021 年将达到 20%。

单位：十亿美元

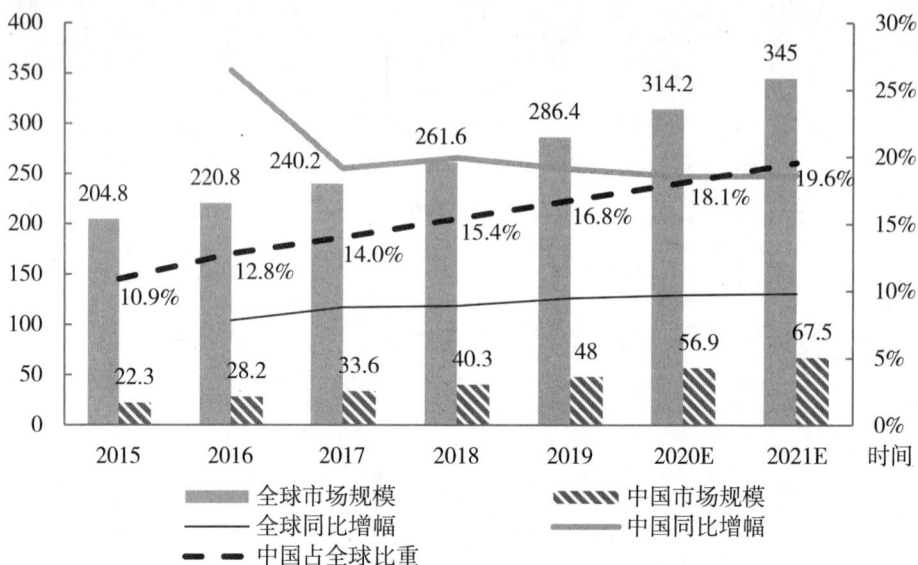

图 8 - 13　全球及中国生物医药市场规模

资料来源：根据弗若斯特沙利文咨询、国元证券经纪（香港）数据绘制。

（三）市场结构

按照申万行业标准，生物医药行业主要有化学制药、中药、生物制品、医疗器械、医疗服务、医药商业六个细分板块，尽管生物医药产业整体呈向上趋势，但各板块之间存在明显分化（见图 8 - 14）。

我国是仅次于美国的世界第二制药大国，仿制药物生产长期以来在我国制药行业具有重要地位，化学原料药、化学药品制剂、中成药等的品种和产量全球占比高，化学制药、中药等药品板块曾一度在我国生物医药行业占据主导地位。从近年发展情况看，原本药品占主导的格局被逐渐打破，尤其是中药板块，受医保控费、新版医保目录调整、限制辅助用药和中药注射剂被限制使用等政策影响，中药板块市值回落明显。随着血液制品、疫苗、重组蛋白等在重大疾病、慢性病治疗中的优势逐渐显现，生物制品板块近年来一直持续发展。作为抗击疫情的重要武器，全球疫情暴发为生物制品尤其是疫苗、检测诊断试剂等产品需求的大规模上涨带来契机。2018 年以来，医疗器械与医疗服务板块快速扩容。随着疫情的持续蔓延，口罩、防护服等低值耗材需求激增，呼吸机等生命监护与支持系统供不应求，医疗器械板块也展现出明显的疫情受益特点。以爱尔眼科、通策医疗为代表的民营医院和医疗服务外包企业，助推了医药服务板块的腾飞。在"两票制"政策冲击下，医药商业市值明显下滑，成为各板块中最低的一个。

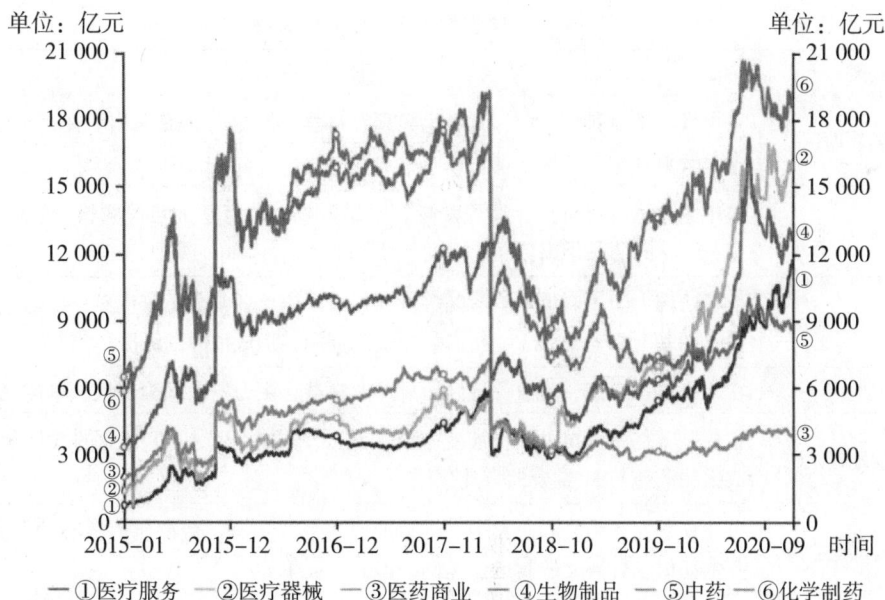

图 8 - 14　生物医药细分板块市值

资料来源：同花顺 iFinD。

三、国内外生产布局趋势

（一）生产布局

全球生物医药产业的供给集中分布在美国、欧洲、亚洲三大区域。美国的生物医药研发实力遥遥领先，成为全球首要的发展中心；欧洲凭借产业基础和技术优势紧随美国之后；日本虽起步晚于欧美国家，但典型的老龄化社会为其生物医药产业的迅猛发展提供广阔空间。近年来，中国、印度、新加坡等亚洲国家的生物医药产业在政府积极培育下也得到极大发展。

表 8 - 8 是全球主要生物医药生产区位的布局。各国生物医药的核心重点区域都分布在本国经济发达、科研机构密集的地区。美国生物技术产业集中在波士顿、华盛顿、旧金山、圣迭戈、北卡罗来纳五大地区；英国的伦敦、牛津、剑桥、爱丁堡等高等院校及科研机构密集地区也是重要的生物医药产业集聚区，如剑桥基因组园；法国生物医药产业集中分布在巴黎、马赛、南特等地，如巴黎南郊的基因谷；德国则在汉堡、巴伐利亚、科隆等地建立了生物技术示范区；有"印度硅谷"之称的班加罗尔拥有专注于生物技术研发的班加罗尔生物园；中国生物医药产业则分别围绕北京、上海、深圳形成集聚。

表8-8　全球生物医药产业区位分布

地区	发展情况概述
英国伦敦地区	主力发展生命科学产业，具备世界顶级科学研发能力，在基因测序、基因治疗的细分赛道处于全球领先地位
瑞典、丹麦地区	集中了大量科研机构、高等院校、附属医院，政府基金与民间投资机构联系紧密，90%的药品供出口
美国波士顿地区	依托哈佛大学、麻省理工学院等世界顶级学府，凭借数十家世界顶级药企和政府设立的基金，整合人才、技术、资金等资源，形成世界顶级医药集群
日本地区	在北海道、东京、关西等地区形成产业集群，主力发展基因工程及单体克隆制备
印度地区	主要分布在海得拉巴、班加罗尔及孟买三个城市，依托IT行业的发展优势，形成生物医药与IT融合的产业集群
中国环渤海地区	以北京为人才中心和研发中心，形成以芯片为中心、蛋白质为核心的创新体系，并依托山东、河北的制造业基础，形成产业集群
中国长三角地区	综合实力处于全国领先的地位，以浙江、江苏的制造业为依托，以中信国健、微创医疗等龙头企业为带动

资料来源：根据艾瑞咨询数据整理。

全球各地区在生物医药产业的全球分工中各有侧重。美国作为老牌生物医药强国，在原材料、新药研发、传统制药及销售等全领域都处于领先地位，尤其研发水平已在全球确立了代际优势；英国在基因测序、基因治疗的细分赛道全球领先；日本主力发展基因工程与单体克隆制备；印度形成生物医药与IT融合的产业集群。依托强大的制造业基础，中国从服务外包和生产外包起步，近年来新药研发、生物芯片、诊断试剂及疫苗等领域也获得较快发展。

（二）企业实力与创新能力

2020年进入全球500强榜单的生物医药企业共有30家，分布在美国、德国、瑞士、日本、中国、英国、法国等国家，其中美国以19家的企业总数领先全球。美、欧、日这三个国家和地区生物医药产业起步早，企业实力和研发实力强，掌握着全球约90%的生物医药专利，仅美国生物医药专利占全球比重就接近半数。经过近几年的追赶，中国生物医药行业的500强企业数量及发明专利数量已足以与日、德等发达国家并驾齐驱，上榜的中国企业包括恒瑞医药、正大天晴、药明康德、科伦药业等。丹麦、比利时、瑞典、荷兰等国分别有1~2家企业上榜，占比较低，图8-15中并未标注。

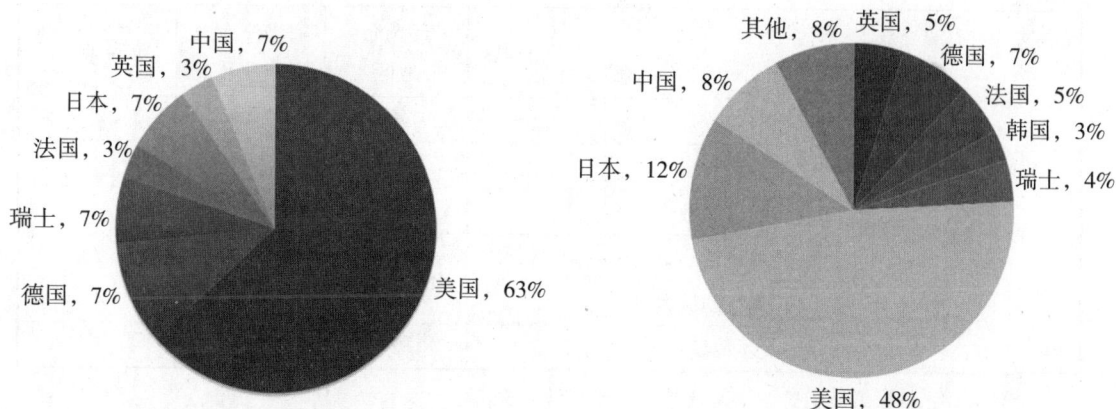

世界 500 强榜单生物医药企业各国占比

全球生物医药发明专利榜单各国占比

图 8 - 15 2020 年生物医药世界 500 强企业与生物医药发明专利前 100 名的全球分布

资料来源：根据"全球 500 强企业排行榜"① "2020 年全球生物医药产业发明专利排行榜（TOP100）"② 数据绘制。

国内四大主要生物医药集聚区的企业实力、创新实力与产值概况如表 8 - 9 所示。其中综合实力最强的是长三角地区，与其他集聚区相比，粤港澳大湾区综合实力位于长三角和环渤海地区之后，企业实力和创新能力排名分列全国第三和第四位。大湾区的生物医药产业在新药创制、靶向治疗、生物芯片、个体化药物等方面存在较大差距，技术还处于跟跑阶段。进入"2019 年中国医疗健康独角兽企业榜单"前十名的大湾区内企业只有华大智造一家，大湾区生物医药领域创新创业活力仍然较为欠缺。

表 8 - 9 四大生物医药集聚区发展状况对比

区域		长三角地区	环渤海地区	粤港澳大湾区内地九市	成渝地区
产能	生物医药产业园区数量占比	33%	20%	26%	—
	生物医药产业园区总产值占比	28.55%	34.48%	7.65%	—
企业实力排名	企业总数	1	2	3	4
	高新技术企业数	2	1	3	4
	医药工业百强企业数量	2	1	3	3
	独角兽企业数量	1	2	3	2
	上市企业数量	1	2	3	4

① 财富中文网。

② IPRdaily 中文网与 incoPat 创新指数研究中心联合发布。

（续上表）

区域		长三角地区	环渤海地区	粤港澳大湾区内地九市	成渝地区
创新能力排名	发明专利申请数量	2	1	3	4
	药物临床实验数量	1	2	4	3
	CDE药品受理总数	1	2	4	3
	上市药品数量	3	1	4	2
	上市二、三类医疗器械数量	2	1	3	4
	高层次人才数量	3	2	4	1

资料来源：根据火石创造、中商产业研究院数据整理。

在我国约450个生物医药产业园区中，粤港澳大湾区园区数量较多，占全国园区总数的比重仅次于长三角，为26%。但大湾区生物医药产业园区产值占全国总产值的比重仅为7.65%，占比相对较低，这可能是因为大湾区的生物医药企业多为初创型企业，呈现多而小的特点，企业实力不强。相对生物医药产业发展相当成熟的长三角和环渤海地区来说，粤港澳大湾区生物医药产业仍有巨大的发展潜力。

四、疫情对我国生物医药产业影响

如图8-16所示，疫情对我国生物医药产业2020年行情的影响可分为五个阶段。

1—2月，国内疫情开始发酵，带动医药行业随整体经济形势下滑。

2—3月，国内疫情暴发带动医疗行业需求上升，疫情相关产业链行情开始上涨，同时疫情不确定性引发行业出现震荡。同期口罩、医用敷料、抗生素和呼吸机设备等相关概念开始发酵，医疗器械领涨行业。

3—8月，我国疫情逐渐缓和，并于5月逐渐趋于稳定，开始迈入常态化管控阶段。但海外疫情呈多点扩散态势，部分国家出现疫情失控情况，我国医疗物资出口额大幅提升，国内外市场需求旺盛，持续推升医药行业整体景气度。尤其是随着疫苗、新冠试剂检测刚需的出现，生物制品市场受关注度逐渐提高。

8—11月，在海外疫情暴发阶段行业估值提升过快、估值明显偏高，在经历前期较大涨幅及中报披露完毕后，随着我国疫情逐渐消退，经济复苏态势明朗，市场逐渐回归理性，医药板块进入调整期。

11—12月，随着年关将近，我国人口流动显著增多，区域疫情暴发，全国疫情防控政策收紧态势明显。对疫情反弹的预期变化、高频的核酸检测及新冠疫苗获批上市等因素引发市场重新关注疫情产业链相关概念，行业整体迎来反弹。

行业指数

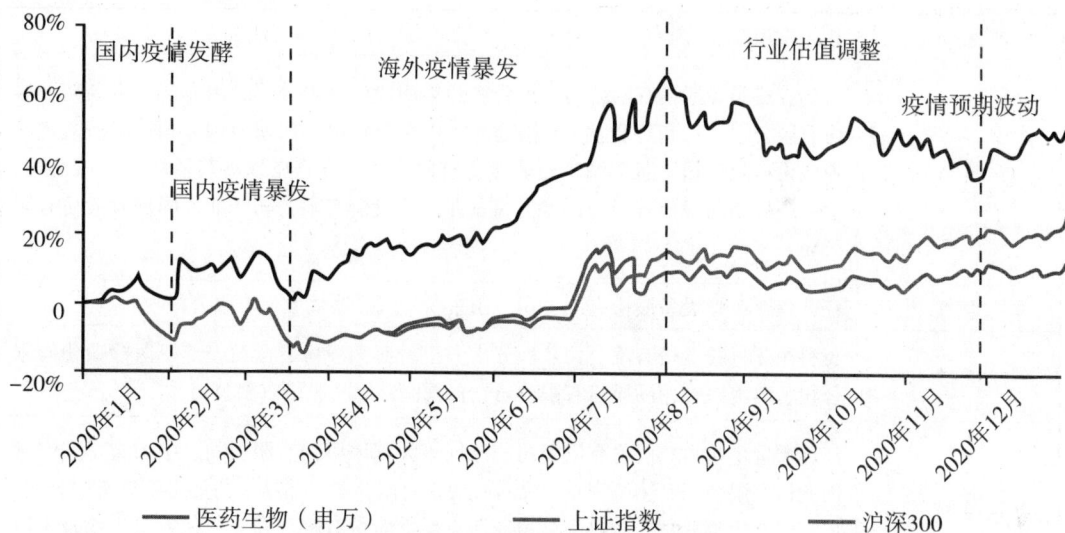

图 8 - 16　疫情对生物医药市场走势的影响

资料来源：Wind 资讯、中航证券研究所。

生物医药产业受疫情影响较大的六大领域及国内相关企业如表 8 - 10 所示，主要包括抗生素、抗病毒、干扰素和激素等抗类药物，检测、监测类设备，口罩、纱布等医用耗材，病毒筛查试剂以及疫苗等。目前国内疫情处于常态化管控阶段，海外疫情拐点仍未出现，随着呼吸机、监测仪器等设备趋于饱和，抗类药物及设备类产业链市场热度逐渐褪去，耗材、检测试剂和疫苗等疫情产业链有望持续从市场高需求中受益。其中，我国医用耗材行业已经具有非常完整的产业链，我国基因检测领域从设备到试剂都具有全球领先的竞争力，相比之下疫苗是我国生物医药产业中受疫情推动最大的产品。

疫情使居民对疫苗的认知和肺部健康保健意识进一步增强，使我国肺炎疫苗批签发量、市场渗透率显著提高。新冠疫苗方面，国药集团的灭活疫苗是继俄罗斯之后全球第二款正式上市的疫苗，国内生物企业在疫情下表现出优秀的应变能力和研发创新实力。中国国药集团（北京）和科兴生物的两款国产疫苗相继上市且受到外国市场的广泛青睐，已被马来西亚、菲律宾、土耳其、玻利维亚、阿联酋、巴林、墨西哥、巴西多国批推上市使用。据"健康界"网站公开数据显示，截至 2021 年 2 月 20 日，全球接种中国国药和科兴两款新冠疫苗的人数超 2 000 万。目前来看，京津冀地区是国内新冠疫苗生产最大集聚地，国药集团和科兴生物的生产基地分别位于北京亦庄和北京大兴，疫苗上市申请刚刚获得受理的康希诺的生产基地则位于天津经济开发区。

表 8 - 10　疫情产业链相关上市企业

产品分类	相关上市企业
抗类	吉药控股集团股份有限公司、东北制药集团股份有限公司、黑龙江珍宝岛药业股份有限公司、仁和药业股份有限公司、山东鲁抗医药股份有限公司、上海凯宝药业股份有限公司、浙江海正药业股份有限公司、石家庄以岭药业股份有限公司、上海现代制药股份有限公司、华润三九医药股份有限公司、北京同仁堂股份有限公司
设备	江苏鱼跃医疗设备股份有限公司、山东新华医疗器械股份有限公司
耗材	英科医疗科技股份有限公司、江苏南方卫材医药股份有限公、蓝帆医疗股份有限公司、奥美医疗用品股份有限公司、振德医疗用品股份有限公司
试剂	江苏硕世生物科技股份有限公司、深圳华大基因股份有限公司、中山大学达安基因股份有限公司、上海透景生命科技股份有限公司、丽珠医药集团股份有限公司、广东凯普生物科技股份有限公司、迈克生物股份有限公司、广州万孚生物技术股份有限公司
疫苗	中国医药集团有限公司、北京科兴生物制品有限公司、重庆智飞生物制品股份有限公司、云南沃森生物技术股份有限公司、深圳康泰生物制品股份有限公司
其他	深圳市海王生物工程股份有限公司、九州通医药集团股份有限公司

资料来源：根据公开资料整理。

第三节　生物医药产业链 SCP 范式研究

一、市场结构分析

选取我国生物制品、化学制药、中药、医疗器械、医药商业、医疗服务各板块中市值最高的前六家企业，利用主营业务收入来计算绝对行业集中度（CR6），各细分行业集中度如表 8 - 11 所示。

表 8 - 11　生物医药各子行业集中度

细分行业	生物制品	化学制药	中药	医疗器械	医药商业	医疗服务
CR6	51.83%	22.03%	40.65%	24.70%	50.87%	61.64%

资料来源：根据同花顺 iFinD 上市企业数据（截至 2020 年 9 月末）计算。

通过表 8 - 11 可以看出，化学制药和医疗器械板块的行业集中度较低，CR6 分别为 22.03% 和 24.70%，企业数量多且市场份额相对分散。化学制药市场，恒瑞医药、华东医药、人福医药三大龙头企业"三分天下"，市场份额分别为 7.9%、6% 和 4.6%，总占比18.5%，其余企业份额在 2% 以下。这两大板块，与低集中度相对应的是产品同质化问题，一些领域呈现"千企同药"现象。我国的化学药大多为仿制药，原研药和创新药少；医疗器械以低端产品为主，高端产品则依赖进口。仿制药和低端医疗器械的低技术壁垒和低门槛吸引众多小而散的企业进入，但创新乏力，导致产品性能同质化。

大湾区在全国医疗器械市场具有重要地位，拥有迈瑞医疗、华大基因、健帆生物、稳健医疗等医械龙头企业。大湾区医疗器械市场份额主要集中在深圳，医疗器械板块前三家企业有两家位于深圳。迈瑞医疗是国内中高端医疗器械龙头，凭借技术护城河形成较强的竞争力，市场份额达到 11%；以检测试剂为强项的华大基因市场份额为 5%；其他企业的份额仅在 1% 左右。化学制药和医疗器械两大板块在行业技术更加成熟、产能供应充分的环境下，未来市场竞争会更激烈。如图 8-17 所示。

图 8-17 化学制药与医疗器械板块前六位企业的市场份额

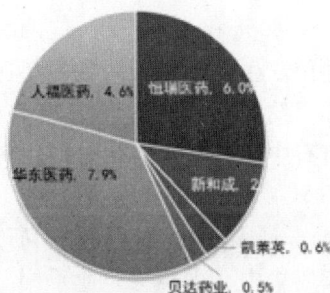

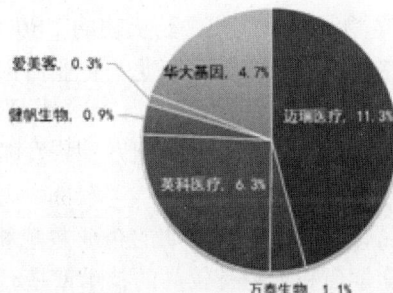

资料来源：根据同花顺 iFinD 数据绘制。

医疗服务和医药商业板块的市场份额集中在行业龙头手中，行业集中度高，市场垄断势力较强。这两大板块的 CR6 分别为 61.64% 和 50.87%。如图 8-18 所示，医疗服务行业前三家公司药明康德、爱尔眼科、金域医学各约占 22%、16% 及 10.7%。其中，从事医药研发、医疗器械检测及境外精准医疗研发的药明康德是典型的 CRO 机构，其医药研发服务更是全球领先。

位于广州的金域医学则以医学检验服务为主要业务，疫情为其业绩贡献较高增量。医药商业的前两家企业上海医药和九州通的市场份额分别为 25.5% 和 14.6%，远高于 CR6 其他企业，其中上海医药是覆盖医药研发、生产、流通全领域的国有控股医药产业集团，九州通是我国最大的民营医药流通企业。医疗服务和医药商业板块的企业处于产业价值链的较高水平，位于"微笑曲线"的两端，主要从事研发、技术服务环节与品牌推广、营销渠道建设等流通环节，这些环节都需要前期大量资金的投入与维护，规模经济壁垒和技术壁垒较高，因此企业数量相对较少，市场份额集中。

医疗服务前六位企业市场份额

医药商业前六位企业市场份额

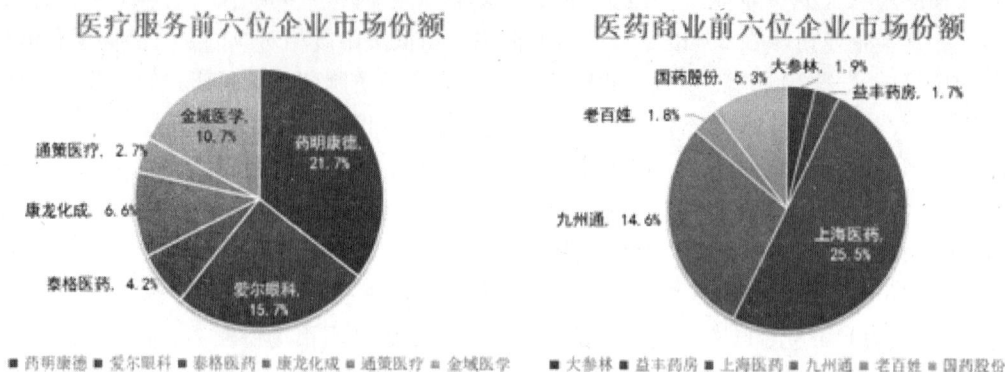

金域医学 10.7%
通策医疗 2.7%
康龙化成 6.6%
泰格医药 4.2%
药明康德 21.7%
爱尔眼科 15.7%

■ 药明康德 ■ 爱尔眼科 ■ 泰格医药 ■ 康龙化成 ■ 通策医疗 ■ 金域医学

国药股份 5.3%　大参林 1.9%
老百姓 1.8%　益丰药房 1.7%
九州通 14.6%
上海医药 25.5%

■ 大参林 ■ 益丰药房 ■ 上海医药 ■ 九州通 ■ 老百姓 ■ 国药股份

图 8 - 18　医疗服务与医药商业板块前六位企业的市场份额
资料来源：根据同花顺 iFinD 数据绘制。

2020 年生物制品板块和中药板块的 CR6 分别为 51.83% 和 40.65%。这两大板块均有明显的寡占格局，行业内有一家龙头企业占据主导地位。生物制品板块的复星医药和中药板块的白云山，市场份额分别达到 25.1% 和 20.4%，约为行业内其他五家企业的总和。其中，中药龙头企业往往以保密配方、研发能力、自有中药材基地等优势取得较高的市场支配地位。

生物制品行业处于发展初期的企业数量相对较少，且因研发难度较高、研发投入大，相比传统的化学药和中药有较高的技术壁垒，因此市场集中在少数大企业手中。与高集中度对应，生物制品领域的产品差异化相对明显，许多企业逐渐形成自己的产品特色。以龙头企业为例，智飞生物主要依靠 HPV 疫苗支撑业务快速发展，华兰生物则是四价流感疫苗的独家供应商，长春高新主要产品为狂犬疫苗和水痘疫苗。随着行业监管趋严以及部分产品进入新冠诊疗指南，生物制品和中药板块的行业集中度有望进一步提升，头部公司优势将更加凸显。

大湾区聚集了较多生物制品企业如康泰生物、万孚生物等，但大多处于起步阶段，企业规模、实力、名气等相对较小。我国中药产业具有原创优势，在各地政策大力支持下形成一定规模。凭借岭南中医药文化和中药材种植优势，中药也是大湾区生物医药产业的传统优势领域。如图 8 - 19 所示，一些老牌企业凭借永久性保密配方形成天然的技术护城河，广州白云山和云南白药两家企业的市场份额分别达到 20.4% 和 10.4%，远超行业内其他企业。但我国中药企业仍然数量多且分散，尤其中小型企业的产品同质化严重，行业集中度相对不高。如图 8 - 20 所示，从 2018—2020 年变化趋势看，生物制品和中药板块的行业集中度都有上升趋势，说明近年来随着行业领军企业的快速发展，生物制品与中药企业的技术和规模优势更加明显。

生物制品前六位企业市场份额

华兰生物, 3.5%
华熙生物, 1.8%
智飞生物 12.5%
复星医药, 25.1%
长春高新, 7.3%
康泰生物, 1.6%

■智飞生物 ■长春高新 ■康泰生物 ■复星医药 ■华熙生物 ■华兰生物

中药前六位企业市场份额

东阿阿胶, 0.9%
以岭药业, 2.8%
片仔癀, 2.2%
同仁堂, 3.9%
云南白药, 10.4%
白云山, 20.4%

■片仔癀 ■云南白药 ■白云山 ■同仁堂 ■以岭药业 ■东阿阿胶

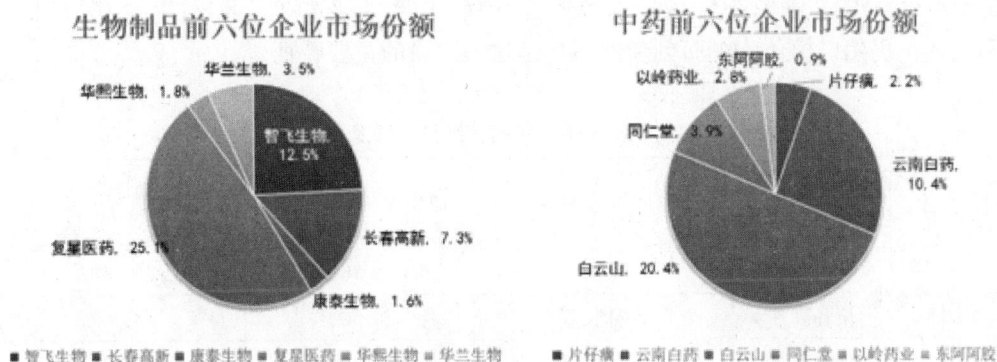

图 8-19　生物制品与中药板块前六位企业的市场份额

资料来源：根据同花顺 iFinD 数据绘制。

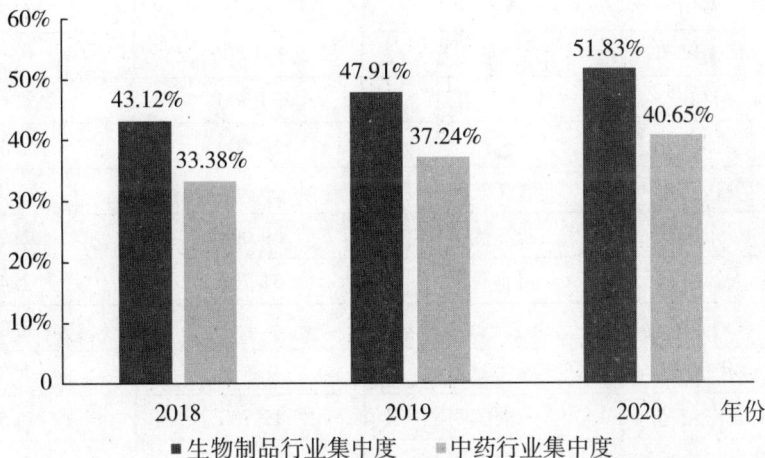

43.12%　　47.91%　　51.83%
33.38%　　37.24%　　40.65%

2018　　2019　　2020　　年份

■生物制品行业集中度　■中药行业集中度

图 8-20　生物制品与中药板块行业集中度（CR6）变化趋势

资料来源：根据同花顺 iFinD 数据绘制。

二、市场行为分析

（一）研发行为

据公开数据显示，我国 2015—2019 年生物医药整体及子行业的研发强度呈上升态势。2015 年生物医药行业研发支出与营收之比为 2.40%，2019 年上升为 3.24%。药企研发强度整体呈上升趋势，进一步验证了生物医药行业创新发展的长期逻辑。

但与欧美老牌国家的全球知名药企相比，我国生物医药企业研发强度仍然较低。表 8-12 数据表明我国生物医药企业研发强度的平均水平不足 5%，除了制药龙头企业恒瑞制药和专注于创新药的贝达药业达到 17% 以外，大多数企业研发强度在 10% 甚至 5% 以下。

罗氏、阿斯利康等全球知名药企的研发投入都在数十亿美元以上，研发强度在 20% 左右（如辉瑞 22.44%，诺华 18%）[①]。这主要是因为，作为新兴产业，我国的生物医药发展还很不成熟，仍然以模仿为主而创新性不足是这一阶段的主要特征。

表 8 - 12　2020 年我国生物医药各细分领域龙头研发投入强度

细分行业	企业简称	企业所在地区	研发投入（万元）	研发强度（研发投入/营业总收入）
生物制品	智飞生物	重庆	22 100	2.00%
	长春高新	吉林长春	31 500	4.92%
	康泰生物	广东深圳	14 200	10.00%
	复星医药	上海	187 800	8.50%
	华熙生物	山东济南	14 600	9.15%
	华兰生物	河南新乡	9 552	3.11%
	平均	—	—	6.28%
化学制药	恒瑞医药	江苏连云港	334 400	17.23%
	新和成	浙江省绍兴	34 900	4.67%
	凯莱英	天津	17 000	8.16%
	贝达药业	浙江杭州	26 700	17.71%
	华东医药	浙江杭州	69 000	2.71%
	人福医药	湖北武汉	51 700	3.48%
	平均	—	—	8.99%
中药	片仔癀	福建漳州	9 264	1.83%
	云南白药	云南昆明	12 700	0.53%
	白云山	广东广州	40 300	0.86%
	同仁堂	北京	6 560	0.72%
	以岭药业	河北石家庄	39 000	6.05%
	东阿阿胶	山东聊城	10 900	5.34%
	平均	—	—	2.56%

---

① 2018 年全球前 20 强制药企业研发支出及研发支出占销售额比重情况，参见 https：//www.chyxx.com/industry/201901/704301.html。

（续上表）

细分行业	企业简称	企业所在地区	研发投入（万元）	研发强度（研发投入/营业总收入）
医疗器械	迈瑞医疗	广东深圳	135 100	8.41%
	万泰生物	北京	9 752	1.14%
	英科医疗	山东淄博	525 100	5.16%
	健帆生物	广东珠海	11 100	4.83%
	爱美客	北京	3 306	7.12%
	华大基因	广东深圳	187 800	8.50%
	平均	—	—	5.86%
医药商业	大参林	广东广州	102	0.01%
	益丰药房	湖南常德	581	0.06%
	上海医药	上海	104 000	0.74%
	九州通	湖北武汉	5 956	0.07%
	老百姓	湖南长沙	58	0.01%
	国药股份	北京	3 532	0.12%
	平均	—	—	0.17%
医疗服务	药明康德	江苏无锡	47 500	4.02%
	爱尔眼科	湖南长沙	9 752	1.14%
	泰格医药	浙江杭州	11 100	4.83%
	康龙化成	北京	6 905	1.93%
	通策医疗	浙江杭州	1 782	1.23%
	金域医学	广东广州	28 800	4.94%
	平均	—	—	3.02%

资料来源：根据同花顺 iFinD 数据整理。

分领域看，医药商业板块以产业链下游销售流通环节为主，本身技术含量较低，平均研发强度不足 0.2%，大湾区医药商业龙头大参林的研发强度更是低于平均水平。医疗服务板块研发强度与行业特性不匹配，药明康德、泰格医药等 CRO 企业及广州金域医学等提供第三方技术服务的高科技研发服务型企业，与化学制药、生物制品板块大头企业相比，其研发投入却较低。由于我国医药企业过去更专注于仿制药，对技术服务需求弱，国内医疗服务尚处于整体实力较弱的起步阶段，现阶段研发强度并不高。同样，生物制品也是注重研发能力的板块，目前国内生物制品板块研发强度相对其他板块较高，尤其深圳康泰生物以 10% 的研发强度遥遥领先。但与国外同类型企业相比，其研发能力和研发强度仍有待提高。国内发展相对成熟的化学制药和中药板块存在明显两极分化，两大龙头研发强度远高于其他企业，形成明显的技术优势，尤其恒瑞医药和贝达药业的研发强度在 17% 以上，强有力地拉高了化学制药行业整体研发水平。医疗器械板块的研发强度为 5%，在六大子行业中处于中等水平，以迈瑞医疗和华大基因为代表企业，大湾区企业在医疗器械行业的优势明显。但整体来看，国内医疗器械产品仍是低端有余而高端不足，研发活动受小而散的企业规模限制，研发强度远低于国外企业。

分地域看，我国生物医药上市龙头企业主要集中在长三角、环渤海、珠三角及川、渝、鄂、湘等中部地区。其中长三角地区在化学制药领域具有明显集聚优势，企业研发强度较高。珠三角地区在生物制品、医疗器械、医疗服务等新兴技术领域发力明显，创新力强。珠三角尤其是深圳在医疗器械领域形成明显集聚，迈瑞医疗、华大基因、健帆生物等广东企业的研发强度高于其他医疗器械龙头企业；深圳的康泰生物和广州的金域医学研发强度分别在生物制品和医疗服务龙头中最高。

表 8-13 对生物医药六大板块的前六位上市企业发明专利[①]数量进行统计。从研发成果来看，医疗器械领域的专利数量明显多于其他板块，相比药品领域颠覆性的、偶发性的创新，医疗器械螺旋式、改进型的技术进步实现概率更高；基于较低的行业集中度，更激烈的竞争推动企业创新。此外，发展相对成熟的化学药与中药专利相对较多，数量紧跟医疗器械之后，这两大板块的龙头带动效应明显，较多的专利数量体现了龙头企业的高研发投入。我国生物制品与医疗服务行业处于发展初期，企业的技术创新还不充分，较低的专利数量与行业特性并不匹配，尤其生物制品板块的平均研发强度高于医疗器械，专利数量却远不及医疗器械板块。

表 8-13　生物医药各子行业龙头企业（CR6）发明专利数量合计

细分行业	生物制品	中药	化学制药	医疗器械	医药商业	医疗服务
发明专利数量/件	1 036	2 561	2 472	3 066	1 170	1 799

资料来源：根据同花顺 iFinD 数据整理。

（二）横向及纵向一体化

新药研发的高投入、高风险使众多创业型中小企业难以承担，常常面临资金问题，而对于已经具备一定资本优势的大型企业而言，并购、整合这些极具潜质的项目型公司是企业快速扩张的捷径。因此，生物医药企业通过横向一体化能够拓展业务板块、实现产能扩张、抢占市场份额。生物医药企业的成本主要来自上游的研发以及原料药、辅药采购加工，费用主要为上游的研发费用和下游的销售与服务费用。因此，生物医药企业可通过自建、收购和参股等形式加速布局上下游领域，通过纵向一体化增强成本优势。近年来国内医药企业一体化行为日益频繁，如 2018 年华西股份、海辰药业联合并购意大利肿瘤药企，华东医药收购英国 Sinclair 全部股份，2020 年华润医药收购血液制品龙头企业博雅生物，国内药企以收并购方式迅速拓展生物制品业务。

华润医药是大湾区典型的生物医药龙头企业，且一直将并购、重组等一体化行为作为

---

① 包括发明专利、发明授权、实用新型、外观设计四种专利类型。

重要的企业战略。表 8 - 14 对华润医药近年来的主要收并购及重组事件进行梳理发现，华润医药在中药、化学药、生物制品等全领域的布局离不开其收并购战略。在未来很长一段时间内，中小企业被大型龙头企业并购整合仍将是我国医药行业的一大趋势，医药龙头之间的市场竞争或愈加激烈。

表 8 - 14　华润医药主要收并购情况梳理

时间	主要收并购事件
2007 年 5 月	在整合东阿阿胶、华源集团、三九企业集团医药资源的基础上，华润医药集团有限公司在香港正式成立
2010 年 7 月	华润集团战略重组北京医药集团，并设立华润片仔癀药业有限公司；同年，完成华润双鹤、华润紫竹、华润医药商业及医药研发中心的合并，并成为华润医药附属公司
2015 年 7 月	华润双鹤正式发布资产重组报告书（草案），宣布采用非公开发行股份及支付现金相结合的方式，购买大股东北药集团持有的华润赛科 100% 股权。本次收购赛科药业，明确了华润双鹤成为华润医药旗下化学药的唯一发展平台
2018 年	华润医药收购江中集团的控股权益，同时间接持有江中集团占比 43.03% 的江中药业的股权
2020 年	华润医药发布内幕消息《有关建议收购事项之意向书》称，华润医药决定控股收购血制品巨头博雅生物的控股权

资料来源：根据公开资料整理。

（三）定价行为

我国医药行业的价格行为具有特殊性，医药产品价格受政府和政策影响程度极高。我国药品、医疗服务、医疗器械等领域曾长期实行政府定价、政府指导定价及最高限价政策。随着医药卫生体制改革，目前政府定价、限价、公立医疗机构药品加成等政策已经取消，价格行为更多地回归市场。但同时政府也通过对药品市场价格行为的监管机制，形成了一道控制价格不合理上涨的屏障。随着政府放开对价格的管制，对于竞争比较充分的领域如化学制药和医疗器械板块，企业会为抢占市场份额而展开激烈的价格竞争，企业盈利空间进一步压缩。这在一定程度上倒逼企业加大研发投入研制专利药和创新药以获取更多议价空间，从而间接提升企业研发能力和竞争力。这再次证明生物医药行业创新发展的长期逻辑。

企业应收账款占总营收的比重是反映企业对下游议价能力的一个重要测度，是一个可以同行业横向对比的指标，企业应收账款占比越小，对下游议价能力越强。以下选取几个大湾区重点企业进行分析：

（1）生物制品的龙头企业康泰生物应收账款占营收比重较高，近三年连续上涨特别是 2020 年占比超过 99%，说明其对下游议价能力不强。原因可能是，生物制品作为新兴行业，企业倾向于放宽信用政策以求迅速扩大市场占有率；同时 2020 年受疫情影响出现极端情况。

（2）我国化学制药发展相对成熟、市场格局比较稳定，比起抢占市场，企业更倾向于追求利润空间，议价能力更强。贝达药业是国内化学制药代表企业，作为国内生产创新药、自研药的典型化药企业，其应收账款占比远低于其他细分行业，对下游市场具有较强的议价能力。大湾区内化学制药龙头信立泰的下游议价能力不及贝达药业，但近年来应收账款占比呈明显下降趋势，其议价能力不断加强。

（3）中药龙头企业白云山的应收账款占营收比重相对也较高。我国中药企业数量多而分散，集中度较低且产品同质化严重，企业竞争激烈，可供下游销售终端的选择较多。因此白云山虽为大湾区内甚至全国的中药龙头企业，对下游的议价能力却相对有限。

（4）医疗器械下游主要是医疗服务行业，在我国以各类医院为主。对于基础的低端产品，产品同质化严重、技术相对成熟，医疗器械企业对下游医院议价能力弱；而对于中高端产品，各企业产品差异化程度高，企业的议价能力也更强。作为大湾区医疗器械代表企业，迈瑞医疗凭借技术护城河拥有较强的下游议价能力。

（5）提供第三方技术服务的金域医学是大湾区医药服务板块的龙头，其 2018 年应收账款占比较高，近年来有明显的下降趋势。这说明随着医疗服务行业发展逐渐成熟，企业议价能力上升，企业策略从宽松信用政策转向提高议价空间。

（6）医药商业领域，药店零售与医药分销企业对下游的议价能力有较大差别。华南地区的零售药店龙头大参林，应收账款占营收比重仅为 3% 左右。零售药店的下游销售对象主要为个人，因此对下游议价能力强；在"两票制"全面推行的影响下，民营分销巨头九州通面对下游的批发商、医疗机构，议价能力相对较弱。

表 8 – 15　重点企业议价能力数据

所属行业	企业名称	应收账款/营收		
		2018 年	2019 年	2020 年
生物制品	康泰生物	42.54%	54.09%	99.51%
化学制药	贝达药业	5.21%	3.61%	8.29%
	信立泰	31.71%	26.09%	19.24%
中药	白云山	32.33%	21.68%	29.41%
医药服务	金域医药	29.35%	29.80%	18.56%
医疗器械	迈瑞医疗	11.83%	10.24%	10.05%
医药商业	大参林	3.18%	3.20%	3.67%
	九州通	25.36%	23.21%	39.20%

资料来源：根据同花顺 iFinD 数据整理。

三、市场绩效分析

（一）国际竞争力

过去五年，生物医药全球价值逐渐从以美、欧为主的发达国家和地区向中、日、韩等亚洲国家转移，其中中国的增长趋势尤为突出。从图 8 - 21 可知，中国的全球价值占比从2015 年的 6.5% 增加到 2020 年的 14.4%，超越瑞士，成为仅次于美国的国家。我国目前在中药、基因检测等一些细分领域表现出色。作为我国重要的民族产业之一，依托岭南地区悠久的中医药文化优势和丰富的"道地南药"中药材资源的天然优势，白云山、华润三九等大湾区内企业逐渐发展为享誉国际的中药品牌。我国的基因检测行业全球领先，其中粤港澳大湾区的优势尤其突出：位于深圳的华大基因是全球最大的基因测序企业；紫鑫药业的第二代测序仪 BIGIS，华大基因的基因测序仪 BGISEQ - 1000、BGISEQ - 100、BIG-ISEQ - 500 等已达到并部分超越国际技术指标。

2015年各国生物医药全球价值占比　　　　2020年各国生物医药全球价值占比

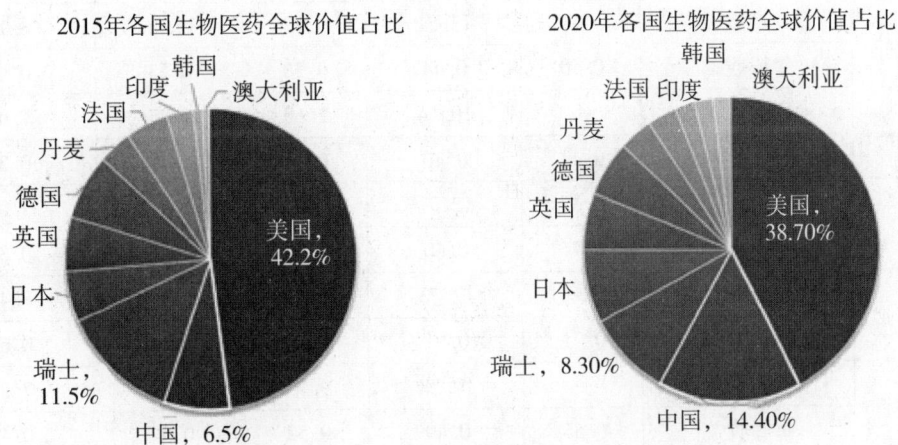

图 8 - 21　各国生物医药企业全球价值占比

资料来源：根据 Capital IQ and Torreya analysis 数据绘制。

（二）盈利能力

每股收益[①]和净资产收益率[②]是常用于评价企业盈利能力和经营绩效的两个指标。每股收益反映了平均每股所获得的现金流量。净资产收益率则反映了企业股东投入资本的自我增值能力。通过对生物医药产业各板块 2014—2020 年数据的分析可以发现，生物医药企业的净资产收益率整体在 10% 左右，每股收益整体在 0.3 ~ 0.7，相比传统行业如制造

---

① 每股收益 = 经营活动产生的现金净流入/发行在外的股票数量。
② 净资产收益率 = 企业净利润/平均净资产。

业来说盈利能力相对较好。但从时间趋势看，2014—2020 年这两个指标在除医疗器械以外的各细分领域都呈减少趋势。近年来，随着医改的深入，政府对药品价格调控加强、带量采购政策出台等因素确实导致医药产品销售单价下跌，影响企业毛利；同时销售成本、人力成本等成本的提高进一步压缩利润空间。

如表 8 - 16 所示，各板块对比来看，医疗器械行业相对其他板块，每股收益和净资产收益率都更高，盈利能力更强，尤其是 2020 年与 2019 年相比涨幅超过 50%。我国医疗器械市场一直保持快速增长，尤其在传染病检测、慢性病检测和诊断等领域潜力巨大，特别是 2020 年在全球疫情暴发的环境下，检测业务业绩量持续走高带动体外诊断行业盈利能力持续提升，具有明显的疫情受益特点。

以华大基因为例，企业盈利能力长期向好，每股收益由 2014 年的 0.11 元持续上涨为 2020 年的 6.79 元，其精准医学检测业务在 2020 年爆发式增长，2020 年净资产收益率达到 40%，与 2014 年的 4% 相比翻了 10 倍。

表 8 - 16　各子行业盈利能力统计

所属行业	盈利能力指标	2014 年	2016 年	2018 年	2019 年	2020 年
生物制品	净资产收益率	—	13.51	9.73	11.56	8.15
	每股收益	0.50	0.44	0.38	0.53	0.41
化学制药	净资产收益率	—	10.54	7.69	7.27	7.98
	每股收益	0.42	0.40	0.33	0.32	0.36
中药	净资产收益率	—	12.91	10.24	6.87	7.08
	每股收益	0.71	0.60	0.55	0.36	0.38
医药商业	净资产收益率	—	12.73	10.99	9.28	8.44
	每股收益	0.71	0.91	0.79	0.71	0.66
医疗服务	净资产收益率	—	10.28	9.75	9.61	7.21
	每股收益	0.55	0.49	0.52	0.54	0.43
医疗器械	净资产收益率	—	—	11.94	13.67	21.53
	每股收益	—	—	0.54	0.72	1.29

资料来源：根据同花顺 iFinD 数据整理。

第四节　生物医药产业集群研究

一、我国生物医药产业集群概况

我国生物医药产业主要形成长三角、珠三角、环渤海三大集聚区；此外，东北地区，以河南、湖北为核心的中部地区以及川、渝地区也展现出良好的发展势头。

　　长三角地区生物医药产业体系较为完整。上海、南京、苏州、杭州以生物生化制品制造为主；苏州、连云港、湖州、金华在化学原料药和生物医药生产方面具有优势。其中，上海的生物医药创新实力全国领先，研发机构最为集中，是长三角乃至全国的生物及新型医药研发中心。

　　环渤海地区，北京凭借高度集中的临床资源优势、科研人才储备及关键技术平台成为生物医药研发中心；以出口为导向的天津是生物关键技术的转化基地，中药现代化水平全国领先；山东和河北医药基础良好、生物资源丰富，是环渤海地区最重要的生物医药制造业大省。

　　珠三角的生物医药产业主要受广、深"双核"驱动，且具有毗邻港澳的区位优势。广州生物医药产业起步相对较早，在生物服务和生物技术应用领域形成优势特色。深圳创新创业活力强，生物医疗设备、生物制药企业规模全国领先，基因库的建立更巩固了其南方生物医药产业核心城市的地位。港澳在资本市场、国际市场方面具有优势，国际化的环境为跨国企业投资和企业对外交流提供便利。

　　具有规模经济优势的产业园区已逐渐成为我国生物医药产业发展的重要载体。从表8-17的园区榜单可以看出，上榜产业园集中分布在长三角、环渤海、珠三角、川渝以及武汉、长沙等中部地区。综合竞争力最强的前五个园区，依次是中关村国家自主创新示范区、苏州工业园区、成都高新技术产业开发区、上海张江高科技园区以及济南高新技术产业开发区。其中中关村国家自主创新示范区和苏州工业园在五个单项竞争力榜单中也排在前两位。中关村国家自主创新示范区以中关村生命科学园为核心形成北部研发创新中心，以亦庄、大兴生物医药基地为核心打造南部高端产业基地，引进了拜耳、默克、诺和诺德等国外龙头企业的总部和研发中心。苏州工业园以新药研发和产业化为主，同时在高端医疗器械、生物技术及新型疗法等领域发展迅速，成为集聚了生物医药高端资源、顶尖人才、优秀企业、优质成果及卓越产业生态的国际一流生物医药创新园区。

　　大湾区依托广、深"双核"初步形成生物医药产业集聚，具有环境与龙头企业优势，但产业综合实力不足。大湾区的上榜园区为深圳高新技术产业开发区和广州高新技术产业开发区，其中深圳高新技术产业开发区形成从基因疫苗、基因药物、诊断试剂到医疗器械的生物医药产业群，设有专业的生物孵化器，拥有海普瑞、科兴生物、赛百诺基因技术、迈瑞医疗等生物医药上市企业；广州高新技术产业开发区依托广州科学城，形成以医疗器械、现代中药为主导的生物医药产业群，培育和引进了百济神州、瑞博奥、百奥泰、绿叶制药、恒瑞医药、康方生物等超千家生物医药企业，拥有华南地区最强大的生物医药专业孵化载体达安创谷。通过五个子榜单比较可知，大湾区的主要优势在于生物医药发展环境和龙头企业集聚，而产业、技术、人才等竞争力排名较后。

表 8 - 17　2020 年中国生物医药产业园区竞争力榜单前十名

排名	环境竞争力榜单	产业竞争力榜单	技术竞争力榜单	人才竞争力榜单	龙头竞争力榜单	综合竞争力排名
1	中关村国家自主创新示范区	苏州工业园区	中关村国家自主创新示范区	苏州工业园区	中关村国家自主创新示范区	中关村国家自主创新示范区
2	上海张江高科技园区	中关村国家自主创新示范区	苏州工业园区	中关村国家自主创新示范区	深圳高新技术产业开发区	苏州工业园区
3	深圳高新技术产业开发区	成都高新技术产业开发区	成都高新技术产业开发区	武汉东湖新技术开发区	苏州工业园区	成都高新技术产业开发区
4	广州高新技术产业开发区	济南高新技术产业开发区	上海张江高科技园区	济南高新技术产业开发区	成都高新技术产业开发区	上海张江高科技园区
5	南京经济技术开发区	石家庄高新技术产业开发区	昆山高新技术产业开发区	成都高新技术产业开发区	上海张江高科技园区	济南高新技术产业开发区
6	苏州工业园区	广州高新技术产业开发区	武汉东湖新技术开发区	无锡（惠山）生命科技产业园	济南高新技术产业开发区	—
7	南京生物医药谷	天津滨海高新技术产业开发区	天津滨海高新技术产业开发区	石家庄高新技术产业开发区	泰州医药高新技术产业开发区	—
8	武汉东湖新技术开发区	长沙高新技术产业开发区	济南高新技术产业开发区	泰州医药高新技术产业开发区	厦门生物医药港	—
9	成都经济技术开发区	深圳高新技术产业开发区	深圳高新技术产业开发区	上海张江高科技园区	海口高新技术产业开发区	—
10	成都高新技术产业开发区	武汉东湖新技术开发区	石家庄高新技术产业开发区	广州高新技术产业开发区	连云港高新技术产业开发区	—

资料来源：根据中国生物技术发展中心《2020 中国生物医药产业园区竞争力评价及分析报告》整理。

二、粤港澳大湾区生物医药产业集群概况

（一）主要生物医药产业基地（园区）分布

生物医药产业一直是大湾区多个城市的发展重心，广州、深圳、珠海、中山、佛山、东莞等地已形成各自的生物医药产业基地，主要园区分布情况如表8-18所示。作为国家生物产业基地，深圳和广州生物医药基础最雄厚，产业集聚优势也相对明显，拥有众多重点园区；珠海的生物医药园区在粤澳合作方面具有区位优势和特色；江门、惠州、肇庆等城市生物医药产业发展程度相对较低，但已初步形成集聚，拥有许多正在规划建设中的产业园区（基地）。澳门南粤科技园则充分发挥澳门中医药产业的政策和区位优势，打造大湾区中医药高地。香港科学园是一个以人工智能、生物医药、精密工程等高科技及应用科技为主题的综合性研究基地，充分发挥香港在基础研究、科技创新方面的优势和国际化氛围，吸引了众多国内外生物科技企业。

表8-18　大湾区主要生物医药产业园分布和建设情况

城市	产业园建设情况
广州	"三中心多区域"格局：国际生物岛、广州科学城生物产业基地、中新知识城生命健康产业基地三大产业集聚中心；番禺生物医药基地、白云生物医药园区、从化生物医药基地等产业辐射区
深圳	深圳（南山）高新技术产业园、坪山国家生物产业基地、大鹏坝光国际生物谷精准医疗先锋区、深港生物医药创新政策探索区、光明生物医学工程创新示范区、宝龙生物医药创新发展先导区
珠海	横琴粤澳合作中医药科技产业园、金湾生物医药产业园、富山生物医药产业园、唐家湾医疗器械研发产业基地
中山	中山国家健康科技产业基地、华南现代中医药城、翠亨新区生物医药科技园
佛山	高新区医药健康产业园、广东（南海）生物医药产业化基地、暨南大学生物医药产业园、国际创新转化生物产业孵化中心
东莞	两岸生物技术产业合作基地（与台湾合作）、松山湖生物技术产业基地
江门	中科健康创新生物产业园（在建）、高新区（江海区）"健康谷"产业基地（在建）
惠州	美康生物产业硅谷（在建）
肇庆	南药健康产业基地、高新区国际生物医药（兽医兽药）产业园（在建）
澳门	南粤科技园（中医药）
香港	香港科学园

资料来源：根据公开资料整理。

（二）粤港澳大湾区及周边地区生物医药产业分工

根据粤港澳大湾区及广东省相关政策文件，各城市分工安排如表 8 – 19 所示。

表 8 – 19　大湾区及周边地区生物医药产业分工①

城市	生物医药产业分工
广州	加快布局建设生命科学、高端医疗、生物安全、研发外包、健康服务等产业，引进培育一批高水平生物医药研发平台和服务机构，打造粤港澳大湾区生命科学合作区和生物医药研发中心
深圳	做精做深高性能医疗器械、基因测序和生物信息分析、细胞治疗等产业，培育世界标杆的生物医药企业和研究机构，打造全球生物医药创新发展策源地
珠海	重点发展现代中药标准化、高端制剂、医养结合等领域，利用毗邻港澳、对外交流便利的区位优势，打造区域性新药创制中心、生物医药资源新型配置中心
佛山、中山	在医药创新领域缩小与广、深差距，打造生物医药科技成果转化基地、生物医药科技国际合作创新区
惠州、东莞	打造国内重要的核医学研发中心，利用制造业优势打造生物医药研发制造基地
江门、肇庆	发挥资源优势，建设再生医学大动物实验基地、南药健康产业基地
粤东、粤西、粤北地区	建设化学原料药生产基地、道地药材和岭南特色中药材种植养殖及原料产业基地，开展中药饮片加工一体化，加强南药深加工产业集群和中成药产业集群建设，发展康复保健、养生养老等产业
香港	汇集多所高校，生物研发优势明显。香港的医疗服务企业（各类诊所、医疗机构、疗养康复中心、健康管理、咨询机构为主）和产业服务企业（金融机构、媒体机构为主）数量较多。此外，香港是举足轻重的中医药及健康产品枢纽，中医药产业发展蓬勃
澳门	在中医药基础研究、国际人才储备上具有显著优势。澳门要发挥中医药优势，建设中医药科技产业发展平台

资料来源：根据公开资料整理。

从以上分工安排可以看出，粤港澳大湾区各城市及周边地区的生物医药产业布局各有特色，能够与本地区优势相结合。港澳凭借高校和人才优势更多地承担基础研究和研发功能；广州、深圳在完善产业链的基础上打造新的创新和研发中心；珠海、中山、佛山借助中医药和医药制造基础，着重科技成果转化和创新能力提升；惠州、东莞发挥制造业优

---

① 参考《广东省工业和信息化厅关于加快推进生物医药产业发展的实施意见》《广东省发展生物医药与健康战略性支柱产业集群行动计划（2021—2025 年）》等政策文件。

势，打造研发制造基地；肇庆、江门在中医药、中草药保健食品、化妆品等领域具有特色；发展程度相对较低的粤东、粤西、粤北地区则成为原料基地。但是目前各城市发展现状与以上分工安排存在一定差距，产业布局同质化、分工不明确的问题仍然存在，这也将是制约大湾区生物医药产业未来发展的关键。

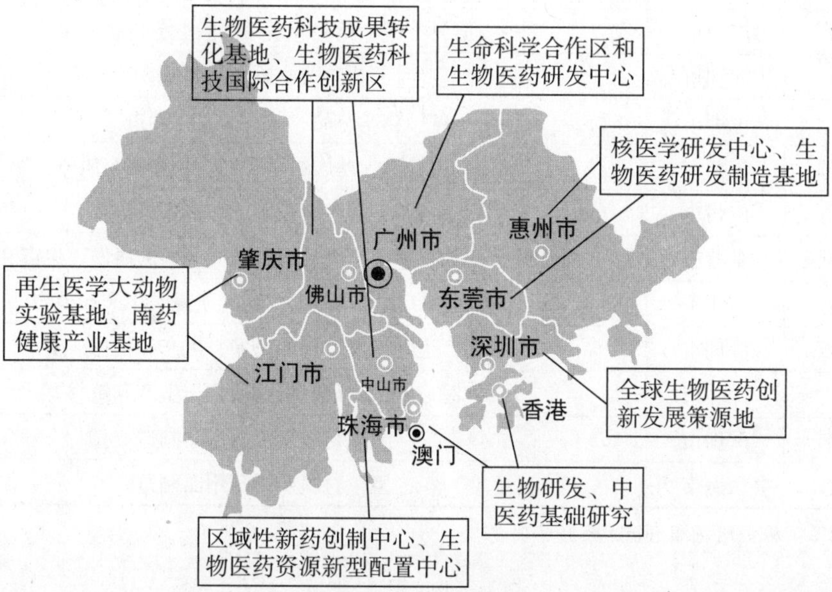

图 8-22　粤港澳大湾区生物医药产业分工布局

资料来源：根据公开资料绘制。

（三）粤港澳大湾区生物医药龙头企业集聚

本节从 iFinD 查询到的大湾区 A 股上市企业中选取盈利能力排名靠前的 20 家企业，具体情况如表 8-20 所示。整个大湾区盈利能力靠前的上市企业集中在广、深、莞、珠四市，其中东莞企业 2 家、珠海企业 2 家、广州企业 5 家，剩下的 11 家企业都是深圳企业，深圳生物医药企业在整个大湾区具有"领头羊"的地位。

表 8-20　大湾区生物医药重点企业（上市公司）一览

公司简称	所在地区	主要业务
白云山	广州市	中西成药、化学原料药等制造
国药一致	深圳市	医药及医疗器材批发零售
海王生物	深圳市	保健食品、化学制剂、基因制品的制造，零售连锁，商业流通
迈瑞医疗	深圳市	诊断治疗设备的研发生产销售及服务
东阳光	东莞市	化学药、原料药制造
华润三九	深圳市	中成药研发制造

（续上表）

公司简称	所在地区	主要业务
健康元	深圳市	保健品、化学药品制剂制造
大参林	广州市	中西成药、中药饮片、保健品、医疗器械经销
丽珠集团	珠海市	化学药品制剂制造
金域医学	广州市	第三方医学检验及病理诊断业务外包服务
海普瑞	深圳市	化学药、原料药制造
信立泰	深圳市	化学药品、制剂研发和制造
华大基因	深圳市	基因检测，基因组学类的诊断和研究服务
香雪制药	广州市	现代中药制造和销售
众生药业	东莞市	中成药、中药材、中药饮片及化学原料药的研发、生产和销售
万孚生物	广州市	生物诊断试剂及配套仪器的研发、生产和销售
康泰生物	深圳市	生物诊断试剂的研发、生产和销售
新产业	深圳市	医疗器械及配套试剂研发、生产和销售
尚荣医疗	深圳市	卫生材料及医药用品制造
健帆生物	珠海市	卫生材料及医药用品制造

资料来源：根据同花顺 iFinD 数据整理。

接下来从各细分板块选取一家代表性企业进行企业规模、盈利能力及研发能力的对比分析。从图 8-23 可知，大湾区的中药企业具有传统优势，白云山凭借全国领先的实力在各子行业中企业规模最大，且从 2018 年开始企业规模显著扩大；其次是化学制药企业，规模相对其他领域较大但增长趋势不明显，且近年来有下降势头；医疗服务和医药商业企业规模紧随其后，且保持较稳定增速；生物制品与医疗器械领域处于发展的初级阶段，因此企业规模较小，其中医疗器械企业华大基因有明显的疫情受益特点。在全球疫情暴发背景下，市场对新冠病毒检测试剂盒的需求大幅增长，华大基因凭借在基因组学及感染防控领域多年研发与业务经验积累，公司整体业绩在 2020 年实现大幅增长，企业规模增速达到 225.82%。

从图 8-24 可知，以上代表企业的盈利能力整体上与企业规模同步，大湾区中药企业盈利能力最强，其次为化学制药企业，这两大传统医药行业仍然处于优势地位；生物制品、医疗器械等新兴领域企业盈利能力相对较弱，但发展势头强劲，康泰生物 2015 年、2017 年和 2018 年利润增速均超过 100%，华大基因 2015 年与 2020 年利润同比增速分别超过 800% 和 900%。2017 年，"两票制"改革、药品生产流通改革、医联体建设、仿制药一致性评价等医改工作的深入推进为生物制品和化学制药企业实现盈利提供机遇，康泰生物和丽珠医药 2017 年的利润增速分别高达 150% 和 465%。2020 年，由于疫情，医疗器械与医疗服务企业的盈利水平大幅上涨。医疗器械企业华大基因的盈利大幅上升，增幅高达 901.68%；提供第三方检测和诊断服务的金域医学盈利也显著增加，增速达 230%。

　　从研发创新角度看，如图 8 - 25 所示，大湾区企业规模最大的中药企业研发强度却较低，且近年来呈下降趋势；研发强度最大的是生物制品与医疗器械行业，其研发能力强、创新力活跃，是大湾区生物医药产业发展潜力最大的领域；大湾区的化学制药企业研发强度也相对较高，说明其注重创新而非一味依靠低端制造与模仿；由于疫情带来的企业规模迅速扩大和盈利能力大幅增强具有偶发性，而企业研发投入一般会有计划地、相对匀速地增加，因此 2020 年各子行业的研发强度都有所降低。大参林是华南地区以药店零售为主的医药商业龙头，其企业规模与盈利水平都相对较高，但流通行业特性决定了其较低的研发强度。

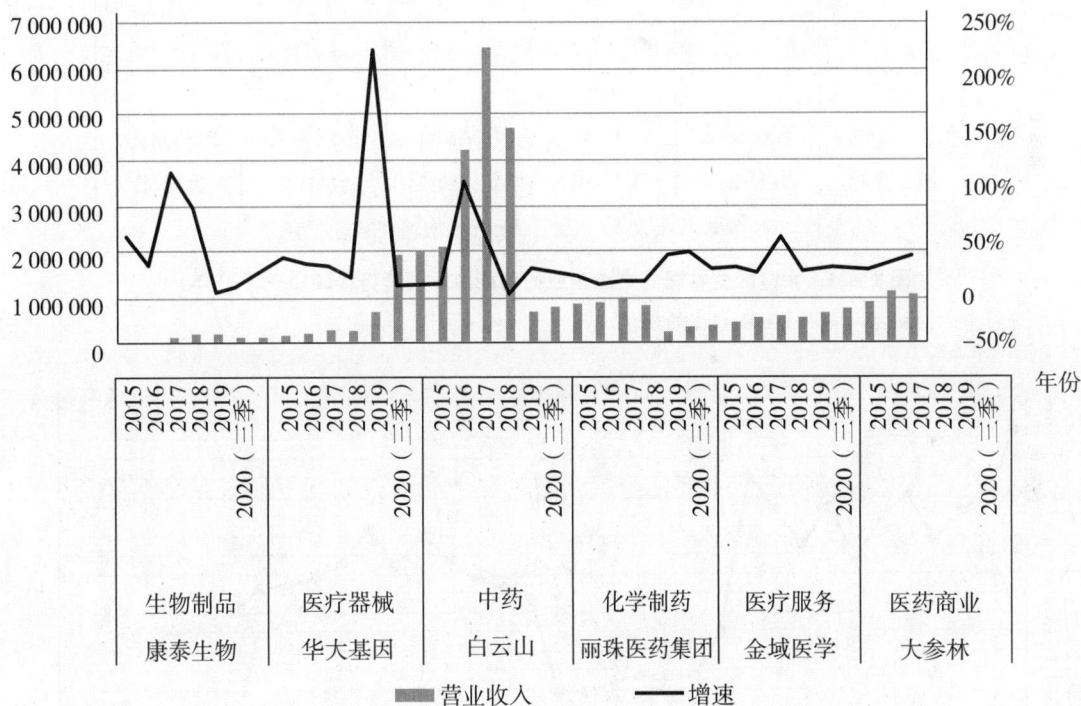

图 8 - 23　大湾区生物医药重点企业规模发展趋势（2015—2020 年）

资料来源：根据同花顺 iFinD 数据绘制。

单位：万元

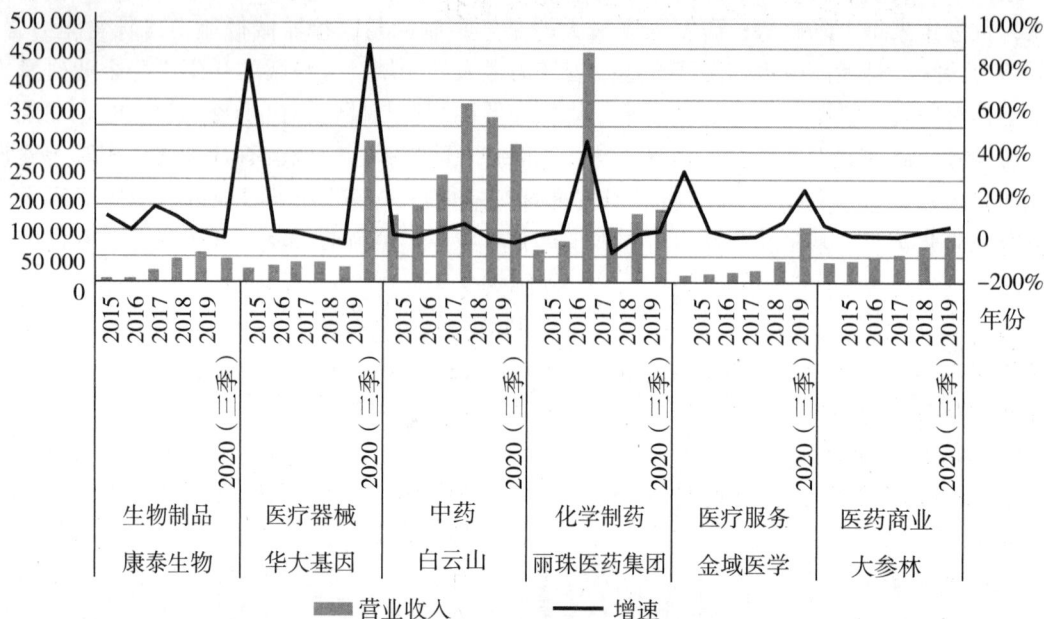

图 8 - 24　大湾区生物医药重点企业盈利能力发展趋势（2015—2020 年）

资料来源：根据同花顺 iFinD 数据绘制。

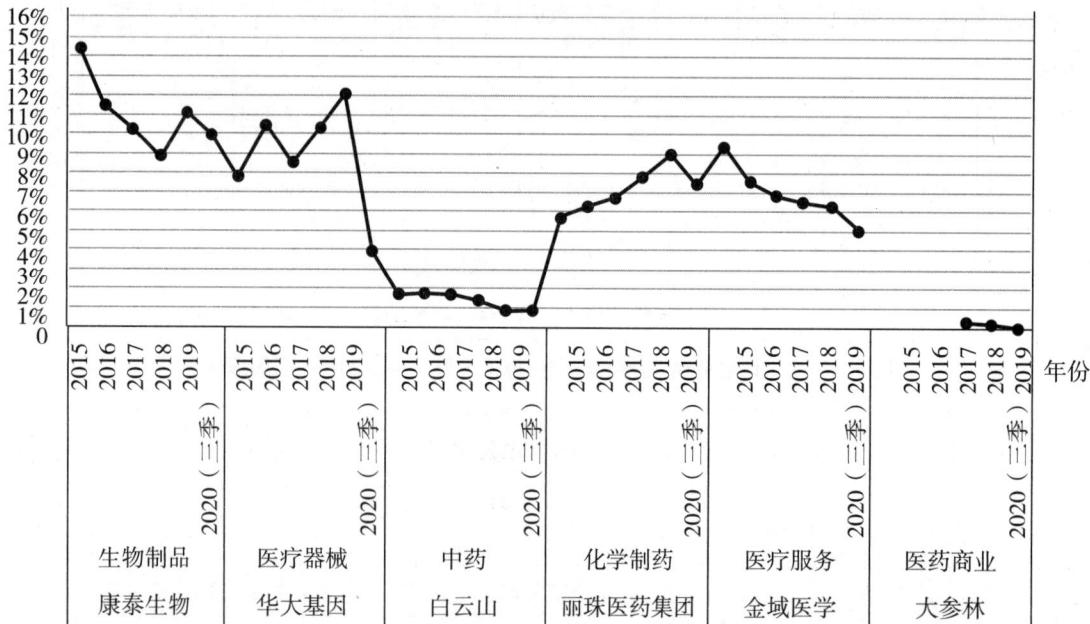

图 8 - 25　大湾区生物医药重点企业研发能力发展趋势（2015—2020 年）

资料来源：根据同花顺 iFinD 数据绘制。

（四）粤港澳大湾区内重点产业园区简介

1. 珠海横琴粤澳合作中医药科技产业园

（1）园区概况。

粤澳合作中医药科技产业园是《粤澳合作框架协议》落地实施的典型案例。该产业园由澳门和珠海横琴共同开发、运营，始终以促进澳门经济多元化、促进中医药产业化和国际化为发展目标。该园区承担着打造中医药产业"走出去"国际平台的重要使命，始终围绕"国际级中医药质量控制基地"和"国际健康产业交流平台"的核心目标进行建设，形成"中医药产业与文化'一带一路'的国际窗口"的优势定位。该园区积极拓展与葡语国家及东盟、非洲、欧盟等国家和地区的合作关系，开展国际注册、进出口贸易、人才培训等业务，打造成为国家首批中医药服务出口基地。

（2）园区配套。

该产业园已搭建起集 GMP 中试生产、研发检测、产业孵化等全链条服务为一体，具有国际先进水准的专业化公共服务平台，形成大型知名药企、CRO 研发服务机构及高校创新资源汇集的科技创新研发集群。该产业园还拥有完整的科研服务体系，通过与澳门大学中药质量研究国家重点实验室、北京大学天然药物及仿生药物国家重点实验室等共同成立的珠海市横琴新区北澳中医药创新研究院，为入园企业提供科技创新、技术、市场等支持。同时，园区内建有"国家级科技企业孵化器"，促进中医药科技成果的落地、转化。

（3）重点产业。

园区官网公开数据显示，目前园区内注册企业 199 家，其中 46 家为通过产业园平台培育的澳门企业，以中医药、保健品、医疗器械等领域为主，尤其突出珠海与澳门在中医药合作上的优势，也包括少量医疗服务、生物制药企业。

（4）代表企业。

按照所属产业类型，横琴粤港澳合作中医药科技产业园的企业分为以下几类，如表 8-21 所示。

表 8-21　横琴粤澳合作中医药科技产业园重点企业

所属产业类型	企业名称
创新科技型研发机构	盈科瑞（横琴）药物研究院有限公司、珠海横琴新区德群中医药科学研究院有限公司、珠海岐微生物科技有限公司
中医药	澳邦制药（横琴）有限公司、珠海横琴亘德生物科技有限公司、横琴益元堂药业有限公司
医疗器械	珠海原妙医学科技股份有限公司、珠海横琴圣澳云智科技有限公司、珠海明象医用科技有限公司
生物制药	宁康瑞珠生物制药（珠海）有限公司
医药商业	以岭万洲（珠海）进出口有限责任公司
医疗服务	珠海九松科技有限公司

（续上表）

所属产业类型	企业名称
保健品	百漾（广东）保健品有限公司、珠海飞万里科技发展有限公司

资料来源：根据公开资料整理。

2. 深圳坪山国家生物产业基地

（1）园区概况。

深圳坪山国家生物产业基地是我国首批三个国家生物产业基地之一。基地定位为打造全国领先的综合型生物产业示范区、深圳市生物产业核心集聚区、产城融合的现代生物科技新城。基地空间结构规划包括"一核""一廊""四分区"，即生物产业创新综合体（一核）、融合生态景观和生活配套的综合服务走廊（一廊）以及生物医疗器械区、生物医药产业区、生物服务区、生物产业综合发展区等四个产业发展区域。

（2）重点产业。

该基地重点发展现代中药、生物制药、医疗器械三大领域，并凭借完善的研发、生产、产业及生活配套形成比较完整的生物医药产业链，目前已发展成为技术含量与竞争力全国领先的创新药物研发与产业化基地和医疗器械产品生产基地。2016年基地企业产值达120亿元。

（3）代表企业。

该基地目前已经吸引超过120家生物医药企业和产业化平台入驻，已入驻企业按产业类型主要分为以下三类：生物制药代表企业有赛诺菲—巴斯德、微芯生物、一致药业、万乐药业等；医疗器械代表企业有威尔德、理邦医疗器械、安特医疗器械等；现代中药代表企业有国药致君、和顺堂等。

3. 中山国家健康科技产业基地

（1）园区概况。

中山国家健康科技产业基地位于中山市火炬高技术产业开发区，东临珠江口，与深圳隔海相望，同时又是大湾区的几何中心，区位优势凸显。该园区是具有国际影响力的健康产业综合园区，也是国家现代服务业数字医疗产业化基地。基地具有中德（中山）生物医药产业园、翠亨医疗器械科技园和火炬大数据中心等生物医药产业载体。基地内的生物医药企业坚持以创新驱动发展。根据火石创造公开数据，2018年基地内上市企业的研发强度仅次于深圳国家生物谷，达到8.23%，远超过大湾区其他城市的生物医药园区。

（2）园区配套。

该基地已基本建成涵盖研发、中试、检验检测、成果转化、孵化加速、金融资本支持等全过程的生物医药产业配套。园区内科技研发平台包括康方蛋白和单克隆抗体创新药研发平台、中智中药破壁技术研究服务平台等；检验检测平台包括腾飞——NGS基因检测与诊断中心、广东医药器械检测中心（中山）等；中试服务平台以康方天成大分子药物中试研究服务平台为代表；成果转化方面还有香港大学—广东药科大学创新平台等产业平台。此外，该基地建设有多个国家级、省级重点实验室，国家级科技企业孵化器，以及健康产业母基金和产业引导资金。

（3）重点产业。

目前园区内已入驻超过300家企业，形成医疗器械、生物制药、健康服务、保健食品化妆品等协同发展的产业集群。该基地在生物医药领域的发展重点包括中药破壁饮片生产、蛋白和抗体药研发、医学检测服务、高端医疗设备、新一代基因测序与诊断技术等创新发展领域。依托翠亨医疗器械科技园，该基地将重点发展基因测序诊断、高端肿瘤微创治疗、多功能医学成像系统及配套设备、康复治疗设备等医疗器械优势细分领域的产业化平台。

（4）代表企业。

该基地生物医药企业可分为以下两类：制药企业，包括诺华山德士、康方生物、安士制药、辉凌制药、中智药业等；医疗器械企业，包括明峰医疗、腾飞基因、和佳医疗、乐心医疗等。

三、粤港澳大湾区重点城市生物医药产业发展现状

（一）深圳

1. 产能规模及结构

公开数据显示，深圳2013年的生物医药产业规模首次超千亿元，而目前深圳生物医药产业规模已经超过2 800亿元，年均增速超过20%。从图8-26的产业增加值来看，深圳生物医药产业规模持续扩大，且产业增加值保持较高的增速，部分年份超过20%。根据前文分析过的医药制造业产值规模看，2018年深圳规模以上医药制造业企业产值以344.3亿元的规模居广东省第一位（也是大湾区内地九市第一位），同时以25%的产值增速排名广东省第一位。深圳市生物医药产业规模在大湾区内已处于优势领先地位。

单位：亿元

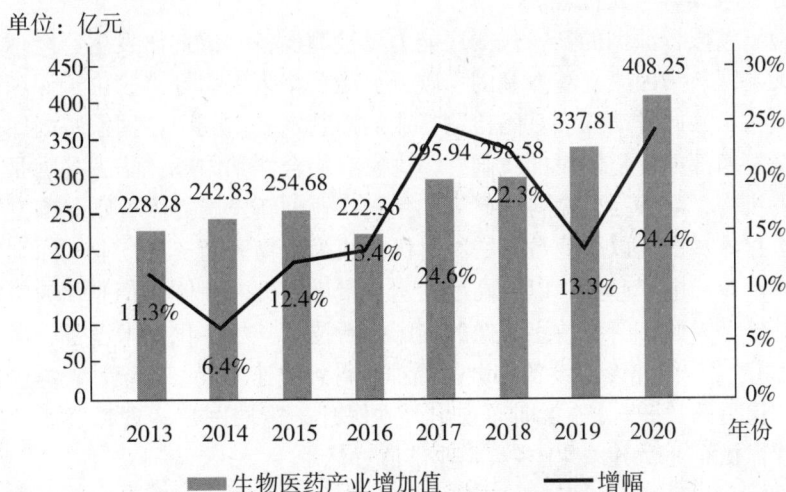

图8-26 深圳市生物医药产业规模

资料来源：根据深圳市统计局数据绘制。

从总量来看，公开数据显示，截至 2018 年，深圳有 3 517 家生物医药类企业，其中医疗器械企业以 2 277 家的绝对数量优势成为支柱产业，占比达 65%。2019 年深圳医疗器械产值规模达 525.67 亿元，同比增幅达到 21.6%。1 240 家药品企业中，数量明显占优的中药企业处于主导地位。从上市企业数量来看，深圳 A 股上市生物医药企业 19 家，其中仍以医疗器械类企业最多，有 9 家。药品类企业共 8 家，其中以化学制药为主，而上市中药企业仅有华润三九 1 家，一定程度上说明深圳的中药企业数量多但规模小，竞争力相对不足。

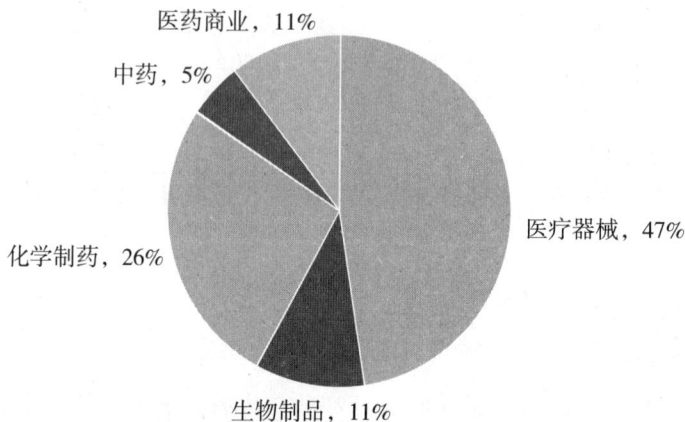

图 8-27　深圳生物医药上市企业类型及占比

资料来源：根据同花顺 iFinD 数据绘制。

2. 重点领域及企业

深圳市在生物医药领域具有良好的产业氛围和研发实力，尤其在基因检测、疫苗、高端器械等细分领域具有领先优势。

在基因检测领域，深圳的新一代测序能力及检测设备、试剂研发生产全球领先。国家基因库、华大基因、华因康、瀚海基因、碳云智能、裕策生物等多家位于深圳的基因检测龙头企业及机构，共同推动深圳基因检测行业的蓬勃发展。其中，国家基因库是由国家发展改革委员会等四部委批复建设的我国首个国家级综合性基因库；华大基因是全球最大的基因组学研发机构，能够为生命科学研究和生物产业创新发展提供重要支撑。

深圳的医疗器械产业以企业数量的绝对优势成为生物医药支柱产业。深圳具有传统优势的图像处理产业和电子产业，以及高度发达且聚集的机电一体化产业，为医疗器械企业的发展奠定基础。因此，新型数字成像的临床诊断技术、数字化手术设备、激光治疗设备（如红光治疗系统）、体外诊断设备与试剂等都能得到快速发展。据统计，深圳医疗器械市场规模占全国比重约达 8%。[①] 深圳涌现出开立医疗、迈瑞医疗、理邦仪器、新产业等一批优秀的医疗器械企业，其中 40 多家企业市值过亿。

---

① 王静娟. 产业规模超 2 400 亿，生物医药产业正成为深圳经济增长的新动力 [EB/OL]. (2019-04-24). https://www.jiemian.com/article/3070186.htm/.

在医药领域，深圳以疫苗为主的生物制品产业发展前景广阔。深圳拥有海普瑞、信立泰、翰宇药业、华润三九、健康元、康泰生物等化学制药、生物制品及中药企业，其中康泰生物是全国生物制品龙头企业，疫苗生产规模位居国内行业前列。同时，赛诺菲—巴斯德和葛兰素史克两大国际疫苗巨头的落户极大增强了深圳在疫苗领域的优势。

表8-22　深圳生物医药上市企业名单

企业简称	所属行业
海普瑞	化学制药
信立泰	化学制药
健康元	化学制药
翰宇药业	化学制药
微芯生物	化学制药
康泰生物	生物制品
卫光生物	生物制品
华润三九	中药
华大基因	医疗器械
开立医疗	医疗器械
迈瑞医疗	医疗器械
普门科技	医疗器械
尚荣医疗	医疗器械
理邦仪器	医疗器械
新产业	医疗器械
惠泰医疗	医疗器械
易瑞生物	医疗器械
海王生物	医药商业
国药一致	医药商业

资料来源：根据同花顺 iFinD 数据整理。

3. 产业布局及重点园区

深圳生物医药产业布局具有"双核多中心"的特点。"双核"即坪山国家生物产业基地和深圳国际生物谷，这两大园区重点布局大型生物产业项目，在东部地区形成深圳的生物产业重地。"多中心"即深圳高新区生物孵化器、南山医疗器械产业园、光明现代生物产业园等各具特色的生物医药产业园。具体布局如图8-28所示。

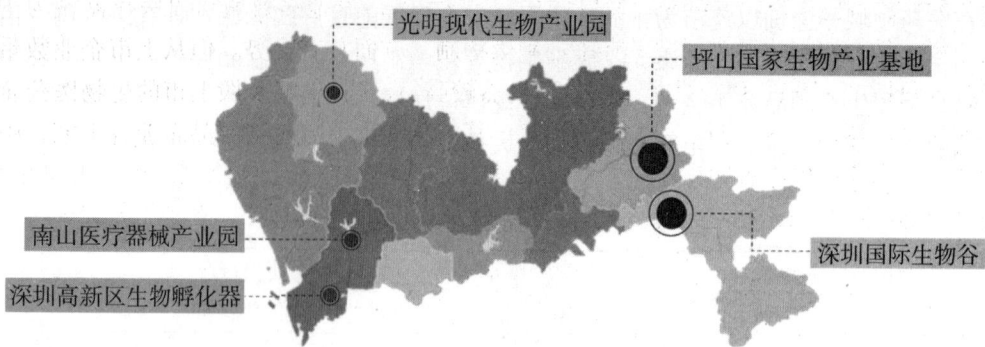

图 8 - 28　深圳生物医药产业主要聚集区

资料来源：火石创造。

坪山国家生物产业基地是深圳唯一的全国首批国家级生物产业基地，围绕生物制药、中药及医疗器械等重点领域形成竞争力全国领先的创新药物研发与医疗器械生产基地，代表性企业有赛诺菲—巴斯德、新产业、国药致君、一致药业、海普瑞等。

深圳国际生物谷以地处大鹏半岛东北端的坝光片区为核心启动区，是深圳生物医药、生命健康、海洋等新兴产业的重要布局点。深圳国际生物谷重点发展领域涵盖生物医学工程、生物医药与高端医疗、生命信息、生命健康服务、生物资源开发、生物环保与制造等生物产业的诸多方面，拥有国家基因库、中以创新合作产业园区、中国农科院深圳生物育种创新研究院和生命科学产业园等空间载体。深圳国际生物谷的精准医疗先锋区聚焦基因测序、干细胞临床等前沿医疗技术研究，依托中以创新合作产业园区与以色列在生物医药、医疗器械、生命科学数字技术等领域开展创新合作。

光明现代生物产业园及南山医疗器械产业园将重点支持高端医疗器械产业发展，构建集研发、转化、制造为一体的高端医疗器械完整产业体系，在大湾区率先创建高性能医疗器械制造创新中心、高端医疗设备科技成果转化与孵化基地等产业平台。

（二）广州

1. 产能规模及结构

从产值来看，广州市生物医药产业增长态势良好，稳坐大湾区第一梯队，且具有较大上升空间。广州市科学技术局数据显示，2018 年广州生物医药与健康产业实现增加值587.81 亿元，近三年年均增长 9.5%。根据前文分析过的医药制造业产值规模，2018 年广州规模以上医药制造业企业实现产值 314 亿元，规模仅次于深圳，居大湾区第二位。2019年规模以上医药制造业增加值更是增长了 16.8%，近三年年均增速超过 10%。按照《广州市生物医药产业发展五年行动计划（2017—2021 年）》，广州生物产业规模到 2020 年将实现 4 000 亿元，其中生物医药制造业产值实现 800 亿元，2025 年广州生物医药产业产值将达万亿级。

从生产结构来看，截至 2018 年末，广州市共有药品生产企业 3 167 家和医疗器械生产企业 2 575 家，整体企业数量在大湾区领先。① 与大湾区其他多数城市以医疗器械为主不同，广州药品企业占比更多，尤其在中药和生物制品方面具有优势。但从上市企业数量占比来看（见图 8 - 29），医疗器械企业占比仍然较高，广州 13 家 A 股上市的生物医药企业中 6 家为医疗器械企业；药品类企业共 4 家，其中化学制药与生物制品企业各 1 家，中药企业 2 家，一定程度上说明广州药品领域更多为小规模企业。依托金域医学、万孚生物、达安基因等领军企业在第三方检测服务及检测试剂方面的突出贡献，广州在我国体外诊断领域具有绝对优势地位。

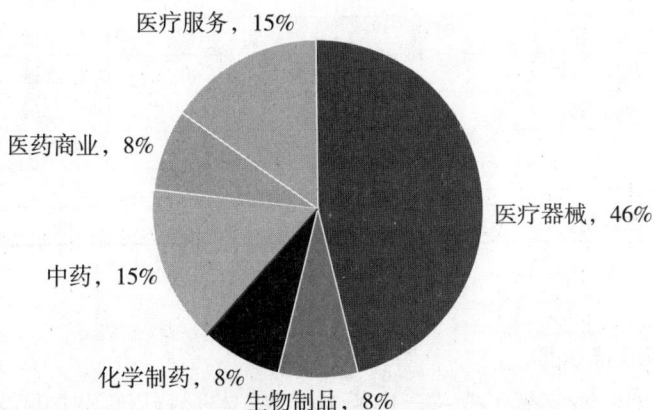

图 8 - 29 广州市生物医药上市企业类型及占比

资料来源：根据同花顺 iFinD 数据绘制。

2. 重点领域及企业

广州市形成以生物制药、现代中药和医疗器械为主的生物医药重点发展领域，其中，干细胞与再生医学、体外诊断试剂及检验服务等细分领域为特色优势。医疗器械领域培育了达安基因、万孚生物、阳普医疗等龙头企业，其中达安基因以精准医疗领域的临床检验试剂和仪器为主要产品，万孚生物专注于体外诊断。药品领域，广州医药产品的研发创新在大湾区具有显著优势，截至 2019 年第一季度，广州共有生物医药发明专利申请 27 000余件、发明授权 7 920 余件，平均增速 19.6%，② 其中干细胞与再生医学领域以 895 件专利申请数位居全国第一，显示出广州生物制药研发的巨大潜力。此外，现代中药及特色中药领域有白云山、香雪等代表企业；医疗服务领域的金域医学为全国第三方外包服务机构龙头，博济医药为 CRO + CDMO 型外包服务企业；大参林则是华南地区的医药零售龙头。广州市生物医药上市企业名单见表 8 - 23。

---

① 刘广平. 粤港澳大湾区生物医药产业发展概览：广州篇［EB/OL］. (2019 - 08 - 14). https：//www. iyiou. com/analysis/20190814108963.

② 见广州创新战略研究院发布的《2019 广州生物医药产业技术发展报告》。

表 8-23　广州市生物医药上市企业名单

企业简称	所属行业
一品红	化学制药
百奥泰	生物制品
金域医学	医疗服务
博济医药	医疗服务
阳普医疗	医疗器械
达安基因	医疗器械
冠昊生物	医疗器械
安必平	医疗器械
万孚生物	医疗器械
维力医疗	医疗器械
大参林	医药商业
白云山	中药
香雪制药	中药

资料来源：同花顺 iFinD。

3. 产业布局及重点园区

广州的生物医药产业集聚形成"三中心多区域"格局：以广州国际生物岛、广州科学城、中新广州知识城为核心，国际健康产业城、白云生物医药健康产业基地、健康医疗中心等产业特色园区协调发展。具体布局情况如图 8-30 所示。

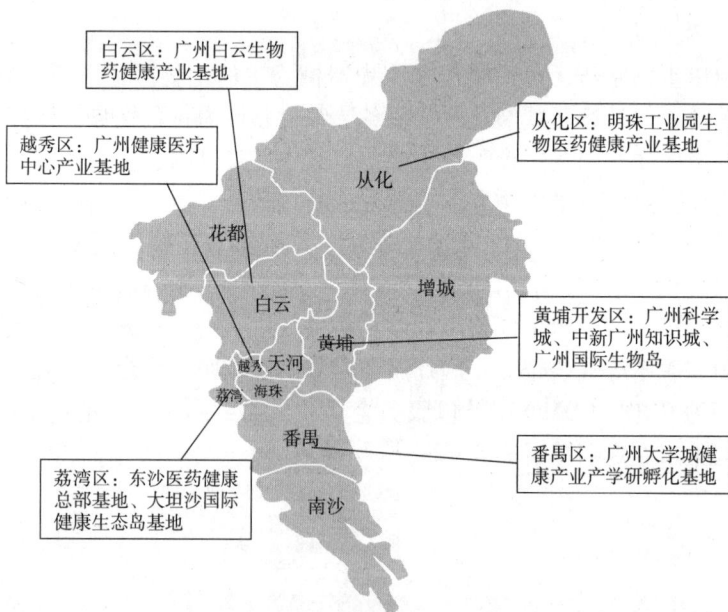

图 8-30　广州市生物医药产业空间布局

资料来源：根据公开资料绘制。

广州国际生物岛位于广州开发区的官洲岛，北望广州国际会展中心和珠江新城，南与广州大学城相邻。生物岛是广州的国家生物产业基地，定位为生物产业创新高地和国内外知名生物医药研发中心。园区入驻了包括金域医学、智凯生物、赛莱拉、中山大学生物工业研究院、广州互联网医院等在内的150多家企业和机构，逐步形成医疗器械、生物新药研发、基因测序、干细胞、精准医疗临床转化等产业链条。

广州科学城位于广州开发区中部，定位于区域性科技创新创业中心。生物医药是科学城规划打造的三大千亿产业集群之一，聚集了达安基因、阳普医疗、香雪制药、中一药业等众多医药、医疗器械龙头企业和百奥泰、迈普再生医学、铭康、锐博等生物技术创新企业。

中新广州知识城位于广州开发区东部，定位于建设国际科技创新枢纽的核心组团，是中国、新加坡政府跨国合作的标志性项目。知识城北部将构建世界级的生物医药价值创新园区。目前地区内集聚430多家生物医药企业，引进 GE 生物科技园、瑞士龙沙集团（Lonza）、百济神州、诺诚健华等生物医药产业重大项目。

第五节　生物医药产业发展对策建议

一、粤港澳大湾区生物医药产业存在的问题

通过前文的分析不难看出，虽然粤港澳大湾区的生物医药产业已取得一定成果，但其发展过程中仍然存在一些问题。

（一）行业集中度低

粤港澳大湾区不同地市的生物医药产业园区、孵化器、加速器及企业遍地开花，数量不断增加。但大湾区内大型龙头企业不足，现有企业大多仍处于初创时期，小而散的企业分布会稀释资金、人才及其他资源，限制企业发展。

（二）同质化严重

大湾区内各地区出于招商、税收压力等原因，大多采用生物医药多个细分领域、产业链各个环节的"一锅端"式布局，园区、企业缺乏特色和重点，难以形成完善的产业生态和产业集聚效应。各地区之间在产业链方面互补性不足，甚至一些领域存在同质化竞争。这种同质化既体现在广深港澳四个核心城市的定位上，也体现在核心城市与其他城市的产业链分工上。重复建设和同质化问题导致资源浪费，影响着大湾区生物医药产业的发展效率。

（三）研发能力不足

大湾区市场潜力大、医药流通体系发达，但大湾区生物医药产业起步晚，教育资源和人才储备尤其是高端研发人才储备弱于高校众多的环渤海地区，产业创新能力和企业实力不及长三角地区。同时，大湾区生物医药领域的研发投入较发达国家的科技湾区低。如旧

金山科技湾区的生物研发企业研发投入多在数十亿美元量级，研发投入占其收入比重达20%左右。但粤港澳大湾区的生物医药企业仅有少数企业研发投入达到15%。研发投入不足限制了大湾区生物医药产业创新的步伐。

（四）内部发展不平衡

大湾区内的十一个城市和地区存在两种制度、三个关税区，流通三种货币，内部发展差异大。各城市在交通基础设施一体化、新兴产业错位发展、土地资源集约利用、生态环境共治共享、公共服务均等化等方面整体协调难度较大。香港、广州、深圳三大城市生物医药体量占粤港澳大湾区生物医药总产值的50%以上，但对其他城市的带动能力有限。肇庆、江门等地在研发实力、产业发展阶段等方面发展程度较低。

（五）生物医药服务体系薄弱

大湾区内缺少权威的药物评价机构，研发的新药需要到北京、上海送检，严重影响新药研发上市效率。提供生物医药产业孵化器、提供人才、知识产权、融资等服务的专业服务机构相比长三角等地区仍然不足。

二、政策建议

（一）加强统筹协调，制定科学的产业规划布局

加强规划衔接。在省级层面，根据生物医药产业现状和各地市资源禀赋，统筹制定关于大湾区整体的生物医药产业布局和招商方向，为各地市发展各具特色和具有核心竞争力的医药产业细分领域和产业园区提供指导；各城市依托各自优势差异化定位，发展错位互补的生物医药产业细分领域，产业布局从"全要素"走向"精细化"；在整个大湾区形成定位准确、边界清晰、功能互补、统一衔接的生物医药产业规划体系。

推动区域协调发展。广、深、珠等核心地区的生物医药产业布局要体现对周边地区的带动作用。利用江门、肇庆、东莞等地的制造业基础转移价值链较低端环节；充分利用粤北、粤西、粤东地区丰富的资源和绿色生态环境优势，推进中药材种植养殖基地、标准化原料基地建设；同时加强资源共享、信息共享和技术帮扶，推动区域协调平衡发展。

（二）创设、动用一切有利条件，加强研发创新

提高重点领域创新水平。重视"高质量仿制药、高技术含量生物药、高端医疗器械"等"三高"医药产品创新；鼓励企业加快推进仿制药一致性评价工作，重点鼓励抗体、疫苗、基因工程、蛋白质及多肽药物等生物制品创新，加快开发以转化医学、精准医疗、免疫治疗为代表的新型医疗器械和医学技术产品；传承一批中药经典名方，培育名优中药新品种，推动中药创新药产业化。

加强重大基础设施和创新载体建设。通过加大科研基础设施建设投入等方式，加快建设国家基因库、生物样本库、健康医疗大数据中心等重大科技基础设施。扩大生物医药科

技资源增量，依托国际化的区位优势和香港完备的医疗体系，引进国内外一流人才团队、实验室，创建一批新的生物医药研究基地。盘活生物医药科技资源存量，利用大湾区内（尤其是广深港澳）知名高校的人才、实验室、国际学术交流平台等优势资源，与医药产业链上下游企业形成校企创新联盟，加快高校尖端生物医药科研成果的产业化进程。

拓宽融资渠道，加大研发投入。通过政府引导设立生物医药基金和各类聚焦不同细分领域的产业基金，探索投资引导、科技保险、股权有偿资助及银政企合作等多种方式，全面撬动创投、保险、证券、银行等各类资本，助力企业提升研发强度。

（三）多途径提高产业集中度

培育龙头企业，促进产业向龙头集中。一方面，要发挥龙头企业对行业的高质量引领作用，培育一批核心竞争力强的大企业集团，并鼓励各地加大招商引资力度，引进全国龙头药企、世界500强外资药企在广东设立总部、研发中心和生产基地。[①] 另一方面，要扶持、鼓励一批发展潜力大、自主研发水平高的中小创新企业做大做强。

鼓励兼并重组，提高产业集中度。重点支持省内龙头企业间、龙头企业和中小企业间、生物医药企业与科研机构间进行产业合作、重组、兼并、收购，鼓励优势企业进行跨地区、跨境的并购、重组、投资合作，达到强强联手、强弱互补的效果，形成类似"广药集团"的大集团、大医药的产业格局，提升产业集中度。

（四）建立完善的生物医药服务体系

加快生物医药专业孵化、研发生产外包服务、技术转让服务咨询、检测检验等专业技术服务机构建设；加强产学研医联合共建研究中心、实验室、生物医药中试中心、新药评价中心和临床医学研究中心等公共技术平台；加大对平台的财政投入，加强平台资源整合和优化配置，促进平台资源开放共享；采取扶持政策，鼓励龙头企业科研团队、科研院所、信息服务机构、政府相应辅助部门等建设国家和广东省生物医药创新平台。

（五）以园区为载体，整合要素资源发挥集群优势

将大湾区内重点产业园区打造成促进本地医药产业集群创新发展的"驱动器"。以各地市的重点生物医药产业园区为抓手，完善园区配套设施和产业服务体系，为入驻企业提供科技咨询、品牌推广、人力资源、注册申报、补贴申请、科技金融等一站式服务。利用园区的孵化器创新空间、生物医药领域公共服务平台、实验设施、公共技术平台、产业创新平台等资源，促使政、产、学、研、用、资的创新要素资源集聚产业园区，形成生物医药产业创新联盟，打造完善的园区生态产业链。

（六）加速国际合作，提高全球竞争力和影响力

利用香港、澳门的全球特殊纽带和窗口作用，发挥其中药研发优势，积极开展与英语

---

① 广东省工业和信息化厅关于加快推进生物医药产业发展的实施意见［EB/OL］.（2019-03-07），http：//gdii. gd. gov. cn/gkmlpt/content/2/2211/post_2211794. html#2891。

系、葡语系国家在医药研发、融资、贸易等多方面的合作，搭建优质的国际医药联合研发、推广、出口平台；鼓励企业面向全球市场的一体化行为，支持大湾区内企业引进国外生物医药领域中大企业、大集团的高科技项目，鼓励大湾区内实力强的医药企业开展全球收购兼并和产能转移，或在海外开设研发机构、生产基地；推进医药质量体系与国际高端市场接轨；利用香港证券交易所"允许未有收入的生物科技公司来港上市"的特殊政策，引导和鼓励区域内创新型的生物医药企业赴港融资。

参考文献

［1］R. H. 海伊斯. 生物制药业［M］. 北京：中国人民大学出版社，2003.

［2］杨子潞，张光慧. 产业价值链视角下生物医药产业集群发展研究——以大湘西地区为例［J］. 吉林工商学院学报，2018（3）：24－27.

［3］人类数据科学研究所 IQVIA. 2019 年全球药物使用情况和 2023 年展望：预测和关注领域［R］. 健康界，2019.

［4］广州创新战略研究院（广州生产力促进中心）. 2019 广州生物医药产业技术发展报告［R］. 广州市科学技术局，2019.

第九章　粤港澳大湾区5G产业分析[*]

第一节　5G产业链发展概况

一、5G产业链结构

（一）5G技术

5G（5th-Generation）狭义来讲就是第五代移动通信技术的无线接入网技术；广义来讲则是包含无线接入网、核心网及相关支撑系统的一个完整的技术体系，是当前最新一代的移动通信技术。回顾通信技术的发展历程，如图9-1所示，1G实现了语音通话，2G实现了语音数字化，3G通过数据速率提升使人们可以浏览网站和传输音乐，4G则比前几代移动通信技术更加稳定和快速，是当前主要的通信方式。但随着大数据时代的到来，海量数据的传输、处理、运作需要更强大的网络支撑，因此在4G网络的基础上进行系统化延伸，产生了5G网络技术，其已成为全球研发热点。

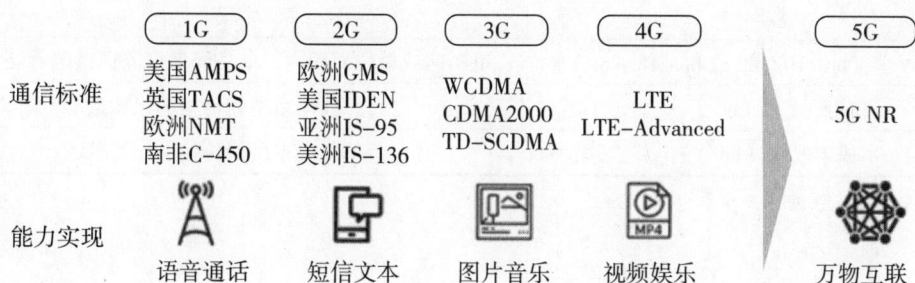

	1G	2G	3G	4G	5G
通信标准	美国AMPS 英国TACS 欧洲NMT 南非C-450	欧洲GMS 美国IDEN 亚洲IS-95 美洲IS-136	WCDMA CDMA2000 TD-SCDMA	LTE LTE-Advanced	5G NR
能力实现	语音通话	短信文本	图片音乐	视频娱乐	万物互联

图9-1　1G—5G通信技术概览

资料来源：中国信息通信研究院。

5G网络具有高速率、低延时、大流量的特点，有望成为万物互联时代的起点。5G峰值速率可以达到10~20Gbps，是4G用户峰值速率的10~20倍；在单向空口时延方面，5G则

　＊　本章由暨南大学产业经济研究院张诗琪、周浩执笔。

比 4G 缩短 10 倍以上；与 4G 相比，5G 用户体验速率、流量密度、连接数密度及移动速度也得到极大的提升。因此，与 4G 网络相比，5G 网络技术在峰值速率、用户体验速率、单向空口时延、流量密度、连接数密度、移动速度等方面有"质"的飞跃（见表 9-1）。

表 9-1　4G 与 5G 网络关键性能指标对比

性能指标	定义	4G 指标	5G 指标
峰值速率	单用户可获得的最高传输速率	1Gbps	10Gbps 至 20Gbps
用户体验速率	真实网络环境下获得的最低传输速率	10Mbps	10Mbps 至 1Gbps
单向空口时延	数据包从源节点到目的节点接收时间	10ms	1ms
流量密度	单位面积内的总流量数	$0.1Mbps/m^2$	$10Mbps/m^2$
连接数密度	单位面积上支持的在线设备总和	$10^4 c/km^2$	$10^6 c/km^2$
移动速度	收发双方最大相对移动速度	350km/h	500km/h

资料来源：根据公开信息整理。

关键性能指标和效率指标相辅相成，共同定义了 5G 网络的核心能力——超高能效的提升以及超百倍比特成本的降低。5G 网络关键效率指标为 5G 网络的可持续发展保驾护航。其中，5G 网络频谱效率指标需要比 4G 网络频谱效率提升 5~15 倍，5G 能源效率和成本效率则需要提升上百倍，才能高效、低成本地满足场景应用的需求，从而赋能社会经济各领域（见表 9-2）。特别地，5G 与人工智能、云计算等技术领域进行深度融合，激发相关技术领域的创新活力，打造我国数字经济发展的新空间和新方向，为我国经济带来裂变式发展。

表 9-2　5G 网络关键效率指标

名称	定义
频谱效率（bps/Hz/cell 或 $bps/Hz/km^2$）	每小区或单位面积内，单位频谱资源提供的吞吐量
能源效率（bit/J）	每焦耳能量所能传输的比特数
成本效率（bit/Y）	每单位成本所能传输的比特数

资料来源：根据公开信息整理。

（二）5G 产业链及重点企业分布

5G 产业非常庞大，涉及多个细分行业。按照我国 5G 建设的规划部署，全国 5G 产业建设可以分为规划期、建设期和应用期（如图 9-2 所示）。其中规划期主要是 5G 网络的规划设计，包括 5G 网络覆盖、基站选址、无线参数规划。当前我国 5G 无线网络建设面临新频谱、新空口、新业务、新场景、新架构五个方面的挑战，因此 5G 网络建设要在网络覆盖、网络容量和用户体验等方面提升关键能力。在网络规划环节中，代表性的重点企业有宜通世纪、国脉科技、杰赛科技、吉大通信等，为我国 5G 网络建设提供勘察设计、网络规划方案。

　　建设期和运维期，主要是 5G 基础设施建设，涉及无线设备、传输设备和终端设备这三个主要板块。无线设备以基站天线、基站射频、基站光模块等基站配套设施为核心；传输设备包含光传输设备、光纤光缆、光模块以及 SDN/NFV 解决方案；终端设备以基带芯片、模组等为主。基站系统包含基站配套设施、天线、射频、基站光模块等，涵盖范围比较广，代表性的公司有立讯精密（天线）、武汉凡谷（射频器件）、通宇通讯（基站天线）、中国铁塔（基站配套）；5G 建设带动光模块市场需求，市场升级扩容为中际旭创、光迅科技、华工科技、新易盛等主要厂商带来广阔的市场；SDN/NFV 解决方案主要由华为、中兴通讯、爱立信、紫光股份、烽火通信、星网锐捷等公司主导，尤其是华为采用全云化核心网解决方案，实现软件和硬件解耦，助力更多行业数字化转型。

　　产业链下游主要是 5G 技术的应用场景和最终商业化形式，即应用期。通过海量连接、超可靠低时延通信逐步实现万物互联。典型的应用场景包括 VR/AR、智慧城市、工业互联网、物联网等，主要是朝着产业数字化、智能化生活、数字化治理这三大方向发展，未来将形成融合交叉更深入、生态耦合更紧密的产业体系，为社会各行业带来更多的增长机会。当前下游场景应用主要由四大运营商（中国移动、中国联通、中国电信、中国广电）和华为等主设备供应商来推进 5G 商用规模。移动终端设备供应商华为、苹果、三星、小米等占据我国 5G 手机市场的主要份额。

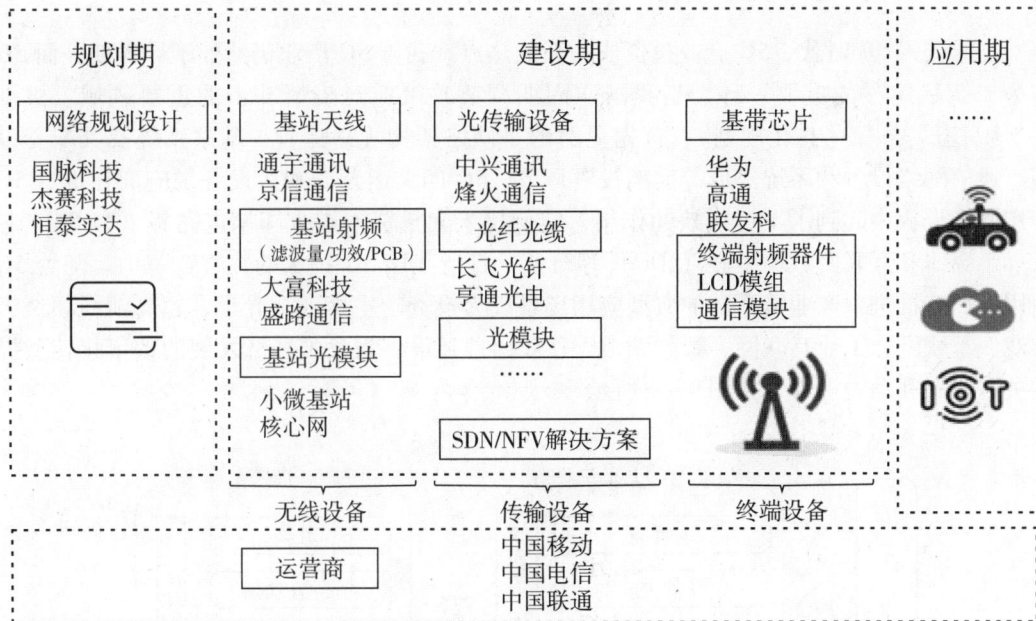

图 9-2　5G 产业链全景图谱

资料来源：国泰君安国际。

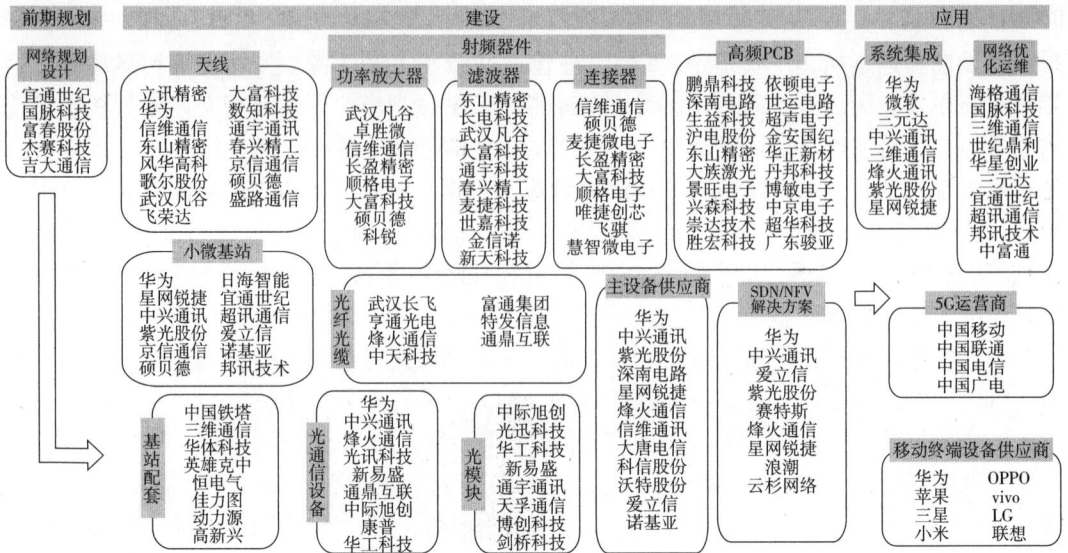

图 9 - 3　5G 产业重点公司分布全景图

资料来源：根据前瞻产业研究院资料绘制。

（三）5G 产业链成本结构

　　全球进入 5G 时代，5G 产业投资成为新的热点。我国 5G 产业仍然处于导入期，而 5G 作为"新基建"的重要一环，是我国逆周期调节政策应对疫情冲击的重要领域。根据《"十三五"国家信息化规划》，首先受益的是网络架构规划运营、基站系统及其配套设施、通信网络设备和系统集成等前期投资环节。5G 四大运营商和主设备供应商在推进 5G 商用网络进程中起到了不可或缺的作用，它们投入大量资本进入印制电路板（PCB）、芯片、半导体和互联网数据中心（IDC）等行业，打造我国 5G 技术的核心竞争力。随着 5G 商用的加速推进，产业链下游的典型应用场景成为投资的主赛道，光学、超高清视频、云游戏、车联网、工业互联网、智慧城市等逐步落地建设，为我国经济发展的数字化转型提供关键支点和动力引擎，如图 9 - 4 所示。

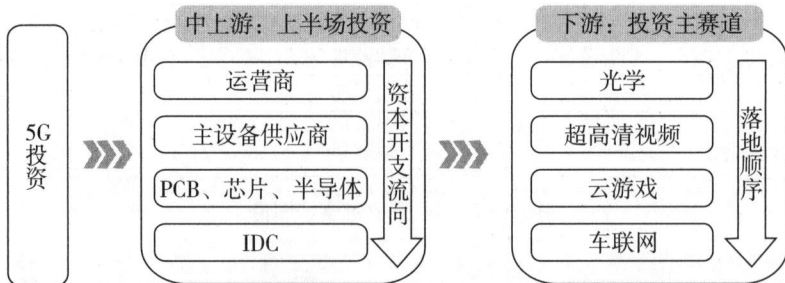

图 9 - 4　5G 产业投资

资料来源：根据前瞻经济研究院资料绘制。

　　根据 C114 通信网的数据，如图 9-5 所示，我国通信网络设备的投资额在 2019 年 5G 投资结构中占比达到 39%，投资总额超 5 000 亿元。系统集成及服务、基站射频和网络规划运维分别占比 12%、11%、10%，投资金额均超过 1 000 亿元。光模块和光纤光缆分别占比 3%、3%。可以看到 5G 产业中通信网络设备的投资总额占据最大份额。实际上，5G 建设是全球通信行业共同面临的高成本投资难题。据全球移动通信系统协会预测，2020 年至 2025 年，全球运营商在移动通信资本支出上投资约 11 000 亿美元，其中 5G 网络建设将占据 80%。我国 5G 网络建设累计投资在 2025 年将达到 12 000 亿元，5G 网络建设加速推进，网络基础设施不断优化。

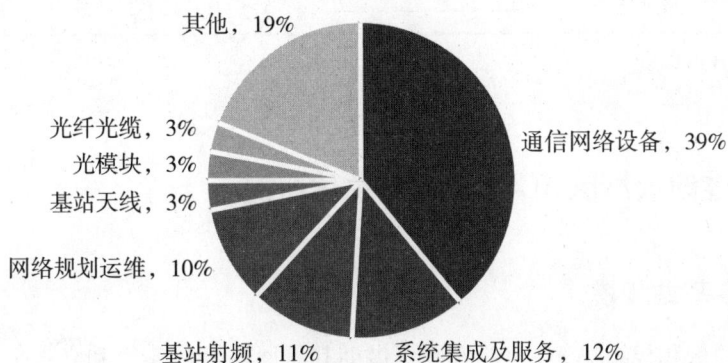

图 9-5　2019 年我国 5G 产业投资结构

资料来源：C114 通信网。

（四）5G 产业价值链

　　目前 5G 商用还处于起步阶段，其社会价值有待进一步挖掘。短期内，5G 建设将拉动上下游相关行业发展，增强信息消费的有效供给。长期来看，我国积极探讨 5G 垂直赋能各行业的方案，未来将催生车联网、物联网、智慧制造等新的经济模式，成为经济发展的持续动力引擎。IHS Markit 预测 5G 产业 2035 年将在世界范围内带来 123 000 亿美元的潜在销售额，达到全球实际总产出的 4.6%，而制造业将占据 5G 经济价值的 28%。具体来看（见表 9-3），5G 价值链本身将创造 35 000 亿美元的经济产出，其中中国占据 28.1%、美国占据 20.5%、日本占据 14.1%。这三者占据全球 5G 产业链产出的 50% 以上，而中国有望成为 5G 产业最大的经济体。从创造的就业机会来看，5G 产业链将在全球创造 2 200 万个岗位，其中中国创造出 950 万个就业岗位，位列第一；美国有 340 万个就业岗位，位居第二；日本有 210 万个就业岗位，位居第三。总体来看，第一批开启 5G 商用的国家在整个 5G 发展的过程中占据主导地位，或将成为 5G 产业发展的最大受益者。

表9-3　2035年全球主要国家5G总产出和就业机会预测

国家	5G总产出/亿美元	经济产出占比/%	就业机会/万个
中国	9 840	28.1	950
美国	7 190	20.5	340
日本	4 920	14.1	210
德国	2 020	6.3	120
韩国	1 200	3.4	96.3
法国	850	2.4	39.6
英国	760	2.2	60.5

资料来源：IHS Marktt。

二、粤港澳大湾区5G产业发展总体概况

（一）5G基站规模

粤港澳大湾区积极布局5G产业发展，借助其雄厚的经济实力和高水平开放有望打造最有活力的世界级5G产业城市群。广东省拥有5G元器件、5G网络基础设施、5G智能终端等5G产业生态链，为大湾区5G产业发展提供了良好基础。2020年底，广东省5G基站累计总数达到12.4万个，约占全国累计5G基站总数（71.8万个）的17%，全国排名第一（见表9-6）。作为粤港澳大湾区两大核心城市，广州、深圳在全省5G基站建设方面占据主导地位。2020年底，广州累计建成5G基站4.8万个，位居全省第一；深圳以4.6万个位居全省第二。两者合计占据全省基站总数的75%以上，由此可见广州和深圳将在粤港澳大湾区5G网络建设中发挥引领作用。

单位：万个

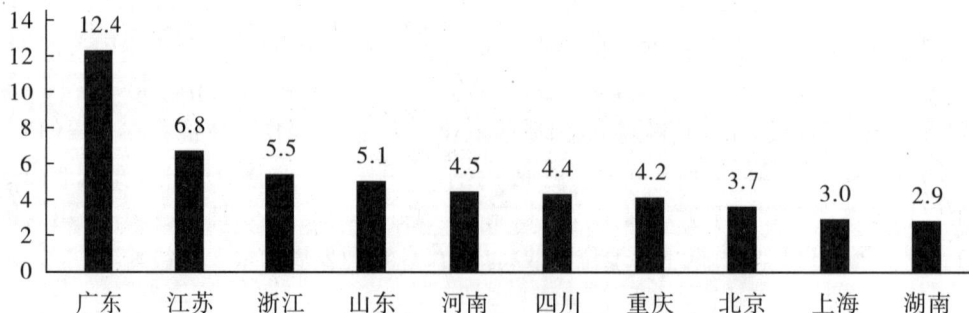

图9-6　2020年我国基站建设数量前十位省市

资料来源：根据公开数据整理。

（二）市场需求

受疫情影响，"宅"经济逆周期迅猛发展，带来了线上消费的快速发展，比如短视频、线上会议、线上教育等大流量应用拉动了互联网流量需求的增长。如图 9 – 7 所示，2020年移动互联网接入流量消费达 1 656 亿 GB，是 2019 年移动互联网接入流量消费的 1. 35倍。2020 年全年月户均流量达到 10. 35 亿 GB，是 2019 年全年月户均流量的 1. 32 倍。由此可见，移动互联网市场发展势头良好，疫情带来了线上消费发展的新机遇，为高速率、低延时的 5G 网络发展提供良好的客户基础。

	2015年	2016年	2017年	2018年	2019年	2020年
▬ 移动互联网接入流量 / 亿GB	41.9	93.8	246	711.1	1 220	1 656
▬ 月户均移动互联网接入流量 / （GB/月户）	0.38	0.76	1.73	4.64	7.82	10.35

▬ 移动互联网接入流量　▬ 月户均移动互联网接入流量

图 9 – 7　2015—2020 年移动互联网接入流量及月户均增长情况

资料来源：中投产业研究院。

根据广东省公布的数据显示，广东省 5G 产业发展步伐不断加快，不仅在 5G 基站数量方面全国领先，而且在 5G 用户规模方面也是全国第一。截至 2020 年底，全省 5G 用户规模达到 3 053. 3 万户，其中广州 5G 用户数量突破 640 万。在目前的 5G 用户中，男性用户的数量占据总用户数量的 2/3，并且 70% 的 5G 用户拥有高学历和高收入，消费升级的需求比较迫切。如图 9 – 8 所示，从全国 5G 用户的区域分布来看，深圳 5G 用户数量全国排名第一位，广州、东莞分别位列第三、第四位。粤港澳大湾区中三个城市 5G 用户数量占据全国 7.5% 以上，可见粤港澳大湾区 5G 产业发展有较好的用户基础，用户对 5G 网络的使用意愿强烈，5G 普及率较高，5G 市场发展潜力巨大。

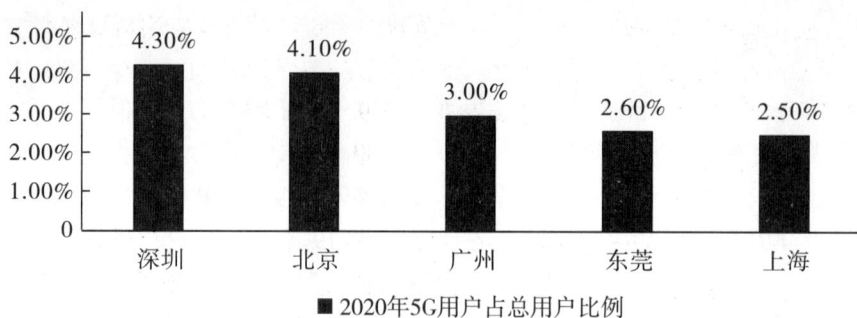

图 9-8   我国 2020 年 5G 用占总用户比排名前五位的城市

资料来源：中国网。

（三）5G 产业生态及融合应用

5G 产业生态指数是通过计算 5G 重点企业数量、5G 产值规模和公共服务平台数量等二级指标得到的结果，用于衡量一个地区 5G 产业规模和发展生态。该指标可初步衡量一个地区的产业布局、产业规模和产业集聚效应的综合情况。2019 年我国部分省级行政区的 5G 产业生态指数见图 9-9。

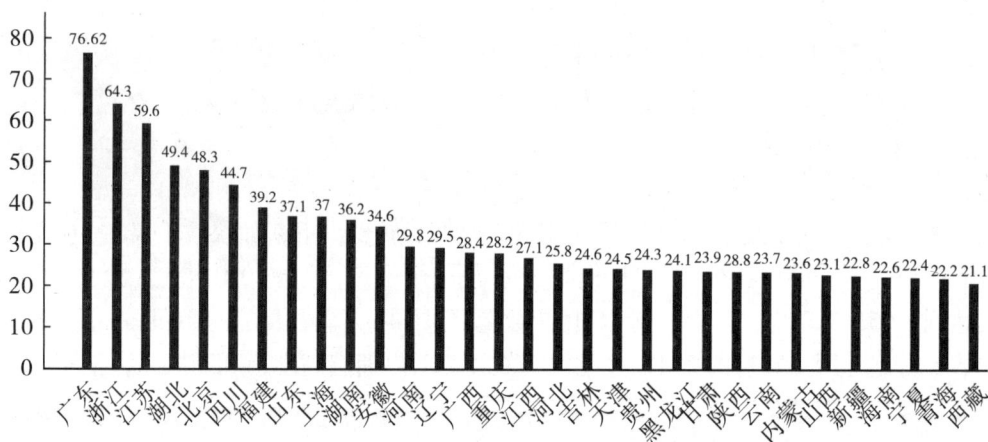

图 9-9   2019 年我国部分省级行政区的 5G 产业生态指数

资料来源：赛迪智库。

广东省凭借其良好的通信产业基础在全国 5G 生态指数中排名第一。深圳、广州吸引了大量的 5G 通信产业的龙头企业入驻，产业链上各环节分布了较多的上市企业，构成了比较完善的产业生态。粤港澳大湾区拥有成熟的研发中心和完善的设备制造基础，能够给5G 产业发展提供良好的生态环境。随着 5G 技术标准逐步完善和统一，粤港澳大湾区 5G产业生态将在 5G 行业服务和 5G 应用的拓展中不断完善，促进 5G 产业附加值不断提升，加速粤港澳大湾区建成世界级城市群的进程。

5G融合应用指数主要是通过各省试点示范建设项目以及行业应用情况来衡量5G产业与传统行业的融合程度。5G产业链下游的场景应用是5G产业发展的重点和难点，体现了当地5G产业的培育能力和总体应用情况。通过表9-4可以看到，江苏、广东、上海、浙江、北京位于全国5G融合应用综合得分的第一梯队，并且与第二梯队的山东相比有明显的竞争优势。广东省以85.68的综合得分全国排名第二，以微弱的优势超越上海市。广东省典型的5G场景建设主要集中在深圳、广州、东莞、珠海、佛山、惠州等经济相对发达的城市，构成了粤港澳大湾区5G产业融合发展的核心力量。总体来看，粤港澳大湾区5G产业的融合应用实力较强。未来在政府和产业链上下游企业的共同努力下，更多的5G融合项目将会落地，加深5G产业与人工智能、大数据等行业的深度耦合，探索未来5G行业发展的新商业模式，从而带动大湾区5G垂直行业赋能进入新阶段，逐步展现大湾区5G产业集聚效应。

表9-4 全国部分省市5G融合应用指数

排名	省市	融合应用指数	排名	省市	融合应用指数
1	江苏	88.28	17	辽宁	33.40
2	广东	85.68	18	吉林	33.40
3	上海	84.12	19	宁夏	31.80
4	浙江	83.08	20	陕西	31.00
5	北京	82.88	21	江西	30.80
6	山东	60.20	22	云南	30.80
7	河南	52.40	23	广西	30.80
8	湖南	52.40	24	海南	30.80
9	湖北	49.80	25	黑龙江	28.20
10	重庆	49.00	26	内蒙古	26.60
11	天津	47.20	27	陕西	26.12
12	安徽	46.40	28	甘肃	26.12
13	贵州	44.60	29	新疆	24.00
14	四川	41.20	30	青海	21.96
15	福建	38.60	31	西藏	21.92
16	河北	33.40			

资料来源：赛迪智库。

（四）重点企业

作为电子信息产业大省的广东，其5G产业国际竞争优势明显。广东拥有较为完善的5G产业链，约有1 600家5G相关的产业，5G概念股上市企业数量更是达到50家，占了全国 1/3。其中在通信设备和 5G 终端领域拥有世界级龙头企业，比如华为、中兴通讯，如图 9 - 10 所示。截至 2020 年上半年，在全球通信设备市场中，华为持续排名第一，占据 31% 的份额，比去年上涨 3 个百分点；中兴通讯市场份额同比提升 1 个百分点，总市场份额达到 11%，市场排名第四。除了龙头企业华为、中兴通讯外，还有一些作为中流砥柱的骨干企业发挥着引领作用。

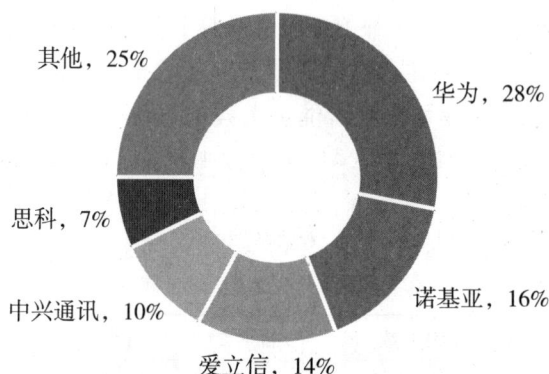

图 9 - 10　2019 年全球通信设备供应商市场份额

资料来源：Dell' Oro Group。

在 5G 网络规划运维方面，杰赛科技凭借在 SCADA 系统开发及相关技术研发经验打造自身在物联网应用的先发优势。立讯精密、信维通信则为广东省的基站天线提供产品和服务，致力于打造世界终端天线的中国品牌。作为国内覆铜板龙头企业，生益科技为下游芯片制造提供原材料。总而言之，广东省拥有良好的信息产业发展基础，大批优秀企业形成产业聚集效应（见表 9 - 5），粤港澳大湾区的 5G 建设进入快车道。

表 9 - 5　粤港澳大湾区 5G 产业重点企业列表

公司	主营业务	涉及 5G 产业链环节	城市
华为	产品主要涉及通信网络中的交换网络、传输网络、无线及有线固定接入网络和数据通信网络及无线终端产品	光通信设备、SDN/NFV 解决方案、主设备商、5G 运营商、移动终端提供商	深圳
中兴通讯	产品涵盖无线、核心网、接入、承载、业务、终端、云计算等领域	基站、光通信设备、主设备商、系统集成	深圳
信维通信	产品为天线、无线充电模组及磁性材料、射频前端器件、EMC/EMI 射频隔离器件、线缆及连接器、音/射频模组等	射频器件	深圳
鹏鼎科技	主要从事各类印制电路板的设计、研发、制造与销售业务	光器件、光组件	深圳

（续上表）

公司	主营业务	涉及 5G 产业链环节	城市
杰赛科技	以网络通信为主责主业，致力于提供网络通信综合解决方案	网络规划设计	广州
大富科技	通信射频器件及通信物联网解决方案	射频器件	深圳
日海通讯	生产和销售通信配套设备、无线通信设备、移动通信系统天线及基站附件	基站天线	深圳
海格通信	从事通信和导航设备研发、生产、销售、服务	光模块	东莞
超讯通信	从事信息系统集成服务、通信传输设备专业修理以及信息技术咨询服务	SDN/NFV	珠海
盛路通信	从事各类通信天线、微波器件设备研发和生产	天线	佛山
立讯精密	专注于连接器的研发、生产和销售	基站天线	广州
生益科技	主要从事覆铜板生产，用于 PCB 生产	电子元器件	东莞
世纪鼎利	提供专业的网络测试、优化、建设、运维、运营方面的产品、服务和综合解决方案	网络优化运维	珠海
北讯集团	通信技术推广、技术开发、技术转让、技术咨询、技术服务	基站配套设施	深圳

资料来源：根据公开信息整理。

第二节　5G 产业发展环境

一、国内外 5G 产业政策形势

（一）国外 5G 产业政策

2019 年全球正式进入 5G 时代，5G 成为全球竞争新的竞争制高点，各个国家采取积极的政策以推动 5G 对实体经济的提质增效。韩国 2013 年开始部署 5G 发展规划，提出了"5G 移动通信促进战略"，并且政府强势主导协调各方进行研发试验，以平昌冬季奥运会为契机成为全球首个实现 5G 商用的国家。美国在高频频谱分配方面具有较大的优势，但是在中频频谱分配上进展缓慢（见表9-6）。2019年11月美国正式批准T-Mobile和Sprint的频谱合并，有望推动美国5G中频频谱建设。2020年2月7日，美国联邦通信委员会（FCC）与多家卫星企业达成了数十亿美元的协议，从而释放可用于5G服务的C频段频谱。2016年，欧盟发布《欧盟5G宣言——促进欧洲及时部署第五代移动通信网络》，推动欧盟各国有效合作。瑞士、英国、德国、西班牙、意大利等欧洲国家相继进入5G商用，但是面临频谱资源匮乏、基站数量少等问题，商用进展缓慢。2020年，欧洲各国通过密集展开5G频谱拍卖来推动当地5G建设。日本于2020年3月实现5G商用，制定了"后5G"技术的综合战略来指导本国5G网络的发展。截至2020年10月底，全球已有54个国家/地区提供5G业务，5G竞争逐步白热化，5G建设进入加速赛道。

表9-6 全球主要国家和地区的5G网络部署

国家/地区	频谱资源计划	网络部署策略
中国	以中频段3.5GHz为主，低频和高频为辅助	坚持5G网络与4G/4G+优势互补、长期共存；网络覆盖与投资成本兼顾；利用网络切片能力优先布局；满足多样化业务需求
韩国	率先使用高频段28GHz	5G基础设施布局力度大，积极与各国设备商保持合作；以平昌冬季奥运会为例，应用场景试点策略比较明显
美国	以高频段28 GHz、37 GHz、39 GHz为主	毫米波频谱优势布局，低频、中频和高频频段分配具有明确的时间计划；以城市试点为部署策略，基于场景优先商用
欧洲	以中频段3.4~3.8 GHz为主	5G网络部署过程中基站等设备以向设备商采购为主；部署进程相对较慢，以高密集度覆盖区域为布局点
日本	以高频段27.5~29.5 GHz为主，兼顾中频段	日本通信设备商通过合作研发进行市场布局，重点利用毫米波以用于低延时、高可靠的应用场景

资料来源：中投研究院。

（二）国内5G产业政策

2019年我国与全球同步实现5G商用，但是我国的5G发展规划部署之路很早就开启了。国家层面高度重视5G发展，2016年《国家信息化发展战略纲要》《"十三五"国家信息化规划》等战略部署都对我国5G发展提出了明确的部署（见表9-7）。在各方的共同努力下，我国的5G建设进度全球领先，新建基站占据全球总数的80%以上，5G用户超过1.5亿。

在国家层面战略的推动下，各省市加快5G网络建设和产业布局的步伐，以期借助5G发展培育新的经济增长点。

表 9-7 2016—2020 年国家推动 5G 应用发展相关政策梳理

时间	发布机构	政策文件	重点内容
2016 年 7 月	中共中央、国务院	《国家信息化发展战略纲要》	开展第五代移动通信（5G）技术的研发、标准和产业化布局，到 2020 年取得突破性进展
2016 年 8 月	工信部等	《智能制造工程实施指南（2016—2020）》	初步建成 IPv6 和 4G/5G 等新一代通信技术与工业融合的试验网络
2016 年 12 月	国务院	《"十三五"国家信息化规划》	适时启动 5G 商用，拓展 5G 业务应用领域
2016 年 12 月	工信部	《信息通信行业发展规划（2016—2020 年）》	开展业务和应用试验验证，提升 5G 业务体验，推动 5G 支撑移动互联网、物联网应用融合创新发展
2017 年 8 月	国务院	《关于进一步扩大和升级信息消费持续释放内需潜力的指导意见》	加快 5G 标准研究、技术试验和产业推进，力争 2020 年启动商用
2017 年 11 月	国务院	《关于深化"互联网 + 先进制造业"发展工业互联网的指导意见》	在 5G 研究中开展面向工业互联网应用的网络技术试验，协同推进 5G 在工业企业的应用部署
2018 年 5 月	工信部等	《关于深入推进网络提速降费加快培育经济发展新动能 2018 专项行动的实施意见》	组织 5G 应用征集大赛，促进 5G 和垂直行业融合发展
2018 年 7 月	工信部等	《扩大和升级信息消费三年行动计划（2018—2020 年）》	加快 5G 标准研究，确保启动 5G 商用
2019 年 5 月	工信部等	《关于开展深入推进宽带网络提速降费 支撑经济高质量发展 2019 专项行动的通知》	继续推动 5G 技术研发和产业化，促进系统、芯片、终端等产业链进一步成熟
2019 年 11 月	工信部	《"5G + 工业互联网"512 工程推进方案》	加快垂直领域"5G + 工业互联网"的先导应用，形成至少 20 大典型工业应用场景
2020 年 2 月	国家发改委等	《智能汽车创新发展战略》	结合 5G 商用部署，推动 5G 与车联网协同建设
2020 年 3 月	工信部	《关于推动 5G 加快发展的通知》	实施"5G + 工业互联网"512 工程，促进"5G + 车联网"协同发展，构建 5G 应用生态系统
2020 年 4 月	国家邮政局等	《关于促进快递业与制造业深度融合发展的意见》	加快推动 5G、大数据、云计算、人工智能、区块链和物联网与制造业供应链的深度融合
2020 年 9 月	工信部	《建材工业智能制造数字转型行动计划（2021—2023 年）》	鼓励在无人驾驶、远程爆破、设备运维等领域的集成创新应用

资料来源：根据公开信息整理。

全国各省市从 2019 年起加速 5G 产业规划，截至 2020 年 7 月底各项政策规划累计超过 400 个，彰显各级政府对 5G 产业发展重视程度。从文件的内容上看，各地方政府结合自身发展优势从 5G 网络建设、5G 技术创新、5G 产业培育、5G 推广应用等方面入手，积极推动 5G 与行业的融合应用，如工业互联网、智慧医疗、车联网等场景。广东省政府出台《广东省加快 5G 产业发展行动计划（2019—2022 年）》，聚焦 5G 发展环境，提出广东省未来 5G 产业发展的工作目标、重点任务以及相应的保障措施，致力于打造世界级产业集聚区和 5G 应用融合区。该行动计划为广东省的 5G 建设提供了整体建设目标和方案，为省内的 5G 建设发展提供政策保障。粤港澳大湾区内地九个城市纷纷响应国家和省政府号召，制定本市 5G 产业发展战略和发展目标（见表 9 - 8），营造良好的政策环境。

表 9 - 8　粤港澳大湾区主要城市 5G 政策

时间	城市	政策文件	重点任务
2020 年 7 月	广州市	《广州市进一步加快 5G 产业发展若干措施》	聚焦加快 5G 网络建设、加强 5G 应用培育、推动 5G 产业集聚三方面的主要工作
2020 年 12 月	深圳市	《关于大力促进 5G 创新应用发展的若干措施》	加快建设 5G 特色应用场景、推动 5G 技术创新、扩大市场规模
2019 年 11 月	东莞市	《东莞市加快 5G 产业发展行动计划（2019—2022 年）》	积极加强推动 5G 与工业互联网融合应用
2019 年 8 月	佛山市	《佛山市加快 5G 产业发展行动计划（2019—2022 年）》	加快 5G 网络建设，促进 5G 应用和产业集聚
2019 年 6 月	惠州市	《关于推进 5G 网络"一杆多用"智慧杆建设的实施意见》	加快推进全市 5G 网络建设布局，统筹公共资源协调发展，推动"一杆多用"智慧杆的全面推广应用，促进新一代信息技术应用
2020 年 6 月	珠海市	《珠海市促进 5G 网络建设及产业发展若干政策措施》	争取到 2020 年底实现全市 5G 网络基本连续覆盖和横琴新区全覆盖
2019 年 9 月	中山市	《中山市加快 5G 产业发展行动计划（2019—2022 年）》	加快 5G 网络建设，促进 5G 产业发展
2020 年 3 月	肇庆市	《肇庆市加快 5G 发展实施方案（2019—2022 年）》	加快 5G 网络建设，推进 5G 技术创新，大力发展 5G 相关产业，开展重点领域 5G 应用试点示范
2019 年 11 月	江门市	《江门市促进 5G 产业发展行动方案（2019—2022）》	到 2022 年底，全市基本实现 5G 网络连续覆盖，全市 5G 基站累计达 8 891 座
2020 年 11 月	澳门特别行政区	《2021 财政年度施政报告》	有效运用大数据、云计算等技术，推进智慧城市建设，推动城市治理体系和治理能力现代化，加快 5G 网络、大数据中心等新型基础设施建设

（续上表）

时间	城市	政策文件	重点任务
2020 年 5 月	香港特别 行政区	《鼓励及早使用 5G 技术资助 计划》	推动创新和 5G 智慧城市的应用，从而改善运营 效率和服务治理，提升香港整体竞争力

资料来源：根据公开信息整理（不完全统计）。

36 氪研究院构建中国城市 5G 产业指数来量化各 5G 商用试点城市 5G 产业发展情况，其中 5G 发展环境指数根据各城市 5G 政策数量、GDP 增速、大型峰会数量、人均电信业务收入等指标加权计算得出，测度我国各城市 5G 产业发展的经济社会环境。通过 5G 发展环境指数可以看到（见表 9－9），广东、江苏、北京、上海、山东、福建等省市 5G 产业基础较好，引领全国 5G 产业发展。5G 发展环境指数整体呈现从东部沿海到中西部递减的趋势，与各省市经济发展水平紧密相关。特别地，深圳 5G 发展环境指数全国排名第一，广州 5G 发展环境指数全国排名第十。这两大核心城市 5G 发展环境指数量化展现了粤港澳大湾区 5G 产业发展的优势。可以看到，粤港澳大湾区 5G 产业不仅有各类财政政策支持，而且在经济环境、交流环境以及需求环境方面都全国领先。

表 9－9　2019 年全国 5G 商用试点城市发展环境指数前十五名

排名	城市	发展环境指数	排名	城市	发展环境指数
1	深圳	86.52	9	合肥	71.36
2	北京	80.39	10	广州	71.14
3	上海	78.72	11	温州	70.62
4	宁波	75.97	12	南京	69.75
5	厦门	75.53	13	济南	69.17
6	成都	75.02	14	重庆	69.13
7	杭州	74.30	15	郑州	68.50
8	青岛	72.65			

资料来源：36 氪研究院。

二、国内外 5G 市场需求趋势

（一）5G 用户规模

2020 年是全球 5G 商用发展的关键之年。根据统计，全球有 125 家运营商提供 5G 服务，5G 商用网络数量是同期 4G 网络的 4 倍，发展迅猛。截至 2020 年第三季度底，全球 5G 用户达到 1.24 亿，其中中国 5G 用户达到 1.04 亿，位居第一，韩国 871 万用户排名第二，美国 514 万用户排名第三，欧洲 311 万用户位居第四。目前还处于 5G 商用的初步阶段，后续市场规模将进一步扩大。根据 HIS Marktt 统计预测（见图 9－11），到 2025 年，全球 5G 用户总数将达到 16 亿，其中中国的 5G 用户规模仍然位居全球第一，将达到 5.45

亿户；欧洲后来居上，用户规模将达到 2.03 亿户；美国由于在频谱资源分配上的分歧导致其 5G 进程有所滞后，5G 用户规模位居第三；日本和韩国分别位居第四、第五。总体来说，我国 5G 产业发展拥有广阔的市场，未来发展前景广阔。

单位：亿人

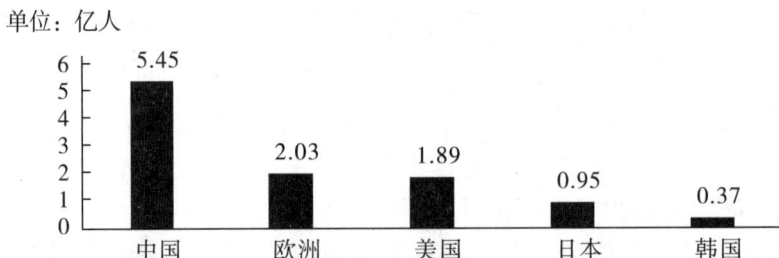

图 9-11　2025 年全球主要国家/地区 5G 用户规模预测

资料来源：HIS Marktt。

（二）5G 智能手机出货量

根据《2020 年全球智能手机出货量报告》，2020 年全球智能手机出货量为 12.4 亿部，受疫情的影响同比下降 8.8%。其中 5G 手机出货量 2.8 亿部以上，比 2019 年 1 870 万台的出货量提升 13 倍。随着 5G 研发技术成本的下降、5G 手机的逐步推广，5G 手机的单价有所下降。从 5G 手机的平均单价来看，如图 9-12 所示，5G 手机海外市场的价格整体呈现下降的趋势，但是比中国市场的价格更高，因此我国在 5G 手机的价格方面具有竞争优势。不过随着 5G 技术的不断成熟，价格上的优势不断缩小。

单位：美元

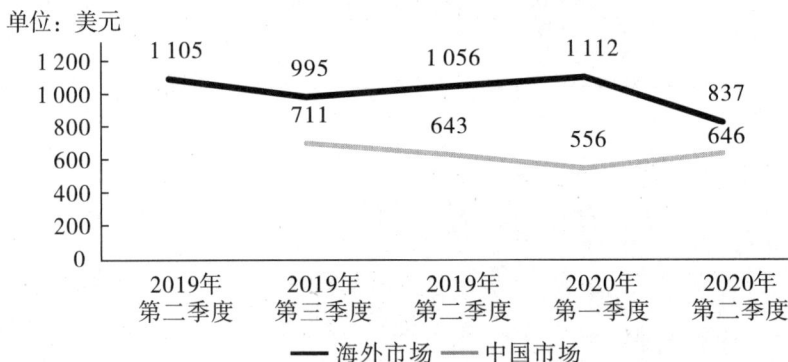

图 9-12　5G 手机平均单价变化趋势

资料来源：IDC。

我国是全球最大的 5G 手机市场，2020 年中国的 5G 手机出货量为 1.63 亿部，占全球 5G 手机出货的 58.2%。我国消费者对 5G 手机持积极接受的态度，5G 手机市场推广效果较好。从图 9-13 可以看到，我国 5G 手机出货量占同期手机的总出货量的比例快速提升。除了 2020 年 3 月占比下降之外，5G 手机的出货量增长较快。到 2020 年底，5G 手机的出货量占比达到 68.4%，5G 手机逐步成为市场主流消费机型。从 5G 手机的全球竞争格局来看，第一梯队企业包括华为、苹果以及三星，三家企业技术实力极强；第二梯队企业包括小米、OPPO、vivo，具备较好的市场优势；第三梯队企业包含中兴、联想、TCL 等。截至 2020 年上半年，华为 5G 手机占据市场份额 72.2%，vivo 占据 10.2%，OPPO 占据 8.7%，小米占据 2.9%；国内手机厂商竞争激烈，但是华为领先优势明显。

单位：万台

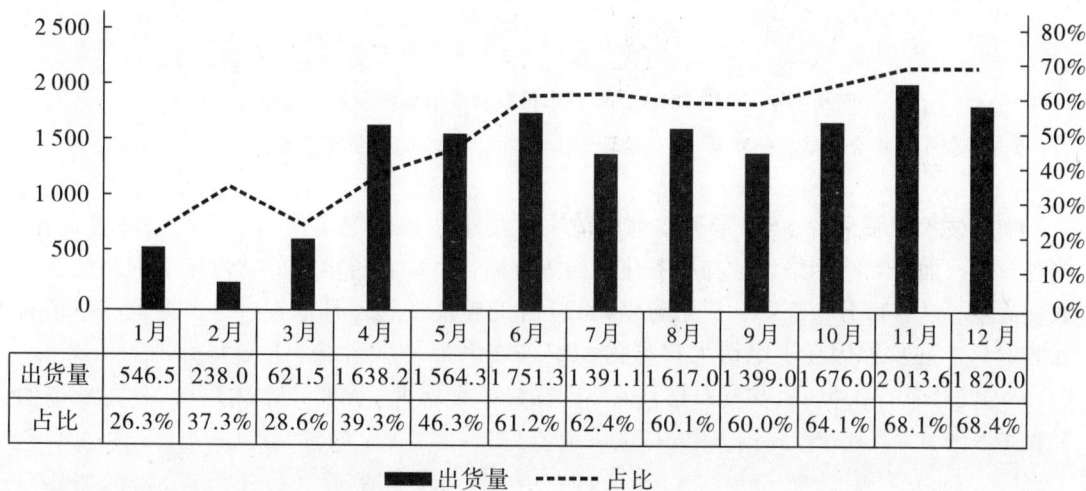

	1 月	2 月	3 月	4 月	5 月	6 月	7 月	8 月	9 月	10 月	11 月	12 月
出货量	546.5	238.0	621.5	1 638.2	1 564.3	1 751.3	1 391.1	1 617.0	1 399.0	1 676.0	2 013.6	1 820.0
占比	26.3%	37.3%	28.6%	39.3%	46.3%	61.2%	62.4%	60.1%	60.0%	64.1%	68.1%	68.4%

■ 出货量　------ 占比

图 9 - 13　2020 年我国 5G 手机出货量及占比

资料来源：中国信息通信研究院。

三、国内外 5G 产业布局趋势

（一）全球主要国家 5G 专利数量

中国、美国、韩国、日本、英国、德国处于 5G 建设的前沿，不断加紧 5G 技术的研发以获取新的技术制高点，而 5G 专利数量则是衡量一个国家研发能力的优良指标。截至 2019 年底，全球 5G 专利申请人遍布 54 个国家或地区，各国积极布局 5G 相关产业。其中，我国的专利申请量全球排名第一，占据全球总量的 42%，主要原因在于华为和中兴通讯这两大主设备供应商 5G 相关专利申请量比较大。2020 年我国疫情控制情况较好，较早恢复生产与研发，因此 5G 专利申请数量不断创新高。华为依旧领跑全球，与 5G 相关的专利族数申报达到 6 373 件；中兴通讯排名提升，申请总数也达到 2 665 件（见图 9 - 14）。整体来看，专利申请数量与本国 5G 产业发展息息相关，美国、韩国、瑞典、日本等国家的 5G 专利数量也比较靠前，表明 5G 产业主要分布在第一批进入商用的国家，它们共同引领全球 5G 产业的研发与创新，形成未来 5G 产业的主要竞争格局。

单位：件

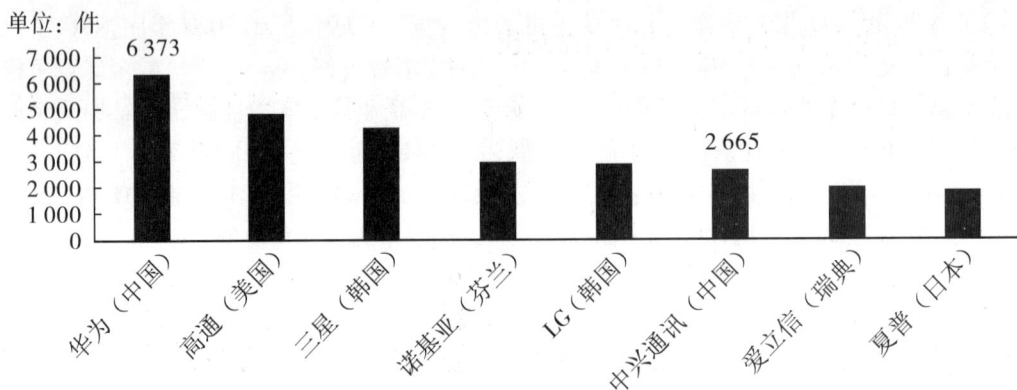

图9-14　2020年全球5G已申报专利申请数排名前八名公司

资料来源：根据公开信息整理。

　　细分技术领域来看，5G专利技术申请主要集中在软件定义网络、网络功能虚拟化、控制与用户面分离、网络切片与服务化架构等方面，其中各省申请的软件定义网络类专利数量最多。从省市分布来看，广东省以2 820件的申请量远超其他省市，占据全国申请总数的35%，主要原因在于申请大户华为和中兴通讯都是广东省5G龙头企业（见表9-10）。因此广东省在5G研发方面具有天然的优势，有利于未来粤港澳大湾区5G产业的研发和深入融合。

表9-10　2019年主要省份专利申请技术分布及法律状态分布

单位：件

	省份	广东	北京	浙江	江苏	上海	四川	河南	陕西	湖北	山东
5G关键技术	软件定义网络	1 695	1 059	560	293	311	183	121	115	122	92
	网络功能虚拟化	762	281	58	72	65	59	23	19	28	8
	控制与用户面分离	279	97	105	237	81	75	54	61	40	75
	网络切片	496	155	8	13	19	7	2	13	6	1
	服务化架构	41	19	6	3	1	3	0	4	2	2
法律状态	授权	757	462	323	183	142	75	41	40	75	52
	实质审查	1 619	883	311	243	239	152	119	101	79	66
	权利终止	25	16	44	38	8	23	18	12	17	20
	撤回	128	31	11	59	17	20	5	21	5	21
	驳回	40	25	16	29	18	14	1	1	3	6
	公开	245	28	6	17	4	4	3	11	3	6
	放弃	6	0	0	1	4	1	1	0	0	0
	部分无效	0	0	0	0	1	0	0	0	0	0
	总计	2 820	1 445	711	573	433	289	188	186	182	171

资料来源：《5G关键技术行业专利分析报告》。

（二）全球主要国家 5G 产业研发支出

"新基建"驱动我国 5G 产业发展，相关资本支出高额增长。根据中国信息通信研究院（以下简称中国信通院）统计，2020 年，我国三大运营商与 5G 相关的资本开支预算为 1 803 亿元，同比增幅达 338%，5G 建设快马加鞭。当然，全球其他国家同样重视 5G 发展，尤其是第一批进入 5G 商用的国家。

根据 HIS Marktt 预测，如图 9 - 15 所示，2020—2025 年 5G 产业研发支出高度集中在北美、亚洲和欧洲地区，合计占据全球 5G 研发支出的 76%。北美以美国的研发投入为主，占据全球 28.0% 的份额，位列世界第一。亚洲 5G 产业研发支出走在前列的国家依次是中国、日本、韩国，占比分别为 24.0%、11.0%、3.0%。欧洲则还是以老牌资本主义国家英法德为首，但是德国成功超越英国、法国，在欧洲地区 5G 产业研发支出排名第一。从单个国家来看，美国、中国占据全球 5G 研发支出的前两位并且总份额超过全球份额的一半。中美 5G 产业竞争的趋势越来越明显，两者将在 5G 产业研发方面领跑全球。

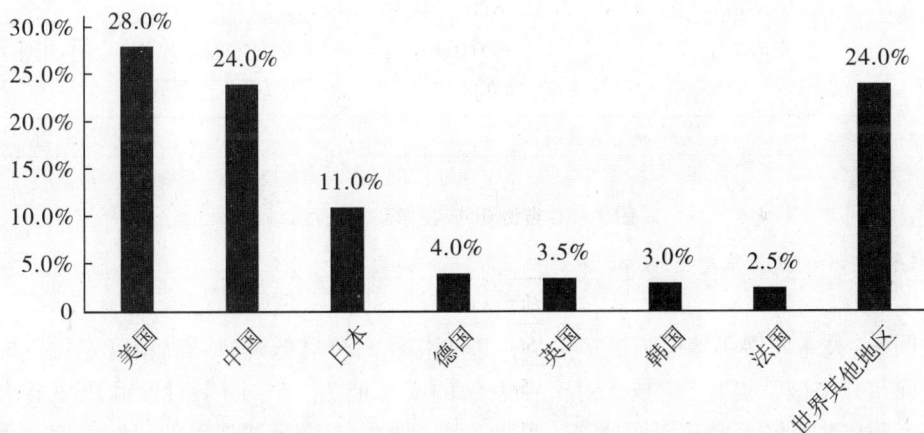

图 9 - 15　2020—2025 年世界主要国家 5G 产业的研发与资本性平均支出占全球的份额预测

资料来源：根据公开信息整理。

四、5G 产业技术变革与发展趋势

（一）5G 产业技术变革

我国很早就意识到 5G 产业技术发展的重要性并进行相关的部署和规划。通过图 9 - 16 我们可以看到，我国 5G 产业技术研发的大致进程：首先开展的是 5G 产业技术相关测验。2016—2019 年我国完成了 5G 产业技术三个阶段研发试验。通过改良 4G 网络将 5G 基站接入 4G 核心网中或者建立新的 5G 基站系统，来实现预期的商用水平。其次是 5G 技术标准的确立和 5G 网络建设。国家在战略层面不断完善 5G 技术发展的顶层设计；与此同时，四大运营商启用 5G 网络建设，为 5G 产业发展夯实基础；经过多方努力，最终在 2019 年迎来了中国 5G 发展的元年。在这一年里，我国向中国联通、中国移动、中国电信和中国广电颁发 5G 商用牌照，标志着我国正式进入 5G 商用推广新阶段并成为全球第一批 5G 商用的国家之一。2020 年则是我国 5G 产业加速落地的关键一年，多方面实现"从 0 到 1 的突破"，逐步拉动中下游行业的发展，初步显露出 5G 改变社会的巨大潜力。

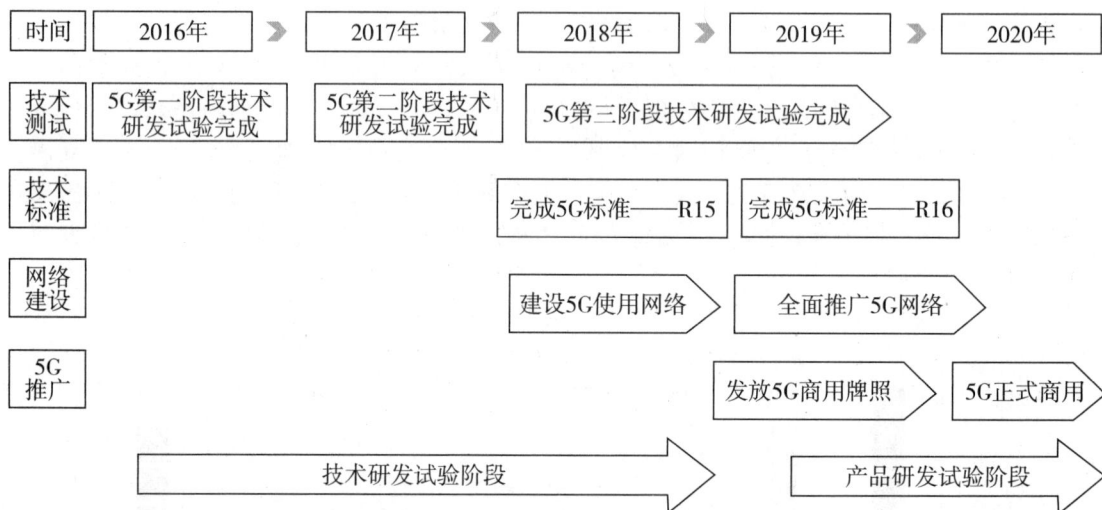

时间	2016年	2017年	2018年	2019年	2020年
技术测试	5G第一阶段技术研发试验完成	5G第二阶段技术研发试验完成	5G第三阶段技术研发试验完成		
技术标准			完成5G标准——R15	完成5G标准——R16	
网络建设			建设5G使用网络	全面推广5G网络	
5G推广				发放5G商用牌照	5G正式商用

技术研发试验阶段　　　　　　　产品研发试验阶段

图 9 - 16　我国 5G 技术研发进程

资料来源：根据公开信息绘制。

我国 5G 技术发展仍然面临诸多挑战，未来将在高可靠低延时、高精度定位、虚拟专网等方面重点突破，提升 5G 技术对产业发展的支撑能力。5G 网络对传输速率要求比较高，但是我国中低频段频谱资源紧张，因此后续会加大对微米波技术的研发力度，采用更大的子载波间隔和更短的时隙，利用毫米波丰富的频谱资源，满足低时延、高可靠性的场景应用要求。同时 5G 技术还会加速人工智能、大数据、云计算等新一代信息技术扩散速度，与各类信息通信技术相结合，成为新技术创新的驱动力量。

（二）5G 产业发展趋势

我国 5G 产业发展仍然处于起步阶段，但是在不到两年的时间内 5G 网络基础设施不断完善，多个 5G 融合应用项目加速落地，5G 产业发展的生态环境实现良性循环。未来 5G 产业发展的重点是推动 5G 赋能多行业、加深行业的融合应用。未来的几年里，我国 5G 基站数量将会大大增加，5G 网络建设实现更大范围的覆盖，为下游 5G 场景应用提供完善的 5G 网络基础。从 5G 网络的标准层面来看，R16 版本标准已完成，2021 年将会推进 R17 版本标准，进一步改善 5G 网络传输性能，提升网络传输效率和安全性。5G 基站数量和 5G 网络标准的完善都将夯实我国 5G 产业下游应用基础。

此外，5G 将进一步与各行业融合催生新的经济增长点。高清视频和 5G 智能移动通信设备将会率先实现大规模商用，C 端应用迎来爆发式增长。高清视频和 VR/AR 技术给消费者带来极致的用户体验，将形成更多的增值性业务，提升电信行业的收益。以"5G +智能制造""5G +智能交通""5G +智慧医疗"等一系列新应用为代表的工业互联网、车联网等 5G 融合应用场景会逐步落地推广。借助 5G 网络低时延、高可靠性的特点，工业互联网和车联网会迎来新的发展契机，逐步向数字化、智能化经济转型，提高社会经济效益。当前工业互联网发展速度较快，已有项目成功落地，比如广东省珠海市格力电器股份有限公司借助 5G 独立网组打造 5G 工业互联网服务平台赋能制造业生产，成为全国 5G +智能制造企业和工业互联网企业的示范案例。在智能交通方面，深圳宝安国际机场联合华为等本土高新技术企业，以"客、货、城、人、智"为核心发展战略，结合机场基础运营管理业务，将 5G 布局在智慧机场建设过程中。

当然，5G 融合应用不是一蹴而就的事情，需要更多地遵循行业发展的自身规律。未来几年内，5G 产业整体还是处于"导入期"，需要更多的资金、时间促进 5G 赋能千行百业。根据中国信通院预测数据显示，中国 5G 产业总投资将在 2021 年达到巅峰 3 676 亿元，之后 5G 产业基础逐步完善，进入成熟期，总投资逐步减少，2025 年减少至 1 521 亿元（见图 9 - 17）。因此，可以预见 2025 年我国 5G 产业将会更加成熟稳健，对我国经济发展的效益显著提升。

单位：亿元

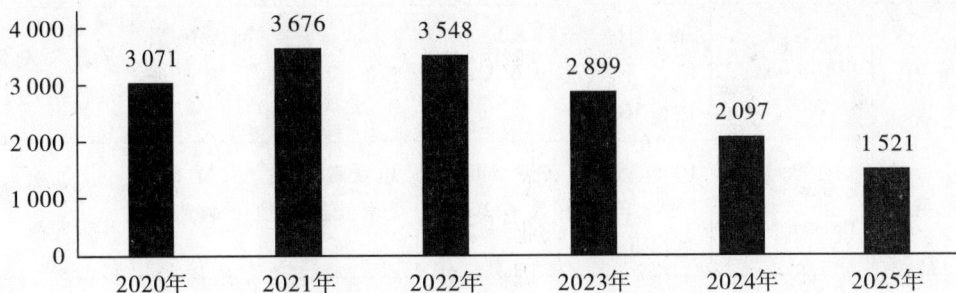

图 9 - 17　2020—2025 年中国 5G 产业投资总规模

资料来源：中国信通院。

当然，5G 产业更需要多方合作，包括电信运营商、主设备商、科研中心等多个主体参与，加速 5G 与传统产业的统合，打造 5G 行业发展的新模式。总而言之，我们将多方勠力同心、协同创新推动我国 5G 应用发展进入新阶段，未来会有更多的垂直行业融合应用项目落地，成为我国经济增长的引擎。

第三节　5G 产业链 SCP 范式研究

一、5G 产业链市场结构分析

（一）上游元器件市场：行业集中度高，总体国产化率低

5G 产业链上游以元器件为主，包括以 5G 芯片、光模块、射频器件为代表的电子器件市场。全球元器件市场进入壁垒高、市场集中度高，粤港澳大湾区 5G 产业不可避免地具有行业壁垒高这一特征。以 5G 芯片为例，受制造工艺和资金因素的影响，芯片行业形成了当前全球范围内高度集中的寡头垄断市场，并以高通公司为全球 5G 芯片龙头企业（见表 9 - 11）。粤港澳大湾区作为后起之秀，发展势头较猛，国产替代逆势争锋。华为公司凭借其设计的巴龙 500、天罡等芯片成为全球领先的 5G 芯片设计供应商之一，参与激烈的市场竞争。从大湾区内部来看，华为在 5G 芯片设计和制造领域独占鳌头，大湾区内整体市场集中度高。

表 9 - 11　全球五大芯片厂商基带芯片产品汇总

供应商	产品型号	性能	公司市场地位
华为	巴龙 5 000	7nm 制程，支持 Sub - 6G 和毫米波段，支持 SA/NSA；峰值下载率 4.6Gbps，毫米波段峰值下载速率达 6.5Gbps	全球领先 5G 基带芯片供应商
三星	Exynos Mo-dern 5100	10nm 制程，支持 Sub - 6G 和毫米波段，支持 SA/NSA；峰值下载率 2Gbps，毫米波段峰值下载速率达 6Gbps	全球领先基带芯片供应商
高通	Snapdragon X50	28nm 制程，目前使用最广，须和骁龙 855 搭配使用，不支持毫米波段，不支持 SA，峰值下载速率达 6.5Gbps	全球基带芯片龙头
	Snapdragon X55	7nm 制程，支持 Sub - 6G 和毫米波段，支持 SA/NSA，毫米波段峰值下载速率达 7Gbps	
	Snapdragon X60	5nm 制程，支持包括 24GHz/26GHz/28GHz/39GHz 等频段毫米波和 6GHz 以下 FDD 与 TDD 频段聚合，支持 SA&NSA，5G 峰值下载速率可达 7.5Gbps，上传峰值速率 3Gbps	

（续上表）

供应商	产品型号	性能	公司市场地位
联发科	Helio M70	12nm制程，支持Sub－6G和部分毫米波段，支持SA/NSA；峰值下载速率达4.67Gbps	全球领先的中低端基带芯片供应商
紫光展锐	Makalu lvy510	12nm制程，支持Sub－6G，不支持毫米波段，支持SA/NSA	全球领先的移动通信芯片供应商

资料来源：前瞻产业研究院。

我国5G建设拉动5G芯片需求的大幅增加，加之中美贸易摩擦的影响，我国5G芯片国产化进程加速，逐步缓解我国高端芯片严重依靠进口的现状。粤港澳大湾区响应国家自主创新号召，积极布局5G芯片的研发制造（见表9－12）。深圳市中兴微电子技术有限公司、华为技术有限公司、中兴通讯这三大公司共同推动大湾区5G芯片的自主研发制造，弥补我国在芯片领域的短板，缓解被"卡脖子"的窘状。

表9－12　粤港澳大湾区5G芯片布局情况

企业	产品	布局简析
华为技术有限公司	天罡	搭载最新的算法及Beamforming（波束赋形），单芯片可控制业界最高64路通道，支持200M运营商频谱带宽。该芯片实现基站尺寸缩小超50%，重量减轻23%，功耗节省达21%，安装时间比标准的4G基站节省一半时间，有效解决站点获取难、成本高等问题
深圳市中兴微电子技术有限公司	7nm 5G基站芯片	在5G基站芯片方面，中兴公司7nm工艺的芯片已经完成设计并投入量产，同时正在研发5nm工艺的5G芯片
中兴通讯	7nm技术3.0版本的多模基带芯片	公司具备芯片设计和开发能力，7nm芯片达到规模量产，预计在明年发布5nm芯片
和而泰	—	作为智能控制领域的龙头企业，以自有资金6.24亿元收购铖昌科技80%股份，逐步加深在5G射频芯片业务的研发布局
纽瑞芯	—	投入资金布局5G小基站收发机芯片、5G射频天线、物联网通信定位芯片等

资料来源：根据公开信息整理。

粤港澳大湾区光模块[①]市场中核心芯片严重依赖进口，企业全球竞争优势不突出。由

[①]　光模块由发射组建、光接收组件、驱动芯片与放大器组成，广泛用于5G承载网与数据中心，发挥光电信号转换作用，是5G基站中的重要器件组成部分。

于光模块使用的光芯片、电芯片技术门槛极高，粤港澳大湾区光模块市场的发展受到制约，比如 25 Gb/s 系列的电芯片基本依赖进口，仅有少量的芯片由华为提供。在光模块生产方面，行业竞争激烈，粤港澳大湾区在全国的竞争优势不突出。通过表 9 - 13 可以看到，深圳市易飞扬和东莞市铭普光磁这两家公司均处于全国竞争格局的第三梯队，整体发展水平落后于山东省和湖北省。这表明粤港澳大湾区在光模块市场的竞争优势不突出，而且芯片严重依赖进口，自主研发能力有待进一步提升。

表 9 - 13   中国光模块厂商竞争格局

排名	企业名称	400G 光模块商用能力	芯片自主研发能力	客户资源	所在地
第一梯队	中际旭创	量产 400G QSFP - DD 与 400G OSFP	外购芯片	谷歌、亚马逊、思科、华为、阿里、腾讯	山东
	光迅科技	量产 400G QSFP - DD	强	华为、烽火通信、中兴、电信运营商	湖北
第二梯队	海信宽带	量产 400G QSFP - DD	较强	电信运营商、科通芯城	山东
	华工科技	量产 400G QSFP - DD	较强	华为、中兴、爱立信、诺基亚	湖北
	新易盛	量产 400G QSFP - DD 与 400G OSFP	外购芯片	中兴、烽火通信、电信运营商	四川
第三梯队	剑桥科技	量产 400G QSFP - DD	外购芯片	华为、诺基亚、烽火通信	上海
	易飞扬	量产 400G QSFP - DD	外购芯片	华为、烽火通信、电信运营商	广东
	博创科技	小批量量产 400G 硅光模块	较强	中兴、华为、电信运营商	浙江
	铭普光磁	量产 400G CDFP	外购芯片	中兴、诺基亚、烽火通信	广东

资料来源：头豹研究所。

射频器件①由国外厂商垄断，是粤港澳大湾区 5G 产业链中的较薄弱环节。根据 System Plus Consulting 的报告（见图 9 - 18），在分别拆解苹果、三星、华为、索尼、小米和华硕的旗舰机型后统计发现，其中 40% 的射频器件来自 Skyworks，24% 来自博通，19% 来自 Murata，10% 来自 Qorvo，7% 来自 Epcos，以此可见射频器件严重依赖进口。粤港澳大湾区虽然拥有大富科技、信维通信这两家射频器件公司，但是整体竞争力不强，射频器件基本依赖进口。

---

① 射频器件是收发无线信号中的关键部件，细分为滤波器、放大器、数模/模数转换器、时钟单元、开关、分工器、环形器等器件。

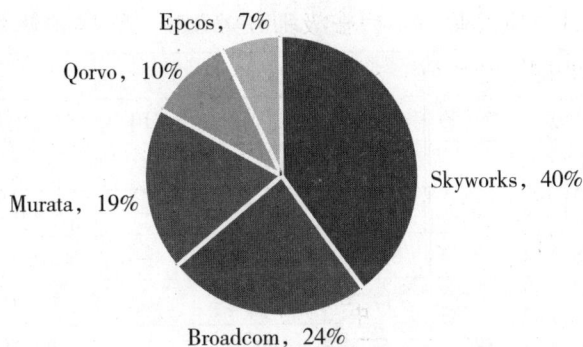

图9-18　2019 年五大品牌旗舰机型射频器件供应商分析

资料来源：System Plus Consulting。

（二）中游设备供应商市场：华为中兴领跑，全球优势明显

粤港澳大湾区凭借华为和中兴通讯这两大主设备商，在通信产业链上占据绝对核心地位（见图 9-19）。大湾区内行业准入门槛比较高，产业集中度进一步提升，逐渐形成以华为和中兴通讯为主的市场垄断格局。2020 年华为和中兴通讯两者的全球市场份额不断增加，竞争优势日趋明显，粤港澳大湾区在设备供应方面具有全球竞争优势。

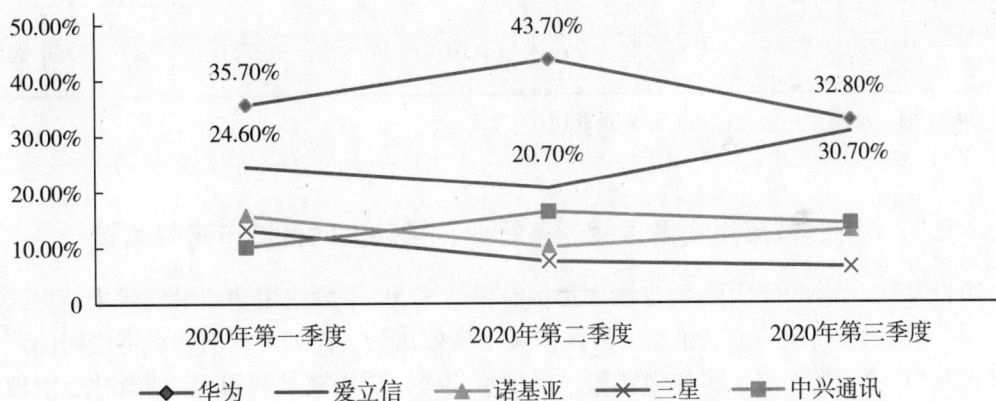

图9-19　2020 年第一至第三季度主要通信技术和设备厂商市场份额

资料来源：根据公开资料整理。

四大运营商共同构成了粤港澳大湾区 5G 运营商市场格局，是推动 5G 发展的核心力量。中国移动、中国联通、中国电信、中国广电各自制定自己的发展战略和政策侧重点，相互竞争、相互补充，推动 5G 产业垂直赋能大湾区更多行业。2020 年三大运营商在移动用户发展方面遭遇瓶颈（见表 9-14），但是 5G 用户套餐数量增加较快，超过预期目标。中国移动和中国电信两家的 5G 套餐用户合计超过 2.5 万亿个，中国联通暂时未公布 5G 用户数量，但是可以看到市场需求强烈，为粤港澳大湾区 5G 产业发展提供动力支撑。

表9-14 三大运营商2020年1—12月用户净增数（万）与累计总数（亿）

月份	中国移动			中国联通			中国电信		
	移动用户	4G用户	5G用户	移动用户	4G用户	5G用户	移动用户	4G用户	5G用户
1月	-86.2	-17.0	—	-118.6	131.8	—	43.0	-66.0	—
2月	-725.4	-1 247.4	866.3	-660.1	-267.1	—	-560.0	—	—
3月	413.4	658.3	1 632.4	32.1	210.9	—	615.0	—	588.0
4月	43.2	177.2	1 202.2	-172.4	181.1	—	197.0	—	509.0
5月	25.2	380.9	1 186.4	-54.0	190.5	—	268.0	—	835.0
6月	-24.0	218.4	1 459.0	78.3	250.3	—	227.0	—	779.0
7月	-36.4	396.5	1385.8	2.6	165.9	—	260.0	—	1 143.0
8月	-47.3	334.3	1410.0	-88.6	158.1	—	162.0	—	787.0
9月	27.9	249	1543.5	51.4	246.8	—	166.0	—	766.0
10月	16.3	426.9	1 520.1	-14.8	212.8	—	81.0	—	706.0
11月	-263.4	-17.9	1 858.9	-194.0	48.1	—	67.0	—	762.0
12月	-179.2	170.1	1 762.1	-112.3	112.3	—	19.0	—	702.0
用户净增/万	-835.9	1 729.2	—	-1 250.4	1 641.5	—	1 545.0	—	8 189.0
累计总数/亿	9.42	7.75	1.65	3.06	2.70	—	3.51	—	0.865

资料来源：根据三大运营商的业务数据整理。

（三）下游终端应用：垂直赋能多行业，推动大湾区城市高效运转

2020年5G大规模商用，粤港澳大湾区有望迎来5G下游应用端的爆发式增长。这将助力5G垂直赋能传统行业、推动大湾区内城市高效运转。比如，深圳和香港之间的莲塘口岸实现5G全覆盖，进一步加强智慧口岸项目建设；珠海横琴利用5G创新社会治理模式，打造"物业城市"，推动智慧城市精细化管理；"数字政府"建设推进让大湾区居民生活更为高效便捷。这些创新管理模式展现了"5G+文娱""5G+医疗""5G+交通出行""5G+生活""5G+工业"等跨界应用在大湾区内实现生态化发展的现状，其中5G智能手机和智慧交通等模块发展比较快。

5G技术带来智能手机领域的革新，5G智能手机有望成为未来市场的主流手机。粤港澳大湾区拥有强大的手机制造能力和丰富的品牌资源。其中，深圳华为技术有限公司在全球手机市场中占据重要地位，东莞凭借vivo和OPPO两大手机品牌在5G手机制造方面处于全国领先水平（见表9-15）。截至2020年上半年，我国5G手机市场份额中华为占72.2%、vivo占10.2%、OPPO占8.7%、小米占2.9%，以此可见粤港澳大湾区在5G手机市场拥有绝对的市场优势。在5G手机品牌市场定位方面，华为定位于高

端商务手机市场，vivo 和 OPPO 则聚焦中低端市场，它们共同构成了粤港澳大湾区多样化的市场供给，形成了丰富的品牌资源。

表 9 – 15　粤港澳大湾区 5G 手机主要品牌分析

	华为	vivo	小米	OPPO
产品定位	高端商务手机	中高端手机	红米布局中低端手机	中高端手机
战略优势	附加值大、利润高	线下渠道优势明显	高性价比手机打开市场	专注高清拍摄，打造拍照手机
技术优势	拥有自研的手机处理器、基带芯片及射频芯片，硬件实力全球顶尖，开创鸿蒙操作系统	与三星联合研发双模 5G 芯片，借助三星实现 5G 核心芯片的自主可控	小米拥有最全面的 IoT 平台，增加了小米手机的附加值	率先开创快充技术
产品面临的挑战	苹果公司产品定位与华为类似，两者竞争比较激烈	小米与华为当前正在加速布局线下渠道，vivo 线下渠道优势减弱；核心技术有待提高	小米低端市场的极大成功阻碍了小米突破高端市场；海外市场受到 OPPO 兄弟公司 Realme 的冲击	核心技术欠缺，手机性价比较低

资料来源：根据公开资料整理。

　　5G 的海量连接、低时延等特性，使工业领域的效率明显提升，"5G＋工业互联网"成为新的趋势，是我国智能制造新的产业模式。事实上，国内已有部分 5G 与工业结合的典型案例，包括美的 5G 智慧工厂、新安化工 5G 端到端解决方案等。当然，工业互联网的发展拉动工业软件行业的需求。工业软件行业呈现高集中度现状，国内工业软件虽不断发展，但呈现"大而不强""重流程而轻研发"等特点，整体上处于全球竞争弱势。国产替代是大势所趋，当前有自主技术的领军企业有中控软件、鼎捷软件、中望软件。

　　车联网（Internet of Vehicles）指按照一定的通信协议和数据交互标准，在"人—车—路—云"之间进行信息交换的网络[1]。5G 网络能够天然契合车联网对低时延、高可靠性网络的需求，推动传统汽车行业的转型升级，打造智能汽车新格局。粤港澳大湾区相对完善的 5G 网络基础设施为车联网产业发展提供良好的契机。同时，大湾区高度重视智慧交通的建设发展，全球首条 5G 公交常规运营路线、国内首座实现 5G 网络覆盖的特大桥

---

① 《2020 中国车联网商业模式分析报告》。

等项目展现了粤港澳大湾区积极抢占智能交通市场的决心和能力。作为互联网巨头企业，腾讯更是积极投入智能驾驶舱软件的研发，抢占"软件定义汽车"时代的核心技术制高点。

表9-16　研发设计类、生产控制类、经营管理类国内外市场格局以及主要企业梳理

		全球市场	国内市场	国外主要企业	国内主要企业
研发设计类	CAD	达索系统、西门子和美国参数技术公司占据60%以上份额	95%以上的市场被国外软件占据	达索、PTC、西门子、Bentley Autodesk	中望龙腾、浩辰软件、山大华天和数码大方等
	CAE	全球12大领导厂商占市场份额95%以上	大部分市场被国外厂商占据	ANASYS、Siemens、MathWorks、Dassault ESI Group	英特仿真、前沿动力等
	EDA	Synopsys、Cadence 和 Mentor Graphics 三家厂商占市场份额60%以上	Synopsys、Cadence 和 Mentor Graphics 三家厂商占市场份额95%以上	Synopsys、Cadence、Mentor、Graphics	华大九天、芯禾科技、广立微等
生产控制类	PLC/DCS/SCADA软件	国外厂商领先，可以提供一站式解决方案	国内厂商主要集中在中低端的细分市场，缺少整体解决方案	西门子、ABB	中控软件、和利时、深圳亿维等
	MES	国外厂商在技术深度与应用推广方面仍领先国内	国内厂商在电力、钢铁等细分领域具有竞争优势	西门子、通用、霍尼韦尔等	宝信软件、赛意信息等
经营管理类	ERP	SAP、Orcale 优势明显	国内厂商占据70%市场份额，但大中型企业的高端 ERP 软件仍以 SAP 等国外厂商为主	SAP、Orcale 等	用友、金蝶等

资料来源：《中国工业软件产业白皮书（2019）》。

表 9 - 17　国内智能驾驶舱领域主要软件商

企业	主要功能	适配车型及相关合作
阿里	①没有配备任何物理按键，中控搭载摄像头；②支持包括 FaceID、可疑人员监测、驾驶员疲劳监测、人脸钥匙等功能；③接入天猫精灵服务后将具备阿里巴巴经济体的各种生态服务能力，包括支付宝、天猫、淘宝、高德导航、优酷、虾米等各类生活服务	天猫精灵目前阶段性和宝马 3 系、5 系车型合作；基于 AliOS 的斑马系统，目前已经在超过 60 万辆互联网汽车上落地，合作品牌包括荣威、名爵、上汽大通、东风雪铁龙、福特、观致等
腾讯	2019 年伟世通宣布将与腾讯合作开发自动驾驶和智能驾驶舱解决方案，两家公司将共同开发、共享综合驾驶舱项目的研究成果	从 2020 年开始在广汽电动汽车上实现商业化应用
百度	①智能液晶材质车顶 + 车窗透明屏，带来全方位的娱乐体验和氛围烘托；②对向座椅，方便交流和娱乐；③车窗透明度智能调节，提高隐私性，便于休息；④车载系统无死角唤醒；⑤整车环绕立体声	与德赛西威合作
中科创达	Kanzi UI 是一个人机接口（HMI）开发工具，车企和供应商可以为智能座舱里的各个屏幕进行界面和交互设计。Kanzi Connect 则可以帮助信息、界面在车内不同的屏幕之间转换	2018 年度的轻型车销量前 25 位的车企中已有 15 家采取了 rightware 相关产品。国内市场上 rightware 相关产品的市场占有率为 90% 以上
东软集团	英特尔、东软和红旗联合发布"智能驾驶舱平台"，具有多屏互动、软件融合、互联能力、云服务等功能	红旗

资料来源：民生证券研究院。

二、5G 产业链市场行为分析

（一）投融资现状

　　全球 5G 时代的到来，将拉动 5G 相关行业成为国内外投资热点。粤港澳大湾区是全球最大的 5G 产业集聚区，一大批实力雄厚的 5G 核心企业和相关配套服务企业积极参与 5G 产业建设，抢占行业附加值制高点。5G 网络通信建设是大湾区 5G 布局的重头戏，而三大运营商则是粤港澳大湾区 5G 网络建设的主要缔造者。其中，广东移动在惠州签订中国移动粤港澳大湾区（惠州）数据中心项目协议，计划投资 50 亿打造区域内最高标准的数据中心；广东联通联合格力电器、华为建立 5G 智能制造专网，推动 5G 工业互联网的发展；广东电信联合安徽电信打造 5G 独立组网的跨省漫游的 5G 商用能力。据广东省通信管理局估计，三大运营商 2020 年计划投资总额约 400 亿元，更好地推动 5G 网络基础设施建设。

作为粤港澳大湾区 5G 产业发展的领头羊，华为和中兴通讯引领产业发展，各相关企业高度重视对 5G 的研发投入。根据华为 2020 年年报，华为坚持 5G 的研究创新及保障业务的持续投入，5G 研发费用率较上年增长 0.6%。从表 9-18 可以看到，2020 年华为研发投入达到 1418.93 亿元，同比增长 7.78%，研发费用率达到 15.90%，研发人数达到 10.5 万人。中兴通讯研发投入达到 147.97 亿元，较上年增长 17.92%，研发费用率达到 14.59%，创下历史新高。除了华为和中兴通讯外，上游元器件领域重点企业纷纷加强研发投入力度，比如顺络电子、生益科技研发投入同比增长率超过 15%，深南电路、硕贝德研发费用占营业收入的比重也都超过了 5%。以此可见，粤港澳大湾区 5G 产业研发活动密集，为其在 5G 时代的良好发展打下基础。

表 9-18　2020 年粤港澳大湾区部分 5G 龙头企业研发投入

企业	研发投入/亿元	研发投入同比增长率/%	研发费用率/%	研发人数/人
华为	1 418.93	7.78	15.90	105 000
中兴通讯	147.97	17.92	14.59	31 747
深南电路	6.45	0.46	5.56	1 603
生益科技	7.11	17.52	4.84	1 394
硕贝德	1.26	2.38	6.83	329
顺络电子	2.44	24.24	7.02	1 052

资料来源：根据公司年报整理。

粤港澳大湾区 5G 产业发展势态良好，投资者看好市场行情，大批资本进入 5G 产业，为企业融资提供便利。近 5 年来中国 5G 产业融资规模达到 1 278.74 亿元，市场投资者看好 5G 产业发展。粤港澳大湾区 5G 产业发展水平全国领先，企业融资需求旺盛。从表 9-19 可以看到，以中兴微电子为例，2020 年中兴微电子获得战略投资 24 亿元，以此来加大对芯片处理的研发投入和业务整理。该融资规模在近 5 年来 5G 相关企业融资规模中排名第七。另外，粤港澳大湾区企业魅族科技在 2015 年获得战略投资 6.5 亿美元，为其发展提供了重要的资金来源。总而言之，国家政策的大力支持以及高涨的市场投资热情，推动大湾区 5G 产业的融资活动，为企业发展提供充足的资金。

表 9 - 19   2015—2020 年 5G 相关企业融资规模排名

排名	企业	地区	轮次	时间	融资金额
1	中国联通	北京市	战略投资	2017 年	780 亿元
2	闻泰科技	湖北省	定向增发	2019 年	64.96 亿元
3	紫光展锐	上海市	战略投资	2020 年	50 亿元
4	魅族科技	珠海市	战略投资	2015 年	6.5 亿美元
5	千方科技	北京市	战略投资	2019 年	35.95 亿元
6	硅谷数模	北京市	并购	2016 年	5 亿美元
7	中兴微电子	深圳市	战略投资	2020 年	24 亿元

数据来源：企查查数据。

（二）并购重组

并购重组是加速产业链整合、提高行业资源配置效率的有效途径。粤港澳大湾区 5G 产业链完善，5G 相关企业众多。并购重组能够获取先进技术，促进产业一体化进程，发挥粤港澳大湾区 5G 产业规模经济效应。表 9 - 20 列示了 2018—2020 年粤港澳大湾区部分 5G 相关企业并购案例，包含上游元器件、中游连接器、下游智能制造等相关企业之间的并购活动。在纵向一体化方面，中兴通讯收购中兴微电子，强化其在芯片研发方面的能力，获取其在芯片研发设计—芯片制造等方面的垂直整合能力。在加大横向整合力度方面，2020 年深圳市景旺电子收购江西景旺电子，拓展其主营业务市场份额，目前已成为全球排名前二十位的电路板制造商。总而言之，从部分并购案例可以初步了解粤港澳大湾区 5G 相关企业在市场上的竞争情况，通过并购重组能够提高大湾区 5G 市场配置资源的效率，为产业发展提供良好的市场环境。

表 9 - 20   2018—2020 年粤港澳大湾区 5G 相关企业部分并购案例

收购方	并购方	年份	金额	并购方向
中兴通讯	中兴微电子	2020	26.11 亿元	5G 芯片研发
英唐创泰	英唐智控	2020	14.8 亿元	智能家电
立讯精密	立讯智造科技有限公司	2020	8.2 亿元	连接器
铭普光磁	克莱微波科技有限公司	2020	3 000 千万	光电部件
鹏鼎控股	宏启胜精密电子	2020	2.5 亿元	印制电路板
和而泰	铖昌科技	2018	6.24 亿元	5G 芯片
深圳市景旺电子	江西景旺电子	2018	5 亿元	电路板
硕贝德	苏州科阳光电	2018	6300 万元	芯片封装

数据来源：根据公开信息整理。

三、5G 产业链市场绩效分析

（一）经济效益

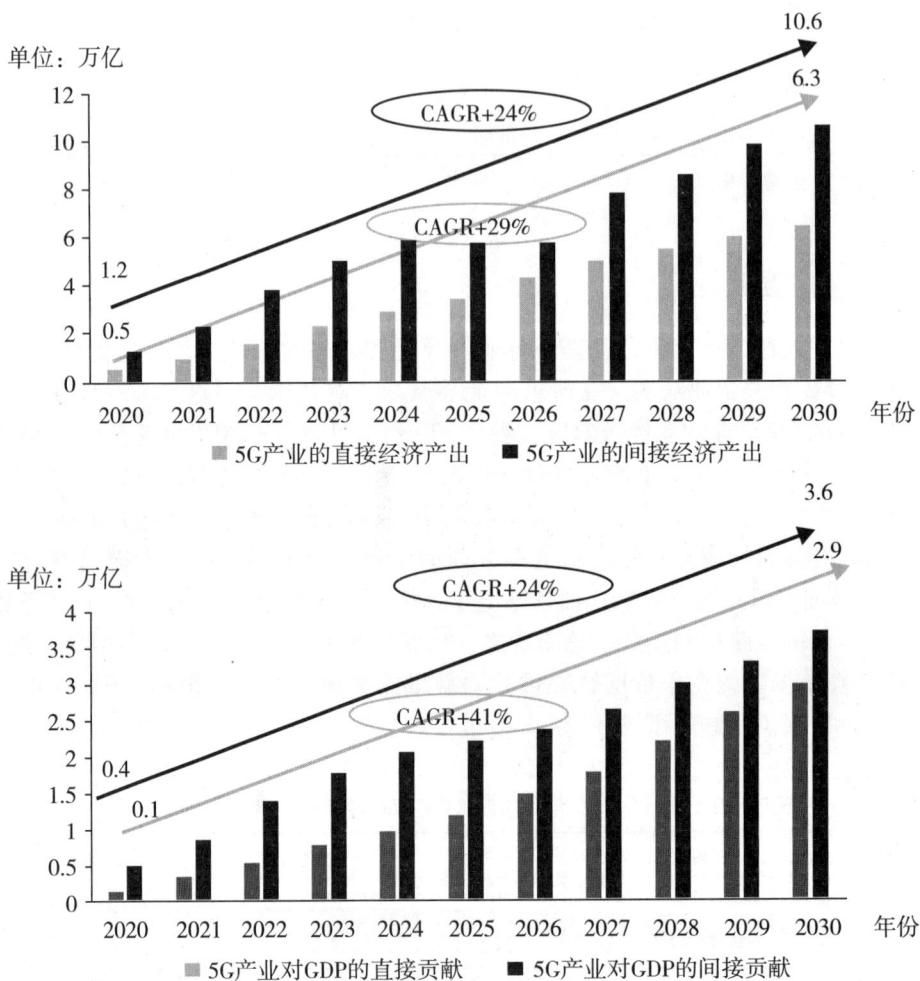

图 9-20 5G 的经济产出和经济贡献

资料来源：中国信通院。

当前5G 产业发展还处于主建设期，未来十年内5G 产业将充分发挥其对经济的提升作用。根据中国信通院有关预测，预计2020 年 5G 产业直接带来的经济产出将达到 5 000亿元且年均复合增长率为 29%，将在 2030 年达到 63 000 亿元。在间接经济产出方面，2020 年和 2030 年 5G 产业的间接经济产出分别为 12 000 亿元和 106 000 亿元，年均复合增长率达到 24%。当以 GDP 来衡量 5G 产业产出时，则有不同的结论：在对 GDP 直接贡献方面，2020 年 5G 产业将达到 1 000 亿元，2030 年增长到 29 000 亿元；在间接贡献方面，2020 年和 2030 年分别达到 2.9 万亿元和 3.6 万亿元（见图 9 - 20、图 9 - 21）。

粤港澳大湾区 5G 产业发展水平处于全国领先地位，其定位于打造万亿级 5G 产业集聚区。根据《广东省加快 5G 产业发展行动计划（2019—2022）》可知，到 2022 年底 5G 总产值超过万亿元，其中全省 5G 网络及基站设备年产值预计达到 4 000 亿元，5G 智能终端产值预计达到 7 000 亿元。粤港澳大湾区是广东省 5G 产业布局的核心位置，也是中国经济的增长极，因此可以估计粤港澳大湾区 5G 产业产值将占据全省 5G 产值的绝大部分，为全省 5G 产业发展做出贡献。

单位：亿元

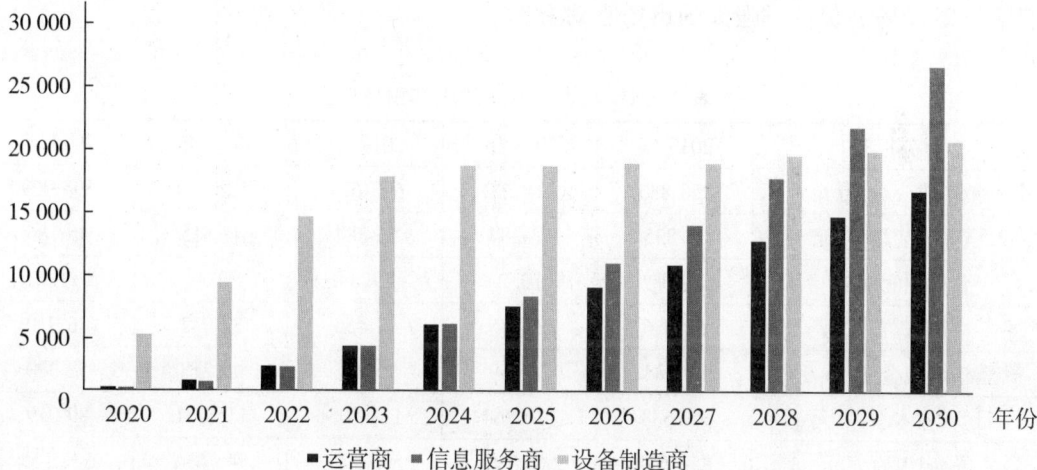

图 9 - 21　5G 产业直接经济产出结构

资料来源：中国信通院。

（二）行业龙头企业利润分析

粤港澳大湾区 5G 产业链龙头企业是产业整体发展状况的风向标，通过对大湾区 5G 重点企业的分析可以加深对粤港澳大湾区在该行业中市场地位和盈利情况的了解。基于此，下文将选取上游射频器件市场、印制电路板（PCB）市场以及主设备供应商市场的重点企业进行剖析。

粤港澳大湾区在上游射频器件领域的上市龙头企业较多，包括麦捷科技、大富科技、信维通信、硕贝德、长盈精密、顺络电子等重要企业。大湾区的射频器件上市企业营业总收入均超过武汉凡谷。其中，信维通信市场绩效表现更加突出，凭借其一站式射频解决方案，发展态势迅猛，2020 年加权平均净资产收益率达到 14.70%；顺络电子是国内电感和射频元件的龙头企业，2020 年同比营业收入增长率达到 29.09%，净利率达到 17.18%，市场绩效逆市场周期增长。由此可见，粤港澳大湾区在射频器件市场整体绩效较好，利润率较高。

华为和中兴通讯作为通信行业的龙头企业，是 5G 通信产业发展的风向标，近年来发展势头迅猛。从华为技术有限公司的 215—2019 年财务概要可以看出（见表 9 – 21），近五年来其销售收入不断增加，到 2019 年销售收入达到 8 588.33 亿元，同比增加 19.1%；营业利润总额和净利润也相应增长，营业利润率均保持在 9% 以上，呈现较好的盈利能力。从运营能力来看，经营活动现金流和运营资本总量不断增加，保持了经营活动资本的充足性和流动性，说明抵御日常经营活动风险的能力较强。另外，财务风险指标资产负债率从 2015 年的 68.0% 下降到 2019 年的 65.6%，反映了华为公司资产结构不断优化，负债在总资产中的比例逐步降低。从整体财务指标上，华为不仅在运营能力上不断精进，而且盈利能力和抗风险能力也不断提高。尽管 2020 年华为受美国制裁处境困难，但是 2020 年的半年报显示华为公司的销售收入达到 4 540 亿元，比去年同期增长 23.2%，保持了强大的市场驱动力。

表 9 – 21　华为 2015—2019 年财务概要

财务指标	2019 年	2018 年	2017 年	2016 年	2015 年
销售收入/百万元	858 833	721 202	603 621	521 574	395 009
营业利润/百万元	77 835	73 287	56 384	47 515	45 786
营业利润率/%	9.1	10.2	9.3	9.1	11.6
净利润/百万元	62 656	59 345	47 455	37 052	36 910
经营活动现金流/百万元	91 384	74 659	96 336	49 218	52 300
运营资本/百万元	257638	170 864	118 503	116 231	89 019
总资产/百万元	858 661	665 792	505 225	443 634	372 155
所有者权益/百万元	295 537	233 065	175 616	140 133	119 069
资产负债率/%	65.6	65.0	65.2	68.4	68.0

资料来源：华为技术有限公司年报。

与华为相比，中兴通讯 1997 年进入深圳交易所主板市场，深耕通信行业，当前已经成为全球闻名的服务商。从图 9 – 22 可以看到，2015—2019 年中兴通讯的加权净资产收益率和净利润波动较大，尤其是 2018 年受美国封杀事件的影响，收益率降到谷底。2019 年触底反弹，加权净资产收益率创下新高，达到 19.96%，净利润和毛利润相应增长。但是中兴通讯的资产负债率呈总体上升的趋势，负债在总资产中所占的比例较高，需要进一步提升公司抵抗财务风险的能力。根据中兴通讯的业绩预告，该公司于 2020 年在疫情的冲击下超市场预期，实现营业收入 1 013.79 亿元，市场份额进一步提升。

在上游射频器件领域，深圳市信维通信股份有限公司具有领先优势，2015—2019 年加权平均净资产收益率均保持在 20% 以上（见图 9 – 23）。武汉凡谷是国内最大的射频器件厂商。

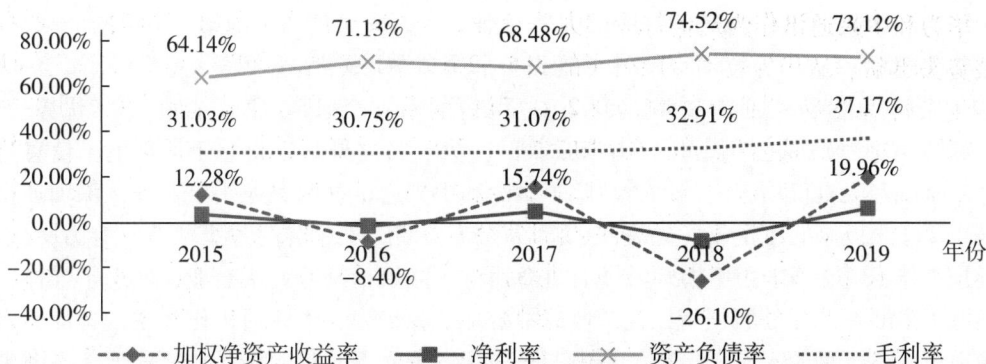

图 9 – 22 2015—2019 年中兴通讯主要财务指标

资料来源：东方财富网。

总而言之，粤港澳大湾区 5G 核心企业占据较强的市场优势，整体业绩表现在全国层面保持领先地位，实力不容小觑。未来以 5G 技术为基础的数字经济将极大助力粤港澳大湾区的信息化建设，成为粤港澳大湾区经济发展的动力引擎。

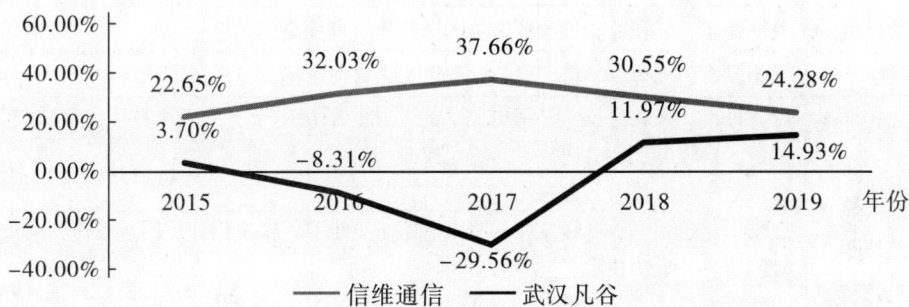

图 9 – 23 2015—2019 年信维通信和武汉凡谷加权平均净资产收益率比较

资料来源：信维通信、武汉凡谷公司年报。

第四节 5G 产业集群研究

一、重点城市发展现状

（一）深圳

深圳市发展改革委员会印发《关于大力促进 5G 创新应用发展的若干措施》，为深圳 5G 产业发展提供政策支撑和财政补贴，充分抓住了 5G 产业发展窗口机会，成功将深圳打造成全球 5G 第一城。截至 2020 年底，全市 5G 基站超过 4.6 万个，基站密度全国第一，率先实现5G独立组网全覆盖。深圳5G手机用户占比达到4.3%，位居国内第一。根据全球5G标准必要专利最新情况显示，华为、中兴通讯分居全球5G专利总量的第一、第三位，华为拥有3 147个族、中兴通讯拥有2 561个族，这反映了深圳在全球5G建设方面的技术优势。

深圳5G建设领跑全球，除了政府政策的大力支持之外，还得益于深圳电子信息产业良好的基础和大批优质企业的助力。除了华为和中兴通讯这两家龙头企业外，深圳还拥有42家5G概念板块上市企业（见表9-22），分布在5G产业链的各个环节，着力突破5G关键核心技术。在产业链上游环节，有日海通讯、立讯精密等龙头企业，海思半导体、中兴微电子不断在芯片领域创新；在产业链中游环节，华为和中兴通讯作为主设备商，占据我国通信设备市场的大部分份额，积极参与国际竞争；下游应用场景加速落地，不断深化"5G+AI+8K"，以及5G与工业互联网、车联网、智慧港口等行业融合应用，走在全国5G行业的前列。同时，深圳推进产业集聚，重点培育和建设深港科技创新合作区、深圳高新区、龙岗5G园区、坪山5G园区等5G产业集聚区，打造全球领先的5G产业集群，发挥产业集聚效应，夯实产业链优势，争取早日实现5G产业的规模化应用。

表9-22 深圳5G概念板块上市企业

产业链环节	上市企业
芯片及模组	美格智能、广和通、长盈精密、国民技术、和而泰
天线	沃特股份、飞荣达、信维通信、友讯达、日海智能
射频器件	麦捷科技、兴森科技、深南电路、光韵达、顺络电子、欣天科技、大富科技、立讯精密、景旺电子、电连技术、鹏鼎控股
光模块	金信诺、科信技术、太辰光
小基站	京泉华、超频三、亚联发展、明阳电路、英维克、银宝山新、同益股份、共进股份、科创新源、崇达技术
光纤光缆	特发信息
IT支撑	东方嘉盛、中新赛克
主设备商	中兴通讯
应用场景	中青宝、今天国际

资料来源：根据公开信息整理。

从5G产业发展指数方面来看，深圳整体的5G产业发展具有领先优势。36氪研究院的多维度产业评价体系包含资金支持力度指数、创新能力指数、发展环境指数、城市支持情况指数、发展成效指数五个指标，分别从不同的角度衡量城市5G产业发展的支持和成效。从图9-24可以看到，深圳的发展环境指数、城市支持情况指数以及发展成效指数得分均高于北京，而资金支持力度指数和创新能力指数都低于北京。深圳5G产业发展的优势主要得益于其强大的电子信息产业基础，5G产业下游的融合应用效果得到强有力的支撑与保障，因此深圳5G产业发展成效指数达到85.06，全国排名第一。与北京相比，2019年深圳在5G产业发展的资金支持力度和创新能力方面存在一定的劣势，但在全国层面仍然保持领先状态。创新能力方面的薄弱主要是由于深圳顶级高校科研院所比北京少，基础科研能力有待积淀和提升。当然，深圳市不断加强自身原始创新能力建设，2019 年深圳市全社会研发投入达到 1 328 亿元，对标世界级创新城市，努力打造全球 5G 第一城。

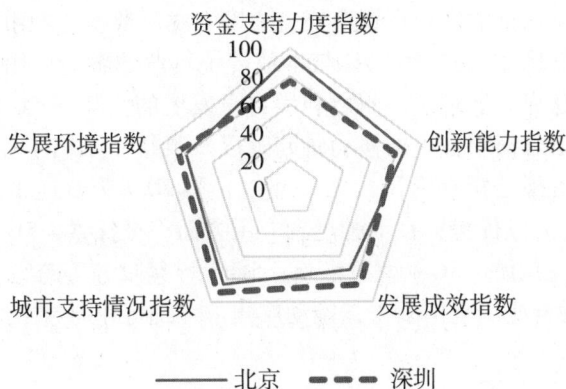

图 9 - 24　2019 年深圳与北京 5G 产业发展指数比较

资料来源：根据《新基建系列：2020 年中国城市 5G 发展指数报告》整理。

（二）广州

广州市通过印发《广州市进一步加快 5G 产业发展若干措施》来支持本市 5G 产业发展，为 5G 产业与实体经济的深度融合提供良好的政策环境。2020 年广州 5G 产业发展速度较快，累计建成 4.8 万座 5G 基站，成为粤港澳大湾区中基站数量最多的城市。5G 网络完善便于 5G 应用推广，当前广州市 5G 用户达到 640 万人。从供给端入手，广州市打造了黄埔区 5G 高端制造集聚区和天河区 5G 高端服务集聚区，聚集了一大批优秀企业，形成上下游合作的 5G 生态产业链，培育本市 5G 服务能力和市场竞争能力。在产业链布局方面来看，解决方案环节企业数量比较多，占比达到 34.43%；应用终端环节企业数量占比排第二位，达到 27.32%；器件材料、网络设备、网络规划集成及运维环节的企业数量不多，占比分别为 14.75%、13.11%、10.38%（见图 9 - 25）。

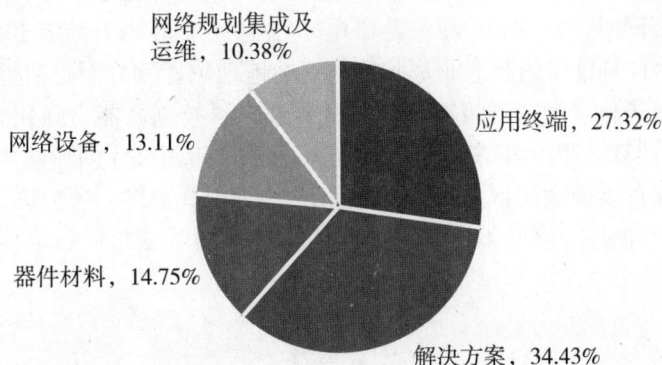

图 9 - 25　广州市 5G 产业链环节企业数量分布

资料来源：《广州蓝皮书：广州创新型城市发展报告（2020）》。

依托当地较为完善的产业链，广州发挥骨干企业的优势，带动当地企业进行核心产品、关键材料等的研究创新和推广，5G 产业发展取得了较好的成绩。通过比较广州和上海 5G 产业发展指数得分可以看到，如图 9－26 所示，广州的 5G 产业发展指数得分领先上海的发展成效指数得分。虽然广州在资金支持力度、发展环境、城市支持情况和创新能力方面落后于上海，但是广州积极推动 5G 与本地传统行业的融合应用，进而取得了较高的产业发展指数得分。这充分展现了广州市利用自身发展的优势在 5G 产业发展方面取得了较好的成效。例如京信通信联合中国移动研究院以及英特尔推出了业界首款商用 5G 云小站，粤芯半导体技术有限公司拥有国内第一座以虚拟 IDM 为营运策略的 12 英寸芯片厂，使广州占据 5G 市场的先发优势；在下游场景应用方面积极探索，5G＋智慧轨道交通、5G＋智慧医疗、5G＋智慧旅游、5G＋智慧港口、5G＋智慧政务等跨行业融合应用项目加速落地。广州市的 5G 融合应用全国领先，推动广州市传统行业向数字经济转型发展。

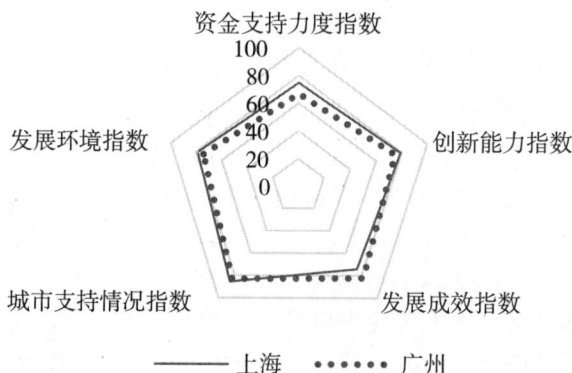

图 9－26　2019 年广州与上海 5G 产业发展指数比较

资料来源：根据《新基建系列：2020 年中国城市 5G 发展指数报告》整理。

（三）东莞

作为首批 5G 商用的城市之一，东莞市出台了《东莞市加快 5G 产业发展行动计划（2019—2022 年）》，从"产业发展""网络建设"和"融合应用"三个方面为当地 5G 产业发展保驾护航。同时，5G 时代为东莞市电子信息产业转型升级提供了契机。东莞市"牵手"5G，利用自身雄厚的制造业基础和优越的地理位置致力于打造世界级电子信息产业集群。东莞市电子信息产业升级离不开科技创新，科技创新能力强化本地制造业优势。根据 36 氪研究院计算，2019 年东莞市在首批 5G 商用城市中 5G 创新能力排名第九，以微弱优势超越广州在粤港澳大湾区城市中排名第二（见图 9－27）。究其原因，东莞市加大 5G 芯片相关的研发投入，借助本地已有的芯片制造基础研发芯片制造核心技术，从而填补国内 5G 芯片空白。

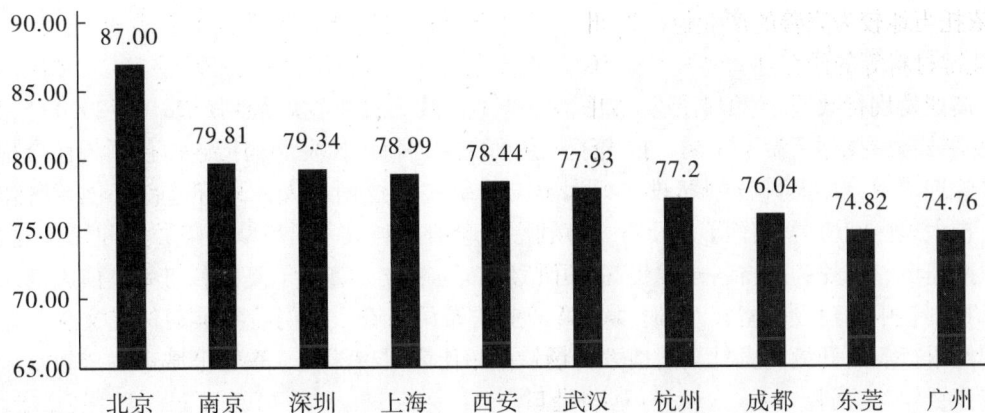

图 9 – 27　2019 年全国 5G 创新能力排名前十位城市

资料来源：36 氪研究院。

　　从 5G 产业的区位分布来看，头部企业引导当地 5G 产业的集聚，如华为带动了松山湖片区的信息技术产业发展，OPPO 和 vivo 两大 5G 手机终端龙头企业拉动滨海湾片区的产业集聚。松山湖片区和滨海湾片区成为东莞市 5G 产业布局的核心集聚区。在产业布局方面，东莞市拥有 122 家 5G 相关企业，分布在产业链的上中下游，其中上游材料以及核心部件企业数量占比达到 89%，中游企业数量比较少，下游 5G 手机终端全球领先，整体上有一个产业链框架，细分领域存在空白。从图 9 – 28 可以看出，东莞市 5G 产业上游材料以及核心部件相关企业数量较多，发展较好，其中射频器件领域拥有超过 50 家企业，但是以外资为主，核心技术研发能力有待进一步加强。中游企业数量比较少，而且网络市场、小基站等细分环节企业分布存在空白，缺少具有竞争力的企业。下游 5G 手机应用端拥有较好的产业基础，具有一定的市场竞争力。但是当前 5G 垂直赋能多行业有待进一步提升，在深圳和广州之间寻找自己的定位和发展机遇是东莞市当前重要的任务。

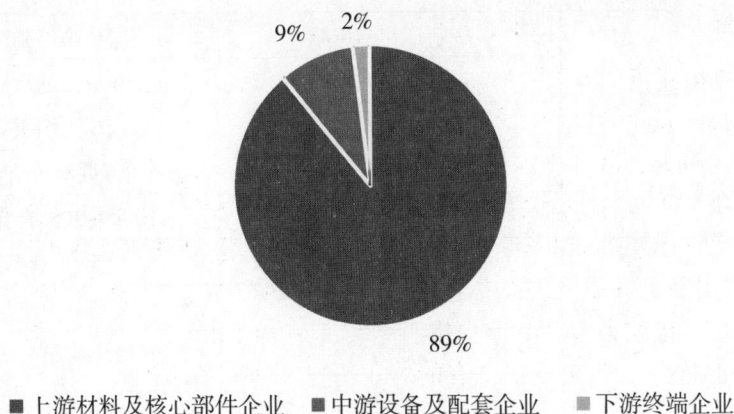

■ 上游材料及核心部件企业　　■ 中游设备及配套企业　　■ 下游终端企业

图 9 – 28　2019 年东莞市 5G 相关企业数量占比

资料来源：《东莞市 5G 产业调研分析报告（2019）》。

（四）澳门

澳门特别行政区于 2016 年发布《澳门特别行政区五年发展规划（2016—2020）》，其中特别针对科技创新做了布局，推出了一系列支持创新科技发展的措施，包括构建合理的科技管理模式，加大科技创新投入，大力支持引进科技创新人才，营造良好创新孵化环境，扩大地区间协同合作等。另外，澳门特区政府和科技工作者共同努力，把 5G 建设、物联网建设、芯片和新材料建设提高到了战略布局地位，奠定了澳门参与粤港澳大湾区国际科技创新中心建设的坚实基础。从 5G 产业的布局来看，澳门着重推动传统文化与创意休闲娱乐行业的升级，极具澳门地方特色，但相比广州、深圳、东莞等城市发展较晚，相关产业链较为薄弱。

二、重点园区或集群分析

（一）广州市 5G 产业园

广州在全市构建"3 + 2 + 6"产业格局，即 3 个核心产业基地、2 个关联产业基地和 6 个衍生产业基地，发挥广州在粤港澳大湾区核心引擎的功能，推动大湾区打造世界级 5G 产业集聚区。通过表 9 - 23 可以看到广州市 5G 产业园布局详细分布，以黄埔区和天河区作为广州市 5G 产业园发展的龙头区域有其天然产业优势。黄埔区中新广州知识城是广州市通信制造及行业终端集聚地，吸引了京信通信、高新兴、海格通信、万国数据等 5G 龙头企业，促进了 5G 产业的研发创新。天河软件园集聚了以广州市高科通信技术股份有限公司为代表的一批优秀软件公司，发挥其在通信软件方面的优势，为 5G 软件和解决方案提供创新动力。

表 9 - 23　广州市 5G 产业园布局

产业布局	分布	定位
核心基地	中新广州知识城	5G 高端制造基地
	科学城	5G 应用创新研发基地
	天河软件园	5G 高端服务基地
关联产业基地	琶洲	互联网价值创新园
	南沙	国际人工智能价值创新园
衍生产业基地	黄埔	"5G + 智慧制造"
	白云	"5G + 智慧物流与智慧航运"
	越秀	"5G + 超高清视频"
	番禺	"5G + 智慧交通"研发生产
	南沙	"5G + 智慧交通"方案创新
	增城	"5G + 智慧农业"

资料来源：根据公开信息整理。

（二）深圳市 5G 产业园

深圳市 5G 建设走在时代的最前列，领跑粤港澳大湾区 5G 产业发展。在不断完善 5G 产业链、强化产业链薄弱环节的过程中，深圳市注重 5G 产业园园区建设并且成功入选广东省第一批 5G 产业园区。目前，深圳市 5G 产业园分布在龙岗区和坪山区，主要是由于这两大区域 5G 产业基础较好（见表 9-24）。其中，坪山区 5G 产业园是深圳市 5G 产业发展先行示范园区，吸引了比亚迪、村田科技等优质企业入驻，打造园区一流的供给端实力，大量下游典型应用场景如智慧城市、智慧交通、无人驾驶等加速落地推进。龙岗区 5G 产业园面积比坪山区 5G 产业园面积大，土地规划利用方面比较具有优势。5G 产业园区园区受华为、中软国际等龙头企业的辐射带动作用，涵盖完整的 5G 产业链环节，具有较强的创新能力和竞争能力，推动下游智慧校园、智慧政务等发展实施。总体来看，深圳市 5G 产业园区建设有序推进，配套设施不断完善，为 5G 相关企业发展提供良好的保障。

表 9-24　深圳市 5G 产业园简要概况

	坪山区 5G 产业园	龙岗区 5G 产业园
地理位置	位于深圳市坪山区聚龙山片区	园区范围为 28.5 平方公里
发展定位	深圳市高新技术产业未来发展核心区	广深科技创新走廊核心平台
代表性企业	比亚迪、村田科技、昂纳信息、国人射频、共进电子、鸿合创新等	华为、中软国际等骨干企业作为龙头带动
5G 应用情况	5G + 制造、5G + 医疗、5G + 交通、5G + 智慧城市等项目布局	5G + 智慧校园、5G 智慧中医健康管理平台、5G 政务服务等
创新能力	拥有 15 个市级以上科技创新平台，其中国家级 1 个，省级 5 个，专业性公共服务平台 2 个	有国家宽度移动通信核心网工程技术研究中心、无线通信接入技术国家重点实验室等 5 个 5G 产业链相关研发机构

资料来源：根据公开信息整理。

（三）东莞市 5G 产业园

东莞市凭借其强大的电子信息制造业成为"世界制造之都"。大量电子信息制造企业集聚为东莞市 5G 产业园区建设提供便利，目前已经形成明显的 5G 产业园区规模经济效应（见表 9-25）。该园区以松山湖高新区为核心承载区，辐射滨海湾新区、长安镇、水乡功能区、南城街道、凤岗镇、银屏合作创新区等区域。其中松山湖高新区是东莞市 5G 产业园区的核心区域，致力于 5G 关键技术的研发实验，集聚大量的高科技人才和科技创新平台；滨海湾新区承担 5G 应用创新研发基地的职责，打造综合性产业园区；长安镇、水乡功能区、南城街道等其他区域推动 5G 项目布局应用。根据当前的规划发展，东莞市有望于 2022 年在 5G 智能终端、高端制造方面集聚形成全国领先的产业集群。

表 9 – 25　东莞市 5G 产业布局

产业布局	定位	细分园区/项目
松山湖高新区	布局 5G 关键技术和核心设备研发、应用研发及服务	华为终端研发总部研发基地产业园、华为机器产业园、生益科技产业园、松山湖机器人产业园区、光大 We 谷产业园、中集集团 5G 智慧园区等
滨海湾新区	5G 应用创新研发基地	紫光芯云产业城、欧菲光电影像产业园、正中创新综合体产业园等
长安镇	智能制造产业园	OPPO 智能制造中心产业园，步步高、vivo 研发生产产业园区，长安华茂智能终端产业园等
水乡功能区	5G 战略性新兴产业基地	中堂华迅电子科技项目
南城街道	国际人工智能价值创新园	天安数码城园区和中天联科国际信息产业园
凤岗镇	5G 信息产业园	都市丽人智能产业项目
银屏合作创新区	5G 应用	粤海装备技术产业园

资料来源：根据公开信息整理。

（四）惠州市 5G 产业园

作为广东省第二批入选的 5G 产业园区之一，惠州市 5G 产业园依托其雄厚的制造能力和毗邻深圳市的优越地理位置，致力于打造国内重要的"5G 智能终端和零配件制造基地"（见表 9 – 26）。该园区采用"1 + 1 + 1"的空间布局形式，以 5G 产业核心区协同 5G 产业发展区和 5G 产业起步区建构优势互补的产业发展新格局。未来惠州 5G 产业园将着重构建"5G 网络—终端设备—配套器件—场景应用"的 5G 产业生态。目前园区承接的项目包括中国移动粤港澳大湾区（惠州）数据中心项目、润泽（惠东）国际信息港项目、珠江投资大数据中心项目等，总投资金额达到 200 亿元。

表 9 – 26　惠州 5G 产业园代表企业

产业链环节	代表企业
关键元器件	中京电子、硕贝德、伯恩光学、信利
核心器件	伯恩光学、胜宏、中京、骏亚、华通
摄像模组	桑莱士、星聚宇
终端制造	龙旗电子、光弘科技、长城开发、创维液晶、海格科技、国美通讯
场景应用	TCL 集团、德赛西威、华阳通用、博实结、几米

资料来源：根据公开信息整理。

三、粤港澳大湾区跨城市 5G 产业集群建设

粤港澳大湾区的广东省九市中，深圳、广州和佛山三地 2020 年 GDP 总量突破万亿大关，东莞离万亿元大关仅仅一步之遥。从整体的经济情况来看，深圳、广州在大湾区发挥核心领跑作用，与其他城市形成明显差距，区域发展不平衡，必须加强协同合作、共同创新。5G 产业发展与当地经济发展紧密相关，深圳、广州在 5G 产业建设过程中仍是扮演领头羊的角色，带动大湾区 5G 产业发展，打造世界级 5G 产业集聚区。

单位：亿元

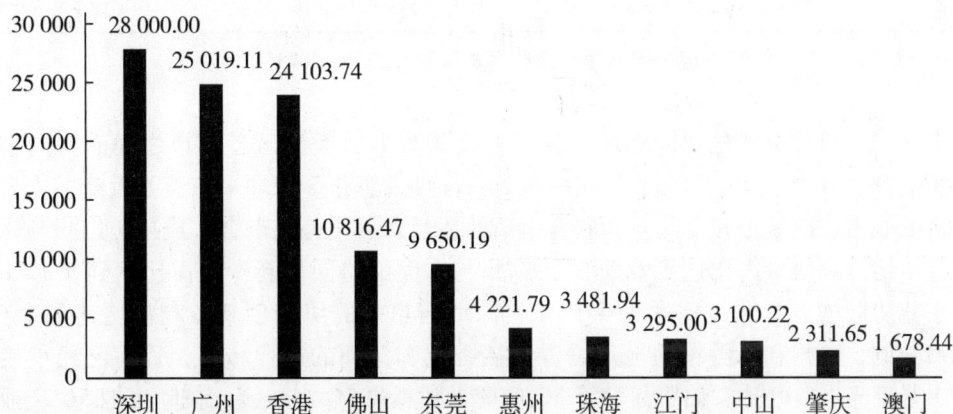

图 9 - 29　2020 年粤港澳大湾区 11 个城市 GDP 总量

资料来源：根据公开信息整理。

粤港澳大湾区高度重视 5G 产业发展，从总体的布局和规划来看，2020 年广州、深圳 5G 基站计划建设数量占据粤港澳大湾区计划建设总量的 47.36%。与 2019 年相比，2020 年粤港澳大湾区 5G 基站计划建设数量新增 1 倍，新增 5G 基站址数 3 864 座，可见部署完善粤港澳大湾区 5G 网络覆盖步伐加快。在产业园区建设方面，除了深圳 5G 产业园、广州 5G 产业园入选广东省第一批 5G 产业园之外，2020 年粤港澳大湾区有 3 个产业园区入选广东省 5G 产业园区，包括东莞 5G 产业园、惠州 5G 产业园、珠海 5G 产业园。总体来看，粤港澳大湾区 5G 产业集聚效应在全省范围内起到了示范作用，形成广州、深圳双核驱动，东莞、佛山等城市协同创新发展格局。

表 9 - 27　粤港澳大湾区 5G 基站及站址建设情况

单位：个

地市	2019 年底 5G 基站完成数	2020 年 5G 基站建设计划数	2020 年新增 5G 基站站址数
广州	15 969	10 000	1 581
深圳	14 810	15 000	1 230

（续上表）

地市	2019 年底 5G 基站完成数	2020 年 5G 基站建设计划数	2020 年新增 5G 基站站址数
东莞	1 515	7 620	229
佛山	17 011	7 018	181
珠海	548	2 134	105
惠州	456	3 425	72
中山	567	3 399	210
江门	150	2 523	151
肇庆	160	1 666	105
总计	51 186	52 785	3 864

资料来源：《广东省 5G 基站和数据中心总体布局规划（2021—2025 年)》。

根据《粤港澳大湾区协同创新发展报告（2020)》，大湾区各城市之间的协同创新能力有所提升，其中广州—深圳、广州—东莞、深圳—惠州、深圳—东莞是大湾区内合作最为紧密的城市。以城市间发明专利联合申请的数量来量化跨城市合作成果，广州与深圳两地联合申请专利数量占比达到 6.59%，广州与东莞的协同创新专利占比达到 5.12%，深圳与东莞协同创新专利占比达到 4.54%，深圳与惠州的协同创新专利占比达到 2.62%。以惠州为例，惠州利用优越的地理位置承接香港和深圳的产业转移，目前已经承接硕贝德、杰普森光、欣旺达、伯恩光学等 5G 产业入驻惠州 5G 产业园，拉动当地 5G 产业发展转型。

大湾区 5G 产业联盟是粤港澳大湾区跨城市协作创新的代表组织。该 5G 产业联盟由广东、香港和澳门三地的通信行业共同倡导成立，在 5G 通信技术的产品服务和行业标准等方面开放共享、合作共赢，形成跨地区、跨产业的合作模式，促进粤港澳大湾区智慧城市群的创新发展。当前该产业联盟吸引了大湾区超过 100 家企业加入，汇聚了金融、交通、物流、商业、互联网、人工智能等行业巨头，整合各方优势、共创商机，促进粤港澳大湾区 11 个城市的互联互通和合作交流，推动粤港澳大湾区产业集群建设。未来将有更多的合作项目落地，加速粤港澳大湾区跨城市合作能力，深化大湾区城市一体化发展，推动 5G 产业互补与资源共享。

第五节　5G 产业发展对策建议

一、粤港澳大湾区 5G 产业发展存在的问题

不论从 5G 网络基础设施建设、手机终端销售量还是用户普及率方面，我国的 5G 建设都已经走在世界前沿，但 5G 拥有的高速率、低时延、低功耗等特性并未得到应用场景的充分挖掘，5G 建设还存在许多问题需要解决。另外，粤港澳大湾区产业协调发展问题

一直制约着其 5G 产业的发展。由于大湾区内 11 座城市各有优势，要实现 5G 产业协同发展，提高大湾区科技产业竞争力，就必须要走创新协同发展道路。

（一）5G 基站覆盖率还有待提高

虽然目前我国 5G 用户已经超过 1 亿人，但相比于 4G 网络覆盖范围仍明显不足。一方面，除城市主要中心区域以外，粤港澳大湾区内仍然存在大量区域未能覆盖 5G 网络，这对推广 5G 应用产生不利影响。另一方面，由于 5G 建设前期投入极高，"以建促用"的 5G 产业相关企业需要更快速地扩大消费者群体，以减缓高成本投入带来的企业运营问题，维持 5G 产业的健康良好运转。

（二）5G 技术应用场景开发仍处于培育初期

在 5G 基站建设方面，大湾区建设成果位于全国前列，但现有 5G 技术并不成熟，在大量千亿级资金的布局下，运营成本极高，而目前 5G 应用场景开发相对于 5G 基站建设规模明显不足。其中，消费行业的 5G 应用相比工业、农业的应用发展更快，而物联网、人工智能等依托于 5G 网络发展的新型应用场景未能普及，相关产业发展所需资金量大、技术要求高，产品要最终得到大众普遍使用仍需对 5G 技术进行深入开发和挖掘。

（三）粤港澳大湾区 5G 建设协同创新效应未得到充分挖掘

大湾区中与 5G 相关的技术合作专利申请数量较大的地区主要集中在深圳、东莞和广州等大湾区核心区。从专利数量上看，东莞和深圳的专利申请数量最多，部分是因为东莞和深圳处于毗邻的地理位置，便于两座城市进行技术创新交流。相比之下，香港、澳门、江门等城市与大湾区内其他城市的合作专利申请数量较少，可见粤港澳大湾区内部创新协同效应并未得到充分挖掘。

二、政策建议

以 5G 为代表的新一代信息技术蓬勃发展，成为全球科技与产业竞争的制高点。各国纷纷采取积极的政策抓住新的经济发展窗口，5G 产业成为后疫情时代全球发展的重点。我国 5G 商用处于全球发展的第一梯队，但是 5G 产业的发展仍然处于导入期，需要不断地落实发展规划，明确产业发展路径和目标。粤港澳大湾区依托香港、澳门和广东省优越的电子信息产业基础和良好的产业生态，在 5G 产业发展方面拥有得天独厚的优势。当前粤港澳大湾区 5G 产业发展态势良好，在广东省乃至全国 5G 产业发展中发挥领头羊的作用，但是在打造世界级 5G 产业集聚区方面还有很大进步空间。大湾区 5G 产业发展也面临困境和挑战，如在芯片设计和研发环节相对薄弱、5G 网络基础设施不够完善、下游场景应用有待提升、大湾区 5G 产业分布不均衡及协同发展效应不明显……只有解决了这一系列问题，才能实现大湾区 5G 产业发展的目标，真正将大湾区打造成世界级城市群。针对当前大湾区 5G 产业发展存在的问题，提出以下几个建议。

（一）推进产业链补链强链，构建粤港澳大湾区5G核心技术产业生态

粤港澳大湾区虽然拥有比较完整的产业链和代表性的龙头企业如华为、中兴通讯，但是在上游元器件的研发设计中仍存在薄弱环节，比如芯片研发制造仍然面临"卡脖子"的窘境、光模块产业大而不强缺乏研发能力等问题。因此，大湾区在5G产业建设过程中，应发挥深圳、广州核心城市的引领作用，凭借两大核心城市丰富的人才和资源优势，加强大湾区5G关键核心技术研发，补短板、强长板，积极推动产业链重点企业强强联合，整合上下游，完善5G产业链。针对产业链薄弱环节，联合产业链龙头企业建立5G产业关键技术孵化平台，推进核心技术研发，着力解决我国5G产业发展的弱势环节，补充完善产业链布局。对于大湾区比较具备优势的环节如5G网络设备等，应保持当前竞争优势，继续加强研发创新，争取获得全球领先的绝对优势。

（二）加强协同创新，促进粤港澳大湾区跨城市合作

粤港澳大湾区由香港、澳门和九个内地城市组成，其中香港、澳门、广州、深圳是大湾区四大核心城市，是5G关键技术研发中心，在5G产业建设过程中发挥头雁作用，对大湾区其他城市起到辐射作用。作为连接广深港的重要交通枢纽，东莞积极与广州、深圳协同创新，实现了双赢局面，一方面凭借自己制造业实力积极承接产业转移，促进本市产业转型和5G产业集聚，另一方面降低大湾区5G产业建设成本和实现平衡发展。这也为大湾区建设提供了思路，在面对发展不平衡的现状时，要加强大湾区城市之间的合作，利用大湾区各城市的比较优势，打造大湾区整体的绝对优势。在大湾区5G产业建设过程中，对共性关键技术、核心芯片与器件等关键环节，制定共同的技术指引，形成跨城市、跨领域的共享方案，加强大湾区城市之间的优势互补，打造开放合作、定位明确的粤港澳大湾区5G产业发展格局。

（三）构建下游融合生态，垂直赋能多行业

在5G商用的一年里，粤港澳大湾区多个5G融合项目加速落地，但是融合程度有待进一步提升。未来在完善5G基础设施建设的过程中，应增强跨行业龙头企业之间的交流，成立产业合作交流平台，为5G产业与各垂直行业深度融合提供对接机会。持续推进运营商、铁塔公司与电力、能源、铁路等部门杆塔资源共建共享联动，深化通信配套设备的共享。大力推进5G+智慧医疗、工业互联网、物联网、智慧教育等融合应用创新示范工程，促进产业成果转化，赋能垂直行业。支持粤港澳大湾区各城市特色产业和优势产业与5G技术的融合应用，打造特色鲜明、亮点突出的5G智能产业，提升5G产业的附加值，实现融合产业的跨越式发展。

（四）持续强化政策支持，推进国际合作交流

建立大湾区5G产业发展协调机制，由广东省政府牵头大湾区各市政府成立5G产业发展联席会议机制，共同制定推动5G项目建设政策措施，鼓励各城市加强财政扶持力度，营造整个大湾区5G产业发展的良好政策环境。积极推动设立5G产业发展专项基金，对

于实现关键技术突破的企业或团队给予一定的奖励和财政支持，鼓励大湾区企业之间的交流沟通、信息共享。同时，推动大湾区企业积极走出去，开拓海外市场，加强与国外市场的联系，促进国际合作和交流。当然，合作过程中要注重对知识产权的保护，加强在世界知识产权组织框架下的沟通对话，合理保护自己的权益。

（五）加大人才引进培养力度，促进产学研成果转化

人才是科技竞争的核心力量，因此粤港澳大湾区的5G产业发展注重对人才的引进与培养。一方面，通过重大的人才计划或者特殊人才计划等方式，吸引5G高端人才到大湾区参与5G产业的技术研发和设计。另一方面，基于粤港澳大湾区丰富的高校科研资源，加强5G相关企业与本土高校和科研院所的合作力度。例如，可以依托中山大学、华南理工大学等高校，成立专门的5G创新实验室，培养本地5G产业领军人才和创新团队，促进高校相关研究成果转为实用技术，为大湾区5G产业发展提供丰富的科技创新资源和动力。通过企业与高校、科研院所等的接洽合作，能够及时调整高校学科布局结构，鼓励高校开展产学研合作，提升粤港澳大湾区人才资源的利用效率。构建大湾区高层次的科技创新平台，实现5G产业基础研究、应用研究与成果转化一体化衔接发展，提升5G产业的创新能力。

参考文献

［1］刘家祺.深圳5G产业发展对无锡的启示［J］.江南论坛，2021（3）：36-38.

［2］曾军.5G产业链对SPN网络建设的影响研究［J］.广东通信技术，2020，40（10）：10-13.

［3］开山.2020中国5G产业链五大发展趋势［J］.信息化建设，2020（4）：40-43.

第十章　粤港澳大湾区智能家电产业分析[*]

第一节　智能家电产业链发展概况

一、智能家电产业链结构

（一）智能家电的界定及分类

根据 GB/T 28219—2018《智能家用电器通用技术要求》，智能家电又名"人工智能家电"，指在传统家电功能的基础上兼具了智能化功能的日用或近似用途的电器。智能家电是新时代及新科技下的产物，是对传统家电的更新迭代。首先，"智能"一词并非科学术语，通常只要具备部分人类智慧特征的能力就能被统称为智能。因此，拥有了一些人的智慧能力，能够代替人完成一些任务或完成人无法完成的任务的家用电器就可以被称为智能家电。目前，国内对智能家电并没有一个准确的定义。总的来说，智能家电就是集传感器技术、微处理器、网络通信技术于一体的家电产品。

智能家电按照使用功能进行分门别类，可以分成家用生活类、厨卫用品类、消费电子类、娱乐休闲类、智能安防类。

（二）智能家电产业链结构

与传统家电相比，智能家电的产业链更为复杂。由于智能化技术在智能家电上的应用，智能家电产业链上游需要相应的硬件、软件和技术支持。硬件主要包括以芯片、传感器、材料及屏幕等为主的元器件，以通信模块（蓝牙、WIFI 和 ZigBee）、智能控制器为主的中间件以及包括运营商/通信服务、云服务平台、操作系统在内的系统及技术支持。产业链中游主要以智能家电单品、全屋智能系统以及智能家电管理平台为主。下游则是工程渠道、零售渠道以及用户（详见图 10−1）。

＊ 本章由暨南大学产业经济研究院黄佳莉、周浩执笔。

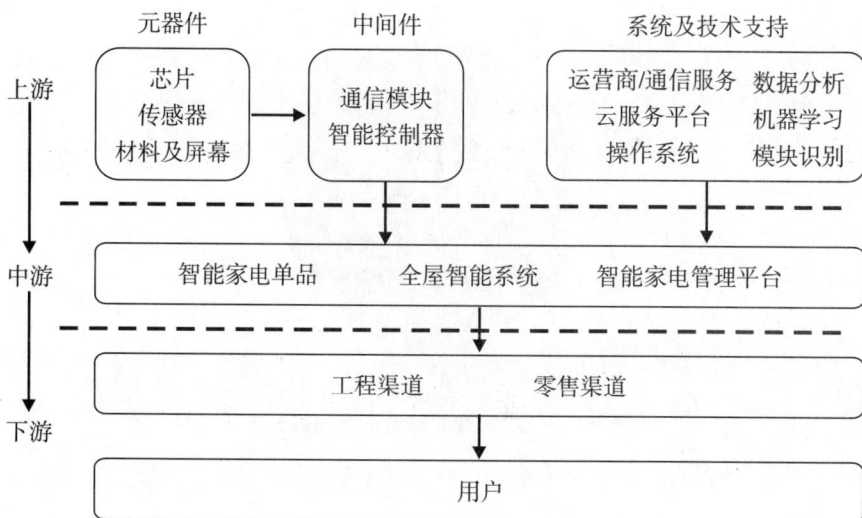

图 10 - 1　智能家电行业产业链

资料来源：艾瑞咨询、华创证券。

1. 上游产业结构：芯片是核心竞争环节

智能家电产业链上游主要包括硬件、软件和技术支持，其中硬件主要是芯片、传感器、材料及屏幕等，智能家电芯片直接体现了其技术特点和产品性能，是智能设备及平台的"大脑"，因此芯片制造环节是智能家电产业最核心的环节。这些硬件为产出中间件智能控制器奠定了基础。通信模块在智能家电产品中承担着无线信号传输的作用，主要有蓝牙、WIFI 和 ZigBee 三种。在智能家电发展过程中，系统及技术支持是重要的支撑点，目前在智能家电产业居于主流地位的通信技术主要是无线。而智能家电的操作系统主要通过智能手机上的应用程序的遥控功能实现移动控制。云服务平台则提供云计算，在增加智能家电功能的同时加快了设备响应速度，还使用户摆脱了繁杂的遥控操作。

智能家电仅仅是智能芯片应用的场景之一，众多芯片巨头和初创公司竞相研发，促使芯片产业进入产量高速增长时期。从智能芯片制造领域来看，如图 10 - 2 所示，智能家电硬件厂商主要集中在珠三角、长三角以及环渤海地区，其中广东省是中国智能家电产品最大的生产制造基地，该地区厂商占比高达 39%，其次是占比 26% 的浙江省，余下的上海市、北京市、福建省和江苏省，占比不到 10%。这些区域地理位置优越，制造业发达，技术先进且市场需求大，位于这些区域的智能家电企业可以充分发挥其研发优势、降低运输成本并优化售后服务，同时方便进出口。尤其是与大湾区关系密切的广东省，其优越的地理位置、大量的国内外人才和庞大的劳动力市场使得广东省智能芯片企业研发进程快，对外交流及进出口便利且生产效率高，这或许是广东省智能芯片产业在全国占比最高的重要原因。

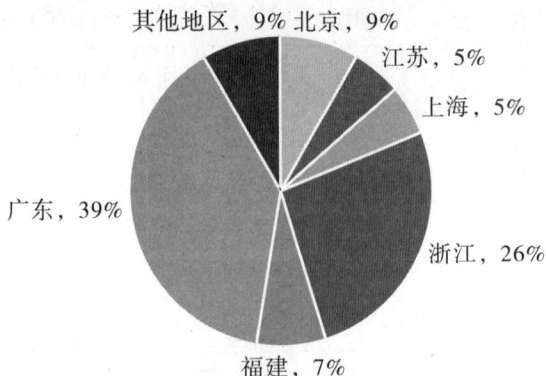

图 10 - 2 中国智能家电厂商地区分布

资料来源：中商产业研究院。

从智能家电硬件品牌来看，目前国内智能家电硬件市场呈现"百家争鸣"的态势（见表 10 - 1）。但是芯片市场主要被国外品牌占据。与国际芯片企业比较，我国芯片企业在生产处理器方面的实力较弱，可能是由于我国科技创新能力较弱。

表 10 - 1　智能家电硬件代表企业

智能家电上游	代表企业
芯片	弥亚微、芯圣电子、聚元微电子、矽昌通信、捷联微芯、云隐科技、聚芯微电子、力合微电子、贝特莱、磐启微电子、博芯科技、安凯微电子、芯健半导体、芯海科技等
单片机	联华、宏晶科技、义隆、华润微、超威半导体、富士通、亚德诺半导体、赛普拉斯、英飞凌、微芯科技、瑞萨电子、高通等
液晶显示屏	京东方、华星光电、天马、维信诺、中电熊猫、三星、冠捷、飞利浦、LG、华硕、惠科、宏基、明基、优派等
传感器	广微积电、芯福传感器、矽睿科技、双桥传感器、深迪半导体、芯敏徽系统、科文传感器、水木智芯
模块	蓝思科技、上海庆科、上海顺舟、法比亚、厦门大洋、瑞瓦电子、移远通信、云隐科技、芯海科技、自连电子、前海联讯、上海雍敏
电容器	万科、智伟、顺络电子、潮州三环、宇阳、风华高新科技、常捷、厦门法拉、松下、威世、村田、AVX、TDK

资料来源：中商产业研究院。

2. 中游产业结构：着力于互联网终端入口之争

智能家电产业中游包括智能家电单品、全屋智能系统以及智能家电管理平台。中游产业竞争的关键在于把握智能互联终端产品的重点技术，迅速推出多种多样的智能家电单品，而智能家电单品发展的着力点在于产品系列化和低成本竞争。中游互联网公司竞争的关键在于通过掌控智能家居系统，促成对互联网交互入口的控制，可以说是另一种情形的

"互联网通道口的竞争"。目前，智能家电产业中游的智能控制类企业包括国际电气龙头企业和智能控制系统企业，这类企业占有当前全屋智能系统一大半的市场，它们往往通过房地产开发商获取工程订单。

　　智能家电最终将通过智能手机上的应用程序把集成并可视化的家居信息提供给用户，来促成全天实时查看和智能控制。因此，互联网公司在这一方面天然地拥有程序开发和平台优势。目前，软件与技术服务领域提供商的代表企业是华为、小米、阿里等大型互联网公司（见表10-2）。

表 10-2　智能家电软件与技术服务代表企业

智能家电中游	代表企业
娱乐系统	索尼、小米、乐视、极米、三星、海信、优必选、TCL
厨卫家电系统	格兰仕、科勒、九阳、格力、美菱、科沃斯、西门子、卡萨帝、海信、苏泊尔、飞利浦、海尔、小天鹅
网络通信系统	360、TP-LINK、D-LINK、腾达、斐讯、极路由
开关系统	小米、公牛、罗格朗、飞雕、古北科技、爱普瑞、西门子、施耐德、西蒙电气

资料来源：中商产业研究院。

3. 下游产业结构：线上零售渠道异军突起

　　智能家电下游则是工程渠道（酒店、政府、学校、企业等批量化采购渠道）、零售渠道以及用户。工程渠道主要与房地产开发商相关，而零售渠道则是常见的销售渠道，尤其是随着近年来物流业的迅速发展，线上零售渠道日益火爆。线上零售渠道主要有天猫、京东、苏宁易购、国美电器、海尔品牌专卖店等。智能家电销售与传统家电一样，从家电整体的销售方式即可反映智能家电的销售现状。从家电的零售渠道布局来看，如图10-3所示，从2013年起，家电的线下实体店销售份额逐年下降。与此相对的是网络销售份额逐步上升，从2013年的25.6%增长至2018年的39.2%。

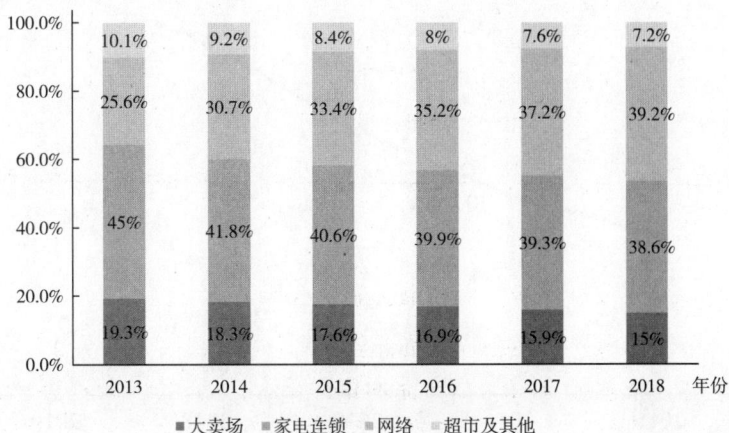

图 10-3　中国家电零售渠道分布

资料来源：Euromonitor、中泰证券研究所。

线上销售渠道是家电渠道下沉的重要方式之一，故而家电巨头纷纷加大线上各类资源安排以促进家电销售，线上零售额及其占比逐年攀升。奥维云网的数据表明，2014年国内家用电器线上零售规模为780亿元，到2019年已经上涨至3 138亿元，线上消费占比从11.6%上升至39.0%，线上零售形势大好（见图10-4）。与此同时，线上销售占整体家电销售额比例也由2015年的16.0%跃升至2019年的41.2%（见图10-5）。在天猫、苏宁、京东早已占领主要线上流量的环境下，家电线上销售渠道流量集中度将得到进一步提高。同时，在疫情的影响下，网络经济快速成长，这进一步增强了线上渠道的战略性地位。

单位：亿元

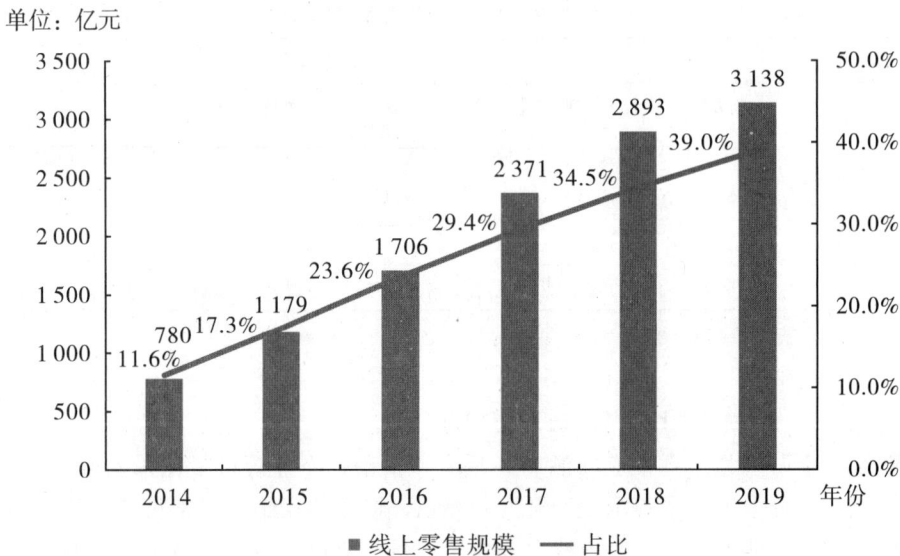

图10-4   中国家电线上销售额

资料来源：奥维云网、广发证券发展研究中心。

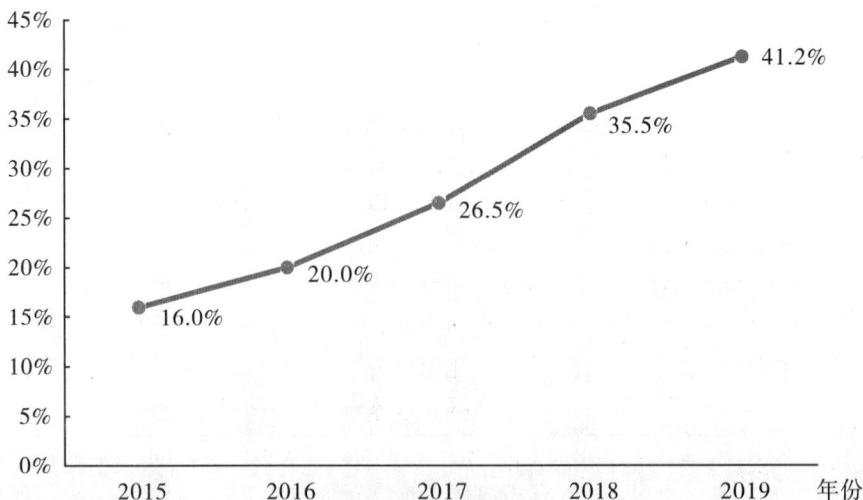

图10-5   中国家电网购销售额占整体销售额比例

资料来源：中国电子信息产业发展研究所、华泰证券研究所。

（三）智能家电产业价值链：围绕用户需求在上游硬件设计和下游销售发力

当前，智能家电产业价值链与以往有所不同，智能家电在传统家电价值链的基础上，围绕用户需求，新增一条价值链，如图 10 - 6 所示。新增价值链以大部分用户的需求为中心，在需求端和供给端都提供了交互的平台以及平台资源，针对产品的缺点而不断迭代升级。传统的家电厂商研发产品流程一般是企业研发设计新产品后进行量产，库存充足后再寻找顾客进行推销，产品卖出且顾客付款就是销售的结束，也就是价值链的最后一环。智能家电新增价值链可在每一环节根据用户意见做出改变，而传统家电价值链全过程不可逆且成效未知，不可根据用户反馈做出改变。倘若做出改变，则相当于重新开始，损失巨大。

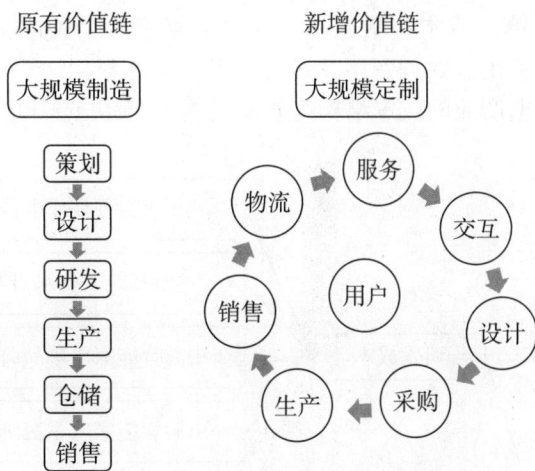

图 10 - 6 智能家电产业价值链

资料来源：根据公开资料整理。

从产业整体来看，智能家电产业的价值链符合微笑曲线理论，产业上游的硬件制造和下游的销售渠道是高附加值环节，而产业中游的组装、加工制造是低附加值的制造环节。从产业链结构来看，芯片是智能家电产业上游最核心的环节，该环节产业价值较高。智能家电产业链中游包括智能家电单品、全屋智能系统以及智能家电管理平台。该环节中智能家电企业和互联网企业需主动迎合用户的需求，以用户推动企业的创新发展，最终实现产品销量的增长和企业价值增值；厂商占据了大半市场份额，但产业价值最小。下游则是工程渠道、零售渠道以及用户，该环节需要大量的人力物力维护，产业价值最大。企业若想获取更多利润，必须加大对高附加值环节的投入，从中间的制造环节向曲线两端进行转型升级。当前除了众多传统家电巨头转型智能家电外，不少互联网企业也在积极进入智能控制中心和移动终端应用程序环节，而互联网企业本身就具有技术和平台优势。

（四）智能家电产业成本结构

随着物联网的发展，家电智能化程度日益提升，智能家电逐渐成为家电发展的新方向，在家电市场中的份额不断提高。与传统家电相比，智能家电除了原材料（铜、铝、钢材、塑料等）成本、人工工资、折旧、税费等成本，还增加了研发智能硬件、软件、技术、系统等成本。具体可以分为以下两个部分（见表10－7）。

1. 研发成本：以技术研发和硬件研发为主

智能家电产业的研发成本主要包括原有的硬件研发和新增的技术研发。智能家电产业中除了传统家电企业外，还新增了互联网企业，这些企业大部分是技术型企业，主要承担技术研发工作，主要包括产业链上游的系统及技术研发和产业中游的智能家电系统研发、智能家电管理平台研发。而传统家电企业承担的研发活动大多集中在产业链中游的智能家电单品研发和全屋智能系统研发。产业链上游的硬件研发活动则仍旧由原来的硬件生产企业承担。

2. 生产经营成本：以产品成本和期间成本为主

智能家电产业的生产经营成本和传统家电产业区别不大，主要由产品成本和期间成本组成。其中，智能家电单品成本包括原材料成本、直接人工成本、制造费用、家电折旧等，期间成本包括管理费用、财务费用、营销费用、税费等。

综上所述，智能家电产业的成本结构为研发成本、产品成本和期间成本。

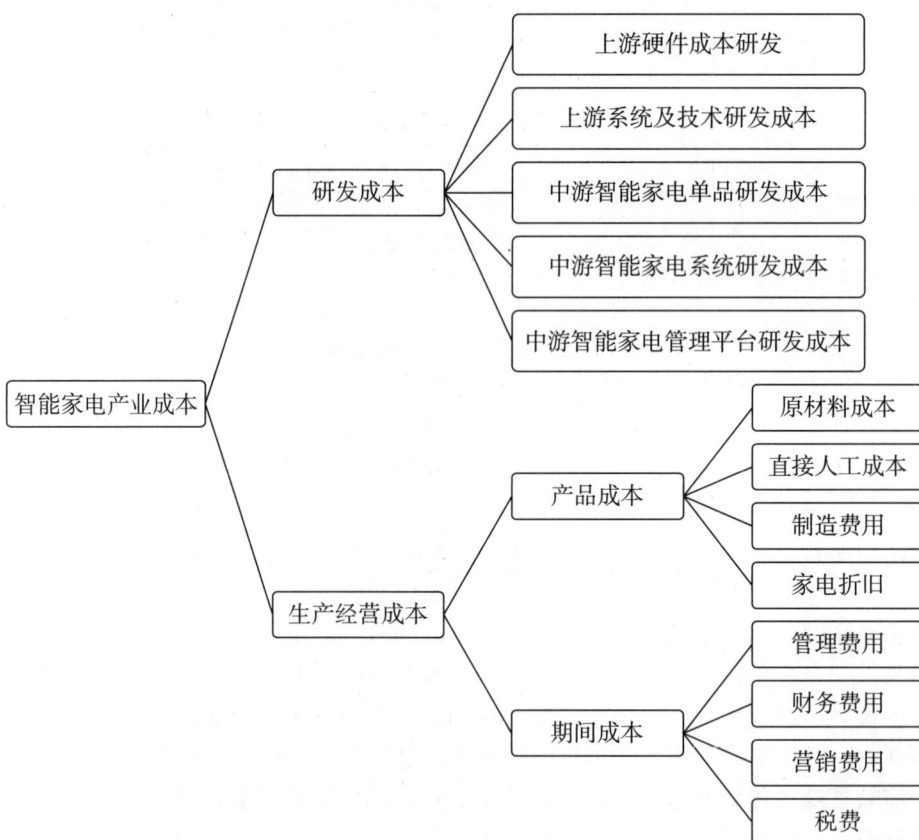

图10－7　智能家电产业成本结构

资料来源：根据公开资料整理。

二、粤港澳大湾区智能家电产业发展总体概况

（一）粤港澳大湾区智能家电产业发展现状

大湾区智能家电市场成长空间大，潜在市场规模无法估计。由于新兴产业的普及和人工智能的发展，传统家电正在慢慢走向智能化。在大湾区居民的日常生活中，智能家电所占的比重稳步上升。由于智能家电产业链涉及的硬件制造和互联网企业不只涉及智能家电领域，故此部分主要讨论中游的智能家电制造企业。

1. 产能规模：深圳、珠海、佛山等粤港澳大湾区城市产值最高

广东省智能家电产业产能规模较大，大部分位于大湾区城市，深圳、佛山、珠海三个城市产值最高。2020 年前三季度佛山市智能家电产业增加值高达 778.40 亿元，增幅 6.3%，占广东省比重为 40.4%；深圳市智能家电产业增加值 253.12 亿元，增幅下降 0.6%，占广东省比重为 13.1%；珠海智能家电产业增加值 206.24 亿元，增幅下降 11.1%，占广东省比重为 10.7%。除此之外，智能家电产业增加值超 100 亿元的城市有广州、中山和东莞（见表 10 – 3）。

表 10 – 3　2020 年度前三季度分区域智能家电产业发展情况

地区	总产值/亿元	累计增速/%	增加值/亿元	累计增速/%	占比/%
全省总计	8 900.24	– 1.3	1 946.17	3.0	–
广州市	778.60	11.0	174.83	26.2	9.1
深圳市	1 632.14	– 7.0	253.12	– 0.6	13.1
珠海市	562.20	– 12.0	206.24	– 11.1	10.7
汕头市	43.35	1.4	9.45	2.9	0.5
佛山市	3 138.76	3.0	778.40	6.3	40.4
韶关市	13.84	7.0	4.06	7.6	0.2
河源市	42.05	– 5.9	9.14	– 3.3	0.5
梅州市	15.55	– 14.2	2.68	– 13.0	0.1
惠州市	619.17	– 1.9	95.06	0.6	4.9
汕尾市	1.16	35.9	0.24	50.5	0.0
东莞市	735.98	– 2.7	139.77	– 0.5	7.2
中山市	857.69	0.8	170.14	3.2	8.8
江门市	284.95	1.6	51.42	3.1	2.7
阳江市	10.13	18.7	2.72	11.0	0.1
湛江市	33.11	– 65.3	6.43	– 64.2	0.3
茂名市	1.71	– 47.0	0.20	– 44.6	0.0

（续上表）

地区	总产值/亿元	累计增速/%	增加值/亿元	累计增速/%	占比/%
肇庆市	24.31	-10.0	4.75	-11.4	0.2
清远市	44.45	-1.1	9.25	-0.8	0.5
潮州市	10.88	8.6	2.45	11.5	0.1
揭阳市	46.70	6.8	7.40	6.8	0.4
云浮市	3.50	11.1	0.55	20.5	0.0
珠三角核心区	8 633.81	-0.6	1 873.74	3.3	97.2
沿海经济带（东翼、西翼）	147.04	-28.1	28.89	-26.7	1.5
北部生态发展区	119.40	-3.6	25.69	-1.6	1.3

资料来源：广东统计信息网。

2. 市场需求：粤港澳大湾区企业引领带头

大湾区智能家电产业市场需求大，美的、格力等龙头企业起引领作用。据市场统计，2020 年上半年智能家电行业上市企业营业收入 50 强排行榜中（见表 10-4），来自广东省的企业最多，共有 19 家，这些企业均位于大湾区。榜单显示，大湾区进入前十位的企业有美的、格力、TCL、海信家电、康佳（深康佳 A、深康佳 B），共计 5 家。其中，营业收入排名首位的是位于佛山的美的集团，其营业收入高达 1 390.67 亿元。从智能家电需求方面来看，由于疫情期间实行出入管控，顾客流量大幅跌落，线下销售几乎停滞；但从长远来看，疫情可能推动智能家电消费方面转变，绿色消费也许将成为智能家电消费的新主流。

表 10-4　2020 年上半年智能家电 50 强企业中大湾区上市企业的营业收入

排名	企业名称	城市	营业收入/万元
1	美的集团股份有限公司	佛山市	13 906 702.20
3	珠海格力电器股份有限公司	珠海市	6 950 232.24
5	TCL 科技集团股份有限公司	惠州市	2 933 321.10
6	海信家电集团股份有限公司	佛山市	2 108 669.98
7	康佳集团股份有限公司（深康佳 A）	深圳市	1 752 418.39
8	康佳集团股份有限公司（深康佳 B）	深圳市	1 752 418.39
11	深圳市兆驰股份有限公司	深圳市	746 405.18
15	广东新宝电器股份有限公司	佛山市	504 516.68

（续上表）

排名	企业名称	城市	营业收入/万元
18	广东奥马电器股份有限公司	中山市	358 715.85
22	广东万和新电气股份有限公司	佛山市	292 299.84
28	小熊电器股份有限公司	佛山市	171 742.92
29	华帝股份有限公司	中山市	166 769.44
30	佛山电器照明股份有限公司	佛山市	152 288.41
31	佛山电器照明股份有限公司（粤照明B）	佛山市	152 288.41
33	广州毅昌科技股份有限公司	广州市	143 122.12
35	广东长青（集团）股份有限公司	中山市	121 413.87
42	深圳光峰科技股份有限公司	深圳市	71 602.52
46	海洋王照明科技股份有限公司	深圳市	56 185.03
50	广东金莱特电器股份有限公司	江门市	40 174.21

资料来源：中商情报网、中商产业研究院大数据库。

3. 区位布局：以广深为核心，主要发展通信服务

大湾区拥有众多智能家电产业相关企业，广州、深圳在各方面表现优异，尤其是通信服务领域。查询天眼查数据可知，大湾区智能家电产业链上游相关企业数量分布如表10-5所示。其中广州与深圳是智能家电产业上游企业分布的重点城市，基本上在所有领域都拥有众多的企业。由此可见，广州和深圳在智能家电产业链上游中占据了主导地位。大湾区城市在通信服务领域表现出色。广州的芯片和通信模块，深圳的芯片和云服务平台，珠海、佛山与东莞的芯片和传感器的发展也不错，相关企业数量可观。香港在芯片、传感器、通信服务领域表现较为突出，企业数量不少，但其他领域表现平平。澳门则可能是缺乏数据，造成各领域企业数为0。

表10-5 大湾区智能家电产业上游相关企业数量分布

单位：个

城市	芯片	传感器	屏幕	通信模块	通信服务	云服务平台
香港	63	93	34	26	54	21
澳门	0	0	0	0	0	0
广州市	3 520	1 114	355	3 434	100 000 +	901
深圳市	14 110	9 693	3 256	3 317	53 472	5 023
珠海市	739	596	106	141	6 271	304
佛山市	518	635	125	78	9 977	239
江门市	135	167	31	11	2 439	35

（续上表）

城市	芯片	传感器	屏幕	通信模块	通信服务	云平台服务
惠州市	322	354	155	74	6194	121
东莞市	1 048	1 793	486	193	10 325	332
中山市	463	493	84	34	4 116	212
肇庆市	60	91	50	13	2 903	38

资料来源：根据公开资料整理。

天眼查数据显示，在智能家电产业链中游，香港仅有 6 家智能家电企业；位于第一梯队的广州和深圳的智能家电企业数量分别高达 6 511 家、7 899 家；紧随其后的是拥有 1 081 家的佛山和 848 家的东莞；第三梯队的惠州有 467 家，中山有 446 家；其余城市智能家电企业均不足 400 家。关于全屋智能系统，当前涉足该领域的企业数量不多，但大湾区仍旧占据了绝大部分，主要有位于深圳的华为、绿米、欧瑞博，位于佛山的美的和位于广州的河东。

4. 重点企业：多位于深圳、广州、佛山三大重点城市

大湾区在智能家电产业这一领域拥有众多企业，主要分布在大湾区的广州、深圳、佛山等城市。据公开资料显示，大湾区与智能家电有关的企业有上万家，其中重点企业如表 10 - 6 所示，其分布与产业区位分布基本重合。

表 10 - 6　大湾区智能家电产业部分重点企业

公司名称	城市	产业链位置	涉及智能家电产业链业务
深圳市云隐科技有限公司	深圳市	中上游	芯片、通信模块等
深圳市聚芯微电子有限公司	深圳市	上游	电子产品、电子元器件、通信产品的技术开发与销售
深圳市力合微电子股份有限公司	深圳市	上游	通信类芯片的研发及设计
深圳博芯科技股份有限公司	深圳市	上游	无线通信芯片行业应用解决方案的设计开发
深圳贝特莱电子科技股份有限公司	深圳市	上游	高端集成电路设计，数模混合信号等集成电路产品开发
深圳市科敏传感器有限公司	深圳市	上游	温度传感器、热敏电阻器
蓝思科技（东莞）有限公司	东莞市	上游	显示屏、通信模块等
芯海科技（深圳）股份有限公司	深圳市	上游	通信模块
深圳前海联讯技术有限公司	深圳市	上游	无线电通信器材

（续上表）

公司名称	城市	产业链位置	涉及智能家电产业链业务
长讯通信服务有限公司	广州市	上游	通信服务
广东佰成通信服务有限公司	广州市	上游	通信系统
广东省通信产业服务有限公司	广州市	上游	通信服务
美的集团股份有限公司	佛山市	中游	空调、洗衣机、智能家电全屋系统等
珠海格力电器股份有限公司	珠海市	中游	空调等
广东格兰仕集团有限公司	佛山市	中游	微波炉等
TCL科技集团股份有限公司	惠州市	中游	电视机、半导体显示技术及材料业务等
海信家电集团股份有限公司	佛山市	中游	冰箱、空调和洗衣机等
创维集团有限公司	深圳市	中游	智能电视、冰箱、空调等
广州毅昌科技股份有限公司	广州市	中游	电视机等
华帝股份有限公司	中山市	中游	抽油烟机、洗碗机、热水器等
康佳集团股份有限公司	深圳市	中游	彩电、冰箱、洗衣机等
广东新宝电器股份有限公司	佛山市	中游	电热水壶、电热咖啡机等
广东奥马电器股份有限公司	中山市	中游	冰柜、电冰箱等
华为技术有限公司	深圳市	中游	智能家电管理平台

资料来源：中商情报网。

（二）粤港澳大湾区智能家电产业发展存在的问题

传统家电的智能化趋势势不可挡，虽然大湾区智能家电普及率逐年升高，但其当前的发展仍然面临一些问题，主要有以下四个方面。

1. 智能家电市场较小且渗透率低

大湾区智能家电产业仍处于发展的初创期，市场容量一般且渗透率仍有待提高。智能家电的普及率和需求率是评估粤港澳大湾区居民生活档次的关键依据之一。家电行业经过多年的发展拥有很大的市场，但智能家电作为家电行业的一个分支，还处于刚刚兴起的阶段，市场容量不大。据了解，各方面处于全国领先地位的粤港澳大湾区虽然科技发达，居民生活水平和消费水平都较高，但实际上大部分居民对智能家电行业仅有印象，对其相关范围和定位的认识并不深刻，其中青少年普遍对智能家电行业认识不全面，对大部分智能家电产品了解不多，甚至不清楚一些智能家电的功能。大湾区居民认为智能家电的智能化程度不足，存在夸大事实的现象，并且有些智能家电便利性不足，无法很好地解决生活痛点，由此可见智能家电在大湾区不仅市场小，其渗透率也很低。

2. 智能家电产业结构发展不均衡，企业集中于家用电力器具制造业

大湾区智能家电产业链中企业多集中于家用电力器具制造业，其他行业发展不如家用

电力器具制造业，产业结构发展不均衡。从广东统计信息网数据来看，2020 年前三季度智能家电产业中家用电力器具制造业占比一直显著高于其他行业，工业增加值占比 54.7%，营业收入占比 52.5%，利润总额占比甚至高达 72.0%；而照明器具制造业的工业增加值、营业收入、利润总额占比分别为 10.5%、8.9%、5.9%，其占比排名仅次于家用电力器具制造业；其余类别工业增加值占比均低于 10.0%，如表 10 - 7 所示。由于大湾区中的各市也是广东省发展较为不错的城市，故而由广东省的智能家电产业结构可以间接看出，粤港澳大湾区当前智能家电产业的发展不均衡，过于集中于家用电力器具制造业。

表 10 - 7　2020 年前三季度智能家电产业分行业主要效益指标占比情况

行业名称	工业增加值占比/%	营业收入占比/%	利润总额占比/%
烘炉、风机、包装等设备制造	4.7	4.4	3.0
电机制造	7.6	2.3	1.1
电线、电缆、光缆及电工器材制造	4.9	6.9	2.7
家用电力器具制造	54.7	52.5	72.0
非电力家用器具制造	2.8	2.1	1.7
照明器具制造	10.5	8.9	5.9
广播电视设备制造	3.4	1.5	3.2
非专业视听设备制造	9.2	19.2	8.6
智能消费设备制造	2.2	2.2	1.7

资料来源：广东统计信息网。

3. 核心技术掌握不足，自主品牌实力不强

大湾区智能家电产业核心技术掌握不足，大量中小企业无法开发自主品牌，品牌实力不强。首先，当前粤港澳大湾区尤其是广东省辖区内城市的智能家电产业的生产经营主要以对外进口设备生产产品为主，利用国内劳动力和市场优势壮大发展，而非以自主研发为主，故而本地产业发展和产品结构较为低端，在核心技术方面落后于国外行业巨头。其次，目前大湾区智能家电产业和国内其他经济圈智能家电产业类似，以整机组装为主，部分核心零部件主要依赖进口，依赖惯性导致大湾区本身无法掌握研发智能家电产业核心零部件的关键技术，这些关键零部件和重点技术长期被松下等欧美日大厂掌控。最后，大湾区智能家电自主品牌实力偏弱，国际市场竞争力不强，无法与国际知名品牌三星、索尼等竞争。

4. 国际贸易壁垒阻碍智能家电产业发展

大湾区智能家电产品出口遭遇国际贸易壁垒，不利于大湾区智能家电产业发展。由于经济全球化，世界各国在贸易合作的同时也难免有摩擦，技术性贸易措施成为世界各国保护本国市场的关键手段。一些市场准入指令和部分国家滥用知识产权保护措施阻碍了大湾区智能家电企业进入海外市场，从而增加了大湾区智能家电企业的生产成本，延长了报关

时间。此外，部分国家以保护国内产业、国家安全等为借口，采取反倾销、损害产业发展的不正当竞争手段对中国商品采取提高关税、总量配额等措施，进一步阻碍大湾区智能家电产业的发展。

第二节　智能家电产业发展环境

一、国内外产业政策形势

（一）国外产业政策分析

国外对于智能家电的认识可以溯源到 20 世纪 80 年代的家庭自动化。随着电子技术在家用电器上的应用，住宅电子化的定义被首次提出，并由此发展出住宅自动化概念。1984年，美国康涅狄格州首府哈特福德市建造了世界上第一栋智能大楼，由此揭开了全世界智能家居的序幕。其后，欧洲、美洲、大洋洲和东南亚一些国家先后进入智能家电领域，智能家电在世界各国普及。近年来，美国、韩国、德国、日本以及欧盟等先后出台了相关智能制造计划政策（见表 10 - 8），积极发展人工智能和物联网，推动了智能家电产业的迅速发展。

表 10 - 8　全球主要国家智能家电产业相关政策

时间	国家或地区	政策	主要内容
2009 年	美国	"再工业化"计划	实现制造业的智能化，保持美国制造产业价值链上的高端位置和全球控制者地位
2009 年	韩国	"新增长动力规划及发展"战略	确定三大领域 17 个产业为发展重点，推进数字化工业设计和制造业数字化协作建设，加强对智能制造基础开发的支持
2013 年	德国	"工业 4.0"计划	组合式、分布式的工业制造单元模块，通过组建多组合、智能化的工业制造系统，应对以制造为主导的第四次工业革命
2013 年	法国	"新工业法国"	通过创新重塑工业实力
2014 年	英国	"高价值制造"战略	采用智能化技术和专业知识，以创造力带来不停增长和高经济价值潜力的产品、生产过程以及配套服务
2015 年	日本	"新机器人战略"计划	以科技和服务为媒介创造新价值，以"智能制造系统"为核心理念，促进日本经济稳定增长，在全球竞争中有一席之地

（续上表）

时间	国家或地区	政策	主要内容
2015 年	欧盟	数字单一市场战略	指导 5G 无线通信、数据驱动服务、云服务、智能运输系统和物联网等新技术的开发
2018 年	日本	下一代人工智能/机器人核心技术开发	在传统行业中引入人工智能和机器人技术，并推动其深度融合，实现日本产业国际竞争力提升
2019 年	韩国	人工智能（AI）国家战略	重点推广人工智能技术，并加快人工智能在各领域的创新发展，打造世界领先的人工智能研发生态，构建可持续的人工智能技术能力

资料来源：根据公开资料整理。

（二）国内产业政策分析

我国的智能家电的发展虽然没有国外早，但从 2012 年起，政府陆续出台了一系列促进智能家电产业发展的政策（见表 10-9），力争与国际智能家电产业发展接轨，有效促进了智能家电行业的产业结构升级。

表 10-9　智能家电扶持政策（2012—2019 年）

时间	部门	文件	主要内容
2012 年	工信部	《物联网"十二五"发展规划》	智能家居作为物联网九大重点领域应用示范工程之一，包括家庭网络、家电智能控制、节能低碳等
2016 年	国务院	《2016 年国务院政府工作报告》	深入推进"中国制造＋互联网"，建设若干国家级制造业创新平台，实施一批智能制造示范项目，启动工业强基、绿色制造、高端装备等重大工程，组织实施重大技术改造升级工程
2016 年	国务院	《"十三五"国家战略性新兴产业发展规划》	促进智能家居、智能汽车、智慧农业、智能安防、智慧健康、智能机器人、智能可穿戴设备等研发和产业化发展。鼓励各行业加强与人工智能融合，逐步实现智能化升级
2017 年	国务院	《关于进一步扩大和升级信息消费持续释放内需潜力的指导意见》	鼓励发展高可靠性智能工业传感器、工业网关、可编程逻辑控制器、工业可穿戴设备和无人系统等工业用智能硬件产品
2018 年	国务院	《关于完善促进消费体制机制　进一步激发居民消费潜力的若干意见》	加强核心技术研发，加快推动产品创新和产业化升级，提升产品质量和核心竞争力。升级智能化、高端化、融合化信息产品

（续上表）

时间	部门	文件	主要内容
2019 年	国家发改委等	《进一步优化供给推动消费平稳增长 促进形成强大国内市场的实施方案（2019 年）》	支持绿色、智能家电销售。有条件的地方可对产业链条长、带动系数大、节能减排协同效应明显的新型绿色、智能化家电产品销售，给予消费者适当补贴

资料来源：政府网站、山西证券研究所。

在国家政策的指导下，全国各省市纷纷出台一系列智能家电相关产业政策，加快智能制造业发展，夯实智能家电产业上游的硬件基础。从上游到下游，大湾区智能家电产业基本上每一个环节都得到了政府的规划，进入快步发展阶段。大湾区与长三角经济圈和京津冀地区一样重视产业上游硬件的研发，但大湾区相关城市政府不仅促进核心零部件——智能芯片以及传感器的研发升级，还加大对互联网、云计算、大数据等"软产业"的支持力度，壮大智能科技产业，出台了适合大湾区智能家电产业发展的政策。自 2014 年起，广州市就已出台《广州市人民政府办公厅关于推动工业机器人及智能装备产业发展的实施意见》，鼓励企业自主研发控制器等。近年，大湾区各市出台的指导文件均涉及智能家电产业，力求加快大湾区智能家电产业发展，其主要政策如表 10－10 所示。

表 10－10 大湾区智能家电产业部分政策

时间	地区	文件	主要内容
2014 年	广州市	《广州市人民政府办公厅关于推动工业机器人及智能装备产业发展的实施意见》	引导和鼓励企业通过自主研发、引进消化、合资合作、设立海外研发机构等方式，开展减速器、伺服电机、驱动器和控制器等机器人关键零部件核心技术研发
2015 年	佛山市	《〈中国制造 2025〉佛山行动方案》	加快建设面向智能制造的信息网络基础设施；加强物联网、云计算、大数据、移动互联网等新一代信息技术的推广应用，推动装备制造业与信息技术的融合创新，形成一批智能制造的综合集成技术和整体解决方案
2016 年	中山市	《中山市智能制造 2025 规划（2016—2025 年）》	以智能设计、智能产品、智能装备及智能服务和新模式等四大领域、16 个细分领域为重点，着力构建智能制造发展体系
2018 年	广州市	《关于印发广州南沙新区（自贸片区）促进人工智能产业发展扶持办法的通知》	对在南沙区有自主研发经费投入和研发活动的企业发放不同等级的补贴

（续上表）

时间	地区	文件	主要内容
2018 年	惠州市	《惠州市信息基础设施建设三年行动计划（2018—2020 年)》	推动 NB‐IoT 与智能制造、工业互联网深度融合，发展柔性生产、智慧物流、智能仓储等新应用。加快智能家居、智能家电等 NB‐IoT 生活应用
2020 年	广东省	《广东省发展智能家电战略性支柱产业集群行动计划（2021—2025 年)》	以粤港澳大湾区建设为契机，开展应用基础与前沿技术研究、高端智能家电产品研发，加快卫生健康家电发展，支持智能家电创新中心建设
2020 年	珠海市	《珠海市人民政府关于进一步促进科技创新的意见》	推动在智能家电、智能电网、新能源汽车、通用航空、生物医药等专业领域创建一批国家级、省级创新平台
2020 年	珠海市	《珠海市大力支持集成电路产业发展的意见》《关于促进珠海市集成电路产业发展的若干政策措施》	支持珠海芯片设计规上企业加大研发投入，提高高端芯片设计水平。强化粤港澳大湾区产学研合作，建设集成电路产业示范园区
2020 年	佛山市	《佛山高新技术产业开发区践行新发展理念促进高质量发展三年行动方案（2021—2023 年)》	依托美的、海信科龙、格兰仕、万和等企业，巩固提升智能家电产品，拓展新兴品类等
2020 年	江门市	《关于加大有效投资力度构建"三区并进"区域发展格局三年行动计划（2020—2022 年)》	促进工业互联网、5G、人工智能等信息化技术与传统制造业相结合，做优做强金属制品、造纸和印刷、纺织服装、家电、摩托车及零部件等特色产业，打造若干个超 500 亿产业集群

资料来源：根据大湾区各市人民政府公开资料整理。

二、国内外市场需求趋势

（一）全球市场需求：未来呈上升态势

随着全球经济的高速发展，人们的生活水平和消费水平随之提高，对家用电器的需求量整体呈现上升态势。根据 Statista 数据显示，近年来，全球主要家电销售规模及其同比增速均呈现起伏的波纹状态。如图 10‐8 所示，2012 年全球主要家电销售规模约为 2 042 亿美元；2014 年为一个高峰期，销售规模高达 2 153 亿美元；其后在 2016 年达到低谷，销售规模仅为 1 898 亿美元；2019 年则回升至 2 031 亿美元。其同比增速高峰和低谷点略早于销售规模，高峰点为 2017 年的 4.7%，低谷点为 2015 年的 -7.2%，这可能与 2015 年全球经济出现滑坡有关。

单位：亿美元

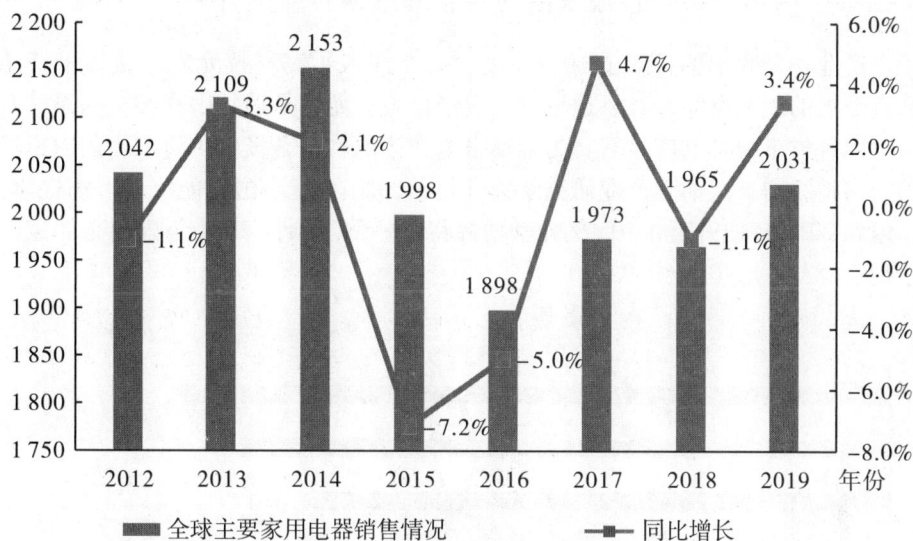

图 10-8　全球主要家电销售情况

资料来源：Statista、前瞻产业研究院。

　　随着物联网、智能模块、视觉互动等功能的普及，家电产品的科技含量随之提升，这带动了智能家电产业消费定位上移。近年来智能家电市场快速增长，据 Statista 之前的一项统计，2019 年全球智能家电市场规模为 169.7 亿美元左右，预测 2020 年全球智能家电市场规模将有 215.2 亿美元，同比增长 26.8 个百分点。全球智能家电市场规模可能会在 2024 年达到 396.3 亿美元（见图 10-9）。

单位：亿美元

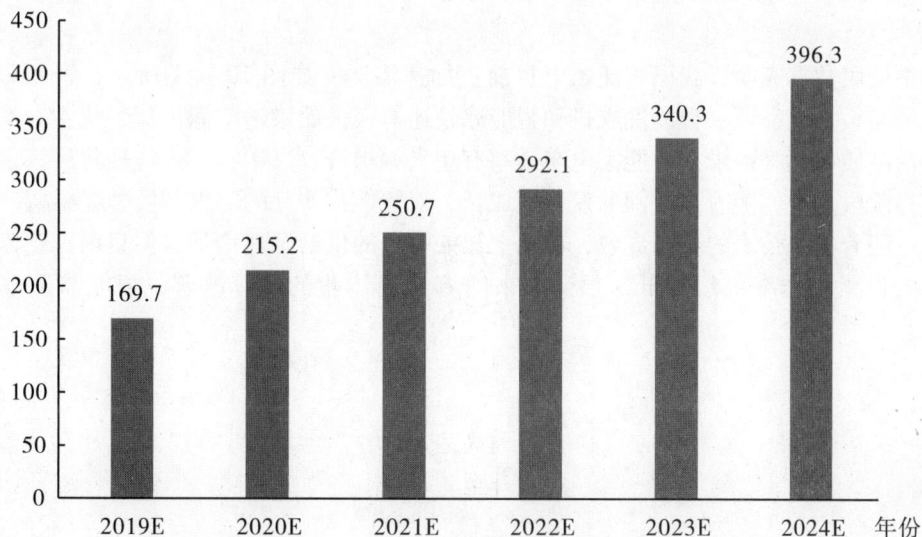

图 10-9　2019—2024 年全球智能家电市场规模及预测

资料来源：Statista、前瞻产业研究院。

（二）国内市场需求：成长潜力大，渗透率日益提升

家电产业作为我国的传统支柱产业之一，在注入了高科技元素后焕发了新的产业活力，拥有较大的成长空间，其渗透率也在慢慢提高。尤其是近年来在国家一系列政策的指导下，全国各省市纷纷响应号召，为推动家电产业的转型升级做出贡献。国内市场对智能家电的需求持续增长。前瞻产业研究院数据显示，2016 年中国智能家电市场规模为 2 240 亿元，但到 2019 年便升至 4 105 亿元，增幅将近一倍。预计 2024 年国内智能家电市场规模将达到 7 283 亿元（见图 10 - 10）。

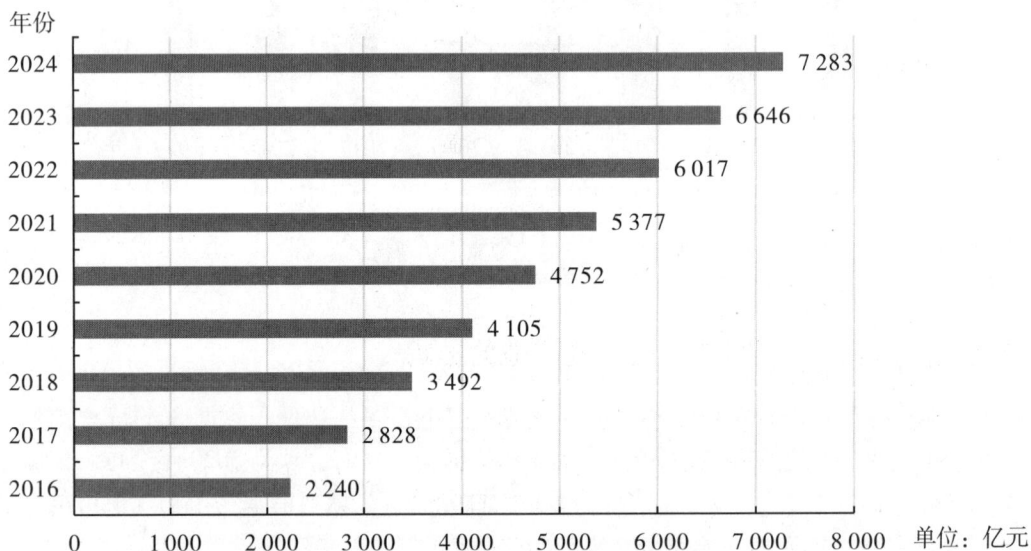

图 10 - 10　2016—2024 年中国智能家电市场规模及预测

资料来源：前瞻产业研究院。

中怡康数据表明，我国智能家电目前正加速渗透。如图 10 - 11 所示，智能彩电的渗透率最高，智能空调、智能洗衣机和智能冰箱还有很大的渗透空间。新一代主力消费人群对生活品质有更高追求，智能家电渗透率有望大幅提升。"90 后"人群即将进入消费能力的高峰阶段，他们随着互联网的发展而成长，对智能化产品的需求与接受度更高。2014 年以来，随着相关技术的不断成熟，市场上智能家电的供给迅速增加，但目前白色家电和小家电的智能渗透率仍然较低，预计未来随着产品体验的继续改善，智能渗透率会持续提升。

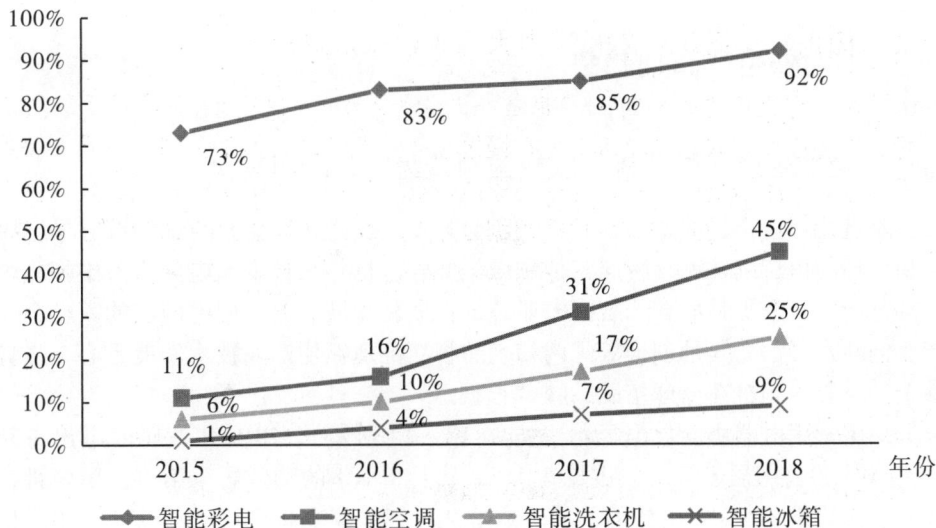

图 10 – 11　主要智能家电 2015—2018 年渗透率

资料来源：中怡康、山西证券研究所。

（三）新冠肺炎疫情对智能家电产业的影响

1. 新冠肺炎疫情影响智能家电产业供给端的原材料供给

2020 年初疫情对智能家电产业的影响主要体现在原材料供应的暂时紧张方面。由于各国在疫情下实行出行管制，原材料进出口受到严重影响，原材料的匮乏使得智能家电产业上游硬件供应不足，从而影响了产业中下游智能家电单品的供应和销售。尤其是近年来鼓励"去库存"的中国企业多为订单式生产，其上游供应链受到的冲击最大，即便中国疫情最快得到控制，企业复工复产速度是全球最快的，但短期内还是受到一些影响。从走向看，疫情防控不仅阻碍了人员流动，还对生产资料和产品的流通造成打击，这在 2020 年 2 月表现最为集中。2020 年 3 月以来，江苏、浙江、广东、山东四个经济发达省份复工复产，其家电重点生产基地随之开工，家电产量渐渐上升。

2. 新冠肺炎疫情导致智能家电产业需求滞后

由于疫情冲击，短期国内智能家电市场销售情况呈现低迷的态势。但随着国内到位的疫情防控措施，疫情对智能家电国内销售的消极影响正渐渐减弱，需求滞后而非消失。从 2020 年全年来看，疫情对智能家电市场影响不大。主要原因有以下几点：疫情期间正是智能家电销售的淡季；大家电产品需求变化小，市场稳定；销售渠道的多元化冲淡了负面影响。欧美日韩等国家和地区的疫情暴发时间比国内晚，但蔓延时间长，情况严重。这些国家和地区的智能家电产销均受到较大影响，加之它们的线上销售渠道能力不如我国，受到的冲击更大。

三、国内外生产布局趋势

（一）全球生产布局分析：以中国制造为主，欧洲其次

欧美是近代家电市场的"发源地"，但近年来，欧美家电企业的竞争重心早已脱离技术创新和市场的可持续发展，转向其他领域。此外，近年来日本家电巨头与中韩品牌竞争激烈，部分老牌企业更是放弃传统家电业务，拓展新领域业务。中韩两国的家电企业主导家电产业创新发展。尤其是创维等国内知名品牌精准地抓住产业技术发展重心，强势展现赶超韩企的决心，积极在全球拓展品牌"根据地"。

根据中国家用电器协会数据显示（如图 10 - 12 所示），2019 年我国家电出口额在全球占比 40.0%；德国居于第二，占比 7.1%；占比 6.0% 的泰国居于第三；墨西哥、意大利和波兰占比均不足 5%。由此可见，中国是全球智能家电生产中心，欧洲居于次位，美洲、非洲及大洋洲生产占比较小。

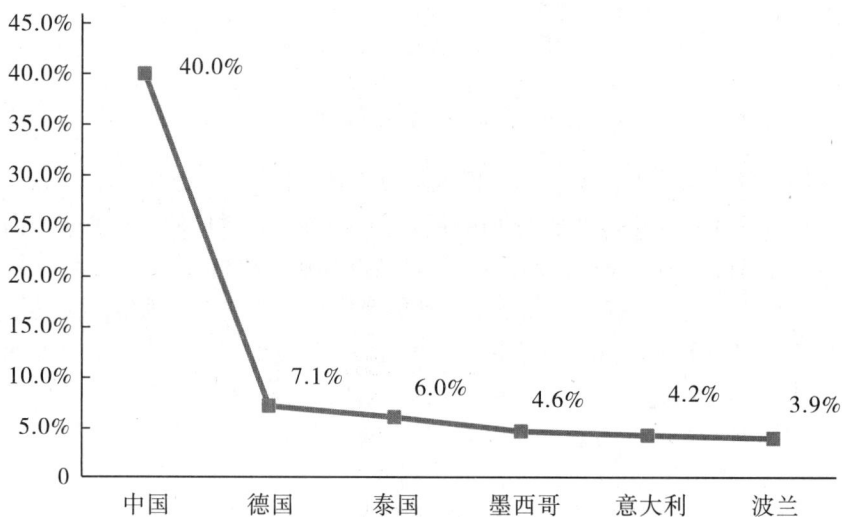

图 10 - 12　2019 年全球家电出口额占比前六位国家

资料来源：中国家用电器协会、华创证券。

（二）国内生产布局分析：以海尔、美的、阿里等行业巨头为主导

新的科技正加速进入人们的生活，云计算、物联网、AI、VR/AR 等新技术当前正以各种方式融入智能家电产品。同时，随着 2019 年 6 月 5G 商用牌照的发放，5G 强大的通信和带宽能力促进了智能家电的扎实落地。智能家电是目前家电产业的发展趋势，各大企业纷纷加入竞争。当前，智能家电的主要竞争者包括传统家电厂商、智能硬件厂商以及新兴的互联网厂商等。

表 10 – 11　中国智能家电主要企业布局分析

企业	项目概述	主要优势
海尔 U +	海尔 U + 平台的六大核心内容：UHomeOS、U + 互联互通、U + 大数据、U + 人工智能、U + 用户交互、U + 生态平台	主要包括用户积累、技术实力和生态打造三方面整体优势
美的 M – Smart	美的 M – Smart 智慧架构从终端、云到服务实现真正的开放。开放 SDK，与各合作伙伴建立起耦合式、嵌入式的合作关系，相互赋能，打通第三方云平台，实现生态共建、共享资源、开放系统	主要优势体现在用户数量、研发实力和资源整体三方面
阿里智能	阿里智能提供一站式设备智能化解决方案，包括智能硬件模组 YoC 芯片、阿里智能云、大数据、接入阿里服务生态（淘宝、天猫超市、菜鸟物流、支付宝等）	主要有技术实力、销售资源和用户大数据三大独特优势
QQ 物联/微信硬件	QQ 物联将 QQ 账号体系及关系链、QQ 消息通道能力等核心能力提供给智能家居、智能车载、传统硬件等领域的合作伙伴，实现人、机和服务三方的联动，并通过微信硬件平台提供智能设备，使其便捷地实现与微信之间的互联和通信，方便用户查看和监控自己的手环、电视、空调和其他智能家电	减轻设备厂家接入难度与研发投入负担、缩短产品上市周期；数量庞大的活跃用户将使 App 推广的成本大幅降低；通过公众号可为用户提供更好的服务体验
京东智能	京东智能的生态服务内容包括提供技术和服务。购物领域涉及的品类主要有大家电、生活电器、智能厨电、智能家装、智能健康，对厂商有较强的吸引力	主要有业务服务、平台资源和用户大数据三方面的优势
百度天工	百度天工的服务核心致力于成为云端描述真实世界的载体，提供设备管理、数据接入、协议解析等基础功能，更方便对接时序数据库、物可视等产品服务	主要有百度云、大数据和 AI 三大优势
米家	小米 IoT 开发者平台米家是小米面向 IoT 领域的开放平台，主要服务智能家居设备、智能家电设备、智能可穿戴设备、智能出行设备等消费类智能硬件及其开发者。该平台提供联网模组、云平台、App 远程控制、数据云端存储、OTA、用户账号等软硬件服务	核心优势主要有具备整套技术解决方案，拥有大规模互通互联设备，可高效提供米家智能云服务，更有米家商城平台协助推广
华为 HiLink	华为 HiLink 联盟的智能产品来自业界顶级厂家，目前有 50 余家核心合作伙伴，覆盖家庭娱乐、能耗、照明、自动化、安防等几大领域中的百个品类、千余产品，主要为生态伙伴提供基于云到端的整套智能家居解决方案，快速构建智能硬件，缩短产品上市周期，还可以与 HiLink 生态圈内的硬件互联互通	主要拥有用户众多、技术先进、品牌影响力大以及渠道众多四方面优势

资料来源：智研咨询整理、中国产业信息网。

由表 10 – 11 的智能家电主要企业布局可发现，中国智能家电企业的生产集中于几个行业巨头，这些行业巨头多集中于沿海或一线城市，这可能是由于沿海及一线城市经济发达，劳动力众多，市场容量大，有利于智能家电产品的生产与销售。

四、产业技术变革与发展趋势

（一）智能家电技术变革：经历了自动化、信息化、技术升级三个阶段

智能家电产业贯穿了从开端的制造到终端的消费，其技术变革历程始终没有离开数字化技术，大致可以分为自动化、信息化、技术升级三个阶段。第一阶段，自动化。家电产业通过 IT 技术实现信息化系统的建立和覆盖、设备生产的自动化和管理业务的现代化，建立一个基础的数字化网络。此时，家电还处于初级智能化阶段，仅仅是用户层面的自动化控制。第二阶段，信息化。在此阶段，通信技术的高速发展使得智能家电从"智能单品"转向大数据、AI 和其他家电的互联层面。第三阶段，技术升级。随着 5G 技术的融入，不仅仅智能家电实现了 AI + IoT 智能控制，产业链上工厂的生产效率也得到了提高，智能制造的能力得到延伸。

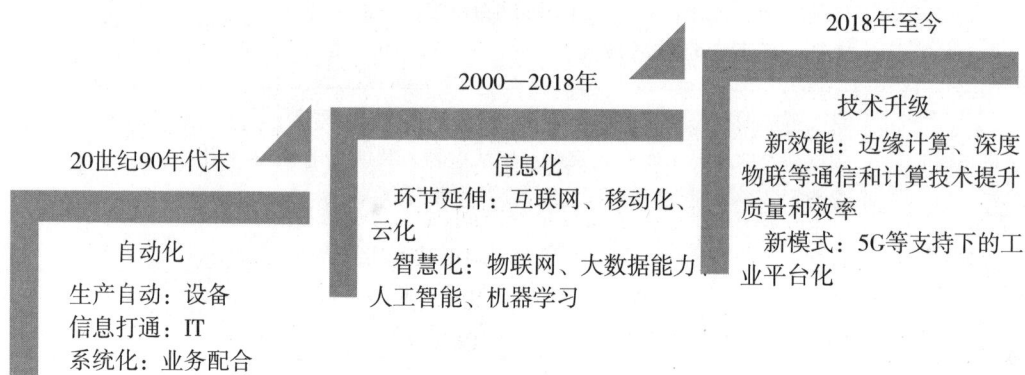

2018年至今

技术升级

新效能：边缘计算、深度物联等通信和计算技术提升质量和效率

新模式：5G等支持下的工业平台化

2000—2018年

信息化

环节延伸：互联网、移动化、云化

智慧化：物联网、大数据能力、人工智能、机器学习

20世纪90年代末

自动化

生产自动：设备
信息打通：IT
系统化：业务配合

图 10 – 13　智能家电技术变革

资料来源：根据各公司公告、各公司官网、国信证券经济研究所资料整理。

（二）智能家电发展趋势：健康化、个性化、深入化、简单化和品牌化

随着科技进步、经济发展以及家电市场中青年群体渐渐成为消费主力，健康化、个性化、深入化、简单化和品牌化成为智能家电产业未来主要的发展趋势，家电智能化是大势所趋。以下将从五个方面简单进行介绍。

第一，健康化。随着消费者需求的释放，健康产品是消费者最关注的。在眼下的智能家电市场上，除菌冰箱、高温杀菌洗衣机、自清洁空调等健康产品将得到大量消费者的关注。第二，个性化。消费者的需求渐渐向功能性和个性化转变，将来智能家电产品的研发

将从单一实用主义转向个性定制。此外，随着互联网技术的日益进步，智能家电产品拥有互联网功能和 WIFI 联网控制，有利于智能化和个性化的实现。第三，深入化。随着人们生活水平的提高，智能家电的发展以及青年家电消费主力军的突起，市场需求将不停扩大，尤其是农村智能家电市场仍有很大的拓展空间。第四，简单化。目前很多智能家电产品操作复杂，为消费者带来了很多不便，体验感极差。故而当前智能家电已慢慢从操作模式向语音交互模式转变，简化了消费者的人工操作。第五，品牌化。随着消费者收入水平的提升，消费能力增强，他们的品牌意识逐渐增强，对智能家电产品质量的要求也不断提升。未来智能家电产品中高端产品占比将会进一步提升，品牌集中度将提高，龙头企业优势会扩大，智能家电产业格局将进一步优化。

第三节　智能家电产业链 SCP 范式研究

一、智能家电产业链市场结构分析

（一）产业链上游市场结构：广深带头，但科研水平进步空间大

大湾区智能家电产业链上游产业均涉及智能制造，创新能力居于前列的主要是广州和深圳，但总体还有很大的进步空间。数据显示，2019 年世界城市智能制造科研水平排名前十位的均为发达国家城市，其中美国城市占一半。中国城市智能制造水平排名最高的是居于第 11 位的北京，其次是 14 位的上海、22 位的重庆、25 位的广州和 30 位的深圳。50 强中，中国上榜城市数量高达 22 个，但都位于中下排名。由此可见，在智能制造水平方面，欧美国家还是居于领先地位，我国还有很大的空间进行赶超。

如表 10 - 12 所示，在 22 个上榜的中国城市中，粤港澳大湾区城市有 4 个，数量占全国上榜城市的 18%，分别为排名 25 位的广州、30 位的深圳、42 位的佛山和 50 位的东莞，科研水平分别为 0.236 9、0.204 7、0.142 2、0.065 6，总和 0.649 4，是一个较为不错的水平。但其科研水平总和刚刚接近世界第一的英国伦敦，从全球来看，大湾区上榜城市排名过低，科研水平进步空间大。

表 10 - 12　2019 年世界智能制造科研水平城市排名（部分）

排名	城市	国家	科研水平
1	伦敦	英国	0.600 4
2	纽约	美国	0.567 0
3	日内瓦	瑞士	0.449 6
4	阿姆斯特丹	荷兰	0.423 7
5	匹兹堡	美国	0.412 3
6	波士顿	美国	0.410 4
7	柏林	德国	0.408 7

（续上表）

排名	城市	国家	科研水平
8	旧金山	美国	0.349 5
9	东京	日本	0.327 0
10	芝加哥	美国	0.321 0
11	北京	中国	0.314 4
14	上海	中国	0.286 9
22	重庆	中国	0.246 2
25	广州	中国	0.236 9
30	深圳	中国	0.204 7
42	佛山	中国	0.142 2
50	东莞	中国	0.065 6

资料来源：中商产业研究院。

由于芯片制造环节是智能家电产业最核心的环节，因此以智能芯片为代表简单呈现智能家电产业链上游市场结构。以芯片产品口径统计销售额，美国供应了全球将近50%的芯片，是世界芯片大国。中国芯片厂商在全球市场的份额慢慢提高，但芯片设计行业市场集中度较高，世界排名前十位的公司芯片产值占 IC 设计公司总产值70%以上，仅有联发科、华为海思、紫光集团三家中国企业进入前十位，其中排名第七位的华为海思来自广东深圳（见表10-13）。从全国来看，这个成绩较为优秀，但从世界层面来看，大湾区芯片行业水平远远落后于美国。

表10-13　2018年全球前十位芯片设计厂商

排名	公司名称	总部	2018 年销售额/百万美元	2018 年增速/%
1	博通	美国	16 639	3
2	高通	美国	16 481	-3
3	英伟达	美国	12 281	31
4	联发科	中国台湾	7 891	1
5	苹果	美国	7 425	7
6	超威半导体	美国	6 506	22
7	华为海思	中国大陆	5 880	25
8	迈威科技	美国	3 181	5
9	赛灵思	美国	2 838	15
10	紫光集团	中国大陆	2 275	11

资料来源：中国产业信息网。

（二）产业链中游市场结构：产品市场需求集中且日益高端化，系统领域百花齐放

大湾区智能家电产业中游的两大支柱城市是深圳和惠州，智能家电单品产量远高于其他城市。以彩色电视机为例（见图 10 - 14），2015—2019 年，大湾区主要城市中深圳和惠州的彩色电视机产量呈现明显的上升趋势，这可能是由于这两个城市每年吸引了大批大湾区以外的劳动力前来居住，从而提高了彩色电视机的产量。广州、珠海、佛山、东莞的彩色电视机产量变化不是十分显著，有升有降，且产量远远不及深圳和惠州。由此可见，大湾区彩色电视机产地主要集中于深圳和惠州。

单位：万台

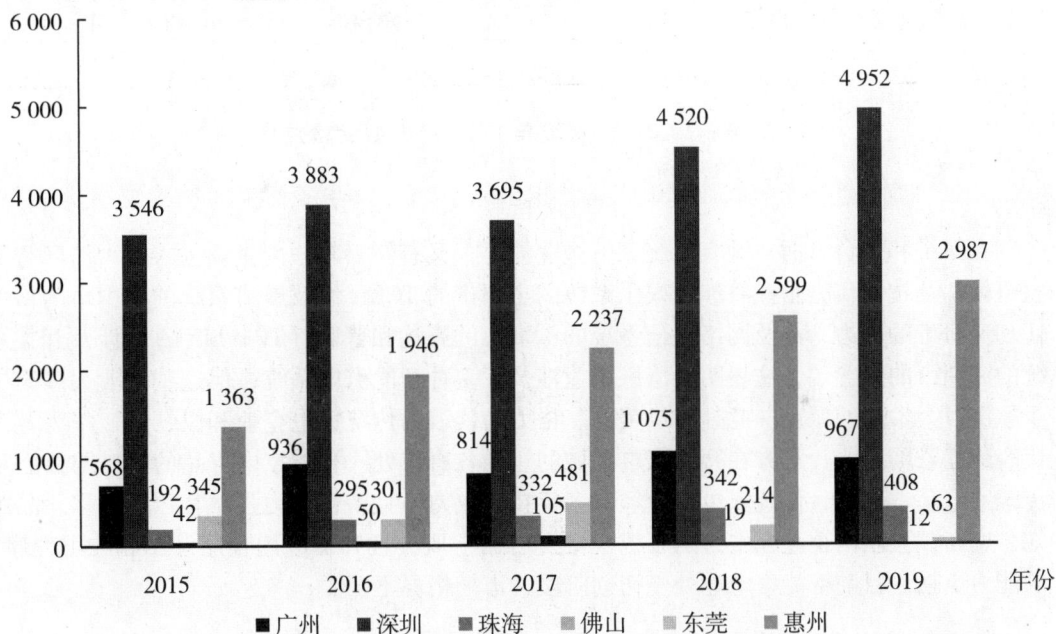

图 10 - 14　2015—2019 年大湾区主要城市彩色电视机产量

资料来源：根据广东省统计局数据整理。

家电产业的结构升级主要体现在消费者对产品品牌、产品功能、产品质量的要求上。高端家电的市场集中度保持上升趋势，如图 10 - 15 所示，主要集中在海尔、美的、格力等国内知名企业和西门子、三星和三菱等海外知名品牌。

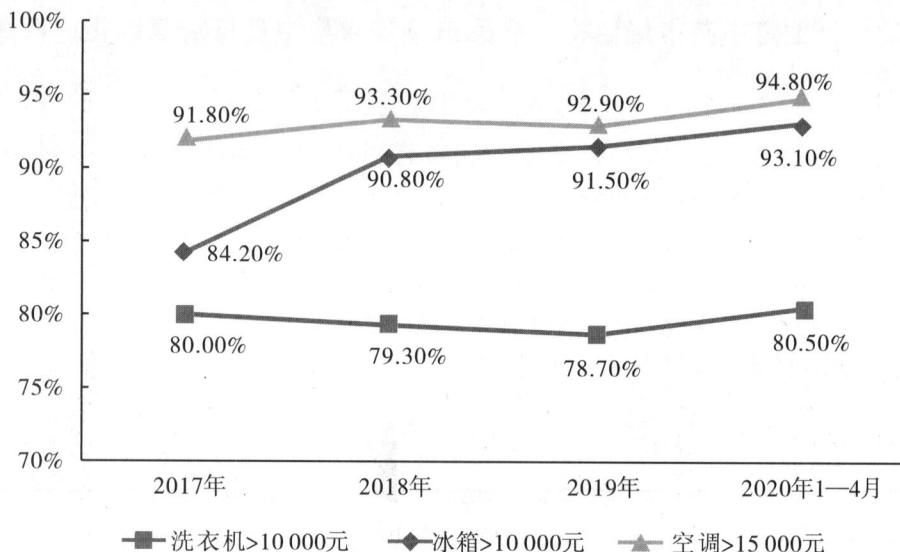

图 10 – 15　2017—2020 年 4 月高端家电品牌集中度

资料来源：奥维、山西证券研究所。

在系统和平台方面，既有传统家电企业涉足，又有新兴互联网企业进入。大湾区智能家电软件及技术代表企业有涉及娱乐系统的惠州市的 TCL、涉及厨卫系统的佛山市的格兰仕和珠海市的格力、涉及网络通信系统的深圳市的腾达和普联（TP – LINK）、涉及开关系统的深圳市的爱普瑞，这表明大湾区企业涉及了多种智能家电系统，但这些企业大多集中于经济较为发达的城市。此外，以美的、格力为代表的传统家电企业和以云米、华为等为代表的互联网企业，双方在智能家电领域的布局各有长处：智能家电产品的基础与核心和传统家电基本一致，传统家电企业经营多年技术成熟，且销售能力强，客户资源多，品牌知名度高；互联网企业在中游的系统入口上占据上风，且开发应用程序（App 或小程序）的能力更强。目前智能家电业处于初创阶段，市场格局不明。

（三）产业链下游市场结构：工程渠道和零售渠道齐头并进

智能家电下游则以工程渠道和零售渠道为主。工程渠道进入门槛相较于零售渠道高很多，渠道内龙头企业优势显著。预计智能家电企业布局将呈现类似走向，格力集团、美的集团等大企业极有希望凭借既有的品牌优势在工程渠道中获益。

在零售渠道方面，大湾区智能家电零售情况与全国同步，当前线上消费崛起，疫情进一步提升了线上销售的战略地位。中国电子信息产业发展研究院发布的《2019 年中国家电市场报告》显示，2019 年家电线上消费占比超过 40%，线上销售渠道的增速高于线下渠道。尤其是大湾区的核心城市广州、深圳、佛山等地，由于经济发达，科技水平高，智能家电线上零售占比更大。线上销售渠道是传统家电销售渠道的延展，各大龙头企业早已加大线上资源投放。由图 10 – 16 可知，天猫、京东、苏宁易购已经占据线上主要流量，渠道流量集中度进一步提升。

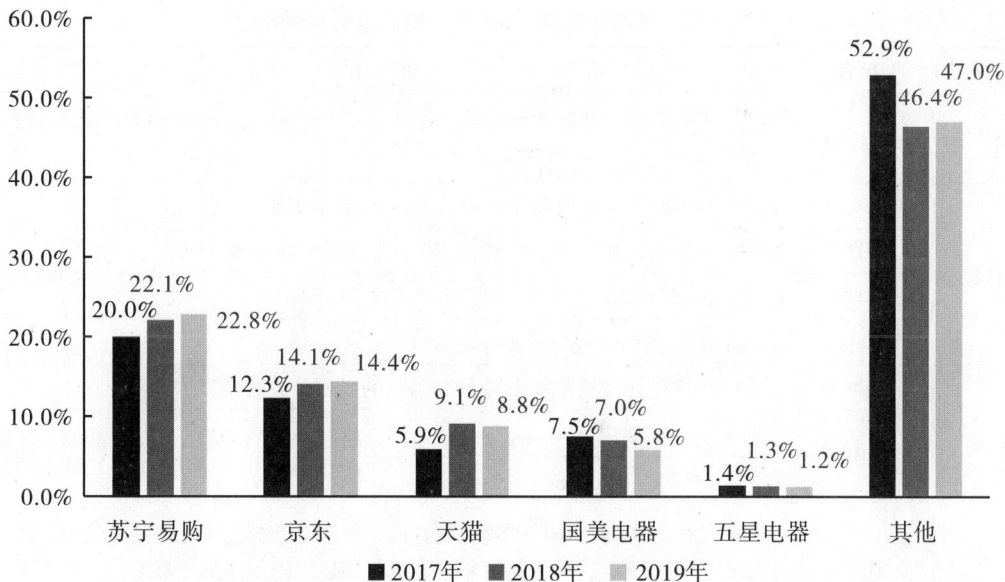

图 10 - 16　2017—2019 年家电渠道零售额占比

资料来源：中国家用电器研究院、华泰证券研究所。

二、智能家电产业链市场行为分析

（一）智能家电行业海外扩张

大湾区家电行业在 2000 年左右就实施了国际化的营销策略，但由于家电类产品体积较大以及考虑运输成本，家电行业更多是就地生产且销售，主要立足国内市场。因此，近年来大湾区智能家电企业纷纷建立境外生产基地或采取跨境并购等直接投资方式，加速产业链整合，促进纵向一体化和横向一体化扩张力度，力求在国际市场占有席位，从而提升其国际市场竞争力。纵观大湾区智能家电行业的企业，美的集团、创维集团、TCL 等大湾区智能家电龙头企业积极进行海外布局，发展其在境外市场上的生产、销售和服务网络，部分收购并购计划如表 10 - 14 所示。在纵向一体化方面，美的在 2015 年设立美的国际总部，统筹规划海外自主品牌业务，在 2017 年收购以色列运动控制系统解决方案提供商 Servotronix 等，加之之前海外生产基地的建立，实现了海外纵向产业链的一体化。在横向一体化方面，美的先后收购荣事达集团、开利、东芝、Clivet 等海外家电企业部分业务，在海外独资或合资建立生产基地，以此实现集团海外市场的拓展。创维的海外扩张事件不多，在 2015 年并购 Strong 集团和并购 Metz（美兹）的电视机业务来实现其版图的扩大。TCL 则通过收购德国的施耐德、与汤姆逊合资组建 TTE、收购萨基姆等来实现集团的"走出去"。

表 10-14 美的、创维、TCL 部分海外收购并购计划

公司	时间	收购计划
创维	2015 年	以 2 400 万欧元并购 Strong 集团；以不足 1 亿元人民币收购德国老牌电视企业 Metz（美兹）的电视机业务
TCL	2002 年	TCL 以 820 万欧元收购德国彩色电视厂商施耐德
	2003 年	TCL 与法国汤姆逊共同出资 4.7 亿欧元组建彩电企业 TTE
	2004 年	收购法国阿卡尔特公司，组建手机合资公司 T&A
	2011 年	收购萨基姆移动电话研发有限公司
美的	2004 年	以 2.345 亿元接受华凌大股东 42.4% 的股份，收购荣事达集团
	2010 年	收购开利下属埃及 Miraco 公司 32.5% 股权，建立埃及空调生产基地，开拓中东市场
	2011 年	收购巴西开利拉美空调业务公司，成立美的—开利拉美空调合资公司，建立巴西生产基地，主要生产商用空调；收购建立阿根廷生产基地，主要生产家用空调
	2012 年	合资建立印度生产基地，主要生产空调，拓展东南亚版图
	2015 年	设立美的国际总部，统筹规划海外自主品牌业务，推动外销业务模式从"以 OEM 为主"向"以 OBM 为主"转变
	2016 年	收购东芝白色家电业务 80.1% 股权；收购意大利中央空调企业 Clivet 80% 股权；收购德国机器人制造商 KUKA 81.04% 股权；收购伊莱克斯吸尘器品牌 Eureka
	2017 年	收购以色列运动控制系统解决方案提供商 Servotronix

资料来源：根据公开资料整理。

（二）智能家电行业投资活跃

随着物联网技术的普及，智能家电作为重点投资领域屡屡被中央和地方政策提及；在大湾区智能家电产业中，产业链上游的人工智能领域是被资本高度关注的。以 2017 年到 2018 年 8 月 10 日大湾区内智能家电相关产业部分融投资事件为例分析（见表 10-15），智能硬件是涉及最多的行业，其中 A 轮融资数量最多，这说明行业还处于一个初创阶段；但也有少量企业如 AICHAIN 进入战略投资阶段，说明大湾区内智能硬件制造领域的某些企业有望成为智能家电产业发展的领头羊。从地域上看，深圳是大湾区内智能家电相关产业公司所在地出现次数最多的城市，吸金能力居于大湾区首位，远远高于大湾区其他城市；由此可见，大湾区其他城市的智能家电科技发展水平落后于深圳。

表 10 - 15 2017 年至 2018 年 8 月 10 日粤港澳大湾区智能家电相关产业部分融投资事件

公司名称	行业	子行业	轮次	金额	地区
Oglass	硬件	可穿戴设备	B 轮	数千万元人民币	深圳
Oglass	硬件	可穿戴设备	A 轮	3 000 万元人民币	深圳
高视科技	硬件	其他硬件服务	A + 轮	5 000 万元人民币	惠州
高视科技	硬件	其他硬件服务	A 轮	5 000 万元人民币	惠州
币智慧	企业服务	数据服务	Pre - A 轮	1000 万元人民币	广州
人马互动	硬件	其他硬件服务	A 轮	5 000 万元人民币	深圳
人马互动	硬件	其他硬件服务	天使轮	数百万元人民币	深圳
耐能（Kneron）	硬件	其他硬件服务	A + 轮	1 800 万美元	深圳
耐能（Kneron）	硬件	其他硬件服务	A 轮	数千万美元	深圳
耐能（Kneron）	硬件	其他硬件服务	Pre - A 轮	60 万美元	深圳
AICHAIN	企业服务	数据服务	战略投资	未透露	香港
iComexe 科迈爱康	企业服务	数据服务	天使轮	数百万元人民币	深圳
PerceptIh	硬件	传感器及中间件	A + 轮	1 100 万美元	深圳
PerceptIh	硬件	传感器及中间件	A 轮	数千万元人民币	深圳
PerceptIh	硬件	传感器及中间件	Pre - B 轮	100 万元人民币	深圳

资料来源：前瞻产业研究院。

三、智能家电产业链市场绩效分析

（一）行业收益：粤港澳大湾区城市利润高，实力不容小觑

当前，大湾区智能家电产业涉及领域众多，尤其是产业链上游制造端涉及大量硬件，构成较为复杂，此处以中游的智能家电单品行业为代表介绍智能家电产业的收益情况。大湾区相关企业利润很高，不容小觑。中商产业研究院数据显示（见表 10 - 16），2020 年上半年，大湾区共有 19 家企业进入全国家电行业上市企业净利润排行榜的 50 强，占全国比重 38%。从企业分布地域来看，佛山市的智能家电企业数量最多，多达 7 个，占据大湾区比重的 36.84%；其次是有 5 家的深圳市，占比 26.32%；中山市有 3 家，占比 15.79%。其余的珠海市、惠州市、江门市、广州市的企业均只有 1 家，各占比 5.26%。

表 10 - 16　2020 年上半年大湾区家电行业上市企业净利润排行榜

排名	企业名称	营业收入/万元	近利润/万元	城市
1	美的集团	13 906 702.20	1 392 830.00	佛山市
2	格力电器	6 950 232.24	636 213.70	珠海市
4	TCL 科技	2 933 321.10	120 806.60	惠州市
8	兆驰股份	746 405.18	61 489.41	深圳市
10	海信家电	2 108 669.98	50 330.75	佛山市
12	新宝股份	504 516.68	43 081.66	佛山市
16	万和电气	292 299.84	28 432.71	佛山市
18	小熊电器	171 742.92	25 413.03	佛山市
22	华帝股份	166 769.44	16 454.43	中山市
23	佛山照明	152 288.41	15 106.14	佛山市
24	粤照明 B	152 288.41	15 106.14	佛山市
26	长青集团	121 413.87	14 638.99	中山市
31	深康佳 A	1 752 418.39	9 470.18	深圳市
32	深康佳 B	1 752 418.39	9 470.18	深圳市
33	汉宇集团	38 761.79	7 069.46	江门市
35	海洋王	56 185.03	5 699.68	深圳市
36	奥马电器	358 715.85	5 468.05	中山市
41	北鼎股份	279 93.78	4 487.35	深圳市
45	ST 毅昌	143 122.12	3 617.67	广州市

（二）技术创新：深圳市独占鳌头，格力引领众多企业

近年来，随着互联网技术的高速成长，传统家电企业纷纷转型进入智能家电领域，领域内专利申请数量不断攀升。智能家电产业前景光明，这引发了大湾区企业对相关技术的研究。数据显示（见图 10 - 17），2003 年大湾区智能家电相关技术专利申请数量为 1 件，到 2019 年飙升至 213 件，达到了峰值。2020 年，大湾区智能家电相关技术专利的申请数量仅为 85 件，申请数量的骤降可能是疫情冲击所造成的。

单位：件

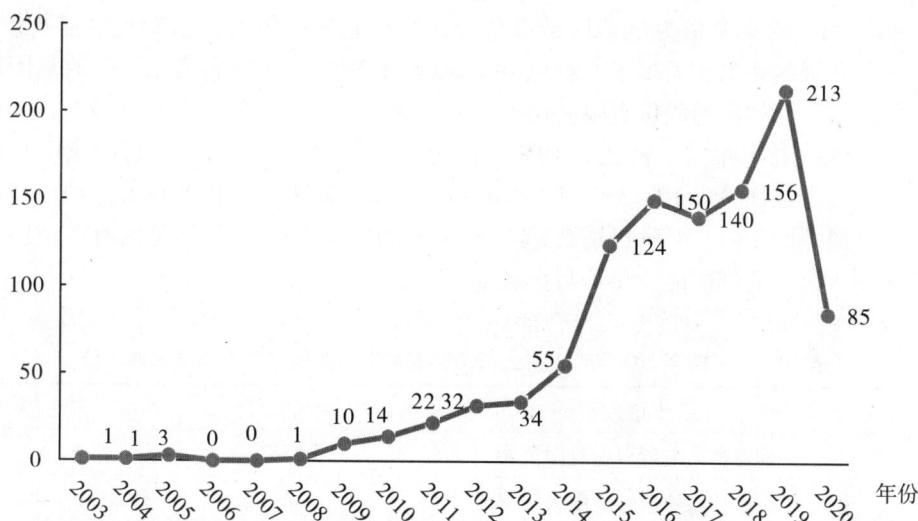

图 10 - 17　大湾区智能家电相关技术专利申请数量变化图

资料来源：根据国家知识产权局数据整理。

从大湾区智能家电相关技术专利申请数量来看（见图 10 - 18），深圳创新能力最强。截至 2020 年 11 月，深圳的智能家电相关技术专利申请数量居于首位，专利申请数高达356 件，占大湾区智能家电专利申请总数的 34.20%；第二梯队是有 275 件的佛山和 177 件的珠海，分别占比 26.42%、17.00%；第三梯队的广州申请了 112 件，占比 10.76%；第四梯队的东莞、中山和惠州分别申请了 53 件、44 件和 30 件，占比分别为 5.09%、4.23%、2.88%；江门、香港和肇庆申请数量仅为个位数，占比均不足一个百分点。

单位：件

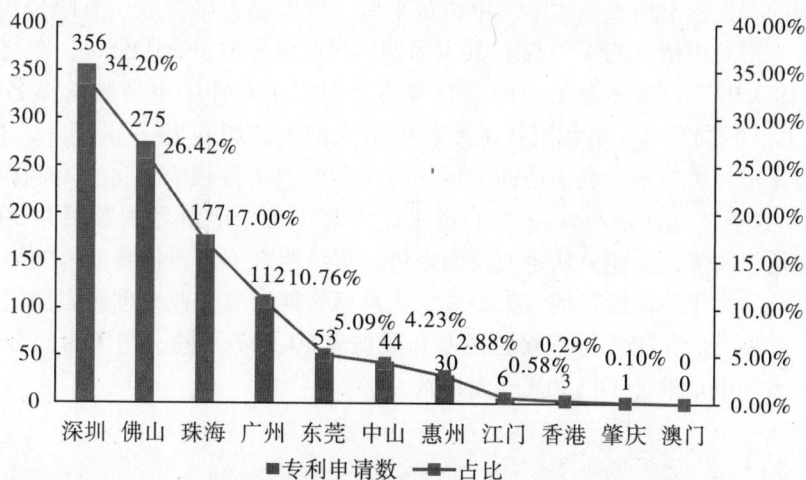

图 10 - 18　大湾区智能家电相关技术专利申请数及占比图

资料来源：根据国家知识产权局数据整理。

从大湾区智能家电专利技术申请人分布来看，格力远远超过其他企业。截至 2020 年 11 月，排名第一的珠海格力电器股份有限公司，智能家电相关技术专利申请数量达 155 件，占大湾区智能家电相关技术专利总申请量的 14.89%，是排名第二的美的集团股份有限公司的两倍；美的集团股份有限公司的专利申请数量为 75 件，占比 7.20%；陈小平以 54 件的申请数量排名第三，占比 5.19%。截至 2020 年 11 月，大湾区智能家电相关技术专利申请人前十位详见表 10-17。由表 10-17 可知，智能家电相关技术专利申请前十位中有 3 位隶属美的集团，专利申请数达 131 件，占比 12.59%。虽然美的有 3 位申请人进入大湾区前十位，但创新能力仍不敌排名第一的格力。

表 10-17　截至 2020 年 11 月大湾区智能家电相关技术专利申请人前十位

排名	申请人	专利数/件	占比/%
1	珠海格力电器股份有限公司	155	14.89
2	美的集团股份有限公司	75	7.20
3	陈小平	54	5.19
4	佛山市云米电器科技有限公司	52	5.00
5	广东美的制冷设备有限公司	39	3.75
6	佛山市百斯特电器科技有限公司	30	2.88
7	广东格兰仕集团有限公司	20	1.92
8	佛山市顺德区美的电热电器制造有限公司	17	1.63
9	深圳市创新先进科技有限公司	16	1.54
10	珠海联云科技有限公司	16	1.54

资料来源：根据国家知识产权局数据整理。

从全国的智能家电相关技术专利申请量来看，珠海格力电器股份有限公司仍旧以 155 件排名第一，占总申请量的 4.71%；其次为四川长虹电器股份有限公司，专利申请数量为 129 件，占比 3.92%；青岛海尔空调器有限总公司以 126 件的申请数量排名第三。截至 2020 年 11 月，我国智能家电相关技术专利申请人前十位如表 10-18 所示。由表 10-18 可知，智能家电相关技术专利申请前十位中有 4 位来自粤港澳大湾区，专利申请数达 351 件，占比 10.66%。而海尔有 4 家相关企业进入前十位，申请专利数量共 307 件，占比 9.32%，略低于大湾区企业。从企业层面来讲，集结所有子公司创新能力的海尔集团的智能家电创新能力高于大湾区任何一家企业，大湾区智能家电企业在创新方面仍旧有巨大的提升空间。其中美的集团股份有限公司专利数与表 10-17 不同，是因为部分专利所有权发生变更，专利申请地址不再隶属于大湾区。

表 10 – 18 截至 2020 年 11 月中国智能家电相关技术专利申请人前十位

排名	申请人	专利数/件	占比/%
1	珠海格力电器股份有限公司	155	4.71
2	四川长虹电器股份有限公司	129	3.92
3	青岛海尔空调器有限总公司	126	3.83
4	美的集团股份有限公司	90	2.73
5	海尔智家股份有限公司	87	2.64
6	陈小平	54	1.64
7	佛山市云米电器科技有限公司	52	1.58
8	四川虹美智能科技有限公司	51	1.55
9	青岛海尔智能家电科技有限公司	47	1.43
10	海尔优家智能科技（北京）有限公司	47	1.43

资料来源：根据国家知识产权局数据整理。

从大湾区智能家电相关技术专利技术类别来看（见表 10 – 19），截至 2020 年 11 月，"G05B19/418 数字控制"专利申请数量最多，累计达到 271 件，占大湾区智能家电相关技术专利申请总数的 26.03%；其次为"G05B15/02 电的"，累计专利申请数量为 218 件，占比 20.94%。

表 10 – 19 截至 2020 年 11 月大湾区智能家电相关技术专利领域前十位

排名	IPC 分类号	专利数/件	占比/%
1	G05B19/418 数字控制	271	26.03
2	G05B15/02 电的	218	20.94
3	H04L12/28 通路配置	171	16.43
4	H04L29/08 传输控制规程	84	8.07
5	G08C17/02 用无线电线路	63	6.05
6	H04L29/06 供热；炉灶；通风	49	4.71
7	G10L15/22 在语音识别过程中使用的程序	40	3.84
8	G08C23/04 用光波	39	3.75
9	G05B19/042 使用数字处理装置	34	3.27
10	H04M1/725 无绳电话机	121	2.88

资料来源：根据国家知识产权局数据整理。

第四节　智能家电产业集群研究

一、重点城市发展现状

（一）佛山

佛山市一直是我国智能家电重点生产基地之一，拥有美的、格兰仕、科龙等知名家电品牌，在大湾区智能家电产业中有着举足轻重的地位，尤其是佛山拥有顺德这个"中国家电制造业重镇"。佛山市智能家电产品种类齐全，产业链结构完整，配套企业众多，上、中、下游自成一个完整的体系，并且对周边城市有着较强的带动能力。佛山市智能家电产业主要以贴牌代工为主，其低廉的价格在产业竞争中取得了不小优势，使得行业规模不断扩大。但其企业满足于当前现状，以模仿、引进、仿制技术为主，未能掌握产业核心技术，从而也无法生产智能家电产业核心零部件，对外依赖程度高。从全局来看，佛山市智能家电产业中能够实现规模化、技术化、品牌化转型升级的企业少之又少，绝大部分中小企业仍以代工为主要生产经营模式来赚取微薄的利润。

1. 市场需求：以美的为龙头带动其他企业发展

佛山智能家电产业发展在全国居于领先地位，不仅有政府的政策引导，还得益于当地美的集团带动大量中小企业发展。在产业链上游，佛山市拥有瑞德智能、宏顺智能、历博智能等智能制造企业来奠定智能家电产业良好的基础；在产业链中游，佛山拥有美的、海信、新宝等知名智能家电品牌，占据了全国大半智能家电市场；在产业链下游，佛山的智能家电销售渠道多样化，得益于物流业的飞速发展，线上线下销售均十分火爆。2020年前三季度，佛山市智能家电产业增值778.40亿元，累计增长6.3%，占广东省智能家电产业增值的40.4%。此外，佛山市以智能制造为主推动智能家电产业优化，建立顺德智能家电集群、南海大沥智能家居集群等，打造全国领先的智能家电产业集群，发挥产业集聚效应，打造集信息技术、制造生产、配套服务于一体的高端智能家电产业集群。2020年佛山市上市企业市值30强中有11家与智能家电产业相关（见表10-20），其中美的集团在佛山市所有上市企业市值排行榜中排名第一，是当之无愧的佛山智能家电产业领头羊。

表10-20　2020年佛山市智能家电产业上市公司市值排行榜

排名	公司名称	总市值/亿元	主营业务
1	美的集团股份有限公司	6 743.44	空调、洗衣机等
3	广东新宝电器股份有限公司	339.02	电热水壶、电热咖啡机等
4	国盛金融控股集团股份有限公司	241.89	空调连接组件、电热电器电源输入组件等
6	小熊电器股份有限公司	175.03	酸奶机、煮蛋器、电炖盅、电蒸锅等

（续上表）

排名	公司名称	总市值/亿元	主营业务
7	海信家电集团股份有限公司	174.85	冰箱、空调和洗衣机等
13	佛山电器照明股份有限公司	76.88	装饰灯泡、碘钨灯、溴钨灯、单端灯等
14	佛山电器照明股份有限公司（粤照明 B）	76.88	装饰灯泡、碘钨灯、溴钨灯、单端灯等
18	佛山市国星光电股份有限公司	63.15	研发、生产与销售 LED 器件及组件产品
20	广东万和新电气股份有限公司	61.57	燃气热水器、燃气灶具、燃气壁挂炉等
24	佛山佛塑科技集团股份有限公司	45.66	各类塑料制品加工设备、模具的制造等
30	广东海川智能机器股份有限公司	25.46	自动衡器的研发、生产和销售

资料来源：中商产业研究院。

2. 科技创新：总体表现优异且各企业创新能力较为平均

佛山市的智能家电企业的技术研发表现不错。截至 2020 年 11 月，佛山共申请智能家电相关技术专利 275 件。数据显示（见图 10-19），2008 年佛山市智能家电相关技术专利申请数量仅为 1 件，2009—2012 年未申请智能家电相关专利。到 2019 年上升到了 88 件，达到峰值。2020 年，佛山市智能家电相关技术专利仅仅申请了 19 件，申请数量的骤降可能是因为受疫情冲击。

单位：件

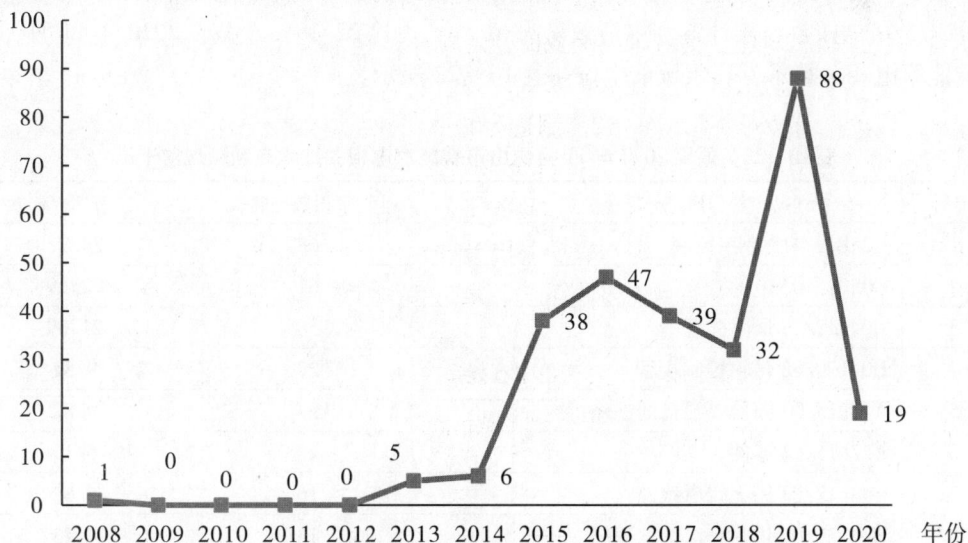

图 10-19 佛山市智能家电相关技术专利申请数量变化图

资料来源：根据国家知识产权局数据整理。

从佛山市智能家电相关技术专利申请人构成来看，排名第一的是美的集团股份有限公司，截至 2020 年 11 月，其智能家电相关技术专利申请数量达 63 件，占佛山市智能家电相关技术专利总申请量的 22.90%；陈小平以 54 件的申请数量排名第二，占比 19.64%；佛山市云米电器科技有限公司以 52 件的申请数量排名第三，占比 18.91%。截至 2020 年 11 月，佛山市智能家电相关技术专利申请人前十位详见表 10 - 21。

表 10 - 21　截至 2020 年 11 月佛山市智能家电相关技术专利申请人前十位

排名	申请人	专利数/件	占比/%
1	美的集团股份有限公司	63	22.90
2	陈小平	54	19.64
3	佛山市云米电器科技有限公司	52	18.91
4	广东美的制冷设备有限公司	39	14.18
5	佛山市百斯特电器科技有限公司	30	10.91
6	广东格兰仕集团有限公司	20	7.27
7	佛山市顺德区美的电热电器制造有限公司	17	6.18
8	廖健恒	15	5.45
9	广东瑞德智能科技股份有限公司	10	3.64
10	广东美的厨房电器制造有限公司	6	2.18

资料来源：根据国家知识产权局数据整理。

从佛山市智能家电相关技术专利的技术领域来看，"G05B19/418 数字控制"专利申请数量最多，累计达到 68 件，占佛山市智能家电相关技术专利申请总数的 24.73%；其次为"G05B15/02 电的"，累计专利申请数量为 61 件，占比 22.19%。截至 2020 年 11 月，佛山市智能家电相关技术专利领域前十位如表 10 - 22 所示。

表 10 - 22　截至 2020 年 11 月佛山市智能家电相关技术专利领域前十位

排名	IPC 分类号	专利数/件	占比/%
1	G05B19/418 数字控制	68	24.73
2	G05B15/02 电的	61	22.19
3	H04L12/28 通路配置	58	21.09
4	H04L29/08 传输控制规程	27	9.82
5	A47L15/00 陶器或餐具的洗涤机或冲洗机	27	9.82
6	A47L15/42 零件	17	6.19
7	G08C17/02 用无线电线路	16	5.82
8	H04L29/06 供热；炉灶；通风	13	4.73
9	H04L12/24 用于维护或管理的装置	12	4.36
10	H04W12/06 鉴权，检验用户身份或权限	12	4.36

资料来源：根据国家知识产权局数据整理。

（二）珠海

珠海市家电产业以格力为龙头企业，以空调制造业、家电配套企业、小家电制造业为主。珠海是我国最重要的空调生产基地之一，主要的家电产品还有电风扇、厨房家电、电动剃须刀、电视机等，业内知名企业有格力电器、松下通信、飞利浦家用电器等。

珠海市家电产业目前主要聚集在香洲区的南屏科技工业园、斗门区的富山工业园和金湾区的三灶科技工业园，其家电产品以外销为主，除格力空调在国内市场居于前列之外，其他产品在国内市场占有率低，外销渠道单一。珠海的家电中小企业以贴牌生产为主，但龙头企业格力有一定的研发创新能力，拥有1 500多项国内外专利。珠海智能家电行业要充分发挥格力的领导地位，引进配套企业，完善产业链并壮大产业规模，力争将珠海发展为智能家电产业领域产学研一体的技术创新区和产业密集区，成为大湾区智能家电产业示范基地。在智能家电产业链上游，珠海拥有新高程、粤立、景昊等智能制造企业，为珠海市智能家电产业创造了良好的硬件供应环境；在产业链中游，珠海以格力为核心，另有双喜、柔乐、爱康美等中小品牌；在产业链下游，珠海的销售渠道与国内渠道情况类似，得益于城市的发展，智能家电销售良好。2020年前三季度，珠海市智能家电产业增值206.24亿元，累计增速下降了11.1%，占广东省比重为10.7%。

在科技创新方面，珠海市的智能家电企业的技术研发表现尚可，格力集团力压各方。截至2020年11月，珠海共申请智能家电相关技术专利177件。数据显示（见图10-20），2005年和2011年珠海智能家电相关技术专利申请数量仅为1件；2006—2013年，除2011年外，其余年份未申请智能家电相关专利。到2019年上升到了59件，达到高峰。2020年，珠海市智能家电相关技术专利仅仅申请了16件，申请数量的骤降可能是因为受疫情冲击。

单位：件

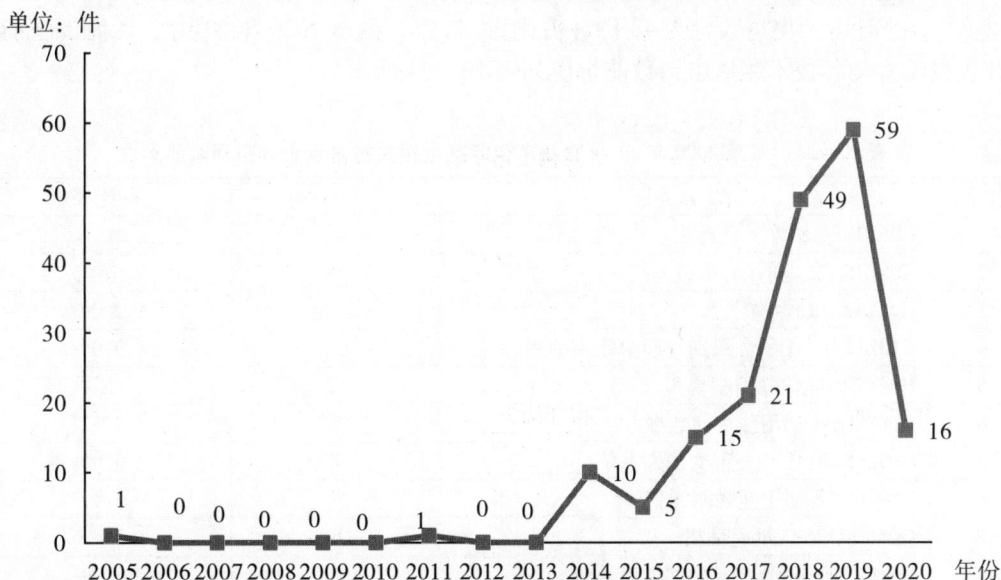

图10-20　珠海市智能家电相关技术专利申请数量变化图

资料来源：根据国家知识产权局数据整理。

从珠海市智能家电专利技术申请人构成来看，行业内企业专利申请集中度非常高，主要集中于格力集团。截至 2020 年 11 月，排名第一的珠海格力电器股份有限公司，智能家电相关技术专利申请数量达 155 件，占珠海市智能家电专利总申请量的 87.57%；珠海联云科技有限公司以 16 件的申请数量排名第二，占比 9.04%；珠海市领创智能物联网研究院有限公司以 4 件的申请数量排名第三，占比 2.26%。截至 2020 年 11 月，珠海市智能家电专利申请人前十位详见表 10 - 23。

表 10 - 23   截至 2020 年 11 月珠海市智能家电专利申请人前十位

	申请人	专利数/件	占比/%
1	珠海格力电器股份有限公司	155	87.57
2	珠海联云科技有限公司	16	9.04
3	珠海市领创智能物联网研究院有限公司	4	2.26
4	珠海荣邦智能科技有限公司	2	1.13
5	珠海兆泓科技有限公司	2	1.13
6	珠海太川云社区技术股份有限公司	2	1.13
7	万翼科技有限公司	2	1.13
8	珠海双喜电器股份有限公司	1	0.56
9	珠海市爱能电子有限公司	1	0.56
10	珠海市太川电子企业有限公司	1	0.56

资料来源：根据国家知识产权局数据整理。

从珠海市智能家电专利技术领域来看，"G05B19/418 数字控制"专利申请数量最多，累计达到 52 件，占珠海市智能家电相关技术专利申请总数的 29.38%；其次为"G05B15/02 电的"，累计专利申请数量为 48 件，占比 27.12%。截至 2020 年 11 月，珠海市智能家电相关技术专利各技术领域申请数前十位如表 10 - 24 所示。

表 10 - 24   截至 2020 年 11 月珠海市智能家电相关技术专利分布领域前十位

排名	IPC 分类号	专利数/件	占比/%
1	G05B19/418 数字控制	52	29.38
2	G05B15/02 电的	48	27.12
3	H04L12/28 通路配置	37	2.09
4	G10L15/22 在语音识别过程中使用的程序	16	9.04
5	H04L29/08 传输控制规程	12	6.78
6	F24F11/64 利用预存储数据	8	4.52
7	G10L15/26 语音—正文识别系统	7	3.95
8	F24F11/58 使用互联网通信	7	3.95
9	H04M1/725 无绳电话机	6	3.39
10	G08C23/04 用光波，例如，红外线	6	3.39

资料来源：根据国家知识产权局数据整理。

（三）深圳

深圳地理位置优越，位于珠江口东岸，濒临大亚湾和大鹏湾，还位于珠三角经济圈内，与香港隔河相望。作为一线城市，深圳智能家电产业以创维、康佳、兆驰等龙头企业为依托，实施国际化战略，大力推创新，在家电智能化升级方面走在全国前列。家电行业作为深圳市的传统行业之一，在过去支撑并促进了深圳的经济发展。由于深圳受到可用土地面积的制约，深圳先导产业中心着重对接整合深圳及周边地区有意向对外扩张转移的智能制造家电企业，从定位、规划、引进、招商、运营等各方面打造深圳市的"智能家电产业园区"。2020 年前三季度，深圳市智能家电产业实现增值 253.12 亿元，累计增长率下降 0.6%，占据广东省比重为 13.1%。截至 2020 年 11 月，深圳共有 356 项智能家电相关技术专利，其中深圳市创新先进科技有限公司申请的智能家电相关技术专利数量最多，有 16 项；其次是有 15 项的中兴通讯股份有限公司；排在第三位的是拥有 13 项的美的集团股份有限公司和美的智慧家居科技有限公司。

在科技创新方面，深圳市的智能家电企业的技术研发表现尚可，进步空间大。截至 2020 年 11 月，深圳共申请智能家电相关技术专利 356 件。如图 10－21 所示，2004 年和 2005 年，珠海智能家电相关技术专利申请数量仅为 1 件，2006—2008 年未申请智能家电相关专利。到 2015 年上升到 55 件，达到了历史最大值。2020 年，珠海市智能家电相关技术专利仅仅申请了 18 件，申请数量的骤降可能是因为受疫情冲击。

单位：件

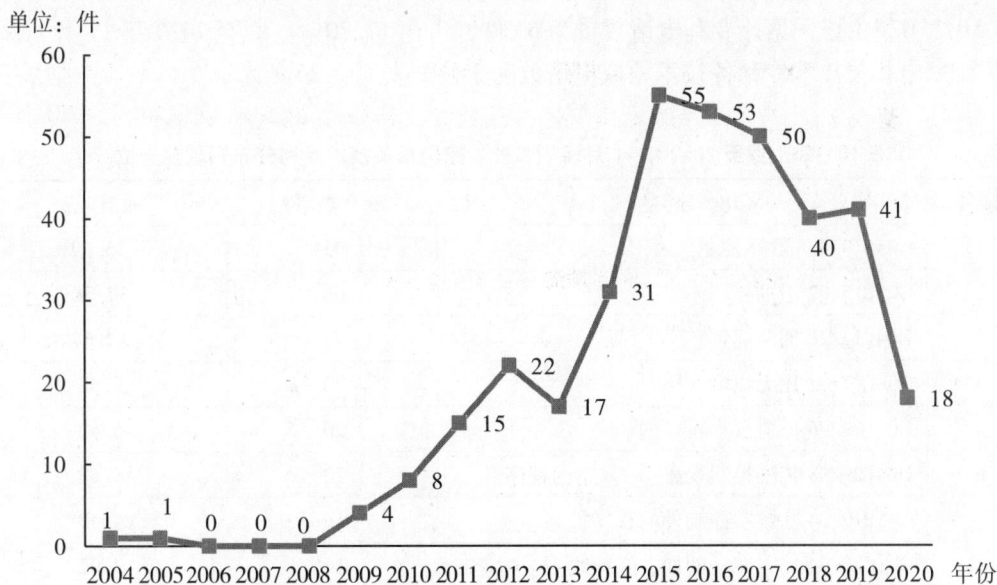

图 10－21　深圳市智能家电相关技术专利申请数量变化图

资料来源：根据国家知识产权局数据整理。

从深圳市智能家电专利技术申请人构成来看，深圳市创新先进科技有限公司申请的智能家电专利数量最多，有 16 项，占深圳市智能家电相关技术专利总申请量的 4.49%；其次是有 15 项的中兴通讯股份有限公司，占比 4.21%；排在第三位的是拥有 13 项的美的集团股份有限公司和美的智慧家居科技有限公司，占比皆为 3.65%。截至 2020 年 11 月，深圳市智能家电相关技术专利申请人前十位详见表 10 - 25。

表 10 - 25　截至 2020 年 11 月深圳市智能家电专利申请人前十位

排名	申请人	专利数/件	占比/%
1	深圳市创新先进科技有限公司	16	4.49
2	中兴通讯股份有限公司	15	4.21
3	美的集团股份有限公司	13	3.65
4	美的智慧家居科技有限公司	13	3.65
5	深圳拓邦股份有限公司	12	3.37
6	鸿海精密工业股份有限公司	9	2.53
7	鸿富锦精密工业（深圳）有限公司	9	2.53
8	星络智能科技有限公司	7	1.97
9	华为技术有限公司	7	1.97
10	宇龙计算机通信科技（深圳）有限公司	7	1.97

资料来源：根据国家知识产权局数据整理。

从深圳市智能家电专利技术领域来看，"G05B19/418 数字控制"专利申请数量最多，累计达到 95 件，占比深圳市智能家电相关技术专利申请总数 26.69%；其次为"G05B15/02电的"，累计专利申请数量为 63 件，占比 17.70%。截至 2020 年 11 月，深圳市智能家电相关技术专利各技术领域申请数前十位如表 10 - 26 所示。

表 10 - 26　截至 2020 年 11 月深圳市智能家电相关技术专利分布领域前十位

排名	IPC 分类号	专利数/件	占比/%
1	G05B19/418 数字控制	95	26.69
2	G05B15/02 电的	63	17.70
3	H04L12/28 通路配置	45	12.64
4	G08C17/02 用无线电线路	30	8.43
5	H04L29/06 以协议为特征的	20	5.62
6	H04L29/08 传输控制规程	20	5.62
7	G05B19/04 除数字控制外的程序控制	16	4.49
8	G08C23/04 用光波，例如，红外线	14	3.92
9	A47J27/00 烹调器皿	11	3.09
10	H04N21/422 只输入的外围设备	9	2.53

资料来源：根据国家知识产权局数据整理。

（四）香港

香港一直是世界知名经济中心之一，在科技发展领域，香港也处于遥遥领先的地位。据2019年的报道，香港在过去三年的创新投资规模高达1 000亿港元，仅2018年就有500亿港元，投资力度极大。毕马威数据显示，以100分为计，香港民众的AI准备度高达50分，企业为56分，这表明香港拥有巨大的人工智能发展前景。香港聚焦的四个优势领域中，人工智能领域与智能家电产业上游高度相关且发展潜力很大，香港计划以粤港澳大湾区发展为契机推进相对不强的科技成果商业化，这势必离不开与大湾区其他城市的合作。在此情形下，香港可以充分发挥其"超级联系人"的角色作用，促进大湾区智能家电产业与全球智能家电产业的沟通，促进产业与国际接轨。

在科技创新方面，香港的智能家电相关技术研发不多，这可能是由于香港更多集中于智能领域的研发而非局限于智能家电领域。香港在智能领域研发表现突出。截至2020年11月，香港共申请智能领域相关专利1 070件。如图10-22所示，2009年，香港智能领域相关专利申请数量仅为12件。其后逐年攀升，在2015年达到了历史最大值182件，之后略有波动。2019年，香港市智能领域专利仅仅申请了9件。

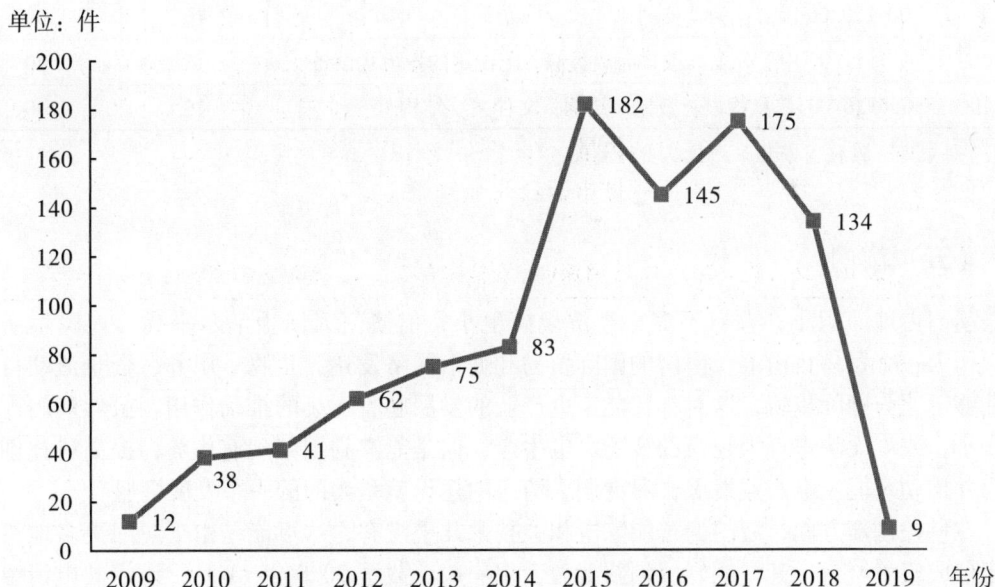

单位：件

图10-22　香港智能领域相关技术专利申请数量变化图

资料来源：根据国家知识产权局数据整理。

从香港智能领域的专利技术领域来看，"G01B3/10 可弯曲的"专利申请数量最多，累计达到47件，占香港智能领域专利申请总数4.39%；其次为"H04L29/08 传输控制规程"，累计专利申请数量为31件，占比2.90%。截至2020年11月，香港智能领域相关技术专利各技术领域申请数前十位如表10-27所示。

表10-27　截至2020年11月香港智能领域相关技术专利分布领域前十位

排名	IPC 分类号	专利数/件	占比/%
1	G01B3/10 可弯曲的	47	4.39
2	H04L29/08 传输控制规程	31	2.90
3	H05B37/02 控制	28	2.62
4	H02J7/00 用于电池组的充电或去极化或用于由电池组向负载供电的装置	26	2.43
5	G07C9/00 独个输入口或输出口登记器	20	1.87
6	H04M1/725 无绳电话机	20	1.87
7	G08C17/02 用无线电线路	18	1.68
8	H04L29/06 以协议为特征的	16	1.49
9	G07F11/00 用于分发离散物品或类似分配作用的投币式设备	15	1.40
10	G06F16/00 信息检索；数据库结构；文件系统结构	15	1.40

资料来源：根据国家知识产权局数据整理。

（五）澳门

澳门占地面积小，人口不多，经济规模也小，但澳门人民生活水平高，人民生活富裕。作为一个贸易自由港，澳门的国际贸易和通信网络发达，货物、服务、资金流动自由且能够迅速与国际接轨，这对于智能家电产业的发展起着不小的推动作用。虽然澳门占地面积小，或许无法进行大规模的智能家电生产，但是能够利用其现有优势，提高科技创新能力并推动智能家电产业发展，粤港澳大湾区的建设就是澳门的一个发展机遇。

在科技创新方面，澳门的智能家电相关技术几乎没有，这可能是由于澳门更多地将自己定位成旅游城市，其智能领域创新能力表现一般。截至2020年11月，澳门共申请智能领域相关专利35件。如图10-23所示，2009年，澳门智能领域相关专利申请数量仅为1件，其后申请数量呈波浪式起伏。在2015年达到低谷0件后逐年上升，2018年申请了10件。这可能是由于近年来澳门才开始重视智能领域的科技创新。

单位：件

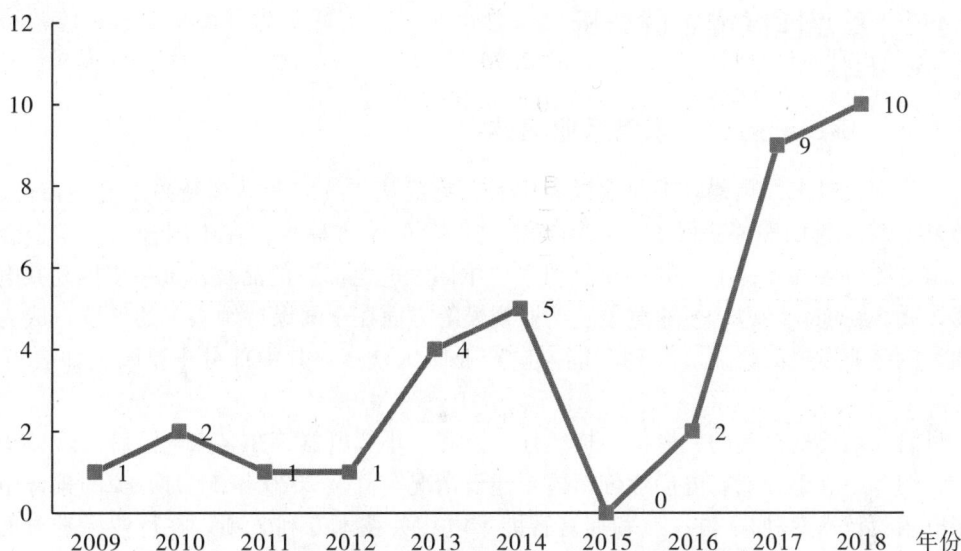

图 10 - 23　澳门智能领域相关技术专利申请数量变化图

资料来源：根据国家知识产权局数据整理。

从澳门智能领域的专利技术领域来看，智能技术各领域专利申请分布较为平均，最高的"G06F21/32 使用生物测定数据"和"G07C9/00 独个输入口或输出口登记器"申请数量都为 3 件，占比皆为 8.57%；排名第三、九位的为 2 件、1 件，分别占比 5.71%、2.86%。截至 2020 年 11 月，澳门智能领域的相关专利技术各领域的申请数前十位如表 10 - 28 所示。

表 10 - 28　截至 2020 年 11 月澳门智能领域相关技术专利分布领域前十位

排名	IPC 分类号	专利数/件	占比/%
1	G06F21/32 使用生物测定数据	3	8.57
1	G07C9/00 独个输入口或输出口登记器	3	8.57
3	A41D19/00 手套	2	5.71
3	H02J7/00 用于电池组的充电或去极化或用于由电池组向负载供电的装置	2	5.71
3	A61B5/024 测量脉率或心率的	2	5.71
3	G06F19/00 计算理论化学及其他	2	5.71
3	H04B5/00 近场传输系统	2	5.71
3	G01D21/02 用不包括在其他单个小类中的装置来测量两个或更多个变量	2	5.71
9	E05B15/06 锁内钥匙孔的凸出部	1	2.86
9	E05F15/635 通过推拉机构操纵	1	2.86

资料来源：根据国家知识产权局数据整理。

二、重点园区或集群分析

（一）佛山顺德智能家电产业集群

改革开放以来，顺德以工业建设为中心，完成从传统农业县到新兴工业城市的转变。2006 年，广东佛山顺德获得了"中国家电之都"的荣誉称号，在中国轻工业联合会和中国家用电器协会的支持下，顺德充分利用"中国家电之都"的品牌，进一步推动家电产业快速发展，在创新能力、行业竞争、产业规模等方面在全国保持领头羊的地位，成为带动中国家电产业发展的代表。顺德智能家电产业园区众多，其中部分主要园区如表 10 - 29 所示。

目前，顺德拥有美的、海信、格兰仕、万和、小熊电器等知名家电品牌。现以美的和万和为例介绍顺德智能家电产业创新体系建设情况。截至 2020 年 11 月，美的累计申请智能家电相关技术专利 97 件；万和拥有智能家电相关技术专利 2 项。在行业标准方面，美的发起或主导起草了微波炉蒸功能要求、小家电能效标准、空调健康标准等国家和行业标准；万和 19 次弥补国内技术空缺，几次主持或参加燃气热水器、燃气灶具等方面国家标准的起草和修订。在研发平台方面，美的拥有冰箱、空调、微波炉、洗衣机等产品国家认可实验室，美国 UL、德国 VDE 认可实验室，设立上海电机研发中心和美的中央研究院电机与驱动控制研究中心等；万和拥有华南家电研究院节能环保燃气具研发中心、清洁能源院士专家工作站、国家级企业技术中心、博士后科研工作站等。

表 10 - 29 佛山市顺德区智能家电产业园区（部分）

产业园区	定位
涛汇家电园	聚焦全球家电产业链，以智能家电、高端装备制造产业、电子信息产业等战略新兴产业为主导
集龙产业园	高端智能控制产业园，以智能家电为主导产业，引导产业链延伸扩展，推动电子信息和智能制造产业高质量发展
顺德（容桂）人工智能和芯片产业园	集研发、设计、生产、销售、服务于一体的半导体集成电路高端制造产业园
顺德（伦教）智能装备和智慧家居产业园	打造"双智"融合先行区，通过金融技术的应用，将当地传统两机产业打造成高端装备制造业
顺德（陈村）智能装备产业园	发展智能装备制造、新一代电子信息为主的战略性新兴产业，致力于打造成为具有国际竞争力的智能制造科技研发、创新创业、应用示范、集成服务和装备供应高地
顺德（杏坛）新材料和智慧家居产业园	抓紧大湾区制造业转型升级，构建智能家居产业链，推动智能家居产业发展

资料来源：根据公开资料整理。

众所周知，作为"中国家电之都"的顺德拥有诸如万和、美的等中国知名智能家电企业，保持国内家电产业的领先地位。但在日益饱和的家电市场中，顺德的家电产业若是一直不改变模仿、抄袭的方式，就会被市场淘汰。顺德主要存在管理制度不完善、企业投融资处于瓶颈期、技术创新能力不强这三个问题，以下将进行简单描述。

第一，管理制度不完善，亟待创新。顺德智能家电产业上游往往采用中小企业管理方式，企业不能适应经济发展新常态，从而导致破产，主要表现为企业治理水平低下、企业治理结构不完善、企业职工素质不高、企业市场开拓能力弱等，从而阻碍了企业创新转型的进程。而新常态下，企业最需要的便是技术创新，技术创新的关键在于人才。

第二，企业投融资处于瓶颈期。家电制造企业成长需从创新入手，创新则需要财力支持，而顺德的中小智能家电企业投融资困难。其原因在于中小企业融资机构少且中小企业自身管理制度不完善，双方信息不对称使得金融机构不愿意对其进行信贷。由此产生了民间借贷，而这又影响了顺德家电产业的健康发展。

第三，技术创新能力不强。顺德家电企业由于技术同质化现象严重，缺乏核心技术和品牌意识等，其家电制造技术创新能力严重不足。这些导致了顺德家电企业之间的恶性竞争、市场影响力偏弱、难以追赶国际先进企业等。

（二）珠海香洲智能家电集群

珠海市智能家电产业目前主要聚集在香洲区的南屏科技工业园、斗门区的富山工业园和金湾区的三灶科技工业园。香洲区已形成以格力、润星泰为代表的智能家电产业集群，其主要智能家电产业园区如表 10 – 30 所示。

表 10 – 30　珠海市香洲区智能家电产业园区（部分）

产业园区	定位
南屏科技工业园	重点发展家用电器、电子信息、办公自动化及打印耗材、装备制造业和生物医药五大行业，构建珠海市高新技术产业基地
三溪科创小镇发展中心	重点发展高端智能制造、高端电子信息、总部经济、数字经济四大产业，打造大湾区创新高地
香洲科技创新中心	以新一代信息技术、智能家居等产业为核心的全产业链产业集群基地，打造成为大湾区都市型、知识性总部经济港和智能制造与研发基地

资料来源：根据公开资料整理。

珠海香洲智能家电产业集群围绕现有规划，按照组团式发展进行部署，以促进科学健康均衡发展，但仍有企业缺少长远规划、企业创新能力不足、产业服务支撑体系不完善等问题等待解决。

第一，政企沟通不畅，企业缺少长远规划。政府与企业间缺少沟通，且多数企业缺乏长远规划的能力，发展进程缓慢，导致珠海市智能家电产业整体发展的进程受阻。

第二，大企业较少，创新能力不足。珠海多数智能家电企业主要为贴牌生产，缺少自主研发中心，产品没有自主知识产权，附加值低且利润空间小，产品缺乏竞争力。

第三，产业服务支撑体系不完善。珠海智能家电企业以外销为主，无法独自面对国际贸易过程中的倾销与反倾销、知识产权保护、行业自律等共性问题。

（三）深圳南山智能产业集群

《广东省人民政府关于培育发展战略性支柱产业集群和战略性新兴产业集群的意见》中提到，智能家电产业中深圳的核心任务是建设创新、生产性服务业网络。故而深圳市智能家电产业以上游的智能制造和下游的服务网络为主。南山区被誉为"中国硅谷"，拥有华为、中兴、大疆等知名科技企业，它们为深圳南山智能家电产业上下游的发展做出了巨大的科技贡献，企业布局完全符合微笑曲线理论，着力发展产业链中高价值的环节。

表 10 - 31　深圳市南山区智能产业园区（部分）

产业园区	定位
南山云谷创新产业园	战略性新兴产业园区，重点引进云计算、互联网和新一代通信技术等高新技术企业
南山智城	以智能、智力、智慧为核心将南山智城建设成为未来的科技产业园
南山互联网创新创意服务基地	定位于互联网、其他文化产业及相关经营机构集聚的多功能园区，主要发展的行业领域是互联网信息服务等

资料来源：根据公开资料整理。

三、粤港澳大湾区跨城市产业集群建设

2019 年 2 月 25 日，中共中央、国务院印发的《粤港澳大湾区发展规划纲要》提到要加速创新平台的建设，形成以创新为动力和支撑的经济体系，这对智能家电产业的发展有不小的促进作用，有助于家电产业智能化、高端化、品牌化的转型升级。其中香港—深圳、广州—佛山、澳门—珠海三个极点的强强联合，深化港深、广佛、澳珠合作，引领粤港澳大湾区深度参与国际合作。2020 年 9 月，广东省紧跟中央步伐，出台了《广东省发展智能家电战略性支柱产业集群行动计划（2021—2025 年）》，提到以粤港澳大湾区建设为契机，打造以广州、深圳、佛山为核心的创新网络和生产性服务业网络，以深圳、珠海、佛山、惠州、中山等为核心的制造网络，因此大湾区智能家电产业集群必定将进行跨城市合作。

《粤港澳大湾区协同创新发展报告（2020）》指出，大湾区近五年发明专利中 G 类（物理）占比 27.57%、H 类（电学）占比 28.28%，这两类均与智能家电产业有关。粤港澳大湾区新兴科技产业创新能力较强，这些企业超过七成聚集在广州、深圳这两个大湾区核心城市。制造业的创新能力仅次于新兴科技产业，大湾区中深圳、佛山、广州、东莞的制造业优势明显，创新机构数量在大湾区中排名前四，其中深圳创新机构数量占比

26.81%、佛山占比 21.74%、广州占比 15.22%、东莞占比 10.87%。

（一）广深合作

广州与深圳跨城市专利合作率为 6.59‰，其合作涉及的电子通信、人工智能等领域与智能家电产业相关。广州的广州科学城、深圳的深圳湾超级总部基地等多个创新平台聚集了华为、腾讯等具有很强国际竞争力的高新技术企业，它们作用于智能家电产业上游的智能硬件、软件和技术支持领域，其完备的基础产业链、强大的市场孵化力、浓厚的创新氛围加快了两地的创新资源流动，促进了智能家电产业的高端化发展。

（二）深莞联动

深圳和东莞跨城市专利合作率为 4.54‰，其合作涉及的电子信息、互联网等领域与智能家电产业相关。在深莞两地跨城布局的企业有华为、康佳集团、大疆创新等智能家电产业相关企业。随着两个城市承载能力的提升，未来深圳和东莞将联动形成具有全球竞争力的电子信息产业集群、互联网产业集群，从而间接促进智能家电产业集群的发展，因为电子信息产业和互联网产业的部分技术与智能家电产业高度相关。当前，深莞协同发展的重点在于加速创新资源流动，消除产业发展壁垒。

（三）港深互动

香港和深圳跨城市专利合作率高达 46.68‰，其合作涉及的数字创意领域与智能家电产业相关。香港和深圳已经有多年的合作经验，2019 年两地经济总量份额占据了大湾区的45%。将来香港和深圳还将促进两地在创新科技、跨境建设等领域的合作。处理好生产要素跨境流动的效率、解决两地行政和经济管理体制的差异是将来港深深度合作难以避免的挑战。

（四）澳珠并进

澳门和珠海跨城市专利合作率为 12.55‰，其合作涉及的科技创新、人才培养、创新创业等领域与智能家电产业相关。双方已签署加快澳珠这一极点建设的相关合作备忘录，将在以上领域开展更深层次的合作。两地面临的主要挑战有如何进一步提高两地经济总量、加快推进智能家电企业创新发展并推动智能家电产业链延伸。

第五节 智能家电产业发展对策建议

当前，物联网、大数据的高速发展为大湾区智能家电产业的发展带来了新的机遇和挑战，智能家电产业要实现新时代下的可持续发展，解决上文提到的问题，不仅需要产业链中企业自身的努力，政府和第三方机构的支持也必不可少，以下将从政策支持、产业升级、科技创新、国际合作四个方面提出对大湾区智能家电产业发展的对策建议。

一、加大政策支持力度，创造良好的产业环境

大湾区智能家电产业发展环境有不小的改善空间，政府应加大政策支持力度，为智能家电产业发展创造良好的产业环境。智能家电产业具有产业链长、涉及领域广等多种特点，大湾区各城市间发展步调参差不齐，政府应加大政策支持力度，大力培养技能型人才，充分发挥现有财政资金和广东省产业发展基金的引导作用，吸引社会资金投资智能家电产业集群建设，鼓励当前企业增加投资、扩大生产。在建立保障措施方面，政府可以加强组织协调，建立省市协同推进的协调机制；在建设产业环境方面，政府应完善并落实支持实体经济发展的政策，多方面支持智能家电产业发展，降低企业成本；在完善重点项目服务机制方面，政府应掌握智能家电产业重点项目进展，建立重点项目工作台账，完善省市县三级联动工作机制，协调推进重点项目建设。

二、加快转型升级，推动产业健康持续发展

大湾区智能家电产业链转型升级迫在眉睫，政府和企业应采取措施推动产业健康持续发展。当前大湾区智能家电产业仍旧以低价竞争为主，大部分产品定价低于国际相似产品。同时在国际市场上，大湾区智能家电企业也以低端市场和贴牌生产为主，缺乏核心竞争力。因此，政府和企业均应加大投入，注重产品的工业设计和用户体验，从根本上提高产品质量，推动智能家电产业向中高端发展。此外，智能家电产业应加快产业融合和供应链改造，优化产业发展布局，提高产业集群效应。政府可以作为一个引导者，引导有实力的智能家电企业并购重组及集中化、产业化经营，打造多元化发展模式。还有，智能家电产业也应改造供应链，打造地区产业优势，形成线上线下互联机制，既能提高产品优势，又节约了成本。此外，还可以在建立智能化产业基地的同时招商引资，基本实现核心零部件"本土化"，健全智能家电配套企业，形成高度集聚态势。最后，智能家电产业在转型升级过程中应融入数字化、网络化、智能化理念，推动智能家电绿色健康体系建设。

三、加快科技创新，满足公众多样化需求

智能家电产业的发展离不开科技创新，公众多样化需求也需要高水平的创新能力来满足。创新能力决定了智能家电产业上中下游的产品质量，对于提高企业盈利至关重要。因此，对于面板材料、芯片、传感器等智能家电产业链上游国产能力不强的领域，大湾区各地政府和企业可以开展产学研合作，开展智能化前沿技术研究及技术集成应用产品研发，开展适合智能家电的网络协议栈等，搭建信息互通、数据兼容的数据平台，实现智能家电的互联互操和远程控制等。除此之外，政府和企业在加大研发投入的同时，可以引导社会资本投入，支持产业链上中下游企业联合研发，加快科技创新进度，而科研实力较强的智能家电企业可以利用当前互联网、大数据、云平台等新兴技术，以用户个性化需求为基础，在产品生产到销售的全过程持续创新，促进高质量高附加值产品的形成。

四、对标国外先进标准，加强国际合作

大湾区智能家电产业应该向国外先进标准靠拢，通过国际合作提高大湾区智能家电产业的水平。当前大湾区智能家电产品发展速度加快，但部分产品的研发应用落后于国际水平。因此，大湾区智能家电行业主管部门和行业协会应根据国外最新标准调整大湾区智能家电行业标准。大湾区智能家电企业也同样如此，在产品研发过程中对照国际最新标准，制定并不断完善智能家电新产品相关的标准体系，提高产品质量，为大湾区智能家电走出国门提供支撑。大湾区智能家电企业与国际标准化组织之间的联系也至关重要。大湾区智能家电企业要加强与国际的合作，主动参与国际活动，主导并参与智能家电产品及核心部件相关国际标准的制定，按照国际标准开展产品设计、开发、制造并搭建具国际水平的质量管理体系，提高大湾区家电产品智能化水平和国际话语权。此外，第三方机构可负责组建智能家电创新中心、组织行业交流和搭建质量服务平台。创新中心负责智能家电产业共性技术研究、产业技术服务平台搭建、新技术新成果的转化等。行业交流则可以收集国际市场动态、国际贸易动态，提供贸易信息支持。组织国际技术交流、产品交流、产品推广会，能够提升智能家电产业集群的开放性，增强集群的国际化联系。最后，依照国际国内标准建设高质量的检测平台，开展重点产品质量检测，开展质量提升行动，促进智能家电产品出口。

主要参考文献

[1] 张炳君，王宇宙．加快推动青岛家电产业智能化升级的对策研究 [J]．环渤海经济瞭望，2014（1）：21 – 24.

[2] 蒋亚南．中小型制造业服务型制造转型升级策略研究——以家电产业为例 [J]．现代商业，2018（28）：30 – 32.

[3] 顺德家电商会．中国家电之都——顺德 完善的产业链和强大的自主创新能力 [J]．进出口经理人，2019（1）：43 – 45.

第十一章　粤港澳大湾区无人机产业分析[*]

第一节　无人机产业链发展概况

一、无人机产业链结构

（一）无人机产业链

无人机产业是一个新兴的高科技产业，从研发、制造到使用、管理及服务涉及诸多领域。作为智能设备的一种，其产业链条和技术链条都比较长（见图11-1），其中上游分为零部件、载荷件及控制系统三大类，上游的主要零部件-有电池、电机、芯片、电子元器件、陀螺仪、结构件、发动机、复合材料等，主要载荷件有航拍相机、激光雷达、SAR、航摄仪、高光谱成像仪等，主要控制系统有导航系统、动力系统、数据系统、飞控系统以及地面指挥系统等；中游为无人机设备系统集成和组装生产；下游为应用技术服务，主要应用在军事、农业植保、电力巡查、安防、通信、气象、海洋、勘探、影视、救援、物流快递等专业领域，但最主要、具有一定市场规模的五大应用领域是军事、农业植保、电力巡查、安防和物流服务。

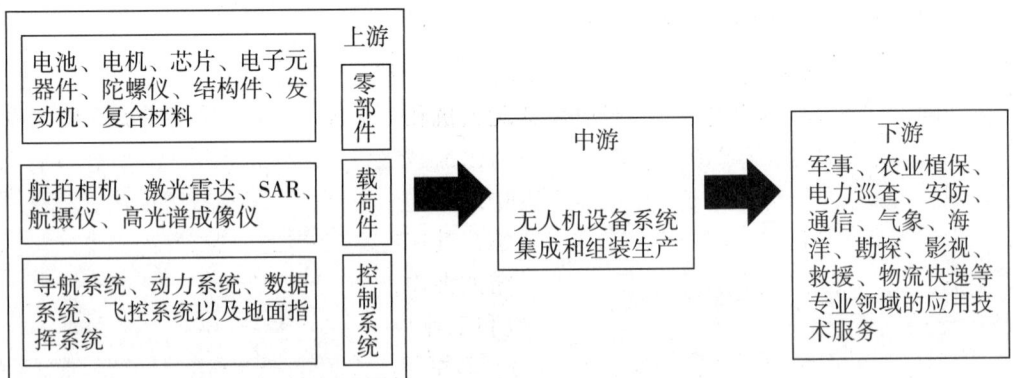

图11-1　无人机产业链上中下游结构示意图

资料来源：笔者整理。

---

[*] 本章由暨南大学产业经济研究院吴科、苏启林执笔。

（二）无人机价值链

从产业链上中下游评估无人机价值链利润情况，上游的核心零部件研发制造和控制系统的技术开发的利润相对比较高。中游的无人机设备制造由于系统集成的技术含量比较低，导致利润相对比较低。下游的无人机应用和运营服务等的利润空间取决于运营商的市场地位，若运营商的市场地位比较高、市场集中度比较大，其利润空间会较大；若运营商处于市场开拓阶段和市场弱势地位，其利润空间会相对偏低。因此，无人机产业未来的发展空间，必然属于那些掌握核心关键技术的企业，并且在市场应用领域具有相对独占性的优势，如专攻农业领域的广州极飞科技。

1. 无人机静态价值链

在无人机整条产业链中，目前消费级无人机和工业级无人机中游的平均毛利率最高，处于无人机价值链顶端；由于目前无人机产业总体上还处于起步阶段，下游供应商的议价能力较强，特别是军用无人机应用领域，下游供应商处于军用无人机价值链的顶端，这是因为军用无人机系统更强调在复杂的作战场景和极端的使用环境下，满足先进的技战术性能、高可靠性、高保密安全性等要求；下游供应商在工业级无人机上也处于相对领先的位置。上游材料和零部件供应商的议价能力比较低，目前在工业级无人机、消费级无人机和军用无人机领域均处于价值链中最低端（见表11-1）。

表11-1 2020年无人机价值链结构分布一览表

	上游占比	中游占比	下游占比	毛利率合计
消费级无人机	20%	50%	30%	100%
工业级无人机	20%	60%	20%	100%
军用无人机	20%	35%	45%	100%

资料来源：笔者测算。

2. 无人机动态价值链

未来五年，将是人工智能和5G通信大爆发的时代，无人机应用将在人工智能和5G通信的推动下，得到快速发展。预计消费级无人机和工业级无人机下游产业技术应用的附加值将得到快速提升，在价值链中的比例也得以加速提高，并将加速超过中游在价值链中的比例。消费级无人机和工业级无人机上游中芯片等"卡脖子"的关键零部件，将在未来五年持续受到中美贸易摩擦预期不确定的影响，其在价值链中的比例不但不会下降，反而会稍微有所提升，因此中游将受到上游和下游的夹攻，其在价值链中的比例也将受到上游和下游的逐步蚕食，导致其在消费级无人机和工业级无人机价值链中不再处于绝对高点（在工业级无人机产业链中将处于相对高点）。而军用无人机经过多年的发展，目前价值链已经比较稳定，上中下游在价值链中的比例预计未来五年不会有太大变动（见表11-2）。

表 11 - 2 2021—2025 年无人机价值链结构分布预测表

	2021 年			2023 年			2025 年		
	上游	中游	下游	上游	中游	下游	上游	中游	下游
消费级无人机	20%	48%	32%	21%	46%	33%	22%	38%	40%
工业级无人机	20%	57%	23%	21%	50%	29%	22%	42%	38%
军用无人机	20%	35%	45%	21%	35%	46%	22%	34%	46%

资料来源：笔者测算。

（三）无人机产业链重点环节

无人机上中下游产业链和价值链比较长，特别是上游和下游产业链和价值链环节比较复杂和多样化。

上游产业中的芯片等"卡脖子"、短时间内难以找到进口替代产品的环节，未来会继续在无人机价值链上保持着强势的市场地位；电池、复合材料、电子元器件等目前已经有部分或全部进口替代产品的环节，未来会在一定比例上导致上游在价值链环节上的下移；结构件等一般零部件产品未来会继续在价值链环节上下降。

下游中的应用技术解决方案，在农业植保、电力巡查、安防和物流服务等优势领域的价值链比例会加速上升，在气象、海洋、勘探、影视、救援等非优势领域的价值链比例会根据市场竞争的实际情况有所上升。

（四）无人机产业链重点企业

见表 11 -3，无人机上游的芯片基本上被发达国家跨国企业垄断，如高通、英特尔、意法半导体、德州仪器、三星、爱特梅尔、英伟达等；无人机上游的陀螺仪也是被跨国企业垄断，如 KDS、FUTABA、Align、Rion Technology、Invensense、ADI。无人机上游的遥控接收器和航摄相机开始出现国产替代厂家，电池、电机、结构件、发动机、电调、云台以及载荷件和控制系统等都基本上实现了国产化。

表 11 - 3　2020 年国内外无人机产业链主要企业

产业链环节			国内外代表企业（不含粤港澳大湾区企业）
上游	零部件	电池	泉州新研氢能、江苏清能股份
		电机	福安亚拓、香港蝎子、花牌、台州长鹰信质、新西达
		芯片	美国高通、美国英特尔、欧洲意法半导体、美国德州仪器、韩国三星、美国英伟达、福州瑞芯微、台湾新唐
		陀螺仪	香港 KDS、日本 FUTABA、福安 Align、日本 Rion Technology、美国 Invensense、上海 ADI
		结构件	无锡威盛、淄博朗达、安阳高阳
		发动机	安徽航瑞动力、西安爱生、重庆隆鑫通用
		电调	福安亚拓、花牌、上海凤凰
		遥控接收器	FrSky 无锡睿思凯科技、日本 Sanwa
		航摄相机	美国 GoPro、法国 Parrot
		云台	桂林飞宇、上海 X - CAM、温州飞越 TAROT
	载荷件		上海华测导航、北京北方导航
	控制系统		台州航天彩虹、天津一飞智控、北京普洛特
中游	军用无人机		台州航天彩虹、台州长鹰信质、中航（成都）、威海中航沈飞、南昌洪都航空、中国航天科工
	工业级无人机		成都纵横股份、北京中飞艾维、武汉易瓦特、昆山昊翔电能
	消费级无人机		武汉易瓦特、昆山昊翔电能、上海极翼
下游	产业领域		测绘与地理信息：国土资源部门、国家基础地理信息中心、各省市测绘院 电力巡检：政府部门、国家电网、中石油、中石化等 安防监控：公安消防部门 农林植保：政府部门、飞防组织、农业合作社 物流运输等：物流企业、智能工厂
	消费领域		—
	军事领域		—

资料来源：根据 INWWIN 整理。

二、粤港澳大湾区无人机产业发展总体情况

截至 2019 年 12 月底，广东省从事无人机研发、生产的企业超过 1 000 家。广东省已完成全产业链布局，产品系列完整，是无人机产业发展的领先地区。目前，粤港澳大湾区无人机制造企业超过 500 家，无人机产业规模占全国 60%以上，产能规模超过 200 亿元，其中仅深圳市大疆创新科技有限公司（以下简称大疆创新）一家 2019 年营业收入就达到

152.7亿元，2020年预计超过170亿元，占粤港澳大湾区无人机市场规模的85%以上。

深圳凭借着社会主义先行示范区和科技创新应用的优势，拥有大疆创新等300多家无人机企业，年销售总额超过300亿元，其中消费级无人机占据着全球绝对主导的市场地位，工业级无人机在国内也是遥遥领先，占有国内超过一半的市场。龙头企业早在2016年主营业务收入就已超过百亿元，大疆创新是全球消费级无人机市场领先者，其无人机产品80%销往全球，占据我国消费级无人机90%以上的出口份额。大疆创新无论是在上游的电调、航摄相机、云台、载荷件和控制系统，还是在中游的设备制造以及下游的工业级和消费级应用均占据领先的市场地位。深圳是粤港澳大湾区无人机产业链最健全、产业链最有竞争力的城市。深圳核心的电机制造企业就有浩马特、拓天腾飞和飞骏电机三家企业；深圳瑞芬科技在陀螺仪等核心部件上具有很强的竞争力；在遥控接收器制造领域，深圳乐迪电子、天地飞科技和富思遥控在市场上有一定的地位。深圳在工业级无人机和消费级无人机应用领域也处于遥遥领先的地位，其中深圳一电科技在消费级无人机应用的航拍领域处于第一方阵；大疆农业和广州极飞科技几乎是平分了国内的工业级无人机农业应用市场；深圳艾特航空则在无人机电力巡查领域处于市场领先地位。

广州是无人机产业比较发达的粤港澳大湾区城市之一，是我国最早开展低空空域管理改革试点地区，也是粤港澳大湾区城市中无人机产业链相对比较完备的城市。广州极飞科技在无人机产业上游的云台、载荷件和控制系统研发设计领域拥有较大的市场竞争优势，广州中海达在载荷件研发创新领域也具有一定的竞争力；在无人机产业链中游，广州不仅具有粤港澳大湾区比较稀缺的军用无人机制造企业（广州天海翔），在工业级无人机制造领域和消费级无人机制造领域，广州企业也具有较大的市场竞争力（如亿航智能和华科尔等）；在下游的无人机应用领域，广州凭借着国家和省市三级测绘、电力（南方电网总部）、公安消防、农林植保的优势，在工业级无人机应用领域也具有全国领先的市场竞争优势。广州亿航智能先后与各地政府合作建设智慧城市无人机智能监控和指挥调度中心；高科新农、极飞科技等企业，以及华南农业大学打造了国内顶尖的农用航空技术研发团队，不断地推动着我国航空植保市场迈上新台阶；无人机在《财富》全球论坛等知名会议和活动中的飞行表演大幅度地提升了大湾区的国际形象和影响力。

粤港澳大湾区其他城市则仅仅在无人机上游具有一定的竞争力。如香港新能源科技ATL是全球新能源电池的制造冠军，在无人机电池领域具有遥遥领先的市场地位；此外，惠州德赛电池和佛山实达在无人机电池领域也有一定的市场竞争力。东莞则在无人机结构件研发制造领域具有较大的市场竞争力，代表企业包括东莞天石达、东莞爱优电子和东莞协创三家。航空产业是珠海重点发展的产业，目前也开始重点突破无人机领域，珠海全志在无人机芯片设计领域仅次于深圳华为海思半导体，珠海奥宇航空则在工业级无人机应用领域具有较大的市场竞争力。

第二节　无人机产业发展环境

一、国内外无人机产业发展政策与形势分析

（一）美欧无人机产业发展政策与形势分析

1. 美国

美国是世界上最早大规模发展军用无人机产业的国家，其研发的军用无人机是目前世界上最先进的，但是由于各种各样的原因，美国联邦政府和大部分州政府基于隐私保护法等各种公民权利，反对无人机商业化，这使得在无人机技术上处于领先地位的美国反而在民用无人机应用技术开发方面不仅落后于以色列，现在又与中国在快速发展的民用无人机领域不断拉开距离。

迫于国际竞争压力，美国正在逐步放开在执法、监测和大气研究等非商业化领域的无人机应用的政策限制。特朗普政府启动了与中国的贸易战，极力推动制造业重返美国，对美国无人机产业的应用政策有加速放开的趋势。特朗普担任总统之后，迅速于 2017 年 10 月签署了一项法案，免除目前的安全条例，增加无人机飞行的次数和复杂性，这样各大群体就能够继续进行无人机应用的测试。美国交通部随后公布了首批无人机测试项目成员名单，包括州交通机构、城市和大学。2020 年底紧急启动针对中国民用无人机龙头企业——大疆创新的制裁计划，将大疆无人机列入美国商务部实体清单，阻止大疆创新获取美国的相关芯片等关键零部件，以遏制中国民用无人机产业的快速发展势头。

2. 欧洲

欧洲是世界上无人机商业化最普及、最发达，也是市场规模最大的区域，欧洲对隐私保护法等各种公民权利也很重视，而民用无人机应用政策的宽松加速了欧洲在无人机全球竞争的优势地位。表 11-4 列出了部分欧洲无人机相关法规文件，总体上看，欧洲的相关法规对于无人机商业化应用比较宽松。因此，欧洲无人机市场规模位居全球榜首。按照德国无人机航空协会的测算，到 2025 年，欧洲将拥有超过 40 万架商用无人机。

表 11-4　欧洲部分无人机重要政策

发布时间	法规文件	相关条款摘录
2014 年 4 月	《可持续和安全的开放民用无人机系统市场》	欧洲航空安全局（EASA）颁布的无人机运营监管政策更为明晰，分类管理的方式也为日后欧洲无人机产业在精确农业等风险较低领域的应用提供了更多的可能（EASA 之前提出的无人机分类只是基于无人机的功能）

（续上表）

发布时间	法规文件	相关条款摘录
2015 年 7 月	《无人机运营规章框架说明》	欧洲航空安全局规定了开放类、特许经营类和审核类三个类别，开放类是风险非常低的无人机运营类型，因此无需航空监管部门的参与，即使是商业运行的无人机也不需要航空监管部门管理
2019 年 6 月	《欧洲无人机通用法规》	自 2020 年 6 月开始，无人机尤其是配备了可能捕获个人数据传感器的无人机，如想在欧盟范围内运行，操作者必须在其主要居住地或工作地进行注册登记；将无人机操作按风险等级划分为"开放""特定""认证"三类："开放"级适用于风险较低的情况，无人机的重量不得超过 25 千克；"特定"级则需要特定机构对无人机飞行进行授权，二者都要求无人机飞行高度保持在距地面高度 120 米以内；"认证"级需要无人机提前获得相关机构认证，针对更大更重的无人机，适用于人员、危险物品运输或飞越人员密集场所等情况

资料来源：笔者整理。

（二）中国无人机产业发展政策与形势分析

相比美国而言，我国对无人机的管理政策与欧洲比较接近（见表 11 - 5），都比较宽松：第一，都归口国家民用航空管理部门对口管理，我国规定 150 克以上的无人机必须登记，而欧洲规定"可能捕获个人数据"的无人机必须登记；第二，都对无人机进行分类管理，我国要求 116 千克以上的无人机纳入管理，这个门槛远比欧洲航空管理部门的规定要宽松（欧洲要求是 25 千克）。

无人机属国家民航部门和空管部门多头管理，政府部门对于无人机的政策配套和协调与产业发展的匹配度还有很大的提升空间，相关政策与法规缺位也在一定程度上拖慢了无人机产业的发展。目前低空开放政策开始提上议程，2014 年 11 月，国务院和中央军委在《关于深化我国低空空域管理改革的意见》中明确分类划分低空空域，区分不同模式试行分类管理试点。

表 11 - 5　2016—2020 年中国无人机重要政策一览表

发布时间	法规文件	相关条款摘录
2020 年 3 月	《民用无人机生产制造管理办法（征求意见稿）》	规范民用无人机生产制造相关活动，维护国家安全、公共安全、飞行安全，促进民用无人机产业健康有序发展；工业和信息化部负责实施民用无人机生产制造的行业管理，对民用无人机产品开展唯一产品识别码管理，制定民用无人机相关生产制造标准，建立民用无人机生产制造产品信息系统

（续上表）

发布时间	法规文件	相关条款摘录
2019 年 11 月	《轻小型民用无人机飞行动态数据管理规定》	自 2020 年 5 月 1 日起，运行轻、小型民用无人机及植保无人机的单位和个人，需接入无人驾驶航空器空中交通管理信息服务系统（UTMISS），实现实时报送飞行动态数据。使用 2020 年 5 月 1 日前上市产品的单位和个人，可后延至 2020 年 11 月 1 日前实现报送动态飞行数据
2019 年 5 月	《促进民用无人驾驶航空发展的指导意见（征求意见稿)》	构建无人驾驶航空运行概念，综合考虑无人驾驶航空运行相关主体的需求和目标，基于风险对无人驾驶航空器操作及发挥其相关功能的过程进行科学分类，建立与其运行风险等级相适应的管理原则和策略。其中主要包括航空器适航、人员资质、空中交通和安全提升等方面。将无人驾驶航空运行管理纳入民航总体发展规划。明确无人驾驶航空运行管理主体、运行机制和解决方案
2019 年 1 月	《关于对〈轻小无人机运行规定〉咨询通告征求意见的通知》	可在视距内或外操作的、空机重量小于 116 千克、起飞全重不大于 150 千克的无人机，校正空速不超过 100 千米每小时；起飞全重不超过 5 700 千克，距受药面高度不超过 15 米的植保类无人机纳入管理范围；Ⅰ类无人机使用者和使用无人机无线电操作的航空模型不纳入管理
2017 年 6 月	《民用无人驾驶航空器实名制登记管理规定》	进行实名登记的无人机为 250 克以上（包括 250 克）的无人机，实名登记工作于 2017 年 6 月 1 日正式开始，针对已经拥有无人机的个人或单位，实名登记工作需在 8 月 31 日前完成。登记信息包括拥有者的姓名（单位名称和法人姓名）、有效证件、移动电话、电子邮箱、产品型号、产品序号和使用目的等
2016 年 9 月	《民用无人驾驶航空器系统空中交通管理办法》	在航路航线、进近（终端）和机场管制地带等民用航空使用空域范围内或对以上空域内运行存在影响的民用无人驾驶航空器系统活动进行依法空中交通管理

资料来源：笔者整理。

（三）广东省无人机产业发展政策与形势分析

广东省出台了众多产业规划及扶持政策文件以支持无人机产业发展，但从整体来看，广东省无人机产业发展政策比较分散，缺乏具有针对性的无人机专项产业政策，相关的政策文件参见表 11-6。

表 11-6　广东省无人机相关政策文件一览表

发布时间	发布单位	法规文件	相关条款摘录
2018 年 12 月	广东省民政厅	《广东省民政厅关于同意成立广东省无人机协会的批复》	同意成立广东省无人机协会，具备法人资格，发给社会团体法人登记证书。请按有关规定享有社团法人的民事权利和履行义务
2018 年 8 月	广东省人民政府	《广东省人民政府关于印发广东省新一代人工智能发展规划的通知》	加快微型无人机、智能无人机等产品开发和产业化。加快推动环境感知、通信、自主控制、新材料、自动靠离泊等核心技术的研发应用，加强海洋、安防、环保、农业、航运、军用等领域无人机（船、艇）产品研发和产业化
2018 年 4 月	广东省人民政府	《广东省人民政府关于印发〈广东省扩大和升级信息消费实施方案（2018—2020年)〉的通知》	吸引全球企业、高等院校和科研院所落户广东省设立智能运载技术应用创新中心；在农业、治安、国土资源、城市运行管理等领域扩大影像侦查、家庭服务、飞行租赁等无人机、无人车消费
2017 年 7 月	广东省公安厅	《关于加强无人机等"低慢小"航空器安全管理的通告》	在广东省行政区域内使用无人机等"低慢小"航空器，须遵守有关法律、法规、规章和管理规定，履行适航资格、飞行资质、计划申报等相关手续

资料来源：笔者整理。

（四）粤港澳大湾区无人机产业发展政策与形势分析

　　无人机是智能设备和机器人产业中重要的组成部分，民航中南地区管理局率先对深圳地区无人机发布单独的管理政策，深圳发布的《深圳市航空航天产业发展规划（2013—2020 年)》制定了相关的产业政策。粤港澳大湾区其他城市都没有制定单独的无人机产业专项发展政策，主要体现在智能装备和机器人产业扶持政策之中，其中深圳和佛山资金扶持力度最大（见表 11-7)。

表 11-7　粤港澳大湾区无人机相关政策文件一览表

时间	发布城市	法规文件	相关条款摘录
2018 年 11 月	深圳	《深圳地区无人机飞行管理实施办法（暂行)》	2018 年 11 月 16 日，民航中南地区管理局公布规范深圳地区无人机飞行活动，引导从事无人机飞行活动的单位和个人合法飞行，提高飞行管理效率，维护飞行秩序，确保空防和军民航飞行安全

（续上表）

时间	发布城市	法规文件	相关条款摘录
2013 年 12 月	深圳	《深圳市航空航天产业发展规划（2013—2020 年)》	重点突破无人机设计测试总装集成、一体化数字航空飞行控制系统、无人机用发动机控制系统、高精度飞行姿态控制系统、通用地面操控平台系统、无人机载荷系统、数据链通信及导航系统、机间信息共享控制系统和人机交互系统等关键技术。研制微型无人机、智能无人机和高端航模等系列产品。重点培育中小微无人机在影视传媒、商业航拍、现代物流和城市规划、智能交通、警务通勤、应急救灾、地质水电、农林渔牧等领域应用
2014 年 4 月	广州	《关于推动工业机器人及智能装备产业发展的实施意见》	对工业机器人产业龙头企业采用资本金注入、股权投资等方式予以重点支持。在市战略性主导产业发展资金等专项资金中安排资金，采用无偿补助、贷款贴息等方式连续 5 年重点支持工业机器人相关项目建设
2014 年 8 月	东莞	《关于加快推动工业机器人智能装备产业发展的实施意见》	对技术领先、投资总额大、产业关联度高、带动性强的工业机器人智能装备和工业机器人产业基地建设等重大项目，采取"一事一议"的方式给予专项政策支持；建立工业机器人智能装备及"机器换人"项目绿色报审通道，保障项目用地
2016 年 3 月	佛山	《佛山市打造万亿规模先进装备制造业产业基地扶持试行办法》	佛山市为鼓励做强做大装备制造业，给予营业额、税收上规模企业以最高 1 000 万不等的资金奖励：对主营业务收入首次达到 10 亿元且税收超 2 000 万元的企业奖励 200 万元；首次达到 50 亿元且税收超过 5 000 万元的企业奖励 500 万元；以上奖励资金按属地原则由各区政府负责。对主营业务收入首次达到 100 亿元且税收达到 1 亿元的企业奖励 1 000 万元

资料来源：笔者整理。

二、国内外无人机市场需求发展趋势

（一）全球无人机市场需求规模及其趋势预测

1. 2016—2020 年全球无人机市场需求规模分析

按照国际上无人机通行的行业分类，无人机分为军用无人机、民用工业级无人机和民用消费级无人机三大类，本节所用的行业数据全部按照上述分类标准进行归类分析。

从全球无人机产业总体情况看，中外相关的产业咨询机构都不约而同地认可在过去的五年（2016—2020年）里，全球的无人机产业都是高速或快速发展的。按照德国 Drone Industry Insight（DII）、中国赛迪顾问（CCID）、中国起点研究院（SPIR）和银文咨询（INWWIN）四间专业咨询机构的测算，至2020年全球无人机市场总规模达到1 420亿元人民币，年增长率达到39.49%（见表11－8）。

尽管四间专业咨询机构对2020年全球无人机市场规模的测算都在1 400亿元左右，但是对2016—2019年间的全球无人机市场增速的测算差距比较大。DII 的全球无人机增速平均测算是最低的，仅为24.94%；中国起点研究院（SPIR）的全球无人机增速平均测算是最高的，为43.95%；相对于银文咨询（INWWIN）测算的增速比较波动，中国赛迪顾问（CCID）全球无人机增速平均测算比较稳定，而且接近平均值，为42.45%，比较科学合理。

表11－8　2016—2020年不同机构测算的全球无人机市场需求

	2016年		2017年		2018年		2019年		2020年	
	产值	增速	产值	增速	产值	增速	产值	增速	产值	增速
CCID	53.1亿美元	48.30%	69.7亿美元	31.26%	101.5亿美元	45.62%	146.0亿美元	43.84%	209.1亿美元	43.22%
DII					141亿美元		180亿美元	27.66%	220亿美元	22.22%
SPIR	336亿元**		420亿元	25.00%	630亿元	50.00%	950亿元	50.79%	1 425亿元*	50.00%
INWWIN	561亿元		712亿元	25.78%	857亿元	26.92%	1 028亿元	19.95%	1 465亿元	42.51%
平均									1 420亿元	39.49%

注：按美元对人民币平均6.5汇率计算，DII 测算的2020年全球无人机产值为1 430亿元人民币，CCID 测算的2020年全球无人机产值为1 359亿元人民币。

＊为笔者根据 SPIR 近两年的平均增速测算。

＊＊没有标明外币单位的是指人民币元，下同。

2. 2021—2025年全球无人机市场需求规模发展趋势预测

随着5G和人工智能产业的快速发展，未来五年（2021—2025年）全球无人机市场仍然保持着相对高的增长速度，但增速相对于过去五年的平均增速会有所下降。德国 Drone Industry Insight 对全球无人机未来五年（2021—2025年）增速平均测算为14.47%，银文咨询（INWWIN）对全球无人机未来五年（2021—2025年）增速平均测算为25.00%。从市场规模来看，德国 Drone Industry Insight 预测2025年全球无人机市场规模将达到428亿美元（按6.5汇率计算，2 782亿元人民币），银文咨询（INWWIN）预测2025年全球无人机市场规模将达到4 410亿元人民币（其中包含军用无人机1 472亿元人民币），具体指标见表11－9。

表 11 - 9 2021—2025 年不同机构预测的全球无人机市场规模

	2021 年		2022 年		2023 年		2024 年		2025 年	
	产值	增速	产值	增速	产值	增速	产值	增速	产值	增速
DII	280 亿美元	27.27%	330 亿美元	17.86%	330 亿美元	12.12%	370 亿美元	8.10%	428 亿美元	7.00%
INWWIN *	1 831 亿元	25.00%	2 289 亿元	25.00%	2 861 亿元	25.00%	3 576 亿元	25.00%	4 410 亿元	23.32%

注：按美元对人民币平均 6.5 汇率计算，DII 预测的 2025 年全球无人机产值为 2 782 亿元人民币。

＊为笔者根据国家工信部文件年均增长 25% 测算整理。

（二）国内无人机市场需求规模及其趋势预测

1. 2016—2020 年中国无人机市场需求规模

按照国家工业和信息化部 2017 年底发布的《关于促进和规范民用无人机制造业发展的指导意见》，到 2020 年民用无人机产值达到 600 亿元，年均增速 40% 以上。CCID 测算 2020 年中国无人机市场需求规模达到 303 亿元（仅相当于国家工信部要求达到指标的 50%），相关的计算偏紧，年增速均超过 50%，增长相对比较均衡；而 INWWIN 的 2020 年中国无人机市场需求规模测算则比较乐观，为 439 亿元。经过 2016—2018 年三年的快速发展，中国无人机市场需求的增幅开始呈现一定比例的下滑，由 2016 年的 95.8% 大幅下滑到 2020 年的 10%（见表 11 -10）。

表 11 - 10 2016—2020 年中国无人机市场需求测算

		2016 年	2017 年	2018 年	2019 年	2020 年 E
CCID	市场需求规模（亿元）*	36.1	56.5	112.0	188.0	303.0
	增速%*	57.6%	56.4%	98.2%	68.0%	61.2%
INWWIN	市场需求规模（亿元）*	131	223	330	399	439
	增速%*	95.8%	70.3%	48.0%	21.0%	10.0%

＊数据来源于 CCID 和 INWWIN。

＊＊为笔者根据 INWWIN 数据测算整理。

2. 2021—2025 年中国无人机市场需求预测

按照国家工业和信息化部 2017 年底发布的《关于促进和规范民用无人机制造业发展的指导意见》，到 2025 年，民用无人机产值达到 1 800 亿元，年均增速 25% 以上。INW-WIN 预计到 2025 年中国无人机市场需求增速将达到 20% ~ 25%。本书根据相关的最低增速数据测算，2025 年中国无人机市场规模将达到 1 089 亿元，具体的中国无人机市场需求增速见图 11 - 2。

单位：亿元

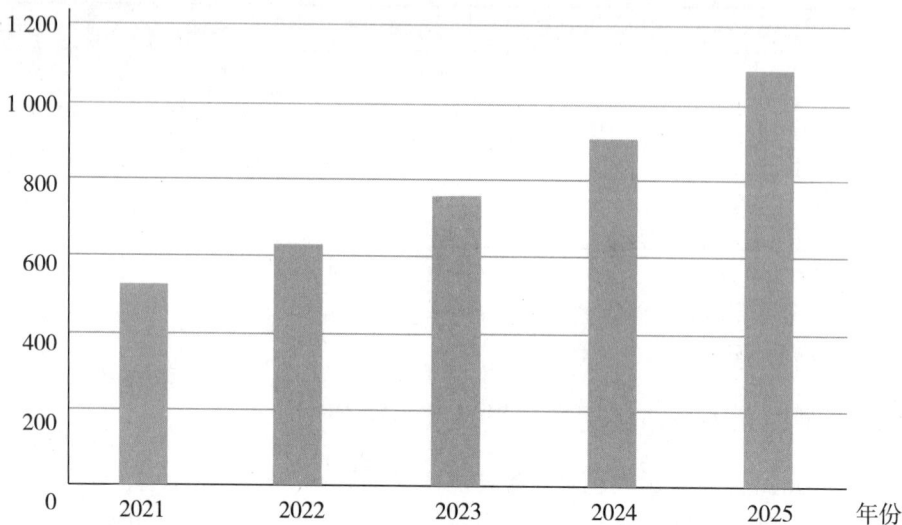

图 11 - 2　2021—2025 年中国无人机市场需求规模预测

资料来源：笔者测算整理。

（三）粤港澳大湾区无人机市场需求规模及其趋势预测

粤港澳大湾区无人机市场需求规模约占全国总规模的 60%，预计 2025 年粤港澳大湾区无人机市场需求规模将达到 653 亿元（见图 11 - 3）。

单位：亿元

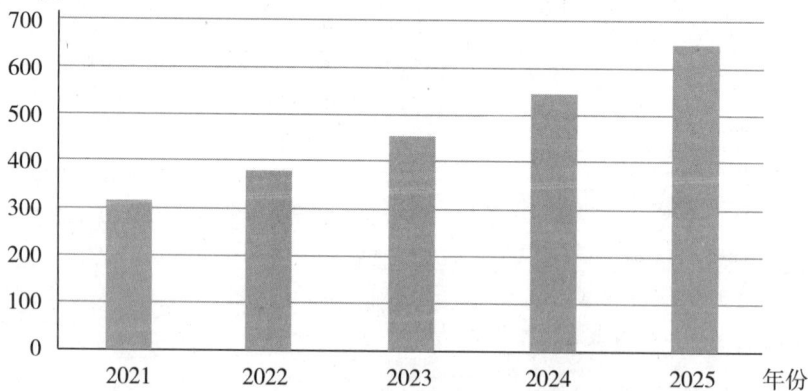

图 11 - 3　2021—2025 年粤港澳大湾区无人机市场需求规模预测

资料来源：笔者整理。

三、国内外无人机研制生产布局趋势

(一) 全球无人机研制生产布局

全球无人机研制生产主要布局在北美和欧洲,随着中国无人机产业的快速崛起,亚洲无人机研制生产已占全球的9%,并且正在快速上升。此外,中东和非洲以及大洋洲也分别占3%(见图11-4)。

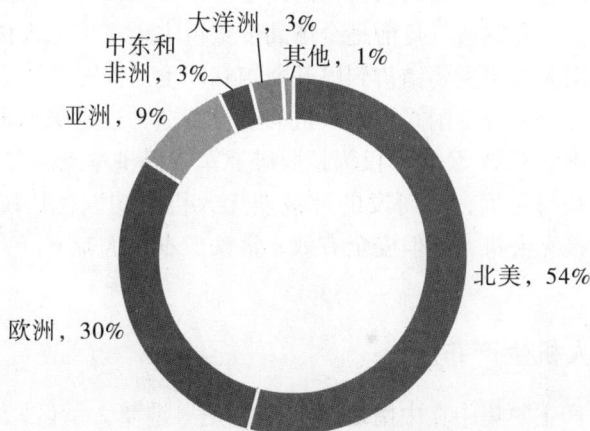

图11-4 2018年全球无人机研制生产占比

资料来源:德国 Drone Industry Insight。

1. 第一方阵:美国和欧盟地区

2018年全球无人机研制生产主要集中在北美和欧洲两个地区,两个区域合计占全球比重高达84%。无人机的软件系统都是被欧美企业垄断,如德国 Dedrone 开发用于检测、分类和减轻无人机威胁的相关软件;The Dutch Drone 提供测绘和勘测服务,并拥有一套自己的航拍照片和视频编辑软件;美国 MapBox 是一个工具软件,致力于将工具可视化并生产交互地图;瑞士 PIX4D 是世界领先的无人机航测软件服务提供商;法国 RedBird 为建筑和矿业公司提供无人机数据分析服务;Skycatch 则专注于建筑业的无人机数据监测服务,为无人机设备成像提供数据分析服务;美国 Airware 研发无人机驾驶系统和空中数据分析(现在由于受到大疆创新的挤压以及经营失误,已倒闭)。

2. 第二方阵:以色列和中日韩

以色列凭借着本身庞大的市场需求和技术领先优势,是全球军用无人机产业仅次于美国的领先者;中国凭借着巨大的民用消费级无人机市场需求,依托大疆创新在全球消费级无人机市场的领导地位,成功占据全球民用消费级无人机产业的制高点,在工业级无人机领域也在快速崛起;此外,以色列在军用无人机领域奋起直追,正在不断缩小和美国的技术和市场差距。

日韩对无人机产业的重视程度明显不及以色列和中国，在日本海上保安厅 2020 年起限制购买中国无人机之后，日本的无人机产业发展明显开始加速；韩国则制定无人机专项支持政策，韩国无人机产业规模从 2016 年底不到 1 亿美元（0.62 亿美元）快速增加到 2020 年中的 4 亿美元以上。但是日韩无人机产业发展的逻辑与中国明显不同，日韩无人机企业始终专注于高端的"卡脖子"环节。如在上百公里的远距离链路的技术研发上，日韩无人机企业技术处于遥遥领先的地位；日本 Aeronext 专注研发无人机核心控制技术——4D GRAVITY 重心控制技术。

3. 第三方阵：其他地区

土耳其长期采购以色列的军用无人机，但由于埃尔多安政府不太受美国和以色列政府的重视，被迫转向本土研发制造，目前是全球高度重视本土军用无人机研发生产的国家之一，其研发制造的军用无人机主要销售到巴基斯坦和印度尼西亚等国家和地区。

发展中国家不仅开始重视本国军用无人机的研发制造，也越来越重视民用无人机领域的研发创新，如拉脱维亚 UAV 公司不仅为拉脱维亚军方提供本土研发制造的军用无人机，也在民用无人机领域获得进展，其研发的擦玻璃无人机成功取代传统的蜘蛛人高危作业法，通过有线电缆链接无人机，不但安全有效，清洗成本也大幅下降，在全球具有一定的知名度和竞争力。

（二）中国无人机生产布局

中国无人机的生产主要集中在中南地区（主要是粤港澳大湾区）、长三角地区、京津冀地区三大块，西南、东北和西北占比较少。粤港澳大湾区无人机生产企业数最多、产值最高；长三角无人机产业园区数量最多，达到 17 个。具体指标对比参见表 11 – 11。

表 11 – 11　中国无人机生产布局一览表

	粤港澳大湾区	长三角	京津冀	西南地区	东北地区	西北地区
无人机制造企业数/家	>600	300～400	<200	<100	<100	<100
无人机产值/亿元	>200	50～100	50～100	<50	<50	<50
全国占比/%	>60	<20	<20	<10	<10	<10
无人机产业园区数/个	10	17	8	4	2	2

资料来源：根据 INWWIN 相关数据汇总。

四、产业技术变革与发展趋势

（一）消费级无人机技术变革与发展趋势

全球消费级无人机由于过了新鲜期，目前总体上已经走入下行通道，但这并不意味着消费级无人机毫无市场空间，未来的技术发展方向将沿着以下两大方向开拓：一是增加新的应用技术场景，结合 5G 通信技术的普及，开拓新的商业模式。如随着中国"二孩"政策的实施，小孩接送需求开始增加；此外，中国老年化社会到来，老人散步（特别是阿尔茨海默病患者）和居住安全需求会较快增加。二是积极向工业级无人机和智能机器人方向转换，加大研发创新的力度，从激烈竞争的红海 C 端向蓝海 B 端市场探索，特别要关注到与 C 端直接相连的小 B 端市场，形成自己的产业定位优势。如日本公司 Prodrone 开发出带有机器人手臂的无人机，它们可以抓住物体和磁性件，其中包含无人机引擎，可以根据物体进行调整。

（二）全球无人机产业链中游技术变革与发展趋势

工业级无人机目前在工业级应用场景需求还远远不够，工业级无人机在产业链中的占比不到三分之一，目前只是在农业植保领域取得了较为充分的应用，未来需求会快速增加，驱动着工业级无人机产业规模持续扩大。工业级无人机未来的技术发展方向将沿着以下两大方向开拓：一是提升数据采集的精准化和数据资源分析利用能力，真正理解客户的发展需求，形成核心竞争力，在更广阔的产业打开应用空间，随着应用空间的不断打开，能够提供一体化与精准化服务的工业级无人机商业平台将是未来主要的发展方向；二是人工智能在理论创新与产业应用发展空间巨大，人工智能技术将是无人机未来几年至几十年最具变革性的技术，无人机将集成先进的算法技术，具备智能视觉和深度学习两大核心技术能力，朝着微型化、便携化、轻量化、可折叠、可拆卸等方向开拓产业空间。

（三）军用无人机技术变革与发展趋势

军用无人机尽管目前的市场占比有所下降，但是仍占有无人机市场近三分之二的市场空间，预计军用无人机未来相当长的一段时间内仍然是无人机市场的主要品种。未来军用无人机的技术发展方向将沿着以下三大方向开拓：一是由传统的侦查和情报收集功能向信息化作战领域进行转变，未来军用无人机的技术发展方向将是通信干扰、雷达干扰和反辐射方向，其技术目标在于对敌方的预警探测和指挥通信体系进行有效压制；二是沿着高速、高空、长时三大技术方向继续研发创新，高空（高高空）长航时、隐身化、精确打击、制空作战、微小型化及智能化、临近空间领域组网编队等将是未来无人机发展的方向；三是更注重开发无人机战场实时情报的搜集和跟踪功能，同时开发反无人机技术，例如以色列的"铁穹"导弹防御系统可以用来对付无人机，此外，以色列还试验了各种激光系统来击落无人机。

第三节　无人机产业链 SCP 范式研究

一、无人机产业链市场结构分析

（一）无人机上中下游市场结构

1. 无人机上游市场结构

（1）全国无人机上游市场结构。

2020 年全国无人机上游市场规模为 206 亿元，如图 11 – 5 所示，其中零部件市场规模为 71 亿元，占比为 34.47%；载荷件市场规模为 79 亿元，占比为 38.35%；控制系统市场规模为 56 亿元，占比 27.18%。

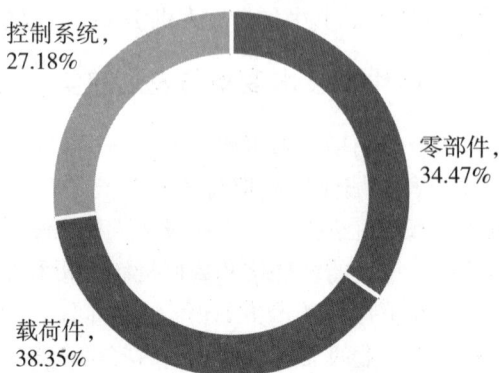

控制系统，27.18%

零部件，34.47%

载荷件，38.35%

图 11 - 5　2020 年中国无人机上游市场规模

资料来源：INWWIN。

（2）粤港澳大湾区无人机上游市场结构。

2020 年粤港澳大湾区在关键零部件——无人机的发动机领域出现空白，航瑞动力、西安爱生和隆鑫通用等都没有在粤港澳大湾区布局，导致零部件占比与全国指标比相对偏低。在载荷件上，粤港澳大湾区在全国 5 家企业中占 3 家，具有相对领先的市场地位（见图 11 - 6）。

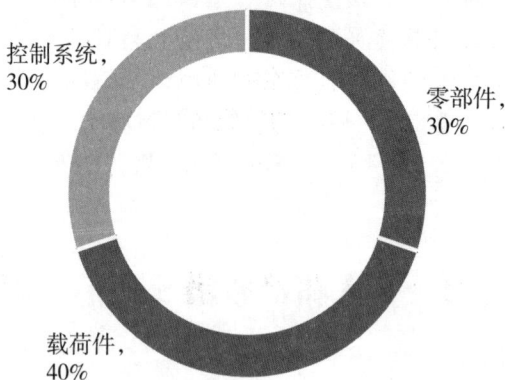

控制系统，30%

零部件，30%

载荷件，40%

图 11 - 6　2020 年粤港澳大湾区无人机上游市场规模

资料来源：笔者测算。

2. 无人机中游市场结构

（1）全国无人机中游市场结构。

2020 年中国无人机中游市场规模为 373 亿元，如图 11 - 7 所示，其中工业级无人机市场规模为 192 亿元，占比为 51.47%；消费级无人机市场规模为 69 亿元，占比为 18.50%；

军用无人机市场规模为112亿元，占比30.03%。

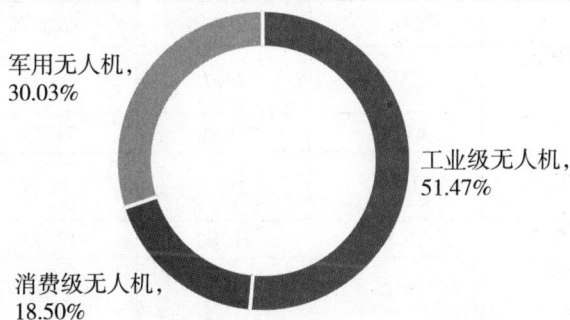

图11-7　2020年中国无人机中游市场规模

资料来源：INWWIN。

（2）粤港澳大湾区无人机中游市场结构。

粤港澳大湾区仅有一家民营企业——广州天海翔研制生产军用无人机，因此与全国指标相比，军用无人机占比非常低（见图11-8）。

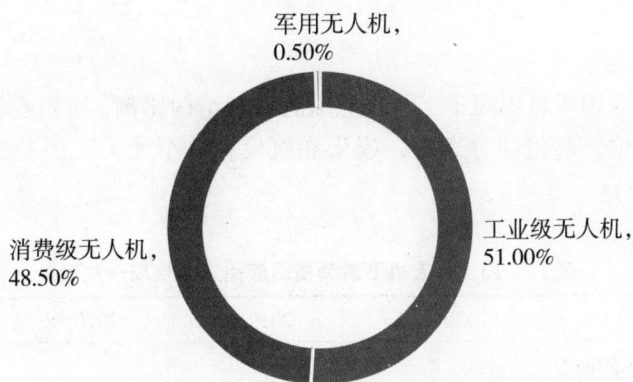

图11-8　2020年粤港澳大湾区无人机中游市场结构

资料来源：笔者测算。

3. 无人机下游市场结构

无人机下游市场应用分为工业级应用和消费级应用两大类。

（1）工业级应用。

无人机工业级应用主要集中在农业植保、电力巡查、安防和物流四大类。见表11-12，2018年，这四大类占比达到83.19%，预计到2021年这四大类占比将继续提高，达到92.51%，将形成"强者恒强、弱者恒弱"的市场格局，其中粤港澳大湾区的极飞科技是全国农业植保的标杆龙头企业。预计到2025年，国内民用工业级无人机市场总规模将达846.2亿元。其中行业应用安防市场约为150亿元，电力巡检约为50亿元，农业植保则约为200亿元。

表 11 - 12　无人机下游工业级应用市场格局一览表

		2018 年	2019 年	2020 年	2021 年 E
农业植保	市场规模/亿元	25.2	46.1	75.1	121.5
	占比/%	41.51	43.00	39.73	40.99
电力巡查	市场规模/亿元	10.3	19.3	34.0	56.3
	占比/%	16.97	18.00	17.98	18.99
安防	市场规模/亿元	8.0	14.5	25.0	43.0
	占比/%	13.18	13.53	13.22	14.51
物流	市场规模/亿元	7.0	15.0	28.6	53.4
	占比/%	11.53	13.99	15.13	18.02
其他	市场规模/亿元	10.2	12.3	26.3	22.2
	占比/%	16.81	11.48	13.94	7.49

资料来源：赛迪顾问，占比数据由笔者测算。

（2）消费级应用。

无人机消费级应用明显不同于工业级应用的市场结构比例，航拍在整个无人机消费级应用中占比高度集中，超过四分之三，娱乐和航模在整个无人机消费级应用中占比不到15%（见表 11 - 13）。

表 11 - 13　无人机下游消费级应用市场格局一览表

		2018 年	2019 年	2020 年	2021 年 E
航拍	市场规模/亿元	40.4	63.8	96.3	139.5
	占比/%	78.90	78.86	77.54	76.77
娱乐	市场规模/亿元	4.0	6.3	10.7	16.2
	占比/%	7.81	7.78	8.61	8.91
航模	市场规模/亿元	3.3	5.3	7.8	11.1
	占比/%	6.44	6.55	6.28	6.11
其他	市场规模/亿元	3.5	5.5	9.4	14.9
	占比/%	6.85	6.81	7.57	8.21

资料来源：赛迪顾问，占比数据由笔者测算。

（二）无人机产品结构

中国无人机由于以民用为主，价格总体偏低，中低端产品占绝对市场主导地位，2018 年单台价格低于 5 000 元的无人机占比一半，单台价格低于 2 万元的无人机占比超过 85%。与此同时，随着产业转型升级的加快，高端无人机的比例在不断上升，预计到 2021 年，单价 10 万元的无人机占比将提高 1 倍左右，单价 2 万~10 万元的无人机占比将提高 3 倍（见表 11 - 14）。

表 11 - 14　中国无人机产品结构（按产品单价）

单价	2018 年	2019 年	2020 年	2021 年 E
100 000 元以上	8.4%	10.0%	13.0%	15.0%
20 000 ~ 100 000 元	3.0%	5.0%	7.0%	9.0%
5 000 ~ 20 000 元	40.5%	38.0%	36.0%	34.0%
5 000 元以下	48.1%	47.0%	44.0%	42.0%

资料来源：赛迪顾问，占比数据由笔者测算。

（三）行业集中度

1. 全国无人机行业集中度

中国无人机行业总体上呈现较高的集中度，主要是因为粤港澳大湾区龙头企业——大疆创新在中国及世界民用无人机领域占据着核心领导地位，但是在 2016—2020 年，大疆无人机营业收入增速趋缓。据其财报显示，2017 年公司毛利率大约为 24.5%，2016 年毛利率为 19.37%。加上中国军用无人机产业开始发展，特别是航天彩虹四年间营收增长超过 141%（见表 11 - 15），中国无人机市场竞争开始趋于激烈，行业集中度开始大幅下降，CR1 由 2017 年的 72.24% 大幅下降到 2020 年的 38.72%，下降的幅度高达 33.52 个百分点；CR5 由 2017 年的 90.40% 大幅下降到 2020 年的 54.80%，下降的幅度高达 35.6 个百分点（见表 11 - 16）。

表 11 - 15　2017—2020 年主要无人机公司营收及其占比

	2020 年 E		2019 年		2018 年		2017 年	
	营收	占比/%	营收	占比/%	营收	占比/%	营收	占比/%
大疆创新	170.0	38.72	152.7	38.27	140.4	42.55	161.1	72.24
航天彩虹	35.0	7.97	31.0	7.77	27.2	8.24	14.5	6.50
长鹰信质	31.0	7.06	29.7	7.44	26.3	7.97	24.2	10.85
纵横股份	2.7	0.62	2.7	0.53	1.2	0.36	1.0	0.45
观典防务	1.9	0.43	1.5	0.38	1.0	0.30	0.8	0.36
广州亿航智能	1.6	0.36	1.2	0.30	0.7	0.21	0.3	0.13

资料来源：INWWIN，营收单位为亿元，占比为该公司营收占当年无人机全国营收总和。

表 11 - 16　　2017—2020 年中国无人机行业集中度

	2017 年	2018 年	2019 年	2020 年 E
CR1	72.24%	42.55%	38.27%	38.72%
CR3	89.59%	58.76%	53.48%	53.75%
CR5	90.40%	59.42%	54.40%	54.80%

资料来源：笔者测算。

2. 粤港澳大湾区无人机行业集中度

剔除航天彩虹、长鹰信质、纵横股份和观典股份等四家超亿元企业，特别是航天彩虹、长鹰信质两家超 20 亿元的龙头企业后，粤港澳大湾区区域中，龙头企业大疆创新一家企业营业收入就超过 170 亿元。整个粤港澳大湾区无人机产值只有 200 多亿元，粤港澳大湾区排名第二的广州亿航智能 2020 年营业收入不到 2 亿元，因此粤港澳大湾区 2020 年无人机企业 CR1 超过 80%，远超过全国指标 38.72% 的水平；CR3 超过 90%，也是远超全国指标 53.75% 的水平。

二、市场行为分析

全国无人机的市场行为绝大部分发生在粤港澳大湾区，因此本部分不再区分全国与粤港澳大湾区，统一进行分析。

（一）价格竞争

价格战贯穿了无人机产业发展的过程，大疆创新凭借着深圳供应链优势，通过巨大的出货量把成本压得更低，大疆无人机的降价幅度高达 70%，巨大的降幅甚至摧毁了世界级的无人机公司，Zano 无人机宣布清算，Lily Robotics 宣布倒闭，3D Robotics 转向无人机软件的研发生产。深圳零度智控不得不回击大疆创新，2015 年初深圳零度智控发布的新品价格只有 3 199 元，远低于大疆创新无人机的价格。即便如此，零度智控为了获得更多的无人机市场，又把价格降到了不到 3 000 元。

在农业植保这个最大的工业级无人机应用市场上，广州极飞科技和深圳大疆农业展开了激烈的价格竞争。每逢年底推出新品时，广州极飞科技和深圳大疆农业就会直接以价格战交锋，双方的价格竞争战见表 11 - 17。

表 11 - 17　　广州极飞科技与深圳大疆农业价格竞争战一览表

	广州极飞科技	深圳大疆农业
市场份额	截至 2020 年 9 月 20 日，广州极飞科技总运营的无人机超过 4.2 万架，较 2018 年同期接近翻番，总作业面积达 3.1 亿亩次	截至 2019 年 9 月 6 日，大疆农业植保无人机中国区累计作业突破 2 亿亩次

（续上表）

	广州极飞科技	深圳大疆农业
竞争行为1	2019 年 11 月 5 日，广州极飞科技突然在官微上宣布推出三款新品，包括 XP 2020 款农业无人机标准版、P30 2020 款与 P20 2020 款产品。XP 2020 款农业无人机标准版到手即用价为 39 999 元，P30 2020 款套装价为 34 999 元，P20 2020 款套装价为 29 999 元	2019 年 11 月 5 日下午，深圳大疆农业 2020 新品会发布了全新的植保无人飞机 T20，单价为 29 999 元，包含 2 电 1 充的基础套装价格为 39 999 元，包含 4 电 1 充的全能套装价格为 45 999 元。两个套装均包含关怀计划 2.0、RTK 服务等
竞争行为2	2018 年 12 月，广州极飞科技发布 2019 P 系列产品，采用了无人机"防滚架"设计、创新的"三段式应力释放"结构，新机在许多关键部位上增加了三倍的结构强度，在整体结构上至少增加了 30% ~ 60% 的结构强度。P20 的标准版与高配版售价分别为 34 999 元和 39 999 元，P30 的标准版与高配版为 44 999 元和 54 999 元。这样的价格意味着极飞科技在定价上仍延续此前风格，新品以性能提升为最主要的导向	2018 年 12 月，深圳大疆 T16 售价仅为 31 888 元（不含遥控器），而按照针对小农户的"合约机计划"，用户只以 1.7 万元的价格就能获得 2017 年大疆推出的 MG - 1P，该售价同比降低近一半

资料来源：笔者整理。

（二）纵向一体化策略

纵向一体化是企业实现大规模生产的关键保证，纵向一体化需要强有力的科技创新能力支撑。大疆创新拥有全球最大的无人机研发团队，其专利远远超越其他的无人机企业，大疆创新是国内唯一能深度推进纵向一体化的无人机企业。大疆创新在无人机产业链的上游（电调、航摄相机、云台、载荷件、控制系统）、中游（消费级无人机、工业级无人机）、下游（农业植保等工业级应用、航拍等消费级应用）都具有较强的产业竞争力。

三、市场绩效

（一）全国无人机上中下游行业利润

上游的零部件产业，如果是电池或其他结构件等科技含量不高的，其毛利率一般难以超过 10 个百分点。从事芯片设计的毛利率会比较高，如博通集成是 IC 设计企业，其毛利率在 30% 以上；润欣科技只是芯片销售代理，大疆创新是其销售客户，其毛利率相对明显偏低，仅能维持在 10% 左右。从事飞行控制系统的企业毛利率会比较高，如成都纵横股份在飞行器平台设计及制造、飞控与航电一体化设计及集成等领域形成了核心技术优势，其毛利率超过 50 个百分点，2018 年毛利率超过 60 个百分点，2017 年毛利率甚至超过 70 个百分点。

中游的工业级无人机、消费级无人机和军用无人机制造商，其毛利率一般都会超过 20 个百分点，部分工业级无人机利润率甚至会超过 50 个百分点。下游的工业级应用企业的毛利率一般也会维持在一个较高的水平上，如极飞科技 2017 年毛利率就超过 33%（见表 11 - 18）。

表 11 – 18　2017—2020 年中国无人机行业龙头企业利润率

	企业名称	2017 年	2018 年	2019 年	2020 年
上游	润欣科技	34.0%	39.3%	36.3%	30.0%
	博通集成	10.4%	10.0%	9.4%	10.5%
	纵横股份	71.0%	64.0%	56.5%	57.0%
中游	航天彩虹	30.0%	27.7%	27.3%	25.0%
	长鹰信质	23.1%	23.8%	24.2%	20.0%
下游	极飞科技	33.3%	n. a		

资料来源：笔者根据上市公司年报和 INWWIN 整理。

（二）粤港澳大湾区无人机上中下游行业利润

上游的零部件产业，如果是电池或其他结构件等科技含量不高的，其毛利率一般难以超过 10 个百分点，如惠州德赛电池毛利率多年来都保持在 8% 左右；若是做电池解决方案的企业，其利润率会多 6 ~ 7 个百分点（见表 11 – 19）。

表 11 – 19　2017—2020 年中国无人机行业龙头企业利润率

	企业名称	2017 年	2018 年	2019 年	2020 年
上游	惠州德赛电池	8.8%	8.2%	8.4%	8.5%
	深圳欣旺达	14.4%	14.8%	15.4%	15.5%
中游	广州亿航智能	13.2%	50.8%	58.5%	58.0%
	深圳大疆创新	24.5% *	n. a		
下游	广州极飞科技	33.3%	n. a		

资料来源：笔者根据上市公司年报和 INWWIN 整理。
* 为净利率。

中游的工业级无人机、消费级无人机和军用无人机制造商，其毛利率一般都会超过 20 个百分点。如深圳大疆创新净利率达到 24.5%；广州亿航智能作为工业级无人机领先企业，毛利率甚至会超过 50 个百分点。下游的工业级应用企业的毛利率一般也会维持在一个较高的水平上，如广州极飞科技 2017 年毛利率就超过 33%。

第四节　无人机产业集群研究

一、重点地区产业集群分析

（一）深圳

1. 市场规模居全国领先位置

在无人机领域，深圳是全国无人机产业链最健全的城市，其中大疆创新、一电科技等具备研发设计总装集成能力，在飞控、农业植保、电力巡查、航拍领域等产业应用技术环节居国内领先位置。

深圳作为我国较早从事无人机产品生产和技术研发的城市，从 20 世纪 80 年代初发展到现在已经初具产业链完善、企业众多、总产值规模大等特点。深圳无人机产业链比较完整。截至 2019 年底，深圳市集研发、生产、销售为一体的无人机企业已经有 430 多家，分布在上游元器件、材料、设备，中游无人机零部件，下游无人机整机产品等领域，有10 000 多个品种，小到电子元器件，大到无人机整机、飞行控制装备、系统集成，从技术含量较低的消费级无人机到军用无人机，从半导体电子元器件到主控芯片等尖端技术产品，无一不彰显出深圳无人机产品制造集群的良好发展态势。

根据深圳无人机行业协会的数据，深圳市 2019 年无人机产业产值达到 500 亿元，全年无人机出口 180 亿元，以消费级无人机为主，占全国 80%。本书根据相关的产业链和价值链测算，深圳无人机上游的零部件、载荷件和控制系统产值超过 120 亿元。中游的无人机制造产值 300 亿元，其中工业级无人机产值 60 亿元，占国内 60% 的市场份额；消费级无人机产值200 亿元，占国内 80% 的市场份额。下游的无人机产业应用产值 120 亿元（见图 11 - 9）。

据统计，2019 年深圳市无人机企业总量占全国只有 11.5%，但我国 40.4% 的无人机整机产品产于深圳，且累计有近百家国际知名无人机企业在深圳设有联络机构、工厂或原始设备制造商（OEM），无人机产业制造集群已成为深圳无人机产业发展的优势。深圳无人机企业在全国占有举足轻重的地位，2019 年深圳市无人机整机平均采购价格略低于全国平均值，而千人拥有无人机指数高于全国平均值，另外深圳市无人机整机库存在全国的占比达到 42.3%。2019 年，由中国百强研究院、国际无人机联盟、中国人工智能研究院、深圳市人工智能协会联合主办的"中国无人机百强"评选中，深圳的无人机企业占据了38 席，这还不包括深圳的无人机外资企业。深圳已成为我国无人机产业制造基地。

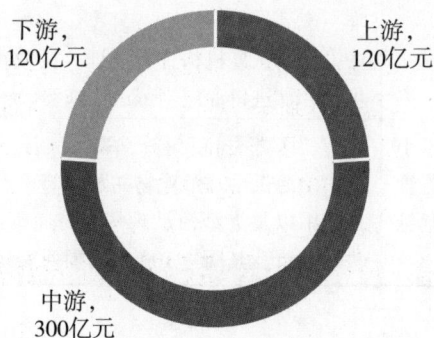

图 11 - 9　2019 年深圳无人机产业产值组成

资料来源：笔者测算。

2. 无人机产业定位明确

深圳是全国第一个发布无人机产业发展定位的城市，《深圳市航空航天产业发展规划（2013—2020 年）》明确提出："根据国家和广东省有关规划，瞄准国际航空航天产业发展前沿与趋势，结合深圳现有产业基础与优势资源，优先发展航空电子、无人机、卫星导航、航空航天材料、精密制造装备等五个产业领域""重点突破无人机设计测试总装集成、一体化数字航空飞行控制系统、无人机用发动机控制系统、高精度飞行姿态控制系统、通用地面操控平台系统、无人机载荷系统、数据链通信及导航系统、机间信息共享控制系统和人机交互系统等关键技术。研制微型无人机、智能无人机和高端航模等系列产品。重点培育中小微无人机在影视传媒、商业航拍、现代物流和城市规划、智能交通、警务通勤、应急救灾、地质水电、农林渔牧等领域应用"。

3. 行业管理政策体系规范

深圳是全国无人机规范管理最早，也是最完善的城市，这对于提升深圳无人机产业在全国的竞争力是非常重要的（见表 11 - 20）。

表 11 - 20   深圳无人机管理法规文件一览表

发布时间	法规文件	相关条款摘录
2019 年 1 月	《深圳市民用微轻型无人机管理暂行办法》	无人机生产企业应当在产品外包装和机体明显位置标注无人机类型，并明示执行的产品标准。无人机生产企业应当采取措施，确保轻型无人机飞行时能有效接入无人机飞行综合监管平台，禁飞数据设置实时、有效。无人机生产企业应当协助有关部门对无人机进行管控，依法提供无人机品牌、型号、独立编码、实时飞行信息（速度、高度、轨迹等）和所有人邮箱、手机号码等信息，明确禁飞范围
2018 年 11 月	《深圳地区无人机飞行管理实施办法（暂行）》	中型、大型无人机，由国务院民用航空主管部门依法实施适航管理。微型、轻型、小型无人机生产企业规范，产品制造标准，产品安全性，应当符合国务院工业主管部门的相关规定。除微型无人机以外的民用无人机，应当按照国务院工业主管部门规定具备唯一一产品编码。微型、轻型、小型无人机投放市场前，应当经依法设立的认证机构进行认证；投放市场后，发现存在缺陷的，其生产者、进口商应当依法实施召回
2017 年 9 月	《深圳市民用轻小无人驾驶航空器管理办法（征求意见稿）》	将市、区党委和政府、军事管制区、监管场所、通信、供水、供电、能源供给、危化物品贮存等重点敏感单位、设施及其周边 100 米范围以及大型活动现场、交通枢纽、火车站、汽车客运站、码头、港口及其周边 100 米范围列入禁飞范围

资料来源：笔者整理。

4. 科技创新能力居于全国首位

深圳是我国较早从事无人机产品生产和技术研发的城市，技术研发创新能力在全国遥遥领先。在全球民用无人机领域专利申请量上，大疆创新和深圳道通（为了上市，将无人机业务剥离到同一控制人旗下的另外一家企业）合计占据了全国 42% 的无人机专利，其中大疆创新占 31%，深圳通道占 11%。大疆创新和深圳通道在中国和美国就无人机知识产权互打多场官司。

5. 无人机产业布局完善

表 11–21 列示了深圳无人机产业链上关键环节的代表企业。从上游零部件生产研发到下游行业应用，深圳均有完善的生产布局，不仅在国内市场领先发展，更是朝着"全球无人机之都"迈进，引领全球无人机产业发展。中国无人机产业专利申请分布见图 11–10。

表 11–21　2020 年深圳无人机产业链主要企业

上中下游			代表型企业
上游	零部件	电池	深圳欣旺达、深圳科比特、深圳海盈
		电机	深圳浩马特、深圳拓天腾飞、深圳飞骏电机
		芯片	深圳华为海思
		陀螺仪	深圳瑞芬科技
		结构件	深圳赛朗格、深圳诺迪
		电调	深圳中特威、深圳大疆创新
		遥控接收器	深圳乐迪电子、深圳天地飞科技、深圳富斯遥控
		航摄相机	深圳大疆创新
		云台	深圳大疆创新
	载荷件		深圳大疆创新
	控制系统		深圳大疆创新、深圳零度智控
中游	工业级无人机		深圳大疆农业、深圳艾特航空（电力巡查）
	消费级无人机		深圳大疆创新、深圳零度智控
下游	产业领域		农业植保：深圳大疆农业
	消费领域		航拍：深圳一电科技

资料来源：INWWIN 以及笔者收集。

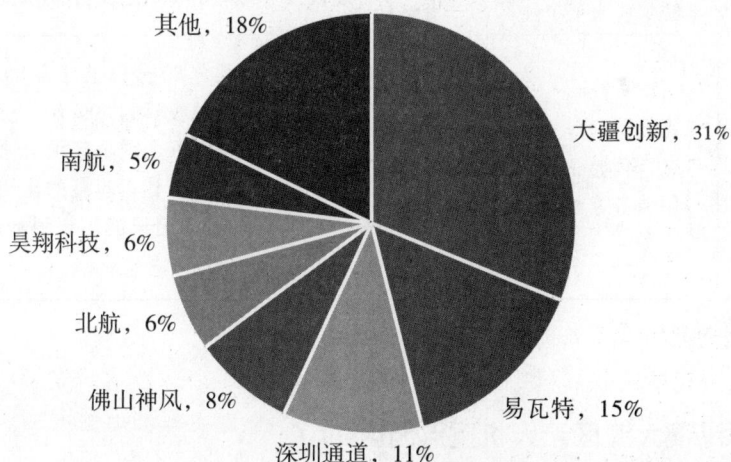

图 11–10　中国无人机产业专利申请分布

资料来源：德国 Drone Industry Insight。

6. 产业扶持力度强

深圳市相关的产业政策文件都明确无人机（智能无人机）包括在战略性新兴产业、未来产业、高端装备制造产业、重大科技产业之中，因而无人机是深圳市未来重点发展的产业领域（见表 11 – 22）。

表 11 – 22　深圳无人机产业扶持政策一览表

法规文件	扶持重点	扶持方法
2013 年《深圳市未来产业发展政策》	航空电子、无人机、卫星导航、航空航天材料、精密制造技术及装备、卫星研制等航空航天产业领域	自 2014 年起至 2020 年，连续 7 年，市财政每年安排 10 亿元设立市未来产业发展专项资金，用于支持产业核心技术攻关、创新能力提升、产业链关键环节培育和引进、重点企业发展、产业化项目建设等
2017 年航空航天产业扶持计划	支持无人机设计测试、总装集成、飞行控制、发动机控制、人机交互、通信导航及通用地面操控平台等	财政资助资金分为股权投资资金和直接资助资金两部分，合计最高不超过 3 000 万元。其中，政府股权投资资金原则上为合作机构股权投资资金的 50%，最高不超过 1 500 万元
2018 年深圳市重大科技产业专项资金	生物技术与精准医疗、智能无人系统（无人机）、增材制造与激光制造、新能源汽车等领域	政府股权投资资金原则上为合作机构股权投资资金的 50%，最高不超过 1 500 万元；事后资助，单个项目资助金额不超过 500 万元，资助金额不超过项目总投资的 30%。项目总投资由建设投资、研发费用和流动资金构成，其中建设投资不低于项目总投资的 40%
2018 年《深圳市战略性新兴产业发展专项资金扶持政策》	在航空航天领域，围绕航空电子、智能无人机等领域，重点突破关键技术，提升核心部件、关键工艺的研发和系统集成水平	按经专业审计机构专项审计后确认费用的 30% 给予资助，单个项目资助金额不超过 1 000 万元。项目总投资由建设投资、研发费用和流动资金构成，其中建设投资不低于项目总投资的 50%
2019 年深圳市高端装备制造产业发展专项资金	重点支持无人机、民用飞机等飞行器整机、关键零部件、专用装备等	项目综合评审得分 80 分以上（含 80 分）的，按经评审核定的项目总投资的 40% 给予资助，最高不超过 500 万元。资助资金须全部用于项目建设投资和研发费用，其中用于建设投资的比例不低于资助金额的 50%，研发费只能用于科研材料及事务费支出

资料来源：笔者整理。

（二）粤港澳大湾区无人机重点园区

1. 深圳无人机重点园区

深圳是中国无人机产业最发达的地区，但是目前无人机产业总体上还处于刚起步的阶段，产业发展的规模不够大，所以无人机产业园目前总体上都是处于建设阶段。深圳目前见于媒体报道的重点发展的无人机产业园有两家，其中大运无人机产业园是一个三旧改造项目，得到了龙岗区人大代表的关注，龙岗区政府旗下的产服集团开始投入建设，依托深圳强大的无人机产业链和2020第四届世界无人机大会暨第五届深圳国际无人机展览会等雄厚的产业配套支撑，深圳大运无人机产业园有望成为中国最具有竞争力的无人机产业园（见表11-23）。

表11-23 深圳无人机产业园比较

园区名称	园区总体情况	发展重点产业	园区配套
深圳大运无人机产业园	园区占地面积约3万平方米，总建筑面积约5.16万平方米，三旧改造项目，首期投资超过1 000万元，引导区力争2021年3月建成并投入使用；集聚区建设按五年统筹规划；拓展区拟于2023年下半年全部建成	引进研发、生产、测试、培训、验证等企业，导入"龙岗产服"产业服务模式、智慧园区系统及普惠金融服务平台等公共服务平台，打造一流无人机产业园；龙岗区产服集团计划通过两个核心的建设，即测试区（现测试场）扩容，引导区（现无人机产业园）改造和招商运营，与无人机行业以及各类专业机构合作，为无人机企业提供研发验证、展览展示、培训比赛、检验检测、标准认证等综合服务，探索布局打造无人机产业小镇	2020年第四届世界无人机大会暨第五届深圳国际无人机展览会
深圳生态国际航空文化小镇*	项目总占地面积计划300万平方米，建筑面积600万平方米，项目资金计划初期投入50亿元人民币，计划在3~5年内分三个阶段实现全面运营	围绕无人机科技生产、研发、培训等，全方面打造我国无人机产业链与文化体验先导区；依托飞行进行关联产业开发，以观光游览、航空运动、飞行体验、执照培训为亮点，带动服务业、建筑业、文化创意产业等的发展	天津大学具有雄厚的教育培训资源，有足够的能力培养符合企业需求的无人机操控师和无人机相关领域的复合型人才

资料来源：笔者整理。

*该项目于2015年启动，目前尚无后续进展。

2. 粤港澳其他城市无人机产业园

见表11-24，粤港澳大湾区里的东莞水乡国际无人机总部基地，依托东莞毗邻中国无人机产业最集聚的深圳，借助东莞具有中国领先的无人机电池等零部件和电子信息产业供应链的巨大优势，再加上中国航天科工集团第三研究院第三〇四研究所（以下简称中国航天三院304所）这个国防工业体系信息技术与智慧产业骨干研究所的产学研优势，其发展具有一定的基础，未来可期。

珠海航空产业园里面专门辟出一块无人机的"园中园"，该园在目前粤港澳大湾区所有的无人机产业园中发展最成熟，其定位也最清晰，重点突破工业级无人机及其产业链。加上航空军事管理部门已批准珠海多达 20 平方公里的无人机验证飞行空域，目前珠海隆华、佰家科技、羽人农业航空等珠海本市的无人机企业已经入驻珠海航空产业园工业级无人机发展专区，珠海航空产业园工业级无人机发展专区未来发展前景广阔。

表 11 - 24　粤港澳大湾区深圳之外城市无人机产业园比较

园区名称	园区总体情况	发展重点产业	园区配套
东莞水乡国际无人机总部基地	2019 年 11 月动工，于 2022 年底竣工，总投资 4 亿元	主要从事无人机的研究和试验发展、销售、专业技术服务、科技推广和应用服务，将建一个院士工作站和三个研究院（东莞无人机研究院、东莞无人机通信研究院、东莞精准林业研究院）；以国际无人机展示交易中心、军民融合研发制造中心、无人机运营服务管理中心三大中心为核心载体，包括产学研、展示交易、产业金融、竞技交流、市场营销、培训升级等核心功能	与中国航天三院 304 所合作，304 所是国防工业体系信息技术与智慧产业骨干研究所
珠海航空产业园工业级无人机发展专区	航空产业园位于珠海市金湾区三灶镇湖滨路以南地区，规划用地面积 99 平方公里	珠海航空产业园正规划建设特色鲜明的工业级无人机发展专区，专区内已落户整机、新材料、动力系统、飞行控制等一大批优质企业，并建成无人机创新加速器，形成了整机引领、供应链齐备的产业集聚。下一步，产业园将积极构建政产学研公共创新平台和行业公共服务机构，不断提升无人机产业智能化发展水平。此外，产业园正研究出台鼓励工业级无人机产业发展相关政策，从项目落户奖励、人才落户资助、创新研发补助等方面，给予全周期完善的政策配套。珠海市将继续推进无人机技术创新成果转化和资源共享，推动无人机优势资源与战略性新兴产业深度融合，加快形成全要素、多领域、高效益的无人机产业发展格局	珠海航空产业园获南部战区空军批复划设面积为 20 平方公里的无人机验证飞行空域，能够满足无人机研发制造、验证维护、飞行培训等业务的空域需求

资料来源：笔者整理。

（三）粤港澳大湾区无人机重点企业

粤港澳大湾区拥有较多具有核心竞争力的头部企业（见表 11 – 25），列举如下。

1. 大疆创新（深圳）

大疆创新于 2006 年在深圳成立，是全球发展领先的无人机企业，产品系列包括了消费级和工业级无人机，是致力于打造集研发、生产、销售、服务于一体的无人机企业。现阶段，大疆创新的产品远销全球，客户遍布 100 多个国家，占据了全球 70% 以上的市场份额。

虽然大疆创新目前还没有登陆资本市场，但评估机构预测大疆创新市场估值超过 600 亿美元。同时深圳证券交易所已经形成了一批无人机产业链上的主板上市公司（上海证券交易所很少），包括：欣旺达（300207，深交所），主要供应大疆无人机的电池；润欣科技（300493，深交所），供应大疆无人机的通信联系芯片、传感器和无线射频；大唐电信（600198，上交所）主要供应大疆无人机芯片；京山轻机（000821，深交所）旗下的惠州市三协精密有限公司主要供应大疆无人机的马达；兴森科技（002436，深交所）主要供应大疆无人机的软硬板；民德电子（300656，深交所）主要供应大疆无人机的电子元器件。

表 11 – 25　2020 年粤港澳大湾区无人机产业链主要企业

上中下游			代表型企业
上游	零部件	电池	东莞新能源科技 ATL（总部位于香港）、深圳欣旺达、惠州德赛电池、深圳科比特、佛山实达、深圳海盈
		电机	深圳浩马特、深圳拓天腾飞、深圳飞骏电机、中山朗宇、东莞银燕
		芯片	深圳华为海思、珠海全志
		陀螺仪	深圳瑞芬科技
		结构件	东莞天石达、深圳赛朗格、东莞爱优电子、东莞协创、深圳康恒、深圳诺迪
		发动机	—
		电调	深圳中特威、深圳大疆创新、深圳好盈
		遥控接收器	深圳乐迪电子、深圳天地飞科技、深圳富斯遥控、深圳富斯遥控模型技术、深圳
		航摄相机	深圳大疆创新
		云台	深圳大疆创新、深圳蜻蜓、广州华科尔、广州极飞科技
	载荷件		深圳大疆创新、广州中海达、广州极飞科技
	控制系统		深圳大疆创新、深圳零度智控、深圳赛为智能、广州极飞科技

（续上表）

上中下游		代表型企业
中游	军用无人机	广州天海翔
	工业级无人机	深圳大疆创新、广州亿航智能、广州极飞科技、广州华科尔、珠海奥宇航空、广州格赛航空、深圳艾特航空
	消费级无人机	深圳大疆创新、深圳零度智控、广州亿航智能、广州极飞科技
下游	产业领域	测绘与地理信息：国土资源部门、国家基础地理信息中心、南方测绘（广州）、各省市测绘院 电力巡检：政府部门、南方电网（广州）、中石油、中石化等 安防监控：公安消防部门 农林植保：政府部门、飞防组织、农业合作社 物流运输等：物流企业、智能工厂
	消费领域	航拍：深圳一电科技；娱乐：澄星航模（广州）

资料来源：INWWIN，笔者整理。

2. 亿航智能（广州）

2016 年 1 月，亿航智能研发全球第一款可载人无人驾驶飞机首展美国拉斯维加斯 CES 展。2016 年 5 月，亿航智能与美国 Lung 生物科技公司合作，将提供 1 000 架亿航184 用于人造器官移植运输领域。2019 年 8 月，亿航智能成功获得了广州市政府的战略性支持，广州市政府通过亿航智能的技术解决方案，力争成为中国首个、国际领先的空中交通试点城市。2019 年 12 月 12 日，亿航智能成功在美国 NASDAQ 资本市场上市。

3. 零度智能（深圳）

由深圳雷柏科技和北京零度智控合资成立的深圳零度智能飞行器有限公司，主要的产品是超小型（口袋型）智能无人机，其中总重量仅有约200 克（之前的产品总重量为 2 千克），公司非常重视科技创新，并成功在飞控、云台、高清图传、稳像等关键的产业领域拥有自己的核心技术。在市场价格方面也非常有竞争力，目前的市场价格仅在 2 000 元左右，不到一般市场价格的50%。

4. 极飞科技（广州）

广州极飞科技主要的产品是民用无人飞机和飞行控制系统，是工业级无人机行业应用的领导者，特别是在农业无人机领域处于世界标杆性地位，其研发的农业无人机产品与服务遍及加拿大、墨西哥、危地马拉、哥斯达黎加、多米尼加、哥伦比亚、厄瓜多尔、秘鲁等 42 个国家和地区。截至 2020 年 12 月 15 日，广州极飞科技累计服务超过931 万农户、7.8 亿亩次农田，共节省了 429 万吨灌溉用水，减少了 1.86 万吨农药与化肥的使用，为保护农业生态环境提供有力的技术支撑。目前，极飞科技已完成 12 亿元规模的新一轮融资，继续在农业无人机领域深耕，扩大生产规模，提高企业竞争力。

二、重点城市发展定位

如图 11 - 11 所示，粤港澳大湾区已形成了以深圳为核心，广州为次核心，东莞和惠州为配套的产业分布格局，港澳在科技创新、金融市场、国际市场等方面发挥了重要作用。

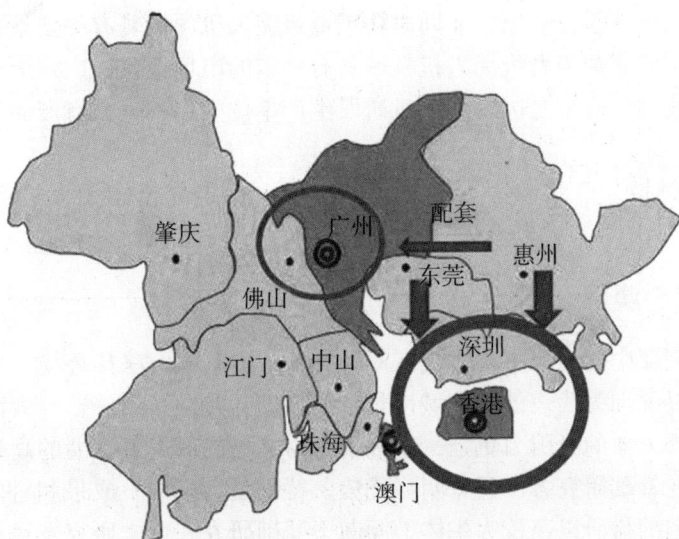

图 11 - 11　粤港澳大湾区无人机产业链空间布局示意图

（一）深圳核心

深圳是中国的"无人机之都"，消费级无人机占中国 80% 以上的市场份额，工业级无人机占中国 60% 以上的市场份额，但缺乏军用无人机产品。深圳无人机产业在粤港澳大湾区中占有绝对领先和市场核心的地位，在产业链上中下游均处于全国领先的市场地位。

（1）深圳无人机产业产值占粤港澳大湾区无人机产值的比例超过 95%，东莞无人机产业和广州部分无人机企业是为深圳无人机产业配套的。

（2）深圳无人机产业在上游占据绝对领先的地位，除了发动机之外，深圳无人机企业覆盖了电池、电机、芯片、陀螺仪、结构件、电调、遥控接收器、航摄相机、云台、载荷件、控制系统等全部的上游环节。

（3）深圳是全国唯一突破芯片关键环节的城市，在电池、结构件、遥控接收器和云台等零部件形成了相当有力的竞争优势。

（4）深圳在无人机产业链中游也形成了很大的竞争优势。在工业级无人机方面，打造了以深圳大疆创新为代表的企业；在消费级无人机方面，打造了以深圳大疆创新和深圳零度智能为代表的企业。

（二）广州次核心

广州虽然相比深圳而言，在无人机产值方面处于比较落后的地位，但也形成了无人机产业上中下游联动的市场优势地位。

（1）在上游领域的载荷件生产方面，打造了广州中海达和广州极飞科技两家龙头企业；在控制系统方面，极飞科技处于领先地位。

（2）在中游领域，广州亿航智能（在美国 NASDAQ 上市的第一家国内无人机公司）、广州华科尔、广州极飞科技三家企业同时在工业级无人机领域具有一定地位，广州亿航智能和广州极飞科技两家在消费级无人机领域具有一定的市场地位；广州天海翔作为无人机领域军民融合的典型代表，是国内无人机研发生产单位中唯一一家有产品列装部队的民营企业。

（3）在下游领域，广州的南方测绘和南方电网也走在全国无人机产业技术应用的前列。

（三）香港、澳门

香港在科技创新中的优势集中体现在对各类人才的培养、法律环境、配套服务与国际市场等方面，与以深圳为代表的内地城市具有明显的互补性。第一，与大湾区内其他城市相比，香港对海外人才的吸引力更强，这种吸引力又正向促进着香港的高校发展和人才培养。第二，香港在基础研究方面具有明显优势，特别是有高水平成果和科研影响力，长期领跑大湾区。香港的科研以高校为主体，倾向于基础研究和论文研究发表；深圳的科研则以企业为主体，应用开发和申请专利的积极性更高；两地相辅相成，推动无人机技术高质量发展。澳门则是在与西方国家，特别是葡语国家经济交流、外贸合作方面有独特优势，通过澳门与西方国家建立贸易联系有利于大湾区无人机产业走向国际市场。

第五节　无人机产业发展对策建议

一、拓展军工产业新渠道，提升粤港澳大湾区无人机产业的行业技术壁垒

（一）尽快实施军用无人机产业弯道超车战略

随着我国国防工业逐步市场化，民营企业正在快速成长，已具备经济实力承接国防订单，且武器装备研制资质开始向民企放开；此外，在国家鼓励混合所有制改革的大背景下，军工企业的股权正在加快多元化，未来的军用无人机制造产业将呈现出巨大的发展空间。我国目前的军工企业与国际军工巨头有着十分大的差别，不仅起步晚，美国早在二十世纪六七十年代就开始在实战中应用军用无人机；而且在国际军贸市场占有率上，美国也处于领先的位置。

中国的军用无人机企业发展也开始提速，我国军用无人机依靠中国制造产业链健全的巨大优势，凭借着优异的性能和低廉的价格（良好的性价比）在国际市场开始占据一席之地。目前的国际军贸市场，我国军用无人机销售架次已达到美国的四分之一和以色列的二分之一。国家将继续培育和发展一批具有国际竞争力和影响力的世界一流企业，并陆续设立一批可以战略性投资混改后的军用无人机企业，参与非核心军用无人机产品生产配套业务。

（二）加快建设军用无人机产业平台建设

目前粤港澳大湾区无人机尽管具有一定的竞争力，也具有一定的利润率，但是主要集中在消费级和工业级的民营无人机产品上，主营业务收入低，大企业少，中小企业多，难以符合当今产业平台化的发展潮流。正是因为缺乏规模大、竞争力强的装备制造和零部件平台型企业，也难以形成产业链优势，已有的人才也开始从大湾区流失。因此目前必须要解决和突破以下两个方面的问题：

其一，必须尽快引进各大军工集团下属单位和高校的研发创新平台，通过军民融合等方式，加快军用无人机产业化项目在粤港澳大湾区落地，特别是要推动航天科技集团下属的中国航天空气动力技术研究院（已实现小型、中型和大型军用无人机的产品系列全覆盖），以及中国航天科工集团第三研究院，以及北京航空航天大学无人机研究所、南京航空航天大学无人机研究院（原航空部362研究所）和西北工业大学第三六五研究所等优秀的无人机研发团队落户粤港澳大湾区，形成一个较大的面向军用无人机产业的制造和研发创新平台。

其二，吸引具有市场竞争力的知名股权投资公司，吸引具有军工资源和市场通道的战略投资人进入粤港澳大湾区面向军用无人机产业的制造平台，再整合全国范围内已有的相关产业资源，融入粤港澳大湾区面向军用无人机产业的制造平台，然后登陆资本市场，做大做强，吸引更多的多层次资源进入粤港澳大湾区军用无人机制造平台，尽快建立起粤港澳大湾区的军用无人机特色产业优势。

二、设立无人机产业投资基金，提升产业资本运作平台优化整合力度

（一）发挥粤港澳大湾区政府产业基金优势

深圳市政府正在积极筹备1 500亿~2 000亿元的产业并购母基金，依托深圳上市公司密集的优势，通过并购整合等多层次的金融工具的运用，打造一系列具有世界级竞争力的主导产业平台，为深圳的产业竞争力的提升创造更加有利的金融环境。广州、东莞等地均在政府牵头下成立了产业基金，业务发展迅猛，涵盖多个业务领域，管理规模不断扩大。

（二）加快推进基于股权投资的粤港澳大湾区无人机产业平台建设

1. 借势深莞惠一体化，打造大湾区无人机产业平台

无人机产业密集分布在深圳、东莞和惠州地区，深圳主要是无人机的研发服务、金融服务、供应链服务等高端产业；东莞和惠州主要是无人机部分关键零部件生产。东莞和惠州还是以生产制造为主，应抓住深莞惠一体化进程加快的契机，以股权投资为重心，设立无人机产业投资基金，吸引部分深圳无人机产业的芯片设计和封测、SoC、移动互联网等高端产业均衡布局在东莞地区，以避免再次出现价值链上的产业分布不均衡。

打造无人机核心产业基地：发挥深圳、广州两市在科技创新、金融投资、人才培养、软件开发和高端制造方面的综合优势，重点发展无人机整机制造，建立无人机试验体系与测试手段。发展无人机特色支撑节点：将东莞、惠州、珠海打造为无人机生产制造配套产业基地，围绕整机制造龙头完善零部件配套产业链。促进大中小企业融通发展：加快培育一批符合产业发展导向、管理水平先进、创新能力强、自主品牌响、综合效益好和带动作用大的无人机龙头企业，打造一批无人机产业细分领域的小巨人企业。

2. 加快设立粤港澳大湾区无人机产业投资基金和金融服务平台

依托深圳产业并购母基金、广州基金和东莞等政府控制的产业投资母基金，吸引民间资本加入，第一期可设立 50 亿～100 亿元人民币规模的无人机产业投资基金，用于打造粤港澳大湾区无人机产业平台，提升粤港澳大湾区无人机产业国际竞争力。

3. 探索"孵化器＋风险投资"的创新模式

粤港澳大湾区无人机产业平台目前处于一个快速发展的阶段，政府应鼓励无人机产业孵化器的建设，积极探索"孵化器＋风险投资"的创新模式，鼓励孵化器内的企业在深圳证券交易所前海股权交易中心（新四板）、新三板等多层次资本市场挂牌，并由政府给予在多层次资本市场挂牌的初创企业一定额度的挂牌奖励费。

4. 推进"上市公司＋东莞母基金＋PE"的新模式

以大疆创新产业链中的主板上市公司和亿航智能为载体，注入一定额度的粤港澳大湾区无人机产业平台母基金，吸引深圳地区在相关行业具有投资经验和业绩的股权投资机构加入，创新包括股权投资、并购基金、定向增发、夹层融资、投资理财等在内的业务新模式，整合并购、夹层、股权、债券、借壳等多层次金融工具，包括使用主动型定增、优质资产注入等工具。

三、争取突破性的政策支持，实现国家和省市多级政府联动

（一）争取突破性的政策支持

粤港澳大湾区作为中国改革开放的前沿阵地，特别是深圳作为社会主义改革示范先行区，其发展需要省委省政府和粤港澳大湾区各市政府在认识上步调一致，也需要政策上的创新与突破，这是确保粤港澳大湾区可持续发展的核心。粤港澳大湾区建设的成功，不仅

需要各级政府的共同努力，设立更为开放、更具前瞻性和更具吸引力的政策措施，更需要来自国家和省市多级政府的联动支持。

（二）推动广东低空开放先行先试

韶关是粤港澳大湾区的后花园，乘坐高铁50分钟可以抵达广州，90分钟可以抵达深圳。韶关是中国航空事业发展的一个最重要起点和支点，为中国抗战胜利作出了不可磨灭的贡献。应推动国家和广东省的战略联动，争取韶关成为全国第一批的低空开放实验区，并把握低空开放的政策红利大力发展航空制造和服务产业。

（三）推动形成无人机创新人才新优势

加快汇聚高端人才，大力引进全球领军人才和创新团队，促进产教融合。培育无人机产业发展特别需要具有特别才干和拥有特殊资源的管理、专业技术和技能人才。人才是第一竞争力，是粤港澳大湾区无人机产业链发展成功的最关键的影响因素。要加快制定创新性的人才培育和引进新机制，为粤港澳大湾区无人机产业园发展提供最有力的保障。在具体实施方面，建议可以有以下几种方式：其一，通过鼓励产学研合作，鼓励更多的高校到粤港澳大湾区无人机产业园设立研发基地和博士后科研工作站，吸引高校和科研院所创新人才落户粤港澳大湾区；其二，对在粤港澳大湾区无人机产业园工作的高级专业人才给予创业和研发资金支持，在教育和文化配套方面给予突破性政策支持；其三，通过选调、政府雇员聘用、挂职等多种方式吸引优秀的科技创新和管理人才到粤港澳大湾区各级政府和企业工作，为粤港澳大湾区无人机产业创造出人才引进的新优势，提供良好的无人机产业氛围和强有力的优秀人才保障支持。

参考文献

[1] 王鹏，闫志安，马松辉. 小型无人机纵向飞行品质研究 [J]. 航空计算技术，2014，44（3）：33-35、41.

[2] 郑波. 以色列无人机发展概况及启示 [J]. 国防科技工业，2014（6）：66-69.

[3] 周钰婷，郑健壮. 全球无人机产业：现状与趋势 [J]. 经济研究导刊，2016（26）：26-30.